U0941045

**图书在版编目（CIP）数据**

徐州市教育年鉴.2005/徐州市教育局编.—北京：方志出版社，2005.5

ISBN 7-80192-511-4

Ⅰ.徐… Ⅱ.徐… Ⅲ.教育事业－徐州市-2005-年鉴 Ⅳ.G527.533-54

中国版本图书馆CIP数据核字（2005）第045342号

**徐州市教育年鉴（2005）**

**编　　者：** 徐州市教育局

**责任编辑：** 陈　颖

**出 版 者：** 方 志 出 版 社

（北京市建国门内大街5号中国社会科学院科研大楼12层）

邮编　100732

网址　http://www.fzph.org

**发　　行：** 方志出版社出版发行部

（010）85195814

**经　　销：** 新华书店总店北京发行所

**法律顾问：** 北京市京诚律师事务所

**印　　刷：** 徐州南苑印务有限公司

**开　　本：** 787×1092　1/16

**印　　张：** 21.25

**字　　数：** 550千

**版　　次：** 2005年5月第1版　2005年5月第1次印刷

**印　　数：** 0001-2900册

ISBN 7-80192-511-4/K·369　**定价：**40.00元

# 徐州市教育年鉴

徐州市教育局编

（2005）

方 志 出 版 社

◀ 李福全市长（左三）及有关领导到市教育局调研，宋农村局长（右三）等汇报全市教育工作

▶ 徐州市政府召开徐州市农村教育工作会议。李福全市长（右三）、段雄副市长（左三）、宋农村局长（左二）、市政府办公室王志华副主任（右二）等出席会议并在主席台就座

◀ 江苏省教育基建学会徐、淮、连、宿普教协作片2004年年会在徐州召开。市教育局宋农村局长（中）在致欢迎词

▶ 徐州市教育局领导班子成员：宋农村(右四)、曹孟军(右五)、张建勋(右三)、李玉良(右六)、郭成立(右二)、顾玉华(右七)、李予(右一)、徐保卫(右八)

▲ 徐州市教育局召开加强机关作风建设会议

▲ 徐州市教育局召开"花园式学校"创建总结表彰会议。郭成立副局长（左一）到会讲话

▲ 中石油、中石化、铁路系统在徐中小学移交地方管理揭牌仪式。市人大常委会副主任刘相（左五）、段雄副市长（右五）、市政府办公室副主任王志华（左四）、宋农村局长（右四）等在主席台就座

▲ 徐州市教育局召开教育系统廉政建设工作会议

▲ 徐州市教育年鉴2004年年会在丰县召开。郭成立副局长（前右七）、顾玉华副县长（前左七）同代表合影

# 徐州建筑职业技术学院

创建于1979年，是教育部批准的省属普通高校。有师生员工10000余人，有教授、副教授117人。设有10个系部、1个成教学院、3个研究所和5个产学研一体化的校办企业。有理、工、管、文、经、法类45个专业。2004年毕业生就业率达到98.52%。

▲ 江苏省副省长王湛(中)莅临学院视察工作，省教育厅王斌泰厅长、徐州市李福全市长陪同视察

▲ 承办组建江苏建筑职教集团研讨会

▲ 学院获得徐州市首批“绿色大学”荣誉称号

▲ 院党委书记王旭善(中)、院长肖仁政(右二)、副书记、副院长马长世(左二)、副院长吴光林(右一)、副院长季翔(左一)谋划学院发展蓝图

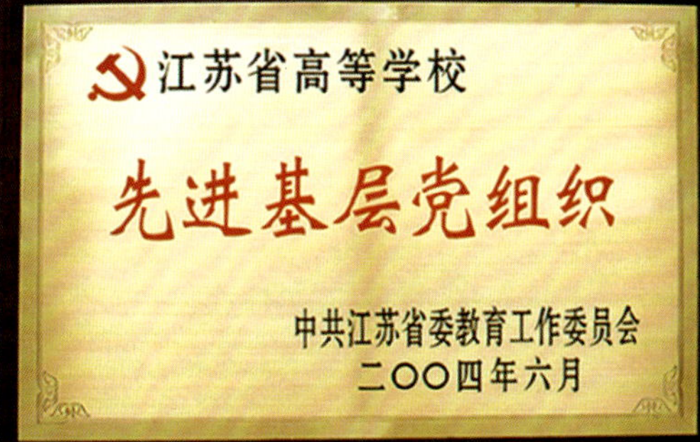


▲ 院党委被省委教育工委授予高校“先进基层党组织”荣誉称号

▲ 学报先后获得全国高职高专优秀学报一等奖和全国高校优秀科技期刊二等奖，并被江苏省新闻出版局评为一级期刊

▲ 队列训练

学院1946年组建于吉林通化，1974年迁至徐州，1986年更为现名，是一所具有光荣传统与优良校风的中级指挥岗位任职教育院校，主要培养工程兵军、政指挥干部和教学科研人才，是全军首批军事硕士专业学院研究生培养试点单位。

# 工程兵指挥学院

▲ 登陆作战网上演练

▲ 精心备课

▲ 初级队学员毕业综合演练

▲ 2004届毕业学员岗位任职能力考核

▲ 心理行为训练

▲ 烟幕伪装

# 徐州工业职业技术学院

2002年6月，经江苏省人民政府批准，在徐州化工学校基础上建立徐州工业职业技术学院，2004年学院为两校区教学：黄河校区、九里校区，有六系一部，全日制大专在校生4291人，五年高职学生4000余人。

▲ 团结奋斗的领导班子 左起：王建强、朱士中、周立雪、金万祥

▼ 九里校区建设效果图

◀ 数控实验中心

黄河校区一角 ▶

▲ 九里校区风光

▲ 丰富多彩的文体活动

# 铜山县教育局

坐落在美丽的铜山新区，全县教职员工1.3万余人，幼儿园64所，小学128所，普通中学44所，职业中学5所，进修学校和特教中心各1所。历经危房改造、布局调整、“三新一亮”和课程改革的洗礼，2004年被省教育厅确定为“六有”工程省级试点县，已全面完成“六有”工程预定目标任务。全县普通高中本科上线率和职业高中对口单招上线率走在全市前列。

▲ 省教育厅副厅长周稽裘(右一)到张集职业高中调研

▲ 铜山县“六有”工程成果掠影：①优美整洁的校园，②明亮宽敞的餐厅，③干净卫生的水冲厕所

▲ 铜山县2004年中小学教学工作会议

▲ 创编唢呐合奏《汉娃》赴江苏教育台为庆祝第二十个教师节演出

▲ 苏北五市“六有”工程研讨会在铜山县召开

2004年，邳州市教育局全面落实科学发展观，努力办好让人民满意的教育。高考本科上线2501人，五项指标均名列徐州市第一；“布局调整”、“三新一亮”工程全面完成；济困助学工作受到省教育厅表彰。

# 邳州市教育局

▲ 邳州市委书记李连玉(前)、副书记郭克荣(左二)、副市长葛宝堂（右一)为特困学生捐款

▲ 教育局局长吕岩

▲ 局领导班子研究工作

▲ 徐州市高考工作会议在邳州召开

▲ 徐州市扫盲工作经验交流会在邳州召开

▲ 春节前夕，局领导慰问离退休老同志

▲ 教师节文艺演出

# 新沂市教育局

新沂市教育局开拓进取，奋力拼搏，全面完成布局调整、“三新一亮”工程和“六有”工程任务。“教育质量年”、“质量在课堂”、“走进校本”等主题系列活动的开展促进全市教师队伍素质和教育教学质量的提高。

▲ 新沂市教育局局长、党委书记高行令

▲ 徐州市教育局副局长曹孟军（右二）在新沂指导工作

▲ “六有”工程现场会上，局长高行令向与会人员介绍“六有”工程实施情况

▲ 团结奋进的局领导班子

▲ 省教科院、省教育学院·《学校管理》杂志社在新沂市举办的“金秋马陵论坛”会场

▲ 新沂市教育局“走进校本”现场会高中现场

▲ 区委书记徐进(中)陪同段雄副市长(左二)到大马路小学检查安全工作

▲ 束志明区长陪同朱勤虎副市长在民主路小学接见德国友人

▲ 市教育局宋农村局长（右三）、曹孟军副局长（左）视察鼓楼区教育工作

▲ 文教体局党委书记、局长王洪波

鼓楼区现有省实验小学5所(其中三星级3所)，市实验小学3所，市模范小学3所，省、市级实验、示范学校(园)已达13所，占校(园)总数的46%。全面完成了“三新一亮”、“六有”、“校校通”工程。2004年被徐州市委授予“先进基层党组织”“先进集体”称号。

# 鼓楼区文教体局

▲ 鼓楼区青山青少年素质教育基开营剪彩

▲ 区委书记徐进(左)向获得教育教学突出奖的老师颁奖

▲ 第十一届区中小学运动会开幕式

# 泉山区文教体局

▲ 领导班子共谋发展，构建均衡教育蓝图

2004年按照市委书记徐鸣“泉山区要围绕‘标准化建设，无差别教育’探索新办法”讲话精神和区委、区政府“四个一流”发展教育的要求，围绕“确保义务、促进民办，做强品牌、实现均衡”的总体思路，努力创办人民满意教育，建成了一批省市模范、实验学校和特色学校。

▲ 科研引路，打造一流师资队伍

▲ 丰富活动，争取一流教育质量

▲ 整合资源、创建一流育人环境

# 彭城老年大学

▲ 市长李福全（左）带领市政府有关部门负责人到校现场办公。市人大常委会主任、彭城老年大学董事长兼校长王希龙（右）为市长李福全颁发“名誉校长”聘书

▶ 彭城老年大学副校长杨裕华（右二）、左端义（左一）、袁法训（右一）与徐州籍台胞学员李颖萍女士（左二）交谈

▲ 校舞蹈队在《动感徐州》大型演出中作精彩表演

▲ 彭城老年大学学员在上钢琴课

# 徐州市教育局工会

▲ 欢迎参加中国工会十四大代表李海琳(左二)凯旋归来

▲ 2004 年教育局举行“红烛行动”启动仪式。宋农村局长(左一)和曹孟军副局长现场捐款

▲ 2004年评选的(2001–2003)年市劳动模范吕锡扬(左一)、高青(左二)、刘巨达(左三)、李志坚

▲ 2004 年省第三届教育局长杯乒乓球比赛在徐州举行，市教育局荣获团体第三名，张建勋副局长(中)在领奖

▲ 市教育局代表队与日本代表队在“中日韩埠际妈妈乐”乒乓球比赛活动中心合影

▲ 2004 年组织县、区和直属单位工会主席到苏州参观学习

▲ 毛泽东诞辰 110 周年“师生同唱一首歌”，局机关合唱队获市一等奖

# 徐州教育科学研究所

徐州教育科学研究所成立于1984年。经历20年风雨历程和执着追求，营造了全市教育科学研究网络，取得了丰硕的科研成果。

▲ 所长：郑 飞

▲ “九五”课题成果展

▲ 定期开展学术研讨沙龙

▲ 全体工作人员合影

▲ 经常举办大型学术交流活动

▲ 全市“十五”规划课题开题大会现场

▲ 省教育厅副厅长丁晓昌(前中)在徐州市城市语言文字迎评工作会议上讲话

▲ 徐州市教育局宋农村局长(左)与邳州市教育局吕岩局长(右)签订高考目标责任状

▲ 徐州市中学学科教研基地成立大会现场

▲ 2004 年徐州市高考工作会议在邳州市召开

# 徐州市教研室

▲ 第七届全国推广普通话宣传周活动现

# 徐州市第十三中学

始建于1964年。先后荣获省教育先进学校、省示范初中、省电化教育实验学校、市规范学校、市文明单位等称号。学校崇真务实，厚德敬业，以“双语教学加民族艺术教育”为办学特色，努力创办“高素质、现代化、有特色”的中国名校。

▲　十三中师生赴加拿大学习交流启程仪式上与有关领导合影

▲　赵良厅校长在40年校庆典礼上致词

▲　四十年校庆暨文化长廊落成剪彩仪式

▲　市领导参观文化长廊

▲　古筝演奏

▲　表演太极拳

▲　端庄秀丽兰雪亭

创办于1999年，是一所全日制民办完全中学。学校坚持以法办学、从严治校，以特色求发展的办学思路。学校设施先进，师资力量强，教学质量稳步提高，已成为徐州民办教育的一颗新星。

▲ 彭城中学教学校

# 彭城中学

▲ 董事长周汝澍(左)与顾问、原江苏省教育厅副厅长、国家督学周德藩(右)谈办学思路

▲ 董事长、法人代表周汝澍（中），副董事长、校长刘尊武（右），副董事长杨德福（左）

▲ 外籍教师在主持学校英语角活动

▲ 学生上电脑课

▲ 美丽的校园一角

▲ 校领导班子（左二为校长、党支部书记王本省）

▲ 校领导考察学生实习情况

# 徐州市四职中

学校成立于1982年。是市区惟一以机械、汽车运用专业为主的职业学校。学校重管理、重过程、重态度、重发展，形成了突出实用技术，让学生学有所长、学以致用的办学特色。学校先后被评为市文明单位、安全先进单位。系市劳动局车工、焊工、汽修专业的培训与技术鉴定基地。

▲ 预备役专业的学生光荣入伍

▲ 毕业生在徐工集团工作

▲ 学生在车工车间实习

▲ 学生在数控车间实习

▲ 毕业生在汽修厂工作

# 徐州市公园巷小学

▲ 营建“书香校园”

这是一所历经90年沧桑的江苏名校。先后被评为省实验小学、省三星级实验小学、省文明单位、省现代教育技术示范学校、省绿色学校，省心理教育实验学校，中德合作促进基础教育项目示范学校。2004年11月，学校被推荐参加省首批艺术特色学校评选。

▲ 锐意进取的领导班子（右四为校长、党支部书记胡钢）

▲ 承办全省中小学党建工作现场会

▲ 多次向市、区举办校本教研研讨会

▲ 开展“文明乘车”活动

▲ 坚持走“艺术教育”特色办学之路

# 丰县广宇中英文学校

▲ 校长马树兵

始建于2004年初。是丰县第一所集小学、初中、高中于一体的12年一贯制的大规模、高档次、现代化民办学校。有学生1700多名，来自省内外骨干、优秀教师100多人。有现代化教学楼，宽敞明亮的餐厅，舒适、安静的学生公寓。

▲ 双语教学

▲ 朗读的魅力

▲ 英姿飒爽的军训队员

▲ 市、县、镇领导参加建校奠基剪彩

▲ 武术表演

ABC ABC

# 丰县套楼中学

▲ 校长王传新

始建于1958年。学校确立“课堂大容量，课外大扩展，辅导个体化，教学层次化”的教学目标，提出“以人为本，质量为魂”的指导思想。2004年12月被评为徐州市绿色学校。

▲ 课间操

▲ 领导班子

▲ 课堂教学

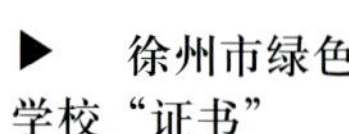

▶ 徐州市绿色学校“证书”

◀ 校园文学刊物《莹石》

▲ 读书长廊

始建于1980年，是一所颇具特色的农村初级中学。1995年，由李鸿民倡导，旅台同乡人李传志、李兴汉等捐资兴建两座教学楼和黄楼艺术碑廊。又设立“黄楼旅台同乡奖学金”，黄楼人正用智慧和汗水让文明进步的新黄中重新崛起于状元之乡。

▲ 丰县黄楼初级中学

# 丰县黄楼初中

▲ 团结拼搏的领导集体

▲ 阅览室

▲ 专心读书

碑廊記

▲ 碑廊记

▲ 李蟠的状元诗碑

▲ 李蟠碑廊

# 睢宁县朱集中学

▲ 校长杨祥君

创建于1958年。2004年有26个教学班，在校学生2000余人，学校教育教学设备齐全，环境优雅，已通过江苏省“实施教育现代化工程示范初中”评估验收。

▲ 领导班子绘制学校远景蓝图

▲ 校园一角

▲ 第二微机室

▲ 省实施教育现代化工程示范初中验收组反馈意见

▲校长张成兰

# 睢宁县职工子弟小学

2004 年有 24 个教学班，1500 名学生。教职工 60 余人，其中小学高级教师 40 人，大专学历 52 人，学历达标率 100%。学校配备地面卫星接收系统、闭路电视系统等现代化教育设施。

▲ 各类奖牌

▲ 团结奋进的领导班子　　▲ 省级课题研讨会

▲ 课内外结合关注环境保护

▲ 如画的校园

学校获得县广播操比赛一等奖和县优秀中心小学、市德育先进学校等称号，为徐州市小公民道德建设实践示范基地，徐州师范大学未成年人思想道德建设实践服务基地。

▲ 徐州军分区政治部领导到学校开展捐资助学活动

▲ 省级课题组全体成员

▲ 副省长王湛（右二）及市、县领导到学校视察

▲ 一流的广播体操

▲ 徐师大“未成年人思想道德建设实践服务基地”揭牌仪式现场

# 睢宁县双沟镇中心小学

▲ 校园一角

▲ 校长、校党总支书记高超

始建于1903年，2002年8月迁新址。先后荣获市文明单位、市德育工作先进学校、市花园式学校、市绿色学校、市教育综合治理与安全工作先进单位、县安全文明校园、县教育教学先进单位等称号。

▲ 承办全县小学教育教学现场会

▲ 县长丁维和（右）、副县长袁强（中）到学校检查指导工作

▲ 市、县人大代表到学校视察工作

▲ 环境优美的校园

▲ 课改研讨课

▲ 学校校门

# 邳州市第三中学

始建于1983年，省二星级学校。学校弘扬“负重拼搏，争先腾飞”的精神，先后被评为徐州市德育先进学校、百佳校园、民主管理先进单位；荣获邳州市教学工作先进集体、绿色学校、安全综治先进集体等称号。

▲ 邳州市委书记李连玉（前左一）到校视察

▲ 校长兼党支部书记冯仰会（邳州市名校长）

▲ 庄严的升国旗仪式

▲ 学校领导班子

▲ 新课程标准研讨课

▲ 信息技术教学

# 邳州市铁富高中

始建于1956年。2004年创建为江苏省三星级高中，本科上线240人，位居邳州市第三名，荣获邳州市教学工作先进单位、省现代化技术实验学校和省爱国卫生先进单位等称号。

▲ 校长、党支部书记郭允田

▲ 校领导班子研究工作

▲ 学科组教师研讨教改

▲ 教师指导学生绘画

▲ 学校艺术教育

▲ 校园一角

# 邳州市岔河高中

始建于1958年，1991年实现高、初中分离。2004年有30个教学班，1800余名在校生。坚持“育人为本、发展为本、创新为本”的治校方针，高考升学率连年攀升。先后被评为江苏省招飞工作先进单位、徐州市德育工作先进校、徐州市爱国卫生先进单位。

▲ 校长兼党支部书记周玉龙

▲ 教师指导学生学电脑

▲ 新团员宣誓

▲ 教师指导学生绘画

▲ 受表彰的学生

▲ 教学大楼

# 邳州市官湖高中

▲ 喷泉夜景

▲ 校长黄继勇

始建于1959年。1998年被评为江苏省重点高中。2000年8月高初中分设,为官湖高级中学。先后获江苏省德育工作先进校、徐州市体育传统项目学校、邳州市双文明先进集体、邳州市教学工作先进单位等称号。

▲ 学生与外籍教师在一起

▲ 教师在网上查阅资料

▲ 学校《蓝风》小记者在活动

# 邳州市宿山中心中学

▲ 校长兼党支部书记杨安民

始建于1988年。2004年有教学班54个、学生3400人、教职工190人。学校以人为本，教学质量稳步提升，连年被评为邳州市教学工作先进单位，2002年被评为江苏省德育先进学校。

▲ 校领导班子研究工作 ▲ 学校大门

▲ 元旦文艺演出 ▲ 青年教师在演出 ▲ 学生在做广播操

# 邳州市炮车中学

▲ 学校姊妹宿舍楼投入使用

该校建于1956年，坐落于邳州市东城区，先后获江苏省德育先进学校、江苏省体育传统学校等荣誉称号，连续5年高考本科上线过百人。2004年高考本科上线136人，应届上线率、应届保优率名列邳州市第一。

▲ 葛宝堂副市长（右一）陪同省教育厅关工委副主任袁云庭（左一）视察学校

▲ 校长、党支部书记陈雷（中）与领导班子成员共商发展大计

▲ 部分教师和外籍教师在一起

# 邳州市赵墩镇教办

▲ 教学楼

2004年全镇有小学8所，中心园2所，其中省体育传统校1所，邳州市教育先进学校2所，邳州市绿色学校4所。教办先后获得江苏省未来科学家知识竞赛先进单位、徐州市教育先进集体、邳州市教师继续教育先进单位等称号。

▲ 教办主任胡恒仁（右一）深入学校调研

▲ 教师指导学生学电脑

▲ 庆祝教师节，表彰先进

▲ 庆“六一”文艺演出

# 邳州市邢楼镇教办

▲ 教办主任鹿丙奇

▲ 教师上课改实验课

▲ 教办全体成员研究制定管理措施

▲ 学生操作电脑

▲ 省、市领导听取邢楼镇布局调整工作汇报

▲ 中心幼儿园师生汇报演出

邢楼镇现有中学1所，小学5所，中心幼儿园1所。共有学生9120人。2004年顺利通过省、市"中小学布局调整"、"危房改造"和"三新一亮"工程验收。被评为邳州市教学改革先进集体和教学工作先进集体。

▲ 徐州市模范学校——邢楼小学

创建于2001年，2004年有136个班，在校学生7000名，专任教师430人，其中徐州市、邳州市名优教师160余名。以一流的速度建设一流的学校，教育教学成绩斐然。

▲ 气势恢宏的校园外景

# 邳州市明德实验学校

▲ 邳州市教育局副局长、明德实验学校党总支书记、校长沙正礼

▲ 江苏省委副书记张连珍（左二）来校视察，邳州市委书记李连玉（左一）、市长王昊（左三）陪同视察

▲ 校领导班子成员共商学校发展大计

▲ 引入外教，凸显外语教学特色

▲ 明德实验学校党总支委员会成立

▲ 丰富多彩的校园活动

# 邳州新世纪学校

▶校长、党支部书记顾志溥

创建于1996年。在抓好学历教育的同时，着力发展职业技术教育，开设电子技术应用、机电技术应用、计算机技术应用等专业。连续三届向青岛、无锡、苏州、上海等地输送500余名专业技术人才，取得良好的社会声誉。

▲ 学生军训

▲ 计算机考试

▲ 课余文娱活动

▲ 英语课堂教学

▲ 校长、党支部书记王启乐

新沂市瓦窑中学坚持走科研兴校之路。先后荣获全国艺术教育先进集体、全国教育科学“十五”规划国家重点课题先进实验学校、江苏省科技知识竞赛先进集体、徐州市德育先进学校等称号。

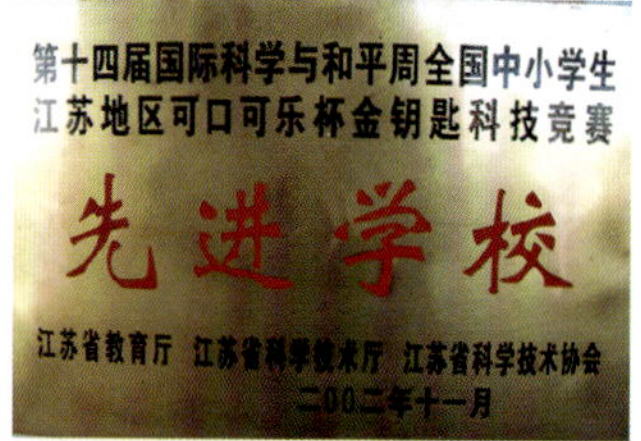

第十四届国际科学与和平周全国中小学生
江苏地区可口可乐杯金钥匙科技竞赛
先进学校
江苏省教育厅 江苏省科学技术厅 江苏省科学技术协会
二〇〇二年十一月

授予：江苏省新沂市瓦窑中学
2004年度
艺术教育先进单位

全国教育科学“十五”规划国家重点课题
“整体构建学校德育体系深化研究与推广实验”
2004年
先进实验学校
中央教育科学研究所 学校教育研究部 德育研究中心
总课题组江苏实验区

▲ 徐州市委常委、新沂市委书记周玉龙（左二）视察瓦窑中学

▲ 学校被确定为“十五”规划国家重点课题先进实验学校

▲ 校长王启乐（左一）向省政府教育督导团汇报工作

▲ 中央教科所焦荐主任、孙敏教授、外籍教师来瓦窑中学讲学

# 新沂市瓦窑中学

▲ 前进中的瓦窑中学

# 新沂市钟吾中学

▲ 优美怡人的育人环境

创建于2002年8月，是新沂市教育局直属的公办民助学校，秉承省重点中学50多年的文化底蕴，弘扬“团结拼搏、敬业爱生、竞争协作、争创第一”的钟吾精神。突出英语、计算机的特色教学，“校风正、学风浓”，短短两年多时间，教育教学成绩硕果累累，2004年顺利通过江苏省现代化工程示范初中、徐州市德育先进校的验收。

▲ 校长、党支部书记郭振京

▲ 新沂市市长冯其谱（左三）、教育局局长高行令（右二）到校视察

▲ 践行课改 走进课堂

▲ 遨游网络世界

▲ 丰富多彩的课外活动

# 新沂市王楼中学

▲ 校长、党支部书记谢嘉君

创建于1960年，是新沂市西部惟一的农村完全中学。西傍京杭大运河，南邻骆马湖，北靠东陇海铁路和连霍高速公路，环境优美，交通便利。2004年有班级70个，在校生4618人。教职工248人，高级教师12人，中级教师80人。

▲ 谢嘉君校长(左一)主持体育教学部竞聘活动

▲ 综合办公楼掠影

▲ 球赛精彩场面

▲ 校园八景之一（前庭物候）

▲ 语音室

▲ 校图书馆被评为省“二级”图书馆

# 新沂市阿湖镇中心小学

▲ 校长、党支部书记孙光乾

学校以"新教育实验"为平台，营造书香校园，丰厚文化底蕴，促进"以人为本"的发展，在教育教学领域取得了令人瞩目的成绩。

▲ 苏州市副市长、苏州大学博士生导师朱永新（中）到校指导新教育实验

▲ 充分利用"教育在线"等网络资源

▲ 新教育实验总课题组授牌

▲ 跳绳、踢毽队获省"新毽杯"第一名

▲ 阅读经典表演赛

▲ 师生共写日记，作品结集出版

# 徐州市第二十六中学

▲ 市教育局长宋农村（中）与鼓楼区文教体局局长王洪波（左）、26中权运太校长研究综合教学楼方案

创建于1958年，占地4.86公顷，建筑面积16240平方米。拥有40个教学班，在校学生2000多名，教职工140余人。学校先后被评为江苏省德育先进学校、江苏省体育传统学校、徐州市文明单位、徐州市实施文明交通工程先进集体、徐州市安全文明单位、徐州市最安全学校、江苏省棒垒球工作先进集体等。经国家体育总局批准成立徐州市“汉风”青年体育俱乐部。

▲ 校长权运太

▲ 校棒垒球队载誉归来

▲ 市人大副主任刘相(右)到校视察

▲ 特色班画室

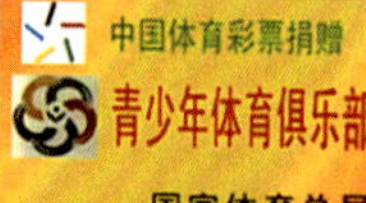

徐州市文明单位
Civilized Unit in Xuzhou City
（2000、2001）

中国教育学会生活作文课题
研究基地

中国体育彩票捐赠
青少年体育俱乐部
国家体育总局

江苏省体育传统项目学校
2005-2008年度
江苏省体育局
江苏省教育厅
二〇〇四年十二月

江苏省
德育先进学校
江苏省教育厅

▲ 学校综合楼

始建于1982年。坚持"优化环境，丰富内涵，创建特色，提高质量"的发展思路。提出建立"精神文明建设基金"的建议，被江苏省委采纳，是市文明单位和市绿色学校。2004年中考成绩全区第一。

# 徐州市九里区杨屯中学

▲ 校长黄维桢

▲ 校领导班子成员

▲ 多彩的校园文化

▲ 实践活动—走进自然

▲ 精彩的篮球比赛

▲ 幽雅的绿色校园

# 徐州市黄山中心小学

▲ 学校党支部书记、校长邢传备

▲ 校领导班子

▲ 学校领导指导教师业务学习

▲ EPD教育全国工作委员会秘书长杜越（左二）等到校视察

▲ 学校领导指导学生艺术创作

▲ 民族舞蹈博得外宾好评

▲ 学生现场作画

始建于1945年。先后获得省现代教育技术实验学校、省群众体育先进单位、市文明单位、市德育先进学校、市绿色学校，市体育工作先进集体等30余项荣誉称号。该校有一千多幅书画作品在国内外获奖。

# 《徐州市教育年鉴(2005)》编审人员名单

主　　编　宋农村

副 主 编　郭成立　谢树庭　张宝民

审　　稿　宋农村　曹孟军　张建勋　李玉良

　　　　　郭成立　顾玉华　李　予　徐保卫

编　　辑　谢树庭　杨学全　魏义贞　江啸霞

# 编辑说明

一、《徐州市教育年鉴》是一部专业性资料工具书。在中共徐州市委教育工作委员会、中共徐州市教育局委员会、徐州市教育局的领导下,由教育志编写办公室主持编纂。创刊于1996年,每年一期。

二、2005卷《徐州市教育年鉴》记述2004年徐州市教育发展情况。

三、2005卷《徐州市教育年鉴》篇目设置为:特载;第一编教育总述;第二编教育行政;第三编党委工作;第四编县(市)区教育;第五编各类教育;第六编先进介绍。

四、2005卷年鉴收录的资料,由各级教育行政部门及各级各类学校撰写并经单位领导审核。

五、《徐州市教育年鉴(2005)》编纂出版过程中,得到中国地方志指导小组办公室、中国地方志协会、中国版协年鉴研究会、江苏省教育厅、省地方志办公室、省年鉴学会、方志出版社、徐州市史志办公室的关心指导,得到全市教育工作者和有关部门的支持,在此一并表示感谢。由于编辑水平有限,恳请各级领导、同人和广大读者提出宝贵意见,以便进一步提高年鉴质量。

# 目 录

## 特 载



## 第一编 教育总述



## 第二编 教育行政

## 第三编 党委工作

## 第四编 县(市)区教育

○　**泉山区**



○　**九里区**



○　**徐州经济开发区**

# 第五编　各类教育

# 第六编　先进介绍

# 特 载

## 再说“无差别教育”

中共徐州市委书记 徐 鸣

• 所谓“无差别教育”，就是要在九年制义务教育阶段做到“三个无差别”，即“学校基础设施‘无差别’”、“学校资金投入‘无差别’”、“学校师资力量‘无差别’”，实现基础教育的均衡发展。

• 现在的主要问题是教育的不平衡更加突出地表现在一个城市内、甚至一个城区内，重点学校和非重点学校、公办学校和民办学校之间存在着种种差异。这种差异给受教育者带来的冲击更加直接，而这种差异恰恰是人为的、体制因素造成的。

• 重点学校与非重点学校的发展差异，从某种程度上讲，不是政府对教育投入不足造成的，而是政府公共资源的不合理分配造成的。我们有必要对我国发展的基本方针作一次全面审视和慎重抉择。

今年初，我发表过两篇文章，倡导在九年制义务教育阶段积极推行“无差别教育”。所谓“无差别教育”，就是要在九年制义务教育阶段做到“三个无差别”即“学校基础设施‘无差别’”、“学校资金投入‘无差别’”、“学校师资力量‘无差别’”，实现基础教育的均衡发展。我认为，在九年制义务教育阶段积极推广“无差别教育”，真正贯彻了《中华人民共和国教育法》提出的公民“依法享有平等的受教育机会”的思想，使广大青少年学生都能够享有良好的、平等的教育，充分感受到社会教育的宽容和公正，这对广大青少年学生的健康成长十分有利。倡导“无差别教育”，致力于教育均衡发展，应该成为社会主义教育事业发展的一个基本指导思想。文章发表后，激起了较大的社会反响，绝大多数人赞成“无差别教育”，但也有人对“无差别教育”提出了一些疑问。这里，我针对一些人的疑问，再说“无差别教育”。

有人问，在经济社会发展不平衡的今天，教育能够实现“无差别”吗？我们说，我们倡导“无差别教育”，目的是致力于教育的均衡发展，使每一个受教育者都有平等接受教育的机会。尽管我国现阶段经济社会发展存在着不平衡现象，这种不平衡现象在短时间内也不可能完全消除。但是，我们现在的主要问题还不完全是地区经济社会发展差异造成了教育发展的不平衡，教育的不平衡更加突出地表现在一个城市内、甚至一个城区内，重点学校和非重点学校、公办学校和民办学校之间存在着种种差异。这种差异给受教育者带来的冲击更加直接，而这种差异恰恰是人为的、体制因素造成的。我国目前的教育管理体制以市、县、区为基本单位，在一个市、县、区单位内，合理配置教育经费、师资等资源，完全能够实现教育的区域均衡发展。根本还在于我们如何认识教育？如何来办教育？

有人说，差别化教育的根源来自社会对教育的不同需求。教育要满足不同层次的社会需求，这似乎很有道理。而这道理的实质是，有些人认为他(她)有条件要求他们的子女受到优于其他人的高水准教育。这一些人想必是有一定的经济等方面的实力的。我们说,问题不在于这一些人怎么需求,而在于法律规定了我国九年制义务教育是政府主导的公共教育,用政府的公共资源去满足少数人的需求,这是完全没有道理的。政府最重要的职责是公正,公正合理地分配教育资源,尽最大努力使每一个受教育者平等地接受基础教育。

有人讲,受教育对象单体素质各有差异,因人施教符合教育规律。我们似乎应该承认,教育对象存在着先天性差异,而问题在于九年制义务教育属于基础教育,在基础教育阶段教育对象的先天性差异又能在多大程度上表现出来呢?再说,即使有一些孩子天赋异禀,我们难道就为了极少数天赋异禀的孩子而放弃整个社会平等教育的原则吗?教育界历来有大众教育还是精英教育的争论。我认为,在我国来说,九年制义务教育阶段应该强调的是大众教育,给每一个受教育对象创造良好的平等教育机会,如果精英教育应该存在的话,那也是高中、大学阶段的事情。这是因为,我们的社会,需要精英,也需要普通的劳动者。

有人称,地方政府对教育投入不足,逼迫教育走上产业化道路,这是造成教育发展不平衡的重要原因。我认为,事实并不完全是这样。我们所讲的教育发展不平衡并不完全表现在经济发达地区与经济欠发达地区教育的比较上,而是表现在同一地区教育发展的不平衡性。在一些经济发达地区同样存在着教育发展的严重不平衡。重点学校与非重点学校的发展差异,从某种程度上讲,不是政府对教育投入不足造成的,而是政府公共资源的不合理分配造成的。而一些地方民办学校的过度发展,则根源于少数地方政府对九年制义务教育责任的放弃。教育产业化遭到了社会的广泛质疑,但教育产业化也确实给相关方面带来了不同性质的“好处”。有的学校或者企业愿意为教育“埋单”,地方政府乐观其成,问题是这些学校或者企业的“埋单”又最终落到了学生家长的身上。

从当前社会对教育的种种议论看,我们对基础教育如何健康发展存在着不同的认识。这是社会进入转型期后对教育作出的一种反应,问题的关键是政府的教育政策不能受利益群体的影响。我们有必要对我国教育发展的基本方针作一次全面审视和慎重抉择。我依然认为,“无差别教育”应该成为我国一项重要的教育政策,成为广大教育工作者不懈追求的目标!

(原载《文汇报》2004 年 12 月 6 日)

# 努力建设一支高素质教师队伍

## ——在徐州市庆祝第20个教师节暨优秀教师表彰大会上的讲话

中共徐州市委书记　徐　鸣

尊敬的各位老师,同志们:

今天我们在这里隆重集会,庆祝第二十个教师节。首先,我代表市委、市人大、市政府、市政协向辛勤工作在教育战线上的广大教师和教育工作者致以节日的问候,向受到表彰的优秀教师和教育工作者表示热烈的祝贺!

近年来,我市教育战线坚持以邓小平理论和"三个代表"重要思想为指导,认真贯彻党的教育方针,积极实施"科教兴市"战略,不断深化教育改革,加快推进教育发展,有力地促进了我市改革开放和现代化建设。"以县为主"的义务教育管理新体制基本建立,办学体制改革不断深化,优质教育资源不断扩大;高等教育、职业教育和成人教育发展迅速;教育投入持续增加,中小学布局调整和危房改造等教育重点工程建设成效显著,农村学校、薄弱学校的办学条件明显改善。"两基"成果不断得到巩固和提高;教师队伍结构不断优化,整体素质得到提高,素质教育全面推进,教学质量稳步提高;以治理中小学乱收费为重点的纠正行业不正之风工作取得显著成效。这些成绩的取得,是各级党委、政府高度重视教育,切实加强对教育工作的领导、优先发展教育的结果,是教育战线广大干部、职教员工辛勤劳动、共同努力的结果。

教师是人类灵魂的工程师。古往今来,人们把教师比作蜡烛,比作春蚕,比作人梯、铺路石、园丁。今天这次会议上受到表彰的600多名优秀教师和教育工作者,是全市10万名教职员工的杰出代表。他们中既有忠于职守、勇于开拓、治校有方的学校领导,也有倾尽爱心、精心育人、教育教学成果显著的普通教师;既有埋头苦干、兢兢业业、任劳任怨、几十年如一日无私奉献的老教师,也有初登讲台、脚踏实地、谦虚好学、实绩优异的教育新秀。正是有了这样一支爱岗敬业、教书育人的优秀教职员工队伍和这样一种教育团队精神,我市的教育事业发展才会有今天的良好局面。

国运兴衰,系于教育;建现代化徐州,必须办现代化教育。今年6月召开的市委工作会议,明确提出了"建设以人为本、全面协调可持续发展的徐州"的宏伟目标。这对教育工作提出了更高要求,全市教育战线要肩负起更加光荣而艰巨的历史使命,积极推进教育改革和发展,加快我市"两个率先"进程。

我们要树立和落实科学发展观,促进教育全面协调可持续发展。全面实施素质教育是实现人的全面发展的基础,不仅基础教育要坚持实施素质教育,高等教育和职业教育在以经济社会需求、以就业为导向的变革中,更要加强人文素质教育,尤其是坚持把理想信念教育放在首位,促进受教育者德智体美诸方面发展。各级党委、政府和教育部门要从徐州的现代化建设事业全局出发,全面审视教育事业特别是基础教育事业的发展,发挥优势,扬长补短,按照科学发展观的要求,正确把握好发展的节奏、发展的方向,统筹兼顾城市教育和农村教育,义务教育和非义务教育,高等教育、基础教育和职业教育,公办教育与民办教育等各类各层次教育,建立充满生机活力的现代化教育体系和终身教育体系,促进教育事业持续、健康、协调发展。

我们要坚持以人为本,深化改革,努力提高教育教学质量。教育是一门科学,是培养人的事业,现代教育思想的核心是落实以人为本,把提高人的发展能力和创新能力作为根本出发点和落脚点。徐州是江苏的人口大市、教育大市,但我市的教育水平与我市的人口总量、区域地位、群众期盼还有距离,与先进地区相比还有明显差距,必须以提高全民素质和创新能力为重点,深化教育改革,提高教育质量和办学成效,努力把我市打造成为名校迭出、名师辈出、人才济济的教育强市。为此,要更加重视教育科研工作,提高教育科研水平,用先进的教育思想和方法改进教育、教学工作。要加快教育体制改革步伐,把"以学生为中心"的指导思想贯穿于教学工作的各个环节,优化教育结构,改革培养模式,提高义务教育质量,提高高考升学率,提高高等教育办学水平。要积极创新办学方式,在不断加大财政投入的基础上,积极鼓励支持社会力量兴办各种类型、不同体制的学校,逐步完善以政府办学为主、多种形式办学并存的新格局。要加强学校管理,树立科学严谨的校风,建立健全管理制度,抓好各项制度的落实,强化对学校的考核、督查和评比,促进均衡发展,形成你追我赶、争办名校的氛围,力争通过2～3年的不懈努力,使徐州的基础教育实现苏北领先并逐步进入苏中行列。

我们要加大培养力度,努力建设一支高素质的教师队伍。百年大计、教育为本,教育大计、教师为本。教师是学校改革发展的主要力量,也是学校始终充满生机和活力的源泉所在。要把教师队伍建设作为学校发展的根本大计来抓,努力建设一支师德高尚、素质优良、数量足够、结构优化的教师队伍。要围绕增强学校对教师的吸引力和稳定教师队伍,以能力、业绩为导向,改革完善教师评价和聘用机制,干事有舞台,发展有空间。要加强教师教育和继续教育,通过全员培训和终身学习,不断提高教师尤其是农村教师整体素质,重点培养一批在全市全省有影响力、有知名度的名师、名校长,带动整个教师队伍素质的提高。广大教育工作者要自觉加强学习和研究,加强师德修养,热爱学生,言传身教,为人师表,以高尚的情操引导学生德、智、体全面发展,为徐州培养更多更好的人才。

各级党委、政府要高度重视教育,努力营造尊师重教的浓厚氛围。今天的教育就是明天的经济,抓教育就是抓发展。各级党政领导同志要牢固树立教育兴则一兴百兴、教育强则一强百强的观念,真正把教育摆到优先发展的重要位置,紧抓不放。要切实加强教育系统和学校领导班子建设,真正把懂教育、熟悉教育、热爱教育、德才兼备的教学骨干放到教育领导岗位上来。要认真贯彻落实《中华人民共和国教师法》,依法维护教师的合法权益,热情关心广大教师的工作、学习和生活,千方百计为广大教师办实事、办好事。要加大对教育的宣传力度,积极引导社会舆论,促进教育发展。继续加强学校周边环境治理,严惩侵犯教师、学生权益的不法行为,为广大师生提供一个良好的工作学习环境。

同志们,教育是决定未来的事业,教师是塑造未来的职业。希望大家在光荣的人民教师岗位上锐意进取,勤奋工作,为建设教育强市,加快"两个率先"进程,建设全面协调可持续发展的新徐州做出新的贡献。

最后,祝徐州教育事业欣欣向荣、人才辈出,祝全市广大教职员工节日愉快,身体健康,合家幸福,事业有成!

(2004年9月10日《教育周刊》)

# 在全市教育工作会议上的讲话

中共徐州市委副书记 陈美行

(2005年1月21日)

同志们:

过去的一年,是我市教育工作倍受领导重视、社会广泛关注的一年,也是各类教育协调发展的一年。市委、市政府着眼"两个率先"大局,坚持科教兴市战略不动摇,从全市人民的根本利益出发,相继出台了《关于加快徐州高等教育事业发展的意见》、《关于加强全市三星级以上普通高中管理的意见》,在全市上下产生了良好反响。全市教育系统在困难多、矛盾多、挑战多的复杂形势下,以创新的思路破解难题,凝神聚力抓质量,全市教育改革和发展取得新的进展。在此,我代表市委、市政府向全市教育系统的广大干部职工和教职员工表示感谢和慰问。下面,我讲几点意见。

**一、深入学习贯彻和落实科学发展观,高度重视做好教育工作**

加强教育工作是落实科学发展观的重要内容,是建设以人为本、全面协调可持续发展新徐州的必然要求。建设现代化城市,必须办好现代化教育。贯彻落实科学发展观,赋予教育工作以新的更加重要的地位,教育从来没有像今天这样受到社会的高度关注,这既为教育发展提供了新的机遇,也对教育工作提出了新的要求,不重视教育是目光短浅的表现,是对群众的不负责任,也不是一个合格的领导干部。各级党委、政府要坚持以科学发展观统揽教育工作全局,既要重视经济发展,又要注重加强教育、科技、文化等各项社会事业,提高统筹发展的能力。县(市)区党政主要负责同志要亲自动手,抓教育规划,抓教育投入,抓教育系统领导班子的素质提高,解决突出问题;分管负责同志要集中精力抓各项措施的落实,特别是要把教育质量抓上去。市委、市政府以此来检验县(市)区党政主要领导和分管领导的工作实绩。

当前,我市教育工作进入了一个新的发展阶段,面临着一些新情况和新问题,如基础教育的教学质量问题、教育的均衡发展问题、职业教育与增加就业和劳务输出不相适应的问题等等,都影响了全市教育工作的整体水平,要引起大家的高度重视。针对这些问题,各级党委、政府和教育部门要认真组织专题调查研究,分析工作形势,找准工作中存在的薄弱环节,研究制定切实有效的工作措施,努力解决一批制约教育事业发展的深层次问题,使各地的教育工作在2005年都有新的突破。县(市)区分管教育工作的党政负责人和市教育局领导班子成员每人都要至少完成一个专题调研,解决一些实际问题。这次调研工作,各位负责同志都要及早安排,大家确定的调研题目要在春节前分别报给市委办、市政府办,交给我和段雄副市长,并由市两办把各位同志的调研专题通报给大家,相互启发。县(市)区主要负责同志和市其他有关部门的负责同志,都要支持分管教育领导和教育部门,通过调研解决教育工作中的实际问题,上上下下,齐心协力,实现教育工作的新突破。

**二、以提高教育教学质量为中心,办好让人民满意的教育**

一个孩子的成长关系着一个家庭的幸福,让每个孩子有学上、有好学校上是每个家长的最大愿望。教育已成为当前关系群众利益的头等大事,成为全社会关注的热点。各级教育部门和校长们一定要认清肩负的重大责任,始终把人民群众对教育的需求看作是自己的职责和义务,千方百计办好教育,使教育事业的发展成果惠及千家万户,体现出党委、政府和教育系统为人民群众办实事。

要突出提高普通高中特别是重点高中的教育教学质量。前不久,市委、市政府针对群众对普通高中教育教学质量的反映,经过专题调研,制订了《关于加强全市三星级以上普通高中管理的意见》,充分体现了市委、市政府对教育教学质量的高度重视,也反映了市委、市政府坚持以人为本,关注民情,为人民办实事,办好让人民满意教育的坚强决心。各级党委、政府和教育部门要深刻领会,统一思想,抓好落实。办好高中教育,学校是主体,校长是第一责任人。名校、名师、名校长三位一体,缺一不可。各级教育部门要抓好名师、名校长培育工程,建立有效的激励机制,培养一批徐州教育事业发展急需的名师、名校长。校长不同于一般的行政管理领导,要从繁杂的事务中解脱出来,把主要精力用在抓教育教学上。要建立校长工作日志制度,各级教育部门定期调阅抽查,对心思不在教育工作上的校长要及时调换。今年9月份,市里将对26所三星级以上普通高中教育教学质量进行考核,排出顺序,该奖励的给奖,该批评的批评。市教育部门和各县(市)区也要加强对其他普通高中的管理和服务工作,帮助解决实际困难并加强工作考核,促进普通高中教育均衡发展。要集中力量办好一些代表全市水平的重点高中,徐州一中要加快创建五星级高中,徐州三中要积极争取创建五星级高中,各县(市)区也要大力推进星级学校创建工作。

要下大力气抓好小学教育。教育教学是有规律的,仅仅抓住普通高中还是不够的,要从小学抓紧,一刻也不放松地抓紧。什么是素质教育,如何全面准确地理解素质教育的内涵,有些地方和小学认识是有偏差的。各级教育部门要认真研究在取消小升初考试的新情况下,如何提高小学的教育教学质量。市教育部门要尽快研究制定一套办法,科学评定小学教育教学质量,加强对县(市)区教育局特别是小学校长的考核,形成正确的导向。

要努力推动职业教育的跨越式发展。当前,社会对高技能人才的需求量越来越大,人民群众对职业教育的要求越来越高。培养一个高技能人才,就等于致富了一个家庭。职业教育是教育部门服务全市"两个率先"大局最直接、最有效的,这项工作做好了,教育部门在全局工作的地位就会提高,人民群众的满意度就会上升。各级党委、政府要高度重视和加强职业教育,加大政策支持力度,充分发挥职业教育在劳动力技能培训的主渠道作用,特别要在推进与苏南联合办学上取得新突破,提高学生的创新能力、实践能力和动手能力,让每一个学生都能得到充分就业。要认真贯彻市委、市政府《关于加快高等教育事业发展的意见》,抓紧做好徐州高职教育集聚区的规划工作,积极申办徐州高等职业技术学院,尽快做大做强徐州高职教育品牌。

办好让人民满意的教育,关键要形成一个好的体制和机制。要以改革的思路、整合的办法优化教育资源配置,需要整合的学校,在充分调研、做好准备的基础上,排除干扰,坚决整合,破除影响教育教学质量提高的体制性障碍。要深化干部人事制度改革、分配制度改革,使教师能上能下、能进能出,让一流的人才得到一流的待遇，一流的贡献得到一流的报酬，充分调动各个方面的积极性、主动性和创造性，形成合力抓教育教学质量的良好局面。

**三、扎实搞好保持共产党员先进性教育活动，进一步推进教育系统党的建设**

对教育工作全社会关注，对教育部门的先进性教育各级领导高度重视，省委李源潮书记把教育厅作为联系点，亲自参加动员会并作重要讲话。市教育局作为第一批开展教育活动的单位，要认真学习李源潮书记的重要讲话和市委领导同志的重要讲话精神，扎扎实实搞好教育活动，努力创造新鲜经验，在全市教育系统发挥示范和导向作用。

一是把实践“三个代表”重要思想，办好让人民满意的教育作为贯穿这项活动的主线。市教育局先进性教育活动要围绕这一主线来安排，并以此作为衡量活动成效的标准，真正把开展教育活动的成果体现在办好让人民满意的教育上。要通过教育活动，切实达到提高党员素质，加强组织建设，增强服务本领，推动教育事业发展的目的，使机关干部的精神面貌有新变化，工作作风有新转变，人民群众满意度有新提高。

二是着力解决在思想、作风、能力等方面存在的突出问题。要加强思想政治建设，用“三个代表”重要思想武装头脑、指导实践，坚定理想信念，忠诚于党的教育事业，把全部的智慧和精力投入到党的教育事业中去。要牢固树立群众观点，把人民群众的呼声作为第一信号，把人民群众满意作为第一标准，高度关注民情和舆情，对照人民群众的要求改进工作、转变作风，使所作出的一切决策和工作都能符合人民群众的意愿。要进一步加强机关作风建设，转变观念，转变职能，更好地为发展服务、为基层服务、为群众服务，努力使市教育局在全市第三次万人评议机关活动中位次明显提升。要高度重视党风廉政建设和反腐败工作，认真落实党风廉政建设责任制，坚持标本兼治、综合治理、惩防并举、注重预防的方针，着力在增强教育的针对性、制度的有效性和监督的公开性上下工夫，最大限度地有效预防腐败，把清正廉洁鲜明地写在教育系统干部队伍的旗帜上。

三是以求真务实的精神组织好这次先进性教育活动。关键是在三个环节上下工夫，严格学习，严于剖析，严肃整改，确保先进性教育活动经得起历史和群众的检验。市委教育工委和市教育局党委要切实加强领导，精心组织，周密部署，务求实效，防止走过场和形式主义。

同志们，当前全市教育工作面临着良好的发展机遇，各级党委、政府和教育部门要牢固树立和认真落实科学发展观，抢抓机遇，乘势而上，加快教育率先基本实现现代化步伐，为建设繁荣、文明、和谐的新徐州做出新的更大的贡献。

新春佳节将至，借此机会，给大家拜个早年，祝大家新年愉快，阖家幸福，万事如意！

# 在全市教育工作会议上的讲话

徐州市教育局局长　宋农村

(2005年1月21日)

同志们:

我们召开2005年全市教育工作会议,主要是学习贯彻党的十六届三中、四中全会和省教育工作会议精神,回顾总结2004年工作情况,研究部署2005年工作任务。陈书记和段市长还要作重要讲话。下面,我先讲两个方面的问题。

**一、2004年教育工作回顾**

2004年,是我市教育战线团结拼搏、奋发有为的一年,是与时俱进、开拓进取的一年。在市委、市政府正确领导和省教育厅指导下,全市教育战线面对困难多、矛盾多、挑战多的复杂形势,围绕"办人民满意教育"的宗旨,突出工作重点,强化内涵建设,积极推进无差别教育,全面提高教育教学质量,圆满完成了年初确定的各项工作任务。

1.基础教育工作成绩显著。义务教育成果进一步巩固,全市小学适龄儿童入学率、巩固率、毕业率达100%,初中毕业升学率达73%。全市幼儿入园率提高了2个百分点,幼教事业呈现恢复性发展的良好态势。协助市委、市政府制定《关于加强三星级高中教育教学工作的意见》,高中教学管理进一步规范。协助市政府组织召开了农村教育工作会议、制定出台了《徐州市人民政府关于进一步加强农村教育工作的决定》,促进了农村教育的发展。创建省级示范幼儿园6所、市级27所,市级实验小学20所,四星级学校3所,三星级学校4所,申报省实施现代化示范初中10所,扫除青壮年文盲3万人。残疾儿童少年免费入学及随班就读制度得到全面落实。课程改革稳步推进,"课改亮点展示"、"课改校校行"和"走进校本"活动在城乡学校广泛开展。德育工作紧紧围绕贯彻落实《中共中央国务院关于进一步加强和改进未成年人思想道德建设的若干意见》和教育部新修订的《中小学生日常行为规范》,以民族精神教育、养成教育、心理健康教育、校外教育等为重点,加强青少年校外活动场所建设,大力开展"争做文明人"、"书香满园"等一系列主题教育活动。创建市级"文明学校"16所。

2.职业教育、成人教育、高等教育、民办教育发展迅速。全市升入各类职业学校学生6.3万人,较上年增长43.2%,增幅全省第一。创建国家级重点职业学校6所,省市级示范专业44个,国家紧缺技能人才培养培训基地2个,处江北领先地位。对口单招上线率79%,录取率近70%,毕业生就业率95%以上。大力实施"两后双百"工程,培训初、高中毕业生5.1万人,转移输出4.6万人,超额完成市委、市政府下达的任务。高等教育稳步发展。普通高校在校生达10万人,高等教育自学考试年报考14万人次。中国矿业大学"211"工程建设进展顺利。矿大和医学院新校区投入使用,徐州工程学院通过"去筹"验收,经贸学校等5所高等职业学校正式挂牌。民办教育稳步发展,办学形式日趋活跃,基本形成了学历教育与非学历教育并举、全日制学习与业余学习并存、系统专业学习与职业技能培训并重的办学格局。

3. 重点工程建设进展顺利。全市完成撤销小学732所，丰县、沛县、睢宁县和邳州市的中小学布局调整工作顺利通过省教育厅考核验收，106个乡镇完成了“以乡镇为单位”的布局调整考核验收。“三新一亮”工程建设任务全面完成，全市累计投入资金2829万元，累计维修课桌椅170万套，新增课桌椅56万套，维修讲台4782张，新添讲台1.85万张，通电教室2.8万间，顺利通过省教育厅考核验收。铜山县作为省“六有”工程试点县，新沂市和邳州市作为我市“六有”工程试点县，丰县欢口等6个乡镇作为试点乡镇，工作进展顺利，多数试点单位已基本完成。贾汪区尽管不是试点单位，但自加压力，全部启动，目前也基本完成“六有”工程建设任务。省教育厅于10月22日在我市铜山县召开苏北五市试点县“六有”工程试点工作交流研讨会，总结推广铜山县实施“六有”工程经验。

4. 教育现代化建设步伐明显加快。投入1000多万元，为农村定点村小配备投影仪等教学设备，为80所农村中学配齐计算机教室。投入160多万元，为局直属中学改造校园网，配置多媒体投影仪和实物展示台。投入400多万元建成开通“徐州教育城域网”，完成市教育局网络中心与局直管学校的城域网连接。

5. 提高教育教学质量的各项措施进一步完善。市教育局利用寒暑假举办教育系统干部研修班，找准差距，分析问题，制订提高教育教学质量的措施。建立全方位教育教学目标责任制；制订和实施《徐州市中小学督导评估方案》、《徐州市教育局直属学校目标管理综合督导考核方案》，强化动态监控和督导评估。建立高、初中学科教研基地和学科中心组，加强重大课题研究，集中力量解决教育教学中的重点和难点问题。建立校长和教师奖励基金，对提高教育教学质量作出突出贡献的给予表彰奖励。2004年，全市高考本科上线人数、高分段人数、尖子生分数和进入投档资格线考生人数、录取人数等指标较去年进一步攀升。

6. 积极推进无差别教育。对徐鸣书记提出的无差别教育思想，教育系统多次组织专题研讨，进一步提高对在义务教育阶段推进无差别教育重要意义的认识。市教育局成立无差别教育领导小组，组织专门力量开展课题研究。泉山区、沛县等地分别承担“区域推进无差别教育研究”市级重点课题研究和试点，着力解决认识与实践的结合问题。采取多种措施着重在基础设施建设、资金投入、师资队伍建设等方面向农村学校、薄弱学校倾斜，逐步缩小校际差距。

7. 师资队伍建设不断加强。全省师范类毕业生就业工作协调会在我市召开，我局在会上作了经验介绍。举办全市师范类毕业生就业招聘市场，2500名师范类毕业生参加“双选”，1000余名毕业生落实了工作单位。近4000人获得教师资格。加强城乡学校交流合作，市直属学校46名骨干教师到农村学校支教带教。加强师资培训，21000余名教师参加了省、市、县级骨干的课改培训；2000名新上岗、转岗教师参加岗位培训，1000余名教师参加英特尔未来教育培训，300余名校长参加教育部、教育厅及市干部培训中心研修培训，120名校长、教师参加省市组织的出国培训。认真做好职评工作，677名教师分别获得高校、中专、中学中级和中学高级职称，48名教师被推荐为省第九批特级教师候选人。全市共评选名校长、名教师、青年名教师、青年学科带头人和青年优秀骨干教师184人。16人获“全国模范教师”、“全国优秀教师”、“全国优秀教育工作者”称号，35人获“省优秀教育工作者”称号，346人获“市优秀教育工作者”、“市优秀教师”称号。举行十多场师德巡回报告会，3万名教师受到师德教育。

8. 企业办学移交工作基本完成。根据市委、市政府部署和上级有关政策，中国石化、石油系统、铁路系统所属学校，顺利完成移交和更名挂牌工作。共接收学校14所，教职工1527人，为地方教育增添了新的力量。

9.依法治教工作取得新进展。认真学习贯彻《中华人民共和国行政许可法》和《中华人民共和国民办教育促进法》及实施条例，切实做好教育系统干部的学习培训和行政审批核准事项的清理工作。加强教育系统普法教育，创建省级“依法治教示范校”3所。加强重点项目、重点资金审计，完成审计项目90项，审计总金额5.7亿元，纠正违规金额269万元。继续做好中小学综合督导工作，对307所学校的办学水平进行了综合评估。建立对直属学校的发展性督导考核制度，完成对直属25家办学单位的现状评估。积极开展“双高普九”、中小学公用经费和控制辍学专项督查，共抽查乡镇132个，学校505所，中小学公用经费管理进一步规范，截留、挤占、挪用中小学杂费和向中小学乱摊派的现象得到遏制，“以县为主”的农村义务教育管理体制进一步落实。认真落实《教育乱收费党纪政纪处分暂行条例》，全市共调查处理教育乱收费案件159件，查处违规收费281万元，清退269万元，通报批评21人，受党纪政纪处分9人。违规案件和违规收费金额较上年同期大幅下降，人民群众对教育收费的满意率明显提高。

10.党建和精神文明建设取得新成绩。全省基础教育党建工作会议在我市召开，我局在会上作了经验介绍。认真开展学习中共中央颁布实施的《中国共产党党内监督条例(试行)》和《中国共产党纪律处分条例》的活动，保持党的先进性，增强拒腐防变和抵御风险的能力。坚持民主评议党员制度，建立学校领导干部年终和届末考核制度。加强教育系统统一战线工作，召开民主党派、政协委员座谈会、情况通报会，广泛听取意见和建议，共商教育改革发展大计。积极推进校务公开，充分发挥教代会在重大事项中的参与监督和保障作用，共青团围绕全局中心工作开展丰富多彩的活动。积极参与全市“万人评议机关”和文明机关创建活动，机关服务质量和办事效率明显提高，在万人评议机关活动中，教育局的位次又有新的提升。继续开展扶困助学活动，筹集1113万元，资助贫困学生6.8万人次，为家庭困难的学生减免相关费用919万元。加强卫生、安全教育和专项检查，进行学校周边环境治理，开展“最安全校园”创建活动，师生安全和校园稳定得到保障，市教育局被评为徐州市综合治理先进单位。积极发展农村中小学校园经济，加强农村学校劳动实践场所建设，全市全年共创产值1.8亿元，为改善农村中小学办学条件、资助贫困生作出积极贡献。教育志工作成效显著，编撰的《徐州市教育年鉴(2004)》荣获首届中国地方志年鉴奖条目编写优秀奖。

一年来，我市教育改革与发展取得了较大成绩，但也面临不少困难和问题。教育仍然不能完全适应经济社会发展需要，区域之间、校际之间特别是城乡之间教育还存在较大差距；教育投入严重不足，“三增长、两提高”尚未落实到位，截留、挪用学杂费现象不同程度地存在；教育乱收费行为还没有彻底杜绝；教育债务较重，引发了一系列债务纠纷，影响了学校稳定；教育结构不尽合理，一些地区普职比严重失调。这些问题都有待于进一步解决。

## 二、2005年教育工作意见

2005年是贯彻落实科学发展观，全面完成“十五”目标任务，为“十一五”发展打好基础的关键一年。做好今年的工作，意义十分重大。

2005年全市教育工作的指导思想是，以邓小平理论和“三个代表”重要思想为指导，深入学习贯彻市委九届六次会议精神，用科学发展观统领教育工作全局，按照“深化改革，均衡发展，强化管理，提高质量”的基本思路，促进教育事业全面协调可持续发展，为建设繁荣文明和谐新徐州作出贡献。

2005年全市教育工作要把握“一个统领”，加强四项建设，深化四项改革，抓好八个方面的重点工作。

(一)把握“一个统领”

用科学发展观统领全市教育改革发展全局。以人为本，推进教育创新，促进教育全面协调可持续发展。新的一年，要认真分析徐州教育面临的形势，抓住发展机遇，实现教育改革发展新突破。

用科学发展观统领教育工作全局，要做到“六个坚持”。一要坚持教育均衡发展。积极推进无差别教育，不断缩小义务教育阶段学校在办学条件、教育质量等方面的差距，提高教育整体水平，努力实现社会主义教育的公平公正。二要坚持教育协调发展。突出农村教育重中之重地位，促进城乡教育协调发展。稳步发展普通高中，大力发展职业教育，促进普通高中教育与中等职业教育的协调发展。三要坚持教育可持续发展。制定政策、编制规划，既要考虑当前发展需要，又要考虑未来学龄人口、招生规模、就业需求的变化，力戒盲目跟风、无序发展。四要坚持教育多样化发展。大力探索教育体制、办学模式的多样化，鼓励学校办出特色，不断满足人民群众对教育的不同需求。五要坚持教育内涵发展。教育发展既要重规模扩张，更要重内涵建设。必须大力加强师资队伍建设，不断强化教学管理，努力提高教育教学质量。六要坚持妥善处理好改革发展与稳定的关系。要将发展的速度、改革的力度和人民群众的承受程度结合起来，避免大起大落，做到在稳定中推进改革发展，在改革发展中实现稳定。

(二)加强四项建设

1.推进合格学校建设。合格学校建设是在布局调整和“六有”工程建设的基础上实施的一项重要工作。今年的工作重点，一是全面实施农村中小学“六有”工程。根据省教育厅的要求，各县(市)、区政府要于3月10日前成立以政府主要领导为组长的“六有”工程建设领导小组，下设专门办公室。尽快制订“六有”工程实施方案和食堂、餐厅、学生宿舍、厕所和校园绿化等有关规划、方案的相关文件和建筑图纸。市教育局将于3月上旬对铜山县、新沂市、邳州市、贾汪区和试点乡镇“六有”工程建设实施情况进行全面检查，为省教育厅的考核验收做充分准备，迎接省厅3月底的验收考核。暑假期间，市教育局将组织人员对其他几个县进行重点督查，确保年底前基本完成“六有”工程建设任务。二是大力推进农村中小学“校校通”工程。目前，全市尚有750所农村定点小学未实现“校校通”。省政府计划拿出3.5亿元资金，市政府也将安排一定资金，用于农村小学“校校通”建设，力争在今年年内全面完成建设任务。三是全面完成中小学布局调整任务。要结合农村城镇化建设和城市扩容，进一步完善区域学校布局结构。初中要采取多种措施，挖掘潜力，平稳渡过入学高峰。睢宁的14个乡镇尚未接受市的考核验收，要结合“六有”工程的实施，加大定点中小学校舍建设的力度，必须于暑假前将所有非保留的教学点撤销完毕，接受市的考核验收。四是加强控辍工作，继续开展创建“无流生班级、无流生学校、无流生乡镇”活动，制定、分解各单位控辍目标，建立并完善责任体系，加大考核力度，力争完成省下达的控辍目标，创建2个无流生县(市)、区和28个乡镇。五是加强优质教育资源的学校创建工作。创建省示范性幼儿园6所，市示范幼儿园15所，省特殊学校示范校2所，省实验小学5所，市实验小学10所，省现代化示范初中8～10所，三星级高中4所，四星级高中1～2所。建立对优质学校的复查制度，重点检查优质学校在教育信息化、对口支援、课程改革和“减负”等方面的工作，督促学校发挥其实验和示范作用。

2.加强职成教建设。大力发展职业教育，是加快人力资源开发、优化教育结构、提高高中阶段入学率的必然要求,必须坚决调整高中阶段教育发展思路,进一步扩大中等职业教育、尤其是农村职业教育规模。一要加快发展步伐。认真贯彻落实《市政府关于加强农村教育工作的决定》,各地要至少办好一至两所公办职业学校,按照在校生5000人左右的规模扩建县级职教中心,把职业学校建设放到与普通高中建设同等重要的位置。农村骨干职业学校要推进联合办学,集团发展。高等职业学校要加快优化扩张,集聚发展。成人中专要努力办出特色、发展专业。市职教中心新校区要参照五年高职校标准,建成全省一流、江北领先的现代化窗口学校。邳州市职教中心要加大硬件投入,创建国家级重点职业学校。贾汪区要加大资源整合力度,组建职教中心。严格控制普高计划和普高死档线,坚决控制普高盲目扩招。进一步完善中考录取办法,引导更多学生向职教分流,扩大职教招生规模。各地要学习铜山的做法和经验,建立初中学校按照一定比例推荐毕业生报考职业学校的考核制度。二要加强内涵建设。今年创建省市示范专业的重点是农村职业学校,各地教育行政部门要统筹规划,拨付专项资金扶持学校创建工作,努力消除省级示范专业空白县。全市创建省示范专业10个,市级示范专业30个,确保超额完成"十五"期间全市创建任务。积极推进课程改革,大力推广项目教学,强化技能教学过程管理。推行职业学校专业部(办)管理模式,进行学校管理三项常规大检查,启动以教学质量为中心的职业学校综合评估。认真落实《关于做好职业学校专业课教师到大中型企业锻炼工作的通知》精神,加强师资培训,推进双师型教师队伍建设。大力开展订单教育与培训,多渠道搞好职校毕业生就业工作。深入开展南北联合办学,完善联办方法,规范办学秩序。继续抓好对口单招工作,力争单招报考人数突破4000人,上线率保持在80%左右。三要大力开展各类培训。切实加强农村成人教育基础建设,按照省有关文件精神配齐成教人员,积极利用布局调整下来的学校充实成教中心校校舍。对省重点、市示范成教中心校进行复评,人员不到位、校舍不落实、工作无进展的学校限期整改,直至摘牌。大力开展农村各级各类培训,突出抓好"两后双百"工程,促进农村剩余劳动力有序转移。全年培训30万人次,其中"两后双百"工程5万人,农村致富骨干培训3万人,下岗职工再就业培训2万人,实用技术培训20万人次。各地要强化"两后双百"工作责任制,加强调度检查,确保任务落实。巩固农科教结合示范基地建设成果,切实发挥科技示范和农业科技培训基地作用,创建省市级示范基地5个,推广科技致富项目15个。加强与劳动、妇联、共青团等部门配合协作,积极开展下岗职工再就业培训。认真实施《徐州市市区社区教育实验工作规划》,创建省级社区教育示范区1个、实验区2个、社区教育培训中心10个。加强调查研究,促进社区教育资源的有序开放和共享。积极开展创建学习型组织活动,广泛开展多样化的社区教育培训和活动。

3. 加强教师队伍建设。今年,省里放宽了师范类毕业生回生源地就业的限制,事业单位机构编制进一步紧缩,新课程改革带来的师资结构性短缺矛盾更加突出。针对上述情况,一要加强编制管理,优化教师队伍。上半年编制部门将对全市中小学教师的编制进行重新核定。各地各校要抓住核编机会,及时补充缺编教师,合理分流超编教师,清退农村中小学代课教师。在编制限额内,积极接收师范类毕业生任教。二要严格教师资格认定,面向社会招聘教师。坚持资格准入,凡进必考,持证上岗,不具备教师资格的现有人员必须调整出教学一线。加强职业学校专业教师配备,提高职教师资建设。三要深化教师职称改革。从今年开始,对农村中小学教师评审高级教师职称的,适当降低要求。对城市(含县城)45岁以下的申报高级职称的中小学教师,逐步实行到农村工作半年制度。四要提高师德水平。大力开展师德教育,建立师德建设目标责任制、问题追究制,实行学校、学生、家长和社会综合考评办法,把师德表现作为岗位聘任、晋职晋级、评优评先的重要依据,不合格者"一票否决"。大力弘扬师德先进,今年教师节要隆重表彰扎根农村、献身教育的优秀园丁。五要采取切实措施,稳定教师队伍。为解决农村教师待遇偏低、工资福利"同地不同标、同工不同酬"问题,省政府今年将拿出12亿元,用于农村教师工资的"省补"部分。我市从今年起,每年投入500万元,设立"教育人才专项资金",对全市名特优教师、农村高级教师实行岗位津贴。六要加强教师继续教育。今年起,市设立专项资金,每年为农村中学定向委培紧缺学科教师200人;每年安排每个县(市)、区100名教师参加省级骨干教师培训,安排每个乡镇30名教师参加市级骨干教师培训。在加强骨干教师校外培训的同时,更应充分发挥校本培训的作用。制定师资队伍建设目标考核办法,实施目标管理。

4. 加强行政能力建设。首先要建设好学校领导干部队伍。要坚持用好的作风、好的机制选人用人,配齐配强学校领导班子。要重视学校中层干部的选拔使用,根据学校发展需要,灵活设置中层干部岗位。其次,要提高领导干部管理教育的水平。切实改进领导方式和管理方式,做到科学治教、民主治教、依法治教。要用科学的理论、制度和方法来发展教育。依靠教职工办好学校,加强政务和校务公开,提高决策的透明度和民主参与度,协调好校内党、政、工、团的关系。开展依法治教示范学校创建活动,加强学校建章立制工作。强化教育工程和项目的监督与审计,坚决纠正招生、考试、收费等工作中的违规违纪行为。再次,要提高教育机关的领导和服务水平。牢固树立为基层服务、为学校服务、为人民群众服务的思想,压缩会议、文件,减少检查、验收,为校长"松绑",为学校"减负"。加强工作的计划性和预见性,提高统筹全局的能力和综合协调能力。

(三)深化四项改革

1. 深化教育管理体制改革。一是进一步强化政府办学责任。改革和调整教育管理体制,合理划分市、县、乡三级管理教育的职责,调动各级政府办学积极性。二是进一步落实"以县为主"义务教育管理体制。通过政府调控、人大监督、政协参政议政等方式,努力使教育的各项投入列入县本级财政预算,从根本上根除"分级办学,分灶吃饭"的弊端,确保"以县为主"的农村义务教育管理体制落实到位。三是进一步作好企业办学移交地方工作。对于已经接收的企业移交学校,要逐步加大资金投入,优化教育资源,改善办学条件,提高办学水平。移交学校要加强与各方联系,尽快融入地方体系。抓好第二批企业办学移交工作,对于准备接收的学校,要密切地方与企业单位的联系合作,实现平稳过渡。

2. 深化办学体制改革。办学体制改革是教育体制改革的中心环节,也是教育体制创新的重要突破口。一要积极发展高中阶段民办教育。鼓励县区引进社会资金在城区举办高水平、上规模的民办学校。大力发展、多形式发展民办职业学校,不断满足高中阶段教育需求。二要适度发展义务教育阶段民办教育。强化政府举办义务教育的责任,对义务教育阶段民办学校要坚持统筹规划,实行总量调控,把握合理布点,提高整体水平,除投资大和引入优质教育资源举办的少数学校外,各地原则上不再审批新的义务教育阶段民办学校。三要规范发展民办幼儿教育。各地要在重点建设好示范幼儿园、乡镇政府重点办好中心幼儿园并确保其公办性质的前提下,充分利用布局调整后的闲置校舍举办幼儿教育,运用政策积极引导社会力量举办幼儿教育。进一步规范公办幼儿园改制行为,对违规改制的公办幼儿园要采取有效措施限期改正。四要依法加强管理。认真贯彻落实《民办教育促进法》和《民办教育促进法实施条例》,结合实际制定地方性法规,为民办教育发展提供法律保障。组建行业自律组织,建立以行业协会认定与教育行政部门确认相结合的检查评估机制。民办学校要与公办学校平等对待,招生计划继续向优质民办教育资源倾斜。建立公办民办学校教师合理流动机制,遏制恶性竞争,防止削弱公办学校师资。鼓励民办学校积极引进外地教师和具有教师资格的大中专毕业生。加大对民办学校资产的监控力度,防范和化解风险。加大对违法违规办学的查处力度,促进民办教育健康、持续发展。

3. 深化人事制度改革。一是要实行人事代理制。省市有关部门决定从今年开始对中小学教师实行人事代理。其核心内容是,打破中小学教师实际存在的教师职务终身制,逐步建立人员能进能出、职务能上能下、待遇能高能低,重能力、重实绩、重贡献、重创新的新型选人用人机制,实现单位用人、社会管人的人事管理方式。二是要进一步完善校长责任制。以改革校长的选拔任用和管理为重点,理顺校长管理体制。全面推行中小学校长聘任制,实行校长任期制,认真落实中小学校长任期目标责任制,加强对校长履行岗位职责及任期目标完成情况的考核,并将考核结果与任用、奖惩挂钩,形成有效的激励机制。三是要完善教师转任交流制度。按照市教育局《关于加强城乡学校交流促进城乡教育共同发展的实施意见》,进一步做好支教工作,第二批支教教师要在新学期前到岗。农村对口学校要积极选拔有培养潜质的教学骨干到市区对口学校跟岗学习。四是要深化学校分配制度改革。完善体现教职工岗位职责、工作绩效和实际贡献的工资保障和激励机制,发挥工资的导向作用,工资福利向贡献突出的人员倾斜。

4. 深化课程与教学改革。一要继续推进基础教育课程改革。在小学、初中稳步推进课程改革的基础上,全市普通高中课改全部启动。各地要认真总结义务教育课改经验,在对农村课改调研的基础上,进一步研究农村课改的推进策略和机制,继续开展送课下乡、案例培训等活动,促进农村课改的均衡发展。以学科基地为龙头,研讨各学科提高课堂教学的途径和办法,努力构建新课程常态下的课堂教学模式,切实转变教学方式和学习方式,不断提高课堂教学效益。以省实验小学、现代化示范初中为龙头,全面推进校本建设和校本管理,建立校本培训、教研制度,重视校本课程建设,促进学校逐步形成办学特色。有重点、有目的地开展"亮点展示"和"校校行"活动,发挥乡镇中心校对村小的示范、辐射、引领作用,促进课改全面实施和向纵深发展。深入基层了解课改工作情况,加强对课改的视导、调研和评估。积极做好高中新课程实施的准备工作。讨论制定全市高中课改方案和相关配套文件,关注国家课改实验区的进展动态,协助组织省级培训工作,积极开展市级培训。加大宣传力度,营造全社会理解、支持课程改革的良好氛围。学校要根据课改要求和自身实际,制定切实可行的应对方案,充分研讨,谋划实施。要严格执行新课程计划,保证开足开全规定课程。从今年暑后,全市小学三年级要按照国家义务教育阶段的课程设置,全部开设外语课程。市及各县(市)、区要认真做好师资准备,确保暑后全市城乡小学全部按规定开设外语课程。二要规范教学管理。按照《徐州市中小学教学管理实施办法》,制定本地本校具体操作方法。实施《徐州市中小学教学质量跟踪评价办法》,建立学生学业成绩档案,按市、县、校三级分层动态管理和监控。加强对三星级以上普通高中教学质量目标考核,公布考核结果,兑现考核奖惩。建立高考研究探索、合作交流和激励机制,落实目标责任制。

三要加强教育教学研究。以推进课程改革、提高教育质量、促进教师发展为重点，按照“点面结合，集中攻关，推广成果，打造名师”的工作思路，加强校本教研的宏观指导和经验推广，加强教育发展专项课题研究和管理，尽快将研究成果转化为现实生产力。加强科研示范校、试验基地建设和专家型教师培养，促进教育水平的提高。四要做好考试与招生工作。今年，我市省级课改实验区铜山县首届初中毕业生面临毕业与升学，要认真研究制定中考改革方案，重点落实学生综合素质评价改革的内容和方法，搞好试点，稳步实施。坚持公平、公正、公开的原则，做好今年的招生工作，及时公布招生计划，公开程序和办法，接受社会监督。加快学籍电子化管理进程，3月份建立全市高中学籍、成绩库，5月份建立全市初中学籍库，并逐步实现与中考、高考、综合考试的对接。

（四）抓好八项重点工作

第一，抓好党员先进性教育工作。根据市委部署，从今年1月开始到明年上半年，在全市教育系统党员干部中开展以实践“三个代表”重要思想为主要内容的保持共产党员先进性教育活动，这是今年教育党建工作的重中之重。活动分三个批次进行，每个批次用半年左右的时间。第一批是市教育局机关全体党员，第二批是各县（市、区）教育行政部门和直属各基层党组织全体党员，第三批是县区基层学校全体党员。通过学习发动、查摆问题、总结评议，抓住广大群众反映强烈、迫切要求解决的热点问题，抓住那些影响教育改革发展稳定的制约因素，抓住党员干部思想、作风中的突出问题，集中整改提高，不断增强党员综合素质，使党员先锋模范作用更加突出，进一步加强基层组织建设，使教育系统各级党的组织更加坚强有力，以新的思想、新的作风、新的作为，把教育各项工作提高到一个新水平。中央、省、市纪委、监察部专门下发通知，要求各级党组织和领导干部在春节期间要严格遵守廉洁自律规定，坚决制止奢侈浪费行为，这是抓好党员先进性教育的重要内容。李源潮书记强调，各级领导干部要牢记六条警示：一是一定不能动摇理想信念；二是一定不能利用手中公共权力；三是一定不能放纵子女亲属；四是一定不能结交歪门邪道朋友；五是一定不能拒绝党和人民的监督；六是不忘腐败分子身败名裂下场。六条警示，每个领导干部都要时刻牢记。

第二，抓好“四城同创”工作。“四城同创”活动是贯穿全年工作的一条主线。教育系统在这项工作中不仅承担着许多具体的建设任务，还担负着提高学生素养和道德水平、提升城市文明程度的重任。一是要广泛深入开展中小学生的道德修养、文明行为、卫生习惯方面的教育活动。二是要开展爱绿植绿、建设绿色环保校园活动。市区中小学校要切实完成“人均一棵树”任务，绿化率要达到35%以上。三是要在中小学开设环保教育课，绿色学校必须全部开设，全市开课率要达到90%以上。小学和初中要全部开设健康教育课，每周不少于0.5个学时。各学校要用好市教育局编印的“四城同创知识问答”，提高学生对四城同创的知晓率。

第三，抓好无差别教育工作。推进无差别教育是我市立足当前、着眼长远的一项重要教育战略。按照“一年启动试点、四年基本实现、二年巩固提高”的三步走实施步骤，今年将进入整体推进阶段。一是在全面完成“六有”工程的基础上，启动合格学校建设。二是初步建立以生均公用经费为基础的学校资金均衡投入机制，逐步解决农村薄弱学校经费投入不足问题。三是完善教师流动和城乡教师交流机制，加强区域内学校师资校干的均衡配置。四是完善公平就学机制。从今年起，省、市都将安排专项资金，完善对经济困难家庭学生的资助体系，建立全市特困生电子档案，对义务教育阶段的贫困学生全面实行“两免一补”（免杂费和书本费、补助寄宿生生活费),全市所有残疾儿童全部享受免费教育,资助家庭困难初高中毕业生接受职业教育,确保每个贫困家庭的子女都有学上,确保进城务工人员子女能享有城市居民子女同等受教育机会。各地各校要按照推进无差别教育的要求,制定工作方案,认真组织实施。4月份,我市将和《文汇报》社联合举办“中国无差别教育高峰论坛”。邀请有关领导和专家学者,总结交流基础教育改革与发展经验,研究探索无差别教育的理论依据及实践意义。各地各校可以组织力量撰写文章,积极参与。

第四,抓好未成年人思想道德教育工作。落实市委、市政府《关于加强和改进未成年人思想道德建设的实施办法》,积极实施“六大工程”,办好48件实事。一要开展弘扬和培育民族精神教育、诚信教育。在学科教学中渗透中华传统美德和民族精神内容,把诚信教育纳入德育先进校、安全文明校创建活动中,培养学生诚信交往、诚信作业、诚信考试的良好习惯。二要狠抓中小学生文明习惯教育。针对社会生活中普遍存在的问题,建立长效机制,持之以恒地开展“争做文明人”主题教育活动,下大力气狠抓中小学生“讲究卫生,不乱扔乱吐;举止文雅,不喧哗打闹;语言文明,不污言秽语;文明乘车,主动让座不抢座;遵守交通法规,不闯红灯;爱护公物,不乱涂乱画”等文明习惯养成教育,促进千万个家庭和全社会基础文明程度的提高。三要进一步加强心理健康教育。继续办好“心理咨询热线”,开展网上咨询,提高学生的心理素质和抗挫折能力。省德育先进学校、省模范学校、三星级以上高中要建立心理辅导室,开设心理健康教育课,带动全市中小学心理健康教育的健康发展。四要完善学校、家庭、社会三结合教育机制。各地要加强青少年校外活动场所建设,发挥青少年校外教育联席会议的作用,加强对中小学生进网吧的教育和管理,为青少年健康成长创设良好的社会环境。

第五,抓好普通高中管理工作。加强普通高中管理,对大面积提高高中教育教学质量,至关重要。市委、市政府高度重视并出台了《关于加强全市三星级以上普通高中管理的意见》,对加强普高教育教学管理的目标考核,进一步扩大学校办学自主权等方面提出了明确要求。下月初还要召开专门会议,具体部署《意见》的贯彻落实。各地各校要抓住这个契机,切实加强普通高中管理,加快普通高中发展,努力办好人民满意的高中教育。

第六,协助市委、市政府抓好高校工作。贯彻落实市委、市政府《关于加快徐州高等教育事业发展的意见》,大力支持高校加快新校区建设,扩大办学规模。协同有关部门搞好高校周边环境的综合治理,努力为高校营造良好的办学环境。会同有关部门继续做好国家助学贷款工作。对在徐高校引进人才子女的入学给予支持照顾。

第七,抓好督导评估工作。一是建立对县乡两级政府教育工作的督导机制。开展对县级政府教育工作的督导评估,对落实“以县为主”农村义务教育管理体制、财政投入、教育人事管理等情况逐项考核。制定对乡镇教育工作的督导评估细则,重点督查乡镇政府筹措教育经费、改善办学条件、化解学校债务、控流止辍、整治校园周边环境等工作的落实。督查结果向社会公布。二是完善中小学综合督导评估制度。修订中小学综合督导方案,切实组织好三年一轮的中小学综合督导评估,评选新一轮市级模范学校。完善直属学校目标管理综合督导机制。按照考核方案和学校发展目标责任书对直属学校进行年度考核,根据考核结果对学校和校长进行奖励。对企业移交直管的学校进行现状评估,纳入直属学校目标管理督导考核体系。三是加强机构和队伍建设,建立对督导机构和督学年度考核制度。召开全市教育督导工作会议,制定《关于加强教育督导工作的意见》,举行徐州市人民政府教育督导团揭牌仪式,各县

(市、区)教育督导机构年内都要更名挂牌,明确代表本级政府行使教育督导的职能。

第八,抓好体育卫生和学校安全工作。学校要树立“健康第一”思想,培养学生良好的身体素质和卫生习惯,提高学校卫生防疫和控制突发疾病的能力。认真落实两个《条例》,做好学生体质健康标准测试工作。学校安全涉及千家万户,关系社会稳定,必须高度重视。当前,全市学校安全工作形势基本平稳,但危及师生人身和财产安全的案件和事故时有发生。各地各校要切实加大对安全工作的投入,加强学校安全干部的培训与管理,不断提高学校安全事故的应急处理能力。开展“最安全学校”创建活动,全面构建学校治安防控网络体系,完善各类防范措施。积极配合有关部门,认真开展学校及周边治安环境的综合整治,净化校园周边环境。深入开展安全检查与专项督查活动,全力消除各类安全隐患,增强师生的安全防范意识和自我保护能力。严格落实责任追究制,严肃查处学校安全管理工作中的失职失责行为,营造学校安全稳定与科学和谐发展的良好氛围,为全市教育事业的健康发展提供有力保障。

同志们,省、市大力实施科教兴省、科教兴市战略,把农村教育摆在重中之重的优先发展位置,在财政十分紧张的情况下,大幅度增加教育投入,用于苏北地区农村中小学教师的省标工资发放、现代教育技术装备和扶困助学等工作。这对于充分调动广大教职员工的积极性、提高生活水平、改善办学条件,起到十分重要的作用。形势喜人,催人奋进。我们要抓住机遇,顺势而上,在市委、市政府的领导下,求真务实,开拓创新,同心同德,励精图治,努力开创我市教育工作新局面,为促进经济社会全面协调可持续发展,做出积极的贡献。

新春伊始,春节将至。我代表市委教工委、市教育局,对大家一年来的辛勤劳动表示诚挚的问候和衷心的感谢!祝大家新年快乐,阖家幸福,万事如意!

# 徐州市人民政府
# 关于进一步加强农村教育工作的决定

(2004年11月24日)

各县(市)、区人民政府,市各委、办、局(公司),市各直属单位:

为深入贯彻落实全国、全省农村教育工作会议精神,切实加强农村教育工作,根据《江苏省人民政府关于进一步加强农村教育工作的决定》,结合我市实际,现就进一步加强农村教育工作作如下决定。

**一、牢固确立农村教育的重要战略地位,明确改革与发展的目标任务**

农村教育在全面建设小康社会中具有基础性、先导性和全局性的重要作用。发展农村教育,办好农村学校,是提高劳动者素质,促进传统农业向现代化农业转变,从根本上解决"三农"问题的关键所在;是转移农村富余劳动力,推进工业化和城镇化,将人口压力转化为人力资源优势的重要途径;是加强农村精神文明建设,提高农民思想道德建设水平,促进农村经济社会协调发展的重大举措;也是实现我市"两个率先"发展目标的战略选择。当前,我市农村教育整体薄弱的状况还没有得到根本扭转,城乡教育差距很大,教育为农村经济社会发展服务的能力亟待加强,必须从实践"三个代表"重要思想和全面建设小康社会的战略高度,把农村教育作为全市教育工作的重中之重,加快发展,优先发展。

我市农村教育改革与发展的目标任务是,以"三个代表"重要思想为指导,全面贯彻党的十六大、十六届四中全会精神,围绕实现"两个率先",坚持体制和机制创新,巩固提高九年义务教育,稳步发展普通高中阶段教育,加快发展职业教育,积极发展幼儿教育,加强"农科教结合"和"三教统筹",为农村经济社会发展提供坚强的人才保障和智力支持。到2007年,全市高水平高质量普及九年义务教育、扫除青壮年剩余文盲。全市小学、初中适龄人口入学率确保100%,7~15周岁"三类"残疾儿童入学率达95%以上;全市高中阶段入学率达80%以上;学前三年受教育率达90%以上;三星级以上高中达50所,50%的农村普通高中达到省优质高中建设标准,招生规模占高中招生总数的80%;进一步加强农村骨干职业学校建设,县级职教中心要全部建成国家级重点,在校生规模达5000人以上,农村中等职业教育招生数与普通高中招生比例大体相当;全市每年培训农村劳动力5万人次,50%的乡镇建成省级示范性成人教育中心校,农村从业人员年培训率30%以上,实现基础教育、职业教育和成人教育的协调发展。

**二、高水平、高质量普及九年义务教育,提高农村基础教育整体水平**

全面提高九年义务教育水平。加强农村中小学标准化建设,推进区域教育均衡发展,努力缩小城乡教育差距。积极应对初中入学高峰,强化镇级政府"控流止辍"职责,确保农村适龄少年儿童接受义务教育。加强农村普通高中教育的统筹规划,优化教育资源,充分挖掘优质高中潜力,努力提高办学整体水平。切实重视并扶持幼儿教育,各县(市)、区要重点建设好2~3个示范幼儿园;镇级政府重点办好中心幼儿园,确保其公办性质和示范性。公办幼儿园不得出售、变相出售或随意改制,省示范性实验幼儿园改制必须经省级教育行政部门审核批准。充分利用布局调整后的闲置校舍举办幼儿园,积极引导社会力量举办幼儿教育。

合理调整农村中小学布局,努力改善办学条件。义务教育阶段学校尽可能向城镇集中,高中阶段学校向县城和重点城镇集中。积极创办寄宿制学校,探索义务教育九年一贯制的办学模式。统筹规划学校布局,防止因学校调整导致学生辍学。市政府将进一步加大资金筹集力度,不断增加对农村中小学布局调整的投入。各县(市)、区要安排相应的配套资金,确保2005年前全面完成农村中小学布局调整任务。2006年前完成“六有”工程建设任务(即学校有整洁校园、有卫生食堂、有冷热饮用水、有水冲式厕所、有安全宿舍、寄宿生一人有一张床)。加强农村中小学实验室、图书馆(室)及体育、艺术、劳动技术等教育设施建设,配备与新课程标准相适应的教学仪器设备和图书资料,并充分向学生开放。鼓励镇中心中小学建立中心实验室、图书馆等,辐射周边学校。

实施农村中小学教育信息化建设工程。多渠道筹措教育信息化建设经费,市政府每年将划拨专项资金,各县(市)、区政府要按一定比例配套,并积极争取国家和省专项经费。到2006年,全市农村中小学要配齐计算机房,全市高中和镇中心小学、中心初中建成多媒体网络教室,有条件的学校建成校园网,全部实现“校校通”。统筹规划城乡一体的教育信息化建设,积极发展农村中小学现代远程教育,促进城乡优质教育资源共享。抓好农村学校信息网络管理,营造文明健康、积极向上的网络环境。

积极推进农村中小学课程和教学改革。在农村初、高中适当增加农业科学技术和职业教育内容,继续开展“绿色证书”教育,鼓励学生在获得毕业证书的同时获得职业资格证书。改革评价考试制度,建立健全有利于提高教师专业水平和学校教育质量的农村教育评价体系。

加快农村中小学办学体制改革。进一步完善和规范以政府投入为主、多渠道筹措经费的教育投入体制,形成公办学校和民办学校共同发展的格局。认真贯彻《民办教育促进法》,落实好鼓励民办教育发展的各项措施,依法加强对民办学校的管理和引导,促进社会力量办学健康发展。

建立和完善教育对口支援制度。动员机关、部队、团体、企事业单位联系帮扶农村薄弱学校。市、县(市、区)直属单位要对口支援一个乡镇,城区学校要对口支援一所乡村中小学。建立健全扶困助学制度。积极争取省扶困助学专项资金,市财政将逐年增加助学经费,县(市)、区也要设立专款,确保学生不因家庭经济困难而失学、辍学。开展经常性助学活动,大力实施“希望工程”、“春蕾计划”。进一步落实捐资助学的税收政策,对纳税人通过非营利的社会团体和国家机关向农村义务教育的捐赠,在缴纳企业所得税前的所得额中全部扣除。表彰奖励捐资助学贡献突出的单位和个人。

**三、坚持为“三农”服务的方向,大力发展职业教育和成人教育**

以就业为导向,大力发展农村职业教育。各地要按照普职比例大体相当的要求,规划职业教育发展,集中力量建设好国家级、省级重点职业学校,并充分发挥示范和辐射作用。县职教中心要在省重点成教中心校设立分校,努力扩大职业教育资源。各地要在至少办好一至两所公办职业学校的前提下,鼓励社会力量和吸收外资举办职业教育。加大实验与实训设备投入,加强专业现代化建设,努力构建与经济社会发展相适应的专业体系。大力推进课程和教学改革,加强实践教学和就业能力培养,进一步提升职业教育适应和服务市场经济的能力。要进一步完善教学管理制度,实行灵活的教学和学籍管理,推行弹性学制和学分制,方便学生工学交替、半工半读、职前职后分段完成学业。加强就业教育与就业指导,提高学生的就业和创业能力。

以劳动力培训为重点,广泛开展农村成人教育。建立和完善县、镇、村三级农村成人教育培训体系,适应农村产业结构调整,组织实施多种形式的职业技术培训,重视抓好农村基层管理人员的培训。积极开展农村劳动力转移培训,尤其要大力实施“两后双百”工程,对回乡初、高中毕业生100%进行职业技能培训,对适龄人员100%向非农转移和劳务输出。坚持培训与市场挂钩,开展“订单”培养,做到先培训后输出。要切实加强农村成人教育中心校建设,按照上级有关规定配足配齐成教干部。巩固成人教育阵地,原有的成人教育中心校不得挪作他用。拓展农村中小学的成人教育培训功能,实行一校挂两牌、日校办夜校,开设以实用技术为主的课程,积极开展农民文化技术教育和培训。

加强农村学校劳动实践场所建设。各县(市)、区政府要根据农村学校课程改革的需要,充分利用现有农业示范场所、科技推广基地等资源,鼓励有丰富实践经验的专业技术人员担任专、兼职指导教师,指导和支持农村学校积极开展各种劳动实践和勤工俭学活动。县(市、区)政府有关部门和镇、村要根据有关规定和实际情况,提供一定数量的土地作为学校劳动实践和勤工俭学场所,免收在土地征用和土地、房屋使用时市及以下各种行政性收费。县(市)、区和镇要充分发挥职业学校和成人学校作用,优先把职业学校和成人学校办成农村学校劳动实践基地。农业、科技等部门要免费提供政策咨询服务和技术帮助。各类示范场所、科技推广基地、农业产业化龙头企业等应无偿为农村学校劳动实践提供方便。

加强“三教统筹”和“农科教结合”。有效统筹基础教育、职业教育和成人教育,建立农科教结合工作联席会议制度,整合农业、科技和教育的力量,共同推进农村教育的发展。加强省、市、县“农科教结合”示范基地建设,普及农业实用技术和科技知识,开发新成果,推广新技术,促进农民增收。

**四、全面落实“以县为主”的农村义务教育管理体制,加大对农村教育的经费投入**

强化各级政府责任,切实保障农村义务教育的投入。完善教育投入机制,提高财政性教育经费比例,确保财政性教育经费占GDP的比例逐年有所提高。进一步调整财政体制和支出结构,将农村义务教育经费全额纳入预算,依法向同级人民代表大会或其常委会专题报告,并接受监督和检查。建立教育经费公告制度,每年由财政、教育、统计部门联合公布各县(市)、区的教育经费投入、使用情况。县级政府要按照省定生均公用经费标准安排农村中小学公用经费。县级财政结算中心设立“公用经费专户”,管理农村中小学学杂费和财政拨付的预算内公用经费,实行封闭运作,确保全部用于学校公用经费支出。教育附加等经费主要用于中小学布局调整、改善办学条件和弥补公用经费不足,不得用于发放教师工资、弥补财政赤字或抵顶事业费拨款。对因税费改革而减少的教育经费,县级政府应在改革后的财政预算和上级转移支付资金中优先安排。市和各县(市)、区要设立农村教育专项经费,各级财政新增教育经费主要用于发展农村义务教育。乡镇政府要积极筹措经费,改善农村中小学办学条件。在确保义务教育投入的同时,增加对职业教育、农民培训和扫盲教育的投入,促进各类教育协调发展。

建立和完善农村中小学教职工工资保障机制。各县(市)、区要将农村中小学教师工资全额纳入县本级财政预算,不得留有缺口。县级财政收入应首先用于确保工资发放,上级财政工资性转移支付资金应首先转入工资专户，确保按照国家统一规定的工资项目和标准按时足额发放中小学教职工工资，且保证不低于所在县(市)、区国家公务员工资的水平，努力实现县域内教师工资标准统一。实行县(市)、区长负责制，把教职工工资发放情况纳入对县(市)、区政府年度工作目标考核内容。

建立健全农村中小学公用经费保障机制。从2005年起，各县(市)、区政府要按省定标准将生均公用经费全额纳入财政预算，并根据农村义务教育发展的需要逐年提高。农村学校生均公用经费预算内安排每生每年小学不低于30元，初中不低于50元，目前达到这一标准有困难的县(市、区)要在3年之内到位。各级政府及任何部门、单位和个人，均不得要求学校在省定收费项目之外为其代收任何费用。对违反规定乱摊派以及截留、平调、挪用学校收费资金的单位和个人，要严肃查处，并追究有关责任人的责任。要积极发挥治理教育乱收费工作联席会议办公室的作用，在当地政府的领导下，组织相关部门协调规范学校收费工作。

建立健全农村中小学校舍维修、改造和建设保障机制。县级政府对农村中小学校舍维护、改造和建设负有主要责任，各镇要积极配合县(市)、区政府加强农村中小学基础设施建设。各县(市)、区要将农村中小学校舍维护、改造和建设纳入社会事业发展和基础设施建设规划，并将所需经费纳入财政预算。建立和完善校舍定期勘察、鉴定工作制度，及时发现并消除危房，确保师生安全。建立健全危房改造领导责任制和工作负责制，对因学校危房造成不良后果的，要严肃追究相关领导和责任人的责任。各县(市)、区政府要统筹化解农村中小学危房改造、布局调整形成的债务。对农村中小学危房改造、布局调整形成的债务，要在清理核实的基础上，由县、镇政府在化解乡村债务时通盘考虑解决。各级要按照《市政府关于进一步做好清理拖欠工程款和农民工工资工作的通知》要求，落实还款计划，任何单位和个人不得因追索债务影响学校正常教学秩序。对因索债强迫学校停课、将师生逐出校园、封堵学校教学、生活用房及其他影响学校正常教学秩序和社会稳定的行为，县镇两级政府要坚决予以制止并严肃处理。

**五、加快农村学校人事制度改革，加强农村学校教师队伍建设**

加强农村中小学教师编制管理。县级机构编制部门要会同教育、财政部门，按照省定教职工编制标准和核定办法，做好编制核定工作，严格控制农村中小学领导职数、内设机构和教职工编制数量。县级教育行政部门要在核定的编制总额内，按照班额、生源等情况具体分配农村中小学教职工编制，并报同级机构编制部门备案。农村中小学要在核定的人员编制范围内，根据教育教学任务，坚持按需设岗、专兼结合、一人多岗的原则，合理配备教职工，不得超限额设置机构，不得超编制聘用人员。农村中小学编制总量根据教育事业发展规划、生源变化和学校布局调整等情况定期调整，实行动态管理。任何部门和单位不得以任何理由占用或变相占用农村中小学教职工编制，已经占用编制和借用人员的要限期全部退还学校或与学校脱离关系。

依法执行教师资格制度，全面推行教师聘任制。建立教师职业准入机制，严把队伍入口关，坚决纠正“缺编不补”的错误做法，不得将正规师范院校毕业生作为代课教师使用，不得聘用不具备教师资格的人员从教。拓宽教师来源渠道，吸引社会优秀人才到农村学校任教。建立完善教职工能进能出、职务能上能下的用人机制，教师聘任实行按需设岗、公开招聘、平等竞争、择优聘任、科学考核、合同管理。各县(市)、区要进一步建立健全教育人才交流服务机构，积极稳妥地做好教师优化配置、转岗分流工作。建立教师师德、业务定期考核制度，把考核结果作为教师选聘和职称晋升的主要依据。对严重违反教师职业道德、严重失职的人员,坚决清除出教师队伍。

严格掌握校长任职条件,积极推进校长聘任制。坚持把公开选拔、竞争上岗、择优聘任作为选任校长的主要方式。实行校长任期制,加强校长履职考核,完善校长任期目标责任制及考核奖惩制。

促进城乡教师合理流动,稳定农村教师队伍。建立城镇中小学教师乡村任教服务期制度。城镇教师到农村任教期间,户口不迁,编制不调,并给予适当的经济补贴。到农村学校工作的大学生,可免除见习期,直接转正定级。农村中小学教师申报高一级教师职务可适当降低要求,提高比例。逐步实行45岁以下城镇中小学教师申报中高级技术职务、参评“青蓝工程”和申报特级教师须具备农村学校从教经历的制度。市政府设立专项资金,建立城镇教师“支教带教”和农村教师“跟岗学习”制度,促进城乡学校对口交流。

加大农村教师的培养力度。调整师资培养的渠道和层次,立足校本培训,鼓励岗位成才。坚持校长培训上岗,并将取得“提高培训合格证书”作为继续任职的条件。市属师范院校要结合中小学课程改革,针对农村教育特点,改革培养方式,为农村学校输送合格教师和管理人才。要加大教师培训的经费投入,各级财政要安排一定量的教师继续教育经费,切实保障教师和校长培训的经费投入。

**六、切实加强领导,努力形成全社会关心支持农村教育事业发展的合力**

强化农村教育工作领导责任制。各级政府要从实践“三个代表”和全面建设小康社会的高度,把农村教育改革与发展列入重要议事日程,切实加强领导,确保责任到位、措施到位、投入到位。要牢固树立科学发展观,全面制定本地区农村各类教育发展与改革规划和年度实施计划,加强整体部署,精心组织实施。市、县(市、区)政府每年至少要召开1～2次农村教育专题会议,研究和解决农村教育存在的问题,狠抓各项政策的落实。建立联系点制度,各级政府及相关部门的主要领导每人联系一到两所学校,定期到学校帮助解决问题。要把发展农村教育工作列入政府任期目标,进行严格考核。

建立齐抓共管的工作机制。各级政府要明确有关部门在农村教育工作中的职责,努力形成各司其职、密切配合的工作格局。计划部门要把农村教育纳入经济社会发展的总体规划,并支持其优先发展。财政部门要充分发挥公共财政的保障职能,为农村教育发展与改革提供必要的资金支持。农业、科技、劳动、人事等部门要在劳动实习基地、实用技术培训、劳动力输出、人事编制管理等方面大力支持教育工作,共同推进农村教育事业发展。要广泛动员全社会和人民群众关心、支持农村教育,鼓励企业捐资助学,鼓励城市各类教育机构进一步增强为农服务的意识,实实在在地为农村教育发展提供支持和服务。

加强政府教育督导机构建设,完善督政、督学机制。各级政府要根据国家、省有关规定,健全教育督导机构,充实和加强教育督导队伍,强化各级教育督导机构的教育行政执法监督职能。各县(市)、区原则上按照1500名教师配备一名督学的编制要求,安排年富力强的中青年同志担任督学或兼职督学。政府教育督导机构要充分发挥督政督学双重职能,坚持督政与督学相结合。

建立县(市)、区政府主要领导基础教育目标责任考核机制。要将基础教育工作情况作为考核县级政府领导同志的重要内容,对落实“以县为主”农村义务教育管理体制、教育投入、教师工资发放、治理中小学乱收费、制止学生辍学、危房改造等情况进行逐项考核。从2005年开始,市政府将每年组织一次对农村教育工作的督导评估,督导结果向社会公示,并作为考核各级领导干部政绩的依据之一。各县(市)、区也要建立和完善对镇

(街道办事处)党政领导干部抓教育工作的考核机制。

努力营造有利于农村教育改革与发展的社会氛围。要积极发挥舆论导向作用,大力宣传党和国家关于农村教育改革与发展的方针政策,树立农村教育工作的先进典型,宣传农村优秀教师的先进模范事迹。各级人民政府及教育行政部门要定期对作出突出贡献的优秀农村教师和教育工作者予以表彰奖励,每两年开展一次"农村优秀园丁"的评选表彰。切实关心农村教师的生活、学习、工作,进一步改善住房、医疗等福利待遇,在全社会形成尊师重教、关心支持农村教育的良好氛围。

〔本编编辑　谢树庭〕

# 第一编　教育总述

## ○ 徐州市2004年教育事业发展简况

2004年,全市教育系统面对困难多、矛盾多、挑战多的复杂形势,团结拼搏,开拓进取,在市委、市政府正确领导和省教育厅指导下,围绕"办人民满意教育"的宗旨,突出工作重点,强化内涵建设,积极推进无差别教育,全面提高教育教学质量,促进了教育事业的持续健康发展。

全市共有幼儿园630所,在园生13.9万人,专任教师4054人;小学908所,教学点144个,在校生83万人,专任教师39864人,学历达标率98.98%;普通中学366所(初中264所,高中102所),在校生83.2万人,专任教师35744人,初中教师学历达标率90.79%;高中教师学历达标率71.04%;职业技术学校60所,在校生8.5万人,专任教师3058人;特殊教育学校15所,在校生9506人,专任教师318人;在徐州高校(不含两所军事院校)9所,在校生10万人。中小学占地面积3817万平方米,校舍建筑面积777万平方米(中学新增51.2万平方米),计算机39944台,图书藏量2150万册,固定资产总值48亿元。

中小学布局调整工作基本完成,106个乡镇通过"以乡镇为单位"的考核验收;"三新一亮"工程建设行动快,成效大,累计投入资金2829万元,全面完成各项任务,彻底改善农村地区的办学条件,顺利通过省教育厅考核验收。在市委、市政府部署领导下,顺利完成中国石化、石油系统、铁路系统所属14所学校的移交和更名挂牌工作,使地方教育增添新的力量。

基础教育成果显著,职业教育特色鲜明,高等教育稳步发展,民办教育办学活跃。创建省、市级示范幼儿园33所,市级实验小学20所,四星级学校3所,三星级学校4所,国家级重点职业学校6所,高等职业学校5所,"两后双百"(初中高中毕业后百分之百培训,适龄青年百分之百劳务输出)工程转移输出4.6万人,矿大等高校新校区投入使用。市委、市政府分别出台文件,加强对全市三星级高中的管理,对农村教育发展从政策上予以保障。围绕提高教育教学质量的核心目标,全面强化教育系统干部培训,建立全方位教育教学目标责任制,实行动态监控和督导评估,全力以赴抓质量的氛围日趋浓郁,2004年高考各项指标均比2003年有所提高。积极实施无差别教育研究与试点,选派直属学校46名骨干教师到农村学校支教带教,采取多种措施逐步缩小校际差距。

依法治教得以加强,校务公开全面推进,中小学公用经费管理切实规范,"以县为主"的农村义务教育管理体制进一步落实,党建和精神文明建设取得新成绩,扶困助学活动扎实有效。

全市教育工作将继续以邓小平理论和"三个代表"重要思想为指导,以科学发展观统领教育工作全局,以"深化改革,均衡发展,强化管理,提高质量"为思路,以促进教育事业全面协调可持续发展为目标,抢抓发展机遇,实现教育改革新突破,为建设繁荣文明和谐新徐州作出贡献。

(撰稿:郭洪踉　审稿:张宝民)

# ○ 徐州市 2004 年教育大事记

## 1 月

**15 日** 奥地利雷欧本市政府代表团莅徐洽谈访问，代表团在徐州期间主要商谈启动和具体落实由雷欧本市主持实施的欧盟资助在徐建立音乐学校项目和两市 2004 年度友好交流计划。

**17 日** 徐州市召开 2004 年全市教育工作会议，总结 2003 年工作，研究部署 2004 年的任务，推进全市教育事业持续、健康、协调、快速发展。副市长段雄到会并讲话，市教育局宋农村局长作报告。

**20 日** 徐州市副市长段雄在市教育局副局长郭成立等陪同下，对学校安全工作进行检查。

**29～30 日** 市教育局在工程兵指挥学院举办寒假干部研修班，局机关各处室负责人、局直属学校领导班子全体成员、民主党派负责人、市人大、政协代表 200 多人参加。宋农村局长就大力提高教育教学质量等问题作了重要讲话。

**本月** 市教育局审计处、丰县教育局审计股被省教育厅授予 1999～2002 年度“江苏省教育审计工作先进集体”称号，徐志、刘念兴、夏永涛获先进个人称号。

△ 教育部下达同意试办中国矿业大学徐海学院的批复，正式批准徐海学院办学。

△ 2004 年徐州市教育系统将启动新一轮职工全员聘任制，重点中学、实验小学推行“首席教师制”，组建“名师工作室”。

## 2 月

**11～14 日** 教育厅督查办张联华主任率江苏省中小学布局调整考核验收组莅临徐州，分别到泉山区、铜山县、贾汪区、九里区、云龙区、鼓楼区考核验收中小学布局调整工作。

**13 日** 市委宣传部、市教育局在徐州教育学院召开驻徐高校宣传部长“新时期徐州精神”座谈会。

**18 日** 市教育局召开徐州市中小学第八届读书活动总结表彰暨第九届读书活动工作部署会议。表彰沛县教育局等 156 个先进集体，孟凡真等 140 名先进个人，以及优秀辅导教师、知识竞赛、征文比赛获奖学生等 1000 余人，启动“争做诚实诚信现代人”第九届读书活动。

**19 日** 市教育局在徐州三中召开全市普通高中教育工作现场会。来自各县(市)、区教育局、教研室及全市各普通中学的负责人共 700 人参加。江苏省海州中学、清江中学、盐城市第一中学、扬州大学附属中学等校的领导应邀参加。

**19 日、29 日、3 月 1～2 日** 市教育局局长宋农村先后主持召开局党委中心组理论学习会、局中层干部座谈会和各县(市)、区教育局长座谈会，认真学习徐州市委书记徐鸣《我们应该如何办教育》的重要文章。

**26 日** 在全市政法工作会议上，徐州市教育局被中共徐州市委表彰为“2003 年度社会治安综合治理目标管理二等奖”单位。

**本月** 市教育局建立徐州市高中、市区初中学科基地，确立侯集中学、徐州市第十三中学等高、初中教学基地。

△ 市教育系统团队组织开展以初一、高一年级为主体的“书香满园”民族文化推介活动，使青少年了解中国传统文化的精华，倡导诚信、仁义、礼仪、友爱。

## 3 月

**3 日** 徐州市教育局和国家安全局在徐州高级中学联合召开全市中学生国家安全现场会。市国家安全局副局长贺速健作《维护国家安全是每个公民应尽的义务》专题报告。

△ 邳州市近千名团员青年在风景秀丽的岠山脚下营建“小萝卜头”纪念林。

9日 市委书记徐鸣接受徐州矿务集团环境小记者团采访,就徐州的环保问题回答了小记者们的提问。

11日 市教育局召开全市教育系统党风廉政建设工作会议。市教育纪工委书记李予总结2003年全市教育系统党风廉政建设和反腐败工作情况,部署2004年工作任务。

12日 “徐州市青少年绿色生态园”正式兴建。市领导陆正方、高之均为绿色生态园落成揭幕。来自全市的2000多名青少年在绿色生态园基地栽植银杏、雪松、樱花等各类乔灌木3000余棵,栽植面积超过5.3公顷。

16日 徐州市中小学“徐州精神伴我行”德育工作现场会在鼓楼小学召开。市教育局党委常委徐保卫、鼓楼区政府副区长齐新春到会并讲话。

18日 徐州市召开青少年权益工作会议。会议提出,加大对青少年的法制宣传教育力度,加强青少年权益保护工作的基础建设,探索解决预防青少年违法犯罪等社会问题的有效途径。市领导段雄、刘广哲出席会议并讲话。

19~21日 市教育局组织家庭教育报告会,邀请家庭教育专家闵乐夫、米裕庆、徐威到徐州分别为徐州八中、十三中、王杰中学、二中、三十一中、一中、三中、高级中学、铜山中学的15000余名家长作报告。

23~24日 江苏省治理教育乱收费联席会议办公室2004年第一次省级督查组,对徐州市治理教育乱收费工作进行督查指导。

23~25日 省教育系统关工委有关领导莅临徐州检查指导关心下一代和扶贫助学工作。5月20日至21日省教育厅关工委在徐州市召开全省普教系统关工委扶困助学现场会。

26日 全国EPD教育项目现场研讨会在徐州市光荣巷小学举行。全国各地400多位EPD教育项目的专家出席会议。

△ 由徐州市王杰小学创立的“学习王杰精神,创设小学德育教育课程”研究课题,被国家教育部教育科学研究所确立为全国小学德育教育“十五”期间重点课题。

△ 徐州市教育局和徐州教育学院联合在徐州三中召开“新教师岗初培训暨校本培训”现场会。

## 4月

2~4日 全国中学语文教学艺术观摩会在徐州市第三中学召开,来自全国各省市的语文教学专家及徐州市中学语文教师600多人出席。

16日 徐州机电工程高等职业学校、徐州医药高等职业学校、徐州生物工程高等职业学校、徐州经贸高等职业学校联合举行学校升格揭牌仪式。

17~18日 2004年度春季自学考试开考。38000多名考生分别参加110个专业的考试。市领导陈美行、刘相、段雄、公方泉到徐州高级中学考点,察看考试的组织情况和考风考纪。

20日 教育部直属高校成人高等教育协作组2004年年会在中国矿业大学举行。全国86所大学的成人教育学院负责人和国家教育部的有关负责人参加年会。

20~25日 江苏省政府教育督导团控制义务教育阶段学生辍学与公用经费收支落实工作专项督导组莅临徐州进行专项检查。离开徐州前,督导组召开稽查反馈会,分组向市政府反馈督查意见。

26日 徐州一中举办“学习新课标、走进新课堂”大型教学研讨活动。来自全国各地及徐州市各中学的1500名教师参加。

26日~28日 徐州师范学校承办中国高等教育学会师范教育研究会数学教育会,

小教培养工作委员会第三次年会。年会的主题是:师范教育改革与小学教师培养。

**28日**　邳州市官湖高级中学校外教学点一间教室屋顶突然局部坍塌。11名学生被砸伤,其中5名学生伤势较重被送往邳州市人民医院救治。徐州市教育局和邳州市教育局高度重视并采取一系列措施,受伤学生已全部康复返校学习。

**29日**　"徐州市课改工作现场会"在徐师一附小举行。全市200余人出席会议。

△　徐州市王杰中学为王杰铜像揭幕,副市长段雄、市教育局局长宋农村等参加。一座高7米、重2吨的王杰铜像落户王杰中学校园。

**本月**　市教育局发出通知,加强对各类竞赛的管理,切实减轻学生过重的课业负担。从2004年起,小学阶段学科竞赛一律停办。

△　经徐州市教育局批准,徐州高级中学与新西兰国立西方理工大学合作,开办中新友好实验班(简称FFC)。

△　意大利雷依奇卡那奇娜学校与徐州市职业教育中心举行联合办学签字仪式。

## 5月

**1日**　中央电视台《异想天开》栏目摄制组第三次走进徐州一中拍摄节目,展示一中校园文化建设与徐州两汉文化的联系。

**13日**　徐州市教育局在丰县召开全市审计工作会议。徐州市各县(市)、区教育局分管审计工作的局长、审计科(股)长30余人参加。

**14日**　驻徐州工程兵指挥学院举行隆重阅兵式。市委书记徐鸣、工程兵指挥学院院长厉新光检阅受阅方队,工程兵指挥学院政委蔡冬梅在阅兵式上讲话。市委常委、秘书长肖俊出席阅兵活动。

△　徐州市召开关心下一代工作总结表彰大会。省关工委主任曹鸿鸣、副主任钱协寅等到会祝贺;市领导徐鸣、李福全、陆正方等出席会议。

**15~16日**　公园巷幼儿园举行建园50周年庆典活动。省教育厅助理巡视员张仁、徐州市副市长晁家宽、市教育局局长宋农村、市妇联副主任高红等出席庆典活动。

**16日**　徐州市高等院校科学技术协会在中国矿大举行成立大会暨第一次代表大会。副市长段雄出席。

**19日**　前中国女子乒乓球世界冠军郑敏之等一行到徐州市一中和少华街小学参观访问。

**21日**　徐州市"小公民风采"主题教育活动日启动仪式在大马路小学举行。

**27日**　团市委、市少工委举行市少先队"六一"表彰大会暨"敦善杯"少先队鼓乐大赛。市领导陆正方、佟明泰、公方泉出席。

△　由全市选送23名希望小学师生组成"江苏省希望小学代表队"赴京,参加中国青少年发展基金会主办的首届希望小学运动会。

**28日**　市妇联召开"六一"国际儿童节庆祝大会,对在"小公民道德建设"中涌现出来的先进典型进行表彰,评选50名"十佳小公民",命名100个单位为徐州市"小公民道德建设"实践示范基地。副市长段雄出席表彰大会。

**31日**　徐州市残疾儿童庆"六一"文艺汇演在市特教中心举行。市委书记徐鸣致信向全市残疾儿童表示节日祝贺。市领导刘相、段雄、高之均出席庆祝活动。

## 6月

**4日**　市委宣传部、教育局、环保局和团市委联合在全市各大专院校开展创建"绿色大学(学院)"活动。

**10日**　"第三届海外中国语言学学者论坛"在徐州师范大学举行。来自美国、日本、新加坡以及国内知名高校和研究机构的数十位专家参加论坛。

**7~10日**　全市69722名考生参加2004

年全国普通高校招生考试,比2003年增加10316人。

△ 省教研室副主任董洪亮莅临徐州了解市基础教育改革有关情况。围绕"校本化"和"均衡化"的问题听取市教育局的汇报,召开部分校长座谈会。

**20日** 徐州市教育局主编的2004年卷《徐州市教育年鉴》由北京方志出版社出版发行。

**29日** 市政府召开全市教育重点工程建设工作会议,分析当前全市中小学危房改造、布局调整和"三新一亮"工作建设工作进展情况,研究部署三项重点工程建设任务,全面启动"六有"工程建设。副市长段雄出席会议并讲话。

**30日** 徐州市教育局在运河师范学校召开全市学校固定资产管理工作现场会。

**本月** 团市委、市少工委、市未成年人保护办公室从6月到9月,在全市未成年人中开展"健康成长'五个一'活动"。活动主题为"体验生活,健康成长"。

△ 徐州市进行新的行政区划调整,原城南开发区潘塘办事处3所中学、17所小学划归云龙区文教体局。

## 7月

**1日** 徐州市教育局召开全市中小学党建工作暨庆"七一"表彰大会。表彰徐州市鼓楼小学党支部等40个中小学党建工作先进集体,王洪波等20名党建工作先进个人,沙炳珠等95名优秀党员。

**5日** 市委、市政府出台《关于加快徐州高等教育事业发展的意见》,着力解决徐州市高等教育发展中存在的问题,促进高校进一步做大做强,加快发展,保持徐州高等教育的优势。

**7日** 徐州生物工程高等职业学校与徐州绿健乳业有限公司正式签订校企合作协议书。

△ 市委宣传部、市文明办、市教育局、团市委、市学联举行2004年徐州市大中专学生暑假文化、科技、卫生"三下乡"社会实践出征仪式,来自全市10所高校的1000多名大中专学生代表参加仪式。

**12~14日** 市教育局举办德育工作培训班,培训人员为40岁以下未经培训的班主任。15~16日举办各校分管德育工作的校长、德育处主任参加的德育干部培训班。

**15日** 徐州市召开职业教育与社会教育工作会议。2004年徐州市将有13万名学生升入高中阶段教育,升入各类中等职业学校人数将达6.3万人,同比增长43%,职普招生比例接近1:1的水平。

**26日** 徐州市模特艺术学校当选为中国服装设计师协会职业时装模特委员会主任委员单位。

**本月** 市教育局暑期在全市中小学生中开展"培育和弘扬民族精神"教育活动。

△ 市教育局对机关行政、事业科室的8个正副职中层干部岗位进行竞争上岗。

## 8月

**2日** 市教育局成立语言文字工作领导小组,出台《机关规范用语用字管理规定》。

**17日** 市政协副主席吴报强率部分政协委员到市教育局视察"关于加强我市农村义务教育的建议"重点提案的办理落实情况。

**23日** 省教育厅杨湘宁副厅长率省"高校校长苏北科技行"一行50余名领导和专家莅临徐州考察指导工作。市领导陆正方、段雄陪同考察。

**30日** 市委书记徐鸣主持召开市直属直管中学校长座谈会,听取对全市基础教育特别是中学教育的意见和建议。徐鸣书记就如何做好基础教育工作提出三点意见:第一,不断提高教育和科研水平;第二,切实加强学校管理,形成科学管理的校风;第三,充分调动广大教师的积极性。

**本月**　江苏省教育厅公布2004年上半年通过四星级普通高中评估学校名单，徐州市第三中学、邳州运河中学名列其中。

△　2004年徐州市高考成绩稳中有升。全市本科上线人数达12910人，较2003年增加36.26%；全市高分段人数增加近2倍。万人上线率由13.43%上升到14.27%。

△　徐州市城区社区教育现场会在云龙区召开。省教育厅职社处处长唐厚元、市政府办公室副主任王志华、市教育局局长宋农村以及全市城区分管区长、文教体局局长及64个街道办事处主任出席会议。会上还举行徐州市第一家街道级社区（云龙区天桥办事处）教育中心揭牌仪式。

△　市教育局举办全市教育系统干部研修班。

## 9月

**1日**　民主路小学分校——民主国际学校建成投入使用。

**8日**　徐州市举行庆祝第20个教师节暨优秀教师表彰大会。市四套班子领导出席会议。市委书记徐鸣作重要讲话，市长李福全主持会议，副市长段雄宣读2004年度国家和省表彰的优秀教育工作者名单。大会还宣读了关于表彰徐州市优秀教育工作者、徐州市第三批名教师、名校长、第五批“青蓝工程”获奖教师和徐州市“十佳班主任”、“十佳德育工作者”、“十佳心育教师”的决定，并颁奖。

**8～9日**　市教育局举办县（市）、区学籍管理人员，市区中学有关领导与管理人员学籍电子化管理培训班。

**11日**　中国矿业大学南湖校区一期工程建成，22万平方米建筑面积正式启用，按计划迎来2004级新生。文法、计算机、外文、理学院4个基础学院已从文昌校区整体迁入。

**18日**　徐州市扫盲工作经验交流会在邳州市召开。省教育厅基础教育处副处长林放、徐州市教育局副局长李玉良及各县（市）、区教育局分管局长、教育科长、部分镇中心校长和扫盲干部参加。

**20～24日**　省教育厅督查办考核验收组对睢宁县、邳州、丰县、沛县“布局调整和三新一亮”两项重点工作进行验收。各抽查三分之一的乡镇，并进行反馈。

**27日**　市委副书记陈美行到市区部分中学调研，对进一步提高教学质量，促进基础教育发展提出要求。

**27～30日**　徐州市高考工作会议在邳州市召开。会议总结交流全市普通高中教学特别是高考工作的经验和做法；分析2004年全市高考取得的成绩及存在的问题，明确2005年高考奋斗目标和措施。

**30日**　市教育局组织《江苏省教育乱收费党纪政纪处分的暂行规定》培训班，传达省培训班精神；学习宣讲《暂行规定》。各县（市）、区教育局纪委书记、监察室主任参加培训。

**本月**　市教育局出台《关于加强城乡学校交流促进城乡教育共同发展的实施意见》，要求有关学校要与一所农村学校“挂钩结对”，实行合作交流。

△　市教育局布置全市各地幼教主管部门通过自查、联合普查、抽查等方法，对所有幼儿园进行认真排查，及时采取措施，消除安全隐患，确保幼儿身心健康和生命安全。9月16日发出紧急通知，规定家长接送孩子一般不得进入校园。

△　《徐州日报》、《彭城晚报》、《都市晨报》联合发起的“金秋献爱心，倾情助学子”活动，共筹集捐款11万元，帮助24名贫困学生圆大学梦。

△　9月11日以来，徐州市“师德师风”报告团葛崇信、王纯旭、李芮、李翠平、关群、吴晓珊6位老师赴全市各地巡回报告16场，直接听众近2万人。

△　睢宁县委、县政府召开睢宁儿童画繁荣与发展工作会议。会上成立睢宁县儿童

画工作者协会和睢宁儿童画发展基金会。

## 10月

1日　李福全市长、段雄副市长亲切会见载誉而归的世界模特大赛冠军、徐州市第二职业中学服装表演专业2003届毕业生李子宁。李子宁是第一个在国际模特赛夺冠的中国人。

2日　徐州日报小记者团成立。徐州日报为首批83名小记者举行授旗仪式。

8日　徐州市教育系统赴农村学校“支教带教”教师欢送仪式在徐州高级中学隆重举行,首批46名局直属学校教师奔赴农村基层学校带教。

12日　徐州市治理教育乱收费工作联席会议召开会议,听取市教育局局长宋农村关于2004年以来治理教育乱收费工作情况的汇报;学习《江苏省教育乱收费党纪政纪处分的暂行规定》;市教育纪工委书记李予布置2004年秋季收费联合检查工作。

13日　市教育局在铜山县召开全市初中课程改革工作现场会。各县(市)区的课改领导小组和乡镇中学校长、市区初中校长等600人参加。铜山县部分中学进行学科教学和课改资料展示。市教育局李玉良副局长对进一步推动全市初中课改工作进行部署。

16日　徐州市副市长段雄在云泉山庄会见美国哈佛大学教授约翰·柯兰姆卡和滕仰东,并就现代信息在教育和管理中的应用问题进行亲切友好交谈。

22日　第五届国际采矿科技讨论会在中国矿业大学召开。本次会议由中国矿大与英国诺丁汉大学主办,来自17个国家地区的45名专家学者和来自国内的140余名代表参加会议。市长李福全出席会议并讲话。

△　江苏省苏北五市“六有”工程试点工作交流会在铜山县举行。省教育厅副厅长丁晓昌、省教育厅“六有”工程领导小组办公室副主任江俊浩、裘宗丞、姜敖荣,徐州市教育局局长宋农村、副局长李玉良,铜山县县长田质林、副县长何长征,淮阴、盐城、宿迁、连云港及徐州市六县和贾汪区教育局局长、副局长30余人参加会议。

26日　市政府召开第36次常委会议,审议并通过《关于开展中小学(幼儿园)校园安全及周边环境专项整治行动的实施意见》。成立由分管副市长任组长的领导小组,具体负责专项整治的协调与实施工作。

△　市委教育工委发出通知要求驻徐高校认真贯彻《中共中央国务院关于进一步加强和改进大学生思想政治教育的意见》。

28日　第八届全国英语“四位一体”教学法研究会在徐州市第三中学举行。全国知名英语教育教学专家学者、国家基础教育实践中心外语教育研究中心领导成员、全国各地(市)、县(区)英语教研员等1000多人参加会议。

29日　徐州空军学院隆重庆祝建院50周年,空军副司令员汪超群出席庆祝大会并讲话,市委副书记刘忠达到会祝贺,会后举行盛大的阅兵式和精彩的文艺演出。

29~31日　徐州市举行秋季高等教育自学考试,全市共有37585人参加考试。教育部考试中心检查人员29日在省考办副主任狄公平、徐州市教育局局长宋农村、副局长曹孟军等陪同下,检查徐州市自学考试工作。

31日~11月1日　由江苏省教育科学研究院、江苏教育学院、《学校管理》杂志社主办、新沂市教育局承办的“金秋马陵”学校管理创新论坛在新沂市举行。徐州、淮阴、盐城、连云港各市(县)、区教育科研骨干350多人参加。新沂市教育局承担的课题《新课程背景下学校管理创新研究》举行开题仪式。

## 11月

2日　市教育局和公安局共同制定的《徐州市中小学幼儿园安全管理专项整治行动实施方案》出台,为期两个月的专项整治行动启动。

4日 “徐州—无锡加强未成年人思想道德建设经验交流会”在徐州市召开。两地中小学德育工作者150余人参加。

△ 市教育局在丰县召开2004年教育年鉴年会。丰县人民政府副县长顾玉华，市教育局副局长郭成立，各县(市)区教育(文教体)局领导和办公室负责人及企业局教育主管部门有关人员出席会议。

7日 市委、市政府发出通知，要求各地、各部门、各单位紧密结合实际，认真贯彻《徐州市加强和改进未成年人思想道德建设实施办法》，切实把该实施办法确立的各项任务落到实处。

8日 市委、市政府召开加强和改进未成年人思想道德建设工作会议，认真贯彻落实全国、全省会议精神，研究部署新形势下加强未成年人思想道德建设的举措。市委书记徐鸣出席会议并讲话，市委副书记陈美行作具体部署。

11日 徐州市基础教育课程改革现场会在邳州市八路镇中心小学举行。会上，邳州市教育局领导作课改工作汇报，徐州市教育局副局长李玉良讲话。县(市)区教育局分管领导及教师代表400余人参加。

10~11日 江苏省小学数学评优课大赛在青年路小学举行，27名选手参加了比赛，来自全省的2000余名教师观摩活动。

13日 徐州市教育局直属单位第十二届教职工运动会暨徐州市三中灯光塑胶标准田径运动场启用典礼举行。市委常委、宣传部长李荣启，市人大副主任刘相，副市长朱美华，市政协副主席高之均等到会。

15日 徐州市召开在徐州高校及周边治安综合治理工作会议。会议决定年内集中开展高校校园及周边治安秩序专项整治工作。

18日 驻徐州工程兵指挥学院召开第五次党代表大会，近200名党代表出席会议。总参军训和兵种部领导刘学云少将出席大会并讲话。学院政委蔡冬梅作党委工作报告，院长厉新光致开幕词。

19日 通过在全市范围内的推荐选拔，徐州市教育局组织10个教子有方的家庭前往无锡市，与无锡市的部分家庭进行经验交流。

21~22日 国家教育部主办的“环境科学及生态学学科专业规范咨询会”在中国矿业大学召开。来自中国环保总局、中国环境科学学会、中国生态学会、中国环保产业学会等近20家单位的40位专家参加会议。

22日 2004年江苏省青年科学家奖评选活动揭晓，徐州市3名科学家入围，他们是中国矿业大学副校长、博士生导师宋学锋，矿大化工学院院长、博士生导师刘炯天，徐州医学院副教授侯筱宇。

24日 市政府李福全市长、段雄副市长带领市财政、人事、物价、建设、国土、规划等有关部门的领导到市教育局进行教育调研。

△ 市政府出台《关于进一步加强农村教育工作的决定》，明确提出“巩固九年义务教育，稳步发展普通高中阶段教育，加快发展职业教育，积极发展幼儿教育，为农村经济社会发展提供坚强的人才保障和智力支持”的目标任务。

28日 中国矿业大学第四届董事会成立。国家安全生产监督管理局(国家煤矿安全监察局)局长王显政，中国煤炭工业协会第一副会长濮洪九，教育部高等教育司副司长葛道凯，市委书记徐鸣、市委常委、常务副市长庄华平出席会议。

△ 徐州经贸高等职业学校学生李娟从“大汉富邦”19层楼智救一轻生男子，被授予云龙区“见义勇为先进个人”称号。

△ 由中国矿业大学与银川东方旭邦科技信息技术有限公司共同合办的中国矿业大学银川学院(独立学院)签字仪式在北京举行。

## 12月

1日 市教育局召开在徐州高校、中等

专业学校、中技学校、局直属学校、企业办学、社会力量办学等市区学校年鉴工作会议。总结2004年工作、部署2005年任务。

△ 市委宣传部、市文明办、市教育局、团市委、市学联5家单位召开大中专学生暑期社会实践总结表彰大会,对徐州医学院、徐州市第一中学等11家先进单位,29个先进集体、31名优秀指导教师和54名先进个人进行表彰。

**3日** 全市“未成年人零犯罪社区”创建启动仪式在徐州市高级中学举行。这是徐州市进一步深化“青少年违法犯罪社区预防计划”、加强预防青少年违法犯罪工作,推进全市“平安徐州”创建工作的一项重要举措。

**4日** 徐州日报社、市教育局就如何继续共同办好《教育周刊》召开座谈会。

**7日** 徐州市第二职业中学投巨资建成的服装表演厅正式启用。

**8日** 徐州市未成年人思想道德建设—建好用好青少年校外活动场所现场会在沛县召开。

**9日** 由市委宣传部、市关工委、市文明办、徐州电信局等单位共同举办的“徐州市未成年人网络文明行暨绿色上网”活动正式启动。整个活动将历时3个月。市委常委、宣传部长李荣启出席启动仪式并讲话。

**16日** 由市委宣传部、团市委、环保局和教育局联合评选的“绿色大学”揭晓。中国矿业大学环境测绘学院和徐州建筑职业技术学院被评为首批“绿色大学”。

**17日** 由市教研室主办,云龙区文教体局承办的“以校为本”教研制度现场会在徐师一附小召开。全市各实验小学校长及分管校长400多人参加。

△ 江苏省中小学党建工作年会在徐州市召开。会议对徐州市中小学党建工作给予“特色鲜明、扎实有效”的高度评价。

△ 徐州教育城域网网络验收仪式在徐州市教育局电教馆举行。中国矿业大学、徐州师范大学、徐州医学院组成的专家组以及教育局信息化领导小组参加验收活动。

**19日** 中国矿业大学开展“绿色消费,从我做起”环保宣传教育活动,并向全市市民发出“绿色消费”倡仪书。

**21日** 由国家教育部教育管理信息中心主任咸立亭率领的教育部全国高等学校设置评议委员会专家组,莅临徐州考察徐州工程学院筹建工作。市领导徐鸣、李福全等与专家组成员座谈并陪同考察。

**26日** 市领导徐鸣、陈美行、肖俊、刘相、段雄等与徐州师范大学师生共迎新年。

**30日** 徐州市召开关心下一代工作经验交流会。市委副书记、组织部长陆正方,市关工委名誉主席何赋硕,市关工委主任李为健出席会议。

**本月** 市教育局下发通知,要求深入贯彻省教育厅、省公安厅、省财政厅、省劳动和社会保障厅等六部门出台的《关于做好流动人口子女义务教育的意见》。

△ 在2004年江苏省中小学生(中学组)英语口语电视比赛中,初中组徐州市十三中刘雅冰、郑鑫同学获得一等奖,管道中学王泽南、尚玉柳及市十三中的周祺岳同学获得二等奖;高中组管道中学的赵娜同学获得一等奖、徐州一中的杨赫、管道中学的陈一箫获得二等奖,市二中的吴庆龙、市三中的殷王路获得三等奖。

△ 《徐州市教育年鉴(2004)》获首届中国地方志年鉴奖——“条目编写优秀奖”。

〔本编编辑　江啸霞〕

# 第二编　教育行政

## ○　徐州市教育局党政领导成员及处室负责人一览表

### 中共徐州市委教工委领导成员名单

表 2－1

| 职　务 | 姓　名 | 任职时间 |
| --- | --- | --- |
| 书　　记 | 宋农村 | 2003-03～ |
| 副 书 记 | 曹孟军(女) | 2002-05～ |
| 纪工委书记 | 李　予 | 2002-05～ |

### 徐州市教育局党委领导成员名单

表 2－2

| 职　务 | 姓　名 | 任职时间 |
| --- | --- | --- |
| 书　记 | 宋农村 | 2003-03～ |
| 常　委 | 曹孟军(女) | 1995-07～ |
| 常　委 | 张建勋 | 1996-11～ |
| 常　委 | 李玉良 | 2001-07～ |
| 常　委 | 郭成立 | 2002-12～ |
| 常　委 | 李　予 | 2002-05～ |
| 常　委 | 徐保卫 | 2002-09～ |

# 徐州市教育局领导成员名单

表2－3

| 职　务 | 姓　名 | 任职时间 |
|---|---|---|
| 局　长 | 宋农村 | 2003-03～ |
| 副局长 | 曹孟军(女) | 1995-07～ |
| 市政府教育督导团主任督学(正处) | 曹孟军 | 2003-03～ |
| 副局长 | 张建勋 | 1996-11 |
| 副局长 | 李玉良 | 2002-06～ |
| 副局长 | 郭成立 | 2002-12～ |
| 副局长 | 顾玉华 | 2005-01～ |
| 助理调研员 | 徐保卫 | 2002-09～ |

# 中共徐州市委教工委、市教育局处室负责人名单

表2－4

| 部　门 | 职　务 | 姓　名 | 任职时间 |
|---|---|---|---|
| 纪　委 | 书　记 | 李　予 | 2002－05～ |
| | 副书记 | 姚澄华(女) | 1999－11～2005－01 |
| | 副书记 | 戴世荣 | 2005－01～ |
| 监察室 | 主　任 | 姚澄华(兼)(女) | 1999－11～2005－01 |
| | 主　任 | 戴世荣(兼) | 2005－01～ |
| 机关党委 | 副书记 | 戴世荣 | 2002－01～ |
| | 副书记 | 陈旭亚(女) | 2002－01～2004－04 |
| 办公室 | 副主任 | 戴世荣(兼) | 2002－01～2005－01 |
| | 主　任 | 张宝民 | 2004－08～ |
| 组织处 | 副处长 | 刘　艳(女) | 2002－01～ |
| 高宣处 | 处　长 | 张广银 | 2002－01～2005－02 |
| 团　委 | 副书记 | 王培彦(女) | 2002－01～ |
| 工　会 | 主席(兼) | 张建勋 | 1997－12～ |
| | 副主席 | 姚澄华(女) | 2005－01～ |

续表 2-4-1

| 部　门 | 职　务 | 姓　名 | 任职时间 |
|---|---|---|---|
| 教育督导室 | 主　任 | 姚　杰 | 2002-01～ |
| | 副主任 | 李　乐 | 2004-08～ |
| 人事处 | 处　长 | 李　清 | 2000-04～ |
| | 副处长 | 刘桂云(女) | 2002-11～ |
| 师资处 | 处　长 | 蔡陵军(女) | 2002-01～ |
| | 副处长 | 张亚新 | 2002-11～ |
| 审计处 | 处　长 | 徐　志 | 2002-01～ |
| | 副处长 | 朱　云(女) | 2002-01～ |
| 基教处 | 处　长 | 赵新济(女) | 2002-01～ |
| | 副处长 | 李全仁 | 2002-01～ |
| | 副处长 | 崔　瑛(女) | 2002-07～ |
| 职社处 | 处　长 | 李保军 | 2002-01～ |
| | 副处长 | 葛友杰 | 2002-01～ |
| 体卫艺处 | 处　长 | 郝易刚 | 1998-11～ |
| | 副处长 | 尹玉玲(女) | 1999-12～ |
| 财务处 | 处　长 | 徐目新 | 2002-01～ |
| | 副处长 | 钱　彬 | 2002-01～ |
| 发展规划处 | 处　长 | 孟　玮 | 2000-04～ |
| | 副处长 | 潘　杰 | 2004-08～ |
| 政策法规处 | 处　长 | 王昌森 | 1999-12～ |
| 成人教研室 | 副主任 | 张海勋 | 1999-12～ |
| | 副主任 | 蔡春生 | 2003-11～ |
| 德育教研室 | 主　任 | 王　兰(女) | 1999-07～ |
| | 副主任 | 王胜勇 | 2005-01～ |
| 普通中学会考办 | 主　任 | 李　洁(女) | 1998-11～ |
| 高等学校招生办 | 主　任 | 邵明群 | 2002-11～2004-08 |
| | 主　任 | 宋广良 | 2004-08～ |
| | 副主任 | 李世强 | 2002-11～ |

续表 2-4-2

| 部　门 | 职　务 | 姓　名 | 任职时间 |
|---|---|---|---|
| 高等教育自考办 | 主　任 | 高宗秀 | 2002-11～2004-08 |
| | 主　任 | 郭凤清 | 2004-08～ |
| | 副主任 | 王凤霞(女) | 1994-08～2004-01 |
| | 副主任 | 范兆华 | 2002-11～2004-08 |
| | 副主任 | 王志升 | 2005-01～ |
| 勤工俭学办 | 主　任 | 张继迎(兼) | 2001-10～ |
| | 副主任 | 李世洲 | 1999-04～2004-08 |
| 劳动就业处 | 处　长 | 张继迎 | 1999-10～ |
| 中小学生卫生保健所 | 所　长 | 尹玉玲(兼)(女) | 1988-09～ |
| 教学研究室 | 主　任 | 王兰柱 | 2002-01～ |
| | 副主任 | 仲新元 | 1998-11～ |
| | 副主任 | 陈厚春 | 1999-12～ |
| 教育科学研究所 | 所　长 | 郑　飞 | 1998-11～ |
| | 副所长 | 孟宪平 | 2001-10～ |
| 教育技术装备站 | 站　长 | 朱立泉 | 1986-09～2004-08 |
| | 站　长 | 陈　戈 | 2004-08～ |
| | 副站长 | 丁　蕾(女) | 2004-08～ |
| 电化教育馆 | 馆　长 | 彭书昌 | 1998-11～2004-08 |
| | 馆　长 | 周　岩 | 2004-08～ |
| | 副馆长 | 汤勇建 | 1998-11～ |
| 人才服务中心 | 主　任 | 李　清(兼) | 2002-11～ |

(刘　艳)

# ○ 徐州市 2004 年各级各类教育事业概况表

表 2-5　　单位:人

| 类别 | 学校数(所) | 教学点数(个) | 班级数(个) | 毕业生数 | 招生数 | 在校生数 | 毕业班学生数 | 教职工数 | |
|---|---|---|---|---|---|---|---|---|---|
| | | | | | | | | 总数 | 其中:专任教师 |
| 1. 小学 | 908 | 144 | 18365 | 217899 | 91181 | 830611 | 186380 | 43009 | 39864 |
| 2. 普通中学 | 366 | | 15566 | 238482 | 282241 | 831882 | 261518 | 44082 | 35744 |
| 其中:初中 | 264 | | 12408 | 184865 | 210917 | 634287 | 199707 | | 25686 |
| 高中 | 102 | | 3158 | 53617 | 71324 | 197595 | 61811 | | 10058 |
| 3. 学前教育 | 630 | | 4552 | 83493 | 95316 | 138899 | | 5779 | 4054 |
| 其中:独立设置的幼儿园、学前班 | 630 | | 3257 | 54449 | 61410 | 103211 | | 5779 | 4054 |
| 4. 特殊教育 | 15 | | 153 | 1245 | 915 | 9506 | | 438 | 318 |
| 其中:特殊教育学校 | 15 | | 147 | 83 | 257 | 1818 | | 438 | 318 |
| 小学附设特教班 | | | 6 | 7 | 20 | 60 | | | |
| 小学随班就读 | | | | 1141 | 617 | 7522 | | | |
| 初中附设特教班 | | | | | | | | | |
| 初中随班就读 | | | | 14 | 21 | 106 | | | |
| 5. 职业技术培训机构 | 1776 | | 4549 | 331786 | | 180043 | | 2279 | 1909 |
| 6. 成人基础教育 | 408 | | 1936 | 13697 | | 19818 | | 811 | 370 |
| 其中:成人小学 | 398 | | 1900 | 13159 | | 18102 | | 723 | 292 |
| 成人中学 | 10 | | 36 | 538 | | 1716 | | 88 | 78 |
| 7. 中等职业教育学校 | 60 | | | 17118 | 35128 | 84662 | 19471 | 5026 | 3058 |
| 按办学类别分:调整后中等职业学校 | 5 | | | 3372 | 10486 | 24759 | 5392 | 1243 | 671 |
| 中等技术学校 | 3 | | | 2599 | 2374 | 9002 | 2691 | 126 | 77 |
| 中等师范学校 | 4 | | | 615 | 2179 | 4912 | 501 | 593 | 366 |
| 成人中等专业学校 | 21 | | | 2586 | 5331 | 12973 | 3337 | 1063 | 513 |
| 职业高中学校 | 27 | | | 6623 | 13375 | 27568 | 6316 | 2001 | 1431 |
| 其他机构(不计校数) | 6 | | | 1323 | 1383 | 5448 | 1234 | | |
| 按专业类别分:普通中专 | | | | 6761 | 16693 | 40989 | 8229 | | |
| 其中:调整后中职全日制学生 | | | | 2801 | 10486 | 21573 | 3933 | | |
| 调整后中职非全日制学生 | | | | | | | | | |
| 普通中专学生 | | | | 3960 | 6207 | 19416 | 4296 | | |
| 成人中专 | | | | 3765 | 5331 | 16645 | 5047 | | |
| 其中:全日制成人中专学生 | | | | 3179 | 5331 | 16206 | 4730 | | |
| 非全日制成人中专学生 | | | | 586 | | 439 | 317 | | |
| 职业中学 | | | | 6592 | 13104 | 27028 | 6195 | | |

(潘　杰)

# 〇 徐州市教育局2004年重要文件目录

表2-6

| 序号 | 文件编号 | 题　　名 | 日　期 |
|---|---|---|---|
| 1 | 徐教〔2004〕1号 | 关于印发《徐州市中小学布局调整和"三新一亮"工程考核验收实施细则》及对两项重点工程进行考核验收的通知 | 2004-01-04 |
| 2 | 徐教〔2004〕8号 | 关于做好2004年春季开学规范教育收费工作及春季收费检查工作的通知 | 2004-01-15 |
| 3 | 徐教〔2004〕9号 | 关于转发《江苏省特殊教育学校义务教育阶段学生免费教育试行办法》的通知 | 2004-01-17 |
| 4 | 徐教〔2004〕17号 | 关于切实做好当前学校安全工作的紧急通知 | 2004-03-01 |
| 5 | 徐教〔2004〕22号 | 关于印发《徐州市区高中学科教学质量跟踪评价办法(试行)》、《徐州市区初中学科教学质量跟踪评价办法(试行)》的通知 | 2004-03-03 |
| 6 | 徐教〔2004〕24号 | 关于进一步明确县(市)区教育法制工作职能的通知 | 2004-04-01 |
| 7 | 徐教〔2004〕43号 | 徐州市2004年义务教育阶段招生工作意见 | 2004-05-09 |
| 8 | 徐教〔2004〕44号 | 徐州市2004年高中阶段教育招生工作意见 | 2004-05-08 |
| 9 | 徐教〔2004〕49号 | 关于徐州市高中阶段教育招生统一考试试卷命题、印刷、运送安全保密工作的规定 | 2004-05-29 |
| 10 | 徐教〔2004〕59号 | 徐州市中小学"六有"工程实施意见 | 2004-06-21 |
| 11 | 徐教〔2004〕61号 | 关于徐州市2004年高中阶段教育招生录取工作的通知 | 2004-06-21 |
| 12 | 徐教〔2004〕63号 | 关于教育重点工程实行周报制度的通知 | 2004-07-01 |
| 13 | 徐教〔2004〕66号 | 2004年徐州市师范毕业分配就业意见 | 2004-07-09 |
| 14 | 徐教〔2004〕68号 | 关于加强民办高教机构在徐招生工作管理的意见 | 2004-07-16 |
| 15 | 徐教〔2004〕69号 | 2004年徐州市"爱心助成才"助学活动计划 | 2004-07-16 |
| 16 | 徐教〔2004〕73号 | 关于成立徐州市教育局语言文字工作领导小组的通知 | 2004-08-02 |
| 17 | 徐教〔2004〕81号 | 关于加强城乡学校交流促进城乡教育共同发展的实施意见(试行) | 2004-08-27 |
| 18 | 徐教〔2004〕88号 | 关于表彰徐州市优秀教育工作者的决定 | 2004-09-03 |
| 19 | 徐教〔2004〕90号 | 关于公布徐州市第三批名教师、名校长的通知 | 2004-09-06 |
| 20 | 徐教〔2004〕91号 | 关于公布徐州市第五批青年名教师、青年学科带头人、青年优秀骨干教师的通知 | 2004-09-06 |
| 21 | 徐教〔2004〕99号 | 关于对学生公寓床上用品进行质量检查的通知 | 2004-09-30 |
| 22 | 徐教〔2004〕104号 | 关于印发《徐州市教育局直属学校目标管理综合督导考核方案(试行)》的通知 | 2004-10-12 |
| 23 | 徐教〔2004〕118号 | 关于在市区中小学开展植绿护绿教育创建花园式学校活动的意见 | 2004-12-21 |

续表 2-6-1

| 序号 | 文件编号 | 题　　名 | 日　期 |
|---|---|---|---|
| 24 | 徐教〔2004〕119 号 | 关于启用印章的通知 | 2004-12-27 |
| 25 | 徐委教〔2004〕1 号 | 关于印发《徐州市教育系统诚信教育工作规范》的通知 | 2004-02-02 |
| 26 | 徐委教〔2004〕2 号 | 关于组织全市教育系统认真学习徐鸣同志《我们应该如何办教育》重要文章的通知 | 2004-03-11 |
| 27 | 徐委教〔2004〕3 号 | 关于印发《2004 年徐州市教育系统宣传思想工作要点》的通知 | 2004-03-15 |
| 28 | 徐委教〔2004〕6 号 | 关于印发《徐州市委教工委 2004 年精神文明建设规划》的通知 | 2004-04-02 |
| 29 | 徐委教〔2004〕10 号 | 关于学习贯彻《中共中央国务院关于进一步加强和改进未成年人思想道德建设的若干意见》的通知 | 2004-04-30 |
| 30 | 徐委教〔2004〕13 号 | 关于召开徐州市中小学党建工作暨“七一”表彰大会的通知 | 2004-06-24 |
| 31 | 徐委教〔2004〕14 号 | 关于表彰徐州市中小学党建工作先进集体、先进个人、优秀党员的决定 | 2004-06-24 |
| 32 | 徐委教〔2004〕18 号 | 关于认真学习贯彻《中共中央国务院关于进一步加强和改进大学生思想政治教育的意见》的通知 | 2004-10-26 |
| 33 | 徐委教〔2004〕21 号 | 关于印发《积极参与“四城同创”，让我们的心灵和环境变得更美——中共徐州市委教育工委、徐州市教育局致全市大、中、小学生的一封公开信》的通知 | 2004-12-18 |
| 34 | 徐教办〔2004〕2 号 | 关于建立局领导与直属学校联系点制度的意见 | 2004-02-20 |
| 35 | 徐教办〔2004〕5 号 | 关于加强外出活动管理切实做好师生安全保障工作的通知 | 2004-03-23 |
| 36 | 徐教办〔2004〕10 号 | 关于开展学校消防安全专项整治的通知 | 2004-05-26 |
| 37 | 徐教办〔2004〕19 号 | 关于表彰局直属学校档案工作先进单位和先进工作者的决定 | 2004-06-28 |
| 38 | 徐教办〔2004〕44 号 | 关于进一步加强学校内部安全管理工作的紧急通知 | 2004-12-17 |
| 39 | 徐教办〔2004〕27 号 | 关于开展学校安全工作检查的通知 | 2004-09-16 |
| 40 | 徐教办〔2004〕30 号 | 关于做好国庆期间学校及幼儿园安全工作的紧急通知 | 2004-09-29 |
| 41 | 徐教办〔2004〕39 号 | 关于对局直属学校进行现状评估的通知 | 2004-11-19 |
| 42 | 徐教办〔2004〕40 号 | 关于切实做好学校道路交通安全工作的紧急通知 | 2004-11-22 |
| 43 | 徐教办〔2004〕42 号 | 关于报送 2004 年工作总结及 2005 年工作意见的通知 | 2004-12-01 |
| 44 | 徐教办〔2004〕43 号 | 关于开展校园冬季消防安全专项检查的通知 | 2004-12-02 |
| 45 | 徐教督〔2004〕1 号 | 关于印发《2004 年徐州市教育督导工作意见》的通知 | 2004-02-18 |
| 46 | 徐教督〔2004〕2 号 | 关于转发《省政府教育督导团关于开展高水平高质量及义务教育工作督查的通知》的通知 | 2004-09-13 |
| 47 | 徐教党〔2004〕3 号 | 徐州市教育局关于加强机关作风建设的意见 | 2004-03-17 |
| 48 | 徐教党〔2004〕12 号 | 关于在党员领导干部中开展反腐倡廉系列教育活动的意见 | 2004-07-08 |
| 49 | 徐教纪〔2004〕3 号 | 关于印发《2004 年徐州市教育系统纪检监察工作要点》通知 | 2004-03-10 |

续表 2－6－2

| 序号 | 文件编号 | 题　　名 | 日　期 |
|---|---|---|---|
| 50 | 徐教纪〔2004〕4 号 | 关于转发市纪委《关于 2005 年元旦、春节期间严格遵守廉洁自律有关规定反对铺张浪费的通知》的通知 | 2004－12－21 |
| 51 | 徐教人〔2004〕15 号 | 关于公开招聘师范类毕业生的若干意见 | 2004－07－15 |
| 52 | 徐教人〔2004〕23 号 | 关于开展认定教师资格工作的通知 | 2004－11－26 |
| 53 | 徐教高宣〔2004〕1 号 | 关于印发《徐州市教育局 2004 年高等教育工作要点》的通知 | 2004－03－09 |
| 54 | 徐教高宣〔2004〕3 号 | 关于加强对学校发布招生广告和发表重要新闻稿件管理的办法 | 2004－05－24 |
| 55 | 徐教高宣〔2004〕4 号 | 关于开展纪念邓小平同志诞生 100 周年主题教育活动的通知 | 2004－08－20 |
| 56 | 徐教发〔2004〕5 号 | 关于下达 2004 年徐州市高中阶段教育招生计划的通知 | 2004－05－08 |
| 57 | 徐教职〔2004〕1 号 | 关于开展 2003 年度民办学校年检工作的通知 | 2004－02－21 |
| 58 | 徐教职〔2004〕2 号 | 关于开展 2003 年度民办学历教育机构年检工作的通知 | 2004－02－21 |
| 59 | 徐教职〔2004〕7 号 | 关于教育系统大力实施“两后双百”工程的意见 | 2004－05－08 |
| 60 | 徐教职〔2004〕13 号 | 关于规范暑假各类办班行为的通知 | 2004－06－25 |
| 61 | 徐教职〔2004〕17 号 | 关于印发《徐州市市区社区教育实验工作规划》的通知 | 2004－08－24 |
| 62 | 徐教职〔2004〕18 号 | 关于对全市“两后双百”工作进行专项检查的通知 | 2004－08－26 |
| 63 | 徐教职〔2004〕19 号 | 关于公布 2004 年徐州市中等职业学校市级示范评审认定结果的通知 | 2004－08－27 |
| 64 | 徐教职〔2004〕20 号 | 关于颁发《民办学校办学许可证》有关问题的通知 | 2004－12－10 |
| 65 | 徐教基〔2004〕4 号 | 徐州市 2004 年扫盲工作意见 | 2004－02－16 |
| 66 | 徐教基〔2004〕6 号 | 关于对中学生开展国家安全教育的实施意见 | 2004－02－25 |
| 67 | 徐教基〔2004〕11 号 | 徐州市 2004 年幼儿教育事业发展意见 | 2004－03－11 |
| 68 | 徐教基〔2004〕14 号 | 关于 2004 年秋季普通中小学教材征订工作的通知 | 2004－03－22 |
| 69 | 徐教基〔2004〕15 号 | 关于加强各类竞赛管理的通知 | 2004－03－27 |
| 70 | 徐教基〔2004〕16 号 | 关于实施“六有”建设工程的通知 | 2004－04－06 |
| 71 | 徐教基〔2004〕23 号 | 徐州市 2004 年市区初中招生实施办法 | 2004－06－04 |
| 72 | 徐教基〔2004〕27 号 | 关于贯彻《中共中央国务院关于进一步加强和改进未成年人思想道德建设的若干意见》的实施意见 | 2004－06－25 |
| 73 | 徐教基〔2004〕28 号 | 关于开展中小学“培育和弘扬民族精神”教育活动的通知 | 2004－06－25 |
| 74 | 徐教基〔2004〕30 号 | 关于认真做好中小学暑假工作的意见 | 2004－06－30 |
| 75 | 徐教基〔2004〕39 号 | 关于加强中小学生日常行为规范教育的通知 | 2004－08－20 |
| 76 | 徐教基〔2004〕45 号 | 关于义务教育阶段学校学籍实行电子化管理的意见 | 2004－09－06 |
| 77 | 徐教基〔2004〕46 号 | 关于表彰局直属学校初中阶段巩固率、毕业率先进单位的决定 | 2004－09－20 |
| 78 | 徐教基〔2004〕47 号 | 关于举办中小学德育论坛的通知 | 2004－09－24 |
| 79 | 徐教基〔2004〕49 号 | 关于 2005 春季普通中小学教材征订工作的通知 | 2004－09－30 |

续表 2-6-3

| 序号 | 文件编号 | 题　　名 | 日　期 |
|---|---|---|---|
| 80 | 徐教基〔2004〕52 号 | 关于对市区直属普通中学新学期工作检查情况的通知 | 2004-11-03 |
| 81 | 徐教基〔2004〕54 号 | 关于对市、省级实验小学进行评估验收的通知 | 2004-11-12 |
| 82 | 徐教基〔2004〕55 号 | 关于在全市中小学生中开展"争做文明人"主题教育活动的意见 | 2004-11-16 |
| 83 | 徐教基〔2004〕57 号 | 关于解决流动人口子女接受义务教育的意见 | 2004-11-25 |
| 84 | 徐教体〔2004〕2 号 | 关于认真做好徐州市 2004 年初中学生毕业升学体育考试的通知 | 2004-02-17 |
| 85 | 徐教体〔2004〕10 号 | 关于成立徐州市学校预防艾滋病健康教育领导小组的通知 | 2004-08-17 |
| 86 | 徐教体〔2004〕11 号 | 关于进一步加强学校预防艾滋病健康教育工作意见 | 2004-08-17 |
| 87 | 徐教体〔2004〕12 号 | 关于 2004 年局直属学校学生体检的通知 | 2004-08-31 |
| 88 | 徐教财〔2004〕2 号 | 关于对农民免收农村义务教育借读费的通知 | 2004-02-27 |
| 89 | 徐教财〔2004〕31 号 | 关于公布第七批收取电教费学校的通知 | 2004-12-15 |
| 90 | 徐教转发〔2004〕34 号 | 转发省教育厅公安厅《关于对全省中小学幼儿园安全管理专项整治行动进行检查的通知》 | 2004-12-22 |
| 91 | 徐教转发〔2004〕35 号 | 转发省教育厅公安厅《关于在全省学校开展"珍惜生命安全拒绝管制刀具"教育治理活动的通知》 | 2004-12-22 |

（马　岚）

## ○　政策法规

**【省政策法规工作会议在徐州召开】**　2 月 13 日～14 日全省 2004 年度政策法规工作会议在徐州市召开。省教育厅杨湘宁副厅长、省政策法规处领导和 13 个省辖市的分管局长、政策法规处（室）40 余人出席会议。会议就如何"教育强省"问题作深入研究。

**【组织学习《民办教育促进法实施条例》】**　4 月，组织局机关人员和部分学校校长参加全国和全省《民办教育促进法实施条例》培训班；5 月举办全市培训班，全市 200 多名民办学校董事长、校长和非学历办学机构负责人参加培训。

**【开展《行政许可法》培训与活动】**　4 月上旬，组织各县（市）、区分管局长和业务科室负责人参加全省《行政许可法》培训班。后举办全市培训班，局机关行政人员和各县（市）、区分管局长和业务科室负责人参加培训。组织机关公务员参加《行政许可法》考试。参加市法制局举办的《行政许可法》广场宣传活动。

**【清理各种审批项目】**　按照《行政许可法》要求，教育局第一轮清理出各种审批项目 30 项，由《徐州市行政审批制度第二批清理方案》公布。在第二轮行政审批核减事项中，又划出行政审批事项 6 项，取消核准事项 4 项。全局审批或备案审批项目仅有 2 项（民办中小学校，教师资格认定工作），已在市政府的法制网页得到确认。

**【对照民办教育促进法进行调研】**　对照民办教育促进法，多次对市区公有民办学校的转制进行调研、催办、协调和规范工作。开展全市民办学校现状和存在问题调查，为市政府和局领导的决策提供真实依据。

**【创建“依法治校示范校”活动】** 积极开展“依法治校示范校”的创建工作。鼓楼区大马路小学、铜山新区实验小学和西苑中学等3所学校通过省级检查评估验收,被命名为“江苏省依法治教示范校”。认真贯彻落实教育部、司法部等四部委《关于加强青少年学生法制教育工作的若干意见》,会同有关处室加强对青少年学生的法制教育,如远离毒品、远离游戏网吧等。继续抓教育行政部门和学校教职员工的普法教育。

**【发挥“法制副校长”作用】** 配合相关处室发挥“法制副校长”作用,指导学校办好模拟法庭,办好法制墙报、板报、小报,开展丰富多彩的法制实践活动;指导师生依法维护自身的合法权益,开展校内申诉工作。

**【参加行政执法培训,普查法制教育情况】** 组织近40名教育行政执法人员参加全市行政执法培训,参训率和考试成绩均处在参训单位前列。开展“学校伤害事故处理与防范”的培训和咨询,增强学校处理伤害事故和依法维权的能力。12月8日,全市教育行政人员、教职员工近10万人参加省教育系统“四五”普法考试,参考率和合格率均在98%以上。开展全市教育法制情况普查,为2005年全市教育法制工作提供依据。 (王昌森)

## ○ 教育督导

**【开展中小学公用经费和控制辍学专项督查】** 2004年3月,市教育督导室按照省政府教育督导团《关于开展义务教育阶段控制学生辍学工作专项督导检查的通知》和《关于开展中小学公用经费专项督导检查的通知》,组织人员对各县(市)、区中小学公用经费和控制辍学情况进行专项督查,核实有关数据,并向政府和教育行政部门通报反馈。4月20日~25日,省政府教育督导团组织省督学等36人组成6个督查组,对各县(市)、区及经济开发区的中小学公用经费和控辍工作进行专项督查。实地察看24个乡镇、90所中小学,访谈部分校长、教师,核实有关数据资料,并向相关县(市)、区人民政府作通报。通过省、市两级的专项督查,各地加大控辍力度,控辍工作进一步规范。中小学杂费“校收、县管、校用”管理办法进一步得到落实,截留、挤占、挪用中小学杂费和向中小学乱摊派的现象得到遏制。

**【建立对直属学校的目标考核综合督导制度】** 为切实加强学校目标管理和校长任期考核,10月,印发《徐州市教育局直属学校目标管理综合督导考核方案(试行)》。方案努力体现主体性、发展性原则,充分尊重校长办学的自主性与创造性,重点对教学质量、教师发展等影响学校发展的关键性指标进行动态监控;变用预先制定好的“一把尺子”要求所有学校为用“不同的尺子”衡量不同的学校,以学校制定的发展规划为依据,重点考核目标达成度。新方案的另一特点是以可测定的指标作为评分依据,有效地克服督导评价中的随意性。为把综合督导工作落到实处,督导室举办直属学校校长培训班,通过深入细致的工作,直属学校这一轮制定的发展规划质量高、任务细、目标实,为学校今后3年的发展打下良好的基础。在对一中、科技中学进行插标试评的基础上,11月30日~12月3日,对直属所有学校展开现状评估。

**【加强全市中小学校综合督导工作】** 下半年,市督导室多次参与云龙区、泉山区等中小学综合督导工作,以确保《普通中小学校督导评估指导纲要》以及《徐州市中小学、民办学校督导评估方案实施意见》的落实。

**【开展高水平高质量普及义务教育督查工作】**

按照省政府教育督导团的部署，9月下旬，召开各县(市)、区督导室主任会议，布置做好自查工作，市教育督导室于11月对各县(市)、区自查情况进行复核，通过督查发现：一年来，“以县为主”管理体制逐步走向规范；教育事业发展规划、教师工资发放、教育人事管理和教育经费投入等县级统筹，得到进一步加强；县级政府对教育的投入逐年增加，进城务工就业农民子女接受义务教育保障措施得到落实，各地未成年人思想道德建设、农村义务教育事业发展的良好氛围正在形成。

**【开展进城务工农民子女义务教育专项督查】** 贯彻落实“进城务工就业农民子女义务教育”政策情况进行专项督查，经调查：全市共有5872名进城务工、经商人员子女分散在各校就读，进城务工就业农民子女义务教育阶段收费与本地学生一视同仁。借读学生全部免交借读费。部分学校还为家庭困难学生减免杂费，部分区县教育行政部门为家庭困难进城务工就业农民子女资助代办费。2004年，全市进城务工就业农民子女义务教育入学率为100%。进城务工就业农民子女义务教育政策得到很好的落实。

**【徐州市人民政府教育督导团办公室挂牌】** 为适应机构改革的需要，经市政府批准徐州市教育督导室更名为徐州市人民政府教育督导团办公室。2004年11月，人民政府督导团办公室正式挂牌。进一步明确督导机构代表政府进行教育行政监督的地位与职能，为有效建立对下级政府的教育监督机制，更好地行使对中等及其以下学校的监督、检查、指导、评估职能创造有利条件。

**【云龙区被命名为“江苏省‘两基’巩固提高工作先进区”】** 云龙区认真贯彻落实国务院和省政府农村教育工作会议精神，加大政府工作力度，进一步完善义务教育“以县(区)为主”管理体制，积极开展“控辍保学”工作，成绩显著。2004年，经市督导室考察推荐，被省政府督导团命名为“江苏省‘两基’巩固提高工作先进县(区)”。

**【曹孟军主任督学率队赴无锡考察】** 2月24—25日市政府教育督导团主任督学曹孟军、督导室主任姚杰率队考察无锡市教育督导工作。听取无锡市人民政府教育督导团林建坤调研员等介绍情况，双方就学校目标管理综合督导评估考核作重点交流与探讨。还对青山中学和清名桥中学等学校的目标管理督导考核情况进行考察。

**【泉山区在省督学培训班上交流经验】** 泉山区政府教育督导室主动参与新一轮基础教育课程改革，积极探索新课程改革背景下学校督导工作，在省政府教育督导团举办的2004年全省市、县级督学培训班上，该区作题为《新课改背景下的教育督导与评估》专题发言。

**【曹孟军主任督学发表教育督导专题文章】** 9月10日，市政府教育督导团主任督学曹孟军在《徐州日报·教育周刊》上发表题为《提高认识完善制度开创全市教育督导工作新局面》的署名文章。文章从更新观念，进一步提高对教育督导工作的认识；明确任务，进一步强化教育督导职能；加大力度，进一步完善教育督导制度等方面论述徐州各级督导机构的新任务。

(李　乐　姚　杰)

## ○ 教学研究

**【新课程实验与推广工作进展顺利】** 2004年全市小学、初中全部实施新课程。为使新课程实验与推广工作顺利进行：一是引导教师树立新型的教学观、质量观、人才观、课程观和评价观；二是开展以课程标准、新教材、新教法的学科培训，参加各级各类培训的教师数万人;三是调整课程结构,实验年级基本按要求开设课程;四是以新的课程理念为指导,制定课堂教学评价标准;五是开展优质课评选,共有8000多人参加优质课评选,其中460人获一等奖;六是强化课程资源意识,集中人员,开发地方教育资源,编辑小学、初中校本教材;七是定期深入课改实验区调研,召开课改汇报会,宣传、交流各地各校课改的先进经验;八是加强课改的宣传报道,编辑《课改通讯》4期,使全市课改工作不断向前推进。

**【深入教学改革,教学质量不断提高】** 幼儿教研工作继续学习贯彻教育部《幼儿园教育指导纲要(试行)》。组织幼儿教师参加各级各类培训,开展课程改革试验;举办多种形式的教学研究和竞赛活动,组织大市级评优课,并选拔优秀选手到省里参赛。小学组积极探索新课程理念下的教学新模式。深入研究促进学生学会学习的策略与方法,加强综合课程的研究,举办全市性的品德与生活、科学、艺术课程的教学研讨活动,特别是通过研究课、汇报课、展示课等,推进课堂教学改革,一批青年教师在国家、省、市级评优课活动中获奖。初中组改进加强教学视导。通过听课、评课、研讨、专题讲座、座谈会等,使广大教师把握新教材要求。成立市区初中学科教研基地和学科中心组,认真组织课改研讨课,转变教师教学行为。加强教学管理,实行校长听课、上课制度。各学科继续组织新大纲、新教材培训,培训教师达3000多人。加强初中教学质量监控,编写与新教材配套使用的学生用书。继续实行中考改革,组织英语口语测试,高标准高质量完成中考命题及试卷批改工作,市区中考成绩与2003年相比显著提高。高中组认真学习并研究《普通高中课程方案》和各学科课程标准,树立新的高中课程观。加强高考的研究与指导,并通过走出去、请进来等形式,密切与先进地区和学校合作与交流。召开全市高中教学工作现场会,总结并推广市三中的管理经验。制定《徐州市中小学学科教学质量跟踪评价办法》,初步形成学科教学质量动态管理的有效机制。建立全市普通高中13个学科教研基地和学科中心组,加强高考的研究与指导。召开全市高考工作会议,与各县(市)、区教育局长签订高考目标责任状。制定《关于进一步加强和改进高三教学工作的意见》,对高三教学提出明确要求。

**【教科研工作取得新成果】** 2004年,举办2期课题主持人培训班,邀请高校专家开专题讲座。加强课题管理,制定《关于规范教学研究课题管理的意见》,建立教学研究课题管理中心组并为成员颁发证书。制定《教学研究课题联系人制度》,将省、市级课题分解到每位教研员,现教研员主持的省、市课题共有8项,其中有两项结题,并分别获省二等、三等奖。另外6项正在进行。还有3人参加国家子课题实验。第三期8个省课题按期结题,其中获省二等奖3项,三等奖5项。第四期省课题已有17项结题。教研员在市级以上刊物发表论文36篇,出版学术专著2本,编写中小学教科书14本,各种教学用书30多本。全市中小学师生在各级各类比赛中成绩显著。教师获奖:国家级317人次;省级161人次;市级663人次。学生获奖:国家级187人次;省级1356人次;市级1749人次。

**【徐州市语言文字工作顺利通过专家组评估验收】** 2004年初,省语委确定南通、徐州、镇江、无锡4市为率先接受城市语言文学工作评估的二类城市(在全国也是最早的一批)。为此,语委办及时组织有关同志赴宁沪学习考察、成立迎评工作领导小组,市政府下发文件、部署迎评工作,并召开大规模的迎评工作会议,语委办制作大型公益广告牌、提示语标牌、宣传专题片及各类宣传印刷品,营造全市规范用语用字的社会环境。为进一步检查迎评工作准备情况,语委办于8月~9月间组织专家组对全市党政机关、新闻媒体、学校和公共服务行业进行预评估。10月23~25日,省语委及评估组专家对全市语言文字工作考察评估,翻阅《徐州市城市语言文字工作集锦画册》等材料,分4组实地考察受检单位,并对照评估方案打分,最终,徐州市以较高分数顺利通过城市语言文字工作评估验收。

**【教研室内部建设与管理进一步加强】** 为了进一步加强教研室建设,在教研员配备齐全的基础上,进一步改善办公条件,购置笔记本电脑4台、复印机1台、台式电脑3台,语委办、阅览室更换了办公柜等。结合行风评议,制定《教研室行风评议实施方案》、《教研室工作量化考核办法》、《文明办公室评比条例》等文件。各县(市)、区教研室为迎接创建,配备教研员,增添办公用房,改善办公条件,教研室内部建设进一步加强,基本实现办公现代化,满足教学改革的需要。新沂市、鼓楼区、泉山区教研室顺利通过评估验收。

(王兰柱)

## ○ 教育科研

**【成立教育科学规划领导小组和教育科学规划办公室】** 2004年2月,根据教育事业发展的需求,市教育局成立"徐州市教育科学规划领导小组",领导小组组长为市教育局宋农村局长,副组长为市教育局李玉良副局长和徐州师范大学教科院段作章院长。领导小组下设教育科学规划办公室,作为常设机构与市教育科学研究所合署办公,由郑飞所长兼任主任。规划办具体负责统一管理并审核全市教科研规划、立项课题、成果鉴定及论文评选等工作。

**【组织完成徐州市教育事业发展十大专项课题的招标】** 2月起,在市教育局和徐州市教育科学规划领导小组的领导下,市教育科学规划办公室和市教科所列出徐州市教育事业发展十大专项课题(即《2010年徐州市各级各类教育发展研究》、《教育均衡化发展与无差别教育研究》、《农村教育改革与发展研究》、《课程改革背景下评价体系的构建研究》、《徐州市办学体制改革研究》、《新课程理念下学校管理创新研究》、《初中生成绩分化成因及对策研究》、《教师专业化发展研究》、《教师教学行为与教学有效性研究》、《规范学生日常行为的心理教育研究》等),面向全市有关单位进行招标,集中攻关。8月底前完成十大专项课题的选题论证、招标投标、资料整理、专家评审和课题立项等一系列工作。市教育局拨款30万元资助十大课题的研究,这在徐州教育史上尚属首次。

**【完成江苏省和徐州市课题阶段检查和"十五"课题的成果评审】** 2月至11月,市教科所组织全市省市级"十五"课题的阶段性成果的全面检查,完成"十五"规划中41项课题的结题工作,重点检查徐州市在省规划办立项的课题43项并将审核意见上报省教科院。同时开通徐州教育信息网的课题管理网页,实现课题的网上管理,为全市教育规划课题之间的交流提供信息平台。通过检查,市教科所还完成省市级"十五"规划课题第二次成果评审活动。10月,审核并向省教科院上报省"十五"规划滚动课题材料12份。

**【举办全国首届"青年教师论坛"和校本研究教育学术报告会】** 4月9日至11日,市教科所和《教师之友》杂志社在徐州市联合举办以"教师专业化发展"为主题的全国首届"青年教师论坛",论坛分为"成长过程"、"教育人生"、"课堂风暴"、"探路索径"和"坐而论道"五大板块,掀起一场论辩反思的思考风暴,在较大范围内产生积极影响,著名教育网站“教育在线”组织长达一个月的对“青年教师论坛”的大讨论,《教师之友》2004年第5期以“徐州三日”为题全面介绍这次盛会。9月,为深入推进课程改革,市教科所举办大型“校本研究与教师发展专题报告会”,邀请校本研究的专家刘良华教授等到徐州讲学,同时进行学术交流和课堂教学研讨活动,受到来自苏鲁豫皖与会教师的普遍好评。

**【组织全市教师教育理论学习,完成两届“科研杯”优秀论文评选】** 6月,为配合全市课程改革的深入开展,市教科所组织编印《校本研究与教师发展》一书,作为全市教师教育理论学习材料,并在《徐州教育科研》编发学习进度及学习辅导文章。同时将教师理论学习用书《综合实践活动的设计与实施》和《中小学教育科研实用指南》等资料编辑上网,充实数据库,方便广大教师查阅。3月,组织进行第五届“科研杯”中、小、幼教学论文的评选工作,共收到参评论文1200余篇,评出一等奖中学48篇、小学40篇、幼儿园1 6篇。11月,组织第六届“科研杯”论文评选,共收到参评论文1300余篇,评出一等奖中学69篇、小学66篇、幼儿园7篇。

**【成立教师书友会,发起“阅读经典、丰富人生”教师读书活动】** 6月,市教科所积极响应苏州市副市长、博士生导师朱永新提出的“阅读,让全民族精神起来”的“全民族阅读宣言”,在全市发出“让生命在阅读中精彩”为主题的致全市教师的倡议书,颁布“阅读经典、丰富人生”教师读书活动计划,向全市教师推荐阅读书目50种,得到广大学校和教师的积极响应。10月27日,市教科所在博库书城组织成立“徐州市教师书友会”,聚集一批热爱读书、志同道合的教师朋友举行读书沙龙和读书交流。12月,书友会发出“村小助读”活动的倡议,确定邳州市八义集镇荃子小学为教科研帮扶基地,提供专项资金为其购买相关教育理论用书、组织有关学校捐赠大量书籍、组织优秀教师送教等活动,由点及面地将读书活动推向深入。

**【《徐州教育科研》杂志迎来百期庆典】** 2004年6月,《徐州教育科研》杂志走过20年的成长历程,迎来第100期。市教科所组织举办《徐州教育科研》杂志创刊20周年、发行百期的系列纪念活动,精心策划制作《徐州教育科研》百期纪念专辑和百期纪念光盘,召开创刊百期座谈会。江苏省教科院杨九俊副院长,《人民教育》杂志社编辑余慧娟、赖配根,《教师之友》杂志常务副主编李玉龙,江苏翔宇教育集团总校校长卢志文以及著名特级教师韩军、窦桂梅等人为百期杂志题词祝贺。

**【审核确立徐州市教育科研十大基地】** 为了促进全市教育科研的开展,集中教科所优势力量,经过长期审核,于12月分别确立以“人文精神”、“校本教研”、“校本培训”、“信息加工”、“教育叙事”、“教学有效性”、“科学教育”、“多元智能”、“读书与发展”、“案例研究”等为主题的1 0大科研基地。在全市选取科研基础好、领导重视科研的10所学校深入开展研究,探索教育科研为实践服务的新途径。

**【办好徐州市教育信息网站,组织中央教科所远程教育科研示范校现场会】** 编辑2004年全年《徐州教育科研》电子版,发布在徐州教育信息网上。年初开辟网络课题管理专栏,为相互交流提供信息平台。5月,开设网上教育科研论坛、教育日记等栏目。设立7所中央教科所远程教育科研示范学校,组织开展观摩、考察及现场会等活动。2月,组织部分示范校研究人员赴新加坡、马来西亚考察。6月,在徐州市第十三中学组织全市远程教育科研示范校现场会,中央教科所教育信息研究中心柳芳主任到会指导,并对徐州市远

程教育科研工作给予很高评价。　（郑　飞）

## ○　德育研究

【贯彻中央文件精神，加强学校德育工作】召开县(市)、区教育局、直属学校德育骨干座谈会，下发《关于贯彻〈中共中央国务院关于进一步加强和改进未成年人思想道德建设的若干意见〉的实施意见》，提出具体的落实措施。7月，举办“学习贯彻中央文件精神，加强改进学校德育工作”研修班。

【进一步加强养成教育】　根据教育部重新修订的《中小学生日常行为规范》，制定《中小学日常行为规范示范校评比细则》。下发《关于进一步加强学生日常行为规范教育的通知》，进行“日常行为规范示范校”评比，西苑中学等35所学校被评为首批“日常行为规范示范学校”。

【开展“争做文明人”主题教育活动】　11月，结合“四城同创”的教育契机，开展以“讲究卫生，不乱扔乱吐；举止文雅，不喧哗打闹；语言文明，不污言秽语；文明乘车，主动让座不抢座；遵守交通法规，不闯红灯；爱护公物，不乱涂乱画”等6项基础文明习惯为主要内容的“争做文明人”主题教育活动。为确保了解学生真实状况，进行校外访谈，与公交车队、德育基地等学生校外活动场所联系，了解学生的文明状况，不断深化养成教育，促进全市中小学生的基础文明水平的提高。

【大力弘扬民族精神，深化爱国主义教育】　5月，在鼓楼区召开“徐州精神伴我行”现场会。年底，在全市开展“我爱我的祖国”中小学生合唱比赛，掀起民族精神教育的高潮。并从中选拔学校参加全省比赛暨2005年中小学生新年音乐会选拔赛。

【做好青少年校外活动场所建设】　全市第一家青少年校外活动中心——沛县青少年校外活动中心竣工并投入使用。12月8日，徐州市青少年校外教育工作联席会议，在沛县召开“加强未成年人思想道德建设，建好用好青少年校外活动场所”现场会，徐州市委常委、宣传部长李荣启，市人大副主任刘相，市政府副市长段雄，市政协副主席公方泉，市政府办公室副主任王志华，市人大教科文卫办公室主任孙铁峰，市教育局党委书记、局长宋农村，沛县县委书记邹徐文，沛县县长孟铁林，市文明办主任曹公平等领导出席会议。

【加强队伍建设】　举办班主任培训班、心理健康教育骨干培训班、德育骨干研讨班，培训2000余名班主任、180余名心理教师、200名德育骨干；表彰十佳班主任、十佳德育工作者、十佳心理健康教育工作者。

【加强南北交流】　11月4日，“徐州—无锡加强未成年人思想道德建设经验交流会”在徐州市召开。市人大副主任刘相，市政府办公室副主任王志华，市委宣传部副部长张德超，市人大教科文卫办公室主任孙铁峰，市教育局党委书记、局长宋农村，教育局党委常委徐保卫等领导出席会议。

【深化心理健康教育】　为进一步扩大咨询途径，满足学生对网络的要求，德育研究室申请名为“成长不烦恼”的QQ号码—289642036，开设网上咨询，建立心理健康网站，受到学生的欢迎。

【加强社会实践】　3月底，开始陆续组织矿务集团、二中、五中、八中、科技中学等学校近3000名学生前往素质教育基地实践。清明节前后，与徐州市旅游景点协会协商，为全市中小学生到各景点活动提供优惠价格，保证社会实践活动顺利进行。

**【做好家庭教育的指导工作】** 3月19～21日,邀请教育部讲师团成员米裕庆、闵乐夫教授到徐州免费为八中、一中、十三中、三十一中、三中、铜山中学、高级中学、王杰中学等学校的15000名家长作报告,深受家长欢迎。通过在全市范围内的推荐选拔,11月19日,组织10个教子有方的家庭前往无锡,与无锡市的部分家长进行家庭教育经验交流。

**【继续开展读书活动】** 2月18日,召开徐州市中小学第八届读书活动总结表彰暨第九届读书活动工作部署会议,表彰沛县教育局等156个先进集体,少华街小学等74所知识竞赛获奖学校,孟凡真等140名先进个人以及宋尚志等千余名获奖学生。同时部署"争做诚实诚信现代人"第九届读书活动。宋农村局长出席会议并作重要讲话。

(王 兰 王 芳)

## ○ 教育技术装备

**【注重中小学教育设备管理,推进教育信息化建设】** 城区中小学信息建设达到新高度。2004年三中、徐高中投入大量的资金建成较高层次的校园网,八中、二职中进行升级改造。至年底一中、三中、十三中等学校均建成多媒体网络教室,装备站为其他直属学校增建113间多媒体教室,大部分学校有1至2个年级建成多媒体教室。城区小学的信息化水平提高较大。新建成计算机网络教室40余间,新增多媒体教室30余间,基本实现校校有计算机网络教室。农村中小学信息化建设取得新进展。大力推进农村地区初中计算机网络教室的建设,2004年投入400万元,每个计算机网络教室补助5万元,建设80个初中计算机网络教室,实现全市初中基本上建立计算机网络教室规划。配合中小学布局调整工作,启动定点村小的电教室建设。投入200万元,为750个定点村小配备29英寸彩电、DVD播放机。以乡镇为单位,为每个乡镇配备一套新课程理念、教材、优秀示范课的电教软件,使村小的师生了解先进的教育理念,享受到优质的教育资源。

**【开展创建省"标准化实验室"和现代化图书馆活动】** 2004年教育改革不断深化,新的实验增多,分组实验由2人1组改为1人1组,需增添教学仪器。召开直管学校实验室负责人会议,研讨新的实验是否可用旧仪器来完成的问题。采取急用先订、缓用缓订的办法,投资60余万元购置急需仪器,保证使用新教材教学的需要。继续加强图书馆现代化建设。全市又有21所学校图书馆实行计算机自动化管理,建立电子阅览室,充实电子读物。有10所学校建立教学图书馆,将传统图书馆的印刷型读物和电子读物及网上教育资源进行有机整合。2004年,全市的图书馆和实验室建设都有明显提高,得到省教育装备和勤工俭学管理中心的好评,全市一级图书馆和标准化实验室数量在全省排在第三位。

**【加强装备理论研究,全面提高人员素质】** 组织全市第七届图书馆学术论文评选活动。征集论文76篇,评出一等奖6篇,二等奖20篇,三等奖16篇。并推荐获一等、二等奖的论文参加省级评选,获一等奖2篇,二等奖5篇,三等奖11篇,优秀奖5篇。组织实验操作征文评选活动,有10篇获得省级奖,43篇获得市级奖。对在职人员进行新一轮培训、考试,以适应新的教育形势对装备工作的需要。经培训考试合格的人员,发给统一印制的"教育技术专业培训合格证",实行持证上岗,稳定专业队伍。

**【认真完成上级布置的各项任务】** 在省组织的纵横码大奖赛中,成立以郭成立副局长为组长的大奖赛领导小组,组织预赛、复赛和集训。参加省的大奖赛,有8名选手获奖,3名指导教师获奖。省授予徐州市大奖赛“优秀组织奖”，排在首位。

（撰稿：王思军　审稿：陈　戈　丁　蕾）

## ○　电化教育

**【加快教育城域网建设】**　在市教育局领导下，由市教育局信息化领导小组统筹协调，采用单一来源采购的办法完成城域网主要硬件设备和软件的招投标工作。2004年6月，曙光服务器、华为交换机等网络设备完成安装调试，以科键公司开发的应用系统软件为平台，构建“徐州教育城域网应用平台”。“徐州教育网络中心”于9月8日进入试运行，教育门户网站建设、远程教育及视频服务、基本Internet应用等项目已基本完成，在12月中旬通过专家组验收。年底前完成市教育局直属学校与市教育城域网络中心的连通，标志着全市教育城域网建设从基础设施建设阶段转入功能开发应用阶段。

**【重视提高教师信息素养】**　及时总结2003年《信息技术与教育》培训工作经验，深入基层认真调研，加大对培训考核工作的领导和督查力度。第一，加强培训基地的工作指导。市电教馆组织人员深入培训考核基地指导巡视，确保培训质量。第二，充分利用暑假有利时机，根据不同县（市）的情况，分类指导，扩大培训规模，加快培训考核的步伐。第三，因地制宜，开展校本培训。坚持以人为本，特别是农村教师的实际情况，通过培养骨干教师的办法，提高培训的针对性和实效性。开展“信息技术与教育”培训以来，至2004年，全市（含县、区）共有13271名教师通过考试，取得合格证书。

**【积极推进资源建设】**　认真贯彻教育局和物价局联合下发的《关于进一步加强电教费管理的通知》，对28所申请收取电教费的学校进行评估、验收，对已收取电教费的学校重申管理、使用规定。进一步规范电教教材、录音磁带的征订工作，做到收费有据，专款专用。依托教育信息网络平台，积极开发教育资源。教育城域网络中心在9月8日进入试运行。从9月起，分别实施“政务公开”、“教育新闻”、“校园（基层）动态”和“教育资源库”的培训和应用，做好教育系统活动的新闻报道工作，开播网络视频新闻，“徐州教育（www.xze.cn）”门户网站的信息量不断丰富，已成为社会认识教育、了解教育、支持教育的重要窗口。充分挖掘潜力，加强资源自主开发。在全社会加强改进未成年人思想道德建设的新形势下，市电教馆积极开发地方课程资源，制作历史名人教育片《李可染》、《马可》2部教育片参加省馆评比；为2004年教师节“师德报告团”制作影像资料，到市区及六县巡回报告，反响热烈。围绕新一轮课程改革，将资源开发与教育教学紧密联系，同教研室合作拍摄美术片送省参加评比；组织拍摄网络环境下的小学英语公开课，第二届“与未来相约”青少年科技文化节开幕式节目。

**【深化现代教育技术应用研究】**　认真开展“现代教育技术实验学校”评定工作。为贯彻落实省电教馆关于新增一批“江苏省现代教育技术实验学校”的工作精神，于11月组织有关人员对申报“江苏省现代教育技术实验学校”的2 1所学校进行初检，程序规范、要求严格，完成向省电教馆的推荐和申报工作。扎实开展研究成果评比活动。年度电教论文评选以信息技术与学科教学整合为主题，共67篇论文参评，其中10篇一等奖论文推荐到省馆参加评选。12月，举行“电教优秀课”录像评比，小学数学参评21节，教学一等奖6名，二等奖7名；初中语文参评12节，教学一等奖4名，二等奖4名；电视制作一等奖10名，二等奖14名。市推荐的《网络环境下的研究性学习》获全国第八届多媒体大赛三等奖。有效开展电教教材的推广应用研究。在由省教育厅主办、江苏省电化教育馆承办的2004年江苏省中小学生(中学组)英语口语电视比赛中,徐州市初中组和高中组各5名选手表现突出,3人获一等奖,5人获二等奖,2人获三等奖,反映出徐州市中学较高的英语教学水平。(周 岩)

## ○ 高校招生和中考招生

**【普通高校招生工作】** 2004年全市报名考生共计69723人,比2003年的59404人增加了10319人,增幅达到17.4%。全市高考人数又创历史新高,在全省列在首位。在考生总数中,按报考科类分:普通类61156人占87.7%,体育类2096人占3%,艺术类6471人占9.3%;生源分布情况:市区8793人、丰县9560人、沛县10889人、铜山县9193人、睢宁县8255人、邳州市11815人、新沂市8247人、贾汪区2971人。经过高考,全市有11名考生被中国人民解放军空军飞行学院录取,全市本、专科共计录取43340人,录取率为62.2%,比2003年提高3个百分点。在录取总数中,本科14410人,占33.25%;专科28930人,占66.75%。因空军招飞工作成绩突出,市招办被省招办和南空招飞中心评为江苏省空军招飞先进单位;经省招办严格考核,全市普通高考考务工作目标管理达到优秀等级,市招办被评为全省普通高考考务工作目标管理先进集体。

**【成人高校招生工作】** 2004年全市共计报名16312人。其中报考高中起点升专科(高职)6992人,占42.87%;报考高中起点升本科813人,占4.98%:报考专科起点升本科8507人,占52.15%。考生来源:市区9753人,丰县783人、沛县886人、铜山县612人、睢宁县943人、邳州市1719人、新沂市1296人,贾汪区320人。为了加强统一管理,全市所有考生全部安排到市区考试,严格管理,圆满成功。2004年省内、外各类成人高校在全市共计录取新生9596人。其中高中起点升专科(高职)录取4762人,占49.62%;高中起点升本科录取564人,占5.88%;专科起点升本科录取4270人,占44.5%。经省招办目标考核,徐州市成人高考考务工作目标管理也达到优秀等级,市招办被评为全省成人高考考务工作目标管理先进集体。

**【中考招生工作】** 全市初中应届毕业生近18万人,中考报名15.6万人,实际参考14.7万人,参考率为94%。2004年是中考招生归口招办统一管理的第3年,从报名开始,经过考生自然信息采集、填报志愿、考试阅卷、合分登分、公布成绩、建立考生电子档案,直到招生录取,均应用计算机程序管理。所有程序,皆由徐州市自行设计、自行校正,程序设计正确,实际运行顺畅,在全省排名前列,多次受到省招办领导的赞扬。全市中考招生工作周密安排,精心组织,严格管理,井然有序。经过中考,全市高中阶段教育实际录取共计134961人,入学率73.01%。普通高中与职技学校录取人数之比为1:0.97。

(宋广良 李世强)

## ○ 高等教育自学考试

**【12万人参加自学考试完成省考办下达的任务】** 2004年徐州市社会自考报名人数为82168人,学历文凭考试950人,中英合作专业考试486人,专业证书后考试8480人,特色专业考试2890人,合计94974人。非学历证书考试方面:英语等级考试395人,剑桥少儿英语等级考试338人,全国计算机等级考试25870人,合计26563人。徐州自考办于4月和10月组织2次高等教育自学考试。上半年考生为38159人,下半年考生为37858人。考生中新生为11358人,占总人

数的30%。25岁以下青年人为23117人,占61%,待业青年1600人,中小学教师8069人,占21%,专科考生18227人,本科考生19631人,本科报考人数首次超过专科人数,其中专科以上学历的考生为15402人,占40.7%。受到考生欢迎的热点专业为:法律、英语、计算机和旅游管理等专业。全市2004年共有12万人参加自学考试,4114名考生获得专科、本科毕业文凭。

**【教育部考试中心检查徐州市自学考试工作】** 10月下旬,教育部考试中心检查组检查评估徐州市自学考试工作,市考办工作受到好评。检查组在省考办副主任狄公平、徐州市教育局局长宋农村、副局长曹孟军等陪同下,检查市自学考试试卷保密室,向有关人员询问试卷交接情况,视听徐州市第二中学监考教师培训会,全程巡视或抽查、检查矿务集团第一中学、徐州市第五中学、新沂市第四中学等自学考试考点。教育部考试中心检查组领导对徐州市规范化的考点布置、标准化的组织管理、程序化的考试和优良的考风考纪等各项工作十分满意,给予很高的评价,一致认为徐州严格执行自考政策,业务规范,领导重视,机构健全,管理规范,考风考纪优良,成绩显著,卓有成效。徐州市政府和教育局领导认识到位,指导工作到位,舍得投入,强化政府行为;有一支事业心强、素质高、勇于开拓进取的自学考试队伍。

**【教育部考试中心对徐州市全国计算机考点进行重新认证】** 12月,教育部考试中心对徐州市全国计算机等级考试考点进行重新认证,确定全市考点共有12家:中国矿业大学、徐州师范大学、中国人民解放军徐州空军学院、徐州工程学院、徐州工业职业技术学校、徐州市第二职业中学、徐州市职业教育中心、徐州财经高等职业技术学校、徐州市博通计算机培训中心、徐州经贸高等职业学校、徐州教育学院、徐州师范学校。

**【做好教材供应、社会助学和宣传工作】**市考办认真做好教材资料的供应工作,热情为考生服务,为考生缺书登记服务800余人次。坚持统一征订、发行教材的原则,坚决抵制打击盗版教材,保证考生用书。2004年市考办发行教材31100册。全市社会助学单位经过验收评估后,助学单位为14个,接受辅导考生有1万人。社会助学有3种形式:全日制辅导班、业余辅导班、函授辅导班。全日制辅导助学单位有中国矿业大学、徐州师范大学社区学院、徐州教育学院文理学院等。业余助学辅导单位主要有市司法局、市卫生局、市中山业余自考进修学院,各助学单位都为徐州市自学考试发展作出贡献。认真贯彻省考办会议精神,加大宣传力度,全力以赴完成自考目标任务。召开新闻发布会,报道典型毕业生的事迹,引导有志青年参加自考,与市电信局、《都市晨报》合作开通信息网,开通自考热线。电视台记者现场采访,晚间播放采访内容,5月22日~25日两次播放徐州自考二十周年专题片。邳州市自考宣传有新招:将办公室的车装上喇叭、广告牌,做成宣传车,到24个镇巡回宣传。铜山县发挥县乡村三级宣传网络作用,报名前将县、乡、村宣传员及成教中心、职中、中专校、各部委办、助学单位等负责人召集在一起,召开自考报名会,发宣传提纲,向社会广泛宣传。

**【扩大自考功能】** 面对高等教育大力发展和激烈竞争的新局面,充分发挥自考优势,面向全市高校、中专校做好自学考试的宣传工作,鼓励在校的大、中专考生充分利用课余时间参加自考,与高校加强合作,依托高校优势发展自考。对中国矿业大学、徐州师范大学特色专业自考的考试加强组织和管理工作,使之实现考、教分离的规范教学管理模式。做好各种非学历证书考试的宣传发动工作。积极主动地与行业联手挂钩,组织证书考试,为地方培养实用人才。已开考的全国计算机等级考试、全国英语等级考试、剑桥少儿英语考试通过宣传进一步扩大规模,同时做好各个培训点的申报、审核、报省审批工作及各级教学考试人员的培训。

(撰稿:杜正祥　审稿:郭凤清)

## ○ 普通高中会考

**【做好信息技术等级考试工作】** 高中学生信息技术等级考试是全省中小学生信息技术等级考试的重要组成部分,是全省高考改革的重要内容,是保证高中生毕业和参加高考的主要依据之一。江苏省在4月份和10月份组织全省信息技术等级考试。其中4月份的信息技术等级考试,全市考生14251人,合格率为71.93%;10月份的信息技术等级考试,全市考生60307人,合格率为76.24%。市会考办和有关考点学校按照省教育厅要求,作出细致安排,明确责任到人,确保两次考试取得成功。

**【做好理科实验操作考查工作】** 普通高中理科实验操作考查是培养学生创新精神和实践能力的有效措施。在考查前做大量工作:聘请各校的正、副校长担任考点的正、副主任,负责组织、督查和协调实验操作考查工作;重新核实高一、高二的理、化、生三科任课教师和实验员名单,调配监考教师;组织力量认真检查各校实验室建设情况,按理、化、生三科22个考查题的要求,配齐、配足所需的器材、药品;要求各校实验室对学生开放2周,反复练习22个考查题的操作;要求市县(市)区根据学校实验室及设备情况,按学籍号将考生分成若干个组,便于候考;培训监考教师及理、化、生三科实验员。5月份全市共有50557位考生参加理科实验操作考查,提高学生的操作能力和动手能力。

**【做好高考综合考试工作】** 综合考试的成绩是衡量高中教学质量的重要指标,是学生高中毕业的必备条件。江苏省在12月份组织全省高考综合考试,全市考生61853人,合格率为86.43%;考试前组织教育行政部门、学校有关领导与老师学习文件,统一思想;举办各县(市)、区工作人员培训会,统一工作程序和明确具体做法;精心组织,搞好考试。认真抓好考点的设置、试卷的管理以及培训监考、加强巡视、阅卷登分、发放成绩等环节,做到规范化、秩序化和手段现代化;加强考风教育、严格考场纪律,奖惩分明,从而使全市综合考试顺利完成。

(李　洁)

## ○ 体育卫生艺术教育

**【圆满完成2004年体育、艺术特长生招生工作】** 按照江苏省普通高等学校招收高水平运动员和招收艺术特长生的要求,广泛宣传,认真落实,于3月15日至20日完成体育、艺术特长生招生工作。招收的学生体育达一级27人、二级86人、艺术达标30人。

**【认真组织初中毕业升学体育考试工作】** 制定下发《徐州市2004年初中毕业升学体育考试工作意见》,本着安全、实效的原则,对考试项目进行重新审定。对评分标准进行修改,4月15日至19日,指导督察县(市)、区体育考试,共有14万名初中毕业生参加体育考试工作(市区18400名)。由于组织严密,监督有力,无一例违规事件,社会反映良好。

**【做好市十八届中小学生体育竞赛工作】** 2004年第十八届运动会是徐州市大型综合性运动会。中小学生部设:田径、篮球、游泳、足球、射击、武术、乒乓球、散手、跆拳道、击剑、举重、摔跤、柔道、射箭共14项。大中专院部设:田径、篮球、足球、乒乓球、健美操共5项。参赛人数近4万人次,通过比赛,发现一大批优秀体育后备人才，使《全民健身计划纲要》和《奥运争光计划》得到广泛开展，提高全市竞技体育水平。

**【检查首批推行《学生体质健康标准》单位】** 根据教育厅要求，制定《关于贯彻〈学生体质健康标准〉的实施意见》，于6月10日对六县五区有关学校进行抽查，结果表明，测试工作进展顺利。组织六县五区分管人员，赴省参加培训班，为新学年扩大试点打下基础。

**【参加组织全市“亿万农民健康促进行动”督导评估】** 6月中旬，配合省有关部门对六县五区进行上述行动检查，听取汇报、参观现场。检查组认为徐州市工作做得扎实有效。

**【加强体育传统学校建设】** 配合市体育局，对全市23所申报省级体育传统校材料进行审核，并对部分学校进行实地检查。11月22日至24日省组织专家组，对全市省级传统校建设工作进行检查。专家组认为，徐州市的体育传统学校建设工作，正朝着规范有序的健康方向发展。

**【承办省教育厅第六届教育局“局长杯”乒乓球赛】** 11月19日～21日承办江苏省第六届教育局“局长杯”乒乓球比赛，13个市教育局、省教育厅代表队140余人参加比赛，徐州市教育局代表队，获得团体第3名。开幕式上，市一中学生进行精彩的韵律操表演。

**【加强艺术教育特色学校工作】** 11月30日～12月2日，江苏省艺术特色学校检查组对徐州市首批办好的公园巷小学、西苑小学、民主路小学进行验收。验收后认为，市三所小学，艺术教育都能根据学校实际情况设置课程，艺术教育工作和全面贯彻教育方针能做到有机结合。

（郝易刚）

## ○ 学生保健

**【加强学校卫生工作的管理】** 2004年度重点抓医务室的建设、校医职责的落实、饮水的管理、环境卫生的管理等工作。并在农村学校建立和完善卫生管理制度。对校医和保健教师进行定期培训，邀请有关专家开设讲座。

**【开展学生健康因素调查研究】** 对中小学营养状况调查结果：全市学生营养不良率达到23%，肥胖率也在增加。对家长掌握营养知识情况调查结果：在市区8所中小学及幼儿园家长中共发放15000份“家长对学生营养与健康认知调查表”，调查发现，有85%的家长是“营养盲”。有些竟然连一日三餐哪一餐最重要、口角炎是体内缺乏哪一种维生素等都不清楚。完成江苏省中小学生体质健康状况的调研。通过对全市城乡7～18岁学生体质健康调研，掌握学生发育及常见病情况，为学校卫生工作提供重要资料。对毕业班的学生身体情况进行调研，并对学生作业负担量和心理健康进行了解。对部分学校的学生、校医、教师进行调查，普遍反映：学生在校时间太长，作业负担太重，学生课余活动时间较少，心理不健康的学生在增加。

**【开展健康教育】** 大部分学校按照市局布置利用地方课程开设健康教育课。小学做到“五有”：有课时、有教材、有教师、有教案、有成绩。采取学生喜闻乐见的活动形式，利用广播、板报、校报、讲座、知识问卷、放录像、光盘、演小品等宣传健康教育知识。按照省体卫艺处布置，开展“六个一”活动。市中小学生保健所暑假编写《徐州市中小学生预防艾滋病知识宣传手册》。在“世界艾滋病防治日”开展活动，收到良好效果。组织鼓楼区民主路小学参加省中小学生健康知识竞赛，取得较好的成绩。

【开展常见病、多发病及传染病的防治工作】 开展近视眼的防治,提高眼保健操的质量,改善采光照明。开展龋齿的防治,对部分中小学生无偿发放保健牙刷和含氟牙膏,并按省教育厅要求在市区小学进行氟化泡沫预防龋齿工作,学生龋齿患病率有明显下降。还配合卫生部门对甲肝、乙肝及结核病进行防治。

【做好学校卫生防疫与食品安全工作】 贯彻落实教育部、卫生部《学校食堂与学生集体用餐卫生管理规定》,配合市卫生局疾控中心,对六县五区、直属中学、中等专业学校食堂卫生进行不定期检查,发现问题立即整改。并建立主管校长学校食品卫生安全责任制。逐级签定学校食品卫生安全工作责任状。

【加大学校食品卫生安全的监管力度】 强调校内不得设立小卖部和学校食堂原则上不得承包的规定,并联合卫生部门进行多次拉网式的检查,对不符合食品卫生法要求的单位,实行限期改正或关闭的办法。同时对学校食堂还进行等级评定,全市中小学校食堂没有发生事故。为改善学生营养状况,试行学生营养早餐。

【进行检查评估工作】 年初制定《徐州市学校卫生工作检查评比细则》,年底,对全市学校卫生工作情况进行全面检查评估,促进学校卫生工作的开展。2004年存在的问题有待解决,如:中小学生的健康情况、营养状况还不乐观;一些常见病的发病率仍居高不下;校医缺员较多;全市学校卫生工作发展不平衡等,需采取相应措施。 (尹玉玲)

## ○ 人事管理

【师资队伍建设明显加强】 城乡学校认真地进行新一轮编制核定,推行以岗位聘任与合同管理为重点的教职工全员聘任制,充分发挥工资的激励导向作用,向一线教师和贡献突出的教师倾斜,调动广大教师的积极性,师德师风建设得到加强。教师学历达标率不断提高。清退代课教师500余人,归还占用教师编制近200个。“以县为主”的农村教师管理体制不断完善,农村教师工资福利、待遇稳步提高。新沂市实现城乡教师工资一体化,丰县、贾汪区为名特优教师按月发放津贴。

【第20个教师节庆祝活动丰富多彩】 认真开展评先推优工作,16人获“全国模范教师”、“全国优秀教师”和“全国优秀教育工作者”称号,35人获“省优秀教育工作者”称号,346人获“市优秀教育工作者”称号。举行师德报告会10多场,听众近4万人。各地、各单位以“光荣的人民教师”为主题,大力开展师德教育,召开表彰大会,名、特、优教师座谈会,走访慰问一线教师等活动。推荐郑集中学教师时效峰在省政府举办的江苏省第20个教师节庆祝大会上代表全省教师发言。评选产生48名省第九批特级教师推荐人选。

【企业办学移交工作成绩显著】 完成中石油、中石化和铁路系统在徐州自办普通中小学移交地方政府管理工作。共接收学校14所,教职工1527人。原铁一中更名为三十五中,铁二中更名为三十二中,铁三中更名为三十三中,中石油管道二公司更名为三十四中,中石化管道中学更名为三十六中,交市教育局管理;铁一小、三小、五小分别更名为津浦西路小学、云兴小学、汉桥小学,交云龙区管理;铁二小、四小、六小更名为东华小学、星源小学、兴北小学,交鼓楼区管理。

【城乡学校交流稳步推进】 加强城乡学校和教师交流合作,出台《关于加强城乡学校交流,促进城乡教育共同发展的实施意见》,全市省级重点中学、现代化示范初中和实验小学与农村学校挂钩帮扶,选派各学科骨干教师到对口合作的农村学校支教带教，召开支教队员送行大会，46名首批支教教师赴农村学校工作。

**【教师资格认定工作进展顺利】** 全市共受理近30000人的报名咨询，审核报名材料2000余份，组织3000多人参加考试，配合有关部门对申请人进行普通话水平考试，组织学科专家进行教育教学能力测试，召开专家评审会进行资格审查。全市共通过教师资格认定8600人。包括幼儿园、小学教师资格约1700人，初中教师资格约3500人，高中教师资格约3000人，中专及实习教师资格约400人。

**【师范类毕业生就业工作平稳完成】** 2004年5月全省师范类毕业生就业工作协调会在徐州市召开，徐州市教育局在会上作经验介绍。7月18日举办全市师范类毕业生就业招聘市场，2500余名应往届毕业生参加“双选”，1000余名毕业生落实工作单位，各级各类学校补充新师资1700余人。

**【认真贯彻各项人事政策】** 完成局直属单位2004年度考核工作，评出优秀等次480余人。按出台的工资政策及时调整全系统教职工的工资，人均增资220元。及时兑现120余名中学高级、中级教师职务工资。坚持做好退休审批工作，局直属单位141名教职工退休。做好教龄审查审批工作，600多人增加教龄津贴。3900多人住房公积金进行调整，人均月增住房补贴22元。做好机构年检、劳资统计、议案答复、法人登记、工人考级等工作。

**【教育人才服务中心工作拓展迅速】** 建立并管理民办学校教师及各类流动人员档案537份，为各类民办学校教师实施人事代理服务398人。办理新教师见习期考核业务52人，迁移入户手续22人。承办民办学校教师职称评定35人，建立民办学校教师档案工资110份，转接档案、办理人才流动手续近百人次。做好局直属单位富余人员校际间的调剂工作，搞好未聘、落聘人员的接待、转聘、推荐工作。（李　清）

## ○ 财　务

**【全市教育经费及财政投入情况】** 2004年，全市地方教育经费总投入为29.3亿元。其中：国家财政性教育经费18.96亿元，占总投入的64.71%；社会团体和公民个人办学经费1.11亿元，占总投入的3.79%；社会捐集资办学经费0.33亿元，占总投入的1.13%；事业收入8.40亿元，占总投入的28.67%；其他收入0.50亿元，占总投入的1.70%。全市教育经费总支出28.99亿元。其中人员经费19.21亿元，占总支出的66.26%；公用经费7.94亿元，占总支出的27.39%；基建支出1.84亿元，占总支出的6.35%。2004年，全市教育及其他部门预算内教育事业费支出为17.15亿元。其中：人员经费16.61亿元，占总支出的96.85%；公用经费0.5亿元，占总支出的2.92%；基建经费0.04亿元，占总支出的0.23%。预算内公用经费所占比例与2003年相比有所下降。

**【直属单位2004年财务收支情况】** 2004年，市教育局直属单位共实现教育经费3.05亿元。其中预算内教育经费1.55亿元，城市教育费附加等0.28亿元，预算外教育经费1.22亿元(其中事业收入1.19亿元，其他收入0.03亿元)。预算内教育经费占全部教育经费的50.82%；城市教育费附加等占9.18%；预算外教育经费占40%。

**【推进各项改革，为教育教学服务】** 2004年，配合财政部门推行部门预算、政府采购、收支两条线等财政改革的同时，推行国库集中支付——教职工工资国库统一支付改革。加强教育收费管理,普通高中招生严格执行“三限”(限钱数、限人数、限分数)政策,对义务教育阶段学校实行“一费制”收费进行调研,继续实施扶困助学、收费公示等各项制度。加强学校固定资产管理,在省运河师范学校召开全市学校固定资产管理工作现场会。对教育经费的筹集、管理、使用和对教育债务的化解等问题进行调研。

(钱　彬　魏建春)

徐州市多渠道筹集教育经费情况表

表2-7　　单位:万元

| 项　　目 | 2003年 | 2004年 | 增长% |
|---|---|---|---|
| 教育费附加 | 6278.80 | 8906.00 | 41.84 |
| 其他税费 | 1643.30 | 2161.70 | 31.55 |
| 捐资集资 | 3837.50 | 3330.50 | -13.21 |
| 学杂费 | 78402.50 | 51961.00 | -33.73 |
| 勤工俭学 | 708.70 | 849.30 | 19.84 |
| 其　他 | 4433.70 | 5457.80 | 23.10 |
| 合　　计 | 95304.50 | 72666.30 | -23.75 |

(钱　彬　魏建春)

## ○审　　计

**【全面完成各项工作计划】**　2004年贯彻落实《教育系统内部审计工作规定》,抓住重点项目、重点资金和重大问题开展审计工作,转变作风,强化服务,提高质量,开拓创新。全年审计90项,其中财务收支23项、修缮27项、经济责任6项、基本建设1项、委托审计33项。审计资金总额5.7亿元,审计出违规违纪资金400万元,已纠正有问题资金269万元。完成审计调查和提交调查报告各1篇。

**【加强审计人员的业务培训,努力提高内审业务水平】**　2004年,安排部分审计人员参加中国内审协会举办的“经济责任审计培训班”,省教育厅举办的建设工程项目跟踪审计培训,并组织所属六县(市)五区教育部门分管内审工作的领导和审计机构负责人参加教育部举办的“内部审计法规培训班”。另外,组织2期兼职审计员培训班(含直属学校后勤校长和总务主任),聘请专家授课。全面提高审计人员的理论水平、业务能力等综合素质。

**【突出重点,开展教育审计工作】**　围绕提高教育投资效益,开展基建工程项目审计。为了增强审计监督的针对性、有效性、权威性,从2004年起,凡局属单位的基建、维修工程项目,审计处全过程参与,并根据省教育厅的要求,认真做好职教中心新校区建设和徐高中、二中新建楼房的跟踪审计,派驻跟踪审计工作组,每天到施工现场,检查材料、隐蔽工程、变更工程、工程预付款、工程质量等,力保新校区及新建楼房建设的质量,为基建单位把住基建投资关,避免投资浪费,最大限度地提高投资效益,也避免“大楼建起来,干部倒下去”的腐败现象的发生,从源头上把住基建工程的廉政关。全年共对局直属单位的28

项基建维修工程项目进行决算审计(委托)，审计金额1426万元，审减金额393万元，审减率为27.56%。10月份，在铜山县棠张中学召开全市教育系统建设工程项目跟踪审计现场会，对建设工程的规范化运作提出明确要求。

**【加强财务收支审计，进一步规范财务收支行为】** 局抽调多名兼职审计员，对局属学校、公办民助学校和局有收入的事业处室2003年的财务收支、职工福利费发放及内控制度建设情况进行专项审计。审计资金总额56903万元，发现问题38个，发现违纪违规资金118万元，并提出建议29条，加强学校财务管理，规范收支行为。

**【继续坚持校长任期经济责任审计工作】** 8月份，局党委对直属学校多位领导进行工作调整，审计处在接到委托书后及时对离任校长的任期经济责任进行审计。对5位校长和1位校办工厂负责人进行离任审计，共发现问题32个，提出合理化建议24项。在审计工作中，张贴审计公告，公布监督电话，通过个别访谈、召开教师代表座谈会广泛听取意见，有效地防止腐败，调动教职工的积极性，推动民主管理。

**【加强对县(市)区教育审计工作的检查和指导】** 3～4月份，对六县(市)教育审计工作进行专项检查，对成绩给予充分肯定，针对工作中存在的问题提出意见和建议8条，促进县(市)区教育审计工作的开展，并将审计调查报告上报省教育厅。市审计局在《内审通讯》向全市作专题介绍。5月，在丰县召开全市教育审计工作会议，传达全省教育审计工作会议精神，总结市教育内审工作经验，通报对县(市)2003年教育审计工作开展的督查情况，表彰省、市教育审计先进集体和先进个人，市审计局也在"内审通讯"上作了报道。

**【围绕局中心工作，做好各项监督服务工作】** 审计处会同局纪委、监察室、发展规划处，参与直属学校的招投标工作全过程。全年共参加26次工程项目、物业管理、物品采购等项目的招投标工作。配合局纪委、监察室，分别于2月份和9月份对全市中小学春、秋两季收费工作进行专项检查。通过检查，严格规范教育收费行为，切实治理教育乱收费行为。　(撰稿：李庚申　审稿：徐　志)

## ○　发展规划

**【精心组织江苏省教育基本建设学会徐淮连宿普教协作片年会】** 2004年江苏省教育基本建设学会徐淮连宿普教协作片年会于4月在徐州召开，由徐州市教育局发展规划处主办。会议交流各地加强普通教育基本建设的经验，省教育厅部署有关工作。为开好这次会议，处室人员周密规划、精心设计、细心操作，会议取得圆满成功，受到省教育厅领导的表扬。会后编印《年会资料汇编》，分发到有关市县教育局，起到巩固成果、交流协作的作用。

**【组织教育基建管理干部业务培训班】** 9月和10月组织局直管学校和县区基建管理人员的培训班，采用专家报告、现场考察、会议交流、分组讨论等形式，听取6位专家关于校园规划、造价管理、校舍建设标准等讲座，考察10所各具特色的学校。省教育基建学会对徐州市举办培训班给予高度评价。

**【做好教育发展规划研究】** 发展规划处在局直属学校开展校舍利用效率及校园规划的问卷调查，抽取10所样本学校进行现场考察和访谈，并写出调查报告。根据市政府关于编制国民经济和社会发展第十一个五年规划的要求，发展规划处主持《2010年徐州各级各类教育发展研究》课题的研究工作，参与编制

“十一五”期间教育发展规划的工作。2004年完成对徐州教育发展现状的调查和研究，提出规划建议的框架，为全面编制五年规划奠定基础。

【指导学校搞好基本建设和总务后勤工作】全市中小学校占地面积3608万平方米，校舍建筑面积826万平方米。2004年修建校舍84.7万平方米，投资3.35亿元。全市教职工住房成套率92.31%，其中城市中小学教职工住房成套率93.16%。由市教育局、泉山区文化教育体育局、联合国教科文组织共同出资兴建的彭城培智学校7月16日竣工并移交给学校使用。依据上级文件精神，指导学校搞好教师住房改革，做到政策清楚、实事求是、系统全面。经过半年多全面细致的工作，完成直属单位5624人住房基本情况的调查，核实房补经费。

【编制招生计划】 2004年全市初中毕业生为184865人，全市安排高中阶段教育招生计划136000人，其中，普通高中计划招生69800人，各类职业技术教育计划招生66200人(含师范类学校2550人)，提出高中阶段教育入学率要达到73%，普职教育招生规模大体相当。根据2004/2005学年初教育事业统计报表提供的数据，2004年全市高中阶段教育实际招生134961人，入学率73.01%。本市内普通高中招生71324人，职技类和其他学校招生63637人。基本上完成了计划。

【做好教育事业统计】 7月，全省教育事业统计工作会议由市局发展规划处主办，在云泉山庄召开。省教育厅布置教育统计工作的任务和要求。为了做好2004年的统计工作，发展规划处组织5次各种类型会议，传达省教育厅统计会议精神和市统计工作的要求。做到全年的统计数据全面详实，统计报表分析更加科学合理，在省教育厅统计汇总工作中获得表扬。编印《2004年教育事业统计资料》，为各级领导和处室制定政策提供数据参考。还进行全市教育基本建设的统计，获得全年全市校舍新建、维修面积等具体数据并上报省教育厅。 (潘　杰)

## ○　综合治理

【增强做好综合治理与安全工作的自觉性】2004年全市各级各类学校的领导干部，在“一心一意谋发展，全力以赴抓教学”的同时，把校园安全与稳定工作摆上议事日程，4月28日，邳州市官湖中学校舍坍塌事故发生后，全市各地教育部门深刻吸取教训，自觉开展“查思想，查隐患，查制度，查整改”工作，重视安全程度明显增强，出现资金舍得投入、隐患整改及时、责任分工明确的良好局面。邳州市教育局采取果断措施，多方筹措资金1500多万元，对全市中小学及幼儿园校舍中3517架平房杨木梁全部更换，对5700平方米B级、C级危房进行改造，彻底解决长期积存的校舍安全隐患。

【以专项整治行动为契机，净化校园及周边治安环境】 2004年开展2次专项整治行动。一是与市公安、文化、工商等部门配合从3月到6月，开展代号为“净网风暴”的网吧专项整治行动。先后组织6次大规模集中行动、7次“零点行动”和多次随机检查，全市共取缔无证经营黑网吧283家，查处违规经营网吧94家，打击不法业主的嚣张气焰，使网吧超时经营、传播有害信息、容留未成年人上网等损害青少年身心健康的社会热点问题得到较大程度遏制，网吧市场经营秩序明显改善。二是开展中小学及幼儿园安全管理专项整治行动。11月初至12月底，各地教育行政部门在当地政府统一领导下，针对校园及周边安全管理10项内容，齐抓共管，严格落实整改。全市共取缔非法流动摊点2096个、校内小卖部109个,清除校园周边违章建筑物315处,取缔非法娱乐场所60个,调离、辞退中小学及幼儿园不合格人员113名,新增治安岗亭、报警点181处,侦破侵害校园及师生案件212起,依法处理犯罪嫌疑人120个。泉山区文教体局与区公安分局配合,在所属28所小学及幼儿园的校门安装"校园110"灯箱,《人民公安报》对泉山区的整治工作进行专题报道。沛县专项行动工作由县长挂帅,常务副县长指挥,部署早,力度大。建立起较完善的防控机制,校园重点角落实行24小时全天候监控。与此同时,市教育局还组织开展大学校园及周边治安秩序的整治工作,对在徐高校的周边环境进行治理,并取得初步成效。

**【以知识测试为抓手,促进安全教育水平提高】** 2004年全国"安全生产月"活动期间,全市教育系统开展"防火防盗、防食物中毒、防自然灾害、防意外伤害"安全知识测试活动,全市各中小学非毕业班的学生全部参加。市安委会给予充分肯定,并表彰市教育局为2004年度"安全生产月"活动先进单位。九里区文教体局积极开展培训活动,举办各中小学及幼儿园领导参加的"校园安全管理培训班"。市教育局于4月组织直属学校保卫干部,赴上海等地学习,提高自身的素质。

**【以制度建设为突破口,规范综合治理与安全工作管理】** 组织学校安全管理干部对综合治理与安全工作进行归类梳理,进一步明确校园管理重点,在此基础上,统一制定《徐州市各类学校校园安全管理制度》,由市安全生产监督管理局印发到相关部门。2004年8月,省安全生产监督管理局将徐州市校园安全管理建章立制工作经验在全省范围内进行推广。

**【以消除隐患为目的,推动安全专项检查不断深入】** 2004年,市教育局对校舍安全、消防专项整治、学生安全教育、内部设施防范、自然灾害预防等问题,都以文件、会议等形式及时布置,并进行严格督查,消除大量隐患。各县(市)、区认真贯彻市教育局工作要求,形成"正常期间普查,重大节日必查,特殊问题专查,个别情况突查"的运作机制。云龙区全年开展校园安全与综合治理检查13次,每次都是由局领导带队。新沂市教育局制定《平安校园三年创建目标规划》及《创建"最安全学校"考核验收标准》,受到市综治委高度评价。各地区、各学校围绕安全校园创建目标,采取多种形式,认真开展平安创建活动,既配合全市创建工作,也促进校园安全管理水平进一步提高。

**【连续三年被评为市先进单位】** 在各级教育行政部门及学校领导直接参与下,市教育局连续三年分别被市委、市政府表彰为"综合治理先进单位"和"安全生产先进单位"。

(郭洪踉)

## ○　勤工俭学

**【加强对校办企业的常规管理】** 2004年初承办省教育厅勤工俭学管理中心在徐州市召开的"江苏省勤工俭学2004年度统计工作会议"。3月份召开2004年全市勤工俭学工作会议,对2004年全市勤工俭学工作提出具体要求。根据《徐州市中小学校校园经济示范学校标准》,确定铜山马坡职中等16所学校为"校园经济示范学校"。12月对全市勤工俭学工作进行全面检查,检查内容包括2004年工作总结、2005年工作计划及勤工俭学资金使用情况。完成对五中校办企业"徐州日用电器厂"、"徐州淮海制图厂"的改制。并按照市政府布置将校办企业退休职工移交给社区。

【加强素质教育基地的建设和管理】“徐州市中小学社会实践基地”开营3年来，收到良好的教育效果和社会效益，得到社会的广泛认可。2004年基地进一步加强管理，强化服务育人意识，不断开拓创新，实践效果更加明显。全年接待省教育厅领导、安徽、山东、天津及南通、无锡、连云港等教育部门领导的检查和参观，得到一致好评。鼓楼区青山教育基地开营，全年已接待5000多人次，累计授课5万多课时。

【努力开发教育内部市场强化管理力度】全市学生服装款式进行改装，为保证服装生产质量，勤俭办会同市质监局举办学生装生产国标培训班，20多名服装生产技术人员和管理人员接受培训。会同市质监局检查学生公寓床上用品质量。完成部分直管学校的校舍维修任务。地方教材的申报立项工作顺利进行，已组织人员编写，2005年投入使用。

（张继迎）

## ○ 劳动就业

【进一步做好劳动用工管理】2004年为规范劳动合同管理，切实保障劳动者合法权益，就业处下发《规范劳动用工行为》的通知，深入直管学校宣传用工政策，用人单位都应和招聘人员签订劳动合同。全年，共办理劳动用工合同36人，续签合同23人。为解决教师子女就业问题，走访泉山区、鼓楼区劳动就业管理中心，根据失业青年的不同特长，协调解决教师子女就业问题。通过宣传教育使大部分青年转变就业观念，有205人自谋职业，实现再就业。

【加强对特种设备作业人员的在岗培训】按文件要求就业处下发《从事特种设备的作业人员和管理人员参加培训考核》的通知，督促17个直管单位20人参加市监察局举办的培训班，通过学习考核，全部取得合格证书。

【做好校办企业退休职工移交工作】根据市委办公室、市政府办公室关于《徐州市市区退休人员社会化管理工作实施方案》的通知精神，通过开会宣传、组织学习、解决困难等工作，将直管学校校办企业的230名退休人员移交社区管理，保障他们晚年生活幸福、安定，促使学校集中精神抓教育。（张继迎）

## ○ 通联站工作

【关于教育局团委开展民族文化推介活动的报道】2004年6月22日《中国教育报》在第一版以《“凡出言，信出先……”江苏徐州校园里响起了这样的读书声——道德古训重回校园》为题，介绍了教育局团委开展民族文化推介活动的重要做法，即以初一、高一学生为参与主体，通过诵读《弟子规》、《道德经》、《论语》等经典著作的相关章节，让他们在了解中国传统文化的同时，注重思想道德的培养和人文精神的塑造，促进其健康成长。并配发了徐州师范大学教授陈延斌的点评文章《德育之花沁香幽远》。《徐州日报》等媒体全文作了转载。

【关于关爱弱势群体、关注贫困学生的报道】

在《成才导报》报道了全省教育系统关工委扶困助学现场会的消息以及徐州市自1998年以来，建立扶困助学专项基金，动员全社会开展多种形式的经常性扶困助学活动的经验。5年来，徐州市扶困助学领导小组累计筹集助学资金2665万元，资助家庭经济困难学生13.4万人次，为家庭经济困难学生减免杂费等各种费用达47.6万人次，计4447.8万元，巩固“普九”成果。同时，还在《成才导报》上撰文介绍了徐州出资40万元资助高三贫困生的做法。

**【以《跨江蹲点当校长》为题，介绍徐州与无锡交流校干的做法】** 从2002年10月起，徐州市和无锡市进行了2批35人次的中小学校干的交流活动，2市的学校干部分别蹲点对方学校挂职锻炼2个月。有关领导评价说“这对于开展跨地域研讨交流、考察实践等活动，精心打造教育人才具有深远意义。”

**【报道徐州努力办好让人民群众满意的教育】** 在《成才导报》上介绍徐州为适应人民群众不断增长的优质教育需求，在结合省级重点中学和教育现代化示范初中的创建，大力扩张优质教育资源的基础上，要求各个学校从认真实践“三个代表”重要思想的高度，牢牢锁定“教育质量”这个关键词，坚定不移地把工作重心转移到内涵发展上来，并要聚精会神地抓住教学，切实提高教育质量，力争在最短时间内，实现徐州教育的战略转移，努力办好让人民群众满意的教育。

**【其他报道】** 在《成才导报》上发表关于《徐州治理中小学乱收费措施得力》及《新沂10个“一点”筹资金》等报道；在《中国教育报》上发表《徐州市解放路小学思想道德教育见成效》的报道。在《徐州日报》发表《“无牛用犊”怎能提高质量?》、《让优秀生更优秀》、《也说“木桶原理”》、《要科学合理地利用教育资源》、《养成教育:家庭学校都有责任》等文章。

**【组织论文竞赛、评比活动】** 除正常通联工作外，还组织中小学师生分别参加由教育厅和省教育报刊社主办的全省高中生作文大赛、新世纪园丁论文大赛、教海探航等征文活动。

**【参与教师节活动】** 参与教师节表彰优秀教师的筹备活动，与有关部门共同完成对被表彰教师事迹材料进行修改、整理等工作。

（张朝骏）

## ○　志鉴编纂

**【2004卷《徐州市教育年鉴》于6月20日出版发行】** 为贯彻全省地方志主编培训班精神及市教育局宋农村局长2003年提出的5项要求，教育志办公室元月上旬印发《年鉴编辑方案》，2月初印发《编辑简报》，对按时来稿的66个单位表扬。3月下旬编出初稿(文字稿50多万字，彩页41页)。4月16日召开县(市)区教育局主任会议，校对鉴稿并落实征订数。教志办对局领导审阅意见进行讨论和修改原稿，4月26日报送方志出版社出版。5月按照出版社意见逐条修改。6月1日定稿交教育印刷厂付印。从初稿到定稿历经8次修改与校对。局办公室、勤工俭学办公室和教育志办公室负责人专程到印刷厂叮嘱按时按质量完成任务。在各级领导、编写人员、出版社、印刷厂的齐心合力下，6月20日按计划完成年鉴出版印刷任务。6月23日市教育局召开会议，郭成立副局长要求各县(市)区教育局和各级学校认真做好年鉴的发行与使用工作。以往年鉴均在冬季或秋季出版，2004卷年鉴提前到6月出版，做到暑假前与读者见面，受到全市教育工作者的欢迎，得到省、市有关领导部门的赞扬。

**【徐州市教育局分别召开教育年鉴年会和市区教育年鉴工作会议】** 2004年11月4日，市教育局在丰县召开2004年教育年鉴年会，各县(市)区教育局分管领导、办公室主任、有关企业局年鉴负责人、市教志办编辑出席会议。丰县人民政府顾玉华副县长致欢迎词，市教育局郭成立副局长代表宋农村局长(主编)向全市教育系统编修人员表示感谢，要求各级领导统一思想、扎实工作，在2005年做出新成绩。丰县教育局蒋松勤局长介绍重视年鉴工作的经验，市教志办总结2004年工作、部署2005年任务，与会代表交流做法与打算。12月1日,市教育局召开市区年鉴工作会议。在徐州的各高校、中专、中技、直属学校、企业办学和社会力量办学单位的代表出席。徐州市史志办公室武玉栋处长应邀作《年鉴知识及条目编写》讲座,郭成立副局长到会讲话,教志办对撰稿与使用提出要求。

**【2004卷《徐州市教育年鉴》获三项国家奖】**

12月下旬,市教育局先后接到通知,2004卷《徐州市教育年鉴》荣获由中国地方志指导小组办公室、中国地方志协会组织的首届中国地方志年鉴奖的"条目编写优秀奖";由中国出版工作者协会年鉴研究会组织的第三届全国年鉴质量评奖的"框架设计二等奖"和"条目编写二等奖"。这是教育志办公室1986年成立以来首次获得的国家级单项奖,市教育局领导为此进行专项表彰。

**【协助局办公室做好《徐州市教育信息摘报》、《教育大事记》的编印工作】** 2004年编印《摘报》24期,共收到信息814条,刊用414条,来稿率与刊用率均高于往年。全年编印《教育大事记》12期(每月一期),教志办负责人被评为徐州市档案局2001~2004年度《徐州大事记》优秀信息员。 (谢树庭)

## ○ 徐州市教育学会工作

**【认真学习邓小平理论、"三个代表"重要思想和科学发展观】** 学会工作必须以科学的发展观和先进的教育理论来指导,党支部和秘书处工作人员及时学习中央、省、市和教育局发的重要文件,确保学会工作配合到位、服务到位,发挥学会深化认识、传承文明、创新理论、资政育人、服务社会的重要功能。

**【积极开展群众性教育科研工作】** 适应教育改革的发展,特别是课程改革和提高教育、教学质量的要求,根据"十五"期间教育科研课题指南和课题立项意见,公布第四批、第五批立项课题93项。教育学会系统"十五"期间科研课题已达393项,参与学校近300所。全年组织3次大型培训活动,有800人次受到培训。组织省教科研优质课评比一等奖获得者到铜山县上示范课。印发《徐州市教育学会教育科研课题管理办法》。全年有50多个课题按规范要求作了结题。

**【积极开展群众性学术研究活动】** 3月8日至13日、9月18日至23日,先后举办小学语文、数学"课改名师观摩课"和"专家讲座与名师观摩课",邀请全国知名专家(名师)张梅玲、林承霞、田荣俊、曹晓红、窦桂梅、杨屹、李家骏、刘莉等20人到徐州作专题报告、上观摩课,有2000多人听报告(课)。在教育部北京师范大学基础教育课程研究中心的支持下,12月11日至12日举办中学语文、数学"教学实施和问题解决研究会与教学观摩课",欧阳芬、任得宝、孙春艳等学者到徐州报告、上课。中国EPD全委会和学会于3月26日至28日联合举办"中国EPD教育项目教学创新研讨会",出席这次研讨会的领导有联合国教科文组织中国全委会副秘书长杜越、教育部基教司高中处曹处长、北京教科院院长季明明、江苏教院书记方国才、市人大副主任刘相等。来自北京、上海、广东、湖南、浙江、山东等省市的300多名代表出席会议。11月25日至30日在广州~香港举办中国EPD教育项目第七次国家讲习班,学会组织15位校(园)长参加。

**【组织优秀教育论文的评选,编写学习资料】**

学会组织2004年"基础教育改革和发展优秀教育论文"评选,收到参评论文1100篇。秘书处组织专家、学者和名师,按照评选标准认真评选。获一等奖的不超过总数的10%,获二等奖的不超过总数的20%。评选过程严格程序,保证获奖论文的质量。家庭教育是学会的"名牌"，年底组织编写《科学发展观下的家庭教育》。

【提高报刊质量，更好地发挥作用】　2004年《家教咨询》同《服务导报》达成协议，使用它的统一刊号，成为它的一个专刊。改版后《家教咨询》面貌一新。《家教咨询》全年出40期（小学版、初中版各20期），共56万字。由于编校认真，内容丰富，版面活泼，深受读者欢迎。学会与驻徐州部队幼教协作组合办的《徐州幼教》2004年改版，《徐州幼教》全年出4期，计32万字。

【教育实验幼儿园通过省评估验收】　徐州市教育实验幼儿园2003年经过评估验收认定为"徐州市示范幼儿园"，2004年10月又通过江苏省的评估验收。学会开设的"德智教育科学书店"开业3年来，已发行几万册教育理论、新课程方面的教师用书。

【加强学会自身建设】　按照制度化、规范化的要求，学会继续坚持学习制度、会长分工制和会长办公会议制度，重大问题由党支部讨论研究决定。学会于6月15日召开第五次会员代表大会，选举产生第五届理事、常务理事、名誉会长、会长、副会长、秘书长和副秘书长。第五届理事会理事111人，常务理事38人。结合换届，县区教育学会、市属各专业委员会，普遍进行新一轮的会员发展、登记和换证工作。制订、印发《徐州市教育学会分支机构管理办法》。学会重视与兄弟学会加强交流，会长赵立伯11月到济南出席山东省教育学会会员代表大会学习交流经验，副会长蔡葵到深圳参加全国大中城市社科联第十五次工作会议，考察外地学会工作。2月3日接待苏州市教育学会考察团，4月接待上海市崇明县教育学会考察团。2004年学会被评为中国教育学会先进集体（连续三次获此荣誉）。被全国大中城市社科联评为全国先进社科学会，被省教育学会评为先进学会，被市民政局评为2003～2004年度先进社会团体，被青少年读写大赛组委会评为全国先进单位。张锡吾秘书长被评为中国教育学会系统先进工作者。（撰稿：封耀中　审稿：赵立伯）

## ○ 徐州市退离休教育工作者协会工作

【举办退离休教育工作者书画展】　2004年9月10日，协会在彭诚老年大学举办退离休教育工作者书画展，展出56位老同志的作品109幅，并从中遴选21幅优秀作品，送市老干部局展出。此次展出的作品内容丰富多彩，题材广泛，显示出老教育工作者对祖国的热爱和对社会公益事业的热心。

【协会进行换届选举】　10月18日，第二届理事会向教育局党委提出换届选举的书面报告，经撰写工作总结、修改章程、财务审计、选举代表、推荐第三届理事会成员候选人等一系列准备工作，大会于12月24日在教育局五楼会议室隆重召开。出席大会的正式代表及分管领导130多人，局党委书记、局长宋农村，党委常委、副局长郭成立，市民政局社团办俞德平主任出席大会。会议由第二届副会长苏从询主持，会长杨裕华作工作报告，他着重总结二届协会理事会在各项教育事业中坚持走自力更生、艰苦创业之路，自筹资金，自主管理，先后举办务本进修学院、务本高级中学、务本业余学校、为老教育工作者服务等工作情况。宋农村局长作重要讲话，对协会工作给予充分肯定，并提出各直属学校都要建立退离休老同志党支部或党小组，局党委将定期举办形势报告会，进一步抓好退离休教师活动中心建设，落实老干部政治经济待遇等问题。俞德平主任代表社团办对大会召开表示祝贺。大会通过协会章程修正案和财务审计报告。大会以无记名投票方式，选举产生第三届徐州市退离休协会理事会,王朴、薛登科、潘晴川、张洪俊、陈庆秀、李乐超、徐谨、孙雷、孟庆桐、齐为民、朱恒泰、任昌华、吴云娣等当选协会第三届理事会成员。经第一次理事会会议协商,选举薛登科任会长,王朴、潘晴川任副会长,张洪俊任秘书长。以上4位为常务理事。第一次理事会还决定聘请宋农村局长、郭成立副局长和杨裕华、苏从询同志为本届理事会顾问。郭成立副局长在第一次理事会上作重要讲话,表示要大力支持协会工作,并对协会工作提出恳切要求和希望。

**【努力为离退休教育工作者服务】** 动员、安排学有所长、身体健康、乐于奉献的老教师到民办中小学任教、办学;逢年过节走访、慰问生病住院及高龄老人;力所能及地协助党政领导做到政治上关怀老同志、落实老干部政策,把党的温暖送到老同志心中,帮助老同志实现"四有"(老有所为、老有所乐、老有所学、老有所养)。

**【坚持正确方向继续抓好办学】** 贯彻教育方针,认真教书育人,以严谨认真的态度、规范科学的管理,提高教学质量。2004年务本学校有110名学生参加高考,58名被东南大学、中央警官大学等高校本科录取。

(撰稿:许华英　审稿:杨裕华)

## ○ 徐州市陶行知研究会工作

**【进行新课程改革的实验与交流】** 围绕新课改先后在邳州、贾汪、经济开发区金山桥小学召开重点实验课题实验经验交流会、合作教学现场会、小公民道德教育座谈会等,探讨新课改"以人为本"、"回归生活"等新理念,交流课堂教学中如何确立学生主体地位、师生合作新路子、新经验。中国陶行知研究会方明会长等领导参加在邳州实验小学召开的国家级重点课题《陶行知教育思想和新世纪基础教育改革与发展研究》的实验交流,邳州市实验小学、铜山县侯集实验小学等在10月参加中陶会在吴江市召开的课改实验经验交流会,得到中陶会领导的好评。邀请北京清华大学附中语文特级教师赵谦翔到徐州作"绿色作文"的专题报告,邀请南京长江路小学、南京市语文学科带头人唐文国等老师为全市语文骨干上展示课。还举行"陶行知教育思想新课改"的论文评比活动,收到论文390多篇,评出一等奖58篇,二等奖107篇,召开2004年度论文表彰会。

**【开展"无差别教育"讨论】** 市委书记徐鸣在《光明日报》发表题为《我们应该如何办教育》的重要文章,提出实施"无差别教育"的要求,市陶研会随即摘录陶行知关于普及教育的论述近万字,印发给200多个中、小学单位会员。并联合市民盟、民进于6月召开由市区中、小学60多人参加的"无差别教育"研讨会,收到论文11篇,有7位在会上交流,会后将9篇论文印成小集子发到有关单位。

**【举办各类培训班,增加《行知论坛》新栏目】** 2004年成立"徐州市陶行知研究会中学工作委员会"、"师范学校、教师进修学校联谊会",举办第6届骨干培训班、中学首届陶研骨干培训班,组织中学、师范学校、教师进修学校交流学陶工作经验,聘请上海市陶研会秘书屠棠、江苏省陶研会顾问汤翠英等专家、市德育办主任王兰等作报告。出刊《行知论坛》4期发表文章106篇,开辟"陶著选读"、"教苑新论"新栏目,报道教育界的新动向、新精神,全市学陶工作在深化教育改革中取得新成绩。

(李春芳)

〔本编编辑　谢树庭〕

# 第三编　党委工作

## ○　宣传教育

**【加强理论学习规范化、制度化建设】** 2004年教育行政部门和学校党委中心组学习，进一步走上规范化、制度化的轨道。市委教育工委重新印发《关于进一步加强教育行政部门和学校党委中心组学习规范化、制度化建设的意见》，对部分县(市)、区教育(文教体)局和直属学校党委中心组的学习情况进行检查，党委中心组学习基本做到有计划、有教研、有辅导、有讨论、有笔记、有考核、有奖惩。

**【组织开展主题教育活动】** 组织开展以“一心一意求质量，求真务实谋发展，诚实诚信树形象”为新内容的主题教育活动。通过举办培训班、报告会、座谈会等形式，树立“质量是教育的生命线”的观念，营造“聚精会神抓教学，一心一意求质量”的浓郁氛围；学习掌握中央提出的全面、协调、可持续发展的科学发展观，制订下发《徐州市教育系统诚信教育工作规划》，深入开展教师职业道德教育，大力培育学生的诚信品德。

**【学生思想道德建设得到加强】** 市委教育工委研究印发《关于学习贯彻〈中共中央、国务院关于进一步加强改进大学生思想政治教育的意见〉的通知》，召开未成年人思想道德建设座谈会、大学生思想政治教育座谈会。全市各级各类学校从实际出发，认真贯彻中央8号、16号文件精神，中小学生的思想道德建设和大学生的思想政治教育得到加强。2004年徐州市教育系统思想政治工作研究会被评为全省优秀思想政治工作研究会，受到省委宣传部的表彰。

**【精神文明建设跃上新台阶】** 市委教育工委、市教育局下发《关于认真学习贯彻〈中小学弘扬和培育民族精神实施纲要〉的通知》和《积极参与“四城同创”，让我们的心灵和环境变得更美——致全市大、中、小学生的一封公开信》，与市委宣传部联合召开弘扬和实践新时期徐州精神座谈会。市委教育工委制订下发《徐州市教育系统2004年精神文明建设规划》。全市教育系统广泛深入地开展精神文明创建活动。在市局直属25所学校中，徐州一中等17所学校被评为2002～2003年度徐州市文明单位，获此荣誉的学校已达72%，其中徐州幼儿师范学校被评为徐州市文明单位标兵，市教育局机关首次被评为市文明单位。徐州二中李芮老师被推荐为徐州市第七届精神文明建设新人新事候选人。在教师节前后，组织徐州市优秀教师师德师风报告团葛崇信、李翠平、李芮、关群、王纯旭、吴晓珊6位代表，分赴六县、五区和徐州师范学校等单位作巡回报告18场，听众2万余人，弘扬新时期徐州教师精神，树立新时期人民教师的光辉榜样。

**【教育新闻宣传工作力度加大】** 一是建立和完善通讯报道网络。2月份，举办局直属学校通讯员培训班，加强对通讯员业务培训；二是联办《徐州日报·教育周刊》和徐州广播电视台《公共服务网·徐州教育》2个舆论宣传阵地,取得明显的效果;三是坚持以团结稳定鼓劲、正面宣传为主的方针,重点开展提高教育教学质量、树立教育良好形象、扶困助学、整治高校招生秩序、治理高校周边环境和师德先进典型的宣传报道,制作"功德无量的事业"、"务本之路"、"城乡教师对口交流"等电视专题片。编辑教师节、扶困助学和教育行风建设等专版。 (张广银 马国桥)

## ○ 组织建设

**【大力开展全市中小学党建调研工作】** 贯彻全省学校组织工作会议、全市组织工作会议精神,有针对性地加强和完善中小学党建工作,2004年4月,下发党建工作调研通知。5月,组织4个调研组,深入到六县五区和中小学校,通过听汇报、看资料、看阵地、访谈等形式,进行调研,摸清现状,找准问题,总结经验,明确目标,增强对全市中小学党建工作指导的针对性和时效性。同时,发现一批先进基层党组织和优秀共产党员。

**【召开全市中小学党建工作暨庆"七一"表彰大会】** 7月1日,市委教工委召开全市中小学校党建工作暨庆"七一"表彰大会,表彰先进集体40个、优秀党建工作先进个人20名和优秀共产党员95名。总结近两年全市中小学党建工作并部署下阶段工作意见。

**【加强民办学校党建工作的指导】** 在总结一些县区民办学校党建工作经验的基础上,研究、制订《加强民办中小学校党建工作的意见》,指导和规范民办中小学校党建组织的设置,完善党组织的工作运行机制,保证民办中小学校党组织作用的发挥。

**【坚持"十六字"方针,提高党员发展的质量】** 按照"坚持标准、保证质量、改善结构、慎重发展"的党员发展"十六字"方针,制定党员发展工作计划,把符合条件的优秀青年教师及时吸收到党内来,对发展中学生党员积极而慎重。重视发挥中学生党校的作用,加大培养力度,切实做到发展对象在入党前思想上先入党。不断壮大党员队伍,改善党员队伍结构,提高党员队伍素质。

**【局机关部分中层干部竞争上岗】** 2004年暑期,协助局党委在局直属学校范围内,对局机关办公室主任、高等教育招生办公室主任等5个局机关中层正职岗位和3个副职岗位,通过公开竞争职位、竞争方案、报名、资格审查、笔试、面试、组织考察、公示、上报审批等程序进行公开竞岗。张宝民、郭凤清、宋广良、陈戈、周岩、潘杰、李乐、丁蕾等8位同志走上局机关中层干部岗位。

**【调整、充实局直属学校领导班子】** 认真执行《党政领导干部选拔任用工作条例》,对聘期已满的校级干部,进行第二轮选聘,对已到退岗年龄的校级干部及时调整。通过民主测评、公开选拔等方式,对64名校级干部进行选拔调整,优化领导班子结构,提高领导班子的整体素质。

**【形成科学合理的干部评价体系】** 配合督导室等有关处室,以综合督导评估结果作为考核依据,建立对校长任期目标管理考核机制,强化对校长任期内的目标管理,建立校长奖励基金,加大对校长的奖惩力度。

**【创新、拓宽校干培训途径】** 加强对校干培训的针对性,文青、郝心君等13名校干赴无锡挂职学习;选派邱志宏、姚灿等2名校干分别到市第二十九中学、市第三十中学任职锻炼;及时总结、推广学习培训锻炼的成果。在局党委的领导下,利用寒假、暑假,配合有关处室举办两期干部研修班。通过研修,统一思想,明确方向,理清思路,振奋精神,取得良好的效果。

【群策群力为教育发展服务】　组织全局直属单位的各级人大代表、政协委员、党代表、民主党派负责人、退离休老干部，参加每半年一次全市教育大事通报会议。2004年分别就招生工作、提高教育质量问题、布局调整、行风建设等工作，协助党委召开3次省、市人大代表、政协委员和民主党派基层负责人座谈会，调动参政议政的积极性，推进教育系统的民主政治建设。

【加强基层党组织建设，发挥战斗堡垒作用】　按照党章和党组织选举暂行条例的规定，对党员人数较多，符合条件的局直属学校十八中学、十三中学、三十一中学等基层党组织及时成立党总支，西苑中学党支部进行换届选举。

【协助市退离休教育工作者协会开好换届选举大会】　徐州市退离休教育工作者协会第三届理事会换届选举大会于12月24日隆重召开，会议由上届理事会副理事长苏从洵主持，市教育局党委书记、局长宋农村到会并讲话，参加会议的还有市教育局副局长、党委常委等领导。大会选举薛登科任第三届理事会理事长，张洪俊任理事会秘书长。

【扎实开展老干部工作】　检查直属学校老干部工作。11月，局党委组织16位同志，分4个组进行工作检查，对问题和经验进行研究、反馈。加强老干部思想政治工作，丰富精神文化生活，创造条件，改善设施，加强老干部活动场地建设，围绕传统节日开展丰富多彩活动，组织老干部考察，及时发放老干部退离休费，关心福利待遇。　（刘　艳）

## ○　纪检监察

【筑牢思想道德防线】　认真组织党员干部学习贯彻中共中央颁布实施的《中国共产党党内监督条例(试行)》和《中国共产党纪律处分条例》；积极组队参加市纪委组织的党内法规知识竞赛活动，在决赛中获得三等奖。开展“增强纪律观念，自觉接受监督”的主题教育活动。制定下发《关于在党员领导干部中开展反腐倡廉系列教育活动的意见》。组织《行政许可法》学习，增强行政执法的法律意识。召开全市教育系统党风廉政建设工作会议，并制定下发《2004年徐州市教育系统纪检监察工作要点》。组织培训学习《江苏省教育乱收费党纪政纪处分暂行规定》，全市共有1200多人参加学习培训。组织教育系统领导干部参加全市开展的4个“十佳”的评选活动，推荐上报教育系统的4个“十佳”候选人。

【规范领导干部从政行为】　制定下发《关于2004年元旦、春节期间加强廉洁自律反对奢侈浪费的通知》，对各级党组织和党员领导干部提出明确要求，严格规范领导干部的从政行为。严格执行“四大纪律、八项要求”，全年执行情况良好。进行先进典型教育，学习梁雨润、张建国，做人民满意的纪检监察干部。订购《“廉政聚焦”专题节目汇集》、《高官的堕落——江苏重大腐败案件剖视》等10多部电教片，组织党员干部观看，从中吸取教训。

【关口前移，加强执法监察工作】　对中考体育考试，中考文化考试的评卷、登分、合分，中师、中专、技校、普通高中的录取等8类招生考试进行现场监察。中考评卷工作取得显著成绩，市区中考成绩实现零差错。2004年8月局党委决定对机关8个处室的负责人岗位进行公开招聘，从报名、封闭命题、阅卷、登分、合分、笔试、面试、成绩汇总等进行全过程监督监察。对师范类及重点中学提前招聘教师试讲考核进行现场督察。对师范类毕业生就业“双选”进行执法监察。对教师职称评审进行现场监察。对全市教师资格认定工作实施情况进行监督检查。对建筑工程招标、教学仪器设备采购、局电教馆教育城域网商务谈判等20多项工作进行现场监察。

**【严肃查处各种违纪违规行为】** 2004年全市教育系统共受理信访举报775件次(来信474件次,来访127件次,电话举报174件次),立案查处72件,70人受到党纪政纪处理,挽回经济损失87.52万元。市教育纪工委共受理群众举报314件次(信访214件、电话举报100件)。其中对信访举报的214件,自办24件,已全部办结;转办84件;交办106件。

**【专项治理工作取得显著成绩】** 认真进行三项清理。一是清理党政领导干部违反规定兼任企业领导职务,二是清理党政机关用公款为干部职工购买个人商业保险,三是清理党政领导干部拖欠公款或利用职权将公款借给亲友,检查中没发现存在上述问题。全面进行"吃空饷"清理。根据市纪委等6部门联合下发的《关于对机关事业单位工作人员虚报冒领财政工资等问题进行集中清理的实施意见》,市教育纪工委对教育局机关、局属各学校进行逐人逐岗的全面检查,做到无一人漏缺。

**【加大查处教育乱收费的力度】** 突击检查市区直属学校和部分省重点中学教育收费公示栏的设置情况,并在《徐州市教育信息摘报》上作通报,纠正少数学校收费公示栏设置不规范的现象。认真进行春、秋两季收费大检查。2月市教育局会同市纠风办抽调17位同志分成3个检查组,对市区18所中小学(含民办学校和企业办学)进行专项检查。10月份市治理教育乱收费联席会议办公室召开会议,下发《徐州市治理教育乱收费联席会议纪要》和《关于开展2004年秋季收费工作联合检查的通知》。10月20日至23日,组织由市监察局、市纠风办、市物价局、市审计局、市财政局、市教育局等部门参加的5个检查小组,对全市11个县(市)区中小学的秋季收费工作进行全面检查。编发《徐州市教育信息摘报》治理教育乱收费专辑4期,及时向各单位通报群众举报信件的数量和部分举报信件的内容。协助省治理教育乱收费工作联席会议办公室、省级督查组对徐州市教育局、沛县教育局、丰县教育局及沛县实验小学、崔寨中学、丰县中学、丰县实验小学等治理乱收费的情况进行现场督查。认真查处信访举报,加大教育乱收费的治理力度。2004年,市教育局清费办公室共收到反映教育乱收费方面的信访举报159件。其中转办69件、交办76件、自办14件,全部办结。市教育局参加徐州电台举办的《行风热线》10期,接到群众反映教育收费方面的投诉14件,现场答复8起;转承办单位查处6起,全部查结。全市共查出违规收费281.67万元,清退违规收费269.34万元;受党纪政纪处分9人,21人受到通报批评。 (蔡春生)

## ○ 教育局工会

**【加强学习,做好工会工作】** 2004年工会干部和教职工认真学习党的十六大、中国工会十四大和徐州市工会十二大文件,树立工会工作新的理念,以适应新时期的工会工作。从基层工会选派4名工会主席,参加市总工会和市委党校的青年干部学习班学习。

**【加强师德建设,努力提高教师队伍素质】** 组织广大教职工认真学习《中小学教师职业道德规范》,对学校教师师德和思想状况进行调研分析,组织部分教职工做调查问卷。局工会和陶行知研究会共同印制《中小学德育文件集锦》,加强德育教育。深入开展"展师德风采,树师表形象,创优秀群体"活动,配合有关处室进行名师、名校长、"青蓝工程"和全国、省、市优秀教育工作者、优秀教师的评选表彰。举办第20个教师节的庆祝活动，组织师德报告团，进行巡回报告。继续深入开展“女教职工素质自我达标”和“巾帼文明示范岗”活动，评选1个省级“巾帼文明示范岗”、2个市级“巾帼文明示范岗”、1个女职工工作先进集体、1个女职工工作先进个人，2个市“三八”红旗集体和4个市“三八”红旗手。按照市政府的要求，组织评选出2001～2003年度市先进集体5个和市劳动模范4人。继续开展“社会尊师重教，教师回报社会”主题教育活动。市教育局启动“红烛行动”计划，动员全局教职工为特困学生捐款近30万元，并给扶贫单位捐赠物品。

**【加强学校民主政治建设，维护教职工的民主权利】** 部分学校进行教代会的换届选举，加强教代会的组织建设，大多数学校能做到每学期召开一次教代会，审议学校的规划、学校工作报告、财务预决算和考核方案等。局工会举办学校工会主席学习班，请市总工会民管部部长开设讲座，并到无锡、苏州、镇江等地进行学习考察。各基层单位对学校校务公开工作进行民主评议、考核，评议结果群众满意率在80％以上。

**【开展丰富多彩的活动，活跃教职工的文体生活】** “三八”节期间，局工会在各学校开展活动的基础上，从有关学校选调运动员，组织参加市十八届职工运动会的部分项目，男子足球比赛荣获第2名。组队参加第三届“中日韩埠际妈妈乐”乒乓球比赛。11月份举办局十二届教职工运动会，共设40多个项目，参赛队员2000多名。组织承办江苏省第六届教育局长杯乒乓球比赛，徐州市取得团体第三名和优秀组织奖。教师节期间，市总工会举办教职工书画展，幼师张磊获油画一等奖，机关张亚新获书法一等奖，五中刘孟涛获二等奖，二职中王厚甫获入围奖，局工会获优秀组织奖。暑假期间，组织市劳模、先进单位代表赴新疆等地进行疗休养活动。组织市劳模参加省总工会“新、马、泰”涉外考察活动。选派妇女干部参加市总工会组织的疗休养活动。

**【切实增强工会组织的凝聚力和战斗力】** 学校工会委员会凡任期已到的，均按程序进行换届选举，并做到工会女职工委员会、工会经费审查委员会同时换届。配合组织部门，落实基层工会主席的职级和相关政治待遇。对2003年工会财务情况进行检查会审，对存在的问题进行认真的分析，并提出改进意见。

（周洪芝）

## ○ 教育局团委

**【开展民族文化推介活动】** 3月开展“书香满园”民族文化推介活动。活动以民族文化底蕴的精品文化《弟子规》、《论语》、《道德经》等为依托，对青少年进行古文化的宣传，培养礼仪道德之风，以营造一个心地纯净的温馨世界。《都市晨报》在头版报道，并开展专题讨论。《徐州日报》作题为《让民族文化的馨香飘满校园》的专题报道；《中国教育报》以《道德古训重回校园》为题，在头版予以报道。为配合新的《中学生日常行为规范》的颁布实施，“六一”前与团市委联合举办“我文明、我快乐”青少年漫画比赛，收到参赛作品近700件。“五四”前，与团市委联合举办18岁成人仪式宣誓活动，2000余名中学生在徐州高级中学校园内，庄严承诺，愿为青春添光彩。10月起，举办第二届“与未来相约”徐州市青少年科技文化节。

**【强化团员意识教育，规范团队常规工作】** “五四”前开展民主评议团员活动。深化“三会一课”（团支部会、团支委会、团小组会，团课）、“三簿一册”（会议记录簿、活动记录簿、团费收支簿，团员花名册）制度，利用广播、报刊、黑板报等媒体，宣传团队工作，强化团员意识教育，坚持团员民主评议制度。开展"团队工作动态考核评估"活动。出台《团队工作动态考核评估细则》,全年开展学校团队工作自查、互查等分项活动多次,通过量化考核,增进各校团队工作交流,促进基层团组织建设。

**【建立"扶困助学"长效机制】** 开展城乡青少年"手拉手"扶困助学志愿活动,使一部分特困生得到不同形式、不同程度的资助,在社会上引起积极的反响。各基层团队组织都结合单位实际,广泛动员,加强管理,确保扶困助学工作真正落到实处。开展"走出去,请进来"活动、"绿色通道 + 同在一片蓝天下"活动、"结对助学合同书"活动、"你的爱就是他人的阳光和空气"助学义卖活动、"慈善一元捐"活动、"伸出你双手,献出一份爱"送温暖等活动,发动城市青少年捐出家中的衣物、被褥、鞋帽、书籍、文具等物品,为农村贫困青少年送温暖。与睢宁县一村小结对开展扶助工作,借助教科研"书友会"组织为该村小捐赠图书近千册。为徐州三中、徐州高级中学、徐州市第十中学 3 名身患绝症的同学捐赠现金,为徐州职教中心一名因家贫将辍学的学生解决上学难的问题。值第二十个教师节之际,于 8 月 27 日与工会联合组织"红烛助学行动"启动仪式,在教育系统掀起新一轮捐资助学高潮,得到社会各界的好评。

**【关注青年教工成长,开展丰富多彩活动】** 配合师资处、工会等处室,暑假开展"青蓝工程"评选活动,评选青年名教师、名校长、学科带头人等,12 月开展青年教师现代教学技能大赛。各校教工团支部开展"师徒结对"、课题研讨等活动。

**【联合社会各界关注青少年成长】** 11 月与团市委、江苏波司登集团、徐州蓝天大楼联合举办"情暖校园行"羽绒服捐赠活动,系统内近 200 余名贫困生在冬季得到羽绒服。10 月与徐州市广播电视台联办的"成长"栏目开播,为青少年提供交流的平台。开展"尊重知识,拒绝盗版"音像市场法制宣传活动。春季与市综治委、公安局、文化局联合开展以"尊重知识,拒绝盗版"为主题的音像市场法制宣传活动,提高青少年自身素质。 (王培彦)

## ○ 信访工作

**【召开专题会议,部署信访工作】** 2004 年 1 月 14 日,教育局召开"全市教育系统信访工作会议"。市委教工委书记、教育局党委书记、局长宋农村到会讲话,强调做好信访工作是安定团结的重要基础,教育各级党政领导必须以高度的责任心做好信访工作。年初正是招生旺季,也是教育信访高发期来临之际,通过开会,提高各级领导和信访人员的政策水平,起到控源治本作用。

**【交办的信访案件全部办结】** 2004 年,全局共受理来电 56 件,来访 101 件(批)次,来信 448 件(具名信全部答复),共计 605 件(批)次。局领导阅批信访件 313 件(批)次,占信访总量的 52%。接件 159 件,已全部办结,年底结案率 100%。

**【来信、来访反映的主要问题】** 各类学校的招生及收费问题;师范类毕业生不再统配问题;教师资格认定及职务评审问题;教师的工资待遇问题;农村中、小学布局调整问题;校办工厂破产、改制问题;企业办学校交由地方管理问题;辞退部分"民师"及"农转非"等。上述问题政策性强,直接涉及个人切身利益,倍受广大群众、教师、学生关注,是社会反映强烈的热点问题。其中教育高收费、违规收费是信访工作的难点之一。

**【规范收费行为,减轻家长经济负担】** 首先从制度下手,重申和制订一系列制止乱收费的相关规定，坚决实行"一费制"等。其次建立春、秋季收费检查工作制度，有报必查。对在检查中发现的问题，有乱必纠，限期整改，违纪必处，一经查实，全部退清并处理责任人。经过努力，有效地遏止乱收费行为的蔓延与反弹。（张家富）

## ○ 局关心下一代工作委员会

**【搞好扶困助学工作，为贫困生排忧解难】** 2004年全市共下发和筹集助学金1180.36万元（因省、市拨款较晚，有一部分尚未使用），计救助4.92万人次，各类学校（不含高校）还为1.31万人次减免各种费用308.44万元。徐州市大规模扶困助学活动，是1999年下半年启动的，据统计，6年来，助学资金从社会上筹集1634.47万元，市教育局从非财政收入中拿出625.33万元，省、市、县（市）、区各级政府拿出1270.81万元，三项合计3530.62万元。已用去3033.15万元，救助18.71万人次，另为58.22万人次减免各种费用5469.96万元。由于这项工作成绩显著，5月20～21日省教育厅关工委在徐州市召开全省普教系统关工委扶困助学现场会。

**【积极开展对青少年的教育活动】** 2月，中共中央、国务院《关于进一步加强和改进未成年人思想道德建设的若干意见》公布后，在认真学习基础上，开展系列教育活动。年初，学校开展"争做诚实、诚信现代人"的活动。6月13日到18日，局关工委到8所直属学校作诚信教育开展情况的调查。10月27日请市关工委副主任郑庆生作《诚实诚信，清白做人》的辅导报告。在"纪念邓小平诞辰100周年"之际，在学生中开展"了解伟人、学习伟人、做革命接班人"的活动。下发《小平——您好》一书，8月23日请市关工委副主任司云胜作《承前启后的历史巨人，继往开来的时代伟业》的辅导报告，并录制成光盘，发至各县（市）、区教育（文教体）局和市局直属学校轮流播放。组织由老同志参加的"纪念邓小平，学习邓小平"座谈会。8月20日派出由3名中小学生和1名指导教师组成的代表队，赴宁参加省"纪念邓小平诞辰100周年夏令营"。在"小平——您好"读书演讲活动中，获"演讲"、"必答"、"抢答"、"指导"、"组织"等6个"优秀奖"。积极参加市关工委开展的"争做新一代徐州人"主题教育活动。配合市关工委、市文明办2次向学生赠送《诚信故事》、《思想道德手册》和《民族精神代代传》等书6500多册。各基层关工委引导学生开展读书、征文、演讲活动。11月17日请陈延斌教授给徐州师范学校师生作《发扬徐州精神，做新一代徐州人》的报告。

**【开展暑期特别行动，参与网吧检查】** 贯彻上级关于假期"禁止未成年人进入网吧的特别行动"的要求，7月组织48位老同志担任"网吧义务协管员"，在市内检查60个网吧，约200个次，有力地帮助市文化部门对网吧的整顿，对未成年人起到教育作用。

**【加强自身建设，培训关工委干部】** 11月中旬，组织31位关工委同志，参加省教育厅关工委举办的教育系统关工委骨干培训班。回徐州后，在各地进行传达，起到"一人去学习，宣传一大片"的作用。

**【创办《关工资讯》，及时交流情况】** 为及时反映和交流全市普教系统关心下一代工作进展的情况，总结经验，促进工作，积累资料，年初，市局关工委编印《关心下一代工作资讯》，每季度出一期，全年按计划出4期。

（薛登科　吴明愚）

## ○ 教育局机关党委

**【参加"万人评议机关"活动】** 2004年上半

年局机关党委在“万人评议机关”活动中做了大量工作。组织填写选票。认真办理7件群众反映到市委、市政府的人民来信、来访有关事项。改变机关作风，一是建立、落实部门领导接待日制度。二是帮助农村帮扶村解决实际问题。三是为民营企业搞好服务。四是开展为基层办事活动。对查处的问题制订整改措施，分解到处室，条条落实，限期整改，最后书面报告市机关作风建设办公室。

**【开展创建文明机关活动】** 11月至年底，市委、市政府召开全市创建文明机关活动动员大会。局党委结合本单位实际，制订《徐州市教育局创建文明机关活动实施意见》。努力创造“优美环境、优良秩序、优质服务。让群众满意、让基层满意、让领导满意”的文明机关。先后组织4次卫生检查，做到办公环境怡人。制订《加强机关作风建设20条》，工作人员挂牌上岗，接听电话实行文明用语，机关实行首问责任制，设立举报投诉电话及机关作风评议箱。局领导和机关各处室，分别与一所农村对口支教学校建立帮扶对子。实行政务公开，在招生、招聘、办学、评定职称等方面，做到公开、公正、透明。凡属市教育局审批审核的事项，在规定时限内办结，对直接向教育局请示的事项，均需在10个工作日内答复。局机关开展“创建文明处室”活动。教育局办公室、人事处、德育办、财务处、督导室、基教处、师资处7个处室获市“文明处室”荣誉称号。

**【做好发展新党员及评选先进工作】** 2004年机关党委发展7名政治上积极要求进步、工作上做出优秀成绩的同志为中共预备党员，并于“七一”举行入党宣誓仪式。在徐州市机关工委组织开展的评选先进活动中，教育局机关党委被市机关工委评为“先进基层党组织”，姚杰、姚澄华被评为“廉洁奉公”好干部，陈旭亚被评为“优秀党务工作者”，王培彦等11名党员被评为“优秀党员”。

**【进行年度年终考核工作】** 按照市人事局布置精神，局机关党委对2004年度局机关中层以下干部进行考核。通过认真测试，评出行政优秀格次8人，事业优秀格次18人。

(陈旭亚)

〔本编编辑　谢树庭〕

# 第四编　县(市)区教育

## ◎2004年徐州市县(市)区教育(文教体)局领导成员一览表

表4－1

| 县(市)区 | 局　长 | 副局长 | 党委书记 | 党　委<br>副书记 | 纪委书记 | 工会主席 |
|---|---|---|---|---|---|---|
| 丰　县 | 蒋松勤 | 师洪侠　邵新民<br>司元岭　史友涛<br>马连义　王厚果 | 滕义举 | 蒋松勤<br>李成立 | 李成立 | 王　鹏 |
| 沛　县 | 郑恒良 | 张　李　朱信义<br>李　伟　朱信成 | 张世祥 | 邹德全 | 袁广越 | 李　静 |
| 铜山县 | 王慕启 | 王宪臣　李　涛<br>徐善之　张凤华<br>吴　亮 | 王慕启 | | | 孙晓红<br>(女) |
| 睢宁县 | 宋　义 | 朱韶伟　胡家华 | 杨恒淑(女) | 宋　义 | 徐　凯 | 赵华林 |
| 邳州市 | 吕　岩<br>冯宪科<br>(1～7月) | 郭为民　刘汉超<br>刘付凡(女)　沙正礼<br>黄金雷　沈永华<br>于　浚　徐武汉 | 郭为民 | 吕　岩<br>刘兆俭<br>冯宪科<br>(1～7月) | 刘兆俭 | 周建文<br>(1～8月) |
| 新沂市 | 高行令 | 孙明洋　晏景松<br>李学强　(～5月)<br>王恒震　赵　敏(女) | 高行令 | | 王恒震 | 马广兰(女) |
| 贾汪区 | 朱　毅 | 张　松　吴书涛<br>宋志然　鹿守合<br>郭修汾　胡永平 | 朱　毅 | 丁淑萍(女) | 丁淑萍(女) | 王念林 |
| 云龙区 | 赵民强 | 刘振义　葛友刚<br>任　毅　丁建华(女)<br>张同凌 | 赵民强 | 王　艳(女)<br>姚　玲(女)<br>(1～4月) | 姚　玲(女)<br>(1～4月)<br>孙　震<br>(7月～) | 姚　玲(女)<br>(1～4月)<br>孙　震<br>(7月～) |
| 鼓楼区 | 王洪波 | 张传暴　刘尊立<br>乔亚南 | 王洪波 | 王秀婷(女)<br>李培建 | 李培建 | 田春传(女) |
| 泉山区 | 秦德智<br>(1～2月)<br>石运昌<br>(3月起) | 孙荣盛　胡晓燕(女)<br>冯　勇　王惠娟(女) | 蔺超书 | | 蔺超书 | 王惠娟(女) |
| 九里区 | 安　扬 | 高彩侠(女)　夏　青 | 彭孝臣<br>(1～11月) | 安　扬<br>薛振利 | 薛振利 | 高彩侠(女) |
| 徐州经济开发区 | 李为祎 | 王希力 | | | | |

## ○ 丰 县

**【概况】** 2004年,丰县教育系统认真贯彻十六届四中全会精神,不断转变教育观念,强化质量意识,全面提升教育质量,各项工作取得突破性进展。教育质量和效益不断提高,中小学布局调整和“三新一亮”(新讲桌、新课桌、新课椅、电灯亮)工程取得明显成效,回乡初高中毕业生再教育与分配对接创新工作成绩显著,全县教育事业健康快速协调发展。全县有中学42所,其中高中9所、初中33所(其中民办5所),职业中学2所,特教1所,定点小学110所,教学点21处,幼儿园109所。全县中小学在校生218999人。全县在职教职工9942人,其中专任教师9542人。

**【教育教学质量跟踪评估进一步强化】** 2004年丰县教育局把工作的重心和着力点放在学校教学和管理上,全县建立教育质量目标管理责任制,不断完善教育教学督导跟踪评估机制,严格管理,狠抓落实,初步形成良好的教学质量监控体系和评价机制。全县强化发展意识、竞争意识、质量意识,明确提出“高中要从高一抓起,三年上一个台阶;高考要从初一抓起,六年创一个辉煌”的奋斗口号,高中整体办学水平不断提高。2004年,9560名考生参加高考,专科以上上线人数8477人,三本以上上线4844人,二本以上上线1626人(含艺体类本科)。丰县中学刘辉辉荣获全市高考状元,8人跻身全省高考前1500名,高分段人数居全市之首。在全省90多个县市区中丰县本科上线人数排名27位,万人上线率居全市第二位。全县6079人升入本、专科学校。

**【完成中小学布局调整和“三新一亮”工程任务】** 小学由原来的445所调至110所,撤并335所(其中全撤166所,改教学点169所);初中由原来的42所调至28所,全撤14所;9所高中进一步巩固、发展、提高,基本完成省下达的农村中小学布局调整任务,实现每1万人一所小学,3万人一所初中,10万人一所高中的布局调整目标。全县中小学改扩建校舍28.4万平方米,拆除C、D级危房9.8万平方米,维修加固B级危房25万平方米,扩充校地57.8公顷,投入资金1.54亿元。在“三新一亮”工程建设方面,全县110所定点小学、28所定点初中及所有教学点均已全面完成“三新一亮”任务,新配课桌椅74697套,维修出新课桌凳97634套,教室配置讲台,安装照明设备,实现校校通电、室室有灯、人人有新课桌椅的阶段性目标。9月份,省政府组织有关人员对该县中小学布局调整和“三新一亮”工程进行验收,给予较高评价。

**【全面启动教师成长工程】** 在充分借鉴海阳、衡水等地经验的基础上,以普遍提高整体教师素质为突破口,以让教师心中永远有追求为主线,启动“教师成长工程”,开展“中小学课改系列达标课”活动,不断强化中小学教师综合素质全员培训。通过立标、学标、达标等三个步骤,面向全县教师开展素质大练兵,使全县教师的知识结构、能力素养跃上一个新的境界。2004年,全县推荐特级教师3人,评定中学高级教师48人、中小学中级职称639人,初聘初级职务489人。2004年教师节,全县评选推荐全国优秀教师1名、省优秀教育工作者3名、市优秀教育工作者38名,评选表彰县先进教育工作者180名。

**【推进中小学生思想道德建设】** 制定下发《关于进一步加强全县中小学德育工作的意见》,举行“未成年人思想道德建设启动仪式”等一系列主题教育活动;在全县中小学开展“弘扬民族精神”、“争做诚实守信现代人”中小学生读书活动;4月份召开全县中小学班主任工作会议,通过现场观摩和交流,努力提升班主任工作管理水平。组织“祖国颂”大合唱比赛,校校参加、人人参与,掀起全县大唱革命歌曲的校园文化活动热潮。不断强化和规范学生基础道德文明养成教育,开展“文明校园”、“文明班级”、“文明宿舍”、“文明学生”及“日常行为规范示范学校”评比活动。在扶贫济困助学方面,做到条件公开、标准公开、审批公开,严把四个关口,认真接受群众监督。全县共投入资金 254.16 万元,救助贫困生 5326 人。

**【各类学校创建工作成绩显著】** 全县抓住学校创建机遇,以创建促发展,高中教育发展迅速,投入资金近 1 亿元,新征土地 48.46 公顷,新建校舍 80146 平方米,办学规模由 278 个班扩大到 410 个。丰县中学顺利通过四星级高中转星验收,积极向一流名校迈进,其新校区的建设,彻底实现初、高中分离,为学校的发展增添后劲。民族中学、华山中学、宋楼中学、顺河中学、欢口中学 5 所学校被市教育局评为二星级高中,其中民族中学、欢口中学、宋楼中学于 10 月份接受省教育评估院三星级高中的验收。县职教中心 9 月份接受国家级重点中等专业职业学校验收。华山镇成教中心校被命名为省农科教结合示范基地。宋楼中学、华山初中、欢口中心小学等 10 所学校被命名为市级花园式学校,马楼初中接受省教育现代化示范初中验收。

**【“两后双百”工程卓有成效】** 按照“助学贷款、定向培养、确保就业、整体输出”的十六字方针,“两后双百”工程摆上重要议事日程。县教育局成立就业培训指导中心,并建立“四账一册”,即劳动力资源台账、劳务输出台账、返乡创业人员台账、培训工作台账及在外务工人员名册。全县共培训回乡初高中毕业生 10000 余人,输送到外地大中城市就业近 9000 人,取得了良好的经济效益和社会效益,逐步走出一条“面向市场,经费自筹,内引外联,共同发展”的新路子,成为教育促进农村经济建设发展的又一亮点。职业教育得到进一步发展,2004 年职教招生 1654 人,完成招生计划的 110%。

**【有序推进新课程改革】** 2004 年秋季全县初中起始年级和学科全部进入课改实验。为确保课程改革实验有序推进,在狠抓课改方案落实、课程计划落实、督查评估落实的基础上,全县强化课改培训,按照“先培训、后上岗,不培训、不上岗,边实验、边教研”的原则,组织教育管理人员、骨干教师和起始年级的任课教师开展通识培训、学科培训、样本培训及过程培训,全面提升实验课教师的整体素质,有效推进全县新课程改革的实施和发展。

**【社会力量办学快速发展】** 民办中小学、幼儿园事业规模逐步扩大,2004 年有中小学 5 所,在校生 7264 人;幼儿园 51 所,在园幼儿 2600 余人。9 月 1 日,创新中学和广宇中英文学校一期投资 4000 余万元,高标准、高规格、全封闭的寄宿制现代化民办学校建成招生,更加拓展了民办教育的空间。全县大力加强民办学校的监管和扶持力度,做到“六独立”运作,避免无序竞争,确保民办学校健康有序发展。

**【全面加速教育现代化】** 中、小学普遍开设了信息技术课,小学电教课课时覆盖率 25% 以上;中学语、数、外电教课课时覆盖率 22%,其他学科 13%。学科覆盖率 100%。8 月通过电子政务,督促全县所有的高中、初级中学、中心校和近 40% 的中心小学达到“校校通”工程基本要求。全部以 ADSL 方式接入 Internet,随时可查阅资料和收发邮件。6 月开通丰县教育信息网站,教育信息和课程改革两个版块做成了方便后台更新的动态页面,可随时发布教育新闻和课程改革信息。卫星电视教育。购置 120 小时的新课标教学光盘、50余小时的新课改教学讲座。录制了丰县10课时的课改教学录像,发放到全县45个放像点。为农村中小学新建微机室18个,总价值200余万元,并全部接入国际互连网;为农村定点小学配备放像设备100套,符合新课程标准的DVD光盘14套,价值28万元,改善了农村教师的学习条件。

**【扎扎实实开展教育宣传工作】** 加强教育内部刊物《教育信息》的组稿编发工作,在县内及时沟通和交流。积极向各类新闻媒体组织投送稿件,该县“两后双百”工作、危房改造工作、局领导关于管理工作的新思路、大沙河中心小学创办寄宿制学校、原济南市教研室主任邵静茹向王沟镇捐款、王祖光先生向向明中学捐款、徐州高考状元丰县中学刘辉辉、全国优秀教师王纯旭、江苏省特级教师张建杰等,分别在《文汇报》、《中国教师报》、《成才导报》、《江苏教育》、《中华教育》、《徐州日报》等新闻和教育媒体,予以宣传报导。同时,还为丰县中学等6所中学组织专版报道。按照省教育厅有关文件精神,积极做好“教海探航”、“五四杯”、“新世纪园丁”等中小学教师征文活动和“彩虹杯”、“高中生作文”等学生征文活动。2004年丰县教育局获省教育厅颁发的江苏省青年教师论文竞赛“五四杯”、“新世纪园丁杯”教师论文竞赛、“高中生作文”大赛三项组织奖。11月28日在吴江市举行全省第五届“新世纪园丁教育教学论文大赛”颁奖大会,丰县90名教师获奖,其中3人获二等奖,16人获三等奖。12月24日至26日于泰州市兴化中学举办全省第三届高中生作文大赛颁奖大会,丰县27名学生获奖,其中5名参加决赛的选手中(全市14人),民族中学学生周建新、丰县中学学生葛舒婷荣获一等奖(全省一等奖20人)。

**【困难和问题】** 在肯定成绩的同时,教育发展中存在的困难和问题不容忽视。主要表现在:一是中小学教师数量不足、质量不高、结构不合理,全县中小学教职工缺编1570人,代课人员706人,师资力量严重不足。二是普高教育与职业教育的学校数量和招生比例不尽合理,教育服务经济社会的能力不强。三是优质教育资源缺乏,整体办学质量和水平与经济社会的发展、人民群众的期望有一定距离。四是中小学杂费被平调和挪用的现象依然相当普遍,农村中小学校舍维修改造建设保障机制还未建立起来,现有的债务化解矛盾重重,在很大程度上影响教育事业的可持续发展。五是少数学校辍学现象较为严重,“控流止辍”(控制学生流失,防止学生辍学)工作还需进一步加强。

(撰稿:谢学军　王　磊　审稿:蒋松勤)

**丰县2004年各类学校概况表**

表4-2　　单位:个、人

| 校　名 | 班级数 | 学生数 | 教职工数 | 校　长 | 副校长 | 书　记 | 副书记 |
|---|---|---|---|---|---|---|---|
| 丰县中学 | 72 | 3930 | 356 | 张世喜 | 张际存　张建杰<br>江远忠　张　浩<br>赵海峰　丁维祥<br>张立志　刘相奎(助) | 张世喜 | 张际存 |
| 民族中学 | 31 | 2664 | 193 | 孙光华 | 张立英　杨理明<br>陈若愚　孙厚旗<br>孙宗涛 | 张立英 | 孙光华 |

续表 4－2－1

单位：个、人

| 校　名 | 班级数 | 学生数 | 教职工数 | 校　长 | 副校长 | 书　记 | 副书记 |
|---|---|---|---|---|---|---|---|
| 宋楼中学 | 31 | 2175 | 154 | 丁书云 | 李含乐　李景民<br>司元山 | 丁书云 | 李含乐<br>张世金 |
| 华山中学 | 47 | 3254 | 171 | 谢丽光 | 郭昭晶　徐思华<br>蒋允珠 | 谢丽光 | 郭昭晶 |
| 顺河中学 | 36 | 2496 | 145 | 张云飞 | 崔卫兵　范文华 | 张云飞 | 崔卫兵 |
| 欢口中学 | 35 | 2548 | 164 | 邢道乾 | 李进强　刘本俊 | 邢道乾 | |
| 梁寨中学 | 24 | 1659 | 97 | 张永亮 | 刘　峰 | | 张永亮<br>朱效学 |
| 赵庄中学 | 16 | 865 | 92 | 刘本启<br>(主持) | 常以刚　董厚永 | | 刘本启 |
| 王沟中学 | 13 | 753 | 73 | 王居春<br>(主持) | 董正常<br>蒋尊祥(助) | | 王居春 |
| 树人中学(民高) | 14 | 723 | 47 | 辛传华 | | | |
| 向明中学(民高) | 13 | 760 | 44 | 孙东风 | | | |
| 广宇中英文学校<br>(民高) | 6 | 312 | 38 | 马树兵 | | | |
| 职教中心 | 23 | 1258 | 83 | 谢心鹏 | 张世泉　张　君<br>赵胜华　汤淑清(助) | 谢心鹏 | 张世泉<br>王成名 |
| 果园职中 | 16 | 1105 | 54 | 董顺利 | 于吉东　王永民<br>邵明志(聘) | 董顺利 | |
| 聋　校 | 10 | 136 | 21 | 于修民 | 王　凯 | 唐世轩 | |
| 示范幼儿园 | 16 | 669 | 42 | 汪爱侠 | 石淑平　张春侠 | 汪爱侠 | |
| 机关二幼 | 18 | 660 | 50 | 李建芝 | 王绍侠　王颖秋 | 李建芝 | |
| 进修学校 | | | | 张　铎 | 师以标　代理祥<br>赵怀鹏　丁维扶<br>梅立文 | 师以标 | 张　铎<br>戴理祥 |
| 凤城中心校 | 179 | 9923 | 476 | 史为现 | 于百芹　孙瑞群 | 刘尊绪 | |
| 孙楼中心校 | 98 | 4938 | 261 | 于　春 | 李成金　史志福 | | |
| 宋楼中心校 | 203 | 10797 | 381 | 王为全 | 孟凡真　赵　立<br>于　泳 | | |
| 大沙河中心校 | 145 | 6657 | 284 | 周立轩 | 李福华　李树安<br>李家永 | | |
| 梁寨中心校 | 142 | 6592 | 241 | 刘金凤 | 李　勇　李　钊<br>汪允海 | | |
| 范楼中心校 | 170 | 7839 | 315 | 李长周 | 胡广新　刘庆端 | | |
| 华山中心校 | 170 | 9210 | 338 | 刘永军 | 王贤松　徐　旭 | | |
| 师寨中心校 | 209 | 8983 | 426 | 刘永善 | 周建新　宋在杰<br>魏坡训 | 张广西 | |

续表 4-2-2　　　　单位:个、人

| 校　名 | 班级数 | 学生数 | 教职工数 | 校　长 | 副校长 | 书　记 | 副书记 |
|---|---|---|---|---|---|---|---|
| 欢口中心校 | 282 | 11178 | 425 | 史志兵 | 张成元　马明永<br>李心清 | | |
| 顺河中心校 | 127 | 5671 | 208 | 马行超 | 李正印 | | |
| 首羡中心校 | 195 | 9639 | 384 | 程坤真 | 庄德勤　渠胜利 | | |
| 赵庄中心校 | 158 | 6832 | 333 | 王　磊 | 王为生　曹成伟 | 王为生 | |
| 王沟中心校 | 227 | 9376 | 505 | 石炳思 | 周振平　徐继彬 | | |
| 常店中心校 | 135 | 6203 | 301 | 王存友 | 卜宪卫 | | |
| 实验小学 | 60 | 4171 | 148 | 李　光 | 杜仲华 | 李　光 | |
| 人民路小学 | 50 | 3230 | 123 | 李昌云 | 张　智 | 李昌云 | |
| 外国语学校(民) | 18 | 644 | 32 | 蒋显敬 | | | |
| 广宇(民小) | 14 | 553 | 32 | 马树兵 | | | |
| 实验初中 | 50 | 3956 | 184 | 丁运超 | 王旭东　康夫武<br>师以波 | | 丁运超<br>王旭东<br>段绪乾 |
| 孙楼初中 | 22 | 1798 | 87 | 毛　琼 | 刘占锋　王传裕(助) | 毛　琼 | |
| 宋楼初中 | 56 | 4079 | 191 | 李德学 | 郭兆龙　孙俊臣<br>李相立 | | |
| 刘王楼初中 | 24 | 1979 | 82 | 周则立 | 肖　丰 | | |
| 大沙河初中 | 16 | 1032 | 64 | 司　彬 | 魏训忠 | | 司　彬 |
| 李寨初中 | 36 | 2363 | 125 | 张业永<br>(主持) | 宋兴群　董月廷 | | 张业永 |
| 梁寨初中 | 32 | 2315 | 98 | 李昌国 | 尹　军　赵家强<br>王福光(助理) | 李昌国 | |
| 黄楼初中 | 18 | 1255 | 61 | 傅　伟<br>(主持) | 李含栋　孙敦环<br>刘占成 | | |
| 范楼初中 | 28 | 1870 | 75 | 董宜民 | 黄艳珍 | | |
| 京庄初中 | 28 | 1903 | 71 | 王玉亮 | 鹿俊先　李德华<br>陈学渊 | | |
| 欢口初中 | 37 | 3007 | 110 | 张敬军 | 孙后纯　李先召<br>董立勇 | 刘允修 | |
| 育英初中 | 48 | 3180 | 136 | 刘德俭 | 刘德煌　邓联欢 | 刘德俭 | |
| 沙庄初中 | 21 | 1417 | 53 | 薛志刚 | 陈东军 | | |
| 顺河初中 | 24 | 1728 | 88 | 张佩林 | 邱艳坤　李　勇 | 刘尊祥 | |
| 首羡初中 | 36 | 2443 | 118 | 陈光远 | 张元业　王本华 | 陈光远 | |
| 和集初中 | 26 | 1959 | 106 | 师厚革 | 张奉安　徐忠跃 | 师厚革 | |
| 赵庄初中 | 27 | 1991 | 94 | 齐英民 | 刘立河　张　旭 | | |

续表 4-2-3　　　　单位:个、人

| 校　　名 | 班级数 | 学生数 | 教职工数 | 校　长 | 副校长 | 书　记 | 副书记 |
|---|---|---|---|---|---|---|---|
| 赵庄二中 | 18 | 1278 | 48 | 常依民 | 陈际连 | | |
| 单楼初中 | 29 | 2263 | 115 | 王为洲 | 李伯平　齐　峰<br>齐行业 | 惠庆光 | |
| 常店初中 | 22 | 1409 | 72 | 李若强 | 杨承勇 | 李若强 | |
| 马楼初中 | 34 | 2668 | 111 | 渠慎喜<br>(主持) | 刘尊玲　蔡可华 | 渠慎喜 | |
| 职教中心初中 | 2 | 80 | 8 | 谢心鹏 | 张世全　张君赵<br>胜　华　汤淑清(助) | 谢心鹏 | 张世全<br>王成名 |
| 王沟中学初中 | 34 | 2716 | 119 | 王居春<br>(主持) | 董正常　蒋尊祥(助) | | 王居春 |
| 民族中学初中 | 22 | 1652 | 76 | 孙光华 | 杨理明　张立英<br>陈若愚　孙厚旗 | 张立英 | |
| 金陵初中 | 19 | 1237 | 54 | 程庆箴 | 李成峰　陈庆运 | 李成峰 | |
| 华山初中 | 43 | 3298 | 163 | 蒋　林 | 张　兴　尹洪标<br>段世勋　沙世清 | 张　兴 | |
| 史店初中 | 18 | 1029 | 70 | 程真启 | 屈　峰<br>谢存合(助) | | |
| 套楼初中 | 18 | 1170 | 62 | 王传新 | 赵　海　王以朋 | | |
| 张五楼初中 | 26 | 1932 | 87 | 李明文 | 刘传民 | 李明文 | |
| 东渡初中 | 26 | 1972 | 76 | 孟凡修 | 邱　岩　史志红<br>赵海峰 | 张　毅 | |
| 师寨初中 | 27 | 2011 | 85 | 魏金山 | 葛义法　曹传伦<br>齐敦龄 | 刘　立 | |
| 创新中学 | 24 | 1942 | 95 | 范　鹏 | | | |
| 群益中学 | 66 | 4328 | 149 | 丁维祥 | | | |
| 广宇(民初) | 15 | 746 | 38 | 马树兵 | | | |

(谢学军　刘有松)

## ○ 沛　县

【概况】　2004 年,沛县教育局坚持以“三个代表”重要思想和科学发展观为指导,以办好人民满意的教育为宗旨,依法治教、以德治教,更新理念,高点定位,以创新激发活力,完善制度和内部管理机制,实施科研兴教、科研强校方针,努力打造人才强校平台,高点建设校干教师队伍,实现了教育教学质量管理水平的新突破、高考本科上线人数的新突破、民办教育和职业教育发展水平的新突破、行风建设和学校内部管理的新突破。全县有中小学校 169 所,其中高中 9 所、初中 42 所、小学 182 所(含教学点 64 个)、职中 3 所、进修学校 1 所、成教中心校 1 所、民办学校 6 所(高中 3 所、初中 1 所、小学 2 所);在校学生 248815 人(其中高中 22010 人、初中 79472 人、小学 147333 人);在职教职工 11656 人(其中高中 1387 人、初中 3627 人、小学 6642

人),离退休教职工3823人;教师学历合格率高中65%、初中80%、小学98%。

【"两基"成果进一步巩固提高】 全县适龄儿童入学率100%,小学巩固率城区100%、农村99.5%,毕业率98%。初中入学率100%,巩固率99%,毕业率95%。加强学校内部管理,认真做好控辍工作。把控辍工作纳入年度考核目标,各中小学从实际出发,强化管理,落实责任,通过减免杂费、捐款助困、吸收外界捐资等形式帮助特困生,保证学生接受义务教育的权利。建立助学专项基金,认真落实学杂费减免政策,加大对贫困学生的帮扶力度。全年筹集资金358900元,救助贫困学生2648名(其中军残子女73人)。扎扎实实做好青壮年扫盲工作,全年完成7800人的脱盲任务。顺利通过市政府扫盲工作评估验收。

【幼教、特教办学水平稳步提升】 大力发展学前教育,继续巩固普及学前三年教育成果。建立"多元办园、层级管理"的体制,积极实施《幼儿园教育指导纲要》,加强对各类幼儿园的管理,提高幼教质量,促进全县幼儿教育不断发展。3～6岁儿童人园率达69%。高度重视发展特殊教育。加强特教建设,扩大招生规模和招生范围。全县残疾、弱智儿童少年入学率达96%,处于全市先进水平,初步形成以随班就读和特教班为主体,以特殊教育中心为骨干的办学格局。

【民办教育健康发展】 认真落实民办教育发展的各项扶持政策,制定《沛县民办教育发展意见》,深入进行民办教育工作调研,开展专题座谈、研讨。年内,投资3000万元的新华中学,已开工建设。阳光育才学苑、开元中学2所民办学校已完成立项、规划设计和土地的丈量测算工作,即将开工建设。

【职业教育、成人教育稳步发展】 制定下发《关于教育系统职业技术培训及劳务输出意见》、《沛县教育系统"两后双百"工程实施意见》,完成全县初、高中毕业生就业情况调查,认真落实"两前分流、两后双百"培训、就业计划,指标分解到镇(校)。教育局定点培训基地全年共培训9200人,输出9120余人,完成市下达任务的98.9%。扎实开展农村新技术培训和劳动力转移培训,全年完成农村各类实用技术培训151000人、农村致富骨干培训4500人、下岗转岗职工培训2500人,经教育培训农村劳动力转移4000人,建立科技示范基地5个,创建农业信息服务网站2个。

【素质教育全面推进】 以学校为重点,着力构建学校、家庭、社会三位一体的未成年人思想道德教育网络。通过组织开展全县"争做诚实诚信现代人"演讲比赛、加强和改进未成年人思想道德建设优秀论文(征文)评选、举办交通安全和法制教育报告会等活动,切实加强和改进青少年学生的思想教育工作,为青少年学生的健康成长创造良好的社会育人环境。认真贯彻执行《学校体育工作条例》、《学校卫生工作条例》,开展多种形式的文艺活动。组建教育艺术团,举办教育专场乘凉晚会、《红烛颂》教师节文艺演出等。先后开展爱国主义教育读书活动、科技活动周、中小学田径运动会等活动,丰富教育形式,增强学校德育教育的多样性、针对性和吸引力。胡寨中学、鹿楼中学、敬安中心小学、城镇中心小学、大屯镇花园小学5所学校被评为"徐州市德育先进学校",沛县四中、歌风小学、正阳小学、树人小学4所学校被评为首批"徐州市日常行为规范示范学校"。深入开展"教学质量管理年"活动,制定下发《沛县教学质量管理年活动方案》、《关于创建规范化学校的实施意见》、《关于加强教育专项督导工作的意见》,分别召开了全县小学、初中、高中教学质量管理工作会议、创建现代化示范初中现场会。教育教学质量稳步提高，2004 年高考，本科万人上线率居全市之首。学生参赛获国家级奖 74 人次、省级奖 593 次、市级奖 1773 人次。教师参赛获市级以上奖 400 人次，126 篇教师论文在省级以上刊物发表。高考、中考成为全省无违纪考区，成人考试代表徐州市参加全国验收。全面推进课程改革，开展挂钩帮带活动，在全市率先组建课改讲学团，组织城区 72 名骨干教师送课下乡，上示范课 450 余节，举办课改讲座 300 余次，促进城乡教育的均衡发展。年内创建省三星级高中 1 所、省现代化示范初中 2 所、市实验小学 5 所。

**【教育重点工程建设成效显著】** 2004 年，全县共撤销小学 148 所、初中 11 所，新建校舍 93598 平方米，投入资金 4200 万元。维修课桌凳 72300 套，新增课桌凳 40034 套；维修讲台 930 张、新增讲台 2609 张，按标准通电、安装日光灯 4328 口教室，投入资金 264.7 万元。顺利通过省、市中小学布局调整和“三新一亮”工程建设工作验收。12 月 8 日，在龙固镇举行全县农村中小学 66 幢新建教学楼启用仪式。“六有”工程试点工作已在龙固、五段顺利开展。体育中学新校区竣工，9 月 1 日交付使用。青少年校外活动中心于 9 月 11 日交付使用，并于 12 月 8 日召开徐州市加强未成年人思想道德建设和建好用好青少年校外活动场所现场会。

**【大力实施科研兴教战略】** 制定下发《关于加强科研兴校、科研强校的意见》，全县形成浓厚的科研氛围。成功举办“首届中国区域名校长和教育品牌论坛”，市招标课题“教育均衡化发展”全面启动。全县有省级以上立项课题 25 个、市级立项课题 53 个、县级立项课题 180 个。沛县特殊教育中心被联合国教科文组织中国 EPD 全国工作委员会批准为成员学校，承担的国家级子课题《运用〈我爱我的家园〉校本教材在环境教育中促进聋生发展的研究》取得阶段性成果；该校还承担全国“聋校语文课程标准(讨论稿)”的起草和修订工作，受到国家教育部有关领导和专家肯定。在第 16 届“国际科学与和平周”全国中小学生(江苏地区)中国电信杯金钥匙科技竞赛中，县教育局被江苏省教育厅、江苏省科学技术厅、江苏省科学技术协会授予“青少年科技教育先进单位”。

**【教师队伍建设不断加强】** 开展师训干训工作。120 名教师参加省骨干教师培训，260 名教师参加市骨干教师培训。以县教师进修学校为基地，举办中小学新教师岗位培训班、小学英语教师短期培训班、中小学教师信息技术与教育培训班，共培训教师 951 名；与徐州师范大学联合开办中文、数学、英语本科和英语专科函授班，369 名教师参加进修；举办中小学校干岗位培训班共培训校干 331 人。推荐 4 名高中校长参加全国高中校长培训班、12 名农村中小学校长参加省校长骨干培训班。认真做好师范毕业生就业工作。8 月，通过统一考试、统一试讲、公开透明、竞争上岗，择优录用了 200 名师范类大中专毕业生。开展面向社会教师资格认定工作，全县 784 名在职教师、社会人员通过认定取得教师资格。2004 年，有 1 位校长被评为“徐州市名校长”、3 位教师被评为“徐州市名教师”、12 位教师被评为“徐州市青年学科优秀教师”、64 位教师分别被评为县青年名教师、优秀学科教师、优秀骨干教师、111 位教师被命名为县“百名优秀教师”。

**【党建工作扎实有效】** 进一步加强领导班子建设，注重党员干部的教育和管理，着力提高党员干部的思想政治素质，充分发挥学校党组织的战斗堡垒作用和党员的先锋模范作用，制定《沛县教育局 2004 年度目标计划预安排》、《教育局股室工作职责》，健全机关各项管理制度,局机关服务意识、责任意识进一步增强,树立了机关良好的形象。坚持每月2次的政治学习制度,使机关工作人员政治思想素质和业务素质进一步提高。严格实行“收支两条线”管理,着力在抓巩固、抓落实、抓深入、抓提高4个方面下功夫,确保中小学教育收费专款专用。全年查处各种违规收费6件,清退5.8万元,制止强迫学生购买资料3件,为学生节约费用2.4万元。对群众关心的热点问题,如职评、考核、人事调配等,进行全程监督。全年立案处理4人,共收到人民来信来访来电89件次,已办结89件次,办结率为100%。做好学校财务收支、基建维修工程预决算和校干经济责任审计工作,审计金额达3044万元,工程审减额达135万元,纠正违规金额4万元。年内,县教育局被评为江苏省“社会尊师重教、教师回报社会”先进集体,被徐州市委评为“先进党委”,被市教育局教工委评为“党建工作先进集体”,被县委、县政府命名为“2003～2004年度老龄工作先进集体”。

**【师德师风建设不断强化】** 制定《沛县中小学教师职业道德规范》、《沛县中小学教师职业行为十不准》等制度措施,以教谋私、有偿家教、私订摊派教辅用书等违规行为得到有效遏制。庆祝第二十个教师节,表彰一大批爱岗敬业、无私奉献的先进典型,1人被评为全国优秀教育工作者、1人被评为全国师德先进个人、3人被评为省优秀教育工作者、39人被评为市优秀教育工作者、214人被评为县优秀教育工作者。

**【综合治理深入开展】** 积极配合公安、工商、司法、建设、文化、卫生、新闻出版等有关部门,深入开展全县中小学、幼儿园安全管理专项整治行动,对城乡各学校的基础设施、消防设施、饮食卫生、宿舍管理、学校交通安全及学校周边环境进行拉网式检查,共查出问题36处,及时处理解决30处。学校周边环境有明显改善。

**【教育宣传工作得到加强】** 创办发行3期《沛县教育》,编辑发行31期《沛县教育简报》,宣传推介沛县教育,被评为2004年“徐州市教育信息工作先进集体”,为教育发展营造良好的舆论环境。

(撰稿:于际春　刘念秋　审稿:朱信义)

**沛县2004年各类学校概况表**

**表4-3**　　单位:个、人

| 校　名 | 班级数 | 学生数 | 毕业生数 | 招生数 | 教职工数 | | 校　长 | 副校长 | 书　记 |
|---|---|---|---|---|---|---|---|---|---|
| | | | | | 计 | 专任教师 | | | |
| 沛县高级中学 | 106 | 7499 | 1889 | | 362 | 305 | 吴德苏 | 吴修坤　张开金<br>王夫占　李令军 | 王德信<br>(副) |
| 沛县二中 | 50 | 4334 | 1035 | | 205 | 143 | 张洪标 | 王忠礼　卜令春<br>耿　峰 | |
| 张寨中学 | 40 | 3304 | 1211 | | 153 | 123 | 刘培兆 | 周传孝　司成立<br>孟庆雷 | |
| 湖西中学 | 47 | 3992 | 1245 | | 186 | 144 | | 张德平 | |
| 职教中心 | 34 | 2400 | 387 | | 188 | 174 | 邹德全 | 刘永华 | |
| 沛县初级中学 | 66 | 6314 | 1749 | 2077 | 249 | 217 | 朱信平 | 高兴明　胡玉军<br>张　栋　吴昌玺 | |

续表 4－3－1　　单位:个、人

| 校　名 | 班级数 | 学生数 | 毕业生数 | 招生数 | 教职工数 | | 校　长 | 副校长 | 书　记 |
|---|---|---|---|---|---|---|---|---|---|
| | | | | | 计 | 专任教师 | | | |
| 沛县五中 | 68 | 5359 | 1443 | 1598 | 220 | 208 | 郝心祥 | 刘建华　魏垂芳　阎召信 | |
| 湖西初中 | 12 | 657 | 349 | 274 | 40 | 29 | 孙昭峰 | 杜令先　赵裕明 | |
| 体育中学 | 25 | 1483 | 102 | 637 | 58 | 53 | 赵米青 | 汪维华　冯德慧 | |
| 实验小学 | 49 | 3383 | 586 | 463 | 169 | 159 | 贾理兴 | 吴中金　高兴环　房岭刚　张振华 | |
| 歌风小学 | 60 | 3976 | 889 | 486 | 159 | 147 | 樊令君 | 魏德法　吴德灵　梁彩侠　姚　恺 | |
| 正阳小学 | 40 | 2726 | 621 | 340 | 115 | 95 | 贾理平 | 张代玲　张长军　张　帆 | |
| 树人小学 | 17 | 884 | 196 | 104 | 43 | 40 | 吴明位 | 满长礼 | |
| 特教中心 | 14 | 152 | 12 | 40 | 59 | 30 | 陈殿玺 | | |
| 教师进修学校 | | | | | 64 | 40 | 罗德民 | 程营真 | |
| 龙固中心校 | 127 | 6015 | 2016 | 542 | 335 | 284 | 踪允林 | | |
| 杨屯中心校 | 112 | 5982 | 1772 | 351 | 328 | 305 | 张永军 | | |
| 大屯中心校 | 223 | 8633 | 2793 | 779 | 559 | 515 | 徐训苏 | | |
| 城镇中心校 | 212 | 9501 | 3301 | 940 | 765 | 693 | 吕永立 | | |
| 湖农中心校 | 33 | 1441 | 457 | 93 | | | 沈沛生 | | |
| 胡寨中心校 | 80 | 3756 | 1178 | 324 | 374 | 346 | 童兆升 | | |
| 魏庙中心校 | 113 | 5927 | 1432 | 656 | 260 | 239 | 章国锋 | | |
| 五段中心校 | 104 | 5321 | 1380 | 400 | 261 | 260 | 张宜华 | | |
| 张庄中心校 | 199 | 8829 | 2618 | 961 | 503 | 457 | 朱广良 | | |
| 张寨中心校 | 193 | 9200 | 2524 | 724 | 482 | 429 | 阎　锋 | | |
| 敬安中心校 | 141 | 6475 | 1829 | 696 | 314 | 311 | 鹿海先 | | |
| 河口中心校 | 156 | 6348 | 1632 | 621 | 319 | 276 | 杨增贤 | | |
| 栖山中心校 | 154 | 6329 | 1914 | 524 | 371 | 363 | 朱士彪 | | |
| 鹿楼中心校 | 190 | 7855 | 2032 | 774 | 420 | 417 | 康良亚 | | |
| 朱寨中心校 | 159 | 6461 | 1940 | 543 | 352 | 314 | 谢丽全 | | |
| 安国中心校 | 262 | 10120 | 2791 | 1105 | 438 | 391 | 张基法 | | |
| 龙固中学 | 52 | 3600 | 1454 | 1489 | 207 | 91 | 杨怀平 | 祝泗福　时圣才 | |
| 杨屯中学 | 46 | 3822 | 1192 | 1336 | 77 | 67 | 刘裕来 | 张学省　刘善民 | |
| 大屯中学 | 60 | 3719 | 884 | 957 | 101 | 94 | 孙成可 | 张道祥 | |
| 郝寨中学 | 40 | 2538 | 1134 | 1481 | 208 | 196 | 韩大雨 | 郭良栋　许光东 | |
| 沛县三中 | 54 | 4611 | 809 | 1659 | 178 | 159 | 王书勤 | 张函严 | |

续表 4－3－2　　单位:个、人

| 校　名 | 班级数 | 学生数 | 毕业生数 | 招生数 | 教职工数 | | 校　长 | 副校长 | 书　记 |
|---|---|---|---|---|---|---|---|---|---|
| | | | | | 计 | 专任教师 | | | |
| 沛县四中 | 23 | 1888 | 505 | 537 | 90 | 80 | 郝心君 | 刘翠萍　胡传昭<br>邵　华 | |
| 湖屯中学 | 7 | 405 | 420 | 155 | 46 | 38 | 李沛华 | 王良孚 | |
| 鹿湾中学 | 24 | 1662 | 587 | 600 | 86 | 74 | 李方诚 | 孟广智 | |
| 湖农中学 | 18 | 1175 | 408 | 444 | 67 | 53 | 王书振 | 赵后义 | |
| 胡寨中学 | 32 | 2440 | 812 | 938 | 111 | 98 | 赵中伟 | 李延凯　周脉华 | |
| 魏庙中学 | 38 | 2751 | 1081 | 1089 | 167 | 100 | 郁光友 | 戚厚玉　张宜瑞 | |
| 五段中学 | 44 | 3011 | 1122 | 1380 | 175 | 147 | 史庆忠 | 刘广文　赵后金 | |
| 张庄中学 | 32 | 2556 | 1049 | 974 | 107 | 97 | 胡廷斌 | 朱兴军 | |
| 崔寨中学 | 36 | 2525 | 950 | 1020 | 119 | 105 | | 赵　峰 | |
| 张寨镇中学 | 32 | 2697 | 914 | 1056 | 85 | 78 | 李继明 | 张洪钦 | |
| 唐楼中学 | 32 | 2613 | 1081 | 996 | 85 | 77 | 何茂兴 | 王传民 | |
| 敬安中学 | 30 | 3544 | 1333 | 1379 | 186 | 173 | 许西平 | 吴宪民　王祥义<br>韩　健 | |
| 河口中学 | 22 | 1684 | 551 | 640 | 76 | 65 | 陈剑峰 | 汪允双 | |
| 孟庄中学 | 20 | 1381 | 568 | 578 | 82 | 76 | 姬广民 | 张保举 | |
| 栖山中学 | 26 | 1806 | 795 | 763 | 135 | 109 | 龚逢庆 | 陈绳伟 | |
| 王店中学 | 22 | 1497 | 346 | 662 | 65 | 60 | 汪明超 | 房润亮 | |
| 鹿楼中学 | 23 | 2060 | 573 | 848 | 84 | 74 | 张正先 | 刘丽敏 | |
| 鸳楼中学 | 25 | 1816 | 622 | 740 | 79 | 69 | 刘昭臣 | 陈宪记 | |
| 八堡中学 | | | 143 | | 15 | 13 | 燕守彬 | | |
| 朱寨中学 | 28 | 1719 | 724 | 683 | 209 | 185 | 姚本超 | 孟冠群　张衍华<br>袁柏峰 | |
| 阎集中学 | 30 | 1873 | 680 | 776 | 85 | 77 | 陈淑芹 | 阎　雪 | |
| 安国中学 | 30 | 1948 | 788 | 860 | 79 | 72 | 李延富 | 崔玉雷　刘运来 | |
| 朱王庄中学 | 24 | 1531 | 590 | 680 | 70 | 60 | 白树超 | 张训明 | |
| 马元武校(民办) | 9 | 284 | 86 | 55 | | | 邓守超 | | |
| 杜彪武校(民办) | 9 | 211 | 39 | 48 | | | 杜　彪 | | |
| 孟坑武校(民办) | 9 | 261 | 23 | 58 | | | 孟宪军 | | |
| 汉台中学(民办) | 18 | 1050 | 154 | 210 | | | | | |
| 光明中学(民办) | 14 | 950 | 243 | 254 | | | 鹿权先 | | |
| 歌风中学(民办) | 36 | 310 | 850 | 960 | | | 高兴华 | | |

（于际春　刘念秋）

## ○ 铜 山 县

**【概况】** 2004年,铜山县教育工作坚持以邓小平理论和"三个代表"重要思想为指导,以实现向教育强县新跨越为目标、办好人民满意的教育为宗旨、全面提高教育教学质量为中心,切实加强教育体制和机制创新,全县各类教育教学质量显著提高,教育总体水平明显提升。全县有省四星级普通高中2所,三星级高中5所;小学127所,初中27所,其中省现代化示范初中17所;省三星级实验小学2所,省实验小学10所,市实验小学2所;九年一贯制学校3所;幼儿园64所,其中三星级省示范性实验幼儿园1所、二星级省示范性实验幼儿园2所;国家级职业中学3所,省级职业学校1所;省级德育先进校5所,市级德育先进校25所;省绿色学校5所,市级绿色学校21所,花园式学校14所。

**【圆满完成"六有"工程建设目标任务】** 铜山县作为徐州地区惟一省级"六有"工程建设试点县,通过科学制定实施方案,加大实施力度,已圆满完成"六有"工程建设任务。截至11月底,全县新建、改建水冲式厕所158个,面积24567平方米,投入金额929万元;新建、改建学生宿舍楼33幢,面积50739平方米,投入资金2227万元;新建、改建师生食堂餐厅44个,面积36785平方米,投入资金1563万元;硬化道路场地面积42030.8平方米,修建排水沟9141米,投入资金387.64万元;添置饮水机3122个、保温桶510个,投入资金49.692万元;购置双人床8696张,投入资金275.24万元,全县中小学高质量、高标准圆满完成"六有"工程预定目标任务,总计投入资金5432.152万元。沭阳、阜宁等市县400余人先后到该县参观学习。全县5年布局调整任务提前3年完成,2004年初通过省政府评估验收,获省以奖代补资金630万元,工作奖20万元,被评为徐州市中小学布局调整先进单位。"三新一亮"工程建设已全部实施到位,9月通过省教育厅验收。

**【学前教育健康发展】** 强化幼儿园管理,坚持一抓中心园建设和管理树示范,发挥其示范、培训、管理等多功能作用;二抓民办幼儿园管理求规范,培育幼儿教育社会化发展新的增长点;三抓幼儿教师队伍建设强师范,促进幼儿教育师资素质的不断提高。机关二幼被认定为三星级省示范性实验幼儿园,三堡、大庙镇中心幼儿园建成省二星级示范性实验幼儿园,机关一幼建成一星级省示范性实验幼儿园。

**【普九成果进一步巩固提高】** 小学适龄儿童入学率、巩固率、毕业率均达100%。侯集实小、利国实小建成江苏省"三星级实验小学",柳新镇新桥小学成为全市村级小学中第一所市级实验小学。实行"控流止辍"双线承包责任制,保障学生享受义务教育的权利。汉王中心中学于2004年底接受省级示范初中验收,全县初中优质教育资源逐年扩大。特教中心继续抓好特色课程建设,2004年4月,该校在徐州市展览馆成功举办首届残疾学生文艺汇演、书画及手工艺品展览,引起市民的广泛关注,4人在全国残疾人运动会夺得4枚金牌。

**【普通高中教育规模进一步扩大】** 各普通高中充分挖掘教育资源潜力,努力扩大招生规模,2004年招收新生9247人,高中阶段入学率达75%以上。郑集中学、侯集中学通过省四星级普通高中转评验收,棠张、大许、夹河、茅村四所高中通过省三星级普通高中转评验收,铜山中学通过省三星级普通高中评估。教学质量明显提高,2004年高考本科上线2100余人,全县人口万人上线率、本科上线率、文化类本科上线率、艺体类本科上线率均居全市第一。

【职社教育成绩显著】 职社教育坚持为“三农”服务方向,坚持以就业为导向,大力推进“两后双百”工作,取得显著成绩。加强骨干示范专业建设,张集职中的服装设计与工艺、工业职中的机械制造与控制、职教中心的电子电器应用与维修专业通过省级示范专业评估验收,13个专业成为市级示范专业。职业学校毕业生参加对口单招高考1112人,上线1093人,上线率达98.2%,连续13年居全市第一。全县有9个县级“两后双百”定点培训基地,共组织7900名初、高中毕业生接受职业技术培训,“两后双百”转移就业7693人,农村劳动力转移就业23149余人。扫除剩余文盲工作进展顺利,2004年完成脱盲任务7827人。县教育局被评为市扫盲工作先进单位。

【继续深化课程改革】 以课堂教学为主阵地,深化课程改革。一是注重加强集体备课,建立“集体备课、资源共享、个人加减、课后反思”的备课制度。二是积极探索科学化的教学模式。许多中小学普遍运用“一三五”教学模式,即以“提高教学质量”为中心,体现“先学后教、当堂练习、当堂反馈”三个原则,实施“揭示目标、自学指导、发现问题、解决疑难、当堂检测”五个步骤,一定程度上把学生从被动的状态中解放出来,课堂教学的过程变成学生动脑、动口、动手学习的过程。2004年上半年,徐州市课程改革现场会农村分会场在柳新镇中小学举行,接待来自山东、安徽等地参观学习者380余人次,10月初,徐州市教育局在新区中学、新区春晖中学、柳新中学、三堡中学举行徐州市初中课程改革亮点展示会,进一步提升铜山作为全市课改领头羊的影响力。

【师资队伍素质明显优化】 铜山县教育局积极研究、探索和实践教师人才队伍建设工作的新理念、新途径、新方法、新措施,通过认真实施“师表工程”、“青蓝工程”、“名师名校长工程”,加强教师师德建设,立足校本培训,强化教师继续教育,促进教师队伍整体素质显著提高,优秀教师群体已初步形成。1人荣获国家级优秀教育工作者称号,4人被评为江苏省优秀教育工作者,41人成为徐州市优秀教育工作者,6人被推荐为江苏省第九批特级教师候选人。1人被评为市级名校长,4人被评为徐州市名教师,另有市级青年名教师4人,青年学科带头人2人,青年优秀骨干教师15人。在徐州市中小学教师优质课评比中,60余人获得一等奖。在全省体育教师基本功大赛中,新区实验小学的石冰冰老师获小学组一等奖第一名,并获得惟一1个创新奖,侯集中学张纯朴老师获中学组一等奖。

【教科研成为提高教学质量的“助推器”】 全县中小学教育科研工作广泛开展,卓有成效,许多学校做到人人有教科研课题,人人做课题。共有“十五”期间省级课题41项,市级课题133项,2004年,全县县级以上课题结题30余个。教育科研推动课堂教学改革,促进教师成长,成为提高教学质量的“助推器”。在全国第二届“健康杯”心理教育论文比赛、省新世纪“园丁杯”等论文比赛中,175篇论文分别荣获一、二、三等奖。

【素质教育结硕果】 2004年在组织学生参加各级奥林匹克竞赛和学科竞赛中,获奖学生达340多人次。参加各级体艺竞赛取得丰硕成果,自编自创的文艺节目《汉娃闹春》,赴省电视台参加庆祝第二十个教师节文艺汇演受到好评,县女子排球队获全国青少年女子排球锦标赛第五名、江苏省青少年女子排球赛冠军。铜山中学获省青少年男子排球赛第三名,新区中学获省青少年排球赛第二名,铜山实小获省小学男子排球赛第三名。在市篮球、武术、摔跤、跆拳道等比赛中,该县参赛的学生均获冠亚军。棠张中学培养出5名国家一级排球运动员。

【德育工作得到进一步加强】　德育工作坚持校内外教育相结合,继续贯彻落实《公民道德建设实施纲要》,认真实施中小学生新守则、新规范,大力加强未成年人思想道德建设。创造性开展以爱国主义教育、理想教育、诚信教育、公民道德教育、心理健康教育、日常行为规范教育为主要内容的德育活动,充分发挥德育的动力、导向和保证作用。在第九届读书活动中,全县近20万中小学生融入到读书的潮流中,131篇征文分别获得市、县级奖励;利国镇中心中学、大庙双语学校参加市教育局组织的"道德两难情境评述"现场表演、评述比赛,分别获得一、二等奖。加大班主任培训力度,班级管理工作得到加强。学生良好行为习惯训练和养成教育蔚然成风。

【加速推进教育现代化进程】　全县中小学办学条件得到极大改善,教育工作正迅速转移到以教育技术装备现代化为突破口,以教育信息化带动农村教育现代化的轨道上来。继续巩固理化生实验室、音体美活动室、图书室和劳动技术室建设,加强多媒体教室、微机室和电教软件室建设,新添置计算机380台,新建多媒体教室11个,新添图书10万余册,理化生、音体美等器材数千件,投入资金150多万元。侯集中学、铜山中学的图书馆和实验室分别被评为省中学一级图书馆和标准化实验室。

【安全教育常抓不懈】　各校都成立"学校安全工作领导小组",制定内容详细、措施可行的安全工作计划,各项安全工作坚持做到每周一检查,一月一汇报(每月5号前报教育局),真正做到安全工作月月有重点,周周有安全,天天有内容。举办安全知识竞赛等丰富多彩的活动,提高广大师生的安全意识和自救自护能力。

【加强党风廉政建设】　教育局成立廉政工作领导小组,制定"一月双教"培训方案,先后3次举办700余人次参加的校干、机关工作人员培训班,对党员干部增强党性观念、纪律观念,过好权力关、金钱关、人情关起到很好的作用。充分发挥纪检监察的监督职能,从规范管理、强化考风考纪,加强中小学收费管理,处理来信来访案件入手,狠抓行风建设取得显著成效。

【扶困助学工作落到实处】　继续办好"春蕾"班、"春蕾"学校,已有50个"春蕾"班、10所"春蕾"学校,使2200余名失学女童重返校园。通过省、市救助,师生献爱心捐助,共发放助学款387万余元,救助贫困生2.9万人次,有效解决部分学生因贫辍学问题。

(撰稿:佟广艳　审稿:王宪臣)

**铜山县2004年各类学校概况表**

表4-4　　单位:个、人

| 学校 | 班级数 | 学生数 | 毕业生数 | 招生数 | 教职工数 | | 学校领导 | | | |
|---|---|---|---|---|---|---|---|---|---|---|
| | | | | | 计 | 专任教师 | 校长 | 副校长 | 书记 | 副书记 |
| 郑集实验小学 | 35 | 2101 | 424 | 236 | 89 | 79 | 汪明玉 | 杜庆峰　秦　梅 | 汪明玉 | |
| 侯集实验小学 | 30 | 1505 | 378 | 172 | 76 | 76 | 刘召建 | 蒋龙飞　杨　萍 | 刘召建 | |

续表4－4－1　　　　单位:个、人

| 学校 | 班级数 | 学生数 | 毕业生数 | 招生数 | 教职工数 计 | 教职工数 专任教师 | 学校领导 校长 | 学校领导 副校长 | 学校领导 书记 | 学校领导 副书记 |
|---|---|---|---|---|---|---|---|---|---|---|
| 郑集中学 | 65 | 3946 | 1025 | 1451 | 260 | 222 | 陈玉金(副校长主持) | 侯庆宇 孙兆安 何勇 | | 陈玉金 |
| 侯集中学 | 63 | 3536 | 1600 | 984 | 340 | 255 | 支乾锋(副校长主持) | 朱广民 张广义 王孝军 武长宽 | | 支乾锋 |
| 棠张中学 | 53 | 3355 | 935 | 1075 | 209 | 174 | 段保密 | 田彦君 石大军 姚焕成 | 段保密 | |
| 茅村中学 | 35 | 2120 | 651 | 802 | 172 | 142 | 闫怀春 | 杨绪新 刘圣元 丁再远 | 闫怀春 | 刘圣元 |
| 夹河中学 | 30 | 1718 | 625 | 720 | 167 | 125 | 孟宪刚 | 赵保东 邢长军 王先廷 | 孟宪刚 | |
| 大许中学 | 48 | 3212 | 1126 | 1333 | 218 | 160 | 陈善星 | 窦万灵 潘友刚 周广密 | 陈善星 | |
| 铜山中学 | 60 | 3514 | 1007 | 1180 | 253 | 183 | 杜文新 | 陈光柱 李志良 王永强 | 王运东 | 陈光柱 李志良 |
| 张集职业中学 | 64 | 4363 | 564 | 2240 | 182 | 140 | 孙震 | 张黎明 王庭权 杨作霖 | 孙震 | 孟振中 |
| 工业职中 | 53 | 3045 | 735 | 1630 | 197 | 129 | 王伟才 | 梁兴义 尚爱勇 | 王伟才 | |
| 职教中心 | 52 | 3130 | 957 | 1263 | 189 | 131 | 葛世永 | 陈宝学 孙景武 | 李汉平 | |
| 马坡职业中学 | 20 | 925 | 383 | 416 | 89 | 62 | 滕道明 | 刘长群 丁向阳 | 滕道明 | |
| 聋哑学校 | 42 | 516 | 44 | 28 | 102 | 54 | 裴洪光 | | 裴洪光 | 张基锋 |
| 教师进修学校 | | | | | 60 | 41 | 李健 | 时淑敏 田学艺 | 李健 | |
| 机关一幼 | 5 | 150 | 80 | 70 | 13 | 11 | 张孝忠 | | | |
| 机关二幼 | 13 | 432 | 138 | 184 | 30 | 24 | 张莉 | 焦杰 | | |
| 何桥中心中学 | 46 | 2852 | 552 | 979 | 137 | 117 | 李强 | 刘春亮 单勇 朱涛 | 李强 | |
| 马坡中心中学 | 52 | 3482 | 872 | 1113 | 164 | 145 | 赵阶辉 | 魏先泰 章古才 赵呈品 赵阶锋 | 赵阶辉 | |
| 黄集中心中学 | 34 | 2060 | 595 | 716 | 127 | 107 | 杜明亮 | 杜文超 李凡林 | 杜明亮 | |
| 郑集中心中学 | 66 | 4100 | 897 | 1415 | 185 | 162 | 王永丰 | 秦登陵 刘爱民 | 王永丰 | |
| 柳新中心中学 | 84 | 4829 | 1579 | 1696 | 298 | 254 | 周伟 | 赵后远 闫希义 李明裕 | 周忠良 | |
| 刘集中心中学 | 69 | 4139 | 813 | 1304 | 235 | 143 | 徐尚金 | 李洪顺 滕尚志 陈孝立 宋飞舟 | 徐尚金 | 李洪顺 |
| 大彭中心中学 | 63 | 3868 | 998 | 1280 | 246 | 214 | 刘宏亚 | 李克学 马振宝 高翔 王永强 | 刘宏亚 | 王启东 |
| 汉王中心中学 | 55 | 3273 | 961 | 1112 | 209 | 176 | 王文召 | 周明生 朱培领 黄枫 徐银龙 彭子龙 | 王文召 | |

续表 4－4－2　　单位:个、人

| 学　校 | 班级数 | 学生数 | 毕业生数 | 招生数 | 教职工数 | | 学校领导 | | | |
|---|---|---|---|---|---|---|---|---|---|---|
| | | | | | 计 | 专任教师 | 校　长 | 副校长 | 书　记 | 副书记 |
| 三堡中心中学 | 61 | 3374 | 1085 | 1063 | 210 | 159 | 裴士明 | 滕道忠　李洪立<br>陈云岭 | 裴士明 | |
| 棠张中心中学 | 55 | 3704 | 883 | 1294 | 190 | 146 | 陈灿计 | 薛　艳　杨　明<br>沙英俊 | 陈灿计 | |
| 张集中心中学 | 52 | 3158 | 766 | 1158 | 179 | 152 | 张文普 | 李玉华　路　军<br>张明义　赵广伟 | 张文普 | |
| 房村中心中学 | 59 | 3658 | 721 | 1219 | 208 | 176 | 王　东 | 王从军　牛锦星<br>刘振明　刘　强 | 王　东 | |
| 伊庄中心中学 | 44 | 2800 | 602 | 902 | 102 | 83 | 卢　平 | 董列民　权太东 | 卢　平 | |
| 单集中心中学 | 42 | 2610 | 850 | 966 | 156 | 126 | 张兆行 | 李新海　宋开泉<br>周维举 | 张兆行 | |
| 大许中心中学 | 50 | 3358 | 942 | 1245 | 181 | 143 | 许治中 | 沈振祥　刘汉林<br>郭守强 | 许治中 | 马文元 |
| 徐庄中心中学 | 39 | 2128 | 520 | 857 | 127 | 110 | 周振生 | 施启田　徐凤先<br>王青春 | 周振生 | 王全成 |
| 大庙中心中学 | 91 | 5750 | 1530 | 1720 | 319 | 289 | 王建东 | 刘厚安　郭元春<br>吴继阁　谭　永<br>张　雷 | 王建东 | 朱　龙 |
| 大黄山中心中学 | 53 | 2987 | 934 | 1029 | 193 | 159 | 王吉廷 | 詹家君　高发亮<br>蒋首峰　解树生<br>朱德俊 | 王吉廷 | |
| 茅村中心中学 | 67 | 4068 | 1326 | 1354 | 217 | 189 | 张建举 | 姚焕群　张永超 | 张建举 | |
| 柳泉中心中学 | 59 | 3688 | 954 | 1202 | 181 | 151 | 王吉龙 | 张明富　王来进<br>王成德　张光海 | 王吉龙 | |
| 利国中心中学 | 66 | 4302 | 947 | 1499 | 208 | 173 | 朱从德 | 李玉真　孙明峰<br>李　勇　王庆平 | 朱从德 | |
| 铜山镇中心中学 | 49 | 3157 | 663 | 1177 | 158 | 118 | 孙景启 | 张继军　李玉山<br>陈　峰 | 孙景启 | |
| 沿湖农场 | 9 | 528 | 169 | 170 | 51 | 35 | 郑在民 | 王崇昌　张海朋 | 郑在民 | |
| 三堡胜阳学校 | 24 | 1334 | 196 | 257 | 68 | 49 | 张邦密 | 周为标　刘　宇<br>曹永亮 | 张邦密 | |
| 柳新综合高中 | 115 | 635 | 128 | 144 | 61 | 44 | 张志永 | | 张志永 | 吴德林 |
| 张集镇魏集中学 | | | | | | | 吴　艮 | | | |
| 房村镇郭集中学 | 30 | 1968 | 416 | 208 | 93 | 70 | 张启喜 | 王会顶　宋成伟<br>窦玉建 | 张启喜 | |
| 伊庄镇吕梁学校 | 20 | 970 | 149 | 110 | 44 | 38 | 詹怀盈 | 李传彬　杨恩朋 | 詹怀盈 | 李传彬 |
| 单集镇吴桥中学 | 28 | 1872 | 348 | 736 | 74 | 53 | 苗升明 | 李道军　王吉荣 | 苗升明 | |
| 大许镇太山中学 | 37 | 2500 | 610 | 914 | 121 | 98 | 苗家敏 | 李芬君　谢广亮<br>谢宜环 | 苗家敏 | |

续表 4-4-3　　　　单位:个、人

| 学校 | 班级数 | 学生数 | 毕业生数 | 招生数 | 教职工数 | | 学校领导 | | | |
|---|---|---|---|---|---|---|---|---|---|---|
| | | | | | 计 | 专任教师 | 校长 | 副校长 | 书记 | 副书记 |
| 徐庄镇毛庄中学 | | | | | | | 张圣安 | 张荣举 张君书 汪怀民 贺广增 | 张圣安 | |
| 何桥小学中心校 | 102 | 4186 | 1039 | 441 | 195 | 186 | 朱孝清 | | 朱孝清 | |
| 马坡小学中心校 | 116 | 5166 | 1209 | 411 | 197 | 184 | 鹿丙锋 | | 鹿丙锋 | |
| 黄集小学中心校 | 128 | 5680 | 1490 | 396 | 241 | 225 | 赵阶安 | | 赵阶安 | |
| 郑集小学中心校 | 83 | 3354 | 421 | 257 | 155 | 145 | 马礼民 | | 杜文新 | |
| 柳新小学中心校 | 124 | 5773 | 1765 | 515 | 293 | 285 | 李　磊 | | 李　磊 | |
| 刘集小学中心校 | 120 | 5432 | 1660 | 458 | 270 | 229 | 张万清 | | 张万清 | |
| 大彭小学中心校 | 98 | 4383 | 1235 | 370 | 268 | 257 | 郁　刚 | | 郁　刚 | 李道云 |
| 汉王小学中心校 | 87 | 3815 | 1335 | 332 | 220 | 206 | 董维广 | | 董维广 | |
| 三堡小学中心校 | 75 | 3337 | 1070 | 360 | 206 | 198 | 秦吉栋 | | 秦吉栋 | 陈开阳 |
| 棠张小学中心校 | 93 | 4142 | 1300 | 472 | 214 | 208 | 佘桂忠 | | 佘桂忠 | |
| 张集小学中心校 | 154 | 6670 | 1922 | 582 | 340 | 322 | 曹玉辉 | | 曹玉辉 | |
| 房村小学中心校 | 143 | 6791 | 1999 | 470 | 311 | 286 | 钱　强 | | 钱　强 | |
| 伊庄小学中心校 | 68 | 3258 | 984 | 384 | 136 | 131 | 董　巍 | | 董　巍 | 赵敬棣 |
| 单集小学中心校 | 118 | 4656 | 1844 | 425 | 251 | 233 | 孙希厚 | | 孙希厚 | |
| 大许小学中心校 | 137 | 6037 | 1796 | 550 | 296 | 283 | 王修刚 | | 王修刚 | |
| 徐庄小学中心校 | 101 | 4136 | 1654 | 414 | 226 | 210 | 李兴寅 | | 李兴寅 | |
| 大庙小学中心校 | 96 | 3651 | 870 | 455 | 194 | | 苗　刚 | | 苗　刚 | |
| 大黄山小学中心校 | 92 | 3539 | 1078 | 342 | 193 | 180 | 钱桂君 | 张洪启 | 钱桂君 | |
| 茅村小学中心校 | 125 | 5487 | 1538 | 454 | 289 | 269 | 崔伟堂 | 刘克永 | 崔伟堂 | |
| 柳泉小学中心校 | 92 | 4747 | 1396 | 442 | 202 | 178 | 庞广栋 | | 庞广栋 | |
| 利国小学中心校 | 113 | 5684 | 1587 | 526 | 236 | 230 | 张冠民 | | 张冠民 | |
| 铜山小学中心校 | 78 | 4140 | 786 | 570 | 205 | 190 | 陈子健 | | 陈子健 | |
| 沿湖农场 | 16 | 896 | 246 | 99 | 59 | 54 | 郑在民 | 王崇昌 张海朋 | 郑在民 | |
| 行知综合高中 | 11 | 635 | 259 | 210 | 43 | 36 | 孟宪刚 | | | |
| 大庙春晖中学 | 30 | 1017 | 518 | 520 | 178 | 86 | 武长宽 | | | |
| 新区春晖中学 | 28 | 424 | 761 | 150 | 172 | 88 | 张立沛 | | | |
| 铜北中学 | 25 | 1046 | 192 | 309 | 95 | 75 | 郭存兴 | | | |
| 启星中学 | 22 | 619 | 235 | 198 | 106 | 63 | 程　甜 | | | |
| 辅仁学校 | 8 | 234 | 70 | 108 | 34 | 25 | 韩志茹 | | | |
| 东方国际小学 | 13 | 376 | 67 | 45 | 30 | 19 | 李　健 | | | |

(佟广艳)

## ○ 睢宁县

【概况】 2004年,睢宁县教育局以十六届三中全会精神为指导,全面贯彻党的教育方针,不断深化素质教育,切实加强教育行风建设,全县教育事业持续、快速、健康、协调发展。全县有高级中学6所,完全中学6所(其中民办3所)、初中32所(公办26所、民办5所、体校1所),完小141所,幼儿园105所(公办23所、民办82所),职中1所,特校1所。普通高中在校生25732人,初中在校生100498人,小学在校生139514人,幼儿园在园儿童19803人,职高在校生2396人,特殊教育在校生230人。全县各级各类学校共有教职工11387人,其中专任教师10320人,教辅人员1067人,全县共聘临代教师600人(多数在中学)。经县编办、财政局、教育局联合核定,全县中小学教师缺编近2000人。2004年中考,全县报名21756人,中师录取357人,中专录取4908人,职高录取900人,普高录取10408人。全县扫盲工作措施得力,成效显著,全年共完成2214人的扫盲任务。3～6周岁幼儿入园率已达65.2%,比2003年增加2个百分点。2004年全县8249人参加高考,一本、二本上线人数1435人。语文、数学、外语、物理、生物、历史、政治7科均分均居全市前三名。其中数学、外语居全市第一。突出办学水平的提高,加强等级学校创建。朱集中学顺利通过省级现代化示范初中验收。李集中学顺利通过省厅三星级高中的转评。睢宁中学接受了省厅四星级学校的验收。完成撤并小学67所,改教学点225个,维修课桌12.8万张,新增讲台3655张,按标准安装照明教室3234口,全县中小学布局调整和“三新一亮”工程基本到位,顺利通过了省级验收。

【各类教育健康发展】 认真落实全国、全省基础教育工作会议精神,强力推进“科教兴县”,基础教育事业健康发展。切实做好“减负”工作,从源头上减轻学生过重的课业负担与经济负担。各学校通过减免杂费、捐款助困、吸收外界捐资等形式帮助特困生,保证学生接受义务教育的权利。县特教校组织开展助残日庆祝活动,自编自演高质量的文娱节目,并赴北京演出,使前往慰问、观看的各级领导深受感动。积极做好幼儿园创建工作,桃元、高作等12所创建市级示范园的单位顺利通过验收,全县幼教工作得到市局验收小组的充分肯定。认真做好职高招生工作,经多方努力,全县职业学校共招收学生1800名,超额完成1600人的招生任务。县职教中心积极做好毕业生安置工作,毕业生就业率达98%以上。6月份,职教中心接受并通过国家级重点职业中学的验收。大力实施“5112”(即通过职业技术教育和成人文化技术培训,转移50万名劳动力,培养10万农村致富骨干,重点推广100个农村科技致富示范项目,培训20万下岗、失业、转岗工人),教育富民工程,通过技术培训,转移农村剩余劳动力近5000人,全县确立了1个市级农科教结合示范基地,1个省级农科教结合示范基地。

【素质教育成效显著】 全县各学校不断深化内涵,坚持质量和效益为先导,进一步强化教学工作的中心地位,不失时机地将工作重点从物质层面转移到功能、质量和水平层面,切实提高素质教育的实施水平。一是突出学校德育在实施素质教育中的核心地位。全县各学校适应青少身心特点及社会的变化,把在新形势下加强学生的心理健康教育、道德和纪律教育以及理想和前途教育作为本学期德育工作的重点。二是积极推进课程改革,突出教学管理在教育工作中的关键作用。加强对各级各类学校的督查指导,进一步完善中小学教学质量目标管理责任制,细化量与质的要求,以多种形式加强对课程计划执行情况的督查,确保中小学按上级要求开齐、开足、开好各类课程。三是突出高中毕业年级备考策略的制定和备考措施的落实。主要从6个方面为高考备考提供策略保障。1.强调各学科教学的协调一致;2.加强集体备课,充分发挥备课组的整体效应;3.坚持做好培优补差工作;4.重视艺体类特长生的培养;5.强化质量跟踪分析制度;6.坚持长线视导与短线调研相结合制度。四是突出因材施教在教育工作中的激励作用。全县各校都牢固地树立全面发展意识,面向全体学生,在教学中尊重学生个性特点,尊重学生的差异,因材施教,为培养学生的创新精神和创新能力奠定良好的基础。全县各中小学都能根据学生的特长,分别开办体育、艺术学科等专业兴趣班,特别是儿童画的创作步入良性发展的轨道,实现"以特长树信心"的教育目的。

**【教职工队伍建设得到加强】** 一是加强教职工队伍管理。县政府出台了《关于加强中小学教职工管理的规定》(睢政发〔2004〕55号),对教职工的编制管理、常规管理等提出具体规定,使全县教职工队伍建设进一步规范化、科学化。二是认真做好师训干训工作。培训教师300多名,培训教干160多名。三是做好"教师成长工程"的第三轮评估工作。为了确保此项工作的实效性,教育局又专门下发〔2004〕154号文件,对评估功能的使用给予明确的界定,充分调动广大教师参与评估的积极性。

**【办学条件不断改善】** 2004年,全县布局调整和"三新一亮"工作任务重、难度大,县教育局深入学校调查研究,掌握具体情况,突出重点工作,同时积极争取当地政府支持,继续将布局调整和"三新一亮"与学校创建相结合,统筹规划,整体安排,努力做到规划合理、措施可行,效益最高。巩固"普九"、"普实"成果,加快基础装备与"校校通"工程建设。2004年全县新增教学仪器设备价值80余万元,新增图书9万册,新增计算机312台,新增教学投影仪300台,新配"三机一幕"(电视机、录音机、投影仪、银幕)的学校12所,安装闭路电视的学校2所,新建网络教室的学校12所、校园网学校2所,有2所学校顺利通过省标准化实验室的验收,有2所学校顺利通过省一级图书馆的验收。

**【教育行风建设不断推进】** 对群众关心的热点问题,如职评、考核、人事调配等,进行全程监督。年内共收到人民来信来访来电155件次,已办结124件次,办结率为80%。加大治理教育乱收费力度,杜绝坐支挪用、私设小金库、提前收费等现象,收费标准通过新闻媒体与公开栏及时向学生、家长及社会公开。通过自查自纠,明查暗访,及时处理乱收费现象,共清退60余万元,对8人给予纪律处分,14人进行批评教育。 (李国柱)

**睢宁县2004年各类学校概况表**

表4-5 单位:个、人

| 校　名 | 班级数 | 学生数 | 教职工数 | 校　长 | 副　校　长 |
|---|---|---|---|---|---|
| 睢宁中学 | 68 | 4088 | 282 | 梁化学 | 余国富　沙兴新　朱刚恒 |
| 李集中学 | 32 | 2081 | 123 | 姚献章 | 王凤席 |
| 王集中学 | 50 | 3316 | 115 | 张　凯 | 梁　凯　王吉武 |
| 特教中心 | 12 | 146 | 50 | 杨再兴 | 王思军　王　芳 |

续表 4-5-1　　单位:个、人

| 校　　名 | 班级数 | 学生数 | 教职工数 | 校　长 | 副　校　长 |
|---|---|---|---|---|---|
| 城北中学 | 30 | 2081 | 138 | 韩　林 | 徐伯华　朱传化　王　磊 |
| 魏集中学 | 20 | 1179 | 88 | 冯宪平 | 戴继凯　宋志超　姚玉龙 |
| 高作高中 | 14 | 667 | 59 | 张德光 | 张广威　戚玉松　宁宗敏 |
| 双沟中学 | 28 | 2174 | 88 | 武　辉 | 胥存龙　曹广忠　王　永 |
| 凌城中学 | 27 | 2185 | 59 | 严兆丰 | 单　飞　宗　靖 |
| 古邳中学 | 29 | 2132 | 85 | 朱振宾 | 张甫宗　李　磊 |
| 县二中 | 50 | 4627 | 144 | 张绍宇 | 王德向　夏春浩 |
| 南门中学 | 33 | 2508 | 125 | 邱嘉良 | 张　举　袁　江 |
| 城西中学 | 33 | 2440 | 111 | 王云章 | 张硕富　王永明　李全军 |
| 高作初中 | 36 | 2944 | 136 | 杨彦旭 | 沙兴武　李　宁 |
| 刘圩中学 | 15 | 1236 | 47 | 时侠利 | 袁　曦 |
| 沙集中学 | 35 | 2780 | 79 | 庄秀林 | 伏志文 |
| 沙集二中 | 15 | 1169 | 44 | 朱友荣 | 胡正文 |
| 凌北中学 | 25 | 1847 | 56 | 高明军 | 徐　寒　蒋　磊 |
| 凌南中学 | 14 | 1104 | 50 | 袁　辉 | 商作雷 |
| 邱集中学 | 21 | 1877 | 69 | 张云飞 | 薛培树 |
| 邱集二中 | 12 | 951 | 28 | 薛成军 | 朱守富 |
| 王林中学 | 24 | 1898 | 71 | 徐　平 | 刘维胜　周　林 |
| 王林二中 | 14 | 1067 | 25 | 张学亮 | 邱一元 |
| 官山中学 | 28 | 2335 | 67 | 蔡用彬 | 黄正银　高　峥 |
| 黄圩中学 | 27 | 1698 | 65 | 王共美 | 黄振球　杨国良 |
| 李集二中 | 34 | 2430 | 165 | 刘一胜 | 李　川 |
| 朱集中学 | 24 | 1849 | 53 | 杨祥军 | 薛成强　魏礼平 |
| 桃元中学 | 32 | 2658 | 91 | 吴恒举 | 路　长　胡正松 |
| 高集中学 | 24 | 1959 | 64 | 娄先锋 | 李　克　戴　辉 |
| 龙集中学 | 16 | 1008 | 38 | 李全军 | 李　明 |
| 王集二中 | 34 | 2970 | 138 | 尤逢群 | 张胜利　周保元 |
| 孟圩中学 | 22 | 1588 | 87 | 杨硕桐 | |
| 官路中学 | 16 | 1106 | 31 | 娄德玲 | 胥保卫 |
| 张圩中学 | 19 | 1270 | 48 | 陈平宏 | 陈宜东 |
| 张圩二中 | 15 | 990 | 26 | 陈景龙 | |

续表 4-5-2 单位:个、人

| 校　名 | 班级数 | 学生数 | 教职工数 | 校　长 | 副　校　长 |
| --- | --- | --- | --- | --- | --- |
| 姚集中学 | 40 | 3300 | 73 | 李言军 | 王万清 |
| 下邳中学 | 26 | 2206 | 83 | 梁建华 | 许培松　程海梅 |
| 浦棠中学 | 23 | 1578 | 53 | 刘　明 | 魏贤忠 |
| 魏集二中 | 16 | 1227 | 61 | 吕玉栋 | 吴兰波 |
| 梁集中学 | 31 | 2591 | 77 | 刘兴国 | 马明写　闫　刚　陆　博 |
| 苏塘中学 | 24 | 2012 | 61 | 王德军 | 戚拥军 |
| 岚山中学 | 19 | 1536 | 51 | 徐良玉 | 陈辉荣　杨国梁 |
| 岚山二中 | 15 | 963 | 36 | 张兆光 | 尤逢科　胡居永 |
| 庆安中学 | 27 | 2208 | 76 | 魏　永 | 刘荣章 |
| 城南中学 | 16 | 725 | 53 | 宋守化 | 陈绵吉　王甫仁 |
| 刘果中学 | 6 | 409 | 14 | 宋利国 | |
| 苏果中学 | 6 | 253 | 16 | 祁秀敏 | |
| 新世纪中学 | 44 | 3081 | 123 | 郭恒忠 | 梁　军　李　杰　严效田 |
| 少体校 | 9 | 597 | 29 | 孙远会 | 陈　永　丁　梅 |
| 睢城中心小学 | 385 | 17630 | 834 | 张成金 | |
| 高作中心小学 | 144 | 6631 | 261 | 曹言彬 | |
| 沙集中心小学 | 154 | 7847 | 297 | 王善中 | |
| 凌城中心小学 | 186 | 9466 | 306 | 高　超 | |
| 邱集中心小学 | 326 | 15606 | 459 | 薛成昌 | |
| 官山中心小学 | 150 | 6202 | 227 | 周本思 | |
| 李集中心小学 | 131 | 6527 | 235 | 王保成 | |
| 桃园中心小学 | 271 | 10913 | 450 | 付　华 | |
| 岚山中心小学 | 249 | 9862 | 387 | 沈　超 | |
| 双沟中心小学 | 139 | 5111 | 235 | 张守智 | |
| 王集中心小学 | 196 | 9224 | 359 | 王建华 | |
| 苏果中心小学 | 27 | 933 | 55 | 王　成 | |
| 姚集中心小学 | 337 | 14244 | 446 | 王以胜 | |
| 刘果中心小学 | 15 | 612 | 33 | 赵玉凯 | |
| 古邳中心小学 | 183 | 8100 | 326 | 沈启平 | |
| 庆安中心小学 | 112 | 4597 | 213 | 徐守卫 | |
| 魏集中心小学 | 185 | 8468 | 358 | 李运珠 | |

续表 4-5-3　　单位:个、人

| 校　名 | 班级数 | 学生数 | 教职工数 | 校　长 | 副　校　长 |
|---|---|---|---|---|---|
| 梁集中心小学 | 187 | 9121 | 253 | 李金科 | |
| 睢宁县实验小学 | 81 | 5731 | 232 | 宋先之 | 付月莉　彭跃健　夏云飞 |
| 第二小学 | 24 | 1894 | 71 | 郑宇尘 | 沈　威　卓秋波　彭　军 |
| 城西小学 | 29 | 2476 | 84 | 仝德锋 | 仝　彬　鲍雪梅　戴　炜 |
| 职工子弟小学 | 20 | 1362 | 54 | 张成兰 | 王爱华 |
| 树人中学 | 34 | 1800 | 117 | 王绪忠 | |
| 菁华中学 | 40 | 2047 | 75 | 顾开胜 | |
| 宁海学校 | 53 | 3792 | 114 | 刘呈义 | |
| 北方学校 | 11 | 565 | 38 | 石启忠 | |
| 敬一中学 | 11 | 630 | 31 | 吴建平 | |
| 兴浦中学 | 12 | 644 | 37 | 许静群 | |
| 戚姬中学 | 8 | 458 | 28 | 王万亮 | |
| 文华中学 | 40 | 2700 | 125 | 张明华 | |
| 职教中心 | 40 | 1212 | 209 | 夏理然 | 张江宁　夏安邦　胡恒军　顾祥瑞 |
| 教师进修学校 | | | 62 | 潘曙光 | 林礼强　邱绍军　袁庆群　金　旭 |
| 双沟中心幼儿园 | 6 | 235 | 12 | 史建业 | 李秋菊 |

（王　猛）

## ○ 邳州市

【概况】　2004年,邳州市教育工作以“三个代表”重要思想和十六届三中、四中全会精神为指导,深化教育教学改革,努力创新工作机制,坚持以全面提升教育教学质量为重点,努力办好让人民满意的教育。全市有幼儿园70所(含民办园),定点小学162所,小学教学点15个,初级中学36所,初级中学分校19所,普通高中14所,职业高中2所,进修学校1所,特教3所,民办学校(含民办幼儿园)19所。在校小学生134653人,初中生122278人,普通高中生35683人,职业高中学生3134人。幼儿入园率60%,义务教育阶段入学率100%、巩固率98%以上、毕业率99%,残疾儿童入学率97%以上,高中阶段入学率75%以上。全市教职工16595人。其中幼儿园专任教师448人,学历合格率100%;小学专任教师7437人,学历合格率98.2%;初中专任教师4598人,学历合格率86.4%;普通高中专任教师1741人,学历合格率56.2%。全市有国家级示范高中、江苏省四星级学校1所,省三星级学校3所,省2星级学校5所,省级现代化示范初中2所,省级模范学校1所,省级实验学校3所,三星级省示范性实验幼儿园1所。高考教学质量突飞猛进,在徐州市获得5项指标第一名;布局调整、“三新一亮”工程建设顺利通过省验收;“济困助学”工作受到省厅表彰;机关作风整顿工作位居邳州市第一,各项工作呈现良好的发展势头。

【幼教办园水平进一步提升】 开展省、市、县三级示范园评比活动,加强幼教制度建设和常规管理,规范教育教学行为,开展优质课评选、优秀论文评选活动,幼教保教质量逐步提高。市直机关园投资近1000万元,在新区兴建一所占地1.7公顷、高标准、现代化的明珠幼儿园,当年开办10个班,招收幼儿近500人。通过评估,市直机关园转评为三星级省示范性实验幼儿园。

【九年义务教育稳步发展】 小学坚持办好中心小学和定点小学,强化对办学点的教育教学管理,积极开展省市级实验小学创建工作,促进小学办学和管理水平不断提高。初中原则坚持一镇一所中心学校,大力发展中心初中,以中心初中带动初中分校,逐步消除分校,加大调控力度,促进城乡初中的均衡发展。出台《全市初中教学质量考核意见》等一系列文件,有力地促进初中教学质量的提高。执行《江苏省义务教育阶段学籍管理规定》,坚持各项"控流"制度,严格控制辍学,义务教育阶段学额巩固率进一步提高。

【普通高中教育发展活力强劲】 高中认真贯彻"规模扩大与质量提高"并重的办学理念,控制规模扩张,着力质量提升。建立教学质量目标考核体系,出台实施《全市高中教学质量考核意见》、《关于建立校本教研制度的实施意见》、《关于高中教师集体备课的意见》,强化教师教学研究、教学过程管理、质量检测分析,落实奖惩。发挥高考学科研究基地的作用,加强专题研究,坚持成果共享,促进高中教学质量的整体推进,实现了年初确立的高考在徐州市县区"保二争一"的奋斗目标。

【职业与成人教育呈现良好发展态势】 2所职业高中以市场为导向,根据市场需求,不断调整优化专业设置。春、秋两次招生总人数高于往年,办学效益和教育教学成绩有所提高。职高对口单招229人参考,本专科上线203人,上线率约为90%。加强校、企挂钩,先后与深圳、上海、北京、无锡、昆山等地大中型企业建立关系,签订用人合同,毕业生就业率达到95%以上。成人教育"两后双百"工程实施进展顺利。先后创建官湖、铁富、碾庄、宿山、八路等各具特色的5个徐州市级农科教示范基地,为地方经济发展培养大批一线适用型人才。全市组织农村劳动力实用技术培训225730人,应届初高中毕业生实用技术培训和创业教育20000余人,组织农村剩余劳动力转移培训19970人次,组织农村致富骨干培训4370人次。扫盲工作成效大。全市建立健全市、镇、村三级管理网络,形成上下齐抓共管的工作机制,做到"扫除一批文盲,传授一门技术,致富一方农民"。全年扫除剩余文盲1633人,在徐州市率先实现无文盲县(市)。

【民办教育发展迅速】 截至2004年底,全市社会力量办学40余所。其中新世纪学校办学方式灵活,实行校、企挂钩,订单人才培养,人才培养、输出、工作一条龙服务,全年向青岛、无锡、泰州、苏州等大型企业或工业园区输送608名实用技术人才。明德实验学校自筹资金近亿元,抢抓机遇快发展,办学强调新观念,由2002年建校招生47个班、2400名学生的规模,发展到2004年9月,已成为一所高标准、现代化的学校,分幼儿教育、小学教育、初中教育和高中教育4个学段,136个班,在校学生7000余名,专任教师430余名。

【课程改革深入推进】 市教育局以实验学校为龙头,搞好校本培训、校本课程开发、校本教研工作,更新教师教育理念,提高专业知识水平。注重指导,深入调研,树立典型,以点带面,组织中学校长、教办主任赴铜山、沛县等地参观学习,推广先进经验。开展"课改亮点展示"和"课改校校行"活动,及时总结经验。年内,徐州市小学课改工作现场会在邳州八路实验小学成功召开。

【教学质量实现新的突破】 中考成绩整体水平提高,学生考分普遍高于往年,重点高中录取分数线有所提高。高分数学生增加。750分以上达994人,720分以上达2745人,700分以上4208人。优分段人数增加。2004年全徐州市800分以上考生129人,邳州市占17人。2004年全市高考本科上线2501人(包括对口单招达2754人),比2003年净增419人。本科上线率、本科上线总数、一本上线人数、二本上线人数、艺体类本科上线人数等5项指标均名列徐州市第一名。运河中学理科考生李一年,总分达698分,居徐州市第2名,全省第31名,被清华大学录取。全市报考艺体类考生1020人,本科上线700人。由于高考成绩突出,下半年,徐州市高考总结分析现场会在邳州召开。

【教科研工作扎扎扎实实】 邳州市教研室紧紧抓住高中教学质量提升、中小学教学常规管理和新课程改革三大方面,深入开展教育教学培训、研究、指导活动。完善业务校长、教务主任例会制度,中学学科研讨会制度,强化集体备课检查制度,形成学科教研中心组活动例会制度。小学、初中一年级全面开上新课程。历时2个月对小学一二年级7个学科的3000余名教师进行新教材培训。举办小学新课程改革、亮点展示现场会,初中一年级9个学科县及徐州市级新课堂改革教学研讨会。抓高中教研,以高考“双超”为目标,2次组织高三全体教师听取学习南通如东县先进实用的高考备考经验,3次组织中学组教研员赴南京参加省高考信息交流会、研究会,多次邀请省有关专家到邳州讲学、作报告。先后承办徐州市高考备考英语、物理、化学、艺体科教学现场研讨会。开展学科教学竞赛活动,推荐50余位教师参加徐州市优质课评选,其中28位教师获徐州市一等奖,22位教师获徐州市二等奖。先后组织中小学生参加全国、全省物理、数学、英语、作文竞赛,参赛人数累计近万人次,获奖学生4000余人次。加强教科研课题研究,全市有76个徐州市级课题,15个省级课题,3个国家级课题。年底,已经结题的省级课题1项,徐州市级课题7项。

【学校思想政治工作稳步开展】 全市中小学狠抓德育工作,深入开展以学习、贯彻、落实教育部新制定的中小学生日常行为规范、中小学生守则为主要内容的系列教育活动,切实加强未成年人思想道德建设。5月,召开全市德育工作会议。积极开展省、市级德育先进学校、日常行为规范示范学校和绿色学校等创建工作。全市有:省级示范性家长学校1所,省级德育先进学校12所,省级绿色学校2所,省级农村成人教育示范基地1个;徐州市德育先进学校26所,徐州市日常行为规范示范学校4所,徐州市绿色学校13所。

【星级学校创建工作取得新进展】 年内,运河中学创建为国家级示范高中江苏省四星级学校,宿山高中、官湖高中、八集高中、铁富高中4所学校分别创建为江苏省三星级学校。市直机关幼儿园转评为三星级省示范性实验幼儿园。炮车中学等5所学校转评为省二星级学校。

【教干、教师队伍建设进一步加强】 努力提高教师队伍整体素质。加大对教师流动的管理力度,有效制止教师的无序流动;加强教师队伍核编、调配与补充,面向全市具备教师资格的人员录用40余人;为机关新园公开招聘10名幼儿教师;因工作需要调整60余名中小学教干;积极而稳妥地组织师范类毕业生双向选择招聘会,全市350余名师范类毕业生通过双向交流落实工作岗位;通过“双学”

(教育学、心理学)、考试、评审,为1041人办理教师资格。全市中小学3600余名教师参加了信息技术考试,合格率95%以上。先后组织100余名教干赴江南考察学习。输送50余人参加国家、省、市骨干教师培训。实施名师工程和青蓝工程,评选邳州市名师9人,名校长2人,青年优秀骨干教师26人,青年学科带头人5人,青年优秀校长1人。做好职评工作,评选38名中学高级教师,800余名小学高级教师。

**【教育信息化建设进一步加快】** 全年改造20个实验室,添置教学语音机400台,投影仪220台,银幕300幅。中小学基本实现"两机一幕"。加强图书馆图书资料的充实、整合,不断提高使用效率。大力推进"校校通"工程,采用上级补助一点,学校挤一点,教师借一点经费筹措办法,新建微机室25个,添置计算机900余台,增建多媒体投影教室13间,多媒体微机室122间,多媒体电化教室26个,课件制作室8个,电子阅览室6个,语言实验室7个。购置投影机13个,实物展台13个。全市校园网接入达第一层次的有76所学校,达第二层次的5学校,达第三层次的1所学校。全市共有微机5851台。

**【布局调整、"三新一亮"和"六有"工程建设成效显著】** 年初,教育局制定出台《邳州教育五年发展规划》,结合全省实施的农村中小学布局调整工程、"三新一亮"工程和"六有"工程,对全市教育事业今后5年的发展做出科学合理的安排。全市累计投入1.12亿元,对全市29.4万平方米的危房进行改造,同时建起25.7万平方米教学用房,其中建教学楼14.6万平方米。2003年8月至2004年8月,全市又投入500万元,实施"三新一亮"工程,为全市中小学添置维修课桌椅109119套,新添置课桌椅117873套,维修讲台1467个,新置讲台4176个,为2249口教室通电。全市中小学布局调整工作进展顺利,一次性撤并23所农村初级中学和191所村小,布局调整工作走在徐州市前列。9月,全市中小学布局调整"三新一亮"工程建设通过省验收。

**【济困助学工程受社会好评】** 教育局在深入调查、排清人员、确定助困对象、建立助困档案的基础上,筹措助困资金150万元。市四套班子有关领导参加了在红旗中学举行的全市济困助学捐资仪式并带头捐款,筹捐资30多万元,全市200多名贫困生与个体私营企业主结成救助队子。截至10月,全面完成了对6449名贫困生的救助工作。新华社、人民日报、中国教育电视台等10多家媒体先后对邳州市的济困助学工程作专题报道。省教工委副书记葛高林对邳州市的济困助学予以充分肯定:"邳州的做法值得在全省推广"。

**【教育经费统管和治理乱收费工作力度增大】**

邳州市认真贯彻落实省"以县为主"的农村教育管理体制改革精神,采取有力措施,加大对违规单位、人员的查处力度,全市基本消除乡镇挪用教育经费现象。9月,全市农村中小学教育经费全部纳入县财政,实现以县为主的统一管理。保证农村教育的正常投入,先后出台了《邳州市农村中小学财务管理办法》、《邳州市教育系统会计核算办法初定方案》,教育经费管理使用工作基本纳入正常化的轨道。逐步完善中小学收费公开卡制度、中小学收费公示制度、中小学违规收费查办制度、代办费管理结算制度、收费自查报告制度和治理中小学乱收费联席办公室制度,有效遏制了教育乱收费现象。

**【机关作风整顿工作务实、高效】** 教育局切实按照市委市政府的部署,针对教育工作存在的问题,采取措施,不搞形式,把提高办事效率和服务质量作为立足点,认真进行整改,机关廉政建设工作得以加强，机关作风得以转变，服务意识得以增强，办事效率得以提高。在全市机关作风整顿工作综合考评中，教育局位居第一名。与此同时，积极参与邳州市委组织开展的“学英雄，树新风，促发展”活动(学习邳州市严格执法，勇于与歹徒作斗争而英勇牺牲的人民警察杨松林)。通过学习找差距，落实整改。组织由20人组成的工作队，由局长亲自带队，深入邢楼镇江沟等8个村走访帮扶50个特困户，送去价值13000元的100吨复合肥料和5000元慰问金。在市委组织的“现场办公解难题、统筹城乡快发展”活动中，教育局再次率先制定实施方案，分6个组对口帮扶占城等7个镇，针对石匣村建校难问题，投资50万元，帮助石匣小学建起近2000平方米的教学楼。

**【党建工作迈上新台阶】**　首先，切实抓好党员干部理论学习。及时制定理论学习计划，采取集中学习与分散学习相结合的办法，确保学习时间、地点、内容三到位。第二，认真做好民办学校党的组织建设。积极扩大党组织的覆盖面，先后帮助公办民助的明德实验学校及民办新世纪学校、民办东方学校建立党总支、党支部共6个。及时撤销因办学不力导致学校不复存在的原育才中学党支部。强有力地保证公办、民办学校的党组织工作正常、有序地开展。第三，认真抓好党员发展工作。培养入党积极分子100余人。遵循发展原则，发展党员20人。第四，积极开展党员先进性教育活动。全市教育系统受徐州市教工委表彰的党建先进集体6个、先进个人3位、优秀共产党员10位。认真组织开展纪念建党83周年征文、演讲系列教育活动，全市教育系统党员干部近1000人参加。6月30日，教育局在明德实验学校报告厅举行全市教育系统纪念建党83周年“坚定理想信念，争做教育先锋”为主题的演讲比赛。市委、市政府有关领导出席本次活动，党员干部代表500余人参加。在预赛的基础上，参加本次决赛的12名选手通过激烈角逐，1人获一等奖、4人获二等奖、7人获三等奖。

(撰稿：马守民　审稿：郭为民)

**邳州市2004年各类学校概况表**

表4－6　　　　单位：个、人

| 校名 | 班级数 | 学生数 | 毕业生数 | 招生数 | 教职工数 | | 学校领导 | | | |
|---|---|---|---|---|---|---|---|---|---|---|
| | | | | | 计 | 专任教师 | 校长 | 副校长 | 书记 | 副书记 |
| 运河中学 | 163 | 12570 | 2545 | 4435 | 646 | 602 | 谷玉端 | 张慕文　王永先<br>陈　青　杨景洪<br>杨公伟　郭德才<br>王　峰 | 谷玉端 | 冯宪密 |
| 明德实验学校 | 132 | 6370 | 650 | 1290 | 520 | 420 | 沙正礼 | 张崇言　徐　峰<br>张士超　杜户东 | 沙正礼 | 徐　峰 |
| 邳州二中 | 76 | 4500 | 1250 | 1560 | 316 | 300 | 曹　勇 | 李新永　王西部<br>胡　颢　王道峰 | 曹　勇 | |
| 邳州三中 | 56 | 3377 | 1133 | 1093 | 235 | 177 | 冯仰会 | 陈　伟　刘海林 | 冯仰会 | 陈　伟 |
| 邳州四中 | 52 | 3352 | 805 | 1183 | 211 | 161 | 荐保平 | 张　健　赵邦友 | 荐保平 | |
| 教师进修学校 | 0 | 0 | 0 | 0 | 61 | 20 | 陈　琳 | 苗贞侠　李　肯 | 陈　琳 | |

续表 4-6-1 单位:个、人

| 校名 | 班级数 | 学生数 | 毕业生数 | 招生数 | 教职工数 | | 学校领导 | | | |
|---|---|---|---|---|---|---|---|---|---|---|
| | | | | | 计 | 专任教师 | 校长 | 副校长 | 书记 | 副书记 |
| 职教中心 | 34 | 1729 | 350 | 1021 | 157 | 125 | 何树怀 | 董中才 魏中华 顾冠峰 | | |
| 运师附小 | 51 | 3107 | 503 | 500 | 240 | 193 | 沙正礼 | 王友义 | 王友义 | |
| 实验小学 | 53 | 3657 | 492 | 778 | 158 | 142 | 孙伟 | 王琳 | 孙伟 | |
| 聋哑学校 | 14 | 178 | 16 | 18 | 48 | 37 | 吴增俊 | 李薇 周辉 | 吴增俊 | |
| 机关园 | 23 | 885 | 235 | 451 | 52 | 50 | 满玉华 | 许会彩 温传英 崔宗玲 | 满玉华 | |
| 宿山高中 | 51 | 3480 | 860 | 1400 | 227 | 200 | 刘付凡 | 谢高峰 贾传贵 | | |
| 官湖高中 | 50 | 2969 | 684 | 989 | 250 | 181 | 黄继勇 | 丁其驹 | 黄继勇 | |
| 八集高中 | 34 | 2292 | 765 | 960 | 149 | 114 | 魏健 | 刘广军 丁继亮 | 魏健 | |
| 铁富高中 | 53 | 3190 | 740 | 972 | 212 | 185 | 郭允田 | 吴启龙 孙刚善 | 郭允田 | |
| 岔河高中 | 30 | 1735 | 463 | 765 | 95 | 79 | 周玉龙 | 杨玉海 娄培权 张德云 | 周玉龙 | |
| 土山高中 | 30 | 1620 | 612 | 432 | 134 | 108 | 徐善刚 | 王韧 刘同乐 | 徐善刚 | |
| 炮车中学 | 119 | 7660 | 2000 | 2200 | 420 | 340 | 陈雷 | 孙继连 许贯中 | 陈雷 | |
| 邳城中学 | 82 | 5140 | 1240 | 2070 | 286 | 243 | 张广力 | 李涛 马玉忠 马夫胜 祁明栋 石启民 | 张广力 | |
| 八路中学 | 58 | 3100 | 840 | 1600 | 176 | 155 | 韩洪福 | 张胜 魏成 | 韩洪福 | 张胜 |
| 车夫职中 | 28 | 1405 | 352 | 651 | 89 | 59 | 林凯军 | 梁化友 刘成国 | 林凯军 | |
| 邳州五中 | 32 | 1600 | 530 | 680 | 116 | 91 | 李玉泉 | 孙启领 王广亚 薛海洋 | 李玉泉 | |
| 红旗中学 | 52 | 3818 | 1113 | 1309 | 176 | 146 | 吴玉强 | 周广际 刘林 郭泾宗 | 吴玉强 | |
| 邳州六中 | 47 | 3806 | 1080 | 1424 | 167 | 129 | 曹兆芳 | 呼善德 杜修成 | 曹兆芳 | |
| 王杰中学 | 20 | 1188 | 282 | 356 | 87 | 67 | 曹华彬 | 李汉颖 潘修郊 | | |
| 陈楼中学 | 48 | 3260 | 850 | 1120 | 182 | 136 | 张元鹏 | 尹振华 陆秀峰 卞乃义 尚修明 | 张元鹏 | |
| 官湖初中 | 60 | 4300 | 1111 | 1352 | 219 | 198 | 朱俊海 | 刘志 杨自民 汤方继 冯遵慧 | | |
| 白埠中学 | 38 | 2873 | 828 | 918 | 151 | 121 | 张希敬 | 丁志英 吕道志 | 张希敬 | |
| 加口中学 | 20 | 1325 | 318 | 531 | 61 | 46 | 谭长玉 | 田学甲 | 谭长玉 | |
| 赵墩中学 | 34 | 2551 | 530 | 1120 | 162 | 140 | 李玉年 | 王建全 韩夫先 程寒然 尚振华 | 李玉年 | |
| 滩上中学 | 41 | 2600 | 600 | 980 | 133 | 120 | 高遵海 | 薛韬 王耀安 | 高遵海 | |

续表 4－6－2

单位:个、人

| 校名 | 班级数 | 学生数 | 毕业生数 | 招生数 | 教职工数 | | 学校领导 | | | |
|---|---|---|---|---|---|---|---|---|---|---|
| | | | | | 计 | 专任教师 | 校长 | 副校长 | 书记 | 副书记 |
| 碾庄中学 | 36 | 3069 | 839 | 1156 | 119 | 106 | 刘立新 | 王新建 李森 | | |
| 岱山中学 | 32 | 2337 | 524 | 770 | 106 | 91 | 郭维军 | 曹希亮 李敬营 | 郭维军 | |
| 宿山初中 | 54 | 3436 | 700 | 1240 | 191 | 168 | 杨安民 | 谢飞 刘同泰 | 杨安民 | |
| 徐楼中学 | 30 | 1960 | 530 | 800 | 106 | 83 | 韩昭著 | 李修亭 韩永玲 周士军 | 韩昭著 | |
| 八集初中 | 43 | 3106 | 887 | 1048 | 152 | 126 | 王建 | 高遵元 周保化 | 王建 | |
| 新桥中学 | 31 | 2280 | 536 | 690 | 97 | 79 | 郭建 | 娄培森 陈立新 曹瑞永 | 郭建 | |
| 议堂中学 | 35 | 2645 | 658 | 1013 | 137 | 118 | 刘炜 | 王希早 陆磊 | 刘炜 | |
| 土山初中 | 20 | 1330 | 405 | 456 | 82 | 64 | 杨桂祥 | 王文学 车振军 | 杨桂祥 | |
| 薛集中学 | 32 | 2460 | 760 | 680 | 114 | 86 | 王绪林 | 宋端凯 王瑾 | 王绪林 | |
| 占城中学 | 40 | 2510 | 731 | 836 | 142 | 124 | 陈景辉 | 赵华 马全超 魏贤东 | 陈景辉 | |
| 陆井中学 | 12 | 730 | 230 | 240 | 29 | 24 | 赵荣元 | | 赵荣元 | |
| 新河中学 | 38 | 2470 | 740 | 792 | 121 | 101 | 闫怀轩 | 袁大鹏 庄全成 王学智 | 闫怀轩 | |
| 新集中学 | 21 | 1406 | 374 | 520 | 80 | 68 | 周之树 | | 周之树 | |
| 铁富初中 | 58 | 3966 | 1218 | 1316 | 198 | 167 | 王继然 | 张峰 杨焕峨 王继强 孙仲华 | 王继然 | |
| 连防中学 | 32 | 2230 | 578 | 760 | 117 | 89 | 冯现龙 | 于化渠 韩洪波 马玉 | | |
| 港上中学 | 56 | 3600 | 980 | 900 | 180 | 160 | 张希营 | 杨柏柱 冯元凯 曹恩华 | 张希营 | |
| 邹庄中学 | 32 | 2315 | 401 | 1027 | 131 | 105 | 石风 | 朱洪平 胡贞科 | 石风 | |
| 岔河初中 | 44 | 3104 | 646 | 1110 | 134 | 109 | 董中胜 | 王学军 吴传中 滕跃 朱桂山 谭洪亮 | 董中胜 | |
| 四户中学 | 44 | 2905 | 733 | 1102 | 165 | 146 | 刘发吉 | 王玉生 陈士永 | 刘发吉 | |
| 戴庄中学 | 38 | 2792 | 647 | 1113 | 119 | 90 | 张松年 | 王作亮 | 张松年 | |
| 车夫中学 | 42 | 3410 | 820 | 1080 | 116 | 96 | 宋翔 | 衡思全 季延奎 | | |
| 燕子埠中学 | 28 | 2116 | 353 | 908 | 83 | 67 | 周迎生 | | 周迎生 | |
| 邢楼中学 | 45 | 3331 | 670 | 1327 | 153 | 111 | 辛恭民 | 刘全业 王国华 李永群 | 辛恭民 | |
| 新世纪学校 | 9 | 657 | 60 | 380 | 37 | 24 | 顾志浦 | 丁兴华 | 顾志浦 | |
| 东方学校 | 14 | 1168 | 1168 | 1168 | 45 | 28 | 闫怀林 | 高修惠 | 徐振新 | |
| 务实学校 | 6 | 380 | 360 | 380 | 15 | 12 | 罗德安 | | | |
| 希望之家 | 4 | 86 | | | 32 | 5 | 张辅世 | | | |

## 邳州市2004年教办、中心幼儿园概况表

表4-7　　　　　　　　　　　　　　　　　　　　　　　　单位:个、人

| 单位名称 | 小学 | | | | 幼教 | 教职工数 | | 教办主任 | 业务校长 | 中心小学校长 | 幼儿园园长 |
|---|---|---|---|---|---|---|---|---|---|---|---|
| | 班级数 | 学生数 | 毕业生数 | 招生数 | 学生数 | 计 | 专任教师 | | | | |
| 八路教办 | 75 | 4200 | 1040 | 526 | 400 | 273 | 258 | 王成武 | 刘念强 | 张发政 | 姬小玉 |
| 运河教办 | 171 | 9336 | 2517 | 1418 | 807 | 750 | 697 | 张建宏 | 郭荣庭 | 周之峰 | 闫继玲<br>蔡　莉 |
| 徐塘教办 | 54 | 2227 | 750 | 352 | 469 | 202 | 189 | 张相国 | 时兴太 | 鲁瑞举 | 赵小菊 |
| 张楼教办 | 40 | 1475 | 445 | 223 | 164 | 144 | 113 | 索桂雷 | 林志超<br>李修猛 | 王洪军 | 刘　军 |
| 炮车教办 | 95 | 4160 | 1555 | 389 | 750 | 300 | 272 | 王荣松 | 尹春雷 | 陆树州 | 徐　志 |
| 陈楼教办 | 85 | 3683 | 1034 | 543 | 520 | 294 | 278 | 汤嘉庆 | 袁增修 | 刘光才 | 洪玉侠 |
| 官湖教办 | 156 | 6488 | 2519 | 908 | 261 | 643 | 609 | 冯仰群 | 刘尧胜 | 马爱启<br>胡立鹏 | 张瑞英<br>刘晓未 |
| 戴圩教办 | 95 | 4028 | 1287 | 478 | 300 | 282 | 269 | 王福亮 | 王远华 | 戴建科 | 孙月玲 |
| 邳城教办 | 114 | 5144 | 1711 | 732 | 624 | 268 | 268 | 刘墨忠 | 万振友<br>刘怀栋 | 闫自永 | 陈　颖<br>陈米辉 |
| 赵墩教办 | 162 | 7802 | 1765 | 1144 | 184 | 496 | 455 | 胡恒仁 | 曹传沛 | 窦　凯<br>张　华 | 曹耀平<br>张　玲 |
| 碾庄教办 | 168 | 7730 | 1921 | 1299 | 1084 | 472 | 440 | 冯昭军 | 姚君彦<br>吕树权 | 魏贤喜 | 李　莉 |
| 宿山教办 | 138 | 6384 | 2105 | 968 | 860 | 380 | 311 | 张新传 | 侯宜伟<br>张年伦 | 季延东 | 张　凤<br>刘文选 |
| 八集教办 | 148 | 6133 | 2077 | 769 | 685 | 431 | 390 | 张作礼 | 苗芝生 | 陈　飞 | 张艳萍<br>王淑英 |
| 议堂教办 | 68 | 3020 | 759 | 459 | 80 | 275 | 239 | 李明玉 | 王之宝 | 周之自 | 张宝荣 |
| 土山教办 | 82 | 3683 | 1288 | 414 | 202 | 393 | 363 | 卢召明 | 郭树美<br>许文粹 | 申志玲<br>吕　涛 | 陆　娟<br>郭　莉 |
| 占城教办 | 49 | 2266 | 844 | 263 | 510 | 146 | 131 | 薛斌生 | 王　超 | 沈东凡 | |
| 新河教办 | 102 | 5050 | 1383 | 849 | 805 | 315 | 308 | 宋宜民 | 顾景瑜<br>赵武之<br>陈伯云 | 程　立 | 史廷菊 |
| 铁富教办 | 171 | 6757 | 2402 | 828 | 292 | 506 | 482 | 庄洪业 | 吕天庆<br>郑继华<br>冯宪铎 | 章　欣<br>周中余 | 冯　君<br>陆绍玲 |
| 港上教办 | 102 | 3790 | 1010 | 547 | 506 | 220 | 180 | 崔传松 | 冯现东<br>冯仰银 | 冯　超 | 胡月梅 |
| 邹庄教办 | 91 | 4660 | 1478 | 788 | 450 | 266 | 209 | 汤方田 | 邹士芳 | 胡　伟 | 赵雪梅 |
| 岔河教办 | 53 | 2269 | 928 | 374 | 682 | 136 | 120 | 卢召利 | 谭　凯 | 陆　义 | 谭敏荣 |

续表 4-7-1　　单位:个、人

| 单位名称 | 小学 | | | | 幼教 | 教职工数 | | 教办主任 | 业务校长 | 中心小学校长 | 幼儿园园长 |
|---|---|---|---|---|---|---|---|---|---|---|---|
| | 班级数 | 学生数 | 毕业生数 | 招生数 | 学生数 | 计 | 专任教师 | | | | |
| 四户教办 | 72 | 3364 | 1219 | 490 | 313 | 232 | 216 | 王瑞 | 钟建华 | 杲绍俊 | 白　姣 |
| 戴庄教办 | 89 | 3809 | 1056 | 483 | 496 | 216 | 199 | 杜庆国 | 王希海 | 王中田 | 庄印莲 |
| 车夫教办 | 106 | 5778 | 1520 | 859 | 630 | 226 | 217 | 庄庆军 | 郭庆一<br>赵　峰<br>谭运华 | 董　辉 | 陈　琳 |
| 燕子埠教办 | 89 | 3276 | 927 | 322 | 260 | 159 | 155 | 耿　聃 | 王建军 | 徐新斋 | 尹苏侠 |
| 邢楼教办 | 98 | 4698 | 1411 | 780 | 1148 | 256 | 205 | 鹿丙奇 | 林化圣<br>张茂富 | 陈玉堂 | 孙守彦 |

(马守民)

## ○ 新 沂 市

**【概况】** 2004 年新沂市教育局认真学习贯彻“三个代表”重要思想和党的十六届三中、四中全会精神,坚持科学的发展观,以创办让人民满意的教育为宗旨,以提高教育教学质量为核心,努力创新工作方法,积极推进五项重点工程。即:义务教育水平提升工程、课程改革及校本建设工程,教育服务经济工程、“六有”建设工程、扶困助学工程,扎实开展“走进校本”主题系列活动,各级各类教育有了新的发展,教育教学质量稳步提高,教科研工作取得可喜成绩,教育服务社会功能进一步增强,教育事业迈上了优质化、均衡化发展的快车道。全市有小学 97 所、初中 30 所、高中 8 所、公办幼儿园 25 所、民办学校 6 所、民办幼儿园 29 所,教职工 10599 人、专任教师 9080 人,在校生 178431 人,其中特教学生 256 人。有省三星级高中 2 所、二星级中学 6 所、省示范初中 10 所、省实验小学 8 所。

**【各类教育有了新发展】** 2004 年全市小学适龄儿童入学率、巩固率、毕业率分别为 100%、99.8%、100%,初中入学率、巩固率,分别为 98.5%、98.85%,残儿义务教育普及率达 97.5%。各类教育规模不断扩大,普通高中招生 10075 人,比 2003 年增长 11 个百分点,幼儿教育学前 3 年入园率达 75%,民办教育迅速发展,共增加民办学校 2 所,在校生达 11786 人,比 2003 年增加 60%。

**【开展“走进校本”主题系列活动】** 新沂市教育局在总结“质量在课堂”主题系列活动的成绩和经验的基础上,从 2004 年 2 月到 2006 年 2 月在全市开展“走进校本”主题系列活动,成立领导小组,起草和制定“走进校本”主题系列活动的计划和实施方案。4 月 7 日,在新安小学召开动员大会,揭开全市中小学“校本管理”、“校本培训”、“校本教研”系列活动序幕。各校分别成立活动领导小组,认真制定出开展该项活动的学校计划和实施方案。教育局成立督查小组,分片督查,每月至少到基层学校 1 次,调研情况,指导活动。12 月中旬,在阿湖小学、城关小学、唐店中学、王庄中学分别召开“走进校本”现场会,交流经验,进一步认识“走进校本”的目的和意义,共同研究和探讨实现“教育强市”、“教育名市”的有效途径,科学发展新沂的教育事业。积极推行"学校开放周"活动。"学校开放周"活动是新沂市教育局为了教育的"自我展示、自我暴露、自我提升"而创造性开展的又一项长期性工作。在充分调研的基础上,认真制定《关于开展"学校开放周"活动的意见》,指导各校认真实施,为家庭、社会了解学校、了解情况、关爱学生健康成长搭建平台。"学校开放周"活动期间,有近22万人次的家长、社会人士走进校园、走进课堂、走进办公室,真正担负起共同促进孩子健康成长的责任。

**【教师队伍建设再出新举措】** 一是实施名教师、名校长政府津贴制度。结合该市实际,制定并实施名教师和名校长政府津贴制度。首批评选分名校长、高级中学名教师、初级中学名教师、小学名教师4个系列进行。评选出的名校长每月津贴500元,名教师每月津贴300元。享受政府津贴的名教师,在师德与业务上应成为教师的榜样,在教学一线满负荷工作;带领并指导2～3名青年教师;参与全市优师资源共享活动;不断创新,努力提高教育教学成绩。享受政府津贴的名校长,在教育教学管理等方面应成为全市教育教学管理者的楷模,工作中应积极发挥带头、示范作用。二是合理调配教师。2004年全市小学教师剩余300多人,而初中、高中教师奇缺,积极争取市政府的支持,认真做好小学教师的分流,鼓励小学中知识结构合理,教学能力突出、能胜任中学教学需求的优秀小学教师转岗到中学任教,全市共有200多名小学教师转岗到中学,根据自愿的原则,将100名小学教师分流到政府各部门帮助工作。同时,多渠道招聘外省市师范本科毕业生80余人、专业毕业生90余人,加强了该市的初、高中教师队伍建设。三是建立教师培训网络。年内,参加在职学历提高教育的教师达2648人。

**【布局调整和"三新一亮"工程通过省市验收】**

2004年3月,徐州市教育局对全市首批申报布局调整和"三新一亮"工程验收的28个镇进行验收,新沂市16个镇全部通过验收。在推进这项工程的过程中,坚持做到"六化",即:全面发动、力求学校建设社会化,科学规划、力求学校建设个性化,因地制宜、力求布点科学化,突出重点、力求教育发展均衡化,以人为本、力求管理规范化,面向未来、力求学校精品化,7月,其经验在江苏省徐州、淮阴、盐城、连云港、宿迁经验交流会上交流,并被省基建协会推荐上报国家基建协会。

**【"六有"工程顺利完成】** 积极推进"六有"工程建设,广泛宣传"六有"工程的意义。市政府成立"六有"工程领导小组,制定《"六有"工程实施意见》,并拨款500万元作为启动资金。7月22日召开全市"六有"工程建设动员大会,市政府与各镇签订六有工程责任状。教育局加强工程检查和督促,一周一调度,一旬一简报,一月一总结。11月23日在瓦窑镇召开"六有"工程现场会,推广瓦窑镇的经验。全市共投入资金3612万元。新建食堂10103平方米,改建食堂3270平方米,新建校舍20907平方米,改建校舍940平方米,投入资金1081万元,新建水冲式厕所11090平方米,改造旧厕14458平方米,投入资金831.42万元,新添床铺3758张,投入资金113.92万元,购置饮水机3094只,投入资金60万元,用于校内硬化、绿化及亮化工程共投入841万元,年底,"六有"工程已全部完成。

**【综合治理和平安创建工作取得丰硕成果】** 大力开展四项专项治理:一是校园周边环境治理;二是消防安全治理;三是安全隐患集中整治专项治理;四是学校交通安全专项治理。扎实做好六项工作:一是安全检查统计、通报工作;二是健全制度,规范考核工作;三是"四五"普法工作;四是安全生产月工作;五是安全文化建设工作;六是创建平安校园工作。

制定《综治、安全、消防工作考核细则》、《创建平安校园实施意见》及《考核细则》,建立健全综治、安全网络和各项制度,举办“安全伴我在校园”学生演讲、“安全你我他”征文比赛、“平安校园”教师演讲比赛、”自醒自警”、“远离网吧”学生演讲比赛等丰富多彩的活动,会同公安、交通、城建、工商等16家对中小学学校周边环境进行集中整治,其经验在徐州市《综治动态》第7期专题报道。

**【重视党建工作】**　全局党建工作以“三个代表”重要思想为指导,不断探索和完善党建工作的新途径、新方法。增强党组织的创造力、凝聚力和战斗力。加强组织建设,探索基层组织建设的新模式,注重特殊人群的组织建设,成立流动党员活动站和在职党员活动站,将民办学校和近年来外地到新沂工作教师中的党员纳入管理范围。加强制度建设,认真研究制定各种规章制度,明确党员的职责和义务。加强队伍建设,开辟基层党建工作新途径,加强阵地建设,拓展党建工作新领域,逐步形成以学校为龙头,以党员活动室为依托,以党员活动日为形式的校、室、日党员网络,全年共发展党员31人,培养发展对象40人,入党积极分子86人,2个党支部被市委评为先进党支部,党员队伍已成为新沂市教育改革的主要力量。

**【学校创建工作取得新进展】**　全市共有4所小学通过省实验小学验收,3所初中通过省示范初中验收,6所高中全部被评为省二星级学校,创建省、市模范学校8所,省市德育先进校11所,徐州市花园式文明学校12所,机关幼儿园、职教中心分别通过三星级省示范性实验幼儿园、国家级职教中心验收。新安镇中心幼儿园顺利通过江苏省示范性实验幼儿园验收,北沟镇中心幼儿园等16所乡镇幼儿园被徐州市教育局确认为徐州市示范幼儿园,占被确认的48所徐州市示范幼儿园三分之一,名列徐州第一。

**【加强教育行风建设】**　教育局在全系统开展创建文明科室、文明机关、文明单位、文明行业活动。教育局机关努力做到“五个一”:一张笑脸相迎、一声话语问候、一把椅子请坐、一杯开水暖心、一个满意答复。对教师进城、干部选拔、职称评聘等热点问题向社会公开、实行阳光操作,各系统各单位均设立政务公开栏、公示栏,实行政务、校务公开。以治理教育乱收费、规范各类招生考试和“三项”治理为重点,加大治理力度,共清理违规收费8.5万元,接待群众来访82件,结案率达98%,立案8个,结案率100%。年内该局所有科室均被评为文明科室,2月,新沂市教育系统被徐州市委市政府命名为徐州市文明行业。

**【教科研工作取得新佳绩】**　组织全市中小学积极开展教育科研活动,成功竞标徐州市教育重点课题《新课程背景下学校管理创新研究》,以“推进课程校本化研究”为主题,在全市中小学教师中倡导“人人参与研究、个个争做专家型教师”,新立项市级课题95项,省级课题5项、国家级课题3项。《学校管理》杂志社“金秋马陵”论坛在该市举行,出版课题研究成果专著5部,其中《龙魂再塑》获教育部中央教科研课题研究成果一等奖。

**【开展“爱心助成才”助学活动】**　市政府制定《关于开展“爱心助成才”助学活动的意见》,每年拨出60万元专款救助家境贫困学生,市教育局下发《关于开展爱心助学活动的意见》,在全市教育系统做好全体教职工捐资助学工作,开展“城乡学生手牵手”活动等系列活动。该项活动每年通过社会捐赠和政府拨付等筹集资金100多万元,每年资助初中、小学学生2500名以上,资助对象主要是在该市就读的家庭特别困难的初中、小学学生;奖励资助家庭特别困难、品学兼优的高中学生和考取大学的特困学生。

**【随班就读工作顺利开展】** 新沂是省教育厅确定的全国“建立随班就读工作支持保障体系实验县。”该市将特殊教育视为义务教育的重要组成部分，将其纳入基础教育的整体系统，对残疾儿童、少年积极实施素质教育、分类教育和个别化教育，采取伙伴助学、多元评价、注重鼓励等多种教学方式，提高学习质量。随班就读实验工作开展以来，取得明显成效。年内随班就读实验的学校由原来的81所增加到129所，随班就读学生由实验前的784人增加到909人，适龄残疾儿童、少年入学率近98%。9月14日，省厅领导张仁带领检查团到新沂市检查“随班就读工作支持保障体系实验县”工作开展情况，检查团成员对该市随班就读实验工作所取得的成绩给予充分肯定。

**【“两前分流、两后双百”工程成效显著】** 新沂市结合自己的实际，创造性提出并实施“两前分流、两后双百”工程，率先对初中毕业生进行提前分流，教育局坚持“学生自愿、学校引导、集中培训、安排就业”的原则，将目前初中在籍生的10%确定为分流对象。4月28日，“两前分流”工程正式启动，并举办首期培训班开学典礼，新沂市四套班子领导及从全市初三毕业生中分流出来的1600多名学生参加培训班的开学典礼。培训班开设电子技术、电工技术、家电维修、计算机应用、车工、钳工、焊工、服装制作、餐饮服务、高级保安等十多个专业，实行定单培训，上海、广州、深圳、浙江及苏南等地订单2227余人，对初、高中毕业生的“两前分流、两后双百”培训力度进一步加大，共培训并输出毕业生5000多人。

**【体育工作成绩突出】** 2004年，新沂籍运动员雷玉平获雅典奥运会81公斤级拳击比赛第五名，是新沂走向奥运第一人。也是这个项目亚洲最好成绩。学校体育竞赛成绩突出。中学生田径代表队荣获江苏省县级田径运动会团体冠军。新安小学女子篮球队荣获全国“苗苗杯”小学生篮球赛亚军。新安小学田径队荣获江苏省体育夏令营田径比赛团体亚军。第三中学女子篮球队荣获江苏省重点中学篮球赛季军。城关小学、新安小学、唐店中学、小湖中学田径队囊括徐州市田径传统项目学校田径运动会县区组四项冠军。第二中学毽球队荣获中华人民共和国第七届农民运动会第七名。 (蔡之连)

**新沂市2004年各类学校概况表**

表4-8　　单位:个、人

| 校名 | 班级数 | 学生数 | 毕业生数 | 招生数 | 教职工数 | | 学校领导 | | | |
|---|---|---|---|---|---|---|---|---|---|---|
| | | | | | 计 | 专任教师 | 校长 | 副校长 | 书记 | 副书记 |
| 一中 | 76 | 4713 | 953 | 1920 | 331 | 298 | 张同礼(2004.8)<br>孙　宁(2004.8~) | 张伯祥　丁怀军<br>党建久　汪允苍 | 张同礼(~2004.8) | |
| 钟吾中学 | 52 | 2986 | 569 | 1112 | 143 | 133 | 郭振京 | 陈学军　葛明永 | 郭振京 | |
| 二中 | 38 | 2284 | 907 | 737 | 174 | 143 | 孙　宁(2004.8) | 杨新华(主持)(2004.8~)<br>张　标　张同军 | 孙　宁(~2004.8) | |

续表 4－8－1　　　　　　　　　　　　　　　　　　　　　　　　单位:个、人

| 校名 | | 班级数 | 学生数 | 毕业生数 | 招生数 | 教职工数 | | 学校领导 | | | |
|---|---|---|---|---|---|---|---|---|---|---|---|
| | | | | | | 计 | 专任教师 | 校长 | 副校长 | 书记 | 副书记 |
| 进修校 | | | | | | 55 | 36 | 宋启良 | 苏顺强　宋伯波 | 宋启良 | |
| 职教中心 | | 49 | 2612 | 97 | 1056 | 188 | 116 | 吴维国 | 刘宗台　陈长兵<br>徐洪熙　王宝红 | 吴维国 | |
| 八中 | | 34 | 1748 | 499 | 561 | 122 | 122 | 赵立龙 | 孙振斌　孙　红<br>赵庆雷 | 赵立龙 | |
| 九中 | | 7 | 290 | 238 | 82 | 33 | 25 | 张格仁 | 卢承桥 | 张格仁 | |
| 新安小学 | | 51 | 2832 | 478 | 476 | 128 | 108 | 张以米 | 陈耀武　赵寿城<br>闫宗学　叶守迎<br>任云婷 | 张以米 | |
| 新华小学 | | 53 | 2834 | 438 | 499 | 127 | 108 | 闫长平 | 张培华　王　勇 | 闫长平 | |
| 春华小学 | | 43 | 2052 | 354 | 231 | 112 | 99 | 房树仲 | 张　迪　杨伯辰<br>卢海兵　池春华 | 房树仲 | |
| 特教中心 | | 26 | 256 | 13 | 22 | 75 | 59 | 李士超 | 胡松年　高志强<br>陆启军　陆宝磊 | 李士超 | |
| 机关园 | | 14 | 588 | 252 | 252 | 47 | 41 | 宋淑叶 | 张　为　胡晓莉<br>王　凯 | 宋淑叶 | |
| 三中 | | 58 | 3366 | 794 | 1026 | 223 | 183 | 蔡洪涛 | 苏永会　郝珠山<br>陆化江 | 蔡洪涛 | |
| 王楼中学 | 高中 | 34 | 1911 | 582 | 668 | 245 | 99 | 谢嘉君 | 王维君　刘　亮<br>李学勇 | 谢嘉君 | |
| | 初中 | 40 | 2614 | 698 | 823 | | 101 | | | | |
| 王庄中学 | | 63 | 4027 | 915 | 1450 | 215 | 188 | 薄品安 | 熊学群　王　珂<br>王秀彩 | 熊学群 | 薄品安 |
| 高流中学 | | 36 | 2116 | 652 | 670 | 196 | 162 | 滕　清 | 刘永江　徐　惠<br>徐延华 | 滕　清 | |
| 瓦窑中学 | 高中 | 32 | 1934 | 341 | 785 | 267 | 107 | 王启乐 | 侯贯启　杨顺成<br>黄绍谦　陆裕祥 | 王启乐 | |
| | 初中 | 42 | 2803 | 794 | 819 | | 142 | | | | |
| 棋盘高中 | | 38 | 2739 | 708 | 880 | 126 | 103 | | 张雪峰(主持)<br>何振华　陈德昌 | | |
| 第四中学 | | 60 | 3832 | 1396 | 1056 | 211 | 172 | 左步君 | 晏祥启　王保权<br>高航照　王启飞 | 左步君 | |
| 邵店中学 | | 35 | 2548 | 759 | 750 | 145 | 117 | 孙守江 | 待孝敬　高行军<br>刘金华　曹寅虎<br>潘玉民 | 孙守江 | |
| 时集中学 | | 42 | 3133 | 786 | 1139 | 143 | 131 | 徐洪传 | 曹步留　曹　军<br>万　里 | 张培全 | 徐洪传 |
| 唐店中学 | | 48 | 3013 | 921 | 1050 | 176 | 147 | | 王秀梅(主持)<br>任建玲　张广州<br>李月武　高行平 | | |

续表 4－8－2

单位:个、人

| 校　名 | 班级数 | 学生数 | 毕业生数 | 招生数 | 教职工数 | | 学校领导 | | | |
|---|---|---|---|---|---|---|---|---|---|---|
| | | | | | 计 | 专任教师 | 校长 | 副校长 | 书记 | 副书记 |
| 第六中学 | 50 | 3036 | 790 | 1000 | 177 | 156 | 李中良 | 周树飞　马敬义<br>孙　昊　李学义 | 李中良 | |
| 高塘中学 | 25 | 1731 | 395 | 630 | 83 | 70 | | 谢春振(主持)<br>周士航　韩丛学 | | |
| 合沟中学 | 45 | 3439 | 923 | 1187 | 155 | 137 | 高俊雅 | 许先宝　丁广富<br>仲维生　陈大波<br>高云合 | 高俊雅 | |
| 高流初中 | 56 | 3564 | 996 | 1254 | 140 | 121 | 韩　裕 | 王建斌　何立柱<br>何培志　张建彬 | 韩　裕 | |
| 马陵中学 | 63 | 3830 | 848 | 1280 | 211 | 186 | 周普让 | 吕恩柏　张长新<br>张宜政　沈忠良<br>曹同太 | 周普让 | |
| 小湖中学 | 22 | 1164 | 405 | 369 | 76 | 61 | 李敬民 | 高印行　李　明<br>张　立　陈建中 | 李敬民 | |
| 第五中学 | 33 | 2238 | 625 | 689 | 135 | 119 | 王广君 | 乔裕亮　陆标启<br>徐寿春　徐祉惠 | 王广君 | |
| 马港中学 | 9 | 474 | 147 | 152 | 37 | 31 | | 卞　德(主持)<br>鲍绪江 | | |
| 踢球中学 | 18 | 960 | 296 | 311 | 62 | 54 | 王兆友 | 马广学　陈怀峰<br>郝茂翠 | 王兆友 | |
| 阿湖中学 | 30 | 1895 | 519 | 616 | 106 | 96 | 徐言军 | 于建业　尹加金<br>刘　辉 | 徐言军 | |
| 黑埠中学 | 27 | 1586 | 479 | 521 | 96 | 80 | 张　建 | 孙士琢　阮祥德<br>沈新泽 | 张　建 | |
| 徐塘中学 | 6 | 190 | 135 | 0 | 33 | 30 | 熊增新 | | 熊增新 | |
| 棋盘初中 | 28 | 1740 | 489 | 611 | 122 | 111 | 闫　刚 | 孙先高　胡传年<br>王光翠 | 闫　刚 | |
| 草桥中学 | 38 | 2645 | 829 | 845 | 160 | 120 | 胡兆云 | 吴成勇　巩绪坤<br>张　磊　周上保 | 胡兆云 | |
| 窑湾中学 | 30 | 2128 | 549 | 647 | 105 | 81 | 赵兴富 | 王　朋　刘金明<br>韩光金　张洪亮 | 赵兴富 | |
| 埝头中学 | 30 | 1954 | 569 | 624 | 106 | 93 | 舒光惠 | 单明亮　郇绍义<br>王荣波 | 舒光惠 | |
| 港头中学 | 52 | 3350 | 943 | 1021 | 193 | 181 | 乔天罡 | 杨印强　商义柱<br>邹以标　王运树<br>吴绍虎 | 乔天罡 | |
| 芦墩中学 | 15 | 924 | 282 | 257 | 41 | 36 | | 陆　晔(主持)<br>晁太祥 | | |
| 新店中学 | 35 | 2412 | 659 | 858 | 111 | 93 | 葛修庭 | 王尤海　黄　梅 | 葛修庭 | |

续表 4－8－3　　　　单位：个、人

| 校名 | | 班级数 | 学生数 | 毕业生数 | 招生数 | 教职工数 | | 学校领导 | | | |
|---|---|---|---|---|---|---|---|---|---|---|---|
| | | | | | | 计 | 专任教师 | 校长 | 副校长 | 书记 | 副书记 |
| 城岗中学 | | 20 | 1369 | 360 | 451 | 63 | 53 | | 李新谱(主持)<br>李锋云　滕月堂 | | |
| 第十中学 | | 42 | 2844 | 781 | 995 | 140 | 120 | 鲍尚军 | 王建民　孙桂平<br>纪传舒　戴风暴 | 鲍尚军 | |
| 八一学校 | | 17 | 989 | 212 | 309 | 78 | 72 | 蔡智慧 | 刘永台　扈向礼 | | |
| 第七中学 | | 12 | 582 | 178 | 183 | 45 | 44 | 叶　洲 | 邵长庆 | | |
| 东方中学 | 初中 | 7 | 283 | 39 | 147 | 127 | 87 | 陈德池 | 孙志刚　张沭淮 | | |
| | 高中 | 24 | 1464 | 244 | 886 | | | | | | |
| 启明中学 | 初中 | 20 | 1026 | 253 | 385 | 234 | 156 | 邹其坤 | 蔡佩宗 | 邹其坤 | |
| | 高中 | 35 | 2001 | 375 | 827 | | | | | | |
| 菊园中学 | 初中 | 6 | 288 | 140 | 112 | 82 | 60 | 牛淑艳 | | | |
| | 高中 | 17 | 963 | | 495 | | | | | | |
| 神山外语学校 | 小学 | 7 | 240 | | 240 | 49 | 49 | 杨增强 | 张祥振　孙兆德 | | |
| | 初中 | 7 | 302 | | 302 | | | | | | |
| | 高中 | 2 | 62 | | 62 | | | | | | |
| 北斗武校 | | 9 | 225 | 57 | 80 | 38 | 27 | 谢士伟 | | | |
| 江南中专 | | 4 | 219 | | 219 | 20 | 10 | 刘宗溪 | | | |
| 港头中心小学 | | 59 | 2692 | 1102 | 225 | 159 | 145 | 房树旭 | 孔令平 | 房树旭 | |
| 棋盘中心小学 | | 125 | 5758 | 1844 | 603 | 309 | 254 | 王　军 | 孙敬龙 | 王　军 | |
| 新安镇中心小学 | | 255 | 12235 | 3573 | 1493 | 788 | 684 | 吕宣龙 | 魏占斌 | 吕宣龙 | |
| 合沟中心小学 | | 85 | 4361 | 1349 | 607 | 206 | 189 | 刘朝明 | 聂新合 | | |
| 草桥周嘴中心小学 | | 117 | 4819 | 1741 | 510 | 287 | 258 | 孙明超 | 朱振渠 | 孙明超 | |
| 瓦窑中心小学 | | 57 | 2461 | 905 | 266 | 168 | 154 | 孙仁合 | 吕宣杰 | 孙仁合 | |
| 窑湾中心小学 | | 101 | 4723 | 1589 | 631 | 273 | 236 | 乔汉泉 | 纪传永 | 乔汉泉 | |
| 唐店中心小学 | | 72 | 3204 | 953 | 395 | 203 | 188 | 臧其科 | 马恒亮 | 臧其科 | |
| 王庄中心小学 | | 86 | 4533 | 1318 | 491 | 222 | 196 | 吕程华 | 苏良进 | 吕程华 | |
| 新店小湖中心小学 | | 82 | 4114 | 1353 | 459 | 212 | 193 | | 孙守玉(主持) | | |
| 邵店中心小学 | | 60 | 2927 | 837 | 365 | 166 | 141 | 吴　潜 | 杨士俊 | 吴　潜 | |
| 时集中心中学 | | 71 | 3383 | 1281 | 318 | 203 | 179 | 孙先锋 | 高维亚 | 孙先锋 | |
| 北沟中心小学 | | 105 | 4465 | 1611 | 533 | 315 | 286 | 孙国庆 | 陈士余 | 孙国庆 | |
| 高流中心小学 | | 67 | 3324 | 1304 | 442 | 171 | 153 | 关浩亮 | 张学武 | 关浩亮 | |
| 双塘中心小学 | | 56 | 2268 | 732 | 228 | 143 | 123 | 杨中山 | 李树振 | 杨中山 | |
| 阿湖镇黑埠中心小学 | | 94 | 4184 | 1458 | 501 | 258 | 227 | 孙光前 | 尹　刚 | 孙光前 | |

（蔡之连）

## ○ 贾 汪 区

**【概况】** 2004年全区有普通高中4所、职业高中4所、初中21所、小学53所、各类幼儿园80所,在校学生82854人。全区3-6岁幼儿入园率达75%以上;义务教育入学率达100%;小学巩固率达100%,初中巩固率达99%,毕业率达99%;三残儿童入学率达95%以上;全面完成扫除青壮年文盲任务。年内,全局以加强机关作风建设、创建文明单位为重点,以加强学校管理、提高教育教学质量为中心,以服务经济建设、改善农村中小学办学条件为抓手,全力推进教育系统整体工作再上新台阶。获得徐州市先进集体、徐州市文明单位、徐州市爱国卫生先进单位等20多项殊荣。

**【党建工作不断得到加强和创新】** 大力开展以"党员先进性"和以师德师风为主题的教育活动。重新修订支部百分考核制度,在教育系统中开展"优秀党建提案"征集活动,英才中学、七中等支部网页登上区政府网站,不断创新党建工作新载体。在"七一"前夕,表彰一批先进基层党组织、先进个人及优秀共产党员。多项党建工作受到市、区组织部门的好评,荣获区先进基层党组织。

**【深入开展机关作风建设】** 结合区级机关作风整顿和创建文明机关活动,大力加强局机关作风建设,推行机关首问负责制和机关人员去向告知制,收到良好效果。机关工作人员素质有进一步提高,增强了服务意识,强化了服务质量,提高了服务水平,方便了人民群众,机关的满意度有较大提高。

**【布局调整工作成绩优异】** 全区共撤除中学5所、小学51所,在全市率先完成省、市下达的布局调整任务,2月份通过省教育厅的首批验收,受到省、市表彰和奖励。

**【高标准完成"三新一亮"工程】** 在推进中小学布局调整的同时,2004年积极稳妥地做好以"课桌新、板凳新、讲台新、电灯亮"为内容的农村中小学"三新一亮"工程建设,共筹措资金110余万元,维修出新课桌椅51756套、讲台314张,新安装标准通电教室956间。向上级争取新课桌椅11280套、讲台987张。改善了农村学校的基本办学条件,于11月份顺利通过省厅的验收。

**【"六有"工程建设进展顺利】** 全区共投入资金2303.35万元,绿化校园155180平方米,硬化道路36614平方米,建设排水系统9052米,新建学生食堂10668平方米,改、扩建学生食堂620平方米,新建学生宿舍9837平方米,改、扩建学生宿舍1793平方米,新建及改、扩建水冲式厕所72个计9894平方米,添置冷热饮水机1391台,购置学生双层床2202张。基本完成预期目标任务。

**【一批创建学校通过省、市验收】** 贾汪中学、建平中学加大学校软硬件建设力度,4月份通过省二星级学校验收。团结小学通过市实验小学的验收。贾汪区中心幼儿园、大吴中心幼儿园通过三星级省示范性实验幼儿园的验收;夏桥文化宫幼儿园通过省示范幼儿园验收;机关幼儿园、东方公司幼儿园通过市示范幼儿园验收。

**【教育教学质量进一步得到提高】** 开展"教育教学质量年"活动,进行校长抓教学五认真的考核评比等工作,采取多种有效措施,全力提升全区教育教学水平。全区高考实现年初制订的进位目标。七中高考成绩位列全市26所重点高中第七名。中考高分人数、优分率较2003年有较大提高,各学科均有得到满分的学生。基础教育质量有明显进步。

【教师队伍建设进一步得到加强】　为发挥优秀教师的示范引领作用，评选出全区首批“名师名校长”、“学科带头人”、“优秀骨干教师”共62名，并组织骨干教师开示范课、研究课，全力推进新课程的改革，教师的教科研能力得到提高，教师在区级以上发表或获奖论文近500余篇。同时，确立“以人为本、关爱每一位学生健康成长”的教育理念，以德立校、以德育人。在2004年的国家、省、市优秀教师评比中，全区有2人被评为全国优秀教师、1人被评为省优秀教师、17人被评为市级优秀教育工作者、126人被评为区级优秀教师。

【抓好校园安全管理专项整治工作】　10月份以来，按照国务院、省、市、区关于集中开展中小学幼儿园安全管理专项整治行动的统一部署，以建立和加强学校安全管理长效机制为出发点，以落实整改为重要环节，坚持自查与检查相结合、检查与整改相结合、集中检查与随机抽查相结合、全面检查与重点检查相结合的方法，对92所(次)中小学、53所幼儿园进行专项整治工作检查。对1342名中小学的教职工、聘用人员、临时工和127名幼儿园的教职工、聘用人员、临时工进行资格审查和身体检查，共调离、辞退中小学不合格人员33人、辞退幼儿园不合格人员2人。对有不良行为的学生制订有针对性的帮教措施，实行班级安全管理员制度。共清缴525件学生携带的管制刀具或器械。校园周边及内部安全环境质量有明显的改善，专项整治行动取得阶段性成果。区文教体局获区社会治安综合治理目标管理二等奖。

(撰稿：贾传喜　审稿：朱　毅)

**贾汪区2004年各类学校概况表**

表4－9　　　　单位：个、人

| 校名 | 班级数 | 学生数 | 毕业生数 | 招生数 | 教职工数 | | 学校领导 | | | |
|---|---|---|---|---|---|---|---|---|---|---|
| | | | | | 计 | 专任教师 | 校长 | 副校长 | 书记 | 副书记 |
| 徐州市第七中学 | 42 | 2425 | 826 | 755 | 184 | 138 | 朱　靖 | 何振国　王福海 | | 朱　靖 |
| 江苏省贾汪中学 | 57 | 3416 | 1479 | 671 | 224 | 175 | 徐敬杰 | 魏哲奎　周永建 | 徐敬杰 | |
| 贾汪区建平中学 | 38 | 2114 | 638 | 732 | 141 | 105 | 耿德田 | 张士文　宋兆杰　王法中 | 耿德田 | |
| 贾汪区英才中学 | 58 | 3135 | 862 | 1003 | 197 | 177 | 王玉彬 | 肖桂林　张铁峰 | | 肖桂林 |
| 贾汪区夏桥矿校 | 49 | 1946 | 370 | 763 | 170 | 168 | 厉洪慈 | 王文庆　尹洪岩 | 侯宝斗 | |
| 贾汪区董庄矿校 | 12 | 635 | 40 | 190 | 48 | 40 | 梁中良 | 侯中原　车春明　吕艳丽 | 赵金光 | |
| 贾汪区实验小学 | 29 | 1465 | 229 | 230 | 70 | 69 | 王金英 | 王旭光　魏垂建 | 王金英 | |
| 贾汪区培智学校 | 3 | 57 | 0 | 9 | 12 | 12 | 李贯东 | 杨元儒　闫爱侠 | | |
| 贾汪区教师进修学校 | 3 | 107 | 84 | 0 | 33 | 21 | 孟宪泉 | 李振营 | | 李振营 |
| 贾汪区大吴中学 | 48 | 3168 | 960 | 912 | 187 | 150 | 王广启 | 吴　瑞　王龙海　王　萍 | 董吉平 | |

续表 4-9-1 单位:个、人

| 校名 | 班级数 | 学生数 | 毕业生数 | 招生数 | 教职工数 | | 学校领导 | | | |
|---|---|---|---|---|---|---|---|---|---|---|
| | | | | | 计 | 专任教师 | 校长 | 副校长 | 书记 | 副书记 |
| 贾汪区青山泉中心中学 | 24 | 1548 | 559 | 537 | 92 | 70 | 李春明 | 蔡知永 夏云成 权计召 | 姚均方 | |
| 贾汪区大泉中学 | 33 | 1920 | 542 | 775 | 122 | 95 | 郭福中 | 王昌伦 陈传俊 吕士彬 | 郭福中 | |
| 贾汪区紫庄镇中心中学 | 34 | 2360 | 673 | 859 | 118 | 98 | 曹金明 | 张雪峰 朱士记 | 曹金明 | |
| 贾汪区汴塘镇中心中学 | 25 | 1550 | 335 | 482 | 65 | 65 | 曹裕强 | 魏　民 王致廷 | 曹裕强 | 李修路 |
| 贾汪区塔山镇中心中学 | 32 | 1972 | 479 | 638 | 119 | 95 | 赵士远 | 王　峰 胡明华 王　永 | 王　峰 | |
| 贾汪区江庄中学 | 26 | 1512 | 421 | 486 | 81 | 71 | 赵荣成 | 冯尊林 周　凯 | | |
| 贾汪区耿集中学 | 47 | 2966 | 658 | 945 | 169 | 124 | 宋克学 | 刘汉中 | 宋克学 | |
| 贾汪区工业园南庄学校 | 22 | 1045 | 421 | 184 | 99 | 75 | 赵海伦 | 刘兴刚 | | |
| 贾汪区鹿庄学校 | 18 | 916 | 380 | 179 | 69 | 65 | 吴继中 | 吴　伟 梁　宝 段世春 | 冯诗元 | |
| 贾汪区大吴镇中心小学 | 13 | 429 | 216 | 66 | 47 | 37 | 王思民 | 耿道松 李正华 | 王思民 | |
| 贾汪区青山泉中心小学 | 27 | 1436 | 442 | 164 | 72 | 65 | 韩圣芳 | 李　强 叶长海 | 韩圣芳 | |
| 贾汪区贾汪镇中心小学 | 17 | 573 | 246 | 100 | 70 | 67 | 王永奇 | 赵言立 陈　冲 赵荣森 | 周建忠 | |
| 贾汪区紫庄镇中心小学 | 19 | 828 | 183 | 143 | 53 | 48 | 苏明忠 | 王保玲 | | |
| 贾汪区汴塘镇中心小学 | 24 | 1522 | 469 | 183 | 41 | 41 | 刘开富 | 张家彬 李传超 | | |
| 贾汪区塔山镇中心小学 | 13 | 595 | 258 | 81 | 36 | 35 | 彭现军 | 张学启 | 彭现军 | |
| 贾汪区江庄镇中心小学 | 15 | 951 | 179 | 117 | 42 | 40 | 杜　超 | 周丛喜 韩文彬 | | |
| 贾汪区耿集中心小学 | 17 | 1047 | 266 | 170 | 39 | 37 | 赵士华 | 赵保林 赵　浩 | 赵士华 | |
| 贾汪区团结小学 | 26 | 1336 | 167 | 223 | 67 | 66 | 薛玉祥 | 曹　荣 | 薛玉祥 | |
| 贾汪区陶圣中学 | 11 | 426 | 162 | 92 | 46 | 32 | 姚　健 | 薛　梅 | | |

（贾传喜）

## ○ 云龙区

**【概况】** 2004年,云龙区文教体局抓住行政区划调整的战略机遇,以党的十六届四中全会精神和"三个代表"重要思想为指导,以提高教育教学质量和办学水平为中心,加快教育现代化进程,推进"科教兴区"战略深入实施,继续保持云龙教育事业快速协调发展的局面。全区有中学5所、班级111个、毕业生1835人、在校生5861人。初中入学率为100%,巩固率为98.1%,毕业率为95.19%,升学率为87.89%。有教职工428人、专任教师327人,大学本科以上学历105人,学历达标率为95.72%;有小学30所,班级480个,毕业生4041人、在校生20139人,入学率、巩固率、毕业率、升学率均为100%,教职工1196人,专任教师1104人,大专以上学历448人,学历达标率为99.72%;有特教学校1所,幼儿园1所。全年教育经费投入4301.71万元。全区拥有国家级现代教育技术实验学校1所、"全国创造教育基地"实验学校6所、省实验小学6所(三星级实小4所)、省电教示范学校4所、省科技特色学校4所,省心理健康教育优秀实验学校2所、省绿色学校5所。2004年,云龙区文教体局被评为"徐州市2001～2003年先进集体"。

**【"双高普九"成效显著】** 提前两年顺利通过省布局调整工作验收,获省政府奖励10万元。切实做好撤并学校闲置资产的运作工作,云龙区教育实验幼儿园高标准建成,并通过市一类幼儿园验收。周密、稳妥地做好城南开发区学校接收工作及徐州铁路分局驻徐小学移交工作。认真抓好"三新一亮"和"六有"工程,争取省调拨课桌椅1000套,全部交付潘塘学校使用。完成公园巷小学教学楼、青年路小学二部夹心板房、二十九中学外楼梯新建等工程;同时对骆驼山小学等十余个单位的校舍房屋进行整修。全年投入资金200余万元,新建校舍面积670平方米,维修改造面积23000平方米。积极推行"校校通"工程。筹资150余万元,为6所学校建成校园闭路电视系统,新增计算机网络教室4间,新建电子阅览室3个,又有2所学校实现图书电子化管理(全区有7所),10所学校通过市电教收费学校验收。建成并开通云龙区文教体局网站。3所学校通过省电教实验学校初评。5项省电教课题顺利通过中期评估,4人在省市电教录像课、信息技术评优课中获一等奖。

**【依法治教水平不断提高】** 强化督导力度,实行"轮值督学制"。对第一批7所综合督导评估学校进行回访,并对第二批9所学校进行督评。扎实抓好控辍保学工作,开展"控辍双线联保责任制"和"无流生班、无流生年级"评比表彰工作。先后迎接市、省督查组"控辍"及公用经费收支使用情况专项督导检查。积极开展扫盲工作,落实教育行政部门与街道办事处"双线"责任制,扫盲工作经验在全市扫盲工作现场会上作大会交流。区文教体局被评为市扫盲工作先进单位,3人获市扫盲工作先进个人称号。广泛开展教育法律、法规的学习宣传活动,重新调整和聘请各校法制副校长。抓好校园安全工作,层层签订安全责任状,进行安全重点专项检查。积极协调、配合各有关部门认真做好校园周边环境综合治理及"学校安全管理专项整治行动"工作,确保校园及师生的平安,4所学校已配备专职保安。年内,区文教体局被评为全省基层依法治理先进集体和区综合治理工作先进集体。

**【新课程改革进一步深化】** 出台抓实校本"四研究"(校本研究、校本培训、校本课程、校本管理)工作意见,先后组织专家讲座、各学科大型培训研讨活动共15场,组织语文、数学2个学科引路课10场,并先后开展引路课、比赛课、集体教研、听推门课等活动。“教师专业化发展”课题研究方案在市重点课题招标中一举中标,5次分专题举办“综合实践活动课程”研讨活动,3项省级课题已顺利结题,9所小学校本教材已结集成册。做好课改经验交流推广工作,课改经验在省、市做专题交流。先后承办市心理健康教育现场会、市课改工作现场会、市课改亮点展示、市校本教研工作现场会等活动,成功承办全省数学评优课大赛,镇江、无锡教育代表团先后到云龙区学习考察课改工作。

**【德育工作扎实有效】** 先后举办以“加强未成年人思想道德建设”为主题的校干培训班和班主任培训班。各校按照局党委部署,结合各自实际,积极开展形式多样的有效活动,切实将未成年人思想道德建设工作落到实处。年内,2所学校被评为省德育先进学校;1人获市“十佳班主任”称号;1人获市首批“十佳心育工作者”称号。积极开展中小学读书活动。区文教体局和7所学校被评为市读书活动先进单位;2所学校获市读书活动知识竞赛一等奖;5人被评为市读书活动先进个人;16人被评为市读书活动优秀辅导教师。积极开展“绿色学校”创建活动,解放路小学、民富园小学、李庄小学分别被推荐为国家、省、市级绿色学校,解放路小学承办徐州市妇女儿童绿色行动周活动启动仪式。

**【教育教学工作质量不断提高】** 采取有力措施,加强对各校教学质量监控,形成教学质量动态管理的有效机制。重新修改制定新的《教师教学工作要求》和《云龙区小学作业种类和批改要求》。加强对学习困难学生的辅导,各校通过摸底建立档案,制定补差计划,落实补差措施,实施动态管理。继续实行教学视导制度。年内,先后对3所学校进行全面教学视导。认真实行教学质量抽测。先后对全区五、六年级语文,数学2学科进行全面抽测,并及时进行反馈。积极推进中学联校教研活动,中学教育教学质量有明显提高。第三十中学2004年中考成绩在2003年跃升5个格次的基础上再次跃升11格次。

**【体育、卫生、艺术工作成绩显著】** 公园巷小学已被市推荐参加省艺术特色学校评估;黄山小学获省冬季锻炼活动先进集体;解放路小学在全市六县五区中获市体育后备人才输送奖第二名;在省小学生篮球比赛中云龙区代表队获女子组团体第二名;在徐州市第十八届中小学生运动会上,男女击剑队、男女田径队、女子射击队均获团体冠军,男篮、女篮、男足分获团体亚军。成功举办全区教职工大众体育项目及中小学生田径运动会。积极配合有关部门做好学生肺结核病筛查、防龋齿以及六年级毕业生的体检工作,印发“健康教育活动方案”,向全区各校下发健康教育教材21套、全国学校健康教育计划材料4000余套。

**【师资队伍建设不断加强】** 邀请无锡市课改专家孟晓东对全区教师进行通识培训;组织开展英特尔未来教育培训;选拔并推荐1名教师参加北京师范大学课程研究中心举办的全国比赛课;组织推选出25位教师参加市中小学优质课竞赛活动,20人获一等奖;组织英语教师的口语测试、基本功大赛,4位教师入选徐州市教师技能代表队,1人代表徐州市获省基本功大赛一等奖和全国基本功大赛二等奖。先后选派2名优秀校长、2名骨干教师分赴英国、澳大利亚进修学习;选派2名优秀校干赴课改实验区无锡挂职锻炼;积极支援西部开发,认真完成新疆新源县4名选派骨干教师到云龙区学习进修的培训任务。2004年,全区:1名教师获“全国优秀教师”荣誉称号,1人获省优秀教育工作者称号;1人被评为省师德先进个人,1人获市劳动模范称号,9人被评为市优秀教育工作者,2人获市青年名教师称号,4人被评为市优秀骨干教师。

**【社区文化、教育、体育工作蓬勃发展】** 投资14万元,建成全市第一家街道级社区教育中心,承办首次全市城区社区教育工作现场会。对全区网吧拉网式检查8次,印发专项整治简报2期。举办社区幼儿教师基本功大赛、幼儿教师备课评比等活动。1人获徐州市幼儿教师评优课一等奖,东方龙亲子园为"全国骨干教师研修班"的活动提供观摩现场。召开家长学校经验交流会,开展家长学校等级评估验收工作,1人获省家庭教育先进个人称号。全年建成全民健身点9个,全区社区全民健身点建设覆盖率达到100%。举办社区家庭运动会。区文教体局组织申报的户部山文化广场被评为全国特色广场。区文教体局获全国特色文化广场活动组织奖。积极开展并圆满完成为期10个月的云龙区第六届社区文化艺术节工作。高标准完成省第二届民间艺术资源普查工作和全国体育场地普查工作。

**【加强党建和思想政治工作】** 紧扣"围绕教育抓党建,抓好党建促发展"的主题,重点抓领导班子建设、党支部组织建设和思想政治宣传工作,依托党校为阵地,开办寒假党员干部政治理论培训班,暑期党员政治理论学习和第二届青年干部培训班。抓好学校领导干部续聘工作,加强学校目标管理和校长任期考核,出台全新的《学校领导班子及领导干部年度考核方案》。全年共有32位同志报名参加入党积极分子培训,35位同志被确定为入党积极分子,34位同志发展为新党员,18位预备党员转正。出台《关于进一步深化学习型党支部创建活动的实施意见》,研究制定《关于开展保持党员先进性教育活动的实施意见》。在各级各类媒体共发稿700余件,其中国家级9篇、省级20篇。出台《关于开展弘扬"高尚师德,展示教师风采"主题教育活动的通知》,开展主题报告会、主题演讲会。2004年,区文教体局党委党校被省委宣传部、组织部授予江苏省先进基层党校;在全市教育系统纪念建党83周年表彰大会作专题经验介绍,2所学校党支部荣获先进基层党支部称号,1人被授予市优秀党员称号。

**【群团工作丰富多彩】** 举办工会主席、工会委员培训班,先后举行师德论文评选、庆"三八"三项技能比赛、"名师新秀迎春座谈会"、"社会尊师重教,教师回报社会"主题教育等活动。开展"雏鹰飞翔在社区"等主题活动,启动"金钥匙"科技竞赛等活动。举行"五月的鲜花"团员诗歌朗诵会。先后开展弘扬民族精神主题教育活动、我做合格小公民"五小"活动、"手拉手"活动。2004年,区局获市少先队工作网络擂台赛一等奖,2个中队被评为全国少先队特色中队,1个中队被授予省"英雄中队",1所学校获市少先队红旗大队称号,1人获省辅导员大赛十佳称号,2人被评为省优秀辅导员,2人分获市金星、银星级辅导员称号,两所学校在全市鼓号队比赛中获奖。6所学校少先队教育创新实验课在省少年儿童研究会立项。积极做好关工委和红十字会工作。全年共筹集扶困助学资金23.27万元,受助中小学生达2496人次。积极开展献爱心活动,向全区下岗困难职工、陕西铜川、及残疾人等捐助人民币数万元、衣物数千件。区文教体局关工委、红十字会,分别被评为市关工委先进集体、市红十字会青少年工作先进集体,3人获先进个人称号。

(撰稿:朱　凯　审稿:赵民强)

## 云龙区2004年各类学校概况表

表4－10　　单位:个、人

| 校名 | 班级数 | 学生数 | 毕业生数 | 招生数 | 教职工数 | | 学校领导 | | | |
|---|---|---|---|---|---|---|---|---|---|---|
| | | | | | 计 | 专任教师 | 校长 | 副校长 | 书记 | 副书记 |
| 第二十九中学 | 29 | 1458 | 476 | 438 | 111 | 104 | 刘振义<br>邱志宏 | 裴宗银 | 刘振义<br>邱志宏 | 张传宏 |
| 第三十中学 | 15 | 673 | 277 | 142 | 64 | 50 | 葛友刚(－8月)<br>姚　灿 | 秦　强　陈士刚 | 葛友刚<br>姚　灿 | |
| 潘塘中学 | 35 | 2052 | 559 | 656 | 131 | 98 | 朱安立 | 杨　波 | 杨　波 | 曹开忠<br>魏天兵 |
| 大韩中学 | 20 | 1071 | 262 | 377 | 75 | 60 | 孟现文 | 韩启明 | 孟现文 | 季洪军 |
| 孙店中学 | 12 | 607 | 261 | 344 | 47 | 35 | 潘　伟 | 曹　锋 | 潘　伟 | |
| 青年路小学 | 42 | 1768 | 316 | 328 | 101 | 100 | 李刚强 | 翟立群　张淑芬<br>王济红 | 李刚强 | 翟立群 |
| 公园巷小学 | 46 | 2419 | 261 | 400 | 106 | 96 | 胡　钢 | 赵　瑄　崔美云<br>郭爱英　黄沛涵 | 胡　钢 | |
| 徐师一附小 | 27 | 1238 | 194 | 236 | 67 | 60 | 曹　璟 | 杨维珊　叶　斌 | 曹　璟 | 杨维珊 |
| 解放路小学 | 70 | 3386 | 580 | 537 | 168 | 161 | 冯志瑛 | 李正山　高　勇 | 冯志瑛 | |
| 民富园小学 | 30 | 1636 | 228 | 253 | 76 | 72 | 刘孝广 | 陈桂云 | 刘孝广 | |
| 黄山中心小学 | 25 | 1136 | 190 | 183 | 73 | 67 | 邢传备 | 郭秋兰　张春华<br>乔雪玲 | 邢传备 | |
| 和平桥中心小学 | 17 | 634 | 147 | 52 | 52 | 46 | 徐永莉 | 朱晓梅　唐红莲<br>付云川 | 徐永莉 | |
| 户部山小学 | 12 | 368 | 104 | 50 | 31 | 30 | 宋孝玲 | | 宋孝玲 | |
| 铁货街小学 | 10 | 299 | 84 | 51 | 28 | 26 | 王晴霞(9月～) | 王晴霞(～8月)<br>黄　利 | 王晴霞(9月～) | 王晴霞(～8月) |
| 复兴南路小学 | 9 | 276 | 69 | 30 | 26 | 24 | 崔淑兰(～8月)<br>王保健(9月～) | 张秀美 | 崔淑兰(～8月)<br>王保健(9月～) | |
| 王杰小学 | 22 | 928 | 187 | 103 | 62 | 59 | 胡兴萍<br>陈红艳 | 付云川　刘淑艳<br>高　强 | 胡兴萍<br>陈红艳 | |
| 子房山小学 | 10 | 326 | 92 | 31 | 27 | 24 | 陈红艳<br>朱晓梅 | 曹陆浦 | 陈红艳 | 朱晓梅 |
| 巴山小学 | 11 | 314 | 55 | 105 | 25 | 23 | 董吉凤 | 张瑞成 | 董吉凤 | |
| 骆驼山小学 | 9 | 318 | 64 | 37 | 28 | 26 | 王保健<br>郭秋兰 | 时淑侠 | 王保健 | 郭秋兰 |
| 店子小学 | 7 | 241 | 68 | 26 | 30 | 22 | 曹淑敏(9月～) | 曹淑敏(～8月)　陈　建 | 曹淑敏(9月～) | 曹淑敏(～8月) |
| 土山寺小学 | 9 | 286 | 100 | 35 | 28 | 25 | 董昌民 | 王效珍 | 董昌民 | |

续表 4－10－1　　　　单位:个、人

| 校　名 | 班级数 | 学生数 | 毕业生数 | 招生数 | 教职工数 | | 学校领导 | | | |
|---|---|---|---|---|---|---|---|---|---|---|
| | | | | | 计 | 专任教师 | 校　长 | 副校长 | 书　记 | 副书记 |
| 下河头小学 | 6 | 163 | 57 | 22 | 17 | 15 | 王永秋 | | 王永秋 | |
| 李庄小学 | 6 | 191 | 54 | 37 | 17 | 16 | 乔金唐 | | 乔金唐 | |
| 潘塘中心小学 | 19 | 882 | 232 | 86 | 55 | 47 | 程建祥 | 代秀峰、王建忠<br>康进才　刘红梅<br>李永军　贾祥林 | 程建祥 | 康进才 |
| 塘坊小学 | 9 | 329 | 66 | 21 | 23 | 22 | 李　鹏 | | | |
| 段山小学 | 9 | 262 | 40 | 23 | 17 | 16 | 曹光珍 | | | |
| 两山口小学 | 12 | 505 | 139 | 44 | 32 | 29 | 陈思明(～8月)<br>范学东(8月～) | 李永军(～8月)<br>曹秀茹(8月～) | | |
| 丁庄小学 | 10 | 325 | 136 | 21 | 17 | 15 | 范学东(～8月)<br>陈思明(8月～) | 张朝廷 | | |
| 张屯小学 | 10 | 362 | 75 | 35 | 16 | 15 | 韩义族(～8月)<br>陈继祥(8月～) | | | |
| 大韩小学 | 7 | 275 | 114 | 22 | 12 | 11 | 段学良 | | | |
| 六堡小学 | 6 | 197 | 79 | | 10 | 9 | 陈继祥(～8月)<br>韩义族(8月～) | | | |
| 茶安小学 | 7 | 294 | 111 | 34 | 14 | 13 | 康进才<br>曹玉林 | | | |
| 孙店小学 | 7 | 249 | 66 | 33 | 13 | 12 | 曹玉林<br>王建忠 | | | |
| 姜楼小学 | 5 | 166 | 53 | | 9 | 8 | 靖广清 | | | |
| 潘塘小学 | 11 | 366 | 80 | 21 | 16 | 15 | 王新光 | | | |
| 云龙培智学校 | 4 | 42 | | 8 | 12 | 11 | 范少伶 | | 范少伶 | |
| 云龙区教师进修学校 | | | | | 8 | 5 | 李　涵<br>赵　瑄 | 王　刚 | 李　涵<br>赵　瑄 | |
| 云龙区教育实验幼儿园 | 5 | 138 | | 138 | 22 | 4 | 王凤云 | | 王凤云 | |

（朱　凯）

## ○ 鼓楼区

【概况】 2004年,鼓楼区文教体局全面贯彻党的教育方针,认真贯彻《九年义务教育法》,巩固九年义务教育成果。紧扣发展主题,以服务于“两个率先”战略目标和满足人民群众教育需要为出发点,以贯彻落实《关于进一步加强和改进未成年人思想道德建设的若干意见》为重点,以推进素质教育、促进青少年全面发展为根本,以改革和创新为动力,以提高教育教学质量为主旋律,优化教育资源配置,加快教育发展速度,全面提升办学水平和教育质量。全区有中学3所、小学20所、特教1所、进修学校1所、幼儿园4所。中小学教职工1201人,其中专任教师1042人。全区中小学在校生16469人。

【增加教育投入,改善办学条件】 2004年区文教体局结合该区实际,提出“名校做优、大校做强、小校整合,高质量、高水平、现代化、均衡发展,办人民满意的教育”的发展思路。完成学校布局调整任务,被省教育厅评为“学校布局调整达标区”。投入100多万元完成中山外国语实验学校1306平方米的教学楼扩建工程;投入400万元新建第二十六中学4300平方米的教学综合楼,已开工建设。投资180万元,对全区中小学、幼儿园进行校舍改建、内外维修,学校办学条件明显改善。

【等级学校创建工作成效明显】 投入100多万元添置教学设备,完成实验幼儿园创建省示范幼儿园、下淀幼儿园创建市示范幼儿园、大马路小学创省三星级实验小学、祥和小学创市实验小学和民主路小学创省首批艺术特色学校的任务。深化办学体制改革,成立民主国际学校。年底全区省市级实验、示范学校(园)已达12所,占学校总数的43%。

【教育现代化步伐加快】 全年投入资金180多万元用于学校教学与现代化建设。添置213台电脑、DVD30台、多媒体教室17间、4所学校实现微机管理。全区共有电脑1113余台,建有20个微机房、25个多媒体教室,28所学校(园)通过接入互联网,4所学校拥有自己的主页。全区50%的中小学开设教育信息技术课,40%的学校实现“三机一幕”,60%的学校建成校园网,8所学校实现图书微机管理,大马路小学通过省级标准化实验室的验收。对全区200多位教师进行现代化教育技术的培训。

【素质教育成效显著】 一抓特色,上水平。在民主路、大马路、中山实验学校等20余所学校游泳、篮球、围棋、击剑、柔道、书法、绘画等办学特色的基础上又开辟跆拳道、举重等特色项目,基本达到“一校一品”。快乐英语、福尼斯英语、牛津英语、先锋英语等英语教学特色鲜明。全年参加省内外书法、绘画比赛师生获奖达1000多人次。少年军校、德育早餐、“红领巾法庭”活动、“心理健康教育”等德育特色异彩纷呈,制定全区贯彻《加强和改进未成年人思想道德建设实施意见》,并开展系列活动,推荐37篇论文参加全国中小学生思想道德建设展评,全部获奖,其中13篇论文获一等奖,局获优秀组织奖,2人分别被评为市十佳德育工作者和十佳心育工作者,二十六中学、鼓楼小学被评为省德育工作先进学校,民主路小学、中山实验学校被评为市德育工作先进学校。全市中小学“徐州精神伴我行”德育现场会在鼓楼区召开。二抓基地,打基础。投资100多万元,兴建徐州市区最大的徐州市青山青少年素质教育基地,4月份开营,先后接待本区及外单位5400名学生活动,深受家长和学生的好评。该区参加省、市师生创造性实践活动、英语口语大赛、科技制作大赛获奖人次居市前列。三抓活动,促提高。召开第十届区中小学生田径运动会,举办全区第三届少儿艺术节，申报省市文明单位13家，区文教体局被市委、市政府授予市“文明行业”称号。积极开展“爱心助残阳光”扶困助学活动，对全区200多名特困生长期帮扶，全年减免特困生杂费10余万元，关工委老同志深入各校进行50多场次爱国主义、思想品德教育巡回演讲。

**【体育成绩捷报频传】** 在省第十三届小学篮球比赛中该区大坝头小学、煤港路小学分获男、女团体冠军，中山学校参加全国围棋比赛获少儿组团体一等奖，江苏省第1名。组建棒球垒球队代表徐州市参加省比赛，取得第2名的好成绩。全年在省市各类体育竞赛中共获得冠军15个，蝉联市十八届运动会市区小学生部团体总分第1名，举办首届社区运动会，完成8个全民健身工程点，牌楼办事处被省体育局评为“全民健身先进单位“称号。并被市体育局授予全民健身“八个一”工程示范点。

**【课程改革大步推进】** 一是健全制度，建立全方位的教育教学目标责任制和常规管理制度。二是强化研究，建立“三级”教研网络，分层次举办公开课、示范课、观摩课220多节。三是深化教育改革，确立“抓住重点、突破难点、彰显亮点”的工作思路。按“培训、教研、科研”三位一体模式全面推进，探索具有鼓楼特色的课改新路。开展“课改校校行”活动，在鼓楼小学举行课改亮点展示活动。四是教科研工作扎实推进，2个国家级课题，6个省级课题，14个市级课题研究进展良好，《素质教育下对学生多元化评价策略的研究》已在专业刊物发表，得到有关专家肯定，并获优秀阶段成果奖。民主路小学被联合国教科文组织定为有EPD课题实验校，民主路小学、中山学校分别被中国教育学会、中陶会定为全国教科研基地。近50篇科研论文在省市教科所、陶研会、教育学会论文评选中，分获一、二等奖。在淮海堂举行“新课程理念下教学五认真”大型研讨活动，邀请全国著名专家莅临徐州讲学，该区教师上研讨示范课，充分展示课改成果。与会专家和老师1000多人实地观摩大马路小学现场，给予高度评价。年内陶研会、省级作文研讨会、福尼斯英语研讨活动、全市校本培训现场会、课改现场会，均在该区召开。

**【教学质量稳步提高】** 2004年3所中学考入市一类、二类重点中学达455人，重点高中上线率达54.2%，二十六中学高考实现新突破，本科上线16人。全区先后举行鼓楼名师展示课、音乐教师基本功大赛、电教技术比赛课等活动，特别是参加市“六学科”评优课比赛，全区26节课获一等奖、2节获二等奖。积极参加各级各类学科竞赛，全区师生300多人次在省、市级学科竞赛中获奖。

**【干部、人事制度改革不断深化】** 积极探索干部选拔任用工作的新途径。上半年在全区范围内对3所学校(幼儿园)的校长、园长和机关科室人员进行公开竞聘。暑期对全区小学正、副校长进行严格考核、考察，由过去的任命制改为聘用制，聘期三年。制定并实施校长聘期考核办法，加强对校长的聘期管理工作。部分学校实行全员聘任制和末位淘汰制。深入实施四项工程(即师魂工程、源头工程、青蓝工程和温暖工程)，开展鼓楼名师、骨干教师、十佳青年教师、优秀教育工作者等评选活动。举办首届名师研修班，加大对教师培训力度，选派200多人次参加省级以上培训，其中3名教师，1名校长出国培训。

**【对外交流再上新台阶】** 进一步加强与韩国、澳大利亚、德国等友好学校的交流。民主路小学先后5次接待德国、韩国等外国友人的到访，8月民主路小学又成功进行回访，增进友谊，扩大影响。(撰稿：孙成军 王 霞 王明珠 审稿：王洪波)

## 鼓楼区2004年各类学校概况表

表4－11　　　　单位:个、人

| 校名 | 班级数 | 学生数 | 毕业生数 | 招生数 | 教职工数 | | 学校领导 | | | |
|---|---|---|---|---|---|---|---|---|---|---|
| | | | | | 计 | 专任教师 | 校长 | 副校长 | 书记 | 副书记 |
| 二十四中 | 24 | 1201 | 428 | 400 | 98 | 95 | 孙晋忠 | 李　东 | 高克诚 | |
| 二十六中 | 36 | 1873 | 811 | 504 | 142 | 139 | 权运太 | 相裕周 | | 权运太<br>陈德惠 |
| 二十七中 | 5 | 210 | 115 | | 44 | 41 | 郭　庆 | 姜夕伟 | | 张平桥 |
| 民主路小学 | 41 | 1555 | 193 | 314 | 107 | 105 | 高祥薇 | 李　萍　梁玉华 | 张学营 | |
| 鼓楼小学 | 33 | 1635 | 272 | 296 | 98 | 96 | 刘永光 | 吴应华　刘海澎<br>高丽华 | 黄成功 | 刘永光<br>吴应华 |
| 大马路小学 | 40 | 1958 | 271 | 254 | 102 | 100 | 刘文琪 | 韩传民　吴　蕾 | 孙荣平 | |
| 中山外国语实验学校 | 23 | 998 | 114 | 174 | 74 | 72 | 刘尊立 | 于冬梅　查小红 | 杨小红 | |
| 八里小学 | 13 | 565 | 82 | 84 | 41 | 39 | 辛　浩 | 李敬瑾　李　伟 | 徐桂芬 | |
| 下淀小学 | 18 | 707 | 139 | 103 | 51 | 49 | 赵志红 | 王继荣　翟广平<br>许光选 | 林春莉 | |
| 王场小学 | 13 | 558 | 113 | 83 | 37 | 35 | 徐　凝 | 汪桂荣　胡惠云 | 王素美 | |
| 祥和小学 | 15 | 711 | 102 | 95 | 39 | 37 | 张召美 | 马家纯 | 秦　强 | |
| 煤港路小学 | 17 | 759 | 163 | 82 | 53 | 51 | 毛瑞生 | 刘　敏　黄春娟 | 李芙蓉 | |
| 大坝头小学 | 13 | 493 | 137 | 42 | 45 | 43 | 曹红梅 | 周　伟 | 王树群 | |
| 建北小学 | 13 | 558 | 113 | 83 | 49 | 47 | 葛孝云 | 周淑美 | 马　林 | |
| 西阁小学 | 11 | 437 | 85 | 52 | 32 | 30 | 韩　勇 | 缪世菊　许永惠 | 王　炜 | |
| 铜沛小学 | 5 | 187 | 50 | | 20 | 19 | 金燕玲 | | | |
| 八一小学 | 6 | 229 | 50 | 19 | 17 | 16 | 赵芳侠 | | 赵芳侠 | |
| 沈场小学 | 6 | 222 | 33 | 33 | 18 | 16 | 张志刚 | 陈　燕 | 吴蒙蒙 | |
| 闫沃小学 | 6 | 188 | 24 | 30 | 15 | 14 | | 王成莲　肖素萍<br>(主持) | | |
| 杨庄小学 | 10 | 379 | 92 | 42 | 26 | 25 | 赵继平 | | | |
| 朱庄小学 | 13 | 518 | 77 | 96 | 34 | 33 | 刘启化 | | | |
| 李沃小学 | 8 | 238 | 46 | 24 | 17 | 16 | 刘利辉 | | | |
| 琵琶小学 | 7 | 198 | 37 | 13 | 21 | 20 | 史诚明 | | 史诚明 | |
| 省示范幼儿园朱庄幼儿园 | 10 | 360 | 133 | 100 | 16 | 15 | 李玉侠 | 张保卫　刘　静 | | |
| 省示范幼儿园实验幼儿园 | 7 | 269 | 99 | 78 | 12 | 16 | | 郭　婷　王保华<br>(主持) | 杨喜兰 | |

续表 4-11-1　　单位:个、人

| 校　　名 | 班级数 | 学生数 | 毕业生数 | 招生数 | 教职工数 | | 学校领导 | | | |
|---|---|---|---|---|---|---|---|---|---|---|
| | | | | | 计 | 专任教师 | 校　长 | 副校长 | 书　记 | 副书记 |
| 市示范幼儿园下淀幼儿园 | 6 | 162 | 58 | 46 | 13 | 12 | 朱冰娟 | 孔　冉 | | |
| 市示范幼儿园黄河幼儿园 | 3 | 56 | 20 | 13 | | | 李玉侠(负责人) | | | |
| 特教牌楼培智学校 | 10 | 91 | 10 | 13 | 22 | 21 | 周明侠 | 王临临 | 周明侠 | |
| 进修学校 | | | | | 7 | 7 | 王　静 | 鲍延娥 | | |

(王　霞)

## ○ 泉山区

**【概况】** 2004年,泉山区以“两个率先”主题教育和树立科学发展观教育活动为载体,切实加强干部教师的思想政治工作。确立“以人为本”的教育理念,围绕“确保义务、促进民办,做强品牌、实现均衡”的总体思路,认真开展“无差别教育”试点工作;努力整合资源,做强精品,提高教育质量,推进基础教育均衡发展。全区现有小学25所(其中公立24所、民办1所)、特教学校2所、公办幼儿园3所、民办幼儿园70所。共有学生19910人、在职教职工1262人。全区适龄儿童入学率、在校生巩固率、小学生毕业率均为100%;特殊教育稳步发展,残疾儿童入学率达98%以上;已创建省模范小学1所、省实小3所、星级省示范幼儿园3所。

**【积极探索“教育均衡化”】** 市委书记徐鸣2004年初在泉山区视察时提出推行“标准化建设、无差别教育”,其实质就是基础教育的均衡化发展问题。泉山有许多实施“教育均衡化”的优势条件,上半年在广泛调研的基础上提出《泉山区关于“无差别教育”的实施方案》及相关规划;经多方争取,泉山区已被市教育局正式确立为实施“无差别教育”试点区,10月28日“徐州市教育发展专项招标课题《区域性推进无差别教育对策研究》”举行开题会。相关课题及该实施方案正深入论证、试点,2005年将正式推开。

**【合理调整学校布局】** 全区已先后撤并建西、少华巷等6所小学,减少薄弱学校的数量。2004年上半年顺利通过2次省级检查:2月份全省中小学布局调整考核验收,泉山区提前2年完成“十五”期间调整任务,被省政府评为“布局调整合格区县”;4月份省政府教育督导团“控辍与公用经费专项督查”,泉山区各项指标均超省标,受到好评。暑期布局调整,将夹河街小学并入光荣巷小学,实现强强联合,优化教育资源。两校合并后班子加强、队伍优化、编班合理、优势突显,发展势头良好。

**【重视新建居民小区配套学校建设】** 西苑地区小学生源爆满问题已存在多年,引起群众广泛关注。3月初市政府决定拨款900万元新建四轨制的西苑第二小学。该区专门成立领导机构,明确分工,责任到人;严密组织、科学施工,确保了工程进度。8月底教学楼主体工程及附属设施完工,9月1日学校如期开学。11月份,顺利实施了西苑一小超编学生分流工作,有效地解决了西苑地区适龄儿童上学难问题。

【抓好学校基建维修和安全管理】 该区部分校舍为80年代以前建设。为确保安全,暑期文教体局制定学校基建维修工作新的管理办法,基建工作从由局包管改为各校负责组织施工,实行招标、监理、审计等“三书”管理,既增强校长责任意识,也极大地调动学校参与的积极性,全区28个单位个个都有项目。维修校舍、改造道路、翻修田径场等近4万平方米,总投资达220万元,使校园面貌发生较大变化。同时,高度重视学校安全,多次对小学、幼儿园及辖区内网吧等进行安全普查和隐患整顿;年底由文教体局、公安分局牵头,10余个单位联合进行中小学幼儿园安全管理专项整治行动,取得明显成效。

【健全制度进一步规范学校管理】 从抓校长队伍建设入手,实行任期目标管理和学校工作综合考核。拟定下发《泉山区学校工作综合考评实施意见》及考评方案,要求校长积极实行人文管理,最大限度地调动师生积极性,实现学校最优发展。进一步健全制度,陆续出台《教师培训进修管理规定》、《病事假管理规定》、《基建维修工程管理办法》、《财务管理办法》等一系列制度,并强化落实。局有关科室责成专人负责日常考核、建立考评档案;实行定期检查、公示与年终考核相结合,使考评工作落到实处。

【积极开展创建活动】 全区打造了一批新亮点。11月,少华街、风化街、光荣巷、段庄二小和西苑一小5所学校为全市“课改亮点展示”现场会提供现场,向全市展示泉山区的课改亮点。年内,黄河、奎园、奎山、西苑一小等校通过市实验小学验收;西苑一小创建成省艺术教育特色学校,奎园通过江苏省绿色学校验收,段庄二小被中国射箭协会命名为“全国射箭重点学校”。风化街、湖滨一小、西苑一小分别通过市德育先进学校、市中小学日常行为规范示范校的验收,全区整体办学水平正稳步提高。

【努力提高教育教学质量】 以新课程改革为契机,制定实施《泉山区小学教育质量百分考核方案》及《教学质量评价指标体系》,局职能部门建立教学质量责任制,进一步强化对各科教学质量监控,并针对监测中各校实际情况,分析研究、制定整改措施,分类指导,促进全区教学质量的提高。大力加强教科研工作,50余个“校本”科研课题进行开题,一批省市重点教科研课题相继结题,局教科室以高分通过“市合格教科室”验收。在徐州市青年教师优质课评比中,泉山又有10个学科25位教师参赛,7个学科17位教师获奖,其中一等奖15人,二等奖2人,居全市首位。沈宁老师代表江苏省参赛,获得“全国第一届科学优质课评比”第一名。2004年省市教育论文评选中全区有24人获奖,获奖率达80%以上。

【加强师资队伍建设】 区委、区政府高度重视教师队伍建设,依法维护教师合法权益。2004年又接收50名高学历的新教师。在鼓励教师参加学历进修、在职进修的基础上,加快实施以培训全体教师为目标、骨干教师为重点的继续教育,开展形式多样的校本培训,优化了队伍结构和素质。全区校本培训、技能培训参培率达100%,区域性整体推进校本培训工作取得突破性进展。积极实施“名师名校长工程”、“青蓝工程”,评选产生首届“泉山区名教师、学科带头人和青年优秀骨干教师”。在全市第三批名师名校长和第五批“青蓝工程”评选中,该区8人通过评审,其中名校长1名、名师2名,青年名教师3名、青年学科带头人2名,获奖数超过历年。

【积极参与精神文明创建活动】 全局积极参

与社区文化体育建设和精神文明创建活动。关注特困家庭子女和孤残儿童就学问题。金山小学义务接纳市社会福利院孤残儿童10余名免费就读；黄河小学积极做好智障残疾儿童随班就读工作。9月，由该区援建的民办彭城培智学校开学，为智障儿童的康复提供一条新途径。11－12月，文教体局会同区委宣传部、关工委及工青妇等多家单位共同开展“爱心助成才”捐款活动，建立专门助学基金，帮助家庭经济困难学生顺利完成学业。重点抓好全市特色文化和民间艺术资源普查工作，大力发展校园文化，举办泉山区第七届教育艺术节；局代表队在全市“马可艺术节”合唱比赛中获第一名，一大批师生在省市竞赛中获奖。认真组织开展“扫盲”、语言文字工作评估等工作，通过了省市验收。深入开展全民健身活动。争取市配套资金，建成淮塔全民健身工程及18个健身点；召开泉山区首届全民健身社区运动会，翟山社区被评为“全国城市体育先进社区”。

（撰稿：张广建　审稿：石运昌）

**泉山区2004年各类学校概况表**

表4－12　　　　单位：个、人

| 校名 | 班级数 | 学生数 | 毕业生数 | 招生数 | 教职工数 | | 学校领导 | | | |
|---|---|---|---|---|---|---|---|---|---|---|
| | | | | | 计 | 专任教师 | 校长 | 副校长 | 书记 | 副书记 |
| 少华街小学 | 37 | 1822 | 214 | 342 | 89 | 86 | 王建 | 程晓燕　韩兵 | | 王建 |
| 风化街中心小学 | 22 | 777 | 143 | 92 | 57 | 53 | 孙鹏 | 李冀湘　王怀平 | 杨福荣 | 孙鹏 |
| 燕子楼小学 | 16 | 590 | 144 | 57 | 51 | 48 | 尹洪兰 | 王秀珍 | 王淑英 | |
| 永安街小学 | 24 | 976 | 202 | 116 | 63 | 60 | 徐艳霞 | 焦祥娣　马宝德 | 徐艳霞 | |
| 段庄第一小学 | 13 | 510 | 123 | 89 | 38 | 35 | 王晓卫 | 冯文武 | 吕桂庭 | |
| 湖北路小学 | 12 | 454 | 126 | 42 | 38 | 36 | 徐舒田 | 刘梅 | 徐舒田 | |
| 淮海西路中心小学 | 30 | 1267 | 288 | 114 | 76 | 72 | 马文忠 | 茆守明　李晶　郝敏 | 马文忠 | 李晶 |
| 黄河新村小学 | 15 | 616 | 133 | 75 | 47 | 44 | 王崇岭 | 党修河　吴湘 | 王崇岭 | |
| 泉山区特教学校 | 2 | 15 | | | 4 | 4 | | | | |
| 光荣巷小学 | 38 | 1715 | 209 | 257 | 104 | 99 | 蒋洁 | 葛桂芹　董建华　丁瑾 | 王淑兰 | |
| 夹河街小学 | | | 101 | | | | 周毅 | 丁瑾 | 周毅 | |
| 西苑小学 | 31 | 1802 | 220 | 168 | 80 | 78 | 王丽华 | 张艳红 | 王丽华 | |
| 西苑第二小学 | 5 | 203 | | 203 | 16 | 14 | 吴高峰 | 沈宁 | 王雪芹 | 2004年9月落成 |
| 湖滨新村中心小学 | 24 | 1246 | 231 | 188 | 67 | 63 | 马宪斌 | 戴海明　涂翠华　樊迎春 | 马宪斌 | 袁兵 |
| 湖滨第二小学 | 24 | 976 | 194 | 145 | 66 | 63 | 孙常英 | 晁家奎　蒋厚萍 | 孙常英 | 朱永亮 |

续表 4－12－1　　　　单位:个、人

| 校名 | 班级数 | 学生数 | 毕业生数 | 招生数 | 教职工数 | | 学校领导 | | | |
|---|---|---|---|---|---|---|---|---|---|---|
| | | | | | 计 | 专任教师 | 校长 | 副校长 | 书记 | 副书记 |
| 矿山路小学 | 13 | 519 | 127 | 46 | 32 | 30 | 陈万云 | 陶玉玮 | 陈万云 | |
| 段庄第二小学 | 31 | 1661 | 300 | 198 | 77 | 74 | 崔明琳 | 姜佩敏　王　雷 | 崔明琳 | |
| 韩山小学 | 12 | 513 | 116 | 70 | 25 | 24 | | 乔振银(主持) | | 乔振银 |
| 杏山子小学 | 6 | 120 | 44 | 7 | 12 | 11 | 经绍群 | | | |
| 星光双语学校(民办) | 18 | 558 | | 157 | 51 | 49 | 常玉萍 | 倪　萍 | 常玉萍 | |
| 奎山中心小学 | 18 | 703 | 176 | 89 | 51 | 48 | 陈德琴 | 乔文雯　宋健华 | 陈德琴 | |
| 奎园小学 | 13 | 561 | 58 | 87 | 35 | 33 | 王绪刚 | 孔令芳 | 王绪刚 | |
| 姚庄小学 | 12 | 497 | 111 | 67 | 36 | 34 | 崔　光 | 王　海 | 崔　光 | |
| 太山小学 | 11 | 297 | 53 | 42 | 30 | 27 | 周　毅 | 周兴伟 | 满瑞敏 | |
| 翟山小学 | 6 | 187 | 37 | 32 | 16 | 15 | 朱兴碧 | | 朱兴碧 | |
| 金山小学 | 6 | 207 | 47 | 21 | 20 | 18 | 曹继军 | | 陈洪斌 | |
| 南湖小学 | 6 | 203 | 47 | 25 | 11 | 9 | 乔永智 | | 邓传明 | |
| 区教工幼儿园 | 8 | 293 | 84 | 132 | 40 | 18 | 张　晴 | 张秋云　彭传香 | 张　晴 | |
| 区机关幼儿园 | 7 | 220 | 70 | 80 | 30 | 18 | 刘　颖 | 甘宜芬 | 刘　颖 | |
| 奎山幼儿园 | | | | | | | 陈　巧 | (拆迁,保留编制) | | |
| 星光双语幼儿园(民办) | 14 | 435 | 70 | 220 | 30 | 14 | 彭　武 | 邱　琳 | 陈　巧 | |
| 泉山区教师进修学校 | | | | | 4 | 3 | 张立冬 | | | |

注:夹河街小学 2004 年 7 月并入光荣巷小学

(张广建)

## ○ 九 里 区

【概况】 2004 年,九里区文化教育体育局以“三个代表”重要思想和“科学的发展观”为指导,全面贯彻党的教育方针,认真落实市、区教育工作会议的部署,以加快教育科学发展、提高教育教学质量统揽全局,不断深化教育改革和推进教育创新,圆满完成全年的各项教育教学目标任务。全区实现小学适龄儿童入学率、巩固率、毕业率,分别为 100%、99.8%、100%,初中入学率、巩固率、毕业率,分别为 98.2%、98.5%、99.48%。全区有幼儿园 25 所,专任教师 119 人;小学 11 所,专任教师 508 人;中学 7 所,其中初中 5 所,高中 2 所,专任教师 569 人。

【加快课程改革步伐】 全区开展“教育教学质量年”活动,组织广大教师认真学习教育理论,更新教育观念,广泛开展“学习新课标,走进新课程”活动;加强教育科研,局教研室创办《教研观察》,九里中学创办《九里中学教科研》;积极开展新教材培训,全年参训教师达400多人次,进行教育论文和优质课评选,全区中小学180人参与此项活动;学习南通经验,聘请启东中学王生校长担任教育顾问;建立教育教学评价体系,加强动态管理;成功召开“城东中、小学教学现场会”;实施教学质量4次大型检测,强化质量意识。

**【中高考成绩创历史新高】** 2004年全区中考生1993人,徐州一中、三中统招上线人数比2003年增加37人。全区中考总平均超出大市区30分,位居大市区第2名;在全市排名位次上升幅度较大的10所学校中,该区占有2所,其中杨屯中学提高10个位次,利国矿校提高6个位次。高考参试人数177人,本专科上线133人,上线率达75%,比2003年提高10个百分点;职业中学参加对口单招,8名学生报考,全部被录取,录取率达100%。

**【德育工作成效明显】** 德育工作坚持重基础、重建设、重实效,突出主旋律,树立“以人为本”的德育原则,加强德育工作队伍建设。组织42人参加市级培训,8人参加省级培训。进行“树立大德育观”的探讨,整合各种德育资源,把心理健康、法律法规、国防教育、环境卫生、关工助残等教育有机结合起来,通过开展“争做诚实守信现代人”系列教育活动,加强对未成年人思想道德教育;认真贯彻中小学新守则和中小学新规范;开展远离网吧、健康文明上网教育活动。同时加强德育先进学校创建工作。

**【职业教育有新进展】** 认真贯彻落实“两后双百”方针,加强职业技术培训。为打造九里职业教育品牌,将原“拾屯职业中学”更名为“九里职业中学”,采取多元化融资方法,投资30余万元,建成微机室和电子电工实验室各1口,购置缝纫机20台,新建厂房3间。开设电子电工、计算机应用与维修等专业。三下苏南寻求联合办学之路,通过多方努力协调,先后与苏州市相城区、苏州正雄制衣有限公司、苏州轻工业学校等单位签订联合办学和订单培训合同,构建初、高中毕业生就业的平台。

**【教师队伍素质显著提升】** 落实基础教育课程改革培训和省、市级骨干教师培训,全年共选送:27人参加省级骨干教师培训;29人参加市级骨干教师培训,3人参加市名、优教师培训;选送中小学校长培训2人、出国培训1人、市英特尔未来教师培训43人;新教师上岗培训30人。加强师德师风建设,第20个教师节对十佳教师、十佳校干、十佳班主任和66名优秀教育工作者进行表彰奖励。王家民、徐真被评为省优秀教育工作者;王世金被评为市优秀教育工作者;马建民被评为市劳动模范。

**【教育呈现新亮点】** 创立九里体育论坛,请专家讲座、指导教研,把握教学方向;强化学校竞技体育,竞赛成绩明显提高。年初包揽全市中学跳毽、跳绳和小学跳绳三项冠军,年末囊括全市长绳比赛中学组和小学组特等奖;获市十八届运动会小学篮球第二名,小学足球甲组第一名,中学足球第三名,小学田径第三名,中学武术A组第三名。体育课教学水平进一步提高,拾红艳获省体育教学能手比赛一等奖,姚君娟获市优质课一等奖。改善艺术教育条件,为每个学校配置钢琴;建立2个省书画考级基地,建专业书、画室1间;舞蹈排练房1间,成立教工艺术团,完成“动感古彭”大型广场文化活动演出、教师节大型文艺演出和德国埃尔福特市经济代表团的接待演出。

**【纪检监察工作卓有成效】** 认真学习《中国共产党纪律处分条例》和《中国共产党党内监督条例(试行)》,坚持标本兼治、防治结合的原则，以贯彻“四大纪律、八项要求”为重点，强化对党员干部的教育，促进廉洁自律的落实。全年举办股、校级干部党风廉政培训班；建立股、校级干部廉政档案，进行校干任期内和离任审计；举办财会人员培训班；对全区中小学财务管理进行清查；召开全区中、小学财务审计暨先进表彰会议。对不按“一费制”规定收费的学校进行严肃查处，实现全年教育收费零投诉。

**【进一步改善办学条件】** 完成九里中学教学楼的附属工程和新陈庄小学第二期工程；一批新出现的危房、危墙、危厕得到及时修缮；“六有工程”进展顺利；投资30万元的城东小学塑胶跑道已建成投入使用，投资200万元的苏山中学塑胶跑道操场正在建设之中；各校绿化、美化、校园文化建设都有显著进展和提高；投资80余万元为部分学校配置多媒体、微机和物、化试验设备；现代化教研室已投入使用；全区学校布局调整和“三新一亮”工程顺利通过省教育厅验收。

**【人事制度改革稳步推进】** 在全区范围内进行局教研员选拔工作，通过笔试、面试、政审等环节，选拔出8名德才兼备的优秀教师担任局教研室教研员；与区纪检监察、人事部门联合开展新教师招聘工作，聘请全市知名教育专家担任评委，通过公开、公平、公正的严格程序，招聘教师30名，进一步推进全区教育系统的人事制度改革。

**【党建工作开新路】** 加强党建工作创新，开展“五个一”支部即绿色家园支部、政治宣传支部、师生互爱支部、学习型支部、特色支部创建活动。开展庆“七一”六大系列活动。树党员形象，比教育业绩，争做创新教育的模范；做好党员示范，争当时代教育先锋；举行“怎样当好党员教师”征文比赛；开展“反对邪教法轮功”进课堂活动；举行重温入党誓词，践行“三个代表”重要思想仪式。开展庆祝新中国成立55周年和邓小平诞辰100周年大型系列宣教活动，受教育人员达3万余人次。九里文教体局党委被市委表彰为“先进基层党组织”。 (侯家勇)

**九里区2004年各类学校概况表**

表4-13 单位:个、人

| 校名 | 班级数 | 学生数 | 毕业生数 | 招生数 | 教职工数 | | 学校领导 | | | |
|---|---|---|---|---|---|---|---|---|---|---|
| | | | | | 计 | 专任教师 | 校长 | 副校长 | 书记 | 副书记 |
| 拾屯小学 | 17 | 609 | 206 | 55 | 55 | 53 | 郑帮民 | 赵玉建 | 孙从良 | 郑帮民 |
| 张小楼小学 | 11 | 330 | 104 | 22 | 26 | 26 | 赵安 | | | 李玉良 |
| 新陈庄小学 | 12 | 382 | 93 | 45 | 33 | 33 | 周琳 | 李建 | 王全福 | 周琳 |
| 王新庄小学 | 14 | 500 | 210 | 42 | 43 | 43 | 夏春振 | 刘文亮 | 邓允书 | 夏春振 |
| 苏山小学 | 19 | 810 | 166 | 140 | 50 | 48 | 韩世柱 | 孙敏 | 张文平 | 韩世柱 |
| 谷山小学 | 24 | 890 | 226 | 90 | 66 | 61 | 李刚 | 邵世红 郑慧娴 杨曙光 | 王传运 | 李刚 |
| 杨西小学 | 21 | 694 | 168 | 48 | 54 | 49 | 罗传明 | 郭依泰 魏新梅 | 李乐贤 | 罗传明 |
| 武屯小学 | 8 | 276 | 100 | 28 | 21 | 21 | 武军 | | 杜庆文 | |

续表 4-13-1

单位:个、人

| 校名 | | 班级数 | 学生数 | 毕业生数 | 招生数 | 教职工数 | | 学校领导 | | | |
|---|---|---|---|---|---|---|---|---|---|---|---|
| | | | | | | 计 | 专任教师 | 校长 | 副校长 | 书记 | 副书记 |
| 卧牛小学 | | 15 | 620 | 160 | 70 | 52 | 51 | 赵汝俊 | 殷冬 李梅 | 李后全 | 赵汝俊 |
| 史庄小学 | | 12 | 404 | 115 | 50 | 38 | 38 | 李志忠 | 张强 张平忠 | 李志忠 | |
| 城东小学 | | 27 | 1100 | 179 | 142 | 90 | 85 | 武勇 | 马广平 | 胡增军 | |
| 教师进修培训中心 | | | | | | 10 | | 姜华 | | | |
| 九里中学 | 高中 | 16 | 757 | 166 | 251 | 61 | 52 | 高彩侠 | 张凤君 杨斌 李海港 惠正义 | 高彩侠 | 张凤君 |
| | 初中 | 48 | 2573 | 945 | 851 | 165 | 141 | | | | |
| 杨屯中学 | | 18 | 956 | 305 | 329 | 62 | 54 | 黄维桢 | 周廷达 | 刘其鹏 | 黄维桢 |
| 苏山中学 | 初中 | 35 | 1699 | 557 | 561 | 124 | 109 | 张广智 | 吴学政 石玉华 赵百灵 | 杜文鉴 | 张广智 |
| | 小学 | 7 | 238 | 40 | 26 | 26 | 26 | | | | |
| 城东中学 | 高中 | 9 | 360 | 97 | 130 | 56 | 50 | 张绪明 | 文天明 李克光 | 李明月 | 张绪明 |
| | 初中 | 14 | 673 | 200 | 259 | 48 | 42 | | | | |
| 利国矿校 | 初中 | 6 | 174 | 104 | 56 | 19 | 19 | 董龙涛 | | 李允福 | 董龙涛 |
| | 小学 | 10 | 312 | 85 | 40 | 24 | 24 | | | | |
| 九里职中 | | 8 | 338 | 32 | 259 | 32 | 20 | 孙从旭 | 王建华 拾景明 郝祥彦 | 孙从旭 | 郝祥彦 |
| 辅仁中学 | | 10 | 394 | 55 | 262 | 42 | 32 | 韩志如 | 李明珠 杨文斌 田辉 | | |

(侯家勇)

## ○ 徐州经济开发区

**【概况】** 2004年开发区有:初级中学2所,38个班,1609名学生,招生475名,毕业学生518名、毕业率99.6%,专任教师计122名,学历合格率97.8%;4所小学,60个班,2278名学生,一年级招生299名,辖区适龄儿童入学率100%,六年级学生毕业率100%,巩固率100%。小学专任教师计177名,学历合格率100%。全年教育经费总投入1078万元。全区中小学以教学质量为核心,以教科研为先导,以课程改革为重点,加强学校管理,全面提高教师整体素质,全面提高教育教学质量,取得较好成绩。小学9名教师参加市级9个学科的优质课竞赛,3名教师获得一等奖,6名教师获得二等奖。初中教师参加全市课堂教学优秀案例评比活动,有9篇分获一、二、三等奖;初中美术教师参加全市美术教师基本功大赛,3位教师分获市一、二等奖及优秀奖。初中学生2人获市"中学生与社会"作文大赛二等奖;12人分获"市初中生读写笔记评选"一、二、三等奖;30人分获省物理知识竞赛二等奖、市一、二、三等奖;7人分获全国英语能力竞赛三等奖、市一、二等奖。

**【让课改走进课堂】** 课程改革从课堂教学入

手,要求教师在课堂教学中做到“三坚持”,即坚持夯实基础知识,坚持培养学生的能力,坚持理论联系实际。各校成立课改领导小组,制订学校课改方案,依托教研组、年级组或备课组开展教研活动。3月～4月份,开展区级中小学优质课观摩、研讨活动,24位教师在活动中开课,全区中小学教师参加优质课的观摩、研讨活动;12月份,全区又组织“课改校校行”,40位中小学青年教师开课,近百名教师参加研讨活动。

**【教科研工作初见成效】** 加强教科研是年内的重点工作。科研课题进一步加强,课题空缺校依据自身办学优势积极探讨、申报科研课题。金山桥中学的“三段六步”课堂教学模式,金山桥小学的《创建校本培训模式,走科研兴校》的经验在全市交流。二十五中学开展《生活与作文健康心理》、《英语课堂教学评价方式》、《生物课堂对学生的有效评价》、《数学课堂自觉式教学模式》课题研究。刘湾小学于3月份承办省级课题子课题《学生心育》研讨会,得到省市教育专家和与会教师的高度评价。金山桥中学的省级美术乡土教学研究子课题“徐州汉代动物陶艺教学研究”在进行系列研究、实验,8月编辑出版乡土教材《汉代陶塑动物》,此书12月份在全省美术教学年会上进行交流。年底,全区有9项国家级、省级、市级课题或子课题正在开展研究。

**【开展综合实践活动】** 二十五中学以“认识金山桥,热爱金山桥,服务金山桥”为主题,分别从历史、人文、地理、工农业等方面开展系列活动;金山桥中学根据学科特点,研究和开发校本课程“百科史话”、“汉代陶狗教学研究”、“人文精神阅读”等,加强学生的人文素养的提升和实践创新能力的培养;刘湾小学提出“让学生在综合实践活动中张扬个性”,摸索出“在活动内容上关注兴趣,在活动形式上展示个性,在活动成效上注重反思”的教学模式;金山桥小学发挥学校优势,加大投资,添置设备,加强信息技术教育;蟠桃小学、王庄小学积极挖掘校本资源,开展学生手工制作活动,在活动中培养学生动手、动脑、创新的能力。

**【加大课改培训力度】** 8月份,邀请有关专家对全区教师进行课改培训。活动中,各中小学就本校教师培训、课改实验的经验进行总结和交流,8名教师现身说法。年内,全区共派出73名骨干教师分别参加国家及省市级相关学科培训。

**【创办区课改简报《课改探航》】** 年初,创办区课改简报《课改探航》,区内发行4期。教师优秀教案、教育教学论文、学校课改动向、课改经验等通过区简报被推荐到市《课改实验通讯》扩大宣传。年内,有51名教师的作品发表,其中1篇通讯、2篇课改经验、2篇优秀教学论文在市教研室通讯上发表。

**【加快规范管理进程】** 10月社会事业局以文件形式下发《徐州经济开发区中小学学科带头人、教学能手、骨干教师评比、管理意见》。《徐州经济开发区小学教学质量评估方案》和《徐州经济开发区初中素质教育质量百分考核方案》讨论稿现已下发各校。

**【完善小学布局调整】** 年内撤销孟沟小学建制,合并到刘湾小学(遗留工作2005年完成),撤销赵庄小学建制,合并到王庄小学,保留赵庄教学点,完成市局下达的学校布局调整任务。

**【完成扫盲任务】** 2004年市教育局下达全区扫盲任务128人。村、办事处、小学校分工协作开展扫盲工作。全区共设立8个教学点,4个包教点,安排扫盲教师22人,助学学生25人。全区年内完成扫盲任务128人,完成任务

100%。全区率先达到省非盲率的标准。

**【改善办学条件】**　开发区加大投资力度，改善办学条件。为二十五中学投资400万元建设电化实验楼、学生宿舍。金山桥中学2400平方米操场基础建设完工。金山桥小学投入16万元，进行校园广播铃声数字化的改造和多媒体多功能教室的建设。

（撰稿：孟宪军　审稿：冯雪峰）

**徐州经济开发区2004年各类学校概况表**

表4－14　　单位：个、人

<table>
<tr><th rowspan="2">校　名</th><th rowspan="2">班级数</th><th rowspan="2">学生数</th><th rowspan="2">毕业生数</th><th rowspan="2">招生数</th><th colspan="2">教职工数</th><th colspan="4">学　校　领　导</th></tr>
<tr><th>计</th><th>专任教师</th><th>校　长</th><th>副校长</th><th>书　记</th><th>副书记</th></tr>
<tr><td>徐州经济开发区金山桥中学</td><td>26</td><td>1154</td><td>306</td><td>342</td><td>73</td><td>69</td><td></td><td>牛树超（主持工作）</td><td></td><td>牛树超</td></tr>
<tr><td>徐州市第25中学</td><td>12</td><td>455</td><td>212</td><td>133</td><td>65</td><td>53</td><td></td><td>朱政军（主持工作）<br>赵启科　王震军</td><td>朱政军</td><td></td></tr>
<tr><td>徐州市金山桥小学</td><td>21</td><td>994</td><td>200</td><td>141</td><td>52</td><td>49</td><td>王　伟</td><td>陈新萍　赵广华</td><td>王　伟</td><td></td></tr>
<tr><td>徐州市刘湾小学</td><td>12</td><td>466</td><td>101</td><td>71</td><td>41</td><td>31</td><td>吴秀珍</td><td>吴厚国　孙西娟</td><td rowspan="4">孟宪军</td><td rowspan="4"></td></tr>
<tr><td>徐州市蟠桃小学</td><td>8</td><td>272</td><td>101</td><td>27</td><td>34</td><td>33</td><td>李德凤</td><td>丁礼刚</td></tr>
<tr><td>徐州市王庄小学</td><td>13</td><td>390</td><td>117</td><td>40</td><td>49</td><td>42</td><td>宋影桃</td><td>赵利民</td></tr>
<tr><td>徐州市孟洶小学</td><td>6</td><td>160</td><td>37</td><td>20</td><td>13</td><td>12</td><td>孟宪明</td><td>朱成环</td></tr>
</table>

（孟宪军）

〔本编编辑　江啸霞〕

# 第五编　各类教育

## ○　幼儿教育

**【概况】** 2004年徐州市幼教工作的思路是：明确一个目标：提高入园率，促进幼教事业发展；确定两个中心：以农村工作为中心提高入园率，以标准化建设为中心改善办园条件；建立三个机制：一是建立层级管理机制，市、县、镇、村四级管理网络，明确管理职责，实行逐级负责，为幼教发展提供健全的组织保证。二是建立评估、年审机制，提高整体办园水平。三是建立奖惩机制，奖优罚劣，加大管理力度。落实四项措施：一是抓典型出精品，省示范性实验幼儿园要在现代化水平上再提升，发挥示范、辐射、带动作用；二是抓创建促达标，经济基础较好的幼儿园要在办园条件、办园质量和办园水平现代化上新台阶，争创省示范性实验幼儿园和市一类园；三是抓薄弱促提高，一般幼儿园要创造条件抓基本设施、设备建设，强化管理，抓住机遇早起步；四是抓改革促发展，走多元化办园之路，形成公办、集体办、民办幼儿园教育共同繁荣的新格局。2004年全市有幼儿园630所，创建省示范性实验幼儿园34所、徐州市示范园32所。

加强领导，营造促进事业发展的浓厚氛围。把国办发〔2003〕13号文件《关于幼儿教育改革与发展的指导意见》和苏政发〔2004〕73号文件等材料复印成册，送到各级政府主要领导人手中。特别是在事业单位改制的过程中，及时将此文件送到市人事局、编制办、财政局、事业单位改制办公室等单位，宣传国家对幼教事业发展的政策，呼吁幼教当前发展的困难，引起各级领导对幼教工作的重视关心和支持。市政府办公室牵头召开市计委、教育局、财政局、物价局、编制办、建设局、民政局、劳动保障局、卫生局、市政府妇儿委、妇联等部门联席会，研究讨论如何加快徐州幼儿教育事业改革与发展。通过举办专题培训班，采用学习、讲座、讨论、参观等形式，使各级领导了解幼儿教育事业发展的重要性和具体要求与做法。举行报告会、现场会，开辟专栏如徐州广播电台周五黄金时间的“家长学校”节目，请领导、幼教专家、园长、骨干教师和保健医生走进直播室，大力宣传幼儿教育的性质、任务和科学育儿的方法，使幼儿教育事业真正成为全社会关注的公共性、基础性事业。

建章立制，促进事业发展。3月份对全市幼儿教育现状进行调研，发现幼儿园普遍存在入不敷出的经费困难、地区之间幼儿教育发展明显的不均衡、农村幼儿教师队伍不稳定等问题。一方面制定《徐州市幼儿教育改革与发展指导意见(讨论稿)》，参与市政府妇儿委，制定《徐州市妇女儿童事业“十五”规划监测指标体系》，专门印发《徐州市幼儿教育“十五”规划评估指标体系》和《徐州市2004年幼儿教育事业发展意见》，并且结合各县(市)、区的实际情况，提出指导性计划。各县(市)、区教育局根据目标任务制定相应的指令性计划，责任到园，限期达标，从而促进学前三年幼儿入园率提高两个百分点。另一方面依据幼教法规精神，结合徐州农村幼儿教育现状和幼教发展阶段要求，5月份修订《徐州市农村幼儿园评价标准》和《徐州市幼儿教育事业发展年审实施意见》，从依法治教、办园条件、普及程度三方面对县区幼教事业发展提出明确的方向和具体的要求。进一步加强幼儿教育的管理，促进幼儿园改善办园条件、提高管理水平、稳定教师队伍、提高保教质量，推动幼教事业的发展。

强化管理，组织第四轮幼儿园评估定类。2月份转发《江苏省示范性实验幼儿园评估标准》，徐州铁路第一幼儿园、铜山县机关第一幼儿园、泉山区星光实验幼儿园、鼓楼区教育实验幼儿园、贾汪区夏桥幼儿园、教育学会实验幼儿园、新沂市新安镇中心幼儿园积极申报。市教育局对7所幼儿园的办园条件、园务管理、保教质量等方面，给予全过程的指导。在各级领导的关心、重视、支持下，在各幼儿园教职工的共同努力下，7所幼儿园顺利地通过江苏省示范性实验幼儿园的评估验收。从而扩大了市优质教育资源，使全市拥有34所省示范性实验幼儿园。4～6月市教育局依据《徐州市幼儿园评估指标体系》的要求，在幼儿园自查、申报的基础上，对市区幼儿园进行评估验收。认定公园巷幼儿园等29所为星级省示范性实验幼儿园，王杰部队幼儿园等27所幼儿园为市示范幼儿园，徐工幼儿园等35所为一类幼儿园，毛纺厂幼儿园等18所为二类幼儿园，聪明幼儿园等11所为合格幼儿园。

发挥示范作用，举办三星级省示范性实验幼儿园现场会。徐州市教育局于11月16～17日分别在八一中心幼儿园、矿务集团机关幼儿园、市妇联幼儿园和幼师附属幼儿园举办现场会。到会的260名园长听取新时期幼儿教育发展趋势的学术报告，研讨幼儿园管理模式，观摩教育教学活动，交流管理经验。此活动对扩大优质教育资源，提高保教质量起了积极的推动作用。

加强安全教育，组织幼儿园安全检查。为了确保幼儿的健康成长和生命安全，9月16日市教育局紧急转发《教育部关于进一步加强幼儿园安全工作的紧急通知》。9月中下旬，各县(市)、区及企事业办学单位幼教主管部门组织幼儿园安全工作的大检查，采取自查、互查、联合普查、抽查等方式，对各级各类幼儿园的周边环境、房屋、室内外活动场地、设施设备、食堂和饮食卫生、玩教具、消防设施、接送幼儿车辆、幼儿园教职工(包括临时工作人员)的任职资格和身心健康状况等方面进行认真排查，发现不安全因素，就地采取措施，及时消除隐患。确保幼儿身心健康成长。

规范办园，实施学前教育机构登记注册制度。加强对学前教育机构的管理，提高保育和教育质量，促进学前教育事业健康发展。六县(市)、五区所有幼儿园分别在当地教育局进行登记注册，并于2004年12月20日完成第一批登记注册。对不符合办园条件、暂缓登记的，限期整改，要求他们于2005年5月20日前完成登记注册。对登记注册合格的学前教育机构，颁发“徐州市学前教育机构登记注册证书”。登记注册实行年审制，每三年换发一次证书。

发挥学会作用，提高保教质量。发挥幼儿教育专业委员会对幼儿园教育教学的指导作用，本年度指导幼儿园在国家学会立项课题1个、省学会立项课题4个、市立项课题17个，经过实验研究均取得阶段性研究成果。在省级各项比赛中均获得佳绩。省优秀论文评选中，5篇一等奖、17篇二等奖、27篇三等奖。办好《徐州幼教》刊物，为徐州市广大幼儿教师提供展示、交流、研讨、提高的平台。

(崔　瑛)

## 徐州市2004年星级江苏省示范性实验幼儿园概况表

表5-1　　　　　　　　　　　　　　　　　　　　　　　　　　　　　　单位:个、人

| 星级等第 | 单位 | 班级数 | 幼儿数 | 教职工数 | | 园领导名单 | | |
|---|---|---|---|---|---|---|---|---|
| | | | | 总计 | 专任教师 | 园长 | 副园长 | 书记 |
| 三星级甲等 | 公园巷幼儿园 | 33 | 1003 | 152 | 66 | 李艺然 | | 李艺然(副) |
| 三星级 | 幼师附属幼儿园 | 18 | 605 | 80 | 43 | 凌连军 | 刘洋 葛青 | 凌连军 |
| | 新沂市机关幼儿园 | 14 | 588 | 47 | 41 | 宋淑叶 | 张为 胡晓莉 王凯 | 宋淑叶 |
| | 徐州市机关第一幼儿园 | 12 | 423 | 50 | 42 | 犁红 | 袁冰楠 王莉 | 犁红 |
| | 泉山区教工幼儿园 | 8 | 293 | 40 | 18 | 张晴 | 张秋云 彭传香 | 张晴 |
| | 矿务集团机关幼儿园 | 13 | 399 | 58 | 34 | 苏尚云 | 巩留利 李相宁 | 巩留利 |
| | 丰县示范幼儿园 | 16 | 669 | 42 | 36 | 汪爱侠 | 石淑萍 张春侠 | 汪爱侠 |
| | 邳州市机关幼儿园 | 23 | 885 | 52 | 50 | 满玉华 | 许会彩 温传英 崔宗玲 | 满玉华 |
| | 八一中心幼儿园 | 12 | 452 | 52 | 32 | 朱金华 | 孙慧敏 | 陈家芳 |
| | 徐州市妇联幼儿园 | 14 | 520 | 54 | 28 | 王萍 | 汪蕾 | 逄秀惠 |
| | 丰县机关第二幼儿园 | 19 | 660 | 50 | 40 | 李建芝 | 王绍侠 王颖秋 | 李建芝 |
| | 铜山县机关第二幼儿园 | 13 | 432 | 30 | 4 | 张莉 | 焦杰 | |
| | 沛县妇联实验幼儿园 | 14 | 600 | 51 | 30 | 孙敏 | 张爱国 | |
| | 贾汪区大吴中心幼儿园 | 7 | 280 | 28 | 20 | 解立华 | | |
| | 中国石化管道幼儿园 | 22 | 860 | 120 | 88 | 王彩萍 | 张丽丽 杨瑞婷 | 王彩萍 |
| | 朱庄中心幼儿园 | 10 | 360 | 16 | 15 | 李玉侠 | 张保卫 刘静 | |
| 二星级 | 徐州铁路地区幼儿园 | 6 | 171 | 21 | 15 | 罗忠坤 | | |
| | 铜山县大庙乡中心幼儿园 | 6 | 270 | 20 | 12 | 夏善为 | 李文芝 | |
| | 睢宁县双沟中心幼儿园 | 7 | 308 | 18 | 17 | 史建业 | 李秋菊 | |
| | 中国矿业大学附属幼儿园 | 10 | 310 | 34 | 22 | 李静 | 陈文芳 | 王殿芝 |
| | 泉山区机关幼儿园 | 7 | 220 | 30 | 18 | 刘颖 | 甘宜芬 | 刘颖 |
| | 贾汪区中心幼儿园 | 11 | 450 | 22 | 21 | 许晓君 | | 颛孙宝恩 |
| | 铜山县三堡镇中心幼儿园 | 7 | 266 | 17 | 14 | 顾玉兰 | 秦玲 | |
| | 徐州市机关第二幼儿园 | 10 | 307 | 40 | 33 | 张春兰 颜艳 | 陆莹君 | 颜艳 |
| | 徐州市房管局幼儿园 | 9 | 330 | 30 | 24 | 王周军 | 毛洪艳 杨涛 | |
| | 徐州市文化局艺术幼儿园 | 6 | 150 | 17 | 12 | 盛敏 | 阎云飞 | 盛敏 |
| 一星级 | 铜山县大彭镇中心幼儿园 | 4 | 170 | 12 | 8 | 崔梅 | 陈倩 | |
| | 徐州铁路第一幼儿园 | 13 | 330 | 59 | 28 | 成素华 | 李海棠 | 成素华 |
| | 铜山县机关第一幼儿园 | 5 | 150 | 13 | 11 | 张孝忠 | | |

【公园巷幼儿园举办建园五十周年庆典活动】2004年5月15～16日，公园巷幼儿园举办建园五十周年庆典活动。公幼对过去50年的发展作了全面回顾，梳理出公幼的教育理念、管理理念，出版著作集《爱心无限》、《生活即学习》、《幼儿生活指导》，设计拥有公幼的园歌、园徽以及包括吉祥物在内的形象识别系统VI手册，创立公幼文化手册。园庆活动分为三个部分：庆典及文体演出、教科研讲座、优质课展示。江苏省教育厅助理巡视员张仁、徐州市副市长晁加宽、市教育局局长宋农村等贵宾到会祝贺。参加活动的同行及友好单位600人，来宾们对公幼的文体演出、教科研讲座、优质课展示给予好评。

（撰稿：李红雷　审稿：李艺然）

【公园巷幼儿园教师培训基地正式启动】2004年9月，公园巷幼儿园教师培训基地正式开始教学，进行授课的教师全部为公幼的资深教师。培训的对象：公园巷幼儿园的青年教师、保育员和徐州市部分幼儿园教师。培训内容包括：幼儿园班级管理、幼儿园各科教学、基本功训练、公幼特色活动指导、优质课观摩等。旨在通过此项培训使年轻教师在短时间内迅速提高理论知识、实践经验，迅速掌握教学技能，从而在工作中发挥更好的作用。（撰稿：李红雷　审稿：李艺然）

【公园巷幼儿园被确定为幼儿教育研究基地】2004年，省级课题《培养幼儿独立性的新途径的研究》顺利结题，园本课程《立体整合课程》被确定为省级重点立项课题，省教育科学研究院将该园确定为在徐州的惟一幼儿教育研究基地。同时，徐州师范大学特聘李艺然园长为学前教育专业的客座教授，并将公幼作为该系的教学实习基地。2004年，公园巷幼儿园被评定为徐州市惟一一家三星级甲等省示范性实验幼儿园。

（撰稿：李红蕾　审稿：李艺然）

【徐州市机关一幼实现家庭与幼儿园教育一体化】　市机关一幼在日常教育中注意与家长紧密配合，实现家庭与幼儿园教育一体化，一改以往教师为主的被动的教学模式。首先向家长介绍活动的目的、计划，让家长参与到教育活动中来，分享孩子们主动探索的快乐。在日常活动中针对幼儿普遍存在的问题和焦点，采取“家长会”、“家长专栏”、“教子有方经验交流会”等方法向家长宣传科学育儿知识，增强家长教育意识；给家长提供展示的舞台，畅所欲言，各抒己见，变一人经验为大家经验，最大限度发挥家长教育资源。充分利用家长与社区的教育资源，如：“走进农庄我当一天小农民”、“参加国庆升旗仪式”、“亲子合作表演”、“共同制作海报”等家园互动活动，使幼儿用多种感官、多种方式进行探索活动。鼓励幼儿大胆提出问题、大胆发表意见，调动孩子主动参与学习的积极性，充分发挥家长的教育作用。孩子与家长之间形成一种互动关系，家长成了孩子学习的支持者、合作者、引导者。一系列的家园互动活动使幼儿了解社会生活，并轻松愉快地融入社会生活，激发幼儿初步的爱社会、爱自然、爱祖国、爱和平的美好情感。（撰稿：周红彦　审稿：袁冰楠）

【徐州市机关一幼加大力度培养青年教师】徐州市机关一幼把对青年教师的培养工作作为教师队伍建设的重要工作之一，积极开展多种形式的培训活动，制定行之有效的教师培训计划。首先是进一步加强教育教学理论的学习，提高青年教师的理论素养。每周组织1次业务学习，研读新《幼儿园教育指导纲要》的精神，要求青年教师更新观念，学以致用。其次是严格园内听课制度，加强教育研究。每月组织1次大型教研活动，教师互听课2次；每学期2次全园性的观摩课和探索课，由学科带头人、骨干教师开课供青年教师观摩学习。三是加强教科研培训，强化教师的教科研意识，营造浓厚的教科研氛围。要求青年教师积极参与、潜心钻研,围绕机关一幼的联合国教科文组织的EPD课题《爱护小动物,走进大自然》、国家级课题“做中学”,每学期至少写1篇教育科研论文,定期组织交流评比。四是继续加强计算机培训,每周培训1次,以课件的制作为主要内容。要求所有教师都能独立制作CAI课件。该园还不定期采用“走出去”、“请进来”的方法,开阔青年教师的视野,丰富教学阅历。并有计划地把一些重要的教学任务交给青年教师,让其挑重担,增强工作的独立性。让青年教师可以在实践中见世面、长知识、增才干。2004年,业务园长袁冰楠在江苏省优秀论文大赛中获一等奖,徐州市论文评比中获一等奖,她撰写的文章多次在全国、省、市级会议或刊物中交流及发表;青年教师郭颂在联合国教科文组织的EPD课题全国观摩交流会上的《神秘的动物保护色》是全国惟一的一所幼儿园的观摩课,获得与会专家的高度评价;梁媛媛老师的《设计未来的车》,利用先进的现代化教学手段,教学方法及过程富有创意,喜获市优质课评比一等奖,刘翠、刘曦童老师,分获二、三等奖;李薇、郭颂、徐爱霞、陈丽丽老师在云龙区幼儿教师基本功大赛中分获两个一等奖和二等奖;该园青年教师的文章也多次在省、市级的教育报刊上发表。

(撰稿:郭　颂　审稿:袁冰楠)

**【徐州市机关一幼提升教师教科研水平】** 该园改革教研组管理体系,形成幼儿园教研组—年级教研组—班级教研组的三级教研网络,并将所申报的所有国家级、省级、市级课题下放到各年级教研组,再由班级教研组结合实际需要选择相应课题的某一侧面进行研究、实践。鼓励教师树立“教师即研究者”的教育理念,引导教师立足教育实践和现有经验,围绕各级课题的基本元素开展多视角的研究。幼儿园教研组定期组织各班级作阶段性的经验交流和成果汇报,由年级教研组负责收集、分类、整理,最后由园教研组汇总、分析、整合。三级教研网络保持良好的联动、互动,及时地进行信息反馈,确保课题研究工作的顺利开展。充分调动全园教师从事教科研工作的积极性、主动性和创造性。每周2次组织教师参加外语、计算机培训,丰富教师的知识储备,掌握现代化的科学技术;聘请国家、省、市各级的幼教专家、教授讲授最新的教育理念和方法,指导教师工作;通过外出参观、学习、网络咨询等活动开拓教师视野,激活思路,分享信息资源等,为教师搭建多种平台,让教师通过质疑解惑、研讨交流产生响应,最大限度地发挥潜能,促进教师更进一步地转变教育行为。

2004年许多教师取得可喜的成果。根据幼儿园的联合国教科文组织“环境、人口与可持续性发展”研究项目,周红彦老师开展了“我们去农庄”活动,带领幼儿和家长亲近大自然,目睹农作物的生长,亲身体验收获的喜悦,孩子们得到从未有过的快乐,增长很多幼儿园没学过的知识,也得到家长与媒体的高度评价。　(撰稿:朱玉茜　审稿:袁冰楠)

**【八一中心幼儿园切实抓好幼儿德育工作】** 八一中心幼儿园针对幼儿的特点,以行为规范为切入点,切实抓好幼儿的思想道德教育。该园严格执行《幼儿园教育指导纲要》,摆正德育的位置,做到教育内容充实,教育方法得当,对不同年龄的幼儿有不同的要求,如小班幼儿以文明礼貌为重点,养成良好的规则意识教育;中班以团结协作为重点,培养幼儿集体观念;大班以情感为重点,培养幼儿学会关爱、谦让、分享等。使每个年龄段的德育工作落实到实处。结合“三八”妇女节、“六一”、元旦等重大节日开展家园联谊活动,使幼儿行为规范具体化,把亲情、关爱、友谊、合作、谦让融入教育活动中。该园还充分利用社区资源,到军营参观,学习解放军,讲军容、守纪律。参观农村、进村入户,学习农民们的勤劳节俭的传统。参观福利院，培养幼儿的同情心，学会关爱，向弱智朋友献爱心。该园的德育工作开展得有声有色，既体现时代感，又能引起幼儿的情感共鸣。（陈家芳）

**【八一中心幼儿园重视教师表率作用】** 该园在德育工作中十分重视发挥教师的表率作用，教师认真践行职业道德，以自己的言行为幼儿做示范。从忠诚于幼教事业的角度，树立“捧着一颗心来，不带半根草去”的博大胸怀。做到自尊自重自强，始终以饱满的热情和良好的精神状态出现在幼儿面前，处处为幼儿做表率，事事为幼儿树榜样。以端庄的仪表，高尚的品质，文明的举止，良好的修养，塑造新时期教师的形象。（陈家芳）

**【幼师附属幼儿园获得多项荣誉称号】** 幼师附属幼儿园在2004年3月被授予“江苏省巾帼文明示范岗位”荣誉称号以后，幼儿园的全体教职工，再接再厉，创造新的佳绩：4月份，为中央教科所举办的全国幼儿园骨干教师高级研修班提供观摩现场，并献上一台精彩的幼儿节目，得到与会专家和同行的好评；5月份，顺利通过“三星级省示范性实验幼儿园”的评估；8月，幼儿园承担的江苏省教育厅教研室的“九五”期间科研课题《幼儿园家庭素质教育——家园互动的研究》顺利结题；10月份，幼儿园被评为“江苏省幼儿园卫生保健示范单位”；12月份该园幼儿食堂参加全市食品卫生量化评比，获“食品卫生A级单位”。（刘　洋）

**【幼师附属幼儿园增设两所分园】** 2004年，幼师附属幼儿园增设两所分园——幼师幼教集团大学城幼儿园和幼师教育集团建院实验幼儿园，开办“婴乐坊”亲子活动中心和“世纪BABY亲子园”，形成“幼教集团”框架。（刘　洋）

**【丰县示范幼儿园九条措施保安全】** 丰县示范幼儿园认真贯彻安全工作条例，采取九条措施为幼儿创设一个安全、健康的生活和活动环境。(一)建立安全工作责任制。由一名副园长负责，班主任是班级安全工作第一责任人，门卫和值班人员严把入园关。(二)完善幼儿园安全设施。安装室外监控系统、防盗设备，完善卫生设备、消防设备。(三)开展法制宣传和安全教育。组织教职工认真学习有关安全的法律、法规及上级文件。并积极向家长及幼儿进行安全防范教育。(四)加强安全检查，消除隐患。抓防水、防中毒、防摔伤、防烫伤、防触电、防倒塌、防走失等责任落实。创建安全校园，保证园舍、设施、消防、食品、行为安全。(五)加强幼儿园食堂卫生安全管理。对伙房人员及保育人员定期进行业务技能培训，从严管理食品采购、留取食品标本，索取食品卫生有效证件，规范操作餐具消毒、幼儿就餐等环节，保质、保量供应幼儿餐点。(六)认真做好幼儿园卫生保健工作。坚持早午接待和全日观察，做到一摸、二看、三查、四问，把好幼儿入园关。定期检查班级卫生。(七)整治幼儿园门前秩序，清理园门口摊点。保持门前道路畅通。(八)整顿教职工队伍。对新招聘的教职工任职资格进行排查，教职工进行全面体检，不符合条件的教职工一律调离工作岗位。(九)持卡接送幼儿。家长按时把幼儿送进班内，持证接走孩子，无证者不准进入班级接孩子。（汪爱侠　石淑萍）

**【丰县机关二幼以特色求发展】** 丰县机关二幼2004年8月被确定为“三星级省示范性实验幼儿园”。拥有机关二幼本部、金娃娃分园、凤鸣分园3所幼儿园，共19个班级，近700名幼儿。幼儿园先后被评为全国教育科学“十五”规划“整体构建学校德育体系的深化研究与推广”实验学校、省三八红旗集体、市文明单位、市示范家长学校、市幼儿教育先进集体、市巾帼文明示范岗等。

丰县机关二幼以质量求生存,以特色求发展,形成了以歌舞、美术、科研为主的特色教育,使幼儿在德、智、体、美、劳等方面获得和谐的发展。幼儿舞蹈《唢呐声声庆回归》、《花木兰》获省二等奖、市一等奖,演出剧照刊登在《人民日报》海外版、《文汇报》、《新华日报》、《中国教育报》等十几家报刊上。幼儿绘画多人多次获国际、国内大奖,并在《世界科学博览》、《儿童画报》等杂志上刊登,体操、游戏多次获市一等奖,并承办徐州市第一届幼儿素质教育现场会。 (李建芝　王绍侠)

**【铜山县机关一幼合力创建省示范园】** 该园创建于1960年,为把一幼办成省级示范园,全园教职工团结一心,依靠多方力量,扩大园舍面积300多平方米,更新幼儿桌椅,添置大型玩具。全园教职工加强理论学习和专业化学习。软件、硬件一起抓,成为环境优美、设施齐全、管理民主的幼儿园。以服务家长、服务社会、服务幼儿为宗旨,遵循“团结、求新、创优、奉献”八字倡导,全面贯彻实施《幼儿园教育指导纲要》的精神,本着务实、创新的原则,明确本色+特色的办学理念,全园形成以双语教学、美术教学为特色。全园教职工在做好保教工作的同时,认真抓好科研课题的研究工作,省、市级课题均已结题。保教工作赢得社会及家长的好评。各项工作按省示范幼儿园的标准严格执行,各方面取得可喜的成绩,于2004年顺利通过省示范性实验幼儿园的验收。 (铜山县机关一幼)

**【铜山县机关二幼创办阳光宝贝实验班】** 铜山县机关二幼以其科学的管理、园林式的环境、优质的保教质量、良好的口碑吸引着周边的家长和孩子们。2004年8月,经过考察和协商,开办标准较高的小、中班阳光宝贝实验班,该实验班教师积极进行教育、教学改革,办出特色。

创建家园共育的良好环境,举办家长学校、开展新生家访、家长宣传栏、家长开放日、亲子游戏、迎元旦联欢活动等,使家长们逐步了解幼儿生理、心理特点,掌握科学的育儿方法,主动配合教师,共同促进幼儿的健康发展;注重孩子良好的生活习惯及自理能力的培养,开展穿衣、穿鞋、叠被子、收拾玩具等比赛,使孩子成为生活自理的小能手;充分利用社区资源,教师有计划地组织孩子去参观超市、陶展,参加消防宣传日活动,参观军营,让孩子走出课堂,接触社会,促进幼儿社会化的发展;充分利用城乡接壤的地域优势,带孩子去爬山,去乡村采摘山楂、苹果等,让幼儿体验劳动的快乐与辛苦,有机会贴近自然,激发孩子热爱自然的情感;加强英语和电脑教学,引进的《马宏幼儿英语》以其灵活的教法、形象的教具,吸引着每个孩子,充足的电脑设备,保证孩子能够学到电脑常识。师幼互动,调动孩子们学习的积极性、主动性,培养孩子良好的学习习惯和兴趣。

(撰稿:张希巧　审稿:张　莉)

**【睢宁县机关幼儿园喜迁新址】** 睢宁县机关幼儿园的老园因城市建设需要被拆除后,该园一边在借用的进修校院内继续认真办园,一边积极筹措资金兴建新园。在县委、县政府及县教育局的关心支持下,在全体教职工的不懈努力下,位于文学路北段的新园于2004年9月1日正式投入使用。新园占地0.87公顷,建筑面积3600多平方米,总投资400多万元。新建的两栋造型新颖的教学楼有多功能活动室、图书室、舞蹈房、科学探索室、美术活动室、会议室及15个宽敞明亮的幼儿活动室,室内配备有消毒柜、钢琴、彩电、投影仪、实物显示屏等各种现代化教育教学及生活设施。新园的建成满足了家长们渴望孩子接受优质幼儿教育的需要,也为进一步提高办园质量打下了良好的物质基础。

(撰稿:蒋冬梅　审稿:周淑玲)

【睢宁县双沟镇中心幼儿园加大示范园的辐射力度】　双沟镇中心幼儿园在通过江苏省示范性实验幼儿园验收后,2004年又顺利通过了二星级江苏省示范性实验幼儿园的验收。该园充分发挥省示范园的辐射作用,2004年对外开展半日观摩活动80余次,先后接待幼儿教师计826人次。大班音乐欣赏课《拔根芦柴花》、体育课《花样玩球》、综合课《我的心》和中班语言课《小鸭鸭的朋友》、计算课《带你去旅游》,使听课的教师深有感触,特别是该园开展的游戏活动富有浓郁的农村幼儿园特色,赢得大家的高度赞赏。

(撰稿:李秋菊　审稿:许兴凡)

【睢宁县庆安镇中心幼儿园加强管理改善环境提升品位】　庆安镇中心幼儿园在小学布局调整和"三新一亮"工程实施过程中,抓住机遇,加大调整力度,根据小学的撤并现状及时调整幼儿园(班)的整体布局,使之合理化。年内,中心幼儿园强化内部管理,加强教师队伍建设,开展丰富多彩的教研活动,集中资金添置大型玩具,扩大绿化面积,改善育人环境,办学水平明显提高,取得显著的成绩。10月通过徐州市环保局组织的"绿色学校"验收,11月又通过徐州市教育局"示范园"的验收,在社区内取得良好的社会信誉。

(徐守卫)

【邳州市明珠实验幼儿园落成使用】　邳州市机关幼儿园为满足新城区人民群众的需要,在邳州市新区投资1000万余元,建造一座占地面积13000多平方米、建筑面积近7000平方米的现代化全托幼儿园——明珠幼儿园。该园2004年8月竣工,9月招生。园内环境优美,设施齐全,绿化面积4000平方米。园内配备多功能活动室、音乐室、体育室、图书室、电脑室、厨房、餐厅、洗衣房、操作室等各种配套用房。15口教室,每口教室都设有睡眠室和幼儿学习活动室,室内生活学习设施一应俱全。每班安装两台立式空调,配置电视机、VCD、收录机、钢琴、开放式图书架和玩具柜、茶杯柜、保温桶、微波炉等,实现设施设备现代化。在邳州市政府的大力支持下,配备一支高素质的教师队伍。专任教师学历大多数为幼教本专科,且具有一定的实践经验和教科研能力,保育员学前教育专业学历占83%。教职工与幼儿比例为1:6。该园以幼儿园发展为本,以家长和孩子共同参与的形式,按孩子成长的不同阶段及个体差异为孩子提供互动场所,培养儿童的独立生存能力和社会交往能力,塑造儿童健全的人格,促进幼儿全面和谐的发展。

(满玉华)

【邳州市运河镇吴闸幼儿园构建"三结合"教育网络】　邳州市运河镇吴闸幼儿园坚持幼儿教育与家庭教育、社会教育密切结合,形成"三结合"教育网络。幼儿园成立家长委员会,工作开展做到制度化、正常化,活动形式多样化。一是定期举办家长会,向家长了解孩子在家庭的成长情况,印发家教材料。二是开展半日开放活动,请家长到幼儿园里来,参与教育活动,对教师工作测评打分。三是幼儿园内设橱窗、班级设立家教专栏,让家长在参与幼儿园教育活动的同时,学习科学的家教知识。四是为幼儿集体过生日,让幼儿感受集体的温暖。五是设立园长信箱,通过信箱接收外来信息,了解家长对幼儿园工作的意见和建议。六是每月发放《家园联系手册》,开展家园互助教育活动。七是每学期开展1次教师《我爱孩子赛妈妈》教师演讲活动,以此激发教师关心、热爱儿童的良好职业品德。同时,积极与社区联系,努力挖掘社区教育资源,丰富幼儿园活动课程。如组织幼儿参观邮局、医院、商场。组织幼儿去超市购物,步入田野、广场、桃花岛游戏,组织幼儿排练文艺节目到各单位慰问演出,与吴闸小学相互协作,做好幼教、小教衔接工作。"三结合"教育使幼儿园、家庭、社会教育融于一体,

形成活力,使保教水平不断提高。(赵晓菊)

**【铁富镇中心幼儿园利用家长资源促进幼儿全面发展】** 铁富中心幼儿园根据幼儿的年龄特点和实际情况,深入挖掘家庭的教育资源,做到家园同步,教育一致。该园设置一个玩具区,规定每周幼儿自带心爱的玩具上幼儿园,这既有利于进行合作、互助等社会行为的熏陶和教育,家园互动充分培养孩子的责任意识、交往能力和语言表达能力,又有利于增进家长与家长、幼儿与同伴间的沟通,克服独生子女心理上的不足,培养幼儿的口语表达及交往能力。该园经常组织幼儿出外游玩,让幼儿到大自然中去感知和体验。活动中家长参与,发挥家长的作用。针对独生子女自理能力差,开设了自理角。家长帮忙制作自理角的玩具,利用离园前的时间,家长、老师共同指导幼儿穿鞋子、穿衣服、扣纽扣等。促进幼儿提高自理能力和动手能力。

(冯　君)

**【新沂市机关幼儿园创建三星级省示范性实验幼儿园】** 新沂市机关幼儿园在创建省模范学校和省级文明单位的基础上,2004 年以“科研和创新”为主题,创建三星级省示范性实验幼儿园。该园以创建为契机,为把办园理念定位在“与时俱进,追求卓越,培养身心俱佳的富有个性的师幼”上,进一步明确“为了幼儿的发展,为了教师的发展,为了幼儿园的发展”,紧紧抓住“科研和创新”为突破口,在理念阶段,提出找准角色“四要”:园长在办园创新上要有新思路,教干在管理创新上要有招数,教师在活动创新上要有突破,幼儿在学习创新上要有实效。在具体操作阶段,做到“五个尽可能”:在活动或教学中,尽可能让幼儿观察,尽可能让幼儿自己思考,尽可能让幼儿自己表述,尽可能让幼儿自己动手,尽可能让幼儿自己评价。通过创建,该园的办园整体水平跃上一个新台阶,5 项市级科研课题进入结题阶段,国家部级子课题、省级课题正在深入研究阶段,教学创新方面实现“六解放”:头脑解放,使之能想;双手解放,使之能干;双眼解放,使之能看;嘴巴解放,使之能说;空间解放,使之能接触大自然和社会;时间解放,使之学习渴望学习的东西。保教创新方面达到“平常细节见深度,薄弱环节见机敏,细微之处见创新”。管理创新方面落实“时间上时时有管理,空间上处处在管理,环节上招招见管理,效果上点点是管理”。由于在创建中成绩明显,相继被授予“江苏省文明单位”、“徐州市模范学校”、2004 年 4 月被徐州市人民政府授予 2001～2003 年“徐州市先进集体”。(撰稿:王　凯　审稿:宋淑叶)

**【贾汪区大吴镇中心幼儿园艺术教育从娃娃抓起】** 贾汪区大吴镇中心幼儿园充分利用本土资源,弘扬民间文化,引导幼儿在民间艺术中感受美、表现美、创造美。根据幼儿年龄特点,分别开设剪纸、泥工、种子粘贴、水墨画等特色活动。学年初制订详细可行的艺术特色教育计划,在实施过程中,教师根据季节性、课程整合性、幼儿趣味性等增删内容;在指导过程中,既注重幼儿整体能力的提高,又注重个体差异的培养,对有浓厚兴趣的幼儿提高要求,重点培养。2004 年,在国家级春秋少幼绘画比赛中有 14 名幼儿入围获得奖励,有 3 幅儿童剪纸在省级刊物上发表,3 幅儿童画在市级刊物上发表,在区第五届少儿艺术节中,该园夺得团体一等奖。

(撰稿:吴凌侠　审稿:贾传喜)

**【云龙区教育实验幼儿园建成开园】** 云龙区教育实验幼儿园于 2004 年 8 月建成开园,并通过市一类幼儿园验收。该园为云龙区第一所全日制公办幼儿园,依托优质教育资源,办园理念先进,管理科学规范,师资力量雄厚,拥有一流的硬件配套设施和一流环境。配备舞蹈房、多功能活动室、塑胶场地、大型玩具,每班配有柜式空调、钢琴、电视机、DVD消毒柜等现代化设施设备，并有完善的闭路电视监控系统。首批招收大、中、小、托共5个班，接收幼儿140余名。每班有教师2名、生活教师1名，均为大专以上学历，采用小班化教学、个案管理。该园的建成，盘活了教育资源，进一步优化了云龙教育的布局和结构。

（王凤云）

**【朱庄中心幼儿园幼儿剪纸活动“剪出一片新天地”】**　朱庄中心幼儿园开展幼儿剪纸特色教育，提高幼儿综合素质。该园在对全体老师进行剪纸培训的基础上，在中大班开展剪纸活动。将剪纸活动渗透到不同的教育课程中，让幼儿从最基本的线条剪起，锻炼手部的灵活性，逐步提高难度，让幼儿觉得有挑战性。在剪纸活动中，使幼儿初步掌握剪纸最基本的两种方法：剪刀剪纸和刻刀剪纸。幼儿在良好的剪纸环境中，逐渐对剪纸产生兴趣。引导幼儿在生活中学会观察，学做一个有心人。教育幼儿在使用工具时要注意安全，用完物品要收拾好，碎纸屑不要随地乱扔等，养成做事细心、有条理的好习惯。幼儿在剪纸艺术的熏陶下，观察与生活体验不断加深与丰富，发挥动手、动脑能力，将所学的剪纸方法，用于自主创造，剪出一片充满魅力的新天地。　（张　静）

**【下淀中心幼儿园抓好园本培训】**　2004年，下淀中心幼儿园提出“爱读书、常思考、勤钻研、善总结”的口号，切实加强教师队伍建设，进行不同层次的培训。首先加强教师师德师风的学习，以全面提高教师职业道德素质为核心，以敬业爱岗、为人师表为重点，引导教师树立正确的人生观、教育观和质量观。通过开展一系列基本功比赛，提高教师的业务素质和基本技能，从而促使教育质量不断地提高。发挥骨干教师的示范和辐射作用，以点带面；每学期进行两轮优秀课观摩，扎实有效地开展教研、科研活动；定期举办“专题研讨、集体评议”教研活动，采取“多课一人上、一人上多课”的形式，使教师在活动中发挥聪明才智，创造性地实施新课程，鼓励教师边学习、边实践、边研究，立足幼儿的发展和需要，力求使教师们在实践中培训，在培训中反思，在反思中学习，在学习中提高。通过培训，在区评优课比赛中，王雪娣、耿亚慧教师的展示课获得专家及同行们的一致好评，许多教师写的文章发表在幼教杂志上。（下淀幼儿园）

**【鼓楼区文教局实验幼儿园探索园本培训的新模式】**　加强教师的职业道德和心理素质的培训。实验幼儿园组织教师认真学习中小学教师职业道德规范，进一步学习《幼儿园工作规程》、《幼儿园教育指导纲要(试行)》，围绕“幼儿园教师应具备什么样的心理品质”这一议题，开展调查，寻求答案，并把教师的认识整理成文，便于大家共同遵守和监督。

加强依法治教有关知识的培训。实验幼儿园根据教育部新出台的依法治教全员培训计划，举行“依法治教”讲座，对照《中华人民共和国未成年人保护法》、《中华人民共和国教育法》、《中华人民共和国教师法》等，从法律的角度认真审视自己的教育行为，依法行使自己的教育教学权。

开展“与名家对话”系列活动。读名家书：幼儿园重点列出必读书目《蒙台梭利幼儿教育法》、《哈佛多元智能理论》、《幼儿心理学》及自选书目，教师制定读书计划，写读书笔记，在年级组交流和评比。听名家课：聘请幼教专家到园举办题为“更新教育观念暨新教材新理念”讲座；组织教师外出听示范园的名师、名家的研究课。走名家路：组织教师上好新教材研讨课、课题研究课、示范课等，大力开展青年教师的技能基本功培训，钢琴弹奏、讲故事、论文、小制作、教学反思及教学案例写作训练等。在省市优质课评比中分获一、二等奖。分层培训，共同提高。对新教师,采取一对一的帮扶措施,实施跟踪听课、看活动、具体指导等方法,提高其业务水平。对骨干教师压担子,有针对性的指导,使她们在通向名师的路上不断前进。对普通教师则加强教研活动、业务进修,制定帮扶合同,做到抓两头,促中间,共同进步。

(撰稿:周桂芝　审稿:郭　婷)

**【鼓楼区文教局实验幼儿园创建省示范幼儿园】** 鼓楼区文教局实验幼儿园在区文教体局的大力支持下,抢抓机遇,不断加大投资,努力改善办园条件,积极创建省示范性实验幼儿园。2004 年暑假,文教体局投资 30 余万元,对原有的教学楼进行装修和改造,加大幼儿活动空间,全体教师加班加点,积极创设良好的育人环境,力求让每面墙壁都“说话”。幼儿园添置了电脑、实物投影仪、数码相机、钢琴等现代化教学设备,购置各类大、中型玩具和师生图书,添置攀登墙,更新玩具柜、毛巾架等。在加强硬件设施投入的同时,不断加强教师队伍建设,积极开展师德演讲和技能基本功训练等各项活动,使教师的思想道德素养和业务水平不断提高。全园 14 名教师均取得大专学历,其中 7 人本科在读。在园长的带领下,全园教师同心同德,力争创佳绩,在社区和同行中取得良好的声誉。

(撰稿:孟　娇　审稿:郭　婷)

**【泉山区教工幼儿园建立高绩效工作管理】** 泉山区教工幼儿园为了实施绩效考核和推进绩效管理制度,满足教师专业化成长的需要、幼儿全面发展的需要,坚持以加快发展为主题,探索一条“以科研为先导,以校本课程改革为契机”,高起点、高质量、高绩效、走质量绩效型的内涵发展之路。

该园把对教师的绩效管理当成一项系统工程来抓,建立一种与幼儿园的绩效管理制度相融和的校园文化,将教师绩效管理落到实处。在考核中采用相对考核方式,把同一水平的人员放在一起评比。日常工作中注重为高素质人才提供发展机会和有吸引力的工作环境,鼓励教师树立与组织一致的目标,并在个人奋斗的过程中与幼儿园目标保持步调一致。通过共享的价值观念和相应的管理机制,产生一个合适的鼓励积极创造的工作环境,不断地提高教师工作绩效,促进幼儿园的整体绩效的提升;提倡工作丰富多变,鼓励承担责任;通过满足社会需求来保障幼儿园利益最大化的文化。教师队伍从经验型向研究型转型,初步实现办学高品位、教师高水平、教学高质量、幼儿高素质、管理高绩效的目标,2004 年被评为省精神文明单位、三星级省示范性实验幼儿园、省青年文明号。

(张　晴)

**【泉山区机关幼儿园以科研引领教学】** 泉山区机关幼儿园在新一轮教师展示课活动中,将体育创新研讨活动引进园级评优课。全园教师“带着问题设计教学、带着问题组织教学、带着问题反思教学、带着问题研讨教学”,全面地体现现代活动的综合性,激活孩子的创造性,直接地展示组织者的智慧与技巧。幼儿园基本形成由队列练习—韵律性准备活动—幼儿探索性使用器械活动—有组织的体育活动或体育游戏—韵律性放松活动构成的富有人文气息和美感的教学活动结构。教师在选材定位、设计筹备、组织实施、观摩互动、反思研讨的整个进程中,达成相互之间的沟通与交流、互助与共享,有效地提高个人教育教学水平,促进全园幼儿智能水平,尤其是体育水平的发展与提高。

幼儿园立足开发本园的游戏资源,进行班级体育创新器械展示,“一物多玩”的竞赛活动。教师与幼儿密切合作,发挥幼儿游戏的主动性,充分挖掘了无毒废旧物品的功能,开发出多套“一物多玩”的体育器械,丰富幼儿的体育活动内容。

(甘宜芬)

【星光幼儿园创建省示范性实验幼儿园】 徐州市星光幼儿园是泉山区利用布局调整后闲置的少华巷小学校舍创办的民营幼儿园。经过3年的艰苦创业，2004年该园顺利通过江苏省示范性实验幼儿园的验收。

该园占地面积0.43公顷，建筑面积3170平方米，绿地面积800平方米。现有14个班级、幼儿440名、教职员工60人。根据幼儿学习和生活的需要，2004年对园舍进行大规模的改造和装修。幼儿园设有多功能活动室、保健室、幼儿图书室、体育器材室、盥洗室、洗衣房以及炊事用房等多种生活与教育设施。户外配有大型玩具4套，中、小型玩具12套，30米×5米的塑胶跑道 。开辟饲养区、种植区、观鱼戏水区和玩沙区。班班配置柜式空调、钢琴、电视、DVD、录音机及开发幼儿智力与创造力的桌面玩具等。该园重视教育现代化建设，配有数字程控音响、多媒体电教设备、电脑、实物投影仪四部、摄像机、幻灯机等，并认真发挥电教媒体在教育教学中的辅助作用，丰富幼儿的生活内容，使教学活动更有声有色。经过创建，校园基本达到净化、美化、绿化，春有花、夏有荫、秋有果、冬有青；实现教育化、儿童化、人文化。

该园重视教师队伍建设，强化政治学习，凸现教学研究，大练教育基本功，把“办特色、创名牌、推名师、出精品”的品牌意识融入日常教育教学之中，努力提高教师们的保教水平和业务能力。该园骨干教师已达1/3以上，其中市、区级青年教学能手2人，省骨干教师1人；在市、区级论文评比、活动设计等各类业务竞赛中多人次分获一、二、三等奖。该园积极开展教学研究，把素质教育融入平时的教育教学之中，以游戏活动贯穿始终，使幼儿在玩中学、学中玩。通过舞蹈和形体的训练、美术教育等形式陶冶幼儿的情操，培养幼儿欣赏美、感受美、表现美、创造美的能力。注重培养幼儿的兴趣，发展幼儿的特长，展示幼儿的才华。该园2004年在全区幼儿广播操大赛中，获得特等奖。 （彭　武）

【矿务集团幼教开展创建活动】 2004年，矿务集团公司共有12所幼儿园、幼儿1638名、教职工190名。教师中有本科8人、大专41人、中专98人。2004年集团公司幼教工作紧紧围绕创建活动，促进办园水平不断提高。在教师中积极开展教师业务能力检测活动，举办“基本功大赛”、“说课比赛”、“课堂水平检测”、“幼儿舞蹈大赛”活动，积极参加市优质课评选。各幼儿园为迎接市上类评估验收，积极争取办园条件的改善，争取办园单位的支持，加大投入，提高管理水平。现有1所三星级省示范性实验幼儿园、7所一类幼儿园、2所二类幼儿园。集团公司机关幼儿园办园成绩显著，先后建立阳光潜能开发教育网站，成立舞蹈学校，在办园模式上进行了系列尝试，收到明显效果。 （刘　晖）

【矿务集团机关幼儿园开展亲子园活动】 徐州矿务集团机关幼儿园开办亲子园活动，1997年开始，就对幼儿开展定期的亲子活动，指导家长科学育儿，为孩子制定个性的教育方案。为了更好地服务社会，多次面向社区开展免费亲子园活动，举办家长讲座。宣传幼儿教育知识、培养幼儿情商，摸索出一套适应幼儿成长的教育方法，得到了社会的认可，取得较好的成果。亲子园强调全程教育，全程发展，尤其注重3岁前的早期教育，目标是群体普通儿童的理想发展。目的是开发幼儿智能、凸显优势潜能、个别化教育、个性化发展，转变家长观念，实行科学育儿，增进亲情关系，有效提高情商。开展丰富多彩的智能游戏正确拍手、传声筒、一起数；体能游戏推小车、大脚小脚等。婴幼儿和父母一起进行游戏活动，玩中学、学中做，寓教于乐，促进幼儿注意力、记忆力、观察力、思维力、创造力的发展，促进幼儿多元智能的提高。有利于幼儿适应集体生活，是一种较好的早期教育

模式。 (郭振明)

**【铁路地区幼儿园家园共育有特色】** 2004年铁路地区幼儿园教职工团结一致,坚持指导思想和发展目标不变。“抓质量,求生存,追求特色,求发展”,围绕“家长工作”重点,将家园共育纳入教育研究的范畴,充分发挥教师的创造性,不断提高实现家园共育的能力和水平。活动中注意一个“多”字,突出一个“新”字,坚持一个“勤”字,坚持“家教方法勤探讨、家长工作勤联系、家园活动勤开展、家教效果勤总结”的做法,结合各班教学内容,以幼儿教育的总目标为依据,创造条件,多渠道、多形式来提高服务质量,赢得社会和家长的赞誉。工作中把好三个关:“生活细节关、教育教学关、监督考核关”;合理安排幼儿的一日生活、游戏、劳动等多种活动,让幼儿在说说、玩玩、做做中去发现、去探索、开展“幼儿区角”比赛,“集体舞、广播操”比赛。每月确定一个园级的主题活动,以班级为单位,召开“小型家长会”,发放“家园联系条”,每周开展“家园约谈”活动,把幼儿的课程安排、主题活动、家园须知、幼儿体格检查情况等打印成册,发放给家长,让家长及时了解幼儿身体发育及在园的学习情况。开展“微笑服务”、成立“义务宣传员”、“家教咨询队”、开办“家长学校”,建立“家园记事本”,向家长讲述“育儿知识”,重点向家长介绍本月的课程安排及工作重点,向家长传授育儿经验,提高育儿水平,家长也将遇到的难题及幼儿在家的表现反馈给教师,使家园共育工作蒸蒸日上。

(金思梅)

**【铁路第一幼儿园争创省示范性实验幼儿园】** 徐州铁路第一幼儿园,创建于1953年9月,改建于1989年6月,占地面积4274平方米,建筑面积3962平方米,幼儿330名,13个教学班,教职工59人,历经半个世纪,现已发展成铁路幼儿园中规模最大的一所幼儿园。

2004年是面临铁道部实行主辅分离,中小学移交地方管理的一年。面临企业改革,领导班子召开教职工会议,针对“企业幼儿园今后何去何从”展开大讨论,树立“以质量求生存求发展”的意识。在创建工作中,教职工以压力变动力、不等不靠,认真对照省级示范园标准查找不足,及时整改。体现出“幼儿园靠我谋发展,我靠幼儿园求生存”的工作氛围。

在教育教学管理上,实行“推门听课活动,推门就听,不打招呼,以统一课题平行班共上,全园教师互相观摩活动”,教师们同一节课上得异彩纷呈,课后认真座谈评议。学习共同提高。学期末园领导进行教学质量抽测,各班开展向家长汇报等活动,受到家长的好评。该园于2004年5月顺利通过省示范性实验幼儿园的验收。 (李海棠)

**【文化局艺术幼儿园美术特色教育见成效】** 文化局艺术幼儿园在长期开展艺术特色教育的基础上,向市教研室审报《幼儿美术素养的评价标准的实验研究》的课题,并获立项。填补美术领域中评价标准研究的空白。

在科研活动的探索中,该园始终以幼儿为本。注重幼儿美术素质的全面培养。大胆尝试多种方式探索正确的美术评价标准,在强调美术教育的儿童化、整体化与生活化的同时,又强调敏锐地抓住艺术的最根本的特点——美与独创。强调幼儿的美术教育要寓美于享受之中,运用正确的评价标准,使幼儿的情感获得满足,培养其对美的感受和艺术创造力,提高审美情趣,以形成完整和谐发展的人格。

在不断地尝试和总结过程中,取得很大的成绩。幼儿在轻松、愉快的美术活动中,较好地掌握了蜡笔画、水彩画、写生、线描创作画等基本技巧。每位幼儿的个性和情感在作品中都得到充分展示。该园幼儿在全国性的美术大赛中获金杯奖3名、银杯奖9名、铜杯

奖12名,3名教师的论文在市级刊物上发表和获奖。（撰稿:戴永华　审稿:盛　敏）

【文化局艺术幼儿园探究幼儿行为问题】　文化局艺术幼儿园承担徐州市教育学会"十五"期间科研课题《幼儿行为问题的形成原因和对策研究》,该园以刚入园的小班为实验班,对实验个体进行细致的观察,做了较为详细的记录,分析幼儿问题行为产生的原因。进而通过提高幼儿认知水平,优化生活环境,组织丰富有益的活动来不断强化幼儿的良好行为,利用半日活动、运动会、联欢会、春游、秋游等机会,鼓励幼儿勇敢大方地与成人及弟弟妹妹们交流,从中指导幼儿运用正确的方法交朋友。实验班幼儿的行为有很大程度的改观,特别是曾有退缩行为的幼儿,都有自已的好朋友,每天快乐地学习、玩耍。

课题组成员针对小班幼儿缺乏交往能力而表现突出的攻击性行为和退缩行为而设计公开课,《我是小小拳击手》、《认识你呀真高兴》获教科研示范课二等奖,针对实验个体的总结性论文《幼儿退缩行为的教育指导》获市教科研论文比赛一等奖。

（撰稿:卢爱民　审稿:盛　敏）

【房管局幼儿园成绩显著】　房管局幼儿园2004年在"市示范幼儿园"的基础上,又被评为"二星级省示范性实验幼儿园"、"省巾帼示范岗"。

2月,该园吴海宁小朋友通过"晨报之春"活动参加全国选拔赛,荣获徐州市赛区第一名,并参加2004年《首届中国少年儿童艺术节全国童星大赛》,在决赛中荣获金奖;为了使幼儿园各项管理更加透明、符合现代化教育教学的需要,该园为各班级安装了闭路电视,家长可随时通过屏幕观看到孩子在园的活动,真实、有效地向家长汇报孩子的一日作息情况,同时也调动教职工积极性,全面提高整体教育教学水平;为加强安全意识,开展"创建平安幼儿园"活动,以"天天平安,平安天天"为创建主题,使家长送孩子时放心;11月,该园又推出"千分制考核"的新举措,切实加强了幼儿园的管理,增强教师的责任心,提高教师业务水平。"一切为了孩子"是该园办园的宗旨。"让孩子愉快、健康地生活"是该园的教育目标。让孩子"在生活中学、在学中生活",是该园一贯的办学理念。该园踏踏实实的工作作风,获得家长高度赞扬。

（王周军）

## ○　小学教育

【概况】　全市积极贯彻2003年8月25日丰县现场会议精神,全面加强小学教育教学管理,努力提高教育教学质量,突出抓好中小学布局调整、"三新一亮"工程的实施,认真进行小学课程改革工作,推进小学素质教育。积极开展省、市实验小学的创建工作,努力扩大基础教育的优质教育资源,办好人民满意的教育。

布局调整工作和"三新一亮"工程建设。省教育厅要求,2004年各省辖市的中小学布局调整工作必须于9月前接受省教育厅的验收。新沂市和铜山县、贾汪区、九里区、云龙区、鼓楼区,泉山区于2003年和2004年2月分别通过省教育厅考核验收。根据《2003年徐州市中小学布局调整实施意见》和各县(市)、区完成任务的情况,全市将撤销小学732所,80%的乡镇完成以"乡镇为单位"的验收,完成498192套(单人)课桌椅的维修任务。在2003年工作的基础上,突出抓好丰县、沛县、睢宁县和邳州市中小学布局调整和铜山县、贾汪区的"三新一亮"工作,确保2004年9月通过省教育厅的验收。突出抓好督查工作,促进定点小学的建设,以保证撤销学校的学生尽快进入定点学校就学;狠抓薄弱单位,加大对进展不大单位的督促工作,以保证布局调整工作平衡发展;突出抓好非定点小学的撤销工作,确保完成80%教学点的撤销任务。上半年到有关县(市)、区对两项教育重点工程进行督促指导,按季度召开调度会,不定期印发《徐州市教育重点工程建设工作简报》,向各县(市)、区政府、教育行政部门通报布局调整和"三新一亮"工作的进展情况。市政府6月29日召开全市教育重点工程建设工作会议,铜山县就中小学布局调整工作和"六有"工程建设试点工作作经验介绍,丰县、沛县、睢宁县和邳州市发言。市教育局宋农村局长就全市教育重点工程建设工作进行部署,段雄副市长讲话,要求牢固树立科学发展观,进一步增强责任感和紧迫感,统筹规划,突出重点,扎实有效地开展教育重点建设工作,要坚持政府主导,各有关部门联动,县(市)、区、镇政府主抓,为推进教育重点工程建设提供有力保证。市政府与新沂市、邳州市、睢宁县、铜山县、沛县、丰县和贾汪区签订责任状。市教育局7月13日起对邳州市、睢宁县、沛县和丰县布局调整和"三新一亮"工程建设工作进行督查。8月10日组成7个组,局领导为领队,对全市六县(市)一区的布局调整、"三新一亮"和"六有"工程三项重点工程进行全面督查。9月21日和10月26日省教育厅督查办分别对邳州市、睢宁县、丰县和沛县的布局调整和"三新一亮"工程建设及铜山县和贾汪区"三新一亮"工程建设进行验收,6个单位分别通过验收。至此全市中小学布局调整和"三新一亮"工程建设工作全面完成省教育厅规定的任务。为巩固中小学布局调整成果,落实省教育厅提出的"回头看"的要求,市教育局下发徐教〔2004〕109号文件《关于进行"以乡镇为单位"布局调整考核验收的预备通知》,对进行"以乡镇为单位"布局调整考核验收进行部署。

"六有"工程试点工作。"六有"工程即所有的定点中小学有整洁的校园、有冷热饮用水、有水冲式厕所、有卫生食堂(餐厅)、有安全的宿舍、寄宿生每人一张床。省教育厅"六有"工程办公室要求,在苏北五市进行"六有"工程试点工作。所有的省辖市确定1个县为试点县,其余的县(市)、区确定2个乡镇为试点单位。徐州市确定铜山县为省试点单位,新沂市和邳州市为市试点单位。贾汪区所有的乡镇全面启动"六有"工程建设。丰县王沟镇和欢口镇,沛县龙固镇和五段镇,睢宁县高作镇和李集镇为试点乡镇。在市教育重点工程建设工作会议后,各单位积极行动,年底,铜山县、新沂市、邳州市和贾汪区全面完成"六有"工程建设任务。丰县等4单位的试点乡镇基本完成"六有"工程建设任务。省教育厅在铜山县召开苏北五市"六有"工程试点县工作现场会。与会人员考察了铜山县张集镇中小学"六有"的实施情况。省教育厅副厅长丁晓昌到会讲话。

省、市实验小学创建工作。继续采取一手抓省级实验小学的巩固提高,一手抓省、市实验小学创建工作。通过一年的创建工作,徐州铁路第四小学、沛县正阳小学被省教育厅批准为江苏省实验小学。铜山县利国中心小学和新沂市春华小学被评为三星级省实验小学。丰县欢口中心小学、宋楼中心小学、大沙河中心小学,沛县敬安中心小学、鹿楼中心小学、魏庙中心小学、龙固中心小学、孔庄小学,铜山县柳新镇新桥小学,新沂市北沟中心小学、城西小学、棋盘中心小学,贾汪区青山泉中心小学、西大吴小学,徐州铁路第一小学、黄河新村小学、奎山小学、西苑小学、奎园小学、祥和小学共20所小学经评估验收成为市实验小学。

课程改革工作。5月27日,在新沂市举行"徐州市小学第三次综合实践活动课程研讨会",研究农村小学如何开展综合实践活动课程,综合实践活动课如何更加贴近农村学生的实际。新沂市新安小学、阿湖中心小学、王庄中心小学和窑湾中心小学在上述方面作了研究和尝试,为研讨会提供4节观摩课。

(李全仁)

## 徐州市2004年农村中小学“三新一亮”工程实绩统计表

表5-2

| 单位 | 农村中小学在校学生数(人) | 单人课桌椅更新情况(套) | | | 讲台更新情况(张) | | 通电教室(间) | 资金投入(万元) | | |
|---|---|---|---|---|---|---|---|---|---|---|
| | | 维修出新 | 市县新增 | 省奖励 | 维修出新 | 新增 | | 市 | 县、乡 | 合计 |
| 丰县 | 166699 | 907634 | 15697 | 59000 | 269 | 2502 | 3175 | 117.5 | 326.81 | 444.31 |
| 沛县 | 175212 | 69800 | 2870 | 61000 | 930 | 2609 | 4328 | 40.2 | 264.7 | 304.9 |
| 铜山县 | 223524 | 239680 | 7100 | 76000 | | 5025 | 3653 | 56.8 | 365.72 | 422.52 |
| 睢宁县 | 258618 | 128533 | 34813 | 76600 | | 2763 | 2763 | 63 | 381.34 | 444.34 |
| 邳州市 | 241707 | 240132 | 37336 | 86000 | 2367 | 2108 | 6467 | 126.29 | 652.21 | 778.5 |
| 新沂市 | 174378 | 68259 | 20770 | 52000 | 613 | 2171 | 5727 | 41.6 | 276.44 | 318.04 |
| 贾汪区 | 59804 | 40247 | 2380 | 21800 | 314 | 1047 | 1542 | 30 | 99.06 | 129.06 |
| 九里区 | 14200 | 5660 | 3400 | 2400 | 189 | 268 | 457 | 53.6 | 4.6 | 49 |
| 云龙区 | 7978 | 2200 | 1490 | 2000 | 100 | | 163 | 19.9 | 18.2 | 1.7 |
| 合计 | 1322120 | 1702165 | 125856 | 436800 | 4782 | 18493 | 28275 | 548.89 | 2389.08 | 2892.37 |

说明:此表不包含未接受省、市奖励课桌椅的单位(鼓楼区、泉山区);表中云龙区相关数据仅指潘塘办事处所属农村小学“三新一亮”情况。

(李全仁)

**【徐州市2004年有省实验小学46所】** 2004年全市有省实验小学46所:丰县实验小学、沛县实验小学、沛县歌风小学、沛县正阳小学、铜山县郑集实验小学、铜山县侯集实验小学、铜山县实验小学、铜山县利国中心小学、铜山县茅村中心小学、铜山县新区实验小学、铜山县柳新中心小学、铜山县大彭镇小学、铜山县大许镇中心小学、铜山县三堡镇中心小学、睢宁县实验小学、睢宁县睢城小学、邳州市运河师范附属小学、邳州市实验小学、邳州市八路中心小学、新沂市新安小学、新沂市新华小学、新沂市春华小学、新沂市港头小学、新沂市桥口小学、新沂市城关小学、徐州市青年路小学、徐州市公园巷小学、徐州市解放路小学、徐州师范第一附属小学、徐州市民富园小学、徐州市黄山小学、徐州市民主路小学、徐州市大马路小学、徐州市鼓楼小学、徐州市八里小学、徐州市中山外国语学校、徐州市少华街小学、徐州市光荣巷小学、徐州市风化街小学、徐州市贾汪区实验小学、贾汪区大吴镇中心小学、徐州市铁路第三小学、徐州市铁路第四小学、徐州矿务集团中心小学、徐州矿务集团庞庄矿小学、中石化管道小学。

(李全仁)

**【徐州市2004年有市实验小学26所】** 2004年全市有市实验小学26所:徐州市经济开发区小学、徐州铁路第六小学、徐州市下淀小学、徐州市王场小学、铜山县伊庄中心小学、徐州铁路第二小学、贾汪区团结小学、铜山县柳新镇新桥小学、新沂市北沟中心小学、徐州铁路第一小学、新沂市城西小学、徐州铁路第四小学、丰县欢口中心小学、丰县大沙河中心小学、丰县宋楼中心小学、沛县龙固中心小学、沛县鹿楼中心小学、沛县魏庙中心小学、沛县敬安中心小学、沛县孔庄小学、新沂市棋盘中心小学、徐州市西苑小学、徐州市黄河新村小学、徐州市奎园小学、徐州市奎山小学、徐州市祥和小学。

(李全仁)

**【徐州市两学生荣获宋庆龄奖学金】** 经各地教育主管部门推荐,省、市教育部门审核,教育部、中国福利会、宋庆龄基金会向全国742名学生颁发第六届宋庆龄奖学金。新沂市新华小学五年级学生仲秋、徐州市撷秀中学初三年级学生董鹏喜获宋庆龄奖学金。

**【徐州市部分学校和个人获省青少年科技创新大赛奖】** 在省科协、省知识产权局、省青少年科技基金会和省教育厅共同举办的第十五届青少年科技创新大赛上,徐州市淮海西路中心小学获科技创新大赛学校团体奖,淮海西路中心小学、徐州市第五中学、徐州市树人中学、徐州市金山桥教育集团6位同学获工程学三等奖,徐州市淮海西路中心小学2位同学获化学和社会科学二等奖,徐州市淮海西路中心小学1位同学获医药与健康学三等奖。在科学幻想绘画比赛中,徐州市淮海西路中心小学1位同学获一等奖,徐州市淮海西路中心小学和徐州市湖滨中心小学22位同学获三等奖。

**【全市开展首届青少年科普系列活动】** 中共徐州市委宣传部、徐州市科协、徐州市科技局、徐州市教育局、共青团徐州市委、徐州市妇联等单位共同组织徐州市青少年科普系列活动,为广大青少年提供展示的平台,激发青少年"学科学、爱科学、用科学"的热情。科普系列活动分为科技创新大赛、科普系列活动和科普活动一日游等内容。

(以上为赵锡安撰稿)

**【青年路小学承办省小学数学教学观摩活动】** 11月10至11日,青年路小学承办江苏省小学数学教学观摩活动,全省27位青年教师进行数学课堂教学展示,该校有2名教师参加,其中1人获一等奖。来自全省及徐州市各县区的领导、专家、教师2000余人参加。

(撰稿:张忠艳　审稿:李刚强)

**【青年路小学成立交响乐团】** 青年路小学成立交响乐团,其中弦乐60人,管乐40人,两年来,参加省、市多场演出,受到好评。

(撰稿:张忠艳　审稿:李刚强)

**【青年路小学组织学生诵读《三字经》等古籍】** 青年路小学利用班会、晨会组织学生诵读《三字经》、《弟子规》、《论语》等经典古籍,使其在诵读中明理、导行,接受孝敬父母、遵纪守法的道德规范。

(撰稿:张忠艳　审稿:李刚强)

**【青年路小学教师走出国门看教育】** 青年路小学英语教师雷蕾1月赴澳大利亚格里菲斯大学进行为期6周的培训;校长翟立群11月赴英国进行为期1个月的考察学习。2人回校后对全校教师汇报所见、所闻、所思。澳大利亚、英国的小班化包班制个性化教学;"全纳教育"、"一个不能少"和"管理即支持、教育即服务"等理念给老师留下深刻印象。

(撰稿:张忠艳　审稿:李刚强)

**【公园巷小学接受省艺术特色学校验收】** 公园巷小学成立民歌、舞蹈、琵琶、美术、素描、装饰、篆刻等兴趣小组,给学生提供广阔的艺术空间。小白杨艺术团建团9年,参加市、区演出200余次,屡屡获奖。年内,分别在中山堂、淮海堂举办"七彩童年"、"艺海放歌"文艺汇演,受到好评。11月,迎接江苏省首批艺术特色学校验收。

(撰稿:于冬梅　审稿:胡　钢)

**【公园巷小学开发校本课程成绩显著】** 公园巷小学56位教师参与课程开发,校本教材《点燃学生心灵的火焰》共3册,已出版。总结性论文《点燃学生心灵的火焰》发表于《江苏教育督导》2004年第3期,11月底,在徐州市"校校行"课改亮点现场会上,该校进行校本课程展示,受到好评。该校教科室副主任于冬梅参加国家教育部主办的全国第三次“综合实践活动课程”研讨会。《徐州市公园巷小学校本课程开发与实施方案》被编入《国家级实验区综合实践活动研究报告》，课例《麦当劳与徐州饮食文化》入编《国家级实验区综合实践活动案例》。

（撰稿：于冬梅 审稿：胡 钢）

**【徐师一附小承办市“以校为本”教研制度建设现场会】** 12月17日，徐师一附小承办徐州市“以校为本”教研制度建设现场会，300余人参加。曹校长作“推进校本教研制度，促进教师专业成长”汇报，介绍学校校本教研的经验，分3个会场向来宾展示“语文、数学、心理、音乐、艺术、综合”6节课，2个展室展示校本教研制度建设的成果。“模拟课堂”、“读书论坛”把学校开展校本教研的情境再现到现场，《校本管理手册》把该校多年来的管理经验总结成册。（撰稿：杨维珊 审稿：曹 璟）

**【徐师一附小被评为“江苏省全民国防教育先进单位”】** 徐师一附小通过“学科渗透、环境熏染、活动体验”对学生进行国防教育。与工程兵指挥学院、大郭庄机场、空军学院、地炮旅、泉山交警二中队、淮海战役烈士陵园结成双拥共建单位，开展少年军校“军营一日兵”、“军校夏令营”活动。新年，开展“一个苹果一颗心，心心系着解放军”活动；中秋，开展“一块月饼一片情，情情系着咱亲人”活动；“八一”建军节，少年军校演出团到部队进行慰问；在云龙区全民健身运动会上，学员的军体拳表演，给观众留下深刻印象。年内，该校被评为“江苏省全民国防教育先进单位”。

（曹 璟）

**【解放路小学“综合性艺术教学”等课题结题】** 9月13日，由徐师大教育系杨乃红教授及市、区教研室的专家组成的课题鉴定小组，对解放路小学省级课题“综合性艺术教学”进行鉴定，专家认为，该课题对艺术课改中的一些问题进行有意义的探索，对开展艺术课程改革具有借鉴意义。该校市级“十五”期间立项课题“在学科教学中开展研究性学习的研究”探索各学科开展研究性学习的基本模式，设计开发校本教材，建立研究性学习信息资源库，在提高学生信息技术运用能力、培养学生创新意识和能力方面取得较高的研究成果，12月10日结题。

（撰稿：高 勇 审稿：冯志瑛）

**【市小语教学观摩活动在解放路小学举行】** 11月1日，徐州市教研室、徐州市小语研究会在解放路小学举办课堂教学观摩活动。特级教师于永正、张庆、徐善俊、王兰柱等及全市近200名语文教学骨干教师参加。解放路小学谢飞等8位教师上研讨课，于永正上作文教学观摩课。张庆、于永正、徐善俊、王兰柱、王勤，分别评课、开讲座。与会人员高度评价解放路小学语文教学取得的成绩。

（撰稿：高 勇 审稿：冯志瑛）

**【解放路小学校本教材《做生活的小主人》出版】** 解放路小学实践行知思想的校本教材《做生活的小主人》出版。该书共计6册，每册6个版块，即勇于创新的小学生、自觉觉人的小先生、手脑并用的小能人、学军报国的小战士、强身健体的小公民、多才多艺的小演员，包含12个活动主题，每单元由版块介绍、教学目标、主题案例等内容构成。教材体现学校赏识教育、体验教育、成功教育等理念，是中央教科所立项课题“开发校本课程资源”实验的重要成果。

（撰稿：高 勇 审稿：冯志瑛）

**【民富园小学EPD教育见成效】** 民富园小学是联合国教科文组织环境、人口与可持续发展（EPD）教育项目的实验学校。综合实践活动围绕课题《环境保护教育促进学生素质全面提高的实验研究》进行探索与实践,校本教材《探索·关注》以环保为主要内容。11月底,在广州—香港举行EPD第七次国家讲习班,该校作《EPD教育思想在学校管理中的探索》发言。学校被评为徐州市环境教育基地,年底,通过江苏省绿色学校的评估验收。

(刘孝广)

**【民富园小学教育信息现代化建设上新台阶】** 民富园小学加大对现代教育技术的投入,启动现代教育技术环境与条件的更新和改造工程。接入电信光纤宽带,带宽达到10兆,实现高速接入Internet。投资数万元,建成校园电视台,实现电视节目的采录编和节目的现场直播。建成多媒体微机教室2个、多媒体教室2个、多媒体语音室1个、电子阅览室2个、"CAI"课件制作室1个。配备学科教学软件达数万元,应用于教育教学的各种音像、光盘资料达600小时。建设有学校特色的现代教育信息技术资源库,储备教育教学所必须的信息和资源。对专业教师先后完成网络管理、课件制作、校园网、专业摄录编培训以及高层次的现代教育技术培训;对教师进行现代教育技术设施的使用与操作和多媒体辅助教学的培训。学校积极迎接"江苏省现代教育技术实验学校"验收。(张保勇)

**【黄山中心小学融EPD教育、美术特色于校本课程中】** 黄山中心小学被批准为EPD教育项目实验学校以来,从最基础的环境和健康教育入手,组织师生多方面开展EPD教育。利用现有EPD教育资源,结合本校的美术特色,将EPD教育和美术特色融入校本课程,编写校本教材《放飞绿色的希望》。

(撰稿:张传伍　审稿:张春华)

**【和平桥中心小学获徐州市田径运动会小学部总分第1名】** 和平桥中心小学作为省体育传统校,常年坚持全民健身运动,体育训练成绩显著,在徐州市第十八届田径运动会获小学部团体总分第1,2名学生打破保持多年的市纪录;国家级体育科研课题《小学快乐体育教学模式的探究性学习与实验研究》结题;校本教材《启明星》出版。

(撰稿:张毅峰　审稿:徐永莉)

**【户部山小学开发旅游校本教材】** 户部山小学关注自然环境(云龙山)和社会现实(徐州民风、民俗)等旅游资源,关注学生体验,在学生参加导游实践活动的基础上开发课程,注重整体着眼、综合开发,既有专设的导游实践活动课,又有与其他课程相融合的关联课程,注重隐性课程和活动课程的开发,以徐州市博物馆、淮海战役烈士纪念塔、楚王陵、戏马台、云龙山、民俗博物馆6个景点为主要内容编写校本教材《我是快乐小导游》分册。

(撰稿:赵甄平　审稿:宋孝玲)

**【铁货街小学建立"园林科技标准实验基地"】** 铁货街小学长年坚持立足学校,走出课堂,走向社会,全方位、多角度开展环境保护教育活动。3月,与徐州市园林局建立少先队"园林科技标准实验基地",各中队成立护绿小分队,开展净化黄河水、保护绿树红花、向白色污染宣战等环保教育活动。

(撰稿:陈大庆　审稿:王晴霞)

**【王杰小学开展"英雄与我同行"活动】** 王杰小学结合综合实践活动,开展"英雄与我同行"系列活动。在举行"读王杰的书"、"唱王杰的歌"、"走进军营感受英雄精神"、"学英雄我能做什么"主题会等活动的基础上,邀请王杰班战士参加学校的特色活动——科技制作。活动按低、中、高三个层次进行。在科技制作中,解放军战士严谨、细致的工作作风潜移默化地影响着学生。

(撰稿:权继平　审稿:陈红艳)

【中山外国语实验学校开展围棋教育】 中山外国语实验学校以“学棋艺、悟棋道、树棋品、促智力”为宗旨，开展围棋教育。分普及班、中级班和高级班三个层次进行训练。几年来，培养一批尖子。有5人获业余五段段位（目前，在徐州市同年龄组中，该校小棋手的段位最高），2人获四段段位，4人获三段段位，3人获二段段位，有20多名学生升入业余一段。孟元甲、陈茂源学棋6年，参赛上百场，获奖数十次，被业内人士誉为“最有前途的小棋手”。8岁的徐腾学棋不到一年，在全国、全省的许多围棋大赛中获奖，并获业余二段段位。在历届的省少儿围棋比赛中，学校围棋队保持总分前三名的好成绩。2004年8月在无锡举行第七届“南洋双元育苗杯”围棋赛，5名棋手获团体一等奖、总分第八名。

（撰稿：王 序 审稿：刘尊立）

【八里小学创多项特色】 八里小学是市体育项目传统学校，在鼓楼区田径运动会上取得四连冠的佳绩，在市小学生运动会上多次获得第一名。是徐州市垒球后备人才训练基地，在江苏省青少年棒垒球比赛中获得第三名。书法、绘画许多作品在国内外获大奖。将汉画像石相关内容编入乡土教材，在省内发行，受到省教育厅领导的赞扬。学校被中国教育学会评为“艺术教育先进单位”。

（李 伟）

【下淀实验小学在常态下开展研讨】 下淀实验小学注重加强常态调研，针对常态问题开展研讨。在不同年龄段抽取几位教师，根据学校确定的主题，分别上研究课，学校进行全程摄像，组织各学科教师听课、看录像评课。同年级教师在评课的基础上，修改教案再上这节课。整个过程，教师学习新理念，寻求理论与实践的结合点；听课时，认真思考，评课时，各抒己见。 （赵智红）

【王场实验小学书法形成特色】 王场实验小学重视写字教学，保证学生的练字时间，培养他们的写字兴趣。教师设计软硬笔书法专用纸，每学期开设1次到2次写字教学讲座，每周每人交一张毛笔字。该校收藏学生书法作品近300幅，每学年有100多人次参加国内各种少儿书法赛，多人获金银铜奖。2002年，8幅学生书法作品做成长卷，送到中共十六大组委会，受到表彰。2003年，展示该校书法特色的作品集《蓓蕾初绽》与师生见面。经过市教育学会书法专业委员会评估，挂牌为徐州市书法教育特色学校，2004年，经江苏省文联评估确认为江苏省书画考级培训基地。

（陆 巍）

【铜沛路小学“红领巾法庭”进社区】 铜沛路小学“红领巾法庭”利用节假日走向社区，对居民进行法律知识宣传，解答有关问题。模拟开庭审理案件，红领巾小法官、小律师身着法官袍和律师袍，义正词严地审理一个个案件，使群众受到法制教育。 （金燕玲）

【八一小学扎实抓教学质量】 八一小学组织教师学习《基础教育改革纲要》、《新课程基本理念》等，鼓励教师发挥自己的特长，教出自己的特色。提出“瞄准基础，突出个性，面向全体，全面发展”的要求，课堂上创设与学生平等交流、公开对话的氛围，从座位的排列、作业的布置、师生交流的方式等方面，给学生创设宽松的心理环境。在备课方面，由教研组集体研讨，教师提纲挈领地写出教案轮廓，详细设计精彩片断，把节省的大量时间用于教前研讨、教后反思。领导实行“推门听课制”，随时进入每个课堂听课，及时将意见反馈给老师。加大教师备课和学生作业的检查力度，每学期进行三轮检查，及时反馈。在区文教体局的质量抽测中，多次获得好成绩。2004年毕业考试，该校六年级语文获全区第二名，数学获全区第四名。 （秦向阳）

【建北小学开展民族团结教育活动】 建北小学有7名少数民族学生。学校为他们建立个人档案，制定少数民族学生优惠政策。对2位家庭生活比较困难的同学，减免学杂费、电影票、参观门票、乘车费等，教职工为他们捐献衣服和学习用品。学校利用国旗下讲话、思想品德课、班队课、黑板报、广播、专题讲座等形式，向学生宣传民族常识、民族文化、风土人情、少数民族政策。重大节假日，学校红十字会慰问社区内少数民族五保户和孤寡老人。 (葛孝云)

【大坝头小学关心"春蕾班"学生】 大坝头小学2003年"六一"成立"春蕾班"，每学期为低保和特困家庭的学生全免学费；春节、"六一"儿童节等节日，与资助人一起，带着生活和学习用品去贫困生家里慰问；在女教师中开展"义务妈妈"活动，为贫困生做实事，如学习辅导、个别谈话、家访、赠送课外书等；教师与贫困生共度中秋团圆。组织贫困生定期向资助人汇报自己的学习和生活变化，用感谢信的形式表达对他们的感激之情。 (曹红梅)

【大坝头小学实行"德育早餐"】 大坝头小学每周一的升旗仪式实行"德育早餐"。根据学校开展的各种主题教育活动内容和校内外发生的好人好事，以歌舞、小品、朗诵、快板、队会等喜闻乐见的形式，让学生自编自演节目，通过表演和展示，使全校师生受到教育和启发，规范自己的言行举止。 (曹红梅)

【朱庄小学创书画特色】 朱庄小学以硬笔书法和儿童画为突破口，创学校特色。组织学生走出校门，走向街头，为居民写春联、为群众进行书画表演；在学校举办书法展览；评比写字之星、开展班级写字竞赛。加大书画教学投入，学校有书法长廊，班级设"书画苑"，构建"普及—提高—冒尖"三层次的书画教学模式，使每一位学生都能最大限度地发挥在书画学习方面的潜能。先后有近千人次在各级书法竞赛中获奖或发表书法作品，年内，在市万寨杯书法比赛中1位老师、2名学生获金奖，300多名学生分获银奖、铜奖及其他奖项。 (王　晶)

【沈场小学少先队开展教育活动】 沈场小学少先队开展一曲多操、书画长卷、唱响明天等活动，参加市道德情境大赛的活动，使学生的品德修养得到又一次洗礼；大队部开办红领巾广播站，为学生搭建展示自己作品的平台，提高了学生的学习兴趣。 (张志刚)

【西阁街小学摔跤队成绩突出】 西阁街小学摔跤队在徐州市第十八届运动会上，在36个大小项目中，夺得28枚金牌，震惊体育界，被同行称之谓"西阁旋风"。徐州电视台进行专题采访，制作近30分钟的记录片。(韩　永)

【琵琶小学以剪、刻纸为特色】 琵琶小学每周四下午进行1小时剪、刻纸创作与学习，从主题策划、构图造型到剪、刻、粘贴、揭离、成品修改，学生们用心完成每一个步骤。有的大胆创新，自己设计样稿、图形、纹路，有的把自己精彩的作品装裱成画，装饰家庭，赠与师友。定期举办剪、刻纸作品展览，对学习者进行鼓励。 (史诚明)

【徐州铁四小通过省实验小学复验】 徐州铁四小"突出办学特色，提高办学质量，追求办学效益，提升办学等级"的办学目标深入教职工的心中；"严谨、耐心、求实、创新"的教风成为教师的自觉追求；"尊师、爱生、活泼、守纪"的校风和"追求卓越、力求发展，爱生如子，精心树人"的良好教育环境已经形成。历时2年的创建工作，为学校的再发展提供保证。10月，学校顺利通过江苏省实验小学复验。

(马继巧)

**【徐州铁四小设立校园开放日】** 徐州铁四小分别于3月18日、4月1日、12月2日举办家长学校，5月29日举办“校园开放日及招生咨询会”，6月24日召开“让您的孩子从这里起航”的一年级报名新生家长会，得到广大家长的赞许。（彭德正）

**【泉山区面向全市展示课程改革“亮点”】** 11月25日，徐州市课程改革“亮点展示”活动在泉山区少华街小学、光荣巷小学、风化街小学、西苑一小、段庄二小举行。5所学校从校本培训、校本科研、学校管理等方面向全市近千名代表展示走进新课程三年来的成果。（张广建　傅惠文）

**【少华街小学发扬乒乓精神】** 少华街小学结合乒乓特色，开发校本资源。发扬乒乓文化，以乒乓精神“团结、拼搏、勇敢、争先”勉励自己，把乒乓精神与教师的课堂行为、学生的自我学习结合起来，落实到课改实践中。（程晓燕　李冀晖）

**【少华街小学实施个性化教学】** 少华街小学针对不同的学生特点实施个性化的教学，倡导自主、合作、探究、体验的学习方式，让每个学生在平等、宽松、和谐的课堂氛围中主动学习。鼓励学生开拓学习空间，解放学生时间，让他们在丰富多彩的活动中发挥创造力。（程晓燕　李冀晖）

**【风化街小学在活动中育人】** 风化街小学根据学生的年龄特点开展丰富多彩的活动。“六一”期间举行“我们最崇敬的人”课本剧表演、“我最敬佩的课本人物演讲活动”及“我爱我的家乡”系列摄影、征文、绘画展等。在课题《书法校本课程的开发与研究》结题展示活动中，同学们讲书法家的故事，展示自己的书法作品，做“书法手指操”。节假日，学生到大街小巷，义务为群众写春联几千副。多次邀请书法家王冰石、金德欣等到校举行笔会及指导。定期举办艺术节、读书节、科技周、手拉手爱心工程、普法知识竞赛、主题辩论会，以及“健健康康防流感”、“‘三八’节我为妈妈献爱心”等主题队会，学生们在轻松的活动中受到教育。（孙　鹏　张启云）

**【光荣巷小学改进学校管理】** 光荣巷小学在合并夹河街小学后，实行“两个校区一体化”管理的模式，在管理制度上积极探索。撤销原来的教导处，设立事务室、教育教学质量监控室、教育科研室、德育室等4个职能部门，建立现代化的校园传输系统，利用网络将两个校区连成一个整体。开通“校园信息教育热线”，解决学生成长中的困惑，与家长共同探讨教育的热点问题。（蒋　洁　李　丽）

**【黄河新村小学加强教科研工作】** 黄河新村小学建立教科室、科研骨干、教师三级教科研网络，保证课题研究目标的落实。领导把教科研工作作为“一把手”工程来抓，市级课题荣获首批科研成果市级三等奖，教科室出版《课题成果荟萃》、《案例集》和《教育教学成果集》。（王崇岭）

**【奎山小学改善办学条件】** 奎山中心小学利用上级拨款和自筹资金50余万元，整修操场，装修各室，硬化操场彩砖地面500平方米，粉刷教学楼，调整校内花坛、宣传栏、活动区，增添体育器材；按标准更新微机室，改造实验室，建成校园网，实现室室通。重视营造绿化、净化、美化、教育化的育人环境。增设宣传文化阵地，如橱窗、板报、展板、标语等，定期更换内容，整个校园呈现出浓郁的人文气息。年底，通过徐州市实验小学验收。（陈德琴）

**【西苑第二小学建成使用】** 西苑地区小学生源爆满问题存在多年。2004年3月2日，李福全市长召集市长办公会议,决定拨款900万元,在民健园广场原规划教育用地建设一所4轨制的西苑第二小学。由泉山区政府具体负责。有关部门"特事特办",简化建设审批手续。设计按照"高标准,现代化,有特色"和"四个一流"的目标进行。学校总面积12600平方米,建筑面积6800平方米(含1栋主教学楼和1栋办公楼),有标准教室24间;音、美、舞、自然、语音、微机等多功能教室齐全;操场面积6288平方米,内含200米环形跑道和塑胶田径场一处,篮球场、排球场各一处,绿化面积达1100平方米。校内教学区与活动区相分离,花坛、喷泉分布合理,楼房建筑错落有致,校园四季常绿,文化氛围浓郁。可容纳24个教学班1000余名在校生学习,可承担2万人口居民区的义务教育任务。工程实行监理制、招投标制,严密组织、科学施工,文教体局、建设局严把质量关,区监察、财政、审计等部门全程监督。教学楼主体工程8月底完成,一年级招生编班等工作全部到位,9月1日开学。9月9日举行落成典礼。11月,实施西苑一小超编学生分流工作。分流后,一小教学班26个;二小教学班20个。

(张广建)

**【燕子楼小学将剪纸引入课堂】** 燕子楼小学以美术为办学特色,进行徐州民间剪纸艺术的挖掘和整理研究。建立民间剪纸艺术兴趣小组,将剪纸引入美术教学。为贫困学生义务开办"爱心剪纸艺术班"。实行"小先生"制,兴趣小组的学生经美术教师和校外辅导员教授学习剪纸,每学到一些新的技法就到班级对全班同学进行辅导。将学生的剪纸艺术作品悬挂在校园围墙、走廊、楼梯口等处,使学生在校园生活的每时每刻都能受到艺术的熏陶。 (尹洪兰　王　琨)

**【段庄二小实践人文管理】** 段庄第二小学《人文管理在学校管理中的运作模式》的课题,2001年由省教育学会批准立项,学校确立"以人为本,为师生的发展服务"的工作思路。以教师的发展为基础,以创新改革为重点,遵循着尊重人、引导人、发展人的原则,修订学校的管理制度,在学校管理各个层面进行尝试。2004年4月,"人文管理"课题结题鉴定会作为徐州市教育学会"课题培训"的主要内容,面向全市中小学进行现场结题鉴定,得到鉴定组和各兄弟学校的高度评价。11月,面向五区六县展示课改成果和人文管理的经验。

(崔明琳)

**【西苑小学对外展示书画特色】** 西苑小学通过诗书画印校本课程的开发、经典作品的诵读、解形识字课题的研究、学生走进大自然写生等形式,弘扬书画教育特色。3月18日,接待新加坡志诚学院语言考察代表团,开设4节"快速识字,大量阅读"字理识字实验课。11月25日,面向五区六县推出4节优质课,展示数百幅儿童优秀美术作品和独具特色的美术天光教室,100余名学生进行现场书画表演,得到好评。12月1日,学校通过江苏省艺术教育特色学校验收。

(王丽华　谢　磊)

**【拾屯小学开展"生活教育"】** 拾屯中心小学以陶行知先生所提倡的"生活教育"为主题开展活动。各科教师注重理论与实践相结合,"我的数学日记"、"画画我的家"、"唱古诗"、"图书室里学语文"等活动各具特色。大队部在低、中、高年级分别开展"巧巧手、系鞋带"、"皮鞋小卫士"、"我学洗袜子"、"厨房小当家"活动。学生课外和周末学习各项生活技能,在大队部每月一次的"生活小巧手、学校大舞台"上露一手。11月3日,举行"我做生活小能人"活动。(撰稿:张　伟　审稿:郑邦民)

**【苏山小学进行课程改革研究】** 苏山小学组织教师学习《课程标准》,引导教师树立"一切为了孩子”的教育思想;组织社会综合实践活动,加强学生与教师、家长、社会之间的交流,激发学生对学习的兴趣。课堂教学不拘泥于教材,不限制学生的答案,学生的创新无处不在。张影和刘春老师主持《学生个性在发现学习中的体现》和《小学低年级学生说写同步》两个课题研究,在学生学习方式的转变上,取得一些成效。2004 年,该校被市教育局评为课程改革先进集体。

(撰稿:张 影 审稿:韩世柱)

**【张小楼小学邀请家长评课】** 张小楼小学邀请家长进校听课、评课。制订计划,每次邀请 5~10 名家长到校,每学期至少 2 轮。科目涉及语文、数学、思想品德、英语等学科。课堂上,家长们边听边记,听后即举行有校领导、授课教师、听课家长参加的研讨会,家长可以质疑问难,发表见解,提出一些合理化的建议。 (撰稿:李玉良 审稿:赵 安)

**【城东小学书法教育形成特色】** 城东小学对书法教学常抓不懈,每天下午安排 20 分钟的练字时间,铅笔字、钢笔字、毛笔字分低、中、高三个学段循序渐进。教师每周练习 200 个钢笔字,2 幅毛笔字作业,校园内形成浓厚的书法教育氛围,7 月,被验收为徐州市书法教育特色学校。(审稿:武 勇 撰稿:朱景礼)

**【谷山小学少先队开展“七彩阳光”进校园活动】** 谷山小学少先队以爱党、爱祖国、爱社会主义教育为重点,开展“以活动悦心”、“以活动陶情”、“以活动益智”、“以活动践行”、“以活动健美”、“以活动促劳”、“以活动辅德”七级阶梯状活动。大队部开展“我是文明小使者,我给校园添光彩”、“你丢我捡,净我校园”等活动。学校以兴趣小组、节日游园、周末乐园等形式组织艺术活动,开展“星星舞台露一手”的实践活动。各中队开展“快乐导播热线”心理健康教育活动、“幸福是什么”价值观教育活动、“我是自理小能手”自理活动、“献出一片爱,收获一片情”增强爱心活动以及“我的未来职业”角色体验活动。

(撰稿:常乔乔 审稿:李 刚)

**【史庄小学抓好“冬三项”训练】** 史庄小学制定“冬三项”训练计划。利用校会进行动员,号召全体师生参加训练,做到每人一绳一毽。对班级“冬三项”训练情况进行检查、评比、表彰。选拔一批优秀运动员,由体育教师进行集中训练,不断提高运动成绩。2004 年,该校在徐州市“体育彩票杯”中小学跳绳、踢毽子比赛中分别荣获小学组团体第一名和第五名的好成绩。(撰稿:刘丽萍 审稿:李志忠)

**【王新庄小学教师练习“三字”基本功】** 王新庄小学全体教师练习“三字”基本功蔚然成风。校长身先士卒,领导班子率先垂范。学校规定:每人每天 1 板粉笔字,当天由教导处评定;每周 5 篇大字,3 篇钢笔字,周五上交学校。校长认真批阅,及时鼓励。有书法特长的青年教师担当教练,示范、指导中老年教师练习书法;中老年教师不耻下问,虚心求教,认真临摹,一丝不苟。

(撰稿:赵世祥 审稿:夏春振)

**【卧牛小学抓好学生的养成教育】** 卧牛小学制定《养成教育实施方案》,《学生在校“十不准”》、《班主任工作职责》。把养成教育纳入到日常教育、班会活动之中。针对不同学生因人施教。开展“做文明学生”主题班会活动,用鲜活的事迹感化、教育他们;对具有攻击性行为的学生,组织他们参加打乒乓球、踢足球等训练活动,以控制他们的不良行为。利用每周一、三、五课外活动时间,由中队长到各班检查学生仪表、衣着等个人卫生保持情况,评出优秀个人、优秀班级。教育学生不买零食,不吃零食,不带零食进校园,不乱扔果皮、纸屑。学习上,要求学生要大大方方读书,工工整整写字,认认真真做作业。

(撰稿:郑国华　审稿:赵汝俊)

【武屯小学教师开展读书活动】　武屯小学引导教师树立“不学习就不能发展”的意识,做到“有书可读、有书要读、有书会读”。学校购置中外教育名著,供教师借阅,保证人人有书可读。要求教师每学期泛读一些教育刊物,精读一本教育专著,撰写一定量的读书心得。组织理论沙龙活动,教师结合具体课例研究如何让读书中吸收的新理念在教学中得到应用。探讨“新课标下教师教学行为的转变”、“一堂好课的标准是什么”等热点问题。

(撰稿:王　强　审稿:武　军)

【新陈庄小学实行星级班级管理】　新陈庄小学开展“星级班级”评比活动,按照《“星级班级”评比实施细则》,文明监督岗就卫生、纪律、学习三方面对各班进行检查,向班主任递交反馈单,好人好事、发表作品、比赛获奖等事项采取加分制,每日一查,两周一评,按一定分值,为卫生、纪律、学习成绩优秀的班级分别颁发蓝星、红星、黄星,贴在班级教室门口特制的“星板上”。连续3次荣获“三星级班级”称号将授予“四星级班级”,连续3次荣获“四星级班级”称号则授予“五星级班级”,该班级就能参加年度文明班级的评比。

(撰稿:陈新彩　审稿:周　琳)

【杨西小学实行人文管理】　杨西小学在校园内设立各种宣传牌匾。内容大都是:“进步就是好学生,提高就是一百分”等鼓励性的语言。领导尊重教师,关心教师,事事率先垂范,以带促管。教师迟到了,不是批评,而是去查明原因;升旗了,不是说教,而是立正站在队伍的前列;上课了,不是检查,而是第一个走进教室。形成人性化的师生关系。师生间相互尊重,平等对待。班级人文管理,从一位学生的转变,一件事情的处理做起。教师对待学生更多的是笑脸,是期待的目光。

(撰稿:魏新梅　审稿:罗传明)

【金山桥小学改进备课方法】　金山桥开发区小学三年级语文教研组集中群体的智慧,不断探索备课的方法,每位教师明确单元目标,理解单元教材编写意图,把握单元教学的重点与难点,设计教学思路和方法。教研组每周定时进行研讨交流,中心发言人陈述自己的观点,与会教师结合自己对教材的理解、教学设想,与中心发言人进行切磋交流。在集体研讨的基础上,各任课教师对自己的设想进行修改,编写详实的教学方案,相互交换,共享资源。

(蒋　静)

【市陶研会在金山桥小学召开现场会】　金山桥小学实践陶行知美育思想,坚持“教学做合一”原则,努力做到“以美育人、以美感人、以美教人、以美化人”。10月14日,张广焕会长带队,市陶研会在该校召开“小公民道德建设”现场会,来自市、县、区的代表参加。代表们听取学校专题汇报,参观教师学陶师陶书法展示,对2节思品汇报课进行研讨。

(杨春艳)

【刘湾小学开展“安全在心中”主题活动】　刘湾小学针对东邻国道、西靠铁路的情况,开展“文明伴我行,安全在心中”主题活动,每年11月8日为“校园安全文明日”,建立校园安全文明广播站,举行安全签名仪式、演讲比赛及小报比赛等活动,聘请派出所民警担任法制副校长,与铁路有关部门结成共建单位。每周评出校园“文明之星”和“安全小标兵”,每月评出“文明班级”,每班配备一名教师担任安全辅导员,协助班主任老师做好安全工作,每学期进行考核。

(张文礼)

【蟠桃小学加强青年教师培养】　蟠桃小学组织青年教师学习理论,观看课程改革的讲座录像,免费为每位青年教师订购杂志。要求青年教师每人每学期至少开设1节校级及以上公开课,备课要体现新理念,写3篇课改通讯,力争在区级刊物上发表,结合自己的工作实践写1万字的读书笔记。选派多名青年教师参加省、市、区级的培训,鼓励青年教师参加市、区级比赛课、优质课评比活动。有1人获市级比赛课一等奖,5人获二等奖,3人获区级评优课一等奖,5人获市级论文奖,2人获省级论文奖,6人在全区开教研课。

(丁礼刚)

**【王庄小学开辟种植园】** 王庄小学3～6年级班班开辟花卉培植园和绿色蔬菜种植园,使综合实践课程落到实处。 (李祥俊)

**【贾汪区实验小学开办“红领巾超市”】** 贾汪区实验小学根据住宿生多、学生文化生活用品需求量大的实际,开办“红领巾超市”。超市的经理、售货员、采购员、会计由少先队员担任,他们调查学生学习、生活用品需求,在指导教师带领下组织进货、销售、记账、利润核算等工作。利用早晨、中午、下午的课余时间营业,对家庭条件差的同学全部以进价销售,由于物美价廉,前来“红领巾超市”购物的同学络绎不绝。超市的利润作为扶贫助学基金,在向贫困和受灾地区的捐款活动中,“红领巾超市”代表少先队员们献上一份特殊的爱心。该校依托“红领巾超市”开设的课题,被省少工委批准为“少先队体验教育”子课题。省教育电视台对此进行报道。

(撰稿:吴庆祝　审稿:王金英)

**【贾汪区青山泉镇中心小学标本制作有特色】**

贾汪区青山泉镇中心小学设有书法、绘画、舞蹈、剪纸、标本制作等10多个兴趣小组,标本制作被定为校本课程,编有校本教材《从这里走进科学的殿堂——标本制作》。市级课题《标本制作与小学生个性发展的研究》,经市教科所鉴定,于2004年结题。该校被贾汪区命名为“标本制作特色学校”。

(撰稿:王　蕾　审稿:韩圣芳)

**【丰县实小注重德育科研】** 丰县实验小学健全以“校长室—德育处—教科室—学科科研组”为主线的德育科研网络,对学校教科研工作实行规范化管理。组织教师学习现代教育教学理论和科研方法,聘请专家学者到校作专题讲座;分批组织中青年教师参加有关部门组织的大型报告会,定期组织参与课题研究的老师赴外地参观学习。学校电脑实现宽带上网,把《中国德育》网设为主页,教师通过网上浏览,及时了解最新的教改动态和科研信息。学校承担16项县级以上“十五”期间课题。其中德育课题有5项(2项属国家课题)。在第七届全国德育年会上,学校的阶段性研究成果,获一等奖2篇,三等奖3篇;在全国小公民道德建设实验学校实验研究中,有12篇研究论文参加全国第二届德育创新成果评比,获一等奖1篇,二等奖3篇,三等奖4篇。学校被评为全国教育科学“十五”规划重点课题《整体构建学校德育系统化研究与推广实验》先进实验学校,全国小公民道德建设先进单位,全国中小学思想道德建设活动先进单位。 (李　光　于世臣)

**【丰县欢口中心小学通过实验小学验收】** 欢口中心小学投资500余万元,新建2幢教学楼、1幢教学实验楼,计4800平方米,设立电脑室、多媒体教室、自然实验室、劳技室、多功能教室、电教器材室、音乐室、美术室、体育器材室、图书室、阅览室等。教室达“三新一亮”、“三机一幕”要求,校园建设集绿化、美化、硬化、教育化于一体,学校管理凸显科学育人品位,实现教育发展优势创新、人才培养模式创新、教育管理体制创新。12月28日,通过实验小学验收,徐州市验收小组对其创建工作给予肯定。 (史志兵　司开山)

**【丰县宋楼中心校取得新成绩】** 宋楼镇将39所小学调整为8所定点小学,学生数均达千人以上。投资200万元,新搬迁宋楼中心小学和菅庄小学,各校配齐电教仪器,5所小学配置电脑室。中心小学通过市实小验收,中心校荣获市局读书活动组织奖,劳技作品展组织奖。举办全市少工委现场会;代表县迎接普九验收和市学校卫生室验收。教师的论文有2人获国家级奖,7人获省级奖,27人获市级奖。 (王为全　谢学军)

**【丰县人民路小学多人次获奖】** 丰县人民路小学抓管理、重安全,抓教研、重课改,抓教学、重课堂,抓德育、重习惯养成,抓后勤、重育人环境,团结一致,认真工作,取得可喜的成绩:2004年获得徐州市巾帼文明示范岗、全县教育教学质量综合评估第一名,获省级奖励1项,市级奖励8项,县级奖励22项;县级4项课题顺利结题,教师撰写180多篇论文,在县级以上论文评比中获奖或在市级以上刊物发表;在优质课评比中,9人获县一等奖,5人获市一等奖,1人获省一等奖;在县级以上各类评比中,学生有400多人次获奖。

(宋红军　李昌云)

**【沛县实验小学实施"名师工程"】** 沛县实验小学在师资队伍建设上提出"有信念、有思想、有特色、有潜力"的目标,着力建设名师队伍。在政治思想方面,抓紧政治学习不放松,注重以科学的理论引导,以先进的典型带动,以丰富的活动塑造,帮助教师树立目标,确立信念。在业务素质上,鼓励教师以我为主、博采众长、加强锤炼,争当名师。学校定期召开教育教学研讨会,举办青年教师论坛,广大教师在研讨中优化知识结构,提高教育教学能力。要求教师每人每学期读一本专著、每周写一篇学习笔记、每月交一篇高质量的论文、每学期上一节示范课、开展一项专题研究。逐步培养扎实的基础,形成自己的教学风格,促进自身的专业化发展。在徐州市第三届名师名校长评选中,涌现出市名校长1人、市名师1人、市青年骨干教师1人、县学科带头人16人。 (撰稿:高　岭　审稿:贾理兴)

**【沛县歌风小学重视德育工作】** 沛县歌风小学从养成教育入手,强化日常生活中良好行为习惯的训练,加强法制教育、纪律教育、心理健康教育。校外有红领巾一条街、县敬老院、鸳楼烈士陵园等德育基地,校内有宣传栏、黑板报、校报、广播站、阅览室等德育阵地,在教学楼上镶嵌着校风、教风、学风以及《小学生日常行为规范》、《小学生守则》、中国版图、万里长城、六旗一徽等标志。坚持每周一的升旗仪式,利用重大节日,开展各种形式的教育活动。成立家长学校,聘请法制副校长、校外辅导员,设立关心下一代委员会、学校安全综合治理办公室,学校、家庭、社会形成合力。学校被评为江苏省德育先进学校、市十佳雏鹰红旗大队。梁彩霞老师被评为全国师德先进个人,郭显同学被评为市百佳小公民。 (撰稿:申明贞　审稿:樊令君)

**【铜山县郑集实验小学在县教学质量评估中获第一名】** 铜山县郑集实验小学把课堂作为提高教学质量的主阵地,开展"青苗杯"课堂教学大比武、"中青杯"课堂教学大展示和"收获杯"骨干教师联手示范。一学期,参加教师65人次,开课80节。以教研组为单位,开展集体备课活动。语文、数学、艺术3个学科,比赛钻研教材的深度与广度。收到教学设计71篇,评出优质教学设计30篇。教师一周一记教学叙事,一学期收到教学叙事750篇。确定重点培养对象,采取轮番听课的实战式培训。一个教材,两次上课,三次讨论。培训优秀教师19人,有11人参加县基本功大赛获一等奖。在铜山县小学教学质量综合评估中,获全县第一名。

(撰稿:杜庆峰　审稿:汪明玉)

【铜山县侯集实验小学通过“三星级”省实验小学验收】 6月，由徐州市教育局选派的“三星级”省实验小学评估验收组对侯集实验小学进行验收。评估组观看千人韵律操，抽取涉及语文、数学、常识、艺术等学科18节课，对教师的执教水平、新课改理念的体现、学生的学习表现进行评估，全部被评为“优质课”。该校通过“三星级”省实验小学的验收。

（撰稿：夏桂田 审稿：刘召建）

【铜山县大许实验小学举办读书节】 铜山县大许实验小学提出“打造书香门第，营造书香校园”的口号，“让读书成为需要，让读书成为习惯”成了全体师生的共同追求。为每个班级和办公室配备图书柜和图书架，在教学楼的走廊里建立4个“阅读超市”，校园里设立无人售书架、流动阅览车，学生之间可以交换藏书或低于原价出售藏书，互通有无。在班级推荐的基础上，全校评选出阅读大王、藏书大王、背诵大王各100名，各奖励其图书5本。5月26日至5月31日，该校承办铜山县第九届读书活动现场会并举办大许实小首届读书节。（撰稿：盛铁英 审稿：邵珠元）

【铜山县大彭实验小学强化校园文化建设】 大彭实小校园文化建设体现古典与现代的结合。教学楼与综艺楼壮观宏伟，透露着学堂的庄严与神圣，凌空飞檐蕴含大鹏展翅高飞之寓意。教学楼前宽阔的主干道直通校门，名曰：“学子路”。假山流水增彩，虞美人、郁金香、“小鹿”、“丹顶鹤”、立体草坪给人以赏心悦目之感。校门内侧、草坪四周栽满冬青、剑麻、芭蕉、雀舌、古槐等，形成规模宏大的“绿色建筑”。“百花园”，“鸟儿栖息区”的大片竹林，清澈见底的池塘，给人以“小苏州园林”之感，充满情趣，充满遐想。“绿色课堂”水杉林郁郁葱葱，绿色宜人，整齐划一，林内清凉、宁静，幽深而典雅，是学习、娱乐的最佳场所。“曲径通幽”的绿色长廊，蜿蜒深邃，上有青藤覆盖，下有石凳，是漫步、读书、畅谈、玩耍的好去处。绿草如茵，舒适平坦的田径场周边高大茂密的白杨形成一道坚固的“绿色城墙”，白杨树上设有鸟巢，鸟儿在此嬉戏打闹，与树下的孩子结成不解之缘。洋溢着汉代风韵的巨幅壁画、周口店“北京人”遗址、长城、颐和园、泰山、黄山等大型彩色壁画，让学生领略中华文明，激发热情。公园的别致，花园的典雅，园林的葱绿，家园的温馨使得人与自然的和谐在此得以充分体现。

（撰稿：王兴林 审稿：孙广富）

【铜山县利国实验小学通过省三项评估】 利国实验小学“以编演课本剧为龙头，以信息技术为中心，以舞蹈、器乐、美术、书法、篮球为一体的艺术教育”形成特色。千余名艺校学生，特长得到发展。课本剧《母亲的恩情》、《蚂蚁蝈蝈》演遍大江南北，《木兰从军》、《质数合数》新登舞台；学生参加省级2004年信息学奥林匹克竞赛，获一等奖；书法、绘画每年获国家、省、市奖项上百人次；篮球队多次代表铜山赴市征战，年内，再获市篮冠军。11月，接受江苏省“三星级”实验小学、“绿色学校”、“现代教育技术实验学校”评估，均高分通过。（撰稿：刘翠华 审稿：郑在琛）

【铜山县实验小学重视教科研】 铜山实小提出“一手抓教学，一手抓科研，两手抓两手都要硬”的口号，教师人人有课题，个个在研究，时时重反思。全校有国家级子课题2个——《中国农村小学作文系列日记实验与研究》、《美术教育与儿童思维品质的培养》；省级立项课题3个——《苏霍姆林斯基教学思想在中国农村小学教学中的实验研究》、《构建小学数学探索性的学习方式研究》、《改革识字教学，扩大语言积累》；市级立项课题4个——《小学数学课堂参与意识的培养与研究》、《小学高年级儿童诗歌创作的研究》、《小学语文探究性学习的研究》、《小学生体验作文》,县级立项课题 1 个——《小学生日常行为规范的心理教育研究》。要求每学期每位教师读 1 本教育理论著作,翻阅 1 套科研期刊,做好 1 本读书笔记,写好 1 篇教研论文,研究 1 个小课题,展示 1 堂反映课题思想的研讨课。针对课题研究状况,组织学术沙龙活动,邀请教育专家、教授、特级教师到校讲学。大师与教师进行有"深度的谈话",就教学中的某一具体问题请教专家,与专家交流自己研究的成果。

(撰稿:朱玉芝　审稿:李玉华)

**【铜山县大彭镇张井小学组织学生办小报】**
大彭镇张井小学坚持"办小报,练能人,促发展"的特色。学生自选作业,创造性地学习,用心灵捕捉生活、科技、环保诸方面的亮点,用巧手勾画异彩纷呈的小报,搜集信息、处理信息、审美、写作、创新等能力得以提高。9 月,推出校本教材《播洒个性》,受到市、县领导赞赏,推荐至省、市参评。

(撰稿:梁雪娥　审稿:李道云)

**【铜山县棠张镇改善办学条件】** 铜山县棠张镇小学中心校对全镇保留学校高投入,努力改善办学条件。做好宣传发动工作,使人人皆知改善办学条件是一件惠泽子孙后代的民心工程;结合本镇实际制订实施方案;做好镇、村的协调工作,争取资金,确保工程的进展。全国名画家、工笔画大师喻继高先生为棠张小学捐款 10 万元用于"两项工程"建设。在喻继高先生的带动下,社区群众纷纷为学校慷慨解囊,资助学校改善办学条件。利用现有资金,自己动手,全镇小学的办学条件有很大改观。新建水冲厕所 5 个,硬化道路 2500 平方米,新添置课桌凳 1619 套,线路更新 800 米,新安日光灯 384 盏,新建食堂一座,操场 250 平方米。

(撰稿:朱殿波　审稿:佘桂忠)

**【铜山县郑集镇小学中心校加强校本培训】**
郑集镇小学中心校采取聘请专家、优秀教师讲学、外派教师参加各种培训活动、教师师徒结队、校内示范课、成立中心教研组、组织专题研讨会、交流会等 10 余种形式,进行校本培训。将校本培训分为通识培训、教学基本功培训,个性特长培训,教科研能力培训。基本功培训实行"学习—岗练—展示"的模式、通识培训实行"自学—自研—交流—运用"的模式、个性特长培训实行"定向—训练—独创—发展"的模式。制定出校本培训评估方案,将每位教师每学期的校本培训工作量化积分,力求使工作落到实处。

(撰稿:朱开玉　审稿:马礼民)

**【铜山县马坡镇小学引导教师读书】** 马坡镇小学中心校加大订阅报刊的数量,为全体教师推荐优秀书目,为每一位教师订阅 1 份教育教学杂志,教师每人自费订阅 1 份书刊。全镇教师达到人手 2 种或更多的专业及文学书籍。每周校长及中层干部读书不少于 2 万字,教师读书不少于 1 万字,做好学习笔记,写好读书心得。邀请徐州市青年路小学校长李刚强为全镇教师作"中华经典诵读对教师专业成长的影响"的报告,邀请徐州市青年名教师李争、滕衍平等参加教学研讨活动。在优质课评比中,获得 1 个市级一等奖、4 个县级一等奖、5 个县级二等奖。在铜山县青年教师基本功大赛中,12 人参加,全部获得一等、二等、三等奖,在徐州市"青蓝工程"评选中,3 位教师获得徐州市青年名教师、优秀青年骨干教师等荣誉称号。

(撰稿:马苹星　审稿:鹿丙锋)

**【铜山县房村镇中心小学加强教师业务档案管理】** 房村中心小学建立"五个一"工程和"闪闪红烛路"教师个人专档。"闪闪红烛路"档案包括教师基本情况统计表、继续教育档案、教学"五"认真落实情况、辅导学生竞赛获奖及作品发表情况、个人获奖情况、安全统计表、教师教学质量统计、承担教研活动情况统计、参与社会及其他活动情况等10项内容。“五个一”工程将每位校干、教师每学期至少阅读一本教育理论书籍，写不少于1万字的学习笔记，参与一项课题研究，执教一节公开课或示范课，撰写一篇县级以上的教学论文、经验总结等资料予以归档。

（撰稿：吴　侠　审稿：王　建）

**【铜山县房村镇中心小学关注“留守子女”】** 铜山县房村镇中心小学因父母出外打工而留守的子女398人。学校建立留守子女档案，举办心理讲座、组织留守子女看录像《农民工打工纪实》等。动员社会力量协同有关部门加强对网吧、游戏厅、录像厅等公共娱乐场所进行管理。通过召开家长会、给留守子女家长写公开信、开通家长热线等方式，构筑家长参与子女教育的平台。

（撰稿：窦金英　审稿：王　建）

**【铜山县房村镇马家小学提高“金边工程”质量】** 铜山县房村镇马家小学地处苏皖两省三县交界处，为徐州市“金边工程”学校。该校以人为本，加强学校常规管理，全面实施素质教育。通过各种渠道，筹措资金20余万元，扩征操场2600平方米，新建校舍350平方米、水冲厕所126平方米、校墙420米、怡心亭1座，新增绿化面积1200平方米，硬化地面2000平方米。提高乒乓球特色创建水平，编写“教你学乒乓球”校本教材，新添5张“红双喜”球案，自创乒乓球操，获县特色操一等奖，镇对校考核获优胜奖，被评为“铜山县常规管理优秀学校”，吸纳周边地区260多名学生到校就读，接待皖北兄弟学校访问10余次。（撰稿：刘正锋　审稿：陈孝奎）

**【邳州市运师附小营造科研氛围】** 运师附小要求每位教师每学期在泛读的基础上精读1本教育教学理论书籍；鼓励教师撰写教育叙事、案例、随笔、教后感等。征集教育叙事、教学案例汇编成册。抓好方案制订、过程检查、阶段总结、资料积累，健全实践反思制度、公开课研讨制度、校本培训制度、新课改研讨制度、业务干部包干负责制度、激励保障制度、送教下乡和课堂开放日制度，构建教学研讨系列活动，凸显研究的应用性。通过加强集体备课、开展案例研究、搞活课题研究沙龙等方式构建培训与教研、教学相结合的校本研究机制。有国家、省、市级立项课题6项，2项省级课题在市阶段评估中被评为优秀课题。参加徐州市课改成果亮点展示活动，受到赞扬。年内，有：1人当选为邳州市教育科研先进个人；2人被评为徐州市名教师；多名教师在省市级以上刊物发表论文、案例70余篇。参加教育部门组织的各级各类征文获奖180余人次。

（任　焱）

**【邳州市实验小学落实新《规范》】** 邳州市实验小学认真贯彻《小学生日常行为规范》（简称《规范》），利用班会、晨会和思品课等组织学生学习《规范》，人人能背诵或熟知《规范》20条。开展学习《规范》方面的知识竞赛、故事大赛、演讲活动和绘画比赛等，低年级小学生通过讲故事、画儿童画进一步加深对《规范》内容的理解，评选“班级学《规范》小明星”、“学校学《规范》十佳明星”、“学《规范》优秀班集体”等，树立典型、表彰激励。

（韩召龙　王建奇）

**【邳州市实验小学教师开展读书活动】** 邳州实小通过建设学习型教师群体，打造书香校园。制定具体的读书计划，定期检查。每学期要求每位教师精读1本教育专著，泛读一批教育刊物，做好不低于1万字的读书笔记，至少写一篇读书心得或论文。学校投入20余万元，建成教师电子阅览室，扩大老师们的阅读视野。

（王建奇）

【邳州市八义集镇教办加强青年教师队伍建设】 八义集镇教办举行青年教师新课程理论测试、教学设计评比、说课、上课以及“我在课改中成长”演讲比赛,开展以“送教到校”为主要形式的镇内教学研讨,与滩上中心小学、铜山县大许中心校开展新课程教学研讨活动。有徐州市“十五”立项课题6个。通过课题研究,提高青年教师的教育理念,投入3万多元,安排4名教师参加省骨干教师培训,80多名教师参加市、县新课程培训,100多人次外出听课600余节。青年教师大专以上学历达85%以上。年内,有:3名教师获徐州市优质课一、二等奖,11名教师获邳州市优质课奖。全镇青年教师在《中国教育报》、《江苏教育》、《小学语文教学》等几十家报刊上发表教科研论文100余篇。

(撰稿:张　磊　审稿:张作礼)

【邳州市赵墩镇教办开展校本教研活动】 邳州市赵墩镇教办举行各种校本教研活动,推进教师专业发展。一人设擂多人攻擂的“教学打擂”活动使教师不断增长自信;“在线培训”使教师在网络上与名家对话,与大师交流;每月一个主题的“走进教育叙事”系列沙龙活动使教师共享教育智慧;与市实验小学结成教改联谊单位,为教师们开辟新的学习园地;集体备课上的激烈争辩使教师们的头脑得到解放;经常性举行的课堂教学观摩活动提高了教师的专业发展水平。教师自主确定发展主题,将教师专业发展纳入个性化运行轨道。强弱联合,关注教科研弱势群体,开辟均衡发展通道。年内,全镇有:6名教师分获徐州市、邳州市的优质课评比一、二等奖,10名教师的教育教学论文在国家、省级刊物上发表,10名教师的教育教学论文在江苏省征文评选中获奖。

(撰稿:曹传沛　审稿:胡恒仁)

【邳州市燕子埠教办争取社会救助失学儿童】 邳州市燕子埠镇教办组织人员排查孤儿、单亲和特困学生335名,向社会各界争取支持,开展爱心救助活动。240名贫困学生受到不同程度的救助。其中,政府绿卡救助115人,团市委希望班救助50人,和平房产开发公司救助30人,财政局春蕾班援助女童25人,县法院和伟楼食品有限公司捐助10余人,此外还有来自市妇联、徐州工程学院的救援。

(燕子埠教办)

【邳州市岔河教办引导教师养成教学反思习惯】 邳州市岔河教办引导教师养成反思习惯,通过反思发现问题,通过对问题的分析,整理形成研究专题,组织学生开展评教活动,帮助教师反思。周末,组织教师进行交流,针对问题,拟定出改进措施。

(撰稿:谭　凯　审稿:卢召利)

【邳州市运河小学开展课题研究】 邳州市运河小学从改进学生学习方式入手,提出《农村小学探究性学习模式的研究》课题,被江苏省教科所确立为重点课题。学校建立健全研究机制,规范操作,构建具有特色的各科教学模式和学生评价体系。

(撰稿:郭超强　审稿:周之峰)

【邳州市八路镇教办坚持校本教研】 邳州市八路教办从实际出发,明确教师学习内容,购买光盘、书籍,印发学习材料,利用双休日组织全体教师学习,力求做到每一次每人都有心得。鼓励教师查找学校及自己工作中的问题,认真梳理,对有研究价值的问题,请专家和骨干教师指导,人人形成校本专题研究方案。教办、学校检查方案执行情况,定期组织研讨会,印制《教学反思记录》,结集出版《反思留痕》、《反思漫录》和教育叙事《岁月踏歌》,发给各校教师。11月11日,徐州市教育局在该镇召开农村小学课改现场会,对该镇的做法给予肯定。

(刘念强)

**【邳州市铁富镇教办实施有效性教学管理】** 邳州市铁富镇教办立足本镇实际,修订《铁富镇小学教育教学管理方案》、《铁富镇小学"教学五认真"实施细则》、《铁富镇小学过程管理平时考核细则》等,规范教师的教学行为和学校的管理行为。采取集中学习和个别学习的方式,引导教师学习课改理论,集体备课按"主讲发言—讨论、评议—修订教案—上课—评课、总结"的程序进行,要求教师坚持写"教后反思"。教学管理按"计划—实施—检查、指导、调整—总结评价"的程序进行,以检查、指导、调整为关键。对业务检查、业务学习、集体备课等工作的开展,重在平时检查,抓住过程性环节,发现问题及时加以指导,以学生基本能力(主要指语文口试、写字、英语口试等)考核、业务检查、学科质量抽测为基点,让数据说话,抓好学校、校长、主任、教师的考评工作,形成竞争活力,有效推进全镇管理水平的提升。 (冯宪铎)

**【邳州市占城小学家长评议学校】** 邳州市占城小学发放"占城小学教育行风家长评议表"1860份。评议内容主要有教育收费、有偿家教、校务公开、教师工作作风、教师职业道德、学校安全教育、学生特长教育等8个方面,征求家长对学校教育教学管理及课程改革工作的意见和建议。学生家长踊跃参与,收到良好的效果。 (撰稿:李 敏 审稿:王 超)

**【邳州市占城镇完成布局调整和重点工程建设】** 邳州市占城镇经过近3年的调整及改扩建,撤销小学16所,中学1所。现有完小4所(中心小学、陆井小学、石匣小学、许集小学)、教学点1个、中学2所。异地新建中心小学、石匣小学教学楼4000多平方米,扩建中心中学、陆井小学教学用房3800多平方米,更换杨木梁10架,铺设硬化路道3000多平方米,修建排水通道1000多米,新增校园绿化面积15000多平方米,建造食堂500多平方米,新建高标准水冲式厕所6个,760多平方米。维修课桌凳5000单人套,省配3000单人套,新添讲台70个,维修60多个,新安装日光灯600盏,通电教室150多口。由8所小学重组异地新建的镇中心小学,占地3.33公顷,在校师生2000多人。全年全镇累计投入资金650多万元。9月22日,省验收组对该镇布局调整和重点工程建设给予肯定。 (撰稿:李 敏 审稿:王 超)

**【邳州市占城镇陆井小学艺术教育成亮点】** 邳州市占城镇陆井小学依照学生的兴趣爱好,按照定时间、定地点、定内容、定指导教师的要求,成立器乐、表演、歌唱、舞蹈、国画、儿童画、素描、书法、剪纸、手抄报、写作、趣味数学、体操、球类等活动小组,每周三下午第五、六节课集中活动。近二年在全国、省、市各级各类竞赛中有240多人次获奖。2004年,该校承办邳州市课程改革现场会,学生的现场才艺展示受到赞誉。 (王 超 张迎春)

**【睢宁县实验小学开展电子备课实验】** 睢宁县实验小学在语数学科推行合作式电子备课。为各语数备课组配备微机,提供电子备课系统,同一备课组教师进行分工,集中精力备好某几课并电子化,同组教师共享教案,吸取众长,教师在教科书上圈画批注,作二次备课,结合学生实际,完成个性教案。教学后,施教者及时总结教学,写好教学反思。睢宁县教育局要求,该校将承办电子备课现场会,面向全县推广经验。 (孙远晋)

**【睢宁县魏集镇发展校园经济】** 魏集镇地处黄河故道,地多土沃,大部分学校都有学农基地。各学校清理、开发、扩大学校经济用地面积3.56公顷,淡水养殖水面积1.33公顷,在代庄、夏庄、张庄、陆庙、前楼、叶场等20多所学校分别种植大苗银杏树1万株,繁育银杏幼苗2万株,意杨2万株,淡水鱼2万尾,良

种麦1公顷。年底,累计收入10万元。学校育人环境和教师的生活水平得到较大的改善。(魏集镇中心小学)

【睢宁县官山中心小学前进在“牵手行”活动中】 官山镇中心小学与徐州市段一小学,结成友好学校,两校2004年举行2次课改经验交流活动。官山中心小学少先队经市、县团委的联系,6月1日和12月11日,80名少先队员分别参加徐州市民主路小学的手拉手活动和徐州军干二所的阳光冬日牵手行活动,孩子们开阔了视野,陶冶了情操,思想素质、文化素质得到提高。

(撰稿:窦恒亮 审稿:周本恩)

【睢宁县桃园镇小学多方面筹集资金改善办学条件】 桃园镇小学在布局调整中,坚持“高起点、一步到位,宽底面、均衡发展”的原则,多方面筹集资金,加强定点校基础建设,优化教育资源,为学生们提供优质教育。国务院政策研究室主任魏礼群为母校筹集资金近百万元,建成“国信魏圩希望小学”。台胞陈会冉先生祖籍桃园镇陈集村,为家乡学校的建设,两次捐款30余万元,学校的办学条件得到改善。桃园小学投入资金近300万元,建成综合楼1幢。其他几所定点小学的基础设施也得到改善。(傅 华)

【睢宁县第二小学“辉娇楼”落成,刘纪红教育基金会设立】 2月24日,香港亿利达工业集团有限公司执行董事纪辉娇女士和刘纪红小姐在省、市、县领导的陪同下到睢宁县第二小学捐资助学。纪辉娇女士首期捐资40万元,筹建“辉娇楼”。建筑面积1360平方米,是集办公教学于一体的综合楼。4月15日动工,8月20日竣工,8月30日投入使用。刘纪红小姐捐资设立刘纪红教育基金会。先期捐助3万元,87名贫困生得到救助,187名优秀学生受到奖励。

(撰稿:周 宇 审稿:郑宇尘)

【睢宁县第二小学通过徐州市书法教育特色学校验收】 3月16日,徐州市教育学会书法教育专业委员会评审组成员通过听汇报、听课、参观学校书法展览室、查阅档案材料,对睢宁县第二小学申报书法特色学校进行验收。该校被命名为徐州市书法教育特色学校。(撰稿:周 宇 审稿:郑宇尘)

【睢宁县姚集镇小学改革备课方法】 姚集镇中心小学成立“镇—校—组”三级备课组,加强集体备课的管理。开学初,镇中心备课组将全学期的教学内容分解到每个学校,安排“责任备课人”,认真备1节“最佳教案”,然后由镇中心备课组审定后打印下发。学校备课组展开讨论,教师结合个人和班级的实际修改使用。这种备课形式为一线教师提供教学预案的“范例”,提高了备课的实效。

(王以胜)

【睢宁县凌城镇中心小学承办县教学工作现场会】 11月4日,全县小学教育教学工作现场会在凌城镇中心小学召开,来自全县中心小学、民办学校小学部的领导及教师代表220人参加。县教育局领导作小学教育教学工作报告,凌城中心小学等作经验交流。该校10名骨干教师上示范课,40多名教师展示个人教学基本功,1200名学生进行广播操和武术操表演,进行1个多小时的文艺演出,得到与会者的高度评价。

(撰稿:吴耀端 审稿:高 超)

【睢宁县双沟小学德育基地建设见成效】 双沟小学先后建立徐州军分区国防教育基地、纪湾烈士陵园爱国主义教育基地、双沟农业科技示范园劳动实践基地、大余小学环保教育基地。组织学生开展走进军营、祭扫烈士墓、劳动实践、参观访问等活动，丰富了学生道德体验，提高了德育实效。11月，该校被评为徐州市德育先进学校，被确定为徐州市小公民道德建设实践示范基地、徐州师范大学未成年人思想道德建设实践基地。

（撰稿：武　永　审稿：张守智）

**【睢宁县职工子弟小学青年教师培养工作有举措】** 睢宁县职工子弟小学组织青年教师和老教师结对子，90%以上的青年教师参与县局开展的"教师成长工程"评级工作。开展说课、上课、评课活动：年内，组织2轮青年教师展示课，举行1次校内说课大赛，公开课后，组织青年教师进行评课。开展书法、简笔画、演讲等系列比赛，夯实"四项基本功"（字、画、电脑、演讲），有11人次获市县教学一、二等奖，其中王保卫老师获徐州市"青年学科带头人"称号，晏祥海老师被评为市先进教育工作者。（撰稿：仝　毅　审稿：张成兰）

**【睢宁县王集镇中心小学创办《小学生日记报》】** 睢宁县王集镇中心小学2003年5月1日创办《小学生日记报》，每月出版2期，从全镇小学生日记中择优刊发。有日记指导、日记点评，日记记述学生身边的人和事，贴近生活，贴近实际，学生喜闻乐读。

（撰稿：田晓琼　审稿：王建华）

**【睢宁县王集镇小学加强师德教育】** 睢宁县王集镇小学在全镇教师中开展创优美环境、优质教育、优良服务活动；要求教师尽到加强制度管理、思想教育、模范带头责任；对学生有爱心、对同志多关心、对事业有恒心；做到无不洁环境、无激化矛盾、无不文明行为；有困难及时帮助，有矛盾及时调解，有情绪及时疏通，有错误及时纠正，有好事及时表扬，有先进及时培养。开展"家长满意的教师"及"师德标兵"评选活动。

（撰稿：王　浩　审稿：王建华）

**【新沂市新安小学做好家长工作】** 新安小学建立家长委员会，定期召开例会，向家长通报学校的重大事件，使家长了解学校的各项工作。采纳家长们的合理建议，对家长反映强烈的问题及时作出解释并改进。组织家长参与学校管理，协调家校关系，协助学校解决办学过程中出现的问题与困难。困扰学校多年的门前交通堵塞问题在家长委员会的协助下得以解决。（撰稿：戴栋双　审稿：张以米）

**【新沂市新华小学进行电脑绘画教学】** 新沂市新华小学投入专项资金，配置3口电脑绘画室，购置60台电脑及应用软件。多次为信息技术教师和美术教师提供外出学习的机会，利用科技活动课、兴趣小组活动等时间对学生进行辅导。先后有280余幅电脑绘画作品获奖。5月，参加徐州市电脑应用大赛，获一等奖6人，二、三等奖共37人。7月，6名选手代表徐州市参加"江苏省青少年奥林匹克信息技术应用竞赛"，获一等奖2人、二等奖4人。（撰稿：张广辉　审稿：闫长平）

**【新沂市春华小学教学实行四步管理】** 新沂市春华小学教学实行四步管理：功在课前，改革备课制度，切实发挥集体智慧；重在课堂，立足教学研讨，形成"备、听、思、评"的基本活动模式；妙在课后，注重教学反思，引领教师在反思中成长；强化激励，做活质量检测，调动教师积极性。

（撰稿：陆敬军　审稿：房树仲）

**【新沂市春华小学注重心育】** 春华小学定期举行"亲情面对面"活动，让孩子把学习生活中的困惑、委屈、感动等向家长、老师尽情倾诉，让家长和老师蹲下来看孩子，走进孩子的世界，驱散孩子心中的阴影，使孩子心中充满阳光。提醒家长、老师规范自己的行为，做孩子的表率。开辟心育阵地，开放心育室，让孩子在"聊吧"、"诉吧"与心育教师交心沟通，舒缓情绪、化解心结。

(撰稿:陆敬军　审稿:房树仲)

【新沂市城关小学开展“八个一”活动】 新沂市城关小学坚持读书育人,开展一堂主题队会、一篇读书征文、一次读书演讲、一张自办小报、一次调查走访、一幅感悟书画、一次社会实践、一场汇报演出活动,以“八个一”活动检测学生读书效果。

(撰稿:姚海峰　审稿:许昌彦)

【新沂市桥口小学开发课程资源】 新沂市桥口小学开发课程资源,把《线描》、《体操》等5本教材列为校本教材,纳入课程计划。开展“综合实践活动”,培养学生创新与实践能力。在省小学生“应用与探索知识竞赛”获团体奖;被评为省未来科学家知识竞赛先进学校。

(撰稿:葛树广　审稿:吕宣龙)

【新沂市城西中心小学坚持校本教研】 新沂市城西中心小学制定《校本教研制度》、《校本教研实施方案》、《校本教研奖惩制度》,组织骨干教师参加省、市级新课程培训,邀请教育专家、特级教师到学校开讲座,拓宽教师的视野。采取小组集体备课、大组集中研讨、自我学习反思、课题研究等方式,促进教师全员参与。抓好国家、省、市级课题,强化过程研究。年内,有2位教师获省级研讨课一、二等奖,在省以上刊物发表论文20多篇,学校通过徐州市实验小学验收。

(撰稿:李　江　审稿:魏占斌)

【新沂市合沟中心小学组织学生读《三字经》】 合沟镇中心小学组织学生读《三字经》,分“读经、诵经、讲经、用经”4个阶段,每个阶段,结合教育教学实际进行竞赛、评比、总结,成绩突出的予以颁奖。校园内楼梯口、院墙上等醒目之处喷有与学习、礼仪等有关的三字经语句,师生随时随地可学。学生大多能熟背《三字经》,不少学生在课内回答问题,即席演讲时巧妙地引用,很多同学主动向外校小朋友、向家乡父老讲述《三字经》。以《‘读经’在校本管理中的妙用》为教研课题。主课题已获得省级立项,教师人人有子课题。

(撰稿:姚朝德　审稿:刘朝明)

## ◯ 特殊教育

【概况】 2004年,全市认真贯彻全国、全省特殊教育工作会议精神,以大力推进残疾儿童少年入学率为主要目标,继续实施随班就读和特殊教育现代化,全市特殊教育得到进一步发展,残疾儿童少年入学率进一步提高。要求各县(市)、区三类残疾儿童入学率分别不低于95%。10月,全部完成任务。2004年全市适龄残疾儿童9799人,在校生总数9514人,其中:盲307人,聋1609人,弱智7598人。残疾儿童义务教育入学率:盲96%,聋96%,弱智98%。全市特殊教育学校15所,其中聋7所,弱智8所,特教学校在校生1818人,其中盲53人,聋1315人,弱智450人。普通学校设特教班6个,学生60人,其中盲2人,弱智58人。残疾儿童随班就读学校1143所,其中盲90所,聋103所,弱智950所,随班就读学生7522人,其中盲211人,聋273人,弱智7038人。学前特殊教育机构1个,6个班,儿童123人。特教学校教职工438人,其中专任教师318人,随班就读和特教班教师2346人。

【加强特教现代化示范学校建设】 根据“十五”特殊教育规划,全市加大对特殊教育学校的投入,力争2005年,各县(市)、区特教学校建成综合性特殊教育学校,全部进入省级特教现代化示范学校的行列。新沂市特殊教育中心新建康复楼,铜山县聋校建设盲教育楼,邳州市聋校重新整修生活设施,其他特殊教育学校正在进行改扩建工程。鼓楼区特殊教育中心努力贯彻《特殊教育学校规程》，深化教育教学改革，大力改善办学条件，全面提高教育教学质量，不断提高办学水平，取得很大的成绩，被江苏省教育厅确认为江苏省特殊教育现代化示范学校。年底，全市有铜山聋校、新沂特教中心、邳州聋校、沛县特教中心、鼓楼特教中心5所省级特殊教育示范学校。

**【加强对随班就读工作的管理】** 围绕随班就读工作，全市举办多种形式的培训和研讨活动，加强管理工作，切实使三类残疾儿童进得来、留得住、学得好，使残疾儿童这个弱势群体真正同正常儿童一样享有接受教育的权利。建立随班就读工作支持保障体系，使随班就读工作更加科学化、规范化、制度化。新沂市是教育部确立的随班就读工作支持保障体系实验市，教育、民政、残联等部门通力合作，社会多方面积极配合，使符合条件的残疾儿童少年顺利进入普通中小学，并能留得住、学得好。科学、合理地进行规划和布点。全市坚持盲聋统一集中到特殊教育学校，中度弱智相对集中到镇中心小学，轻度弱智、低视力、残余听力的学生就近编班的原则，各中小学不得以任何借口拒收符合条件的随读生。对随班就读的教学质量考核采取随读生的学习成绩列入班级总分，而不计个人成绩的办法，鼓励教师搞好随班就读工作。充分发挥特殊教育中心的骨干作用。中心设立教科室，对全地区的随班就读工作进行巡回指导，添置资源教室，为教师和残疾儿童服务，设立培训部，对教师进行业务培训，为他们提供资料、咨询、指导。加强特殊教育学校和普通学校的沟通，加强课题研究。徐州市风化街小学、新沂市春华小学、新沂市特殊教育中心的随班就读研究受到教育部基教司、中央教科所、北京教科院的好评。

**【特殊教育科研气氛浓厚】** 各特殊教育学校积极学习特殊教育理论，努力加强教科研工作，将教育教学和科研紧密联系，特殊教育的教育教学更加规范、科学。特殊教育学校和实验小学开展手拉手活动，组织特殊教育教师到普通学校听课学习，将普通教育学校好的教育教学经验，引入到特殊教育中去。积极申报符合地方特点和残疾儿童特征的课题。新沂市参与国家重点课题《全纳教育理论与实践》，取得阶段性成果，多篇论文获奖。沛县特殊教育中心省级课题《聋人双语双文化环境研究》立足聋人实际，将教育教学与科学研究紧密结合，收到较好的效果。年内，3个课题结题。全市进行特殊教育论文的评选。获奖的论文，省级5篇，市级18篇。1部专著出版，9篇论文在省级以上刊物发表。

**【培养残疾儿童的生存能力】** 各特殊教育学校在传授基础知识和基本技能的同时，注意培养学生的创新意识和实践能力。在大力开展职业教育和劳动教育的同时，致力把残疾儿童培养成创业型和自食其力、残而不废的有用人才。各培智学校根据弱智儿童的实际情况开设生活指导及劳动技术课，使学生学到一技之长，减轻社会和家庭的压力。铜山聋校开设缝纫、木工等专业课，每年有30多名学生毕业，毕业之前掌握一门技术，达到一级工的水平，就业人数100%，受到用人单位的好评。沛县特殊教育中心将职业技术教育搬到饭店，通过理论和实践的学习，学生很快能够适应环境，进行操作。

**【残疾儿童少年的美术作品在全国获奖】** 在教师的培育下，残疾儿童少年制作一批具有地方特色的工艺美术作品，2004年，在徐州展览馆展出，徐州市特教中心的瓷盘雕刻、内画壶，新沂市特教中心的绒线刺绣，邳州聋校的剪纸，睢宁特教中心的儿童画，牌楼培智学校的编织，云龙培智学校的中国结等，受到好评。参加由教育部、民政部、中残联举办的全国特殊教育学校美术作品展,有3名获三等奖、5名获优秀奖。

**【开展助学活动】** 5月,市委书记徐鸣给全市残疾儿童写信,向孩子们祝贺节日,呼吁全社会都来关心和帮助残疾儿童。配合助残日,"六一"国际儿童节,各特殊教育学校举办爱心活动,市领导参加全市残疾儿童的庆祝活动,和残疾儿童共庆节日。睢宁县特殊教育中心聘请中央电视台的节目主持人作为学校的名誉校长,中央电视台、中央人民广播电台和在京的各部门为残疾儿童献爱心。中央电视台播放电视片,感人的情景使很多企业家和知名艺术家纷纷慷慨解囊,中央财政和教育部两次拨款70万元支援学校建设。

**【聋人双语教学研究取得突破性进展】** 近几年,全市聋校开始推行聋人双语双文化教学,这是在改革以往的口语教学法、手语教学法、全面交流法等聋人教育方法的基础上提出来的一种新理念和新方法。充分肯定聋人群体,肯定聋人手语,肯定聋人的文化,使聋人能够和听人一样生活,能够自我发展、自我立足。邀请国内知名专家进行中国手语专题培训,申报2个省级研究课题。徐州师范大学信息传播学院将聋人双语教学列入课题研究。2004年1月,市双语教学论文在台湾师范大学专集中发表,8月,出版《聋人双语双文化教学研究》,这是迄今为止国内惟一一本反映聋人双语双文化教学的专著,受到国内同行的好评。 (以上为赵锡安撰稿)

**【铜山县聋哑学校实现无纸化办公】** 铜山县聋哑学校在发展中国特殊教育网的同时,日趋完善校园服务网络,先后建成教学素材库系统、电子备课系统、电子文献中心、教学VCD点播系统、校园自动化管理系统、教学软件系统和电子教具学具目录等一批高科技软件系统,为无纸化办公提供资源平台。在该校的任何一座教室、办公室都可以随时浏览、下载、使用网上发布的信息、资料。教职工通过网络,合理运用信息技术,实现办公自动化、课堂信息化。教师打开自己的计算机,在行政办公网上浏览各处室发布的最新信息,及时作出反应。教师从繁重的手写备课中解放出来,腾出时间钻研教材。

(撰稿:朱树林 审稿:裴洪光)

**【徐州市特教中心强化教师运用信息技术的能力】** 市特教中心提出"人人学习信息技术,人人实践信息技术,人人创建信息技术课堂"。坚持全面普及与重点提高的原则,强化对教师的培训力度,采取定期举行理论试卷考核,开展应用课件说课、信息技术论文、优质教案评比活动,召开座谈会、案例分析会等形式,帮助教师掌握现代化的教学手段。年内,利用节假日对教师集中培训8次。教师综合利用信息技术的能力可以分为三个层次:第一层次为专业人员,包括《中国特殊教育网》和《校园行政网》网站建设维护人员9人;第二层次为信息技术教学骨干,他们可以综合利用信息技术资源进行课件开发与利用,可以对本部门的教师进行信息技术应用指导。这部分人员占到全体教师的三分之一。第三层次为教学人员,这部分人员能够通过网络,合理运用信息技术,进行课堂教学工作。 (撰稿:朱树林 审稿:裴洪光)

**【徐州市特殊教育中心在省游泳锦标赛上成绩喜人】** 8月24～28日,在江苏省残疾人游泳锦标赛中,徐州市特殊教育中心学生王正、李培松、李亚、赵呈岗、高先合、张乐、高晴、许谨、王振等9名运动员,在赵美娟、杨根生2位教练的带领下,夺得14枚金牌和7枚银牌,获团体总分第四名。

(撰稿:朱树林 审稿:裴洪光)

**【意大利友人甘浩望为市特教中心义务教英**

语】　甘浩望先生是意大利米兰人，到徐州工作多年。他主动和市特教中心联系，到学校代英语课，不收报酬。甘先生教学生动风趣，教学方法灵活多样，孩子们都很喜欢他。甘先生平时生活很节约，但对孤残儿童却很大方。他还带两批广东和香港的朋友到学校做义工。市特教中心在圣诞节时，为甘先生及他的朋友安排圣诞联欢会，准备圣诞礼物。市、县媒体对甘先生的善举作了报道。

（撰稿：朱树林　审稿：裴洪光）

**【铜山县聋哑学校高考升学率实现 100%】** 在 2004 年高考中，铜山县聋哑学校聋生宋永强、高峰、徐源、董凯、刘飞、夏华、贺炎夏、邵祥瑞、朱小会等 9 位同学分别考取北京联合大学、金陵职业大学和郑州中州大学，升学率首次实现 100%。

（撰稿：朱树林　审稿：裴洪光）

**【云龙培智学校开展道德教育系列活动】** 云龙培智学校引导学生在家做“文明好孩子”，在校做“文明小学生”，在社会做“文明小公民”。班队会带领学生学习中小学生守则、《小学生日常行为规范》，帮助学生理解意义。周晨会、国旗下讲话与学生开展交往互动活动，为学生作示范，教给方法，引导具体实践。帮助学生把日常行为规范编成小话剧，在排练、表演中受到教育。少先队大队部评选学守则、遵守守则的好少年，召开表彰会。

（范少伶）

**【云龙培智学校改进教师队伍管理】** 云龙培智学校教师工作实行量化考核，分为单项量化考核和综合量化考核。单项考核由各部门分别设定记分，作为单项推优的依据；单项考核分数之和，作为综合推优的依据。在坚持教学“五认真”中，对能够随时开放课堂，教案公开供别人参考的教师，经本人申请，集体推荐可以免检，引导教师自我管理，激励教师努力工作。

（范少伶）

**【牌楼培智学校开展爱心教育】** 牌楼培智学校探索“爱自己—爱他人—爱祖国”的爱心教育序列。“爱自己”：教师在教学中坚持使用鼓励性的语言激励学生，使他们正确认识自己，克服自卑心理，学会欣赏自己，唤起残疾学生的自尊和自信。“爱他人”：共青团、少先队利用“三八”、“五一”、母亲节、教师节、中秋节等时机，增进学生和老师、亲人、同学之间的沟通与感情，使学生学会文明礼仪，懂得助人为乐。“爱祖国”：通过国旗下讲话、班队会、参观、游览等各种活动培养学生的社会责任感；组织学生擦洗马路栏杆、到稼悦园拾废纸屑等，教育学生在获得社会关爱的同时，学会关心他人，服务社会。

（张延珍）

**【丰县聋哑学校做好毕业生安置工作】** 丰县聋哑学校首届毕业生 15 人，年内全部分配到教育局福利厂，其中，7 人做缝纫工作，8 人在印刷车间。每人每月除享受残疾人补贴 150 元之外，再发放计件工资，学生和家长十分满意。

（于修民　谢学军）

**【睢宁县特教中心赴京聘请名誉校长】** 3 月 8 日，在副县长郭梅和市、县教育局的同志带领下，睢宁县特教中心师生 20 余人赴京聘请中央电视台新闻节目主持人郎永淳为名誉校长。郎永淳愉快地接受聘请，表示将恪守职责，为特教中心的发展奉献一份力量。教育部、民政部、财政部、中残联、中央电视台、北京电视台及中科院有关领导出席聘请仪式。

（撰稿：鲁　明　审稿：杨再兴）

**【玫琳凯公司慰问睢宁县特教中心师生】** 5 月 12 日中央电视台一行到睢宁县特教中心拍摄专题片，5 月 13 日玫琳凯公司（中国）总裁麦予甫先生率领 20 余人慰问师生。县委书记郭希忠、县长丁维和出席欢迎仪式并发表讲话。中央电视台于7月17、18日在中央1套、7套、10套、12套“讲述”栏目播放受到玫琳凯公司救助的学生吕小莹的故事。

（撰稿：鲁　明　审稿：杨再兴）

【睢宁县特教中心赴京与玫琳凯公司签订协议】 11月1日至3日县委书记郭希忠和县教育局领导与睢宁县特教中心3位教师赴京与玫琳凯公司签订筹建“玫琳凯特殊教育春蕾学校”协议书。郭书记向玫琳凯公司赠送锦旗，并讲话。玫琳凯公司已将30万元专项捐助资金拨给睢宁县特教中心。

（撰稿：鲁　明　审稿：杨再兴）

【邳州市聋哑学校重视培养特长学生】 邳州市聋哑学校坚持以“课内打好基础，课外发展特长”为宗旨，培养特长学生。课外建立美术、舞蹈、烹饪、养殖等各种课外兴趣小组，让聋生根据自己的爱好，各展其能，人人学得一技之长，为步入社会打下良好基础。美术兴趣小组的国画在首届全国特殊教育学校（院）学生美术大赛中获国家级一、二、三等奖6人次。（撰稿：朱丽君　吴增俊）

【新沂市特教中心在随班就读工作中发挥作用】 2003年9月，新沂市被确定为全国“建立随班就读工作支持保障体系实验县”，市特教中心建成特教师资培训中心，举办2期随班就读培训班，为他们提供资料、咨询和指导，对随班就读学生进行检测、筛选和鉴定。投资20多万元，购买电脑、液晶投影仪、一体机、健身康复器材、图书、教具学具等，建成设施完备的资源教室，为残疾儿童提供康复学习帮助。和春华小学共同承担国家教育部“十五”规划重点课题《全纳教育理论与实践研究》的子课题《应用特殊教育技术促进SEN学生参与学习过程》研究任务，有5篇研究论文被评为国家级优秀论文。9月14日，省教育厅领导张仁等到新沂市检查随班就读工作，对该校在随班就读工作中发挥的作用给予肯定。

（撰稿：李　明　审稿：李士超）

【新沂市特教中心注意培养技能型学生】 新沂市特殊教育中心一至六年级开设绘画、书法、剪纸、扎染、磁盘雕刻、电脑绘画，篮球等10多个兴趣小组，初中和高中开设刺绣，缝纫，编织，印刷等专业课程，对学生进行职业技术教育，培养学生的一技之长。选派骨干教师赴苏州、南京、徐州等地学习。2004年在全国首届特校学生书画、工艺作品大赛中，该校有4人获国家级优秀作品奖，5人获江苏省一、二等奖，13人获徐州市一、二、三等奖。学生的刺绣作品做工精细、图案优美，受到各界人士称赞，省教育厅领导张仁，市长冯其普给予很高的评价。

（撰稿：李明　审稿：李士超）

【彭城培智学校校长韩汝芬被评为省、市先进个人】 12月，彭城培智学校校长韩汝芬被评为“江苏省精神文明建设新人新事先进个人”，“徐州市精神文明建设新人新事先进个人”。

（韩汝芬）

【彭城培智学校搬进新校舍】 由联合国教科文组织出资150万元，徐州市教育局出资80万元，坐落在建国西路28号，占地1440平方米的新校舍建成，7月19日，彭城培智学校搬进新校舍。9月8日，举行落成典礼，联合国教科文组织北京办事处行政官员陈美银等30多位嘉宾和徐州市领导刘相、段雄、公方泉等参加。全国人大常委会副委员长、全国妇联主席顾秀莲为该校题词：“精心呵护，耐心指导，循循善诱，创造奇迹”，爱德基金会等寄来贺信，江苏省教育厅发来贺电。中央电视台、江苏卫视、徐州电视台、《香港南华日报》、《徐州日报》、《都市晨报》、《彭城晚报》分别进行报道。

（韩汝芬）

## ○　普通中学教育

**【概况】** 2004年徐州市中学教育紧紧围绕加强管理、提高质量这一中心，积极推进义务教育阶段的课程改革，大力开展创建活动，保证中学教育的顺利发展和稳步提高。

加强初中建设，稳步提高质量。在学习、调研的基础上，讨论、制定《徐州市振兴初中行动计划》。对全市及市区的初中生源、布局、招生情况进行调查研究，制定《徐州市义务教育阶段招生工作意见》及《徐州市市区初中招生实施办法》，并顺利组织实施。积极抓好省实施教育现代化工程示范学校的创建工作。在学校申报，县区初验的基础上，对申报学校先进行市级初验，然后组织相关人员逐条进行验收、评估。年内全市有8所初中通过验收并已上报省教育厅。

继续加强控辍工作。普遍开展创建“无流生班级”、“无流生学校”、“无流生乡镇”活动，通过加强学籍管理，扶困助学、双线承包等系列活动，使农村初中学生辍学呈明显下降趋势。

加强初中教学研讨，牢固树立质量意识。6月初成立“徐州市教育学会初中教育专业委员会”，全市53所实施教育现代化工程示范初中成为成员单位。初专委成立后，及时研究工作计划，确定“校本化”的研究重点，并在铜山县进行现场观摩活动。2月份，在市教育局宋农村局长的带领下，组织各县(市)、区教育局长、分管局长、教育科长、教研室主任、市区初中校长等70余人去南通学习。先后参观了海门东洲中学、东洲小学、树勋初中、崇川区实验中学、虹桥二中、南师二附小6所学校。4月份，基础教育处又组织市区初中40多位校长去上海市北初中、飞虹中学、尚文中学学习“分层教学”的经验，到苏州三中、外国语实验学校学习“双语教学”的做法。同时组织校长进行学习心得的交流和汇报。加强对初中的质量考核。中考结束后，及时进行成绩分析，对巩固率、毕业率、人均总分超过市平均水平的学校和进步显著的学校进行表彰和奖励。

积极稳妥地进行初中布局调整。通过创建省实施教育现代化工程示范初中，进行镇级中心初中的扩建工作，并及时撤并联中约80所，基本达到1所初中3万～5万人的布局调整目标。

搞好各种渗透教育。配合环保部门开展全市环保书画、摄影、教案系列评选活动，举办省级、市级创建绿色学校培训班，创建绿色学校国家级2所、省级11所、市级45所，并顺利通过省级普查。制定下发《关于在全市中小学中开展民族团结教育活动的通知》，成立各级民族团结教育领导机构，明确负责人和任务，进行试点和推广工作。

扎实开展创建，提升普通高中水平。参与市委、市政府对三星级以上学校考核意见的制定、研讨工作，提出了积极的建议并进行认真的思考。坚持“重过程、重形象、重质量”的原则，积极启动并完成对全市25所二星级学校的评估、认定工作。8月份，在丰县召开全市星级高中创建工作会议，参观丰县5所学校的创建现场，丰县教育局、徐州三中、铜山中学、丰县欢口中学等单位进行经验交流，省评估院杨晓江院长到会讲话，进一步促进全市星级学校创建工作的开展。坚持“加强指导、保证质量”的原则，积极、细致、稳妥地做好首批普通高中晋星工作。在逐校指导、培训、审核的基础上，推荐徐州三中、睢宁中学、邳州运河中学申报晋升四星级高中；铜山中学、邳州铁富高中、沛县张寨中学、丰县民族中学、丰县宋楼中学、丰县欢口中学申报晋升三星级高中。积极配合省专家组完成9所学校的评估工作和对3所学校的复查工作。徐州三中和邳州运河中学首批晋升为四星级学校。

提高高中校长办学理念和管理水平。

5月份组织二星级学校校长和分管高中教育的教育科长40余人到镇江市镇江中学和丹阳中学,扬州市邗江中学和蒋王中学,盐城市盐都县大岗中学和龙岗中学参观学习。12月份,组织三星级以上学校校长50余人到北京参加有关学校管理理论的学习。先后4次邀请南通市及如东县的专家到徐州市指导教学工作,分别在徐州一中和徐州三中举办了听课、座谈、交流、研讨等活动。帮助安排睢宁县、丰县和徐州一中有关人员赴南通学习的活动,促进徐州市和南通市的教学交流和沟通。做好高中课改准备工作。组织有关重点中学校长参加省级培训,督促高中学校开展新课改理论的学习、研讨活动。

积极组织活动,深入进行课程改革。积极开展课堂教学研讨活动。上半年市区9所学校在市区范围内上公开课28节。4月份邀请无锡市江南中学、周泾中学、水秀中学的6位优秀教师,进行送课交流活动,全市听课教师达2100多人次。及时推广课改经验。4月底,在省级课改实验区铜山县召开全市课改现场会,各县(市)、区教育局长、分管局长、教育科长、教研室主任、教科所所长以及各乡镇中心中学校长、中心小学校长、村小校长代表共500多人,观摩铜山县柳新镇中心中学、中心小学、新桥村小和大马路小学、徐师一附小、三十一中学的课改活动,并听取了铜山县、丰县、新沂市、鼓楼区、云龙区、泉山区的经验介绍。5月份,在新沂市召开“徐州市小学综合实践活动课程第三次研讨会”,观摩4节农村小学综合实践活动课,并对下一步开展农村小学综合实践活动课程进行部署。

开展“课改亮点展示”和“课改校校行”活动。下半年,基教处制定出台关于在全市范围内开展“课改亮点展示”和“课改校校行”活动的意见。10月13日,铜山教育局在新区中学和春晖中学进行课堂教学展示活动,新区中学、春晖中学、三堡中学、拾屯中学4所学校展示课改资料,参加这次活动的600多名教师深受启发,较好地发挥铜山课改实验基地的辐射作用。10月2日,徐州十三中进行“双语教学”和民族艺术教育的展示活动。10月28日,徐州九中进行“语文合作教学”的研讨,来自市区初中的100多位教师在执教老师教后反思的基础上,针对课堂教学进行现场评课和交流讨论。11月11日,邳州市教育局在八路实验小学上语文、数学、英语、品德与生活、音乐、美术、综合实践活动等13节课,并展示所有乡镇学校的课改资料,与会500多位教师深受启发和鼓舞。11月25日云龙区、泉山区分别在公园巷小学、青年路小学、少华街小学、风化街小学、光荣巷小学、段庄第二小学、西苑第一小学举行现场观摩活动。在听课、研讨的基础上,5位校长交流了新课程实施和学校发展的经验。全市小学校长和教师1600多人分别在7所小学参加这次活动。12月18日,丰县在华山初中召开课改现场会,开展“生活教育”研讨活动,来自丰县各初中150余名校长、教师参加活动。11月份,泉山、云龙、鼓楼三区分别进行“课改校校行”活动,通过随机听课、查阅资料、座谈交流的方法,了解所属学校课改工作进展情况和实施效果,并对学校领导和教师的观念变化情况进行调查。12月份,组织开展市区初中课改“校校行”活动,围绕教师观念转变、课堂教学实施、校本教研制度的建立、课改资料的积累4个重点,对徐州高级中学、王杰中学、徐州十二中、徐州十三中、徐州三十一中、徐州二十六中、徐州二十九中、撷秀中学等8所学校进行全面调研,并对调研情况进行通报。 (赵新济)

## 徐州市2004年直管中学基本情况一览表

表5－3　　　　　　　　　　　　　　　　　　　　　　单位：个、人

| 学校 | 高中 | | | | 初中 | | | | 教职工数 | | 校长 | 副校长 | 书记 | 副书记 |
|---|---|---|---|---|---|---|---|---|---|---|---|---|---|---|
| | 班级数 | 在校生数 | 毕业生数 | 招生数 | 班级数 | 在校生数 | 毕业生数 | 招生数 | 计 | 专任教师 | | | | |
| 徐州市一中 | 69 | 3793 | 1228 | 1232 | | | | | 298 | 238 | 王志勇 | 刘永生<br>丛晓伟 | | 王志勇 |
| 徐州市三中 | 40 | 2723 | 1004 | 792 | | | | | 207 | 146 | 史先进 | 都晓明<br>刘建东<br>王继民<br>张裕琴(女)<br>王传喜<br>王冀宁(女) | 史先进 | 都晓明 |
| 徐州市三十六中 | 18 | 929 | 300 | 320 | 12 | 530 | 177 | 181 | 128 | 109 | 孙铁林 | 李再生<br>邹钥天 | 孙铁林 | |
| 徐州市二中 | 24 | 1285 | 452 | 459 | 20 | 937 | 374 | 274 | | 134 | 尤建伟 | 陆金寿<br>翟明臣<br>曹德安 | 陈玉萍(女) | 尤建伟 |
| 徐州高级中学 | 62 | 3341 | 886 | 1097 | 52 | 2811 | 1141 | 803 | | 400 | 曾宪安 | 秦晓华<br>杜宪刚<br>姚　斌<br>孙振先<br>戴先群 | | |
| 徐州市五中 | 31 | 1644 | 662 | 500 | 14 | 540 | 238 | 127 | 194 | 160 | 卞东华 | 章　春<br>胡兴亭<br>霍伟东 | 曹昭海 | 姜　红(女) |
| 徐州市三十五中 | 24 | 1286 | 414 | 420 | 21 | 1091 | 364 | 329 | 193 | 146 | 赵　伟 | 范安生<br>汪建军<br>尚家勇 | 张忠尧 | 赵　伟 |
| 徐州市八中 | | | | | 20 | 920 | 353 | 276 | 81 | 71 | 夏友洲 | 李颖华(女)<br>徐六二<br>张丹枫 | 夏友洲 | |
| 徐州市九中 | | | | | 7 | 185 | 71 | 44 | 67 | 37 | 郭兆峰 | | 郭兆峰 | |
| 徐州市十中 | | | | | 17 | 625 | 244 | 168 | 83 | 74 | 章哈生 | 祝长龙<br>陈永志<br>杨江波 | 邱志宏 | 章哈生 |
| 徐州市十二中 | 14 | 750 | (职高)200 | 210 | | | | | 130 | 55 | 金建明 | 晁　虹<br>刘伟明 | 马建国 | 金建明 |
| 徐州市十三中 | | | | | 60 | 3218 | 1072 | 1071 | 151 | 136 | 赵良厅 | 杜海洪<br>姚　舒<br>舒　惠(女) | 赵良厅 | |
| 徐州市王杰中学 | 17 | 856 | 381 | 237 | 23 | 1159 | 472 | 310 | 169 | 149 | 郑友君 | 王雪梅(女)<br>安和平 | 郑友君 | |
| 徐州市十八中 | (职高)14 | 737 | 153 | 61 | 12 | 655 | 127 | 140 | 126 | 103 | 吴同芳 | 张振祥<br>陈向群<br>文　青(女) | 张振祥 | 吴国芳 |

续表 5-3-1　　单位:个、人

| 学校 | 高中 | | | | 初中 | | | | 教职工数 | | 校长 | 副校长 | 书记 | 副书记 |
|---|---|---|---|---|---|---|---|---|---|---|---|---|---|---|
| | 班级数 | 在校生数 | 毕业生数 | 招生数 | 班级数 | 在校生数 | 毕业生数 | 招生数 | 计 | 专任教师 | | | | |
| 徐州市十九中 | | | | | 5 | 188 | 174 | 28 | 63 | 55 | 章哈生 | 徐明<br>沙振平 | 章哈生 | |
| 徐州市二十二中 | | | | | 13 | 440 | 268 | 129 | 74 | 55 | 马毅 | 蔡启祥<br>练晓涛 | 姚灿 | 马毅 |
| 徐州市科技中学 | | | | | 26 | 1202 | 451 | 353 | 97 | 85 | 王保林 | 李桂强<br>吴小凡(女) | 王保林 | 雷修英(女) |
| 徐州市三十一中 | | | | | 57 | 3131 | 856 | 1056 | 140 | 134 | 刘尚锦 | 王运思<br>苗君<br>卜宪刚 | 刘尚锦 | |
| 徐州市西苑中学 | | | | | 36 | 1950 | 579 | 600 | 110 | 109 | 刘巨达 | 王诗明<br>丁霞(女) | | 刘巨达 |
| 徐州市三十二中 | | | | | 24 | 1070 | 470 | 302 | 113 | 78 | 彭卫园 | 张德志<br>高昌华 | 陈宗学 | 彭卫国 |
| 徐州市三十三中 | | | | | 24 | 1169 | 199 | 387 | 89 | 66 | 王建伟 | 姚元芝<br>董向伟 | 郑庆荣(女) | |
| 徐州市三十四中 | | | | | 12 | 515 | 169 | 156 | 43 | 38 | 王飞鸣 | 张世栋<br>徐成林<br>张黎明 | 刘洪 | |

**【徐州市一中被评为江苏省四星级普通高中】**

2004 年 3 月徐州一中被评为江苏省四星级普通高中,成为江苏省首批、徐州市第一所四星级普通高中。徐州一中校园环境优美,各项教育、教学、生活设施设备齐全,配备标准高,生均占有的优质资源均为全市之首,全省领先。学校多次被评为国家级、省级先进单位。教育教学质量逐年攀升,学生信息考试、实验操作、综合考试合格率均达 90%以上,75%以上的毕业生升入本科院校学习,其中每年考入清华、北大、南大等一流名校的学生均为 200 多人。年内,徐州一中全校上下创建五星级高中的目标及任务明确,致力学校各项制度的建设和完善,优化教师、干部队伍,进一步提高教育教学质量,计划用 3 年的时间完成五星级高中的各项指标要求,通过省五星级高中评估验收。　(甄宗秋)

**【徐州市一中脚踏实地抓质量】**　徐州一中坚持“质量是立校之本,教学是学校的中心工作”的指导思想,制定出符合学校实际的管理规范,建立健全实施保障体系和教学质量检查、督导、考核、评价机制。校长亲自抓、分管校长具体抓,教务处、年级处和学科组,按照各自的管理目标,对教学过程和教学质量进行指导和监控。通过自我考评、学校相关处室测评、全体学生的评教等有效措施,认真组织各项教学指标的考核和落实。领导对各年级各学科的教学进行调研,抓各年级、各学科、各层面的教学质量分析,研究新情况,解决新问题,促进新教师快速成长。多次请徐州市教育局教研室和南通市有关专家到校听课、评课、指导上课、上示范课,带领高三老师及教学骨干去南通学习取经,努力提高教育教学质量。　(甄宗秋)

**【徐州市一中召开第五届教职工代表大会第一次全体会议】**　徐州一中第五届教职工代表大会第一次全体会议于 12 月 12 日在九里校区召开。代表们听取和审议王志勇校长的

《校长工作报告》和对《徐州市第一中学 2004～2007 三年发展规划》所作的说明。代表们认为《徐州市第一中学 2004～2007 三年发展规划》内容比较详实、具体，基本符合一中的实际情况，符合江苏省“五星级普通高中”的评估标准，符合全市广大民众对发展优质教育的需求。要求学校以“创建五星级高中”为目标，引领学校发展，制定出相应的实施细则和措施，进一步贯彻与落实三年发展规划。大会还听取审议并通过了《学校财务工作报告》、《2005 年学校财务预算的说明》、《增购学校建设用地规划》、《解决教职工子女医药费问题》、《班主任优质奖调整方案》等的决议。（甄宗秋）

**【徐州市三中晋升江苏省四星级高中】** 2004 年 4 月 23～25 日，江苏省普通高中晋星评估专家组一行 6 人在徐州市政府办公室副主任王志华和市教育局副局长李玉良等陪同下莅临徐州三中进行四星级学校评估验收。专家组在严格审查申报材料的基础上，听取校长史先进关于创建迎评工作和学校发展历史及总体办学情况的汇报，评估组对该校的各项工作进行全面的考核检查。他们视察了体育馆、教学楼、图书电教楼、实验办公综合楼、校园信息工程和电视台、学生食堂和宿舍等硬件设施，观看升旗仪式、早操、学生与社区的篮球比赛等体育活动，到班级听文化课、环保主题班会、研究性学习汇报会、校本课程中的音乐影视赏析和学科竞赛辅导，观摩教师论坛、学生文艺汇演、理化生的实验和课外兴趣小组活动。分别召开干部、师生座谈会。专家组在反馈意见中对徐州三中的成绩高度赞扬。7 月 20 日，省教育厅正式发文批准徐州三中晋升为省四星级高级中学。

（撰稿：李健民　审稿：钱益民）

**【徐州市三中扩大国内外交流与合作】** 2004 年徐州三中选派 9 批共 13 人次不同学科的老师分赴新西兰、澳大利亚、马来西亚、新加坡、英国、法国等进修培训。先后开通莫斯科大学、澳大利亚昆士兰教育部大学，澳大利亚科廷理工大学等“留学直通车”。6 月 22 日，举办出国留学预科、雅思培训报告会，莫斯科大学教务主任 Vera Leoni Doven 女士、昆士兰教育部大学预科项目教学总监 Paul 教授在三中为全市及淮海经济区的数百位家长及学生作报告。6 月 25 日，经国家外国专家局检查审核，授予三中聘请外国文教专家单位的资格认可证书。7 月 7 日～8 月 20 日该校与省教育国际交流中心联合举办“外教英语夏令营和雅思培训班”。暑假对 40 名骨干教师进行教育部师范司开办的 Intel 未来教育培训。年内，组织高三年级各科教师参加省市各种类型的高考复习研讨会和信息发布会 17 次。10 月，分管高三教学工作的副校长带队赴如东、赣榆、海州等知名学校“取经”，并邀请如东、南通教育局领导和教研员到校指导教学工作。该校继续加强与对口支教单位的合作，为新疆伊犁自治州新源县阿勒玛勒乡第二中学提供挂职学习的方便；选派优秀教师赴邳州炮车中学支教，并捐助价值 10 多万元的电教设备和 2 万元助学资金。

**【徐州市三中教科研成绩斐然】** 徐州三中坚持以科研兴教，教科研蔚然成风。年内，全校教科研立项课题 20 个，其中国家级 2 个，省级 10 个，市级 8 个，均已取得阶段性成果。3 月，该校被中央教科所命名为远程教育网示范学校，《中小学教育信息化理论与实践研究》的课题承担单位；当选为中国中学生体育协会篮球分会会员学校。全年有 9 位老师分别在省市、国家级刊物上发表论文 11 篇，其中，获省论文评比二、三等奖各 1 篇；11 篇论文参加省“师陶杯”竞赛评比，获二等奖 1 篇，三等奖 3 篇；上半年在市第五届“科研杯”论文评选中，全校 21 位教师分获一、二、三等奖，获奖人数居全市第一。在市区教师专业基本功大赛中,王敏获美术教师专业基本功二等奖,袁向萍、胡佩兰、周强、王建红获市级优质课评比一等奖。12月,该校4个市级科研课题分别通过专家组的鉴定,予以结题。2004年高考,三中本科达线率稳中有增,在市区文科前10名中,该校学生分别取得第一、四、九、十的名次,其中徐昕同学以647分获市区第一,全市第二的好成绩;在理科前10名中,该校学生分别取得第四、六、九名次,其中李继伟以669分的优异成绩考上北大本硕博连读。在全国中学生英语能力竞赛中,有11位同学获国家级奖励,其中高二年级林娜获全国一等奖;全年在物理、化学、生物三门学科竞赛中,该校有13人获省二等奖,18人获省三等奖。高三(2)班张超在"希望书库杯"第三届中国青少年读写大赛活动中获中国青少年读写500强称号;高三(7)班杨啸在省第三届"语文报杯·中学生与生活"作文竞赛中获一等奖;高二(2)班张元伟在中国地理学会、《地理教育》杂志社举办的"全国中学生地理小论文大赛"中获高中组一等奖;高一(7)班赵媛被评为"江苏省十佳青年学生"。 (撰稿:李健民 审稿:钱益民)

**【徐州市三十六中全力提高课堂教学效果】** 徐州市三十六中(中国石化管道中学)2004年着重考虑如何更好地满足未来社会发展以及学生全面、和谐、持续发展的需要,从提高教师自身的教学水平、转变学生学习方式着手,全力提高课堂教学的效果。切实抓好备课、上课、听课、说课、评课"一条龙",重在"讲"和"评",以"评"促"讲";强化教师与学生积极互动,共同发展,积极引导学生质疑、探究、主动学习,及时发现和发展学生的潜能;积极搞好课堂教学评价,通过高中的视导课、初中的督查课、小学的推门课等构建教学质量的保障、监控体系;以课例为载体搞好研讨。年内,开设"汇报课"、"研究课"、"公开课"、"观摩课"等160余节,开展研讨40多次。

**【徐州市三十六中着力实施分层教学】** 学校坚持"为学生终身发展服务"这一理念,面向全体,分类指导,分层达标,全面提高。教师们精心研究学生的文化背景差异、知识结构差异和学习方式差异,将学生分成A、B、C三层。精心研究《新课程标准》及《考纲》,排出知识点及能力要求。在教学中具体实施分层教学。搞好接力赛,打好团体战。不放松每一位学生,不漏掉每一个知识点。特别是对学习困难的学生,用100%的热情去解决1%的问题,各类学生都有较大的发展。

**【徐州市三十六中凝神聚力抓教学】** 三十六中凝神聚力抓教学,严肃认真.采取诸多措施.其中最主要的措施是制定质量指标,各年级据此分解到每个教师"头"上,落实到每个学生"头"上。教师们积极发挥教学工作的主导力量,努力去完成。学生们充分发挥主体作用,勤奋去学习。2004年中考,162人参考,人均总分681分(含体育36分),徐州市区第一。个人总分800分以上者9人,占整个市区的10%,高分率市区第一。优秀率60.5%,市区第一。英语、物理、政治单科成绩市区第一。英语口语加试,除1人10分外,全部满分(15分)。267人参加2004年高考,本科上线率徐州市区第三名。242人被高校录取,升学率在90%以上。2005届高三300名学生参加江苏省高考综合考试,292人全部过关,合格率为97.33%以上,徐州市区第一。高中二年级参加省级信息技术网上会考,100%参考,100%一次性高水平过关,人均89.5分,全市第一。在国家基础教育实验中心外语教学研究中心举办的全国小学生英语竞赛中,该校包揽徐州赛区的44个奖项,其中全国一等奖4人、二等奖14人;在徐州市教育局教研室组织的全国中学生英语二级等级测试中,该校150人考试,合格率

100%,优秀率99.3%,徐州市区第一。

(撰稿:段圣春 审稿:孙铁林)

【江苏省郑集高级中学狠抓教师队伍素质的提高】 郑集高级中学狠抓教师队伍素质提高。首先,学校领导立足课堂,坚持听课、评课。一学年,校领导集中听了98名教师的课。其次,搭建施展才华的舞台。学校让有经验的老教师上示范课,富有创新精神的中年教师上研究课,渴求上进的青年教师上汇报课。新教师每上一堂课,都要先听"帮教者"的课,因此,新教师的教学水平迅速提高。学校每学期都举行"青蓝杯"青年教师教学基本功大赛,还采取"请进来走出去"的办法,提高教师的理论水平和教学艺术。学校邀请清华大学、中国人民大学教授到校讲学,还邀请徐州市教科所领导给教师作"走近新课程"的报告。10月,组织高一高二班主任、备课组长到邳州运河中学学习交流;又组织高三全体教师到赣榆中学学习交流。再次,组织教学视导活动。学校成立教学视导领导小组,分别对全体教师进行教学视导活动。考评组采取不打招呼、推门听课的办法。听课后,及时反馈意见,并帮助解决。该校采取行之有效的措施,教师业务素质不断得到提高。2004年,有21名教师在县上示范课,6名教师在市评优课中获奖。学校拥有特级教师、国家级骨干教师、省"333"人才培养对象、徐州市拔尖人才、徐州市名优教师共26人。名师培育英才,2004年,张昌明同学获得铜山县高考状元,王强同学考入北京大学。年内,郑集高级中学确立"规范为源,服务为魂,质量为本"的办学理念,形成自已的办学特色。

(撰稿:程广海 审稿:陈玉金)

【教育部《综合实践活动及其师资建设》江苏省(中学组)课题研讨会在江苏省郑集高级中学召开】 4月6日,教育部《综合实践活动及其师资建设》江苏省(中学组)课题研讨会在江苏省郑集高级中学召开。江苏省教育科学研究所金鱼为,江苏省教育科学院现代信息所徐国华,江苏省青少年科学教育学会沈铁军、杨曙宁,江苏省教育学院王明忠等同志和全省各个子课题组的代表50多人参加,与会代表就课题的有关问题进行热烈讨论。

(撰稿:程广海 审稿:陈玉金)

【徐州市体育高考研讨会在江苏省郑集高级中学召开】 3月12～13日,徐州市高考体育研讨会在郑集高级中学召开。各县(市)区、市直属中学体育教师和体育教研员80多人参加会议。与会人员观看郑集高级中学自编的韵律操,听2节体育课,并给予很高的评价。研讨会上,与会者就体育高考的有关问题热烈地进行讨论。大家就如何抓高考体育学生的训练和学习等有关问题形成共识。

(撰稿:程广海 审稿:陈玉金)

【江苏省侯集高级中学成立学生社团组织】 2004年,侯集高级中学学有余力的同学根据共同的个人需要成立学生社团,其中包括文学社、英语社、书画社、篮球社、足球社、排球社、学生艺术团以及开展环保宣传活动的绿色社团和进行文明监督的小红帽社团。各社团在校团委、学生会的指导下自主组织开展丰富多彩、富有成效的活动,遵循"自我教育,自我锻炼,自我服务"的方针,以陶冶情操、展示个性特长,形成具有特色的校园文化,提高综合素质。学校鼓励社团以活动促建设,通过开展诸如讲座、比赛、宣传、展览等活动和进行环境卫生、文明习惯等方面的检查监督,使之服务于学校的教学和常规管理。

(撰稿:张二君 审稿:支乾锋)

【江苏省侯集高级中学培养模式行之有效】 侯集中学把对青年教师的培养作为师资队伍建设的重中之重,并摸索出了"三期五年"的培养模式。第一年为岗位适应期:新参加工作的青年教师要参加岗前培训、课堂教学培训、班主任工作培训、师德修养与教育法律法规学习、学科专业培训等,要接受"三课"评定岗位工作全面考核;第二、第三年是锻炼成长期:青年教师要参加优质课评选、优秀论文评选、优秀教案评选和十佳青年教学能手评选;第四、五年是创新发展期:青年教师将开展教育教学研究,进入骨干研修班,参加青年优秀骨干教师和学科带头人的评选。行之有效的培养模式取得了良好的效果。近几年,学校20余位青年教师获得县市级及以上教学能手、学科带头人和优秀骨干教师称号,12位教师在市级以上优质课评比中获得一等奖。

(撰稿:王孝军　审稿:支乾锋)

**【江苏省侯集高级中学校本教研培训颇具特色】** 侯中在校本教研培训中,充分利用学校的现代化教育技术优势(教师人人"笔记本",教室间间多媒体,校园处处因特网),确立教育科研为主导、以现代教育技术为手段、以课堂教学为主阵地,多形式、全方位提高青年教师综合素质的培训思路,把培训和教科研结合起来,以研带训,以训促研,研训一体。学校要求青年教师做到"人人有课题,题题有结果",倡导"问题即是课题、教学即是研究、成果即是成长、教师即是研究者"的培训理念,教师平时的教学活动要有意识地围绕课题研究开展,注重个案积累、分析。此外,学校定期邀请专家作教育教研讲座和报告,有针对性地选送优秀青年教师外出参加教科研培训,促使青年教师由经验型向科研型转变。2004年,侯中的90余项各级各类科研课题已有39项顺利结题。课题研究成果显著,多次受到市县表彰。学校连续两年被中国教育学会评为"十五"期间重点科研课题优秀实验学校,研究成果荣获国家级一等奖。

(撰稿:王孝军　审稿:支乾锋)

**【丰县中学高考再铸辉煌】** 2004年高考,丰县中学续写2003年高考的辉煌:本科上线916人,上线率为72.16%;其中文化考试成绩600分以上者133人,居全市重点中学之首;9门学科中的5门平均分列全市第一;高三(1)班的刘辉辉同学以总分707的高分名列全省第九名,并夺得徐州市2004年高考状元,其物理和化学均取得150分的满分,被清华大学优先录取;朱军老师辅导的美术生有51人达到高考本科录取线,其中,赵曼同学考取中国美术学院,于斌、赵成华、李国超等同学也被国家重点美术院校录取。县教育局授予朱军老师"2004年高考特殊贡献奖"。

(邢长印)

**【丰县中学学科竞赛成绩斐然】** 2004年在省化学奥赛中,屈伟同学获省一等奖,李魁星等21名同学获省二等奖,9人获省三等奖;何中原等9人获得市一等奖,尹辉等15人获市二等奖;在省物理奥赛中,李魁星等21名同学获省二等奖,9人获省三等奖;在江苏省第三届作文大赛中,葛舒婷获一等奖。

(邢长印)

**【丰县中学搬迁新校区】** 2004年9月1日,丰县中学高中三个年级顺利搬迁到新校区,实现县委县政府制定的"一年建设,一次搬迁"的目标。9月10日举行新校落成典礼。新校区由东南大学设计,环境优美,有很高的文化品位。有现代化的教学、办公和活动场馆设施。其中包括30个物理、化学、生物实验室,16个计算机、语音、音美专用教室,图书馆和阅览室全部体现人性化设计和管理;有集课件演示、多媒体播放、网络教学于一体的现代化校园网络系统,每个教室均配有计算机终端设备,大多数教师有电脑,基本上实现数字化办公。此外,学生活动场所齐备:大操场建有400米标准跑道和足球场;8个标准篮球场;30个乒乓球台。此外还建有大容量、高标准的师生餐厅、公寓楼和设施一流的师生休闲活动中心。学校三栋教学楼，能容纳90个教学班；四栋宿舍楼，可容纳3200多人住宿。宿舍区和教学区中间由人工湖隔开，小桥流水，亭台花榭，极富情趣。

（邢长印）

**【邳州市运河中学立足课改以质量兴校】** 邳州市运河中学针对新课程改革的紧迫性、必然性和重要性，从基础着手，率先改革，加大对学生能力和素养的培养力度，重视课程的综合化，教学设施体现课程的整体性。既注重科学原理的认识和掌握，又注重态度、方法、精神的综合培养；既体现我国传统文化，又吸纳国外有益经验。全面实施"导学、讨论、点拨、训练"的四步教学法，形成具有运河中学特色的教学模式，经过实施"推出—推广—完善—突破"4步走的战略，贯彻素质教育思想，革除传统教学的积弊。学校在改革课堂、狠抓教学质量的同时，寻找教育教学工作中的新突破口。针对江苏省首次单独命题的新形势，学校成立高考信息研究小组，专门邀请江苏省数学阅卷组成员，南京师范大学的教授及江苏省语文阅卷组组长、南京师范大学文学院院长何永康教授到学校讲学，并现场回答学生们在复习中存在的问题。年级组成立学科指导小组，带领全体备课组成员共同研究，充分发挥集体的力量。在对学生的复习指导过程中，学校实行优秀学生学科成绩责任追究制，优转尖教师包挂责任制和尖子学生导师制。对个别家庭经济困难的学生，学校启动扶困基金按月发放一定的资金。2004年高考，运河中学本科上线人数716人，应届高考本科上线率达84.26%。李一年同学以698分的成绩在全省40多万考生中位列第31名，成为邳州市高考状元。李一年、陈鹏举、杨海滨等10位运中学子联手打造"邳州高考十强"，600分以上的160人，被清华、北大、南大、人民大学等全国一流院校录取60多人。总成绩在徐州市名列第一。与此同时，中学奥赛也取得优异成绩，高三年级的生物奥赛，有9人获江苏省一等奖，总人数占徐州市一半，获江苏省第一。（李士保）

**【邳州市运河中学足球成绩获省A组比赛第一】** 10月29日至11月3日，江苏省第五届中学生足球赛在邳州市运河中学隆重举行。南京市第四中学等10所中学代表队参加本次比赛。经过4天的激烈角逐，在A组比赛中，运河中学代表队荣获第一名。

（马守民）

**【睢宁高级中学通过省四星级评估验收】** 4月26日，省晋升四星级高中评估验收专家组一行6人，对睢宁高级中学晋升省四星级高中工作进行验收评估。专家组肯定睢宁中学是一所具有光荣革命传统和80年办学历史的名校，有着厚实的文化底蕴，教育教学质量在徐州市名列前茅。近年来学校投入资金4000余万元，对老校进行了改造，大力推进教育现代化工程，办学条件一流，办学目标明确，办学理念先进，"三风"建设好。校园环境优美，改革创新举措得力，学校事业得到良好发展。学校先后被表彰为全国群众体育先进集体、省模范学校、省文明单位、省德育先进学校、省贯彻两个条例优秀学校、市文明单位、市文明单位标兵、市绿色学校等，成为苏北教育大地上一颗璀璨的明珠。专家组要求睢宁中学进一步拓展和深化"1511"工程的外延和内涵，以学生自主教育为载体，放大办学特色，让"1511"办学特色更加鲜明；进一步高扬"主体教育"旗帜，以"六求"、"六个带进"和"六个解放"为指导思想，全面提升课程改革和课堂教学改革水平，尽快把睢宁中学办成一流名校。（张东亚）

**【徐州市二中加强党建工作】** 徐州二中在实践中探索党建工作的新路子。从2002年起，开展以革命传统教育、理想信念教育为中心的红色之旅活动。2004年10月1日至4日,全体党员到革命圣地井冈山,过了一次终生难忘的组织生活。瞻仰井冈山革命先烈纪念塔,缅怀在井冈山斗争中牺牲的革命先烈。红色之旅增强了广大党员的党员意识,广大党员深刻认识到,在改革开放市场经济的今天,保持和发扬党的先进性,更有着深刻的现实意义。 (撰稿:李益群 审稿:陈玉萍)

**【徐州高级中学与新西兰西方理工大学联手办中新友好实验班(FEC)】** 经徐州市教育局批准,从2004年起,徐州高级中学与新西兰国立西方理工大学合作,开办中新友好实验班(简称FEC)。实验班除了正常开设高中的全部课程外,每天至少开设一节由经验丰富的外籍教师执教的外语课。实验班学生有一次去新西兰、澳大利亚住在当地居民家中,半天学习语言、半天游览"体验留学"的机会。中新友好实验班于2004年暑假正式招生。首批招收2个班、约100名学生。实验班的招生纳入全市中考统一招生计划,实验班的录取分数线由市教育局单独划定,学校组织专门的英语口试,作为录取参考。

(经卫宏)

**【徐州高级中学建立名师工作室】** 徐州高级中学坚持以人为本,牢固确立人才资源是第一资源的指导思想,积极打造名师工程,建立名师工作室。经过名师工作室方案的制定、报名、审核、评审,由秦晓华、袁辉、吕锡扬、宋广良、鹿晓波、宋复亮、卜凡才、王宏、李鹏学、陈国忠等10位教师领衔成立徐高中第一批名师工作室。名师工作室为名师们配备电脑、电话、打印机等先进的办公设备,领衔名师制定工作计划,明确工作职责。 (经卫宏)

**【徐州高级中学重视学生国家安全教育】** 2002年7月徐州高级中学被江苏省国家安全厅、教育厅确认为省中学生国家安全教育实验学校。在市国家安全局、市教育局的关心和支持下,学校成立国家安全教育活动领导小组,教师成立课题信息小组、师资培训小组。制定出符合学校特点、切实可行的国家安全教育实验方案。把《中学生国家安全基本知识》一书纳入初二年级的教学计划中(共8个课时,再加6个课时的活动课),规定政治、语文、地理、历史、生物等5门学科,结合教材内容渗透国家安全知识。由于这项工作成绩显著,2004年徐州高级中学被评为国家级国家安全教育先进学校。 (经卫宏)

**【徐州市五中修编校志】** 为迎接2005年百年校庆,徐州五中修编校志工作于2004年9月启动。学校成立以校长卞东华、书记曹昭海为首的《校庆丛书》编委会,抽调干部和教师成立《徐州五中校志》编辑部,9月中旬挂牌办公。编辑部制定《校志编辑工作计划》和《编辑工作制度》,严肃认真,紧张而有条理地开展工作,走访许多在五中工作过的老同志,召开一系列座谈会,查阅校、局、市三级档案馆大量资料。为了解五中早期教会学校的办学史实,不远千里前往上海青浦的华东神学院图书馆查阅资料。年内校志已完成部分初稿。 (撰稿:杨宪东 审稿:卞东华)

**【徐州市五中开展校本培训】** 徐州五中的校本培训从两个层次展开:全员培训和青年教师培训。全员培训主要落实在五个方面:一是抓教育理论学习。每学期重点读一本书,上半年主要读《综合实践活动的设计与实施》辅之以孟宪平著《教育新视野》;下半年主要读《校本研究与教师发展》,辅之以《中小学个性心理与教育》;学期结束时以做测试卷和检查读书笔记的方式检查读书效果。二是抓继续教育。每学期组织1～2次专题讲座,或外聘专家,或请本校出国出市考察培训的教师汇报,组织教师参加市组织的各类讲座报告。对于青年教师考研作积极引导,批评制止因考研复习而影响工作的行为,鼓励青年教师报考与自己专业一致的教育硕士,学成继续留在学校服务;现在读的教育硕士已有4人。三是抓教育论文写作。学校每学期组织一次"培正杯"教师论文评选活动,把论文写作与自己的工作实践、与反思教育教学活动结合起来,校内评选教师的参与率达到80%左右,每一次评选都能产生一批有交流价值的文章,至年底结集出版一期《培正苑》(约10万字,已出版4期)。四是抓课堂教学研讨。教研组活动以课堂教学为中心,以交流互动为主要活动方式,教师们在备课—上课、听课—评课这个过程中,充分发表各种不同意见,在各种观点交锋碰撞中解决问题、形成共识。五是抓课题研究。提倡教育教学从学校真实问题出发,研究身边的问题,制定开展校本课题研究的规划。对青年教师的培训把集体活动与个性化辅导结合起来,上半年组织"爱岗就业,弘扬师德"演讲比赛,下半年组织"青年教师论坛",为从教第一年的青年教师选配爱岗敬业业务能力强的教学骨干与之结成"青蓝对子"。2004年,卞东华、方敏被市教育局授予徐州市名教师、徐州市青年名教师称号;王为民荣获青年学科带头人称号;李强、杨宁获得青年骨干教师称号。全年在省级刊物发表文章7篇、市级9篇,市级以上获奖24篇。

(撰稿:杨宪东　审稿:卞东华)

**【徐州市三十五中开展课堂教学录像课评比】** 三十五中学(原铁一中)于11月22日至12月29日开展教师课堂教学录像课的评比。活动分为自选课录像和随机课录像。57名青年教师参赛。整个活动历时30个工作日,共录制自选课57节,随机课59节,学校领导听课135节,教师相互听课491节。经过认真评选,评出一等奖10人、二等奖10人。

**【徐州市三十五中加快数字校园建设】** 三十五中紧紧围绕教育教学这个中心,着力提高学校现代化办学水平,加大投入,加快学校数字校园建设进程,取得显著的成果。8月投入100898元更新扩建校园网,以百兆光纤接入,覆盖全校。9月投资104780元建立4个设施先进、完备的多媒体教学实验班教室。利用网络优势,与北大附中实现资源共享,通过网络师生可以聆听到全国名校名师的授课,获取一流的教育资源。11月学校又拿出280246元新建高标准的计算机第三机房,达到生均每10人一台的标准。构建学校校园网,打造学校教育教学资源平台和信息通道。

(撰稿:李维斌　审稿:赵　伟)

**【徐州七中建德育教育基地——闻书苑】** 徐州七中在加拿大籍华人化学家孙同举、美国加州大学华人教授范璐等海外校友及北京音乐家协会主席谭利华、诗人孙友田、特级教师于永正等国内知名人士的鼎力相助下,历经一年,于2004年5月建成校园德育教育基地——闻书苑。该苑占地0.33公顷,叠山理水,四季苍翠,古泉叮咚,飞檐画栋,其间立有100余块名言警句碑刻,使该书苑融观赏休闲娱乐教育诸多功能于一体。苑内大殿中陈列七中建校60年来的珍贵资料,记载七中几经隶属、数易校名的历史,记录一代又一代学子和学校前进的脚印,成为七中人薪火相传、与时俱进的真实写照。

(撰稿:张　辉　审稿:朱　靖)

**【徐州七中实施"关怀"工程】** 徐州七中积极探索人文化管理模式,以人性人情为基点,实施"关怀"工程:"安全关怀",租车接送远路的教职工,做到安安全全上班,高高兴兴回家;"阳光关怀",每天上下班时,校领导在校门口嘘寒问暖、迎送问候;"特日关怀",在教职工的生日和结婚纪念日,送上一份祝福和礼品,让教职工感受到自己就是学校的主人。

(撰稿:张　辉　审稿:朱　靖)

【沛县中学创建平安校经验被国家专治办推广】 沛县中学运用多种方法着力打造平安校园,近年来没发生过任何安全责任事故。其安全管理工作的经验由国家专项整治行动联合工作办公室编发简报予以推广。该校十分重视安全管理工作,确立"以人为本,珍爱学生生命,关注校园安全"的思想。首先,建立健全安全管理组织,成立以校长为组长,校长室、校长办、政教处、总务处、团委、保卫科分工负责的创建"平安沛中"领导班子,组建学校安全管理及学生自我保护教育两支队伍,构成科学而又严密的校园安全工作网络。其次,严控食品源头,确保饮食卫生。校食堂实行"谁办理、谁负责"签字购物制度,对购买、烹饪、出售三个环节严格把关。再次,加强学生心理教育,确保学生健康成长。针对学生早恋、青春期健康、学习压力等焦点问题,老师对学生进行细致入微的思想工作,与学生促膝谈心;学校开办"青春学堂",加强学生心理承受能力、抗挫折能力的培养;学校专门开辟的心理咨询辅导室,由2名专职心理辅导教师常年组织开展心理咨询、团体辅导、心理讲座活动。最后,明确工作重点,积极开展活动。学校每个月都有重点、有计划开展安全教育活动和管理工作,专项整治行动开展以来,进一步落实安全措施,进行重点防范。加强门卫管理,严格登记制度,严禁社会闲杂人员进入校区;集中检查室内外体育器械安置、各功能教室的安全措施及制度落实情况;进行消防训练和专项检查,保证消防设施完好,消防器材能用、够用、会用;强化校园计算机网络的管理,教育师生遵守网络道德,维护网络文明,防止反动、色情、暴力等不健康内容腐蚀师生心灵。 (郭世明)

【沛县中学通过省市食堂卫生安全检查】 9月23日,江苏省卫生厅法监处吕美行处长及市卫生局、县卫生局领导等到沛县中学检查调研食堂工作。吕处长对沛县中学食堂管理、食品安全卫生等给予很高的评价,认为沛县中学食堂是名副其实的"市优秀食堂"、"市学校食堂卫生管理信得过食堂"。 (居敬奎)

【沛县中学宿舍管理工作迈上新台阶】 沛县中学在学生宿舍管理上狠抓措施落实,加大检查评比力度,把宿舍的卫生、纪律检查结果量化积分,一天一公布,周周有评比,评比结果与学校"3·6·1"评比机制挂钩,调动了班主任、学生参与管理的积极性。学校设立宿舍管理办公室,安排专人昼夜巡查、值班,及时排查各种安全隐患。卫生室实行24小时值班制,确保住宿生小病及时治、大病送医院。学生对学校宿舍管理的满意率大大提高,许多在校外租房居住的学生纷纷返校住宿。 (孙自见)

【沛县湖西中学积极开展课题研究】 沛县湖西中学立足教学实际,讲究研究的实效性;课题研究选题切口小,小题大做,讲究研究的覆盖性;各教研组、备课组都有研究课题,讲究研究的全员性;教师人人参与课题研究。学校积极参加各级教育科研会议,及时向教师传达会议精神。加强教师培训和研究过程的监控,定期举办课题研究理论培训会和课题研究经验交流会,课题组负责人定期向教科室汇报研究进展情况,教科室针对各课题在研究过程中出现的困难和问题,派专人指导解决或联系专家指导,对阶段性成果及时总结上报。2004年,学校全员参与课题研究,形成省、市、县、校4级课题研究网络,不少课题已经结题或取得阶段性成果,6项市级立项课题已取得突破性进展。 (卢世国)

【沛县湖西中学帮助青年教师"闯三关"】 湖西中学开展青年教师"闯三关"活动,取得良好的效果。第一关是教材关。采取"一先四步"的做法。"一先"即先学习各科新课程标准和考试大纲,理解其内涵,整体把握各知识点。“四步”：第一步学习教材，第二步分析教材，第三步研究交流，第四步反思教材。第二关是教法关。为了使青年教师在教法上有创新，加强青蓝工程建设，推出“集体备课、试讲、听课、评课”的培训模式，师徒之间“传、看、听、评、帮”一条龙，青年教师在实践中掌握教学方法，过教法关。第三关是“三课”关。“三课”是指“亮相课”、“汇报课”、“过关课”。青年教师上岗三个月之后，可以自选教材，申报开“亮相课”；“汇报课”是指第一学期末，由教科室指定教材，青年教师上“汇报课”；“过关课”是指第二学期，教务处、教科室领导推门听课。对推门听课不过关的青年教师，责成其导师继续跟踪指导，直至过关为止。“三课”关对青年教师的成长起到了较大的促进作用。2004 年学校有 8 位青年教师荣获市优质课一等奖，11 位教师荣获市县“优秀青年骨干教师”称号。　（卢世国）

**【铜山县棠张中学教育教学成绩突出】**　棠张中学凝心聚力抓教学，形成“师生互动，民主讨论，质疑问难，学生自主”的教学模式；学校重视体育卫生和艺术教育，形成“排球特色鲜明，硕果累累，卫生特点突出，屡屡受奖，艺术教育显著，成绩斐然”的喜人局面。近 2 年有 5 人次在市优质课评比中荣获一等奖、2 人次获二等奖。有 173 篇论文在市级以上刊物上发表、有 100 余篇论文获奖，并承担着 4 个国家级、4 个省级、6 个市县级教育科研课题的研究任务。学科竞赛 2004 年取得丰硕的成果：学生获全国、省生物奥赛一等奖；获江苏省化学奥林匹克竞赛一、二等奖。艺体教育特色鲜明，“棠中女排”是全省女子排球运动队中一支劲旅，曾出访日本，成为棠中办学特色中一道风景线。2004 年代表江苏省参加“全国少年女子排球赛”，夺得铜牌，代表徐州市参加“省十五届运动会”荣获 2 金。女排队员中 6 名高三学生已被苏州大学提前录取。

（撰稿：房孝永　审稿：段保密）

**【铜山县茅村中学强化教育教学管理】**　2004 年铜山县茅村中学提出“理直气壮抓管理，聚精会神抓教学”，“全体群众看中层，全体中层看校长”的指导思想，形成一级抓一级、齐抓共管的大好局面。开展主题系列教育活动。年内开展“告别陋习，做文明茅中人”和“弘扬三创精神，争做新一代茅中人”两个主题系列活动。推行行政值班制度。校长任组长，处室主任任副组长，各班班主任为成员，佩戴袖标，规范上岗，认真履行职责。检查学生的日常行为及学习情况，教师办公、上课等情况，巡查校园卫生安全工作。午休静校制度和教师陪住管理晚就寝纪律制度。午休静校制度：周一至周六，每天中午 1 点，午休哨声响起，停留在宿舍、操场等处的同学立即回到各班教室，自习或休息。教师陪住管理晚就寝制度：周一至周日，安排值班组教师每年级 2 人，入住学生宿舍。分层包干，督促学生就寝。女生辅导员制度。督促、检查女生晚就寝情况，协助宿管员管理女生宿舍，负责女生的生理健康教育等。学生自主管理制度。学校采取三年级学生助理制度（为学生设立学生处室主任助理、学生年级组长主任助理和班主任助理）、学生值周班制度、组建青年志愿者团体，形成了学生自主管理的框架和学生自主管理机制。

（撰稿：王广帅　审稿：闫怀春）

**【铜山县大许中学加强精神文明建设】**　铜山县大许中学在精神文明建设中始终围绕师生的思想道德素质和科学文化素质开展工作，充分调动党员干部、教职工的积极性，树立“校兴我荣，校衰我耻”意识；抓制度管理，修订完善各项管理制度，使创建活动步入规范化轨道；抓教育活动，先后开展“两创两优”、“我为许中添光彩”、“评选文明班级”、“读好书，唱好歌，做好事”等活动，让学生在丰富多彩的活动中受到感染和教育；抓活动阵地，加强校园文化建设和环境建设，学校设立阅报栏、文化长廊、图书阅览室、广播室,绿化美化校园,培养师生高尚情操。抓典型示范作用,在师生中开展“比、学、赶、帮、超”活动;抓检查评比,把精神文明建设列入年度目标管理,年初有计划、平时有检查、年终有总结。2004年,因成绩显著学校被评为“省文明单位”。

(撰稿:张　永　审稿:陈善星)

**【铜山县大许中学德育工作卓有成效】** 大许中学重视发挥学科教学的主渠道作用,生动有效地向学生进行“两史一情”教育。组织学生深入工厂、农村及改革开放的典型单位进行调查。学校把《中学生行为规范》、《中学生守则》作为教育的重要内容,并制定《学生管理手册》、《在校学生一日学习生活常规》。坚持学生会自主管理制度、团员活动制度、“文明监督岗”制度。开展“讲文明,树新风,创文明班级,做文明学生”活动。结合传统节假日,开展丰富多彩的活动。学校重视德育队伍建设,建立德育工作领导小组,健全学校、年级、班级三级管理网络,建立校内外德育教育基地,并定期开展活动。学校德育工作卓有成效,2004 年被评为江苏省德育先进学校。(撰稿:张　永　审稿:陈善星)

**【国务院研究室主任魏礼群视察睢宁县李集中学】** 5 月 2 日,国务院研究室主任魏礼群在县委书记郭希忠、县长丁维和、副县长郭梅等领导的陪同下,到李集中学视察,并向高三学生发表热情洋溢的讲话,陪同前去的北京国信招标有限公司总经理捐献 15 万元人民币作为学校奖学金基金。(王献章)

**【新沂市一中注重师德建设】** 新沂市一中坚持把师德建设放在首位,领导班子做到以身作则树形象,任劳任怨干实事,开拓进取创特色。开展多种形式的活动,进行职业理想、职业道德、职业技能、职业纪律的教育,党总支和工会组织“三育人”(教书育人、管理育人、服务育人)报告会和演讲比赛,使全体教职工受到深刻的师德教育。利用“学校开放周”、家长座谈会等活动,面向社会、面向学生家长对教师职业道德进行调查,及时整改存在问题,有效地纯洁师生间的真挚情感。充分利用参观访问、图片展示、橱窗标语、征文比赛等形式,加强对教职工进行职业道德教育。认真学习“四五”普法以及国家、省、市有关职业道德和师风建设的文件要求,进行认真地考核,使法律法规意识深入到每一个人的心中,懂法、守法、依法办事,把学校的师德建设推向一个新的台阶。制定《教师文明公约》、《教职工职业道德规范实施细则》、《教职工年度考核条例》等,把师德建设落到实处。规范学生行为,带动师德建设。在教育学生的同时,也同样对教师提出了新的要求。

(撰稿:汤效斌　审稿:孙　宁)

**【新沂市一中实施办学体制改革】** 2004 年 5 月,在新沂市委、市政府的支持下,由南京大学数码科技有限公司参与,成立新沂南大数码教育投资公司,对新沂市一中实施办学体制改革,按民办机制运营。新沂市委、市政府对改制后的新沂市一中教职员工实行“老人员老办法,新人员新办法”,老人员(指已在新沂市教育系统内工作的人员)享受公办学校教职工所享有的一切待遇,工资待遇依然由财政局统一发放,人事关系保留在教育局,退休后在教育局办理相关人事手续,学校对全体教职员工实行全员聘任制,一线教师的基本工资增长不低于 30%,职工工资增长不低于 10%,教师的合法权益得到有效保护。改制后,实行“政校分离,产权清晰,利益共享,充分自主”的现代学校管理制度,提高教师福利待遇,迅速组建一支师德高尚、业务精湛、结构合理的高素质教师队伍。年内,新沂南大数码教育投资公司迅速注入资金,全面实施“二十一项工程”,即加快校园建设,充实内部设施,优化办学条件,包括装备物理、化学、生物实验室和微机室，建立校园网站，铺设电缆，安装电梯，启动锅炉房建设，完成校门装修、喷泉工程，进行宿舍楼及专家楼内部装修，为教师配备笔记本电脑等。董事长胡志宏博士指出：改制后，要把学校建设成江苏省四星级学校，省内外部分知名高校的生源基地，育人环境一流、师资队伍一流、办学质量一流的名校。（撰稿：汤效斌 审稿：孙 宁）

**【新沂市三中加大科研投入】** 2004年，新沂市第三中学加大对科研的经费投入，主要是课题经费、教师再教育经费、图书资料费、实验设备费、电化教育费，累计投入近200万元，改善教学科研的条件。学校整合教务处、教科室、学科教研组和备课组等多方面力量，建立直接服务于教师的、开放型的学校教研网络，通过深入课堂，听课评课，发现问题，探索规律，进一步完善学校教学研究的导向机制、激励机制和保障机制。

（撰稿：夏武训 审稿：蔡洪涛）

**【丰县民族中学成为民族教育的亮点】** 丰县民族中学遵循“以人为本，以法治校，以质兴校，以特立校，和谐发展”的办学理念，抓住创办三星级高中的发展机遇。大手笔打造现代化高中。两校区成功合并，新建成标准的运动场，多媒体电脑房。学校狠抓教学“五认真”，以科研促教学。学校有国家级科研课题2个、省级科研课题1个、市级科研课题6个、县级科研课题13个、校级科研课题22个，基本实现人人都有科研课题、人人参与课题科研的目标。教学质量步步攀升。2004年全县思想政治工作会在该校成功举办；高考本科上线293人，创造历年新高；在各级各类比赛中，有358名学生获得县级以上奖励。学校顺利通过省三星级普通高中评估验收。成为苏鲁豫皖地区民族教育的亮点。（孙光华）

**【徐州市八中师德教育活动别开生面】** 2004年，八中把师德师风教育摆上重要的议事日程。坚持日常的培训（如学文件、听报告、看录像、举办讲座等）开展丰富多彩的活动，寓教于乐。第20个教师节庆祝活动，教师成演员，登台献艺；学生当观众、任评委。重阳节来临之际，学校给每位教职工的父母、岳父母发去饱含深情的慰问信，表达由衷的感谢、敬意和祝福。国庆黄金周期间，学校组织全体教工党团员、部分教学业务骨干赴铜山汉王进行农村生活社会调查。通过系列活动，焕发热情与朝气，凝聚力量与人心，广大教师更加敬业爱岗、甘于奉献。

（撰稿：杨 明 审稿：夏友洲）

**【徐州市八中成立首届学生会】** 11月1日，徐州八中第一届学生会宣告成立。市教育局团委王培彦书记、德育办王芳老师与八中领导及师生员工一起参加成立大会。首届学生会委员会由来自全校3个年级10个班的19名优秀学生组成，所有成员均通过公开竞聘、认真考核产生。

（撰稿：杨 明 审稿：夏友洲）

**【徐州市九中师生喜读徐鸣书记文章】** 3月初，九中师生欣喜地看到徐州市委书记徐鸣同志的文章——《我们应该如何办教育》。大家倍受鼓舞，对办好学校，充满信心。徐州九中由于大量生源流入“民办学校”，2002年初一新生不到100人，2003年锐减到50多人。大量教室空闲，教职工积极性严重受挫。徐书记旗帜鲜明地表态，公办学校将重新受到重视，生源数量、质量将有所改善。徐书记提出“无差别教育”：学校基础设施“无差别”、学校资金投入“无差别”、学校师资力量“无差别”。认真执行“三个无差别”，必然从根本上消除义务教育阶段的择校之风、花钱之风，使每一所学校都成为重点学校，最终实现《义务教育法》提出的“使儿童、少年就近入学”。

（邱彭波）

【徐州市十中关工委工作开创新局面】 徐州十中关工委工作做到"三个到位":领导认识到位,把做好关工委工作提升到践行"三个代表"重要思想的高度来认识,列入学校工作的议事日程,制度建设到位,把关工委工作纳入规范化的轨道,指导工作到位,为关工委工作出谋划策,促进关工委工作的顺利开展。关工委、德育处、团委三个工作部门有机结合,融为一体,在青少年思想品德教育中形成 齐抓共管的工作格局。关工委在活动中与职能部门互相配合,参与而不干预,收到很好的工作效果。2004 年,学校被中共徐州市委授予关心下一代工作"先进集体"荣誉称号。

(撰稿:朱有启　审稿:章哈生)

【徐州市十二中党总支获荣誉称号】 中共徐州市第十二中学党总支部,团结带领全体党员和教职工,努力开拓,锐意进取,紧紧围绕学校教育教学这一中心认真开展党建工作,为学校基层党组织的思想建设、组织建设、作风建设殚精竭虑,尽职尽责;党总支发挥基层党组织的作用,参与学校重大问题的决策,支持行政领导正确行使职权,对行政工作努力做到"参与不干预,到位不越位",在改革中发展,在开拓中进取,在挑战中前进,在困难中求新,工作成绩显著,被中共徐州市委授予"先进基层党组织"的荣誉称号。 (孙天舒)

【徐州市十二中重视校本教科研基础建设】 十二中对校本教科研工作的基础建设高度重视,确立"以研带训,以训促研"、"研究与培训相结合"、"科研与教研相结合"的工作思路,以保证逐步形成教科研工作的校本化格局;组建"教科研中心组",下设"科研资料"、"信息采集"、"对外联络"、"内刊编辑"、"多媒体技术"等 5 个教科研工作小组,另设 7 个"学科教科研"小组,构建并初步完善校本教科研工作网络和反馈系统;以教育理论为指导、以校情实际为基础,制定《教科室工作职能(试行)》、《教科室档案管理暂行办法》,以及教科研中心组、5 个工作小组各自的工作职责;启动"多元渠道并行"具有长期、长效的校本培训工作:分析新教材、研究新题型、互动交流、个案分析、教学反馈、结对子、专题讲座、课题研究等,特别对青年教师提出可操作、可检测地夯实基本功、提高教科研意识的六项要求;举行"拜师会",明确指导教师的责任,把结对子工作落实到实处;创办《教科研通讯》,以传播教育新理念,交流教学中的新感受,推广校本教科研工作的新成果。 (石雁雁)

【徐州市十三中庆祝四十年校庆】 2004 年 10 月 2 日,徐州十三中学举办 40 周年校庆庆典仪式。市委书记徐鸣、市人大主任王希龙分别题词祝贺;市人大副主任刘相、副市长段雄、市政协副主席公方泉、市政府副秘书长王怀深、教育局局长宋农村等市、局领导到校热情祝贺;校长赵良厅发表热情洋溢的贺词,校友代表、徐州师范大学校长徐放鸣深情致辞。整个庆典活动回顾学校"踏平坎坷成大道,筚路蓝缕创伟业"的发展历程,展示学校"弘扬民族文化、彰显办学特色"的决策成果,展望新的世纪学校发展的美好前景。嘉宾们观看由 500 人太极拳、200 架古筝、100 把琵琶、120 把京胡和二胡等组成的大型"民族艺术教育成果展"。

(撰稿:施旭辉　审稿:赵良厅　李治国)

【徐州市十三中建成文化长廊】 徐州十三中于 2004 年 8 月建成文化长廊一款,题曰"天下人文",意在渗透素质教育,涵养人文精神。文化长廊长 131.7 米,间有"钟秀"、"蘭雪"二亭。蘭雪亭两侧由赵良厅校长撰联一副,上联为"杏坛聚英才谈经论纬知天下",下联为"学府纳先贤通古博今识人文"。"钟秀亭",取"钟灵毓秀"之意,"钟秀亭"三字为集宋代杰出文学家苏轼的书法,亭前的两副对联分别由该校前任书记许吉东和徐州一中前任校长孙铁峰撰联。亭上悬有铜钟，亭下立有像石，亭侧小桥流水，亭后镌刻着毛泽东的《沁园春·雪》和王勃的《滕王阁序》，气势宏伟，令人遐思。长廊名人雕像共66幅，分徐州名人、中国名人、世界名人三部分，每块雕像都镌刻有独具个性风采的头像，睿智隽永的名言和英语译文，体现该校“双语教学加民族艺术教育”的办学特点。廊前分列春、夏、秋、冬四园，各取春泽杏坛、夏蕴物华、秋品桂香、冬咏华章之意。自然与人文交相辉映，别具特色。（撰稿：施旭辉　审稿：赵良斤　李治国）

**【徐州市王杰中学王杰铜像落成】**　徐州市王杰中学在校园内树立起王杰铜像。铜像上半身写实，下半身写虚，高4米，重9吨，站立在重5吨的巨大花岗岩基座上。4月28日，副市长段雄、教育局局长宋农村、王杰生前所在部队首长等到会为王杰铜像揭幕。郑友君校长向全校师生发出“弘扬英雄精神谱写教育新篇”的倡议。

**【徐州市王杰中学学英雄见成效】**　王杰中学围绕“学习英雄精神从我做起”开展一系列活动，积极培养学生良好的思想品质和学习习惯。涌现出一大批先进集体和个人。厉潇潇等3名学生在2004年奥林匹克英语竞赛中分获省二等奖、市一等奖、市二等奖，明晨同学在2004年奥林匹克化学竞赛中获省二等奖，8名学生分获省、市级荣誉称号，两个班级受教育局表彰，在徐州市中学生现代学习技能大赛中荣获高中组团体二等奖、初中组优秀奖。　（撰稿：杨继荣　审稿：郑友君）

**【徐州市王杰中学校园绿化成特色】**　徐州市王杰中学在普遍绿化的基础上，贯彻乔、灌、草合理配置的原则，新增扇叶葵、海桐、紫薇、石楠、金桂、木瓜、女贞、红端木、银杏、红枫、水杉、广玉兰、黄洋球、日本小檗、钢竹等花木20余种，使校园四季常青，三季有花，绿化面积增至6881平方米，绿化率达到40%。并建园林一座，其中有曲径通幽的鹅卵石小径，有花木湖石，藤萝灌木、翠竹修篁，黄石假山，几座飞檐小亭掩映其中，伴以其间“息焉游焉”的学子，构成一幅美丽的图画。塑胶跑道、篮、排球场四周垂柳拂地，松柏滴翠。

（撰稿：杨　波　审稿：郑友君）

**【徐州市十八中教育教学质量稳步提高】**　徐州市十八中一手抓初中教学，一手抓职业教育。积累了丰富的办学经验，初中教育教学质量逐年提高。2004年，中考再创佳绩，升学总成绩位居直管学校第五，再次受到教育局嘉奖。对口单招录取率也稳步上升，达到95%以上。毕业生就业率达到96%以上，学生的综合素质得到用人单位的广泛称赞。2004年，该校教师在各级各类优质课评比中屡创佳绩。其中，2位教师分别获省评优课二等奖、大市区评优课一等奖，3篇论文获市级一等奖。2004年，学校被授予“徐州市先进集体”的光荣称号。　（任晓玲）

**【徐州市十九中改革学生评估方法】**　2月，十九中对学生的考评制度进行改革，针对学习、守纪、劳动、体育、文艺5个方面实行年度奖励制，分别设立年级十强奖、学习进步奖、文明学生奖、关心集体奖；最佳运动员、最佳校园歌手等单项奖，改变多年来单纯以考试分数论三好学生的惟一标准，让每位学生找回自信。截至12月底，学校有近70人获得单项奖，占全校的41%，学校橱窗里张贴获奖学生的名单、个人照片、理想及座右铭。

（撰稿：李卫红　审稿：徐　明）

**【徐州市二十二中注重养成教育】**　2004年，学校把养成教育作为德育的奠基工程，成立学校德育工作领导小组，坚持每周的学校德育工作例会和每月的班主任、年级组长例会，建立健全学生管理体系，切实把学生的基础文明养成教育落到实处。基础文明教育,坚持以《中学德育大纲》为依据,以“五爱”为核心,以新修订的《中小学生守则》、《中学生日常行为规范》为内容,以“四有”为目标,构建养成教育的基本格局。采取“诵”、“听”、“讲”、“唱”、“练”、“查”、“评”、“奖”等多种措施,利用校会、班会、宣传栏、电视网等阵地,检查督促与教育引导结合,强化训练,注重学生自评自育,引导学生自我反省、自我规范,努力使学生做到知行统一,不断提高养成教育的效果。通过加大养成教育的力度,让《规范》的要求深入学生心中,在明确要求的基础上,让学生从点滴小事做起,逐步养成良好习惯。在对学生强化养成教育过程中,注意发挥教职工的“为人师表”作用,形成校长做教职工的表率,老师做学生表率的良好局面。

(练晓涛)

**【徐州市科技中学科技特色不断凸现】** 2004年,科技中学围绕“优秀加特长”、“合格加特长”的办学目标,继续开展“中德合作促进基础教育项目”,增设无土栽培、航模制作、学具制作、机器人制作等综合实践活动课程,建设金工木工、科技制作、电子电工、机器人制作、陶艺制作、无土栽培等专业教室和探究性学习实验室。5月,该校被评为“徐州市科技特色学校”。9月,科技中学与市科技局、科协、奎山街道办事处共建综合实践活动基地,并设置1名综合实践活动总辅导员,从人力和资金上给予有力的保障。学校依托“学生应用研究院”,设置科普小记者团、无土栽培兴趣小组、电子制作小组、航模队、机器人制作小组等,使学生不断从实践中获得成功体验。在苏州举行的江苏省第四届青少年机器人大赛上,徐州科技中学作为徐州市惟一的参赛代表队,取得一等奖两名、三等奖两名的好成绩;学校辅导学生积极参加 徐州市首届青少年科普系列活动,先后开设“七巧板智力拼图”、“镜子里的奇妙世界”、“用饮料瓶制作科学小实验”、“航模组装及比赛技巧”、“奇思妙想”、“机器人足球比赛”、“撰写科学小论文的实践方法”等讲座,培养学生的科学素养。12月,在市教育局、体育局组织的航模比赛中,20名学生参加无线操纵飞机模型、火箭助推滑翔飞机、电动自由飞、电动船模比赛,共有16位学生获得一、二、三等奖,学校荣获团体一等奖。12月,李凌霞老师的《网络环境下的研究性学习》综合实践活动课荣获全国三等奖、江苏省一等奖。

(撰稿:朱卫华　审核:王保林)

**【徐州市三十一中举办第四届知识节活动】** 三十一中团委、德育处、教务处于2004年以“思想是我们真正的生命”为主题举办为期近两个月的成长新干线暨第四届知识节活动。通过开展校园论坛、才艺展示、综合实践等系列活动,引导学生学会学习、独立思考、主动求知,培养学生的科技创新精神和实践能力,提高他们对科学的兴趣和自主学习的能力,为学生开辟一条自我教育、自我发展的新路。

**【徐州市三十一中推进课改工作】** 三十一中新课改工作从培训先行、领导躬行、教师践行、科研同行等方面展开。坚持组内推进、人人参与的原则,努力变革教学方式,倡导自主、合作、探究的学习方式。使课改理念深入人心,课改研讨如火如荼,校园生活丰富多彩,被市教育局确定为课改试验基地。3月,省教研室董洪亮主任到该校视导课改推进情况,在听课研讨的基础上,评价说:“三十一中课改已进入课改临界点”。4月,全市基础教育课程改革现场会在该校召开,170多位校长到会,其间,教务处作《三十一中课改工作的回顾与反思》的报告,提出新形势下3个方面的错位问题,引起强烈反响,受到市教育局和与会代表的好评。

(撰稿:王　莉　审稿:刘尚锦)

【徐州市西苑中学营造良好创优氛围】 西苑中学打破平均主义、论资排辈的现象，使那些踏实肯干、敬业奉献有突出贡献的新秀和年轻人受到表彰，形成比、学、赶、帮、超、争先创优的良好氛围。在西苑中学，不论是年终评优，还是评优秀班主任，都是靠实绩说话，没有领导意图和情感因素，不让教师在人际关系上分心。学校对整体表现好、成绩优异的小团队同样给予精神鼓励和物质奖励，其中初三年级组在2004年被市总工会评为“巾帼建功示范岗”。

【徐州市西苑中学向质量监控要质量】 西苑中学建立全程、全员、全方位的教学质量监控体系。在全程管理中，相关处室要将教学工作的各个环节全都纳入到质量保证体系当中，并对各个环节进行质量评定、质量分析和质量反馈，然后提出质量改进措施，使每一阶段环环相扣，形成良性循环。在全员管理中，主要是调动全体教师的积极性，全体教师都是教学质量的监控者，通过听课、研讨、教学反思等形式参与质量监控。在全方位管理中，充分尊重学生、家长在学校质量评估中的主人翁地位，通过教学开放周、电话、家长会、问卷调查等形式参与学校质量管理。

（撰稿：李 明 审稿：刘巨达）

【徐州市三十二中获奖多】 2004年，三十二中（铁二中）教职工中获市、局优秀教师称号4人，优秀教育工作者1人，获市、局优质课评比二等奖4人、三等奖1人。有9个教学案例分别获市一等奖2个、二等奖4个、三等奖3个。有3篇论文获全国二等奖，2个教学研究课题分别在市教研室、市教育学会立项。 （撰稿：薛 艳 审稿：彭卫国）

【徐州市三十二中开展创建最安全学校活动】 徐州市三十二中认真贯彻教育局《关于开展创建最安全学校》活动的实施意见，成立“创建工作领导小组”，制定“创建活动具体计划”，安排一系列对师生的道德、法制和治安防范教育，加强校园和周边环境治理工作，每天在关键时间安排人员执勤、检查，确保师生的交通安全、饮食安全、用电安全、实验安全、教学安全，杜绝一切伤害事故的发生，为创建“安全文明学校”奠定良好的基础，为“四城同创”做出贡献。（撰稿：薛 艳 审稿：彭卫国）

【徐州三十三中教研工作务实有效】 徐州市三十三中（铁三中）把培养学生能力作为课堂教学的目标，积极发挥以学生为主体的教学模式，成立由教务处组织、校领导挂帅、各教研组长为主要成员的新课标实施督导组。年内，教务处将工作重点放在对新教材的研究、课堂教学研究、考试研究上，并且要求集体备课要做到二固定（时间、地点），三落实（内容，人员，中心发言人）。全年共开设组内公开课100多节，校内公开课16节，外地学校听课100余节，校级领导听课均在60节以上，主任听课50节以上。教学小论文60余篇。参加徐州市评优课获一等奖2人、二等奖4人、三等奖5人。（撰稿：张红顺 审稿：王建伟）

【徐州市三十三中稳步提高教学质量】 徐州市三十三中广大教师以严谨的校风、务实求效的工作作风、吃苦耐劳的工作精神，全身心地投入教学工作中。学校中层以上领导干部深入教学一线，在完成自身管理工作的同时，承担教学任务，起到带头作用。在以质量求生存、以声誉求发展的理念下，全校职教工团结协作，奋力拼搏，高质量地完成教学任务。在联考、统考中初一年级各科平均分排在徐州市初中部前10名，初二年级排在前15名。年内全校共有74人次学生获奖，其中，初一获奖11人次，初二数学获奖8人次，物理20人次，初三英语获奖6人次、数学6人次、物理12人次、化学11人次。

（撰稿：张红顺 审稿：王建伟）

**【徐州市三十四中教学成绩突出】** 2004年,三十四中(管道二公司中学)教育教学取得突出成绩,全校共有102人次在全国及省市学科竞赛中获奖,其中杨明获全国中学生英语能力竞赛一等奖、李雪雯获全国中学生化学竞赛一等奖;中小学毕业率继续保持100%;中考,该校均分在全市总排名第三,有72名同学被省一类重点高中录取,录取比例达45.6%,张曦文、汪琛、李雪雯3名学生总分超过800分,分别名列全市第8名、32名、65名,进入全市百强。年内,董升、杨宏华老师获中国石油天然气管道局"优秀教师"称号和教书育人大奖;王飞鸣、刘洪老师获中国石油天然气管道局"优秀教育工作者"称号;另有10名教师荣获管道二公司"优秀教师"光荣称号;于兴生老师获徐州市"优秀教育工作者"称号。校团总支荣获"徐州市五四红旗团支部"称号;有多名教师论文在全国及省市级报刊上发表。(撰稿:董 升 审稿:王飞鸣)

**【徐州市三十四中做好学校分离工作】** 学校作为首批移交地方管理的企业办学,在做好常规工作的同时,积极配合上级有关部门做好分离工作。学校从领导到教职工,都以稳定为头等大事,扎扎实实地搞好教学工作,保证分离工作平稳、有序地进行,9月7日,中国石油天然气管道局和徐州市政府签署移交协议,学校于2005年1月1日正式归属地方管理,校名正式更名为徐州市第三十四中学,小学部为徐州市第三十四中学附属小学。

(撰稿:董 升 审稿:王飞鸣)

**【中国矿业大学附属中学特色教育亮点纷呈】**

2004年中国矿业大学附中特色教育亮点纷呈。亮点一:优化组合,分层教育。学校对2004年新生进行优化组合,成立一个40人的实验班,对学生因材施教,教师教学有的放矢,实验班班风正,学风浓,优秀生不断涌现。亮点二:"老外"授课,激发兴趣。学校享用大学教学资源,引进外教教授中学英语,由于外教英语纯正,且与学生进行跨国文化和思想感情交流,使不少学生从好奇到产生兴趣,学校多名受益者获得奥林匹克英语大赛国家级大奖。2004年附中请4名"老外",每周授课十几节。让每一个学生都能享受"外教",激发兴趣,学好外语。亮点三:殊途同归借道走,学好美术可圆大学梦。美术教育是附中作为特色教育颇为自豪的亮点。学校从初一到高三各个年级都有美术班,绘画技能有系统性和科学性。学生作品多次在国家及省市各级美术竞赛中获奖。美术教育给文化成绩较差的学生带来实现梦想的希望。数百名"差生"借美术之路迈进大学门槛。亮点四:夏令营提高素养,艺术节陶冶情操。2004年成功地举办上海科技夏令营,营员们先后参观了科普基地——上海科技馆、野生动物园、东方明珠、金贸大厦、上海浦东气象科普馆和德育教育基地——"东方绿洲夏令营"、上海博物馆、一大会址、宋庆龄纪念馆,并亲身体验高科技产物——磁悬浮列车带来的趣味。该活动受到了学生和家长的一致好评,《徐州日报》对此作专题报道,社会反响较大。

(撰稿:李新华 审稿:薛淑萍)

**【徐州市二十九中开展党员主题教育活动】**

徐州市第二十九中学党支部在全校掀起开展保持党员先进性主题教育活动,以抓党建促发展。首先做好主题活动的实施方案,成立以支部书记为组长的主题教育活动领导小组。加强党建阵地的建设,通过学先进,树典型,弘扬正气,切实发挥党员的先锋模范作用。学校被区文教体局党委评为学习型党组织、先进党支部,被区政府评为教育先进集体。 (张传宏)

**【徐州市二十九中办学目标明确】** 徐州市第二十九中学制定三年发展规划,明确"抓质量、树形象、显特色、建文化"的三年工作重点。按区文教体局的要求,全校师生精神振奋,求真务实,努力向"东部名校"的总目标迈进。2004 年,学校通过徐州市德育先进学校、徐州市中学生行为规范示范校、徐州市学校目标管理督导评估等项目的验收。学校建立自己的网站(www.xu29z.com),为下一步学校的发展奠定坚实的基础。(邱志宏)

**【徐州市三十中坚持教科研兴教、兴校】** 徐州市第三十中学把"凝神聚力上质量,艰苦奋斗求发展,积极创设让人民满意教育",作为学校工作的主题。成立年级教学领导小组,学校所有中层以上干部全部分到年级组,实行教育教学分工包干,同绩同酬;领导班子成员按学科性质抓集体教研,参与集体备课、听课。学校通过学科培训和校本培训,积极加强教师队伍建设,努力提高教师业务水平和师德修养。通过落实教学常规,制定一系列措施,深化教学改革。组织教师系统学习新课标、新教材,提升教学理念,完善教学方法,努力提高课堂教学实效。采取走出去、请进来的方式,请名师、专家到校给教师开设讲座、上示范课。通过开设校内研讨课、评优课、综合实践课、抽检课以及研讨、交流等形式,激励教师不断改进课堂教学方法,提高课堂教学实效。实行目标管理,建立奖励机制。通过奖励机制实行优绩优酬,拉开收入差距。注重科研与教育教学实践的内在联系,真正发挥教科研在深化教育教学改革中的作用,真正让教科研兴教、兴校,增强学校的竞争力。2004 年中考,学校总均分 438 分,比 2003 年提升 11 个位次;优分率 3 年三大步,由 3%到首次突破 10%;合格率 98.19%,与市平均合格率持平。

(撰稿:李艳梅 审稿:姚 灿)

**【徐州市潘塘中学注重落实《中学生日常行为规范》】** 潘塘中学认真贯彻落实国家新颁布实施的《中小学生守则》和《中学生日常行为规范》:成立贯彻该规范领导小组,校长任组长,政教、教务、后勤等部门各司其职;利用校会、班会进行该守则和规范的集中学习,每 2 周进行 1 个专项的宣传落实,每月进行 1 次规范落实情况的集中检查;每 1 个专项落实后都进行评比,并量化积分,每学期进行1 次全面评比,由定量转为定性,评出落实规范突出的标兵个人和标兵班级,进行表彰奖励。该规范的有效落实促使学生良好行为习惯的形成,提高了学生素质。(杨 波)

**【徐州市大韩中学加强集体领导】** 大韩中学领导班子,经常用先进的教育理念和优秀的教育思想鼓舞下属。充分发挥领导集体中每个成员的作用,发扬民主,尊重每个成员的意见,每周召开一次行政会,集中众智后,再形成正确的决策。领导成员分工明确,职责分明。领导成员率先垂范、相互信任、信息沟通、集中控制。2004 年度,学校获原城南区教育教学管理奖、红旗党支部奖,云龙区教育先进单位奖。(撰稿:韩启明 审稿:杨 波)

**【徐州市孙店中学加强校本培训】** 孙店中学强化校本培训措施,坚持内涵发展之路。全校教师根据自身实际确定各自发展目标,并制定较详细的实施规划,按照规划努力进行自我培训;学校对新分配的教师进行 2 周的岗前培训,组织他们学习大纲、教材教法;充分发挥骨干教师优质资源的能动作用,学校为青年教师配置"师傅",并为其签订"师徒合同",师徒相互听课、评课、研讨、交流,学校按合同内容定期进行考核、考证、奖励。抓实集体备课,切实做到集体备课"六统一",收效显著;鼓励教师大胆进行课堂教学改革实践,开设公开示范课、观摩课,积极参加市区组织的新课标优质课评选。年内共有 20 多位教师在市、区优质课和论文评比中获奖,2004 年中考取得较好成绩。

(撰稿:潘 伟 审稿:杨 波)

**【徐州市二十四中数学课堂教学凸显素质教育】** 徐州市二十四中学数学教研组围绕“人人学有价值的数学,人人都能获得必要的数学,不同的人在数学上得到不同的发展”,进行研讨。为了培养学生学习数学兴趣,让学生动手做数学,在课堂中开设数学实验室,鼓励学生从数学的角度去观察现实生活,主动收集处理生活中的数学信息,教师向学生提供充分从事数学活动的机会,让学生成为数学学习的主人。教学中不仅教师制作课件,也提倡学生动手去做,使学生在“做”中学到知识及技能。开展数学兴趣小组活动。很多学生在活动中增加了对数学的兴趣,获得良好成绩。鼓励学生撰写数学小论文,好的论文定期在橱窗中展出,有些同学的优秀小论文在报刊上发表。在课堂教学中,运用多种教学方法、手段,提高学生学习的兴趣,中考成绩连年提升,在省市及全区的数学竞赛中多次获奖。 (荣　伟)

**【徐州市二十六中创建艺体特色办学品牌】** 徐州二十六中切实加强体育课教学和开展群众性体育活动,使学生掌握基本的运动技能,养成坚持锻炼的良好习惯。2003 年,经市体育局批准,学校组建徐州市青少年棒、垒球队,2004 年 8 月参加江苏省青少年棒、垒球比赛,男队夺得第二名,女队荣获第三名。年内,学校又经国家体育总局和省体育局批准成立徐州市汉风青少年体育俱乐部。学校对艺术课教学十分重视,开设美术欣赏课,提高了学生的欣赏品味。学校成立艺体工作领导小组。制订《学校艺体工作三年规划》和《学校群体竞赛工作计划》,按照上级要求,结合本校实际,落实“两课、两操、一活动”。艺体教师认真按照新课程标准,上好每一节艺体课。学校安排艺体教师外出培训,参加市、区级优质课评选活动,学校多方面筹集资金,用于购买艺体器材,保证艺体教学训练的需要。由于领导重视,措施得力,学校艺体工作取得可喜的成绩,先后被评为徐州市“体育传统项目学校”,徐州市“冬季三项活动先进集体”,徐州市“体育达标先进集体”。校艺体教师有 2 人荣获江苏省优秀教练员和先进工作者称号,5 人荣获徐州市学校体育卫生工作先进个人称号,1 人荣获徐州市体育器材管理工作先进个人称号,13 人次获市级艺体教学、教案、论文评比优秀奖。校运动队多次夺得市区中小学田径运动会团体总分第一、二名的好成绩。共有 26 名艺体特长生被武汉体院、南京艺术学院、中国矿大、南京工业大学、徐州师范大学、苏州大学等院校录取。

(撰稿:李少东　审稿:权运太)

**【徐州市苏山中学关注未成年人健康成长】** 苏山中学全面贯彻《中共中央、国务院关于进一步加强和改进未成年人思想道德建设的若干意见》,通过扎实有效的工作,全力促进未成年人的健康成长。利用“清明节”、“八一”、“九·一八”等纪念日,请老红军、老革命到校做报告,对学生进行革命传统教育。开展系列主题活动进行理想信念和爱国主义教育,“七一”举行“我为党旗添光彩”的演讲比赛;针对台海局势,举办“归来吧,游子”的诗歌朗诵会。举办“民族精神代代传”的演讲比赛,利用“五一”、“十一”、“一二·九运动”,开展主题校会、班会等,组织开展传统美德和革命传统的经典格言、诗词朗诵活动,组织学生观看反映民族精神的影视片等。通过学生团校和青年党校,对学生进行历史教育、革命教育和国情教育。组织学生参加力所能及的志愿活动,培养他们的社会公德意识和互助友爱的品质。邀请法律界人士作法制报告。组织青少年参观少年管教所、看守所,以生动的反面教材教育广大的未成年人。联合法院、检察院等单位,创建“青少年维权岗”。建立社会实践基地,开展社会实践营活动,办好家长学校。多种措施,立体关爱,有力地促进未成年人的健康成长。 (撰稿:晁代华　审稿:张广智)

【徐州市杨屯中学实施“科研兴校计划”】　杨屯中学坚持“科研兴校,质量立校”发展方略,实现学生、教师、学校的和谐发展。校长担任“科研兴校”计划实施小组组长,走出一条“师生互动,和谐成长”的学校科学发展之路,学校制定实施《科研兴校实施计划》、《教育科研成果奖励办法》、《师生和谐发展纲要》、《师生自律德育办法》、《师生成长记录袋》等措施,开展“青蓝工程”拜师活动,“我们共同成长”一帮一助学活动,“献出一分爱心,成就阳光未来”济困助学活动,“读书与发展”知识沙龙,“我的经典阅读”、“我与新课程的对话”征文等一系列促进学校科学发展的活动,形成浓厚的教育科研氛围,产生巨大的教育效益:2004年度荣获徐州市绿色学校、九里区文明单位等荣誉称号;2004年,中考取得报考徐州市一中、三中,上线率,平均分,提高幅度等4项全区第一的好成绩。

(撰稿:罗传斌　审稿:黄维桢)

【徐州市九里中学成功创建省绿色学校】　2004年,九里中学成立“江苏省绿色学校”创建工作领导小组,工作小组为学校创建的决策层和组织者,负责包括开发校内外环境、人口、可持续发展资源、制定项目方案和项目管理制度、开展工作等。努力营造绿色学校环境,成功创建成江苏省绿色学校,构建适合学生主体发展的实践空间,探索具有校本特色的新型育人模式。

(撰稿:李　华　王玉琪　审稿:张凤君)

【利国矿校开展党员“三包”活动】　利国矿校党支部在党员中开展“三包”活动。一包十六届四中全会精神进课堂。每个党员承包一个班级的政治学习辅导任务,并指导学生写出心得体会。二包特困生的帮扶。对特困生,组织党员开展对口帮扶活动,奉献一份爱心。党支部将党员捐款购买的学习用品及时发送到每一位特困生手中,学校对他们免收学杂费。三包学习困难生的转化。学校18位党员每人负责5名学习困难生的转化工作,召开座谈会,帮助他们明确学习目的,指导学习方法,鼓励他们树立克服困难的勇气和信心。

(撰稿:丁修武　审稿:董龙涛)

【徐州市城东中学教学探新路】　城东中学积极探索教学的新路子,坚持“以人为本”的原则,注重人文化管理,为学生营造宽松、愉悦的成长环境。在初中采取“以班级分层教学、实行动态管理为依托,以课堂分层教学、分类指导为重点”的教学模式,严格操作“班级分层教学、动态管理、抽签任课”的程序,规范管理,做到定时、定量、公开、透明、公正、合理。坚持集体备课、定期教研、定期教学分析会等制度,充分激发师生的工作、学习内驱力,体现出分层教学的效应,最大程度张扬学生个性特长。2004年200名学生参加中考,有3人成绩在800分以上(全市16万学生中仅有130人),有50名学生被第一批省重点中学录取。　(撰稿:曹卫国　审稿:张绪明)

【徐州市二十五中开展课改教学研讨】　二十五中成立以校领导为组长、各教研组长为成员的课改中心组,制定实施方案,组织教师学习《综合实践活动设计实施》、《教师专业化发展》等理论,促进教师转变传统教学观念,深入学习新课程改革实施纲要和新课标,积极开展课堂教学研讨。学校投资万余元抓教师培训,14人分别参加省、市级培训,共推出24位骨干教师在校、区级开设研讨课,有17位老师的论文发表、获奖。教学研讨促进教学质量的稳步提高,2004年中考一类重点中学上线26人、占12.8%,一中、三中上线4人、占2%,总平均分、低分率全市排名分别上升9位。

(吴绍林)

【徐州市金山桥中学乡土美术教学出成果】　2004年5月18日,金山桥中学成立校本课程《徐州汉代陶塑动物》编委会,市教研室美术教研员李亚伯老师带课题组成员到校听课并进行座谈。该校《徐州汉画像石》的录像课,由省教研室、省美术电子音像出版社拍摄制作,作为省编美术教材的电子教参资料。《徐州汉代陶塑动物》也编辑出版,市教科所在《徐州教科研》上刊发本书的封面,该书还在江苏省教育学会美术专业委员会2004年年会上进行交流。(王学东)

**【贾汪区建平中学彰显心理健康教育特色】** 贾汪区建平中学根据素质教育的要求和高中生的生理、心理特点,把"学会思考、学会探索、学会审美、学会选择"确定为开展心理健康教育的基本目标,安排专任教师在高一、高二年级每周开设一节心理健康教育课,引导学生探索自己的内心世界,了解自身成长的客观规律,为学生顺利适应社会奠定心理基础;在高三年级采取个别或集体心理辅导等方式,对学生心理障碍进行疏导;开办家长学校,定期举办"学生心理健康教育"专题讲座,让家长们明确心理健康在青少年成长中的重要意义,了解相关知识,为学生创造在社会、家庭中自我教育、自我实践、提高心理素质的良好外部环境,进一步促进学校同家庭教育的有机结合。(撰稿:仝　永　审稿:张士文)

**【全国中学生英语夏令营在贾汪区英才中学举办】** 由全国教育科学"十五"规划总课题组主办的第二届全国中学生英语夏令营,于2004年8月1日至9日在贾汪区英才中学成功举办。来自中央教科所、省教育学会的领导、专家、教授、学者和北京外国语学院、上海外国语学院、南京大学、东南大学等10余所高校的40名研究生、6名外籍教师,及全国教育科学"十五"规划课题实验学校的骨干教师和近900名全国各地的营员们参加此项活动。中央教科所孟万金博士、北京外国语学院官群教授等给与会的英语教师作新课程改革方面的讲座、报告。活动以高效、实用、培养学习兴趣及良好的学习习惯为切入口,以先进的教育理念和知名教授、专家、学者互动教学为主线,引领英语教学新一轮课程改革。(撰稿:周生雷　审稿:王玉彬)

**【贾汪区英才中学创建省英雄中队】** 周丽平同志生前是驻贾汪区某部军人,在抗洪抢险中英勇献身,受到中央军委的表彰。2004年4月,在南京举行的江苏省英雄中队命名仪式上,英才中学二(3)中队被江苏省委宣传部、共青团江苏省委、江苏省少工委命名为"周丽平中队"。

(撰稿:周生雷　审稿:王玉彬)

**【贾汪区大吴中学走现代教育技术与教学整合之路】** 贾汪区大吴中学紧扣时代脉搏,以创建省现代教育技术实验学校为目标,不断探索技术更先进、理念更超前的全新的现代教育技术与学科整合之路,取得显著成效。学校开展的各类培训工作,内容覆盖电脑初中高级、网络应用(初级应用及高档网络管理等应用)、投影仪展台设备应用、笔记本电脑操作、WIN XP系统操作、专题讲座等等。年内,全校143名教师全部接受一次以上的培训,教师接受培训达100%,经过培训获得计算机等级证书的教师占97%,基本达到人人都能在本职岗位上熟练使用电脑、校园网、电教设备等现代教育装备,不少老师具有相当的科研、开发能力,在教学管理的各个环节中得到广泛应用,为打造学校现代教育技术新品牌奠定基础。

(撰稿:张文东　审稿:王广启)

**【丰县创新中学焕发青春】** 丰县创新中学新校区坐落于丰县人民路西首,占地8.7公顷,建筑面积42000平方米,总投资4000余万元。教育、教学、生活以及实验、电教、图书阅览、健体、科艺等设施设备一应俱全。2004

年9月1日交付使用。学校把“以人为本，人文关怀”作为办学思想，坚持以“高尚理想、高尚人格、高尚生活”为追求目标，确立“树现代意识，抓科学管理，创一流质量，办特色学校”的办学理念和“文明、进取、勤奋、创新”的校风，形成“重基础潜能、重个性特长、重创新发展”的素质教育特色。几年来学生参加学科竞赛，获全国奖72人次，省级奖153人次。学生史先飞在第十届全国中小学生金钥匙科技竞赛中获特等奖；王楠在江苏省第三届“中学生与社会”作文大赛中获一等奖。

（范　鹏）

**【沛县二中注重师资队伍建设】** 沛县二中充分挖掘开发利用现有教师资源，确定30位名师培养对象，发挥老教师“传帮带”作用，形成培养骨干教师和名教师的良好氛围。在培养青年教师的过程中，提出“一年站稳讲台，五年成为骨干，十年成为名师”的成才目标。积极鼓励教师进修培训。为教师外出进修培训广开绿灯，时间上给予方便，经济上提供补助。10多位教师通过函授提高学历。2004年4人在职读研，2人被录取为研究生。并采用请进来、走出去的方式让教师接受专题培训。提倡团结合作精神。学校既强调教师个体优化，更注重教研组的整体优化。教师们在集体备课时集思广益、相得益彰、同步提高。“一人明白，大家明白；一人拥有，大家拥有”已成为每个教师的自觉行动。教师队伍团结稳定，无一人流失，学科人才济济，师资建设进入良性发展的轨道。

（郑　波　宁道真）

**【沛县二中实施人文关怀】** 沛县二中关心教师生活，让教师有归属感。学校对老年教师的住房、子女就业、医疗保健关怀备至，提供帮助；中年教师的成就动机强，求知欲旺盛，有创造热情和改革精神，学校就创造条件，大胆使用，让他们有一个舒适的工作生活环境，并关注其子女就学问题；对青年教师的工作多加支持，给予肯定成绩的同时，对他们的婚姻恋爱和购房等问题多加关心。学校统一为教师办养老、医疗等保险，教职工有困难，学校积极寻求解决办法，让教师充分感受到集体的温暖。学校得知骨干教师中有15人的家属待岗在家，创办小型印刷厂，安排她们就业。班主任因工作需要不能回家吃饭，学校给每个班主任办理饭卡，在食堂就餐，保证他们集中精力做好各项工作。

（郑　波　宁道真）

**【沛县张寨中学加快校园环境建设】** 2004年，沛县张寨中学筹措资金2000余万元，兴建综合楼、教学楼、学生宿舍楼、多功能餐厅、花园绿地以及校内外水泥主干道，使办学条件进一步完善。由两万盆拼成精美图案的紫叶橄榄映衬的学校综合楼，主要包括微机室、语音室、图书室、阅览室、多媒体阶梯教室、演播室、实验室、档案室、校史馆、医务室等。阶梯教室安装液晶投影设备，可以召开会议、演示公开课、文艺演出、放映影片等。高标准的实验室，具备2人一组的分组实验条件，物理、化学、生物等各类实验器材齐全，所有分组实验均能按时开出，为培养学生动手动脑和创造能力提供了条件。建筑面积达7800平方米的教学楼2幢，每个教室内“三机一幕”齐全，全部开通闭路电视系统，并与学校演播室、主控室相连。学生宿舍楼建筑面积3252平方米，室内装点优雅，文化氛围浓厚，充分显示学生的自强、自理与自立的能力。建筑总面积1600平方米的多功能餐厅宽敞明亮，能容纳1280名学生同时就餐，并可以举行大型会议、文艺演出。高标准的田径场配齐各类体育器材，丰富学生的体育生活。花园绿地，假山喷泉，长廊亭台，相映成趣。优美的校园环境陶冶学生的情操，为学生的发展与完善提供良好的基础。学校先后获“江苏省业余体育训练先进集体”、“江苏省招飞先进单位"、"徐州市德育工作先进单位"、"徐州市文明单位"、"徐州模范中学"、"省一级图书馆"、"省合格实验室"、"徐州市百佳校园"等荣誉称号。 (封立新)

**【沛县体育中学新校落成启用】** 沛县体育中学新校区占地5.33公顷,建筑面积近20000平方米,由同济大学著名的建筑专家设计。校内建有宽敞的训练馆、明亮的教学楼、舒适的宿舍楼、400米标准操场,高标准的灯光球场。电脑室、语音室、科技活动室、绘画室、舞蹈房、钢琴室、阅览室、棋弈室等设施一应俱全。校园设计独特,布局合理,长廊斜卧,环境优美,各种名贵花木点缀其中,有和谐、健康、积极向上的氛围和很高的文化品位。

(撰稿:单衍果 审稿:赵米青)

**【沛县体育中学体育教学出成果】** 2004年沛县体育中学实行科学化、制度化管理,形成"比、学、赶、帮、超"的氛围。教学成绩斐然、捷报频传:学生赵玉超、韩小亮、王振在全国技巧锦标赛上荣获三金一银;在徐州市第十八届运动会上分获中小学生部武术(套路)B组比赛第一名、中小学生足球比赛(县区)女子组第一名、中小学生部武术(套路)比赛体育道德风尚奖、中小学生部举重团体总分第三名、中小学生部武术(散手)比赛团体第五名的好成绩。(撰稿:单衍果 审稿:赵米青)

**【沛县初级中学全面推进素质教育】** 为全面推进素质教育,沛县初中抓好养成教育:以《中学生日常行为规范》的条文约束学生的言行,要求"每一言都是文明的我,每一行都是规范的我",把规范内化为学生的自觉行为,培养良好素质,形成良好班风。抓好集体备课:要求备课组针对教材,反复讨论、反复修改,资源共享,形成最完善的教案走上课堂。抓好课堂教学:课堂是素质教育的主阵地。充分发挥学生的主体作用,既重视教师的主导地位,又和学生在同一起点上学习、探讨,最大限度地发挥每堂课的效益。抓好教科研活动:积极承担省市科研课题,2004年在实验中的课题有11项。公开课进一步制度化、规范化、教学化。抓好学生减负:规定课外作业时间,语、数、外总共不超过1.5个小时,其他各科不留课外作业。抓好第二课堂:课外活动内容丰富多彩,学科类、社会活动类、运动类、艺术类,全面满足学生兴趣。活动形式多种多样,集体、个人、校内、校外,充分发挥学生特长。学校有自己的艺术节,学生全面参与,显示才华。抓好差生转化:老师以一颗慈母之心去呵护、关心他们。耐心启发,个别辅导,及时发现他们在文娱、体育方面的特长,给予鼓励。抓好常规教学管理:校领导深入教学第一线,查备课、查课堂、查作业、查辅导,通过考试、学生评教、家长评教等方法科学评估教师教学成绩。2004年,学生毕业率、合格率都达到100%。学校被评为省教育先进集体、省德育工作先进单位、徐州市文明单位、县先进集体。 (邱兆民)

**【沛县郝寨中学打造乡镇名牌学校】** 沛县郝寨中学占地近4公顷,学校总建筑面积10853平方米,绿化面积17990平方米,绿化覆盖率达45%。拥有62个教学班,在校学生3600余人。是全县规格最大的镇级中学。学校师资力量、教学水平、教学设施均达到省规定的标准。学校加强硬件基础设施建设,形成良好的校风、教风、学风,是江苏省现代化示范初中。学校采取"向政府争取一点,集体集资一点,社会捐助一点"的方法,2004年,拆除危房1600余平方米,新建教学楼3栋。征求社会资金,新建电脑室3间。高标准、高起点建设1座校内公园,新建化学实验室,添置图书2万余册,新建多功能教室1间,各班级配备闭路电视,为学生提供了良好的学习环境。"引导自学、启发探究、民主互动、和谐完成"的课堂教学模式,已在全校得到完善。学生及格率均在80%以上，在初中英语、数学、物理奥林匹克竞赛中，该校学生获国家级奖15人次，省级奖56人次，县级奖44人次。第三届省长杯足球赛第二名、徐州市中学生足球比赛第一名。学校先后获得江苏省现代化示范初中、徐州市合格初中、徐州市德育工作先进学校、徐州市传统项目学校、徐州市花园式学校、徐州市园林式学校、沛县教育工作先进集体、沛县优秀学校等荣誉称号。（撰稿：李鸿卫　审稿：韩大雨）

**【铜山县郑集镇中心中学艺体教育绩效显著】** 铜山县郑集镇中心中学狠抓体育、美术教育，绩效显著。学校田径队荣获徐州市中小学生田径运动会团体总分第三名、徐州市体育传统项目学校比赛男子组第二名、女子组第三名，县中小学生田径运动会团体总分第一名。学校排球队荣获铜山县春、秋季中小学生排球赛女子组第三名。学生广播操荣获铜山县中小学生广播操比赛一等奖。美术书法作品获奖不断，杜青、朱迪等5人在铜山县中小学生素描比赛中分别获得一、二等奖。学生作品《荷》、《红桃子》、《青花瓷》、《色彩交响曲》在《初中生世界》刊登。该校体育教师有6篇论文在市、县论文评比中获一、二等奖；陈啸老师的美术作品《花》在省级刊物《师范教育》上刊登；论文《在临摹中提高审美意识》在《少儿书画》上发表；书法作品《唐诗一首》收入《江苏省中小学教师作品选集》，并获徐州市首届中小学教师作品展奖，徐州市优质课比赛一等奖。

（撰稿：秦登陵　审稿：王永丰）

**【铜山县大彭镇中心中学为布局调整做好准备】** 大彭镇中心中学在上级主管部门和镇党委政府的支持下，为布局调整做好准备。加强基础设施建设，提高技术装备水平。全年新建学生宿舍1750平方米，食堂1730平方米，水冲厕所近300平方米；铺设地缆400余米，更新课桌900套，增建微机室1间，装备图书2000余册。总投资约231万元。综合楼、标准田径场的建设也已做好前期的准备工作。精简干部队伍。按照保持稳定、按需缩减的原则，使校干数逐步精简到合理配备标准。教育教学工作统一管理。在分校区实行责任管理的基础上，制定统一的考核标准和考核办法。明确目标，增强责任心和竞争力，促进教育教学质量的整体提高。

（撰稿：王永强　审稿：刘宏亚）

**【铜山县铜山镇中学形成“一主两翼、全面发展”的办学特色】** 铜山镇中心中学2004年逐步形成“一主两翼，全面发展”的办学特色。“一主”是指以学生科学文化知识的学习为主体；“两翼”，一“翼”为体育活动，一“翼”为特长培养。具体表现在如下几个方面：科学灵活的教学夯实知识基础。在“改”字上狠下工夫，改教学方法，改学习方式，改师生的地位；让课堂变成学生求知的讲堂，创造的园地，生活的乐园。课堂教学形成“实、活、新”的特色。丰富多彩的活动打造健康生活。学校通过开展丰富多彩的体育活动放松学生的身心，为学生高效率地学习积蓄物质能量。举行排球、篮球、跳绳、越野跑等项目的比赛，以激发学生竞争的意识和团队精神。其中排球运动已成为铜山镇中心中学一项特色运动项目。校排球队曾代表徐州市、铜山县多次赴省参加比赛，并获得三、四名的好成绩。因材施教的校本课程培养个性特长。根据学生的兴趣爱好和学校所具备的课程资源，开设旨在发掘潜力、培养个性的校本课程，这些校本课程有10余个主题，学生随意选修，成绩合格以学分记入成绩档案。校本课程的开设为学生提供展示才能的舞台，学生从中获得求知与成功的满足感。

（撰稿：经志芹　审稿：孙景启）

**【铜山县茅村镇中心中学重新崛起】** 2004

年,茅村中心中学认真总结学校“滑坡”教训,认识到教育教学工作是学校工作的重中之重。学校领导采取多种措施,从自身抓起;建立健全各项规章制度,制定切实可行的岗位责任制;强化德育工作,养成良好的校风、学风;落实“六有”工程,在全体校干和教师的努力下,经过一年的艰苦奋斗,取得可喜的成绩。学校在2004年中考中,升入国家级示范高中的有47人,比2003年多32人;省级重点中学170人,比2003年多80余人。学校先后获得 第八届读书活动市级“优秀组织奖”,县级“新课改先进单位”称号,校工会获县级“论文优秀组织奖”,团总支获县级“青年文明号”称号和“优秀团总支”称号,县“双操”比赛,广播操比赛获得二等奖,眼保健操比赛获得一等奖。教师中,1人获全国优秀辅导奖,5人获省级优秀辅导奖,3人分别获省级优秀论文一、二、三等奖;1人获市级“先进教育工作者”称号,1人获市级“先进班主任”称号,1人获市级“优秀辅导员”称号,2人分别获市级优秀论文一、二等奖;荣获县级各种先进、优秀辅导奖多达53人次。学生在各学科竞赛或征文大赛中:获国家级优秀奖3人;获省级一等奖3人、二等奖5人、三等奖5人。1人获全国第八届读写大赛省级500强。获市级“先进班集体”1个、市级“三好学生”1人,市级各种奖项共26项;获得县级“三好学生”、“优秀团员”、“优秀学生干部”以及学科竞赛奖项的130多人次。校园建设和内部设施得到改善。添置微机28台,各处室都配置电脑。建成学生宿舍楼1栋,已经启用;3300多平方米的教工宿舍楼,已经动工;1栋20间教室的教学大楼正在筹建中;正在扩建一个标准化操场。(撰稿:李洪润　审稿:张建举)

**【实验教学是铜山县大庙中心中学的亮点】** 实验教学是铜山县大庙镇中心中学的亮点。学校研制的两种化学教学仪器,在第五届全国自制教具评选中获二等奖,教育部下文表彰,中央电视台作过报道。理化生5项自制教具在江苏省教育系统自制实验仪器评选中均获大奖,并载入江苏省教育厅主编的《创新与成功》一书,在全省推广。全校立实验教学课题4项,其中“初中化学教学资源的开发、研究”在2004年被滚动为省级课题。实验室被评为市级优秀实验室,并为省、市、县级教育主管部门提供观摩现场10次,接待参观学习者近千人。该校的教学理念是:对所教内容凡能让学生做会、看会的决不采用讲会。领导强调:老师再忙,也不能拖欠学生一个实验;学校再穷,也不能缺少一件实验用品。2004年教学仪器维修费就花去2万余元。每学期举办一次实验操作考核,成绩记入学生总分。每学年与县教育局联办一次创新实验竞赛,为全县理科教师互动交流、展示教学技能搭起平台。学校新型教学仪器,自制教具越积越多,实验技能、管理经验越积越精,为实施新课标,攻破教学重点、难点储备丰富的教学资源。精心设计的实验探究课能用实物营造需求、启迪思维,使课堂不断激起意想不到的火花。有2名教师参加过省级示范探究课,4名教师获市级优质课一等奖。该校的教学质量在全县评估中荣获一等奖。

(撰稿:李为才　审稿:王建东)

**【铜山县柳新中心中学课程改革见成效】** 铜山县柳新中心中学被誉为苏北初中教育一颗璀璨的明珠。该校为省首批课改实验基地重点校,在课改实验中,该校求本务实,选派各科骨干教师进行省级培训,成立课改领导小组和各科课改实验小组,在全校营造了课改气氛。利用家长学校向家长宣传课改,并编写课改校本教材,成功举办县、市课改现场会,通过了省课改专家组的评估验收。课改推动教学质量的提高和教师素质的全面提升。在评优课中,近20人获县、市一、二等奖。邻近县、市兄弟学校以及安徽、河南、陕西、甘肃等省学校慕名前来参观学习。该校还以课改为突破口，加大科研兴教的力度，有国家级子课题3项、省级课题3项，市、县、校级课题达30余项，基本上做到人人有课题，人人参加科研，解决学校存在的实际问题，提高老师的教育水平，成为苏北初中惟一的联合国环境、人口与可持续发展(EPD)实验校，编写的校本教材《环境、人口与可持续发展》受到好评，并两次获得中央教科所德育中心授予的“整体构造学校德育体系”的先进实验学校，周伟校长被评为全国德育科研先进个人，每学年教师发表及获奖论文达百篇以上。

（撰搞：韩启银　审稿：周　伟）

**【铜山县单集中心中学抓广播操训练促规范养成】** 2004年初，单集镇中心中学研究确立了从抓广播操入手促规范养成的德育目标。通过学生服装的统一，进场、入场的精心设计，速度的控制，步伐的调整，整体队形、队列的灵活变换，每个动作的反复推敲、矫正，最终在全县广播操比赛中以一等奖第一名的成绩名列榜首。全体同学领悟到纪律意识、集体意识和协作意识在现实中的重要作用。经过3个多月对新《中学生日常行为规范》、《中学生守则》的不断内化，对每一个细节的关注，对每一个闪光行为的赏识，使学生养成听到铃声就跑步进班的好习惯。学校好人好事蔚然成风，为教育教学质量的提高，提供坚实的基础。（撰稿：孟昭亚　审稿：张兆行）

**【铜山县房村中学设立教育督导部】** 房村中学在教学常规管理上大胆改革，试行“五部一室”负责制，在全县学校中第一个设立教育督导部，由分管校长负责各部，签订责任状，实行质量包干，奖惩与实绩挂钩。健全并实施科学的教学常规管理制度和评价体系，注重过程管理和成果激励。素质教育成果丰硕，先后荣获“省读书活动组织奖”、“省金钥匙竞赛组织奖”、“县排球赛”初中男子组第一名、“县广播操”比赛第一名等荣誉称号。教师有122篇论文发表或获奖，体现地方特色的校本课程《新编三字经》深受师生欢迎，高中部的艺体教学别具特色，成绩突出。

（撰稿：唐　健　审稿：王　东）

**【铜山县铜山中学突出特色教育】** 铜山中学坚持从实际出发，全面推进素质教育，形成自己的办学特色——艺体教育。对在音乐、体育、美术、播音方面有兴趣、有专长的学生单独编班，由水平高、能力强、具有管理经验的老师担任班主任，实施分层教学，因材施教。调整、充实音、体、美教育教学师资力量。为音、体、美、播教师提供充分的发展空间和优厚的保障条件，积极挖掘潜力。筹资20万元增加画室6个，练声房、琴房5个，练功房2个。又投入20余万元添置、装备体育器材室、音乐器材室、美术室。实施责任分解制，组建军乐队、腰鼓队、古筝队、合唱队、舞蹈队、男女排球队、男女篮球队、体操队、田径队、绘画组、摄影组、美术装潢设计组、播音组。全校共有800多人参加音、体、美、播的训练。特色教育取得卓著的成绩，先后向高等院校输送一大批合格加特长的新生。2004年高考美术生上线260余人，音乐生上线50余人，播音生上线40余人，体育生上线20余人。（撰稿：耿广建　审稿：杜文新）

**【睢宁县李集二中学生王龙参加中央电视台演出】** 李集二中学生王龙对汉字笔画颇有专长，不仅能准确迅速地报出单个汉字的笔画，还能一口说出一句话中所有汉字的总笔画。2月8日，《扬子晚报》对王龙同学的这一特长作报道。应中央电视台新闻频道《小崔说事》栏目组邀请，6月5日，王龙参加《小崔说事》栏目的表演。年底，江苏卫视专门对王龙同学的特长给予报道。

（撰稿：项元彬　审稿：刘一胜）

**【睢宁县李集二中学生任成远获全国冠军】**

5月,全国山地自行车锦标赛赛场传来佳音,李集二中输送的学生任成远获全国冠军,其启蒙教练——李集二中体育老师朱江受到市教育局、市体育局表彰,被评为“徐州市输送竞技体育人才先进个人”。

(撰稿:项元彬　审稿:刘一胜)

**【睢宁县浦棠中学环境育人成效显著】** 浦棠中学因地制宜,走出一条环境育人特色办学之路。学校先后投入近50万元资金,建立“中华魂”影壁、“爱我中华”旗坛、跨度28米乳白色独拱“育人桥”、“奔”石、“托起明天”雕塑、“怡园”,逐步形成集书园、乐园、趣园于一体的花园式学校。全校师生精神面貌焕然一新,教学质量稳步提高,学校声誉逐年提升。2004年度应届毕业生500人,重点中学上线62人,中师、职中入学率达100%;2004年全县中小学田径运动会该校荣获第三名;教师教学论文《语文是一门科学》在北京《当代教育》发表,并获一等奖。年内学校规模已发展至30个教学班,师生员工近3000人。2004年度被徐州市教育局授予“花园式学校”称号,并通过市“绿色学校”验收。

(撰稿:郭永涤　审稿:刘　明)

**【睢宁县双沟中学“青蓝工程”见实效】** 双沟中学领导着眼实际,大力推进“青蓝工程”,刻苦磨炼青年教师,收到显著成效。(1)培养、锻炼处理教材基本功。在全校着力推行“集体备课”制度,老、中、青优势互补,选择能达到教学目的、促进学生智能发展的教学方法,设计上课方案,创设恰当的教学情境及反馈机制,促使学生积极主动地学习,提高青年教师处理教材的能力。(2)夯实、提升专业基本功。学校利用市教育局组织的2004届高三毕业生第二次“质量检测”的机会,组织全校青年教师一同参与考试,考场专列,试卷密封后送往县教研室批改,试卷、分数存入个人业务档案。(3)开展教学大练兵,提高教学基本功。2004年,双沟中学根据县教育局在全县教师队伍中开展“教师成长工程——课堂教学达标评估”的要求,与双沟第二中学、官路中学、观音实验学校开展“课堂教学达标评估”活动,对全体教师进行“课堂教学达标评估”。四校教师相互学习,相互借鉴,取长补短、集思广益,使青年教师课堂教学的基本功提升到一个新的层面。(4)培养教育科研能力。成立教科研机构,学科教研组分别接纳县级有关研究课题,并派出青年骨干教师去无锡等地进行为期半年的锻炼学习。通过锻炼培养,双沟中学百分之九十的青年教师已成为该校教学工作的主力军。

(撰稿:胥存龙　审稿:武　辉)

**【睢宁县邱集二中狠抓“三风”建设】** 睢宁县邱集第二中学依照“三个五认真”要求,制定《邱集二中师生一日生活常规》,规范师生行为,狠抓三风建设,学校展现出校风正、教风严、学风浓的良好局面,成为一所让各级领导称心、各位家长放心、每位学生舒心的书香型校园。(撰稿人:高方琦　审稿人:薛成军)

**【睢宁县王集中学通过“省二星级学校”验收】** 睢宁县王集中学经过3年的艰苦创建,于2004年3月挂上“省二星级学校”牌匾。

(撰稿:吕玉龙　审稿:张　凯)

**【睢宁县王集中学重新打造“两服务”思想】** 睢宁县王集中学以“一切为了学生,为了学生的一切”为目标,重新打造学校的“两服务”思想,加大学校管理改革力度。主要表现为:加大科室管理力度,要求科室人员要专业化,管理要制度化,操作要规范化,一切必须科学化。对后勤,以食堂承包为突破口,采取“个体承包,总体服从,宏观调控,协调发展,盈利封顶,亏损不保”的改革策略,努力探索“教育是根本,挖潜是目的,企业运营为手段”的后勤社会化之路,对教师,要求树立“学生为主体，教师为主导”的教学思想，逐步培养“学生是教育的消费者，我是教育的服务者”的职业观念，切实落实“教书育人，为人一生”的工作意识。（撰稿：吕玉龙　审稿：张　凯）

【睢宁县古邳中学学生在全国竞赛中获奖】2004年9月，在全国中学生物理竞赛中，古邳中学高三(1)班学生徐作林获国家级三等奖，宋振全、吴凯获优秀指导教师奖。

（撰稿：周保书　审稿：朱振宾）

【睢宁县沙集二中素质教育效果好】 沙集二中抓好素质教育，利用节日开展丰富多彩活动。5月组织汇文比赛，对学生进行革命传统教育。国庆期间，利用板报、画廊，写散文、诗歌、画画、书法，讴歌党的丰功伟绩，赞美祖国锦绣河山；迎新年、庆元旦期间，组织硬笔书法比赛，学生人人参与，增强学生写好字的自觉性；组织文娱汇演，各班学生利用课外活动，在老师指导下，自导自演歌舞、相声、小品、课本剧等。这些活动不仅培养学生高尚的道德情操，还丰富了新课改的内容，提高素质教育的效果。

（撰稿人：徐　辉　审稿人：朱友荣）

【睢宁县城北中学开展“说好十句话”系列教育活动】 城北中学以人为本，以德育人。班主任在认真研究每个学生的基础上，坚持做到为痛苦的学生说句安慰话；为孤独的学生说句温暖话；为胆怯的学生说句壮胆话；为自卑的学生说句自信话；为迷惘的学生说句开导话；为沮丧的学生说句鼓励话；为受困的学生说句热心话；为偏激的学生说句冷静话；为懒惰的学生说句鞭策话；为受冷遇的学生说句公道话。教育学生安静地学习，平静地对待所发生的问题；纯净自己的心灵，干净地做人；尊重知识和自己、尊敬他人和社会；乐于竞争，善于奋力争先；做事善始善终，从而达到“有志者事竟成”的境界。（王　磊）

【睢宁县魏集二中教育教学出成绩】 魏集第二中学4月被徐州团市委授予“‘五四红旗’团支部”荣誉称号；2月被魏集镇党委、政府联合表彰为三个文明建设先进集体；在全县开展“树师表形象、创文明行风”专题活动中，成绩突出，被县教育局、教育工会联合表彰为“先进单位”；4月，全县初中全面综合评估中成绩优异被表彰为先进集体；6月被睢宁县委授予“先进基层党组织”光荣称号；10月被县委、县政府联合表彰为“关心下一代工作先进单位”。5月荣膺“菁华杯”睢宁县首届中学生课本剧大赛三等奖；7月，在全县中小学生系列广播体操比赛中取得全县二中组的二等奖；3月，在“新华人寿保险杯”全县中小学生作文大赛中获“优秀组织奖”；7月，在魏集镇六校(中小学)举办的独生子女才艺汇演中获优秀组织奖。（梁　飞）

【睢宁县二中法制教育见成效】 睢宁县第二中学是睢宁县“二五”、“三五”、“四五”普法的试点单位，是法制教育基地。学校通过法制课、法制黑板报、法制手抄报、法制报告会、法制知识竞赛等活动向师生宣传法律知识，使法律意识、法规观念在师生心中深深扎根。十几年来，无一例违法犯罪案件及重大安全事故。2003年获徐州市教育系统综合治理与安全工作先进单位、全省基层依法治理先进单位；2004年获县委、县政府安全文明校园称号。（吴金玉）

【睢宁县凌南中学强化人性化管理】 睢宁县凌南中学领导提出管理就是服务的理念，努力创设健康向上、高效和谐的工作氛围，经常深入到教职工中去，倾听他们的呼声，分析他们的意见和建议，以解决教师的实际困难为己任，做到换位思考，宽容待人，用自己的诚意赢得教师的支持，从而最大限度地调动广大教工的主动性和积极性，形成和谐愉快的工作氛围。教师工作热情高涨，形成一大批乐于奉献的老中青结合群体,每次检查评比,学校均受到县局表彰,中考及各类竞赛都取得优异成绩。校长被县政府授予"优秀园丁"荣誉称号。《徐州党建》、《徐州日报》等多家媒体专门对该校作了报道。

(撰稿:朱　旭　审稿:袁　辉)

**【睢宁县兴浦中学举办"甘棠节"】** 2004年4月8日,隆重举办"兴浦中学第一届甘棠节",近20名师生争相诵读为庆祝甘棠树移栽一周年所撰写考察古邳、巨山、张良殿等名胜的散文、诗歌、游记,抒发他们热爱家乡的思想感情。1982年江苏省地名统一区划调整时,建镇300余年的张集镇更名为浦棠乡,寓意黄墩湖浦一棵茂盛的甘棠树。2003年4月8日,将一棵历经磨难的甘棠树移入兴浦中学院内,师生们非常喜爱这棵老树新枝,创办《甘棠园》校报,确定每年4月8日为兴浦的"甘棠节"。

(许静群)

**【睢宁县岚山中学召开回乡学子报告会】** 睢宁县岚山中学2月邀请从该校毕业考入北大、人民大学、复旦大学、西安交大等高校的学子利用寒假回母校现身说法,给他们的学弟学妹作"成人·成才"专题报告。

(撰稿:袁世界　审稿:徐良祥)

**【睢宁县岚山师生有情义】** 睢宁县岚山中学1658名师生发扬人道主义精神和无私奉献精神,分别于4月26日、9月18日、12月16日,为该校初一年级学生卓芳芳、初三学生宋小琼、初二学生杨阳3位伤病学生家庭分别捐款2765元、2173元、4169元,深得当地干群的好评。

(撰稿:袁世界　审稿:徐良祥)

**【睢宁县城南中学德育工作谱新篇】** 2004年城南中学按照"稳定、安全、控流"的总目标,选准德育教育为突破口,促成学生良好道德习惯养成。学校以班级管理为龙头,以每周一次的主题班会为经,以每天的晨会、夕会为纬,以自编德育校本教材《拾经》为主要内容的管理模式贯穿德育工作始终,提高学生学习优秀道德文化的素质。班级组建礼仪队,培训值周司仪,展示青春风采;坚持每日一歌,陶冶情操,迸发青春活力。政教处、团委开展丰富多彩的文体活动,激发学生参与热情,凸显优秀素质,课本剧《离别的礼物》荣获县"菁华杯"大赛二等奖。针对学校环境特点,构建安全网络,实施"警民共建学校"的新举措,订立目标责任状,有效制止滋扰学生安全事件的发生。学校多方面开展安全教育活动,举行"普法教育讲座",利用画廊、校园广播站、手抄报等进行安全知识宣传,定期测试,提高学生安全防患意识;分专项对学生进行安全自救技能培训,培养学生自我保护能力。精心的德育教化使学校形成稳定环境,留住学生的心、学生安全放在教职工的心、学校的控流工作很称心、学生整体素质全面提高很开心的大好局面。

(撰稿:蔡玉刚　审稿:宋守化)

**【睢宁县朱集中学接受省教育厅创建省示范初中评估验收】** 12月6日,省教育厅组织专家对睢宁县朱集中学创建"江苏省实施教育现代化工程示范初中"进行评估验收,专家组对朱集中学的创建工作给予充分肯定,一致认为朱集中学的教育教学质量、教育教学设施及育人环境等软硬件建设已达省示范初中标准。

(撰稿:牛　强　审稿:杨祥君)

**【睢宁县高作初级中学开展服务社区活动】** 睢宁县高作初级中学校团委每逢双休日组织团员青年到敬老院,清扫院落、收拾房间、种菜除草、帮老年人洗头、洗衣、剪指甲、陪老人聊天,服务活动受到地方干群的广泛赞誉。

(胡　伟)

**【邳州市三中加强共青团政治思想教育工作】**

邳州三中团委通过开办团校理论学习班，并配合政治课的专门理论讲座等形式深化邓小平理论和“三个代表”重要思想的理论学习。帮助青少年准确把握社会主义发展方向，牢固树立共产主义的理想和信念。充分挖掘社会教育资源，组建由教育、心理学专家、社会名流和青少年工作者构成的思想教育队伍，依托业余党校、团校，有组织、有计划、分层次地对青少年进行党史、团史、中国发展史、国内国际形势等方面的讲座报告，以此深化爱国主义教育。延伸思想教育手臂，和王杰烈士陵园、碾庄烈士陵园、“一门三烈”基地(宋绮云、徐明侠、宋振中三位烈士)、邳州新四军研究所、庄印芳荣誉室、驻邳武警中队结成爱国主义教育共建单位，组织学生定期到基地开展爱国主义、革命传统和国防教育。团支部轮流主持升国旗仪式。以开展纪念重大节日、读书节、文化节、体育节等活动作为爱国主义教育的“经”、以符合青少年身心认知发展特点的主题活动为“纬”，构建成一个有形化、系统化、操作性强的爱国主义教育网络。　(撰稿：高则永　审稿：万玉松)

**【邳州市三中推行校务管理阳光工程】**　邳州三中在管理、教学上实行人性化管理，推行校务管理阳光工程。学校工会在参与学校管理，维护教职工利益方面积极开展工作，得到学校领导的大力支持。学校各项重大决策都吸纳教师代表参与，切实做到财务、校务公开化，学校的校务公开管理经验多次在徐州市民主管理会议上交流。学校工会定期举办教工运动会、篮球、乒乓球、象棋、书画征文等比赛，丰富教职工文化生活，营造和谐生机。学校实行教职工就餐补贴，为教职工过生日送花篮，喜庆节日汇演等系列措施，并经常“走出去，请进来”同兄弟单位交流，既增加友谊和交流，又积极扩大三中对外的影响力。学校工会被评为“徐州市民主管理先进集体”，受到县级多次奖励，2004 年该校校长被省总工会评为“江苏省全心全意依靠群众办学好校长”。　(撰稿：谭振英　审稿：万玉松)

**【邳州市官湖高中认真抓高考质量】**　邳州市官湖高中，依照“抓实一类本科上线，发挥艺体特长的有效补充，激励二本上线，重奖名牌”的教学指导思想。突出总分意识，强调团队精神，打好整体战。2004 年高考，本科上线 224 人。落实高考目标，从三个层面上抓好落实：一是充分发挥以班主任管理为第一层面的常规保障作用，科学地做好对弱科学生的补弱促优整合工作，将完成教育教学目标任务，与班主任、任课教师的奖金挂钩，激励教师凝心聚力抓质量；二是大力开展以集体备课为第二层面的民主教研活动，做到资料、方法、经验全方位开放，发挥集体智慧，实现优势资源共享；三是确立全面发展的人才培养观，因材施教、因人施教，进一步挖掘音体美特长生的潜能，拓宽本科上线的渠道，以有效补充本科上线的总量。抓实教学管理。学校强调落实教学管理对路、到位。对路，即要求学科备课要熟知“3+1+1”的本质特征，熟知新的高考题型和命题方向，熟知新大纲及考试说明的增减调整，熟知教材知识点的重心。到位，即要求教师切实掌握知识的迁移规律，使之符合考纲要求，符合学生的认知规律，真正把握好课堂教学的容量、难度、标高和训练的“度”。对路，在整个教学过程中，本着三步走的原则：第一步，抓基础，强调小型专题教学训练；第二步，强调学科内知识渗透，重视小型综合训练，形成知识体系，典型引路，触类旁通；第三步，强化综合训练，回归课本及基础，查漏补缺，针对题型寻求解题的最佳切入点。(撰稿：冯宪阁　审稿：黄继勇)

**【邳州市六中深入扎实搞课改】**　邳州六中 2004 年提出学校教学改革的总体要求：夯实基础，展示过程，交给方法，培养能力，陶冶情操。在具体实施过程中要求教师做到：观念更新到位,目标确立到位,教法设计到位,训练落实到位,信息反馈到位。为了使教师迅速更新观念,学校采取"送出去"、"请进来"的方法培训一大批德才兼备的青年教师,使他们充分认识到新课程理论的核心;与学生平等对话,注重个体发展;调动一切手段,提高课堂效率;充分发挥学生的主动性,培养学生能力。形成了"感知—质疑—品味—探究"的课堂流程。11月,江苏省教研室领导到邳州六中调研课堂教学,对六中的课堂教学给予充分肯定。(撰稿:冯　岩)

**【邳州市滩上中学创建农村品牌学校】** 邳州市滩上中学坚持"质量为本,发展为先"的原则,走"以德立校,科研兴校,实干强校"之路,克服重重困难,努力打造农村品牌学校。学校优化美化育人环境,绿化面积占校园面积三分之二,远近闻名的水杉树林成为校园独特风景。该校先后8次被命名为省绿化达标单位,徐州市百佳校园,邳州市花园学校。学校依法治校,以德立校,管理严谨规范。先后荣获省德育工作先进单位,徐州市双文明单位,徐州市优秀教师群体等荣誉称号。学校坚持以人为本管理理念,狠抓教育教学管理,教育教学质量稳步提高。连续4次获邳州市教学工作先进单位称号。为了提高办学层次,该校十分重视教科研工作,大力支持教师搞教研。2004年,教师在国家、省级刊物上发表论文12篇。

(撰稿:赵　洪　审稿:高遵海)

**【邳州市滩上中学打造体育特色】** 邳州市滩上中学是徐州市体育传统学校。该校体育工作长抓不懈,群众性体育活动轰轰烈烈,体育特长生培养硕果累累。一年一度的元旦万米越野跑已成为学校传统活动,师生全员参与,一半以上师生参加比赛,多年来从未间断,在当地产生很大影响。其他如乒乓球、跳绳、踢毽子、拔河等活动,开展得如火如荼。在坚持群体活动的同时,该校又注意特长生的培养,学校田径队有专人负责,训练规范,常年坚持,近10年来,为省体校输送运动员5名,为徐州市体校输送运动员14名,在历次邳州市中学生田径运动会上团体总分都在前三名。在2004年邳州市秋季田径运动会,获单项6个第一,团体总分第一名。

(撰稿:赵　洪　审稿:高遵海)

**【邳州市四户中学发展校园经济】** 邳州市四户中学校领导针对农业市场发展的需求和校区环境进行规划,将新合并的桃园校区辟为素质教育实验基地,将整个园区经济发展带,辟成三大种植板块:棉粮油、瓜菜、经济林木。2004年总产值42500元,利润32000元。为了扩大再生产,9月,征得镇政府支持,将原镇政府荒废多年的0.53公顷蘑菇大棚地开辟为第二块素质教育园区,投入2万元,建高标准温室大棚12座,种植辣椒、黄瓜、西红柿、西葫芦,豆角、土豆、云豆等多种蔬菜。产值在8万元左右。

(撰稿:滕典军　审稿:刘发吉)

**【邳州市占城中学积极改善办学条件】** 2004年邳州市占城中学多方筹资近80万元,新建教学楼1幢,翻建危房26间,新建大门,铺设中心水泥路800平方米,新建花园8个,装备电脑32台,租地1.33公顷建操场,稳步推进"三新一亮"、"六有"工程,基本解决教室不足、场地狭小、设备落后的问题。

(撰稿:马全超　审稿:陈景辉)

**【邳州市官湖初中师资队伍建设注重"六个一"】** 邳州市官湖初中师资队伍建设有特色。学校要求每位教师首先要树立"向最好的学,同最强的比,往最高处攀"的思想,极其注重"六个一":有一种狠抓教学质量"科学合理、井井有条、卓有成效"的工作方法;有一种完成工作任务时"锲而不舍、只争朝夕、干净利索”的敬业习惯；有一叠卷面整洁、评改规范、数量齐全、训练量合理”的学生作业本；有一本“格式规范、字迹美观、重点突出、富有创意”的备课本；有一方“秩序井然、节奏明快、活泼生动”的课堂环境；有一个“家长信任、学生敬重、同事敬佩”的教育口碑。围绕“六个一”，每个教师都投入到各项教学实践中去，及时了解，认真记载，敬业奉献。

（撰稿：马　跃　审稿：刘　志）

**【邳州市红旗中学协作教学见成效】** 邳州市红旗中学自2002年第一个研究会——“红旗中学语文协作教学研究会”成立以来，到2004年又在数学、英语、物理、化学、政治学科相继成立协作教学研究机构。全体教师通力协作研究教学，形成十分默契的协作氛围。从而逐渐形成“团结、拼搏、奉献”的红中精神。实行集体备课多年，每一份教案都是靠教师集体讨论完成。集体备课实行“五统一”即时间统一、进度统一、训练统一、评价统一、格式统一。并且建立起比较科学规范的监控机制和激励机制。协作教学研究课形式多样，该校每学期每位教师必须开设两节以上研讨课，骨干教师上两节以上观摩课。每位教师听课不少于20节，参加评课、讨论不少于10次。教学评价要求，每节课应该是师生互动的课堂，教师要常从讲台上走下来，学生要经常走上讲台；课堂应该是活动的课堂，充分体现教师的主导作用和学生的主体地位，师生的配合做到形神兼备，不可为形式而影响课堂教学质量。2004年中考，再次以教学的高质量荣登邳州市农村中学的榜首。

（撰稿：周广际　审稿：吴玉强）

**【邳州市土山高中艺术教育显特色】** 2004年邳州市土山高中确立“规模兴校，质量兴校，特色兴校”的办学方向，大力实践“合格+特长”的办学思想，积极推进素质教育。该校在艺术班的教学和管理上遵循“自愿、引导、点化”的原则，组建美术、音乐班。在管理方式上，实行业务校长亲自挂帅，分管领导、年级主任、班主任、指导教师层层落实责任的线性管理。在具体的教学工作中，做到“三结合”，即思想品德教育与专业文化教育相结合，专业课系统教学与文化课分层教学相结合，“请进来”与“走出去”相结合。在教学评价上做到“三个坚持”，即坚持评价主体的多元化，坚持评价内容的灵活性，坚持评价手段、方法的多样性，基本形成文化和专业交叉渗透、提携互补的评价模式。高中分离以来，该校成立美术高考训练小组，有专职教师辅导。美术考生连年增加，办学规模逐渐扩大。2001年组建音乐班，次年高考实现开门红。2002年邳州市音乐本科上线32人，该校占22人。学校与高校合作办学，组建淮阴师范学院特设重点美术班、音乐班，师院教授定期到校调研、授课，为学校艺术教育的发展提供强有力的保障。2004年高考该校音乐本科上线20人。《徐州日报》等新闻媒体对该校教学实绩进行多次报道。

（撰稿：娄　立　花少峰　审稿：吕玉生）

**【邳州市邳城中学防微杜渐抓安全】** 邳州市邳城中学本着“安全重于泰山”的思想，认真抓好安全工作，取得显著成效。学校采取逐级负责的办法，成立安全领导小组，校长任组长，亲自抓安全。综治办、政教处、总务处、年级组向校长负责，班主任向年级组负责，各级安全员每周向校长汇报一次安全工作。对发现存在的安全问题，要求限时排除或整改。加强门卫管理，严禁社会闲散人员入校。学校成立护校队，夜间巡逻护校，在各个角落都安装红外线摄像机，震慑坏人，增加学生的安全感。由于思路对路，方法得当，工作到位，近几年该校没有发生一起安全事件，为广大师生的工作、学习，创设一个安全、良好的校园环境。2004年被评为徐州市安全工作先进单位。（撰稿：葛广辉　审稿：张广力）

**【邳州市宿山中心中学深入推进素质教育】** 学校认真落实素质教育,将"人格自尊、学习自主、行为自律、生活自理,培养有健全人格的人"作为办学宗旨,2004年举行读书比赛、校园十佳歌手评选、拔河比赛等活动。校"古槐文学社"被评为邳州市优秀文学社,校刊《槐花》被评为优秀文学报。2004年,13名学生的作品分别在《中学生》、《初中生之友》等杂志上发表。积极落实教学"五认真",2004年中考创宿山中学历史纪录。 (王　耀)

**【新沂市八中坚持"四化"办学】** 新沂市第八中学营造温馨校园,坚持"四化"办学:教育管理亲情化,从校园管理制度到教师教学规范用语,从对优生的培育到对每一位差生的关注,从社区的配合到家庭的访谈,事事彰显着亲情。即使对有过失的学生,教师也绝不会违背《教师忌语46条》,让学生在教育中领悟到的是鼓励、关爱,使其感化,得到矫正,注重树立成功的信心,扬起理想的风帆;有教无类,模范地执行《教育法》、《九年义务教育法》,全心全意为市民服务,不得以任何理由、方式歧视排挤差生,否则评优、晋级等一票否决。分层教学,因材施教,使每位学生都能得到平等教育,多年来,八中共接收孤儿32名,接收"遗弃生"100多人。教学设施现代化,2004年投资近50万元,添置全新的现代化教学设备,现代化实验室的使用,缩短书本知识与能力实践的距离,多媒体的运用,增扩每节课的知识容量,校园网络的开通,丰富师生的文化生活。校园环境园林化,草坪、垂柳、塔松、竹林、万翔鸽、莲池、假山、尔雅亭,学校精心打造每一景点,处处凸现着人文语言的底蕴。 (撰稿:李茂喜　审稿:赵立龙)

**【新沂市十中校本培训出佳绩】** 新沂市第十中学大力推动和实施校本培训,通过"传、帮、带"以及学科带头人的指导培养、教研、集体备课、青年教师基本功比赛等活动的开展,大力实施"青蓝工程",全面提高教师的素质。选派优秀青年教师参加省市级培训,先后有140多人次参加省市级及新沂市培训。该校还将校本教研作为校本培训的重要组成部分。校本教研形式多样,教师互动式教研、课题研究教研、校内合作式教研、校际合作式教研等。骨干帮带、集体备课、个案反思等深受教师欢迎。该校的校本培训成果得到上级肯定,年内,2次在新沂市"走进校本"专题系列活动中作经验介绍,13名教师在新沂市优质课竞赛中分获一、二等奖,有15人以公开课的形式展示该校新课改成果。

(撰稿:陈　朔　审稿:鲍尚军)

**【新沂市十中设立心育室】** 新沂市第十中学于3月设立心育室,配备专职教师,对学生进行心理疏导,把心理健康教育纳入学校正常的管理工作中。学校注重心育骨干的培训,专门派教师到上海等地参观学习,并参加徐州市组织的心理健康教育培训班学习。多次组织班主任到徐州、连云港等地听专家关于心理健康教育的讲座,参观心育先进学校,努力为心理疏导工作开辟有效途径。心育室已接待大批来访学生,并坚持"真诚、尊重、协助、自助、保密"的原则,热情为学生服务,做学生的知心朋友,已帮助多名学生解决心理问题,学生学习态度端正,学习成绩提高,性格变开朗,亲子关系融洽。该校还为一些有心理障碍而又羞于启齿的学生设立心理信箱,心育老师及时开箱,及时回信,帮助他们走出困扰、健康成长。

(撰稿:陈　朔　审稿:鲍尚军)

**【新沂市瓦窑中学狠抓教学质量】** 瓦窑中学始终把教学工作作为学校的生命线,教学上求真、求实。完善质评制度,各种数据统计存档,建立学生个人成绩档案,跟踪调查。设立诚信考场整顿考风,重视教学常规的落实。加强年级组、教研组、备课组建设。严把教学计划、过程检查、总结评比等环节，取得突出的成绩。2004 年，全校有 20 余位教师被评为省、市、县级名优教师，有近百名学生在全国、省及市级比赛中获奖。2004 年高考本科任务完成率列新沂市第二名，重点高中上线率全市第一名，高中教学积分全市第二名。

（撰稿：李明奎　审稿：王启乐）

**【新沂市瓦窑中学抓好重点课题研究】**　瓦窑中学把科研兴校作为办学的主要措施，学校先后申报 3 个国家级课题（“十五”规划国家重点课题），分别是《当代苏北农村中学生的法制教育研究》、《高初中英语教学的衔接研究》、《创新学习研究与实验》，3 个课题都取得较好的成绩，有近 50 篇论文获国家级或省级奖励。2004 年，在全国教育教学论文评选活动中获得优秀组织奖，同时被评为“十五”规划国家重点课题先进实验学校。学校每个教研组都有校级及以上课题，形成全员参与课题研究的局面。学校制定一系列措施，把研究成果运用到学校工作的各个方面，推动素质教育的发展。2004 年学校被评为全国艺术教育先进集体，教学质量稳步上升，高考成绩跃居全市前列。

（撰稿：李明奎　审稿：王启乐）

**【新沂市高流中学开展心理健康教育】**　新沂市高流中学以课外教育指导为主要渠道和基本环节，辅以课堂教学，坚持课内与课外相结合，教育与指导相结合，咨询与自助相结合，普及心理健康知识，大力开展心理健康教育。该校专门配备心理健康医生，并派其多次远赴上海、南京等地学习先进的心理健康教育理论，掌握科学的心理健康教育方法。校内开通心理咨询热线，设立“知心姐姐”信箱，调动多方面因素解决学生的心理问题。学校针对学生的不同特点和实际情况，通过开设专题讲座，举办报告会等形式有针对性地开展心理健康教育。建立学生心理问题筛查、干预、跟踪一体化工作机制，做到学生心理问题的早期发现、及时干预和有效控制。该校从没有学生因为心理问题而辍学或犯罪，多次受到市教育局的表彰。

（撰稿：陈兆武　李平军　审稿：滕　清）

**【新沂市高流中学开展“反对校园暴力，创建平安校园”主题教育活动】**　新沂市高流中学开展“反对校园暴力，创建平安校园”主题教育活动，从强化责任、加强教育、净化环境三方面入手，抓好抓实教育工作。要求全体教职工充分认识校园暴力事件的危害，要细心观察、了解学生在校的言行，及时调解学生间存在的纠纷和矛盾，明确岗位职责。出台《高流中学安全事故责任追究制度》、《关于重申学生一般违纪和严重违纪的有关规定》、《关于学生证、自行车证的管理使用规定》等制度，用制度强化责任。召开全校学生大会，作“杜绝校园暴力”专项辅导报告，让学生充分认识校园暴力事件的后果与危害。对预防校园暴力、处理校园暴力等问题作指导，教育学生要增强正义感，勇于同邪恶势力作斗争。举办“校园暴力”图片展，增强反对校园暴力的信念。开展净化桌洞、净化宿舍和净化校园周边的活动。德育处、保卫科、学生处定期组织人员深入班级、宿舍，对学生桌洞、学生宿舍进行检查，杜绝管制刀具、黄色制品等违规物品流入校园。

（撰稿：王　磊　李平军　审稿：滕　清）

**【新沂市小湖中学注重德、智、体全面发展】**新沂市小湖中学坚持面向全体、全面发展、个性发展的原则，中考成绩一直处于新沂市领先地位。体育成绩更是喜人，2004 年代表新沂市参加徐州市田径比赛获初中男子组第一名；跳绳、踢毽居全市前三名；向高一级学校输送刘贵彩、闫绢等一批国家级、省级运动健将。是徐州市德育先进校、新沂市模范学校，新沂市先进党支部。　（撰稿：高印行　审稿：李敬民）

**【新沂市钟吾中学分层教学成效显著】** 新沂市钟吾中学在实际教学工作中立足学情,对社会作出"不让一个学生掉队"的承诺,实行分层矫正教学,每周固定的时间段里,各年级学生实行走班制,根据学生及其家长的意愿和学生学习的实际,由学生选择预设的班级来弥补自己的薄弱学科或提高实际运用能力。经过师生的努力,学生的整体成绩得到大幅度的提高,激发学生的学习兴趣,受到社会各界和学生家长的广泛认可。

(撰稿:张　军　审稿:郭振京)

**【新沂市高塘中学晨露文学社被评为优秀文学社】** 新沂市高塘中学出版《晨露》报10期,有社员200多人,发表社员习作300多篇,被省、市报刊转载40多篇。在参加省市各级文学写作大赛中有100多人次获奖。文学社的宗旨是丰富校园生活、繁荣校园文学、挖掘校园新人、推荐校园新作。文学社以自己独特的办社理念和办报形式,极大地调动学生阅读写作的积极性,提高学生作文水平,丰富学生课余生活,赢得社会各界的认可。2004年被徐州市青少年协会评为"优秀文学社"。现为新沂市校园联谊会理事单位。

(撰稿:袁明进　审稿:谢春振)

## ○ 职业教育

**【概况】** 2004年,全市职业教育招生规模继续扩大。认真贯彻落实全国职业教育工作会议精神,进一步确立今后几年高中阶段教育的发展思路,即"普高稳定规模、提高质量,职教扩大招生、加快发展",按照普职比例大体相当的要求规划职业教育发展。各级教育行政部门大力宣传职业教育,重视、关心、支持职业教育,努力营造促进职业教育发展的良好氛围。召开全市职业教育与社会教育工作会议,确定抢抓机遇、加快职业教育改革与发展的工作定位。采取严格控制普高招生计划和严格控制普高"死档线",职业学校继续实行注册入学等措施,大力扶持职业学校招生。全市各类中等职业学校招生6.25万人,比2003年增长1.85万人,增长42%,增幅全省第一,普职比例首次接近1:1,全市高中阶段教育结构趋于合理。

办学实力明显增强。根据"加大专业调整,壮大骨干专业,培育名牌专业,办出职教特色"的总体思路,深入推进专业现代化建设,努力提高职业学校的办学水平和实力。研究制定2004年全市省级、市级示范专业建设规划,各级新增投入2000万元,创建省级示范专业11个,市级示范专业33个,全市省、市级示范专业总量处全省前列,在江北领先。徐州机电工程高职校的数控专业、徐州财经高职校的计算机专业被确定为国家紧缺技能人才培训基地。徐州机电工程高职校、徐州医药高职校、徐州职教中心、新沂职教中心、睢宁职教中心、丰县职教中心创建为国家级重点职业学校。

教学质量逐步提高。强化教学工作的中心地位,引导职业学校加强技能教学,注重学生实际技能的培养和训练。认真开展全市职业学校实施性教学计划制定和执行情况大检查,下发检查通报,引导职业学校在加快规模扩大的同时更加重视内涵发展,提高职业教育可持续发展的能力。举办转变教学观念、深化课堂教学模式改革研修班,在张集职高召开课堂教学模式改革现场会,开展职业学校优质课评选活动,组织对口单招模拟考试,举办全市职业学校计算机技能大赛,组队参加全省职业学校珠算技能大赛,普通高校对口单招考试上线率79%,毕业生就业率96%。

(李保军)

**【技工教育概况】** 徐州市劳动和社会保障局2004年加大技校改革力度,全市11所技工学校中有高级技校3所(均增挂技师学院牌),国家级重点技校2所,省(部)级重点技校4所。全市招生9140人,毕业生3604人,在校生23117人,教职工1572人,其中专任教师753人。全年投入教学经费3110万元,基建投资412万元,较好地改善办学条件。

综合管理再上台阶。江苏工贸高级技校、徐州电力技工学校分别于10月31日、11月2日通过省劳动和社会保障厅组织的专家检查评比组对国家级重点技校的复评验收。12月10日徐州市劳动保障局培训处成立专家检查评比小组,制定20余条管理细则,对各技工学校进行行政管理检查评比,评出行政管理优秀学校,学校行政管理工作逐步走向规范化、科学化、现代化。

招生再创历史新高。各技工学校围绕市场需求,调整专业设置,加大招生力度,进一步改革招生办法,招生9140人,在全省技工学校中排名第三,其中高级工1569人,受到省劳动和社会保障厅的表彰。

社会人员培训层次进一步提高。全市技工学校年内培训社会人员6388人,其中高级工1476人,技师、高级技师186人,大大提高培训层次。

技能竞赛获得好成绩。8月,江苏省劳动保障厅组织2004年广州杯全国技工学校技能竞赛江苏省选拔赛,江苏工贸高级技校2名教师分别获数控技术第二名、数控车工第五名;1名教师在2004年广州杯全国技工学校技能竞赛中获数控技术第二名,获得劳动和社会保障部颁发的荣誉证书及奖品,被授予全国技术能手称号。

教研活动出成果。徐州市技工教学研究室组织教研活动20余次。组织11所技工学校进行数学竞赛。为进一步提高教学质量,规范技校课程结构和教学方法,对11所技校进行语文、制图、德育和金工课程的抽考。对《学生手册》进行修改。

师资队伍建设进一步加强。为提高教师业务水平,使其达到“双师型”教师的要求,组织技工学校、职高、中专和高等院校的教师进行职业证书培训和鉴定。组织完成教师资格认定和相关的“双学”考试、能力测试和体检等工作。

校园文体活动活泼多样。徐州市劳动和社会保障局培训处、技工教学研究室4月29～30日举办技工学校第十一届田径运动会。9月22日组织新生军训会操比赛。各技工学校开设第二课堂,成立书法、舞蹈、声乐、球类、绘画、棋类、摄影等兴趣小组,为学生综合素质的提高打下良好的基础。

表彰先进。徐州市劳动和社会保障局培训处、教研室为庆祝第20个教师节,9月8日对技工学校21名优秀教师、9名优秀教育工作者进行表彰和奖励。

（撰稿:孟甦民　审稿:刘安洲）

**【职社教研】** 2004年,成人教研室认真贯彻落实各级职教工作会议和市教育局暑期干部研讨班精神,紧紧围绕提高职业学校教育教学质量和办学水平开展工作。

市、省级示范专业创建和评审工作。协助职社处对市、省级示范专业的创建和评审工作进行认真部署、精心安排和具体指导,组织市级示范专业评审组成员认真学习评估标准,对各校的市、省级示范专业申报材料进行严格审查。在材料初审合格的基础上,组织有关人员分两组对21所学校申报的34个市级示范专业进行评审。33个专业被认定为市级示范专业。经过考察和筛选,推荐17个专业申报省级示范专业。对申报省级示范专业的学校进行迎评培训,多次到学校视导、落实。有11个专业接受省级验收,10个专业通过,1个专业为“限期整改”。圆满完成全市年内创建33个市级、10个省级示范专业的预定任务。

实施性教学计划执行情况调研工作。几年来,各职业学校积极贯彻国家教育部和省教育厅有关文件精神,不断更新教育观念,强化质量意识,结合学校教学改革实际,科学地制定实施性教学计划,加大执行过程中的制度建设,严格常规管理,为培养高素质劳动者提供保证。各校制定实施性教学计划及教学管理水平不平衡。省教育厅6月份下发《关于开展职业学校实施性教学计划执行情况调研的通知》,市教育局及时转发省厅《通知》,进行具体部署,对学校自查提出具体要求。组织有关人员认真学习有关文件,熟悉调研内容。在认真阅读各校《自查报告》的基础上,10月份组成2个调研组对全市26所学校实施性教学计划的制定和执行情况进行抽样调研,对照18条调研提纲认真核查资料。通过交谈和查阅资料,找出存在的问题,及时反馈给学校,要求学校对存在的问题进行认真梳理,写出整改意见,逐步落实。向省教育厅写出《徐州市中等职业学校实施性教学计划执行情况调研报告》,下发《徐州市中等职业学校实施性教学计划执行情况调研通报》,对各校的情况进行综合分析,找出成绩和不足,提出对策和建议。各校对实施性教学计划的制定和执行日趋规范和科学。

教研工作。继续举办市直属职高学校中层以上干部“转变教学观念,改革课堂教学模式”研修班。组织研修班成员到铜山县张集职高听课;聘请省内知名职教专家讲学;组织、听取汇报课;举行研修班结业典礼。组织2004年徐州市中等职业学校优质课评选活动,上半年各县(市)、区、市区预选,11月底,48位教师参加大市级优质课评选决赛。19人获一等奖,14人获二等奖,15人获三等奖。举行对口单招模考和职高期末统考,组织部分学校高三老师对2004年高考试卷进行分析,提出2005年复习建议。配合职社处组织全市中等职业学校计算机技能大赛,获省教育厅领导和参评学校好评;组队参加全省珠算技能大赛,获三等奖。

为科学制定徐州市中等职业学校“十一五”发展规划,优化教育资源,调整专业布局,配合职社处启动徐州市中等职业学校专业发展调研工作。制定方案,建立网络,对工作任务进行分解,明确责任。开始进行调查表格的设计和资料的搜集工作。

师资队伍建设工作。年内,选派15名教师参加出国培训,组织281名教师参加“四新”(新知识、新技能、新工艺、新方法)培训,20名教师参加省骨干教师培训。为进一步提高“双师型”教师比例,7月份下发《关于做好职业学校专业课教师到大中型企业锻炼工作的通知》,要求各职业学校每年安排三分之一以上的专业课教师(50岁以下)到大中型企业锻炼,时间不少于30天。

成人高中工作。2004年组织3000多科次成人高中考试,795人领取职工高中毕业证书。

(边　境)

## 徐州市2004年职业学校情况表

(一)

表5-4-1 单位:个、人

| 学校名称 | 班级数 | 在校生数 | 毕业生数 | 招生数 | 教职工数 | | 学校领导 | | | | 专业设置 |
|---|---|---|---|---|---|---|---|---|---|---|---|
| | | | | | 计 | 其中:专任教师 | 校长 | 副校长 | 书记 | 副书记 | |
| 徐州经贸高等职业学校 | 102 | 4520 | 1412 | 1515 | 174 | 134 | 孙庆胜 | 王维峰<br>吴兆刚 | 程乐民 | 孙庆胜 | 商贸、外语、工艺美术、信息技术、机电工程五大类23个专业 |
| 徐州生物工程高等职业学校 | 113 | 5219 | 696 | 2854 | 214 | 152 | 蒋留生 | 李运生<br>刘金山 | 蒋留生 | | 中专:生物技术应用、生物制药、环境与植物保护、园艺、园林绿化、畜牧兽医、计算机应用与维护、计算机网络技术应用、机电技术应用、电子电工、车辆驾驶与维修、会计电算化<br>高职:生物技术应用、环境与植物保护、园艺、风景园林、畜牧兽医、计算机应用与维护、机电一体化、会计算机化 |
| 江苏省徐州医药高等职业学校 | 111 | 5263 | 1009 | 2581 | 205 | 130 | 王吉东 | 蔡万金<br>张桂民<br>王质明 | 王吉东 | 蔡万金 | 高职:化学制药技术药物制剂技术、药学药物分析技术、医药营销、医用电子仪器与维护<br>中专:化学制药技术药物制剂技术、药学药物分析技术、医药营销、医用电子仪器与维护、中药制药技术、生化制药技术 |
| 江苏省徐州财经高等职业技术学校 | 89 | 4893 | 1265 | 1600 | 182 | 131 | 金儒忠 | 刘景忠<br>曹华祝<br>王景贵 | | 金儒忠<br>单淑娟(女) | 财务会计、会计电算化、电子商务、商品经营、市场营销、饭店服务与管理、建筑经济管理、商务英语、证券与投资、物业管理、社会保障服务、社区服务与管理、计算机及应用等20个专业 |
| 徐州文化艺术学校 | 16 | 512 | 104 | 118 | 77 | 54 | 刘继刚 | 李代生<br>邵建伟 | 刘继刚 | 杨健民 | 高职:舞蹈表演、艺术设计、戏曲表演<br>中专:音乐、舞蹈、美术、戏曲、曲艺、话剧、影视、电脑美术、现代歌舞、流行音乐等18个专业 |
| 徐州市体育运动学校 | 12 | 720 | 120 | 144 | 112 | 教师24<br>教练33 | 张集刚 | 沈启超<br>吴南宁 | 张集刚 | 佟子扬 | 体育教育 |

表 5－4－2 （二） 单位:个、人

| 学校名称 | 班级数 | 在校生数 | 毕业生数 | 招生数 | 教职工数 | | 学校领导 | | | | 专业设置 |
|---|---|---|---|---|---|---|---|---|---|---|---|
| | | | | | 计 | 其中:专任教师 | 校长 | 副校长 | 书记 | 副书记 | |
| 徐州市职业教育中心 | 62 | 2342 | 1333 | 869 | 207 | 176 | 苏开育 | 张晓元<br>李普春<br>赵振龙 | 苏开育 | 董继明 | 1.旅游类:饭店服务与管理、旅游服务与管理、导游、烹饪<br>2.计算机类:计算机及应用、网络技术、网络设计与维修<br>3.机电类:数控应用技术、摸具设计与制造、机电一体化、电气焊<br>4.经贸类:会计电算化、电子商务、海关报关<br>5.艺术类:服装设计与工艺、电脑美术、平面设计、美容美发 |
| 徐州市第二职业中学 | 41 | 1332 | 506 | 580 | 126 | 111 | 李海琳（女） | 陈一纯<br>闫　励 | 周　沛 | | 艺术类:室内装饰设计、电脑美术设计、服装表演、广告设计、影视动画<br>服务类:航空服务、国际商务、旅游、文秘会计营销<br>信息类:计算机应用、计算机维护、计算机网络设计 |
| 徐州市第三职业中学(十二中) | 14 | 750 | 200 | 210 | 130 | 55 | 金建明 | 晁　红<br>刘伟明 | 马建国 | 金建明 | 综合高中、计算机应用、电子商务 |
| 徐州市第四职业中学 | 22 | 895 | 270 | 385 | 74 | 52 | 王本省 | 马欣台<br>王明志<br>郑允彬 | 王本省 | 杜培恩 | 汽车驾驶与维修、保安、计算机、数控车工、普通车工、电焊 |
| 徐州市第六职业中学(十八中) | 14 | 737 | 153 | 61 | 126 | 103 | 吴国芳 | 张振祥<br>陈向群<br>文　青（女） | 张振祥 | 吴国芳 | 文秘、计算机应用与维护、中餐烹饪、美术设计、汽车驾驶、电子与信息技术 |

表 5－4－3 （三） 单位:个、人

| 学校名称 | 班级数 | 在校生数 | 毕业生数 | 招生数 | 教职工数 | | 学校领导 | | | | 专业设置 |
|---|---|---|---|---|---|---|---|---|---|---|---|
| | | | | | 计 | 其中:专任教师 | 校长 | 副校长 | 书记 | 副书记 | |
| 徐州市高级技校 | 87 | 4726 | 602 | 2600 | 183 | 137 | 江　浩 | 秦承国<br>孙　毅<br>潘兆奎<br>吴　尚 | 吴　斌 | | 机加工与数控技术、模具制造与数控技术、焊接、机电一体化、机械装配与机床维修、数控技术、电子商务、电子装配、汽车商务、服装设计、电脑美术设计、虚拟制造技术、工程机械检测与调试、电气自动化、汽车电器技术、计算机应用 |

续表 5－4－3　（三）　单位：个、人

| 学校名称 | 班级数 | 在校生数 | 毕业生数 | 招生数 | 教职工数 | | 学校领导 | | | | 专业设置 |
|---|---|---|---|---|---|---|---|---|---|---|---|
| | | | | | 计 | 其中：专任教师 | 校长 | 副校长 | 书记 | 副书记 | |
| 徐州工程机械技校 | 38 | 1843 | 466 | 849 | 69 | 44 | 尚稷桢 | 孟蓬莒<br>朱宝芳 | 尚稷桢 | | 数控车工、车工、钳工、铆焊、机加工热加工、装配、涂装、机电、维修 |
| 徐州市建筑技校 | 22 | 1328 | 114 | 520 | 45 | 32 | 厉建国 | 滕　跃<br>程　沛 | 厉建国 | | 电子装配、宾馆服务、机电、电子技术工程预算、计算机、铆焊、数控、钳工 |
| 徐州市商业技校 | 24 | 1075 | 298 | 340 | 66 | 36 | 黄卫民 | 许　成<br>钱　锋 | 黄卫民 | 辛　红（女） | 烹饪、商品经营、商务与计算机、面点市场营销、宾馆服务与管理、美容美发、酒店管理 |
| 徐州市纺织技校 | 15 | 345 | 170 | 169 | 26 | 21 | 张光华（女） | 陈克奇<br>潘尚伟 | 张传信 | | 挡车工、钳电、焊钳、计算机操作与电子装配、服装制作、服装设计、电子技术与计算机 |
| 徐州煤机技校 | 11 | 509 | 17 | 120 | 20 | 17 | 陈桂元 | 冯　军 | 陈桂元 | | 车工、焊工、电钳、机加工 |
| 江苏工贸高级技校 | 120 | 6270 | 900 | 1418 | 464 | 132 | 屈新安 | 褚福银<br>周连声<br>孙健身 | 贾　涛 | | 计算机应用、焊接技术、装配钳工、机电一体化、数控技术、模具钳工、井下电钳、矿车工、矿钳工、矿铆焊综合机械化采掘、井巷掘进、车工、电工、数控维修 |
| 江苏煤电高级技校 | 36 | 1816 | 458 | 729 | 215 | 93 | 曾宪周 | 王忠宁<br>于怀忠<br>张肇基 | 顾宏彬 | | 井下电钳、综采机械维修、机电一体、电解铝电厂集中控制、绞车司机、机修 |
| 徐州机电技校 | 49 | 2606 | 283 | 1002 | 124 | 47 | 王永新 | 章结来<br>刘运举 | 张志鸿 | | 机电一体化、计算机与电子技术、电子电器、电钳与电修、数控车工、矿建与通风安全 |
| 徐州电力技校 | 28 | 1122 | | 662 | 174 | 84 | 杨正保 | 刘　伟<br>唐佑秀<br>许卫平 | 刘　伟 | | 电气运行与检修、热力设备运行与检修、电工电子、数控技术、电厂水处理及化学监督、供用电技术、输配电 |
| 徐州铁路运输技校 | 33 | 1477 | 296 | 731 | 186 | 110 | 沈永选 | 王启高<br>邓　强<br>徐启生<br>郭永建 | 魏新建 | 薛应东 | 计算机应用与电子、电工电子、计算机调试与维修、计算机网络、焊钳技术、汽车装配与维修、财会电算化 |

（孟甦民）

**【徐州经贸高等职业学校做大职业教育】** 徐州经贸高等职业学校实施“规模发展、品牌特色、人才强校、能力本位”四大战略,以发展为主线,咬住教学质量这条“生命线”,铆紧招生就业这条“生存线”,进一步做大做强职业教育,全面提升办学水平。招收新生1500多人,在校生达4500多人;投资千万元加强基础设施和实习实训中心建设,新建信息大楼、学生宿舍楼、实习车间各一幢,实现办学条件新突破。 (撰稿:吴建新 审稿:孙庆胜)

**【徐州经贸高等职业学校专业进一步拓展】** 徐州经贸高等职业学校新增数控技术、汽车应用与维修、焊接技术、数码动画等专业,形成集文、理、工、艺为一体23个专业;以就业为导向,深化教育教学改革,狠抓教学质量,学生就业率达98%以上,专业对口率不断提高;通过省、市教育部门组织的示范专业评估,省级示范专业由1个增加到3个,市级示范专业由4个增加到7个。

(撰稿:吴建新 审稿:孙庆胜)

**【徐州经贸高等职业学校优化教师队伍结构】** 徐州经贸高等职业学校鼓励教师读研、到企业锻炼,提升教师的学历、职称和实际动手能力。面向社会公开招聘人才,吸纳企事业单位具有丰富实践经验和较高学历、职称的同志到校任教。刘燕敏老师的文章在全国各大杂志发表,出版散文集《真水无香》,2篇文章入选小学课本,1篇文章入选新加坡初中课本,1篇文章被杭州电视台拍摄成音乐电视;李刚老师3次在上海举办个人油画展。

(撰稿:吴建新 审稿:孙庆胜)

**【徐州生物工程高等职业学校扩建工程被列为市重点工程】** 徐州生物工程高等职业学校启动校园扩建工程,包括学生公寓楼3幢、教学楼3幢和学生餐厅1幢,建筑总面积41000平方米,总投资4000万元。该工程被列为市重点工程。

(撰稿:段素峰 审稿:蒋留生)

**【徐州生物工程高等职业学校进行学生文明教育】** 徐州生物工程高等职业学校开展“文明伴我每一天”系列活动,对学生在校期间全程进行由浅入深、由低到高、由小到大、梯度分明的文明教育,从日常学习、生活、劳动等方面促进良好习惯的养成。

(撰稿:段素峰 审稿:蒋留生)

**【徐州生物工程高等职业学校成为联合国教科文组织“EPD”实验学校】** 3月,徐州生物工程高等职业学校成为联合国教科文组织环境、人口与可持续发展教育项目(“EPD”)实验学校,并被作为中国EPD教育项目教育教学创新研讨会现场,全国200多名与会者到该校参观。 (撰稿:段素峰 审稿:蒋留生)

**【徐州生物工程高等职业学校牧医专业被评为省级示范专业】** 10月,徐州生物工程高等职业学校畜牧兽医专业被评为省级示范专业,评估成绩在徐州片区同类型学校中排名第一。该校目前有省级示范专业3个、市级示范专业7个。

(撰稿:段素峰 审稿:蒋留生)

**【徐州生物工程高等职业学校在省、市比赛中多项获奖】** 徐州生物工程高等职业学校10月14~15日,在省农牧院校第五届运动会上取得团体总分、男子团体总分、女子团体总分三个第一名。11月20日,在省理工科大学人文知识竞赛中,江苏联合职业技术学院19所高职校有4名学生获奖,该校占其中2名。12月4日,在市委组织部组织的全市8所高校学生党员有关党的知识竞赛中,以平均分91.67的优异成绩获得第一名。

(撰稿:段素峰 审稿:蒋留生)

**【江苏省徐州医药高等职业学校建设一流医药实训基地】** 江苏省徐州医药高等职业学校先后建成29个设施齐全的各类实验室，以及设备先进的实训药房、化学制药实训车间、药物制剂实训车间、中药提取实训车间、现代药物分析实训中心、医用电子仪器专业实训中心等校内实训基地。校内实验实训仪器设备资产总值达到1000余万元，部分仪器设备在省内达到领先水平。年内，投入2096万元，动工兴建建筑面积2.4万平方米的实训综合楼，竣工后，学校将在3～5年内分批投入1500万元购置实训设备，建成省内一流的医药实验、实训、科研、培训基地。（彭　勇）

**【江苏省徐州医药高等职业学校人事制度改革迈出新步伐】** 江苏省徐州医药高等职业学校第三轮聘任工作7月完成。在全校范围内实现分级聘任制，中层干部平均年龄降低2岁；本科学历达到84%，提高7个百分点；中高级职称比例为80%，提高8个百分点。建立系部，将学生管理和教务管理权限适度下放；成立后勤服务总公司，单独核算，自负盈亏，逐步与学校剥离；实施岗位津贴制度。

（彭　勇）

**【江苏省徐州医药高等职业学校多项基建工程竣工】** 江苏省徐州医药高等职业学校2004年总计划建筑面积4.5万平方米，其中建筑面积0.6万平方米的学生公寓、1.3万平方米的食堂综合楼建成投入使用，建筑面积0.2万平方米的浴室通过主体验收。建筑面积2.4万平方米的综合实训大楼是学校标志性建筑，3月12日招标成功，开工后学校、施工单位、监理公司三方共同签订工程廉政管理协议书，严把工程质量，12月底工程主体完成。（彭　勇）

**【江苏省徐州医药高等职业学校荣获省高校就业先进集体称号】** 江苏省徐州医药高等职业学校2004届毕业生就业率达到98%以上，12月初，举办2005届毕业生双选会，会前学校对招聘企业进行资质审查，谢绝一批规模较小、提供工作条件较差的企业到校招聘，98家来自省内外的医药及医疗器械企业提供毕业生人数2倍以上的职位，基本解决学生就业问题。学校获得“江苏省高校毕业生就业先进集体”的殊荣。（彭　勇）

**【江苏省徐州医药高等职业学校国家级重点职业学校评估工作结束】** 9月，江苏省教育厅专家组莅临江苏省徐州医药高等职业学校，进行国家级重点职业学校评估，听取学校综合情况汇报，实地察看教室、实验室、图书馆、计算机中心、教学实训基地、学生公寓、食堂等硬件设施，查阅申报材料，对学校这些年的发展和各方面工作给予充分的肯定。

（彭　勇）

**【江苏省徐州财经高等职业技术学校成立】** 3月9日，江苏省教育厅对江苏省徐州财经学校申办高等职业技术学校进行考察。专家组认为该校优越的地理位置、校容校貌、办学条件、良好的发展态势及办学成果，符合举办高等职业学校的标准和要求。5月11日，江苏省教育厅作出批复（苏教发〔2004〕77号文件），同意建立江苏省徐州财经高等职业技术学校，同时增挂江苏联合职业技术学院徐州财经分院校牌。

（撰稿：雷泰平　审稿：刘以广）

**【江苏省徐州财经高等职业技术学校举行建校40周年暨高等职业技术学校揭牌庆典活动】** 6月7日至16日，江苏省徐州财经高等职业技术学校举行建校40周年暨高等职业技术学校揭牌系列庆典活动。学校在相关媒体发布校庆公告，进行形象宣传；在校园内部，开展有奖征集“双庆”主题词及书画活动；举办40周年回顾展，展示学校40年来的发展、变化,特别是近10年来的成就;安排教职工文娱活动和校友联谊活动。6月11日,来宾、离退休老同志、历届校友代表及全校5000多名师生员工欢聚一起,举行庆祝大会,共同回顾学校40年的历史,展望学校美好的明天。(撰稿:雷泰平 审稿:刘以广)

**【江苏省徐州财经高等职业技术学校计算机技能大赛多项获奖】** 10月22日至25日,在中国统计教育学会中等职业教育分会2004年计算机技能大赛中,江苏省徐州财经高等职业技术学校参赛选手获得团体综合一等奖、图文混排团体一等奖、网页设计团体二等奖、平面设计团体二等奖。张迎春等5位同学分别获得个人单项一等奖,徐程程等4位同学分别获得个人单项二等奖,丁俊卿、郭晓毅、邱芬、朱建伟、周新军、杨静、王菊等7位老师被评为“优秀辅导老师”。

(撰稿:雷泰平 审稿:刘以广)

**【江苏省徐州财经高等职业技术学校专业建设成果突出】** 江苏省徐州财经高等职业技术学校注重加强专业建设,会计、计算机及应用、金融事务、电子商务4个专业先后被徐州市教育局确定为徐州市示范专业,会计、计算机及应用、电子商务3个专业通过省级示范专业评估,被确定为省级示范专业。年初,学校被国家教育部等六部委批准为“国家计算机应用与软件技术类技能型紧缺人才培养基地”。(撰稿:雷泰平 审稿:刘以广)

**【徐州文化艺术学校新教学楼及欧盟音乐学校装修工程投入使用】** 徐州艺校利用与欧盟联合办学的契机,克服困难,争取资金新建一座1000平方米教学楼,缓解多年来教学场地严重不足的问题,使学校的整体面貌焕然一新。根据市政府与欧盟签订的协议,按照高规格、高标准要求,完成欧盟音乐学校的装饰装修工程,有苏北地区一流的音乐专用教室8个,办公室两个,豪华音乐厅一个。9月份投入使用。(撰稿:王少华 审稿:刘继刚)

**【徐州文化艺术学校欧盟音乐徐州培训基地开学】** 2003年,欧盟派官员经过近一年的实地考察,将资助项目选定在徐州文化艺术学校。由欧盟出资65%,奥地利雷欧本音乐学校、德国曼哈姆市音乐学校和中国徐州文化艺术学校共同承担35%的办学经费,由3家学校共同承担教学任务,中国徐州文化艺术学校具体组织实施。2004年元月28日,欧盟官员丹尼尔和徐州市副市长朱美华签订资助协议。9月20日上午,徐州文化艺术学校欧盟音乐教育徐州培训基地举行揭牌仪式及开学典礼,徐州市政府副市长朱美华、奥地利雷欧本市市长孔阿德及中外两市有关部门负责人、驻徐大中专院校领导、中外新闻媒体记者200多人参加。欧盟音乐教学工作每学期由3～4名奥地利、德国音乐教师和艺校音乐教师共同执教,实行分层辅导,集中排练、合练相结合的开放式教学模式,注重培养学生演奏演唱的实际能力,学生家长可随堂旁听。(撰稿:王少华 审稿:刘继刚)

**【芭蕾舞考级工作在徐州文化艺术学校启动】** 2004年,北京舞蹈学院首次江苏苏北地区芭蕾舞考级点在徐州艺校设立。全市及周边地区200多名学生报名参加为期2天的芭蕾舞考级。考级工作结束,北京舞蹈学院的专家、教授为徐州文化艺术学校的师生面授技艺。(撰稿:王少华 审稿:刘继刚)

**【徐州市体育运动学校通过省高水平体育后备人才训练基地评审】** 徐州市体育运动学校2004年将申报创建“江苏省高水平体育人才单项训练基地”、“全国乒乓球重点单位”、“国家奥林匹克体育后备人才训练基地”,作为工作的重中之重,根据各项评审要求,认真组织,精心准备。全面规范训练教学管理,完善教练员计划教案,健全运动员技术档案卡,建立人才数据库。加强硬件建设,新建成两片足球场、一片田径场和一片标准400米塑胶跑道,兴建学生宿舍、浴室,改善运动员训练和生活条件。10月22日,省评估专家组进行复评,对学校各项工作给予较高评价。12月,田径、乒乓球、击剑项目被省体育局评审认定为"江苏省高水平体育后备人才单项训练基地"并授铜牌,在此基础上申报"国家奥林匹克体育后备人才训练基地"、"全国乒乓球重点单位",通过省级复评。

(撰稿:张 羽 审稿:佟子扬)

**【徐州机械制造职工中专学校加强基础设施及硬件建设】** 徐州机械制造职工中专学校根据教学需要,投资200余万元,加强基础设施及硬件建设。宿舍楼760平方米接层和160平方米安全通道8月底竣工并投入使用,新建的1260平方米综合楼主体建设年底完工;12月,购进5台机床用于学生实习。在2004年招生938人的基础上,拟进一步加强各方面软、硬件建设,加大就业安置力度,以优良的教学、实习、生活条件,扩大办学规模。 (撰稿:郑志勇 审稿:冯新营)

**【徐州职教中心新校区开工建设】** 徐州职教中心新校区占地13.53公顷,位于104国道以西,拖龙山以北,欣欣大道以南,徐州市新城区内。由同济大学规划研究院博士生导师刘云教授领衔规划设计。校舍建筑面积9万平方米,总投资约1.2亿元,预计2006年8月建成。2004年9月6日,举行开工典礼。徐州市人民政府副市长段雄、徐州市教育局局长宋农村、云龙区区委书记张仰东、区长孔海燕等领导及职教中心师生代表和有关人员200余人参加。段雄副市长讲话。

(撰稿:项冬松 审稿:苏开育)

**【徐州职教中心以"厚德娴技"为校训】** 徐州职教中心在广泛征求师生意见的基础上,1月22日第一届教代会将"厚德娴技"确定为校训。"厚",指深厚、宽厚;"厚德"即增厚美德。"娴",指熟练;"娴技"即练就熟练的技能、过硬的本领。"厚德娴技"即要求师生要不断加强品德修养,掌握熟练的专业技能和岗位本领。 (撰稿:项冬松 审稿:苏开育)

**【徐州职教中心被评定为国家级重点职业中学】** 徐州职教中心把创建国家级重点职业中学作为2004年的中心工作。按照国家级重点职业中学的建设要求,从办学方向与质量效益、基础条件、规范管理与改革创新等方面加强"软件"、"硬件"建设,推动学校各项工作上台阶。9月16~17日,省专家组进行评估,给予较高评价。年底,教育部办公厅发文,徐州职教中心被评定为国家级重点职业中学。 (撰稿:项冬松 审稿:苏开育)

**【徐州职教中心饭店服务与管理专业通过省级示范专业验收】** 10月16日,省专家组到徐州职教中心听取学校关于专业建设情况的汇报,实地察看实验实习场所和学生技能训练情况,查阅创建材料。对饭店服务与管理专业的建设给予肯定。该专业通过省级示范专业验收。 (撰稿:项冬松 审稿:苏开育)

**【徐州职教中心举办技能节】** 徐州职教中心举办首届技能节,进行22个专业项目的技能展示、表演。历时3个多月,评出一等奖69人、二等奖96人、三等奖263人。

(撰稿:项冬松 审稿:苏开育)

**【徐州职教中心制定三年发展规划】** 徐州职教中心在对学校现状分析的前提下,对学校未来发展进行全面规划。多次召开座谈会,分别组织中层以上干部以及在职党员、教代会代表、民主党派成员赴广州白云职业技术学院、江阴职教中心参观调研。在广泛听取教职工建议和职教专家意见的基础上,制定《学校三年发展规划》,经第一届教代会讨论通过。规划提出"国际视野、规模适当、就业导向、以能为本、追求一流、特色鲜明、服务满意"28字办学理念和"扩大规模、提升层次、国际合作、精细管理、创建品牌、形成中心、凸显特色"28字办学思路。

(撰稿:项冬松　审稿:苏开育)

**【徐州市第二职业中学毕业生李子宁获世界模特大赛冠军】** 2004年在杭州举行新丝路世界模特大赛中,徐州市第二职业中学毕业生,19岁姑娘李子宁获得冠军,成为在国际模特赛事上夺冠的第一个中国人。这是该校继中国超级名模韦杰、中国模特之星大赛最具活力奖获得者刘晓、英格尔全国车模大赛冠军颜天琪、大连服装节总冠军刘建滨之后,又一颗耀眼的新星。"十一"期间,李子宁载誉回到母校,受到李福全市长的接见,之后,与师弟师妹们进行交流。

(撰稿:王奇志　审稿:李海琳)

**【徐州市第二职业中学服装表演大厅建成】** 徐州市第二职业中学投入30万元建设服装表演大厅,包括现代化的舞台灯光音响和服装展示台,将提升该校服装表演专业的办学水平。12月7日,举行启用剪彩仪式。市政府办公室、市教育局及兄弟学校领导60余人参加。 (撰稿:王奇志　审稿:李海琳)

**【徐州市第二职业中学学生在深圳实习就业】** 徐州市第二职业中学航空服务班的学生在深圳机场实习就业,在江苏省是第一家。5月,徐州市教育局副局长张建勋等前往深圳机场,看望慰问学生。听取学生们的汇报,对他们取得的成绩给予肯定。

(撰稿:王奇志　审稿:李海琳)

**【徐州市第二职业中学学生多人在徐州汽车模特大赛中获奖】** 5月3日,徐州"唯美家居"杯汽车模特大赛结束,徐州市第二职业中学艺术部模特班学生吴莹雪、周扬分别获得亚军和季军,姜迎霜获得"最佳表演奖",侯昭获得"最上镜奖",周俊达和陈晨分别获得"最具潜质奖"。 (撰稿:王奇志　审稿:李海琳)

**【徐州市第三职业中学综合高中初显特色】** 徐州市三职中为满足学生不同层次的发展需求,创办综合高中。第一学年全面学习普通高中课程,为学生的终身学习夯实基础,第二学年根据学生的发展提供多种学习模式供学生选择,成绩优秀的学生通过强化文化课与专业课理论学习,可参加普通高考和"对口单招",升入高校进一步深造。准备就业的学生通过强化专业技能训练和职业岗位培训,为成功步入社会打好基础。灵活多样的学习模式深得学生、家长及社会的好评。 (钱群幸)

**【徐州市四职中重视技能培训基地建设】** 徐州市四职中克服重重困难,建立实用技术培训基地。2004年投入约50万元添置设备,改造场地。调配一批年富力强、业务过硬的专业技术人员。拥有各类电焊机、普通车床、数控车床和汽驾教练车30余台辆,配有汽车驾驶训练场一块,现已粗具规模。该校的技术培训基地影响日益扩大,慕名去报名参加各种实用技术培训的人员越来越多。除完成在校生的技能训练课目外,还培训200余名技术工人,并安置他们就业。学校正在争取社会资金,进一步扩大培训基地规模,争取做大做强实用技术培训,更好地推进"两后双百"工程,为社会经济发展做出贡献。

(杜培恩)

**【技能鉴定中心在徐州市四职中挂牌】** 徐州市四职中的汽车驾驶与维修专业始建于1995年,在徐州市开办较早,向社会输送300余名高素质的汽车维修技术人员,遍布徐州与周边地区各大专业汽修厂。车工专业开办20余年,向徐工集团等大中型企业输送2000余名毕业生。师资力量,实训设施,都是一流的,毕业生供不应求,招生规模不断扩大。徐州市劳动局经过考核,确认上述两个专业是有影响力和品牌效应的专业,具备面向社会进行技能培训和技能鉴定的资格,确定四职中为技能训练与鉴定中心,正式挂牌。

(杜培恩)

**【丰县职教中心通过国家级重点中等专业学校评估验收】** 丰县职教中心以“全员参与、全力以赴、全面落实、全部达标”为目标,积极做好国家级重点中等专业学校验收工作。丰县县委县政府成立以县委书记曹文泉为组长、县长赵保华、县委副书记、县政协主席史亚林和副县长顾玉华为副组长的迎验工作领导小组,加强对迎验工作的领导和统筹协调工作。9月,职教中心通过省评估院国家级评估验收,成为国家级重点中等职业学校。

(谢心朋　崔永辉)

**【丰县果园职业中学增开新专业】** 丰县果园职业中学在现有电子电工等专业的基础上,增开当前企业急需、就业前景广阔、薪金待遇较高的数控机床、物流管理、影视动画、网络软件开发等专业。与无锡天元技校、苏州郭巷职中、南京麒麟职校、北京丰台技校等5所学校签署联合办学协议,与海尔集团等单位签订用人协议。毕业生对口录用率90%以上。

(董顺利　谢学军)

**【沛县职教中心坚持以人为本】** 沛县职教中心提出“管理教学争一流,埋头苦干不张扬,静下心来做学问,迎难而上再发展”的工作思路和“以人为本,注重实践,突出特色,多元发展”的教育理念,善待教职工、善待学生、善待学生家长和社会人士,教职工激发自信心和责任感,形成相互激励、同声相和、同气相求的良好氛围。构建“大中专、精高中、高大专”三足鼎立的发展格局,“三向分流,两次高考”为不同类型的学生找到成功之路,把他们的大学梦和就业梦变为现实。学校被评为首批国家级重点中等职业中学、江苏省德育先进学校、江苏省文明单位、江苏省园林式单位和江苏省农村青年外出务工基地,2004年4月再次被教育部认定为国家级重点中等职业学校,10月顺利通过省级示范专业验收。

(撰稿:魏成超　审稿:张尊诚)

**【沛县职教中心加强专业现代化建设】** 沛县职教中心以服务为宗旨,以就业为导向,加强专业现代化建设,形成一个计算机服务中心,服装加工、电工电子两个实训基地,计算机操作及外设维护、电子电器应用与维修、服装制作与营销3个骨干专业。投资229万元,加强实验实习基地建设,建有电工电子实验室、家用电子电器多功能实验室、维修室、电子电器焊接室、计算机硬件维修室、制冷制热实验室等实验实习室和电热电动设备与维修室、钳工实习室、电机实验室和高标准缝纫实习室等校内实习场所,建立稳定的校外实习基地,专业实验实习设施齐全,设备良好,完全能满足学生实验实习的需要。电子电器应用与维修专业通过省级示范专业评估验收,成为江苏省职业中等学校重点专业。

(撰稿:魏成超　审稿:张尊诚)

**【沛县职教中心做强培训就业工程】** 沛县职教中心走政校结合和校企结合之路,与江阴海澜集团、江苏阳光集团、苏州友达光电、仁宝电子、广州志高、精成科技、上海达丰电脑、杭州摩托罗拉等20余家大型企业签订培训就业合同。成立培训就业领导小组,下设办公室。把原来的就业指导办公室转变成从事劳动力就业培训的培训就业处,实行责权利相结合和培训就业工作报告制。采用长短结合学制,以就业促招生,加大招生宣传力度。

与无锡立信职教中心、宜兴职教中心等江南学校采取“1+2”的模式联合办学,与名校共享先进的教学实习设备和丰富的就业资源,解决学校发展的资金不足、现代化实习设备缺少、就业信息不快捷等问题,开拓劳动力就业的新空间,提升劳动力就业的档次。

(撰稿:魏成超　审稿:张尊诚)

**【铜山张集职业高级中学加快基本建设】** 2004年,张集职中建设学生宿舍2000余平方米,新建能容纳18个班的4层教学楼,9月1日投入使用。建设喷泉广场、建成体育场网架结构看台,建成并投入使用长75米、宽13米的游泳池1座,建水冲厕所2座。

(撰稿:李为勋　审稿:孙　震)

**【铜山县张集职业高级中学加强专业建设】** 张集职中2003年种植、养殖2个专业被教育部评估认定为国家级骨干示范专业,2004年服装专业被省教育厅评估认定为省级骨干示范专业,服装、园艺、汽修3个专业被市教育局评估认定为市级骨干示范专业。为保证各专业学生动手能力的加强,多方筹集资金,新增添车床5台,品牌计算机40台。下半年,实行分部管理,分为电子计算机部、机械部、服装部等7个部,各部在侧重抓好专业技能的同时,做好学生的管理工作。招收新生2300余人,突破历史水平,位居全县之首。

(撰稿:李为勋　审稿:孙　震)

**【铜山县职教中心发挥辐射作用】** 铜山县职教中心发挥技能型、紧缺人才培养、培训基地的示范作用,针对“两后”毕业生,开展中、短期技能培训,大力实施“两后双百”工程,承担铜山县下岗职工再就业培训任务。被县劳动局指定为全县下岗职工再就业培训基地和电子电器、计算机、机电、烹饪等多个专业初、中级技能培训、考核点;被县农业局、县科技局指定为“铜山县农民科技教育培训中心基地”;8月,被国家科技部认定为国家级星火学校。

(撰稿:张春振　审稿:葛世永)

**【铜山县工业职业高级中学推进课程结构改革】** 机械制造与控制专业是铜山县工业职业高级中学骨干专业之一,专业师资力量雄厚,实验实习基地档次高、规模大,拥有车工、钳工、焊接车间各1个,校内有实习工厂1个,数控车床4台、CA6140系列车床38台、钳工操作台148个,设备总值达316万元。被认定为江苏省示范专业,是县劳动局定点培训基地和考核点。该校坚持走内涵发展之路,以人为本,以改革为动力,以够用、实用为原则,推进课程结构改革。文化课适当减少课时,专业课形成综合课程,强化专业实践能力的培养,积极探索“产、学、研”相结合的教学模式,着眼于新科技新工艺的转化、推广和应用,与企业合作,组织学生到企业参观、见习和生产实习,提高学生适应现代企业大生产的能力。以学生为本,探索分流、分层教学,使每一个学生都能够取得成功。10月上旬,承办铜山县首届师生车、钳工技能大赛,月底,3名学生参加纵横码录入大赛获市团体一等奖,10月底,代表徐州市到常州参加该项目的省级比赛获团体三等奖。

(撰稿:李文增　审稿:王伟才)

**【铜山县马坡职中生产基地和社会实践基地资源共享】** 近年来,马坡职中生产基地完成由粮食生产为主向以苗木繁育为主产业结构调整,现有各类成活苗木近40万株。美化社会实践基地的活动场所和育人环境,实践基地室外项目遮荫效果好,在盛夏也能正常开展社会实践活动;进一步明确生产基地工作人员的职责范围,基地工作人员除了负责生产基地的生产和管理外,还要负责社会实践基地的日常管理、项目建设、实践活动的组织开展等工作;进一步整合生产基地的设备设施及土地资源,充实完善造纸、小建筑、苗木识别、农作物识别等活动项目，筹建温室园艺、插花、编艺、食品雕刻、田间学艺等活动项目，学农活动更加丰富，社会实践基地特色更加鲜明。2004 年，社会实践基地接待学生 8863 人。在农事操作活动中，学生扦插各类苗木 8 万余株，成活苗达 5 万余株，为生产基地提供丰富的种苗，降低生产成本；开展田间学艺活动，学生清除育苗区杂草 3.3 余公顷，苗木长势良好；植树节前后，安排学生种植或移植海桐、楝树、木槿、女贞、刺柏、紫薇、紫叶李等 500 余株，美化生产基地的环境。2004 年，马坡职中被评为江苏省青少年校外活动示范基地、徐州市花园式学校、徐州市绿色学校、徐州市勤工俭学先进单位。先后接待天津市教委、安徽省教育厅、连云港市教育局等单位前去参观。（撰稿：万继峰　审稿：滕道明）

**【邳州市职教中心抓紧学生常规管理】** 邳州市职教中心"印发《学生日常行为规范》、《学生一日常规》及《邳州市职教中心在校学生常规十二条》，要求学生熟记于心，规范自己的言行。以爱心教育为切入点，开展"五心"教育、"诚信"教育，印发《"五心"歌诀》、《行孝十条基本要求》、《尊师十条基本要求》，进行抽考，举行"诚信在我心中"征文、演讲比赛，使"孝"、"敬"、"诚信"深入每个学生心中。把班级常规检查结果与班主任津贴挂钩。制定《学生奖罚条例》、《班主任工作常规》、《先进班集体条件及评比办法》、《班主任工作评估条例》等，培养学生的集体荣誉感，调动班主任的工作积极性。实行"封闭式管理"，聘请专职保安，组建护校队，为学生办理胸卡、出入证，确保该出的出、该进的进。对后进生做好转化工作，促使其尽早转变。该校连续多年被评为邳州市"综合治理先进单位"和徐州市"德育先进学校"。

（撰稿：殷召猛　审稿：何树怀）

**【邳州市车辐职中努力促进农村剩余劳动力转移】** 车辐职中是邳州市劳务输出培训基地，徐州市"两后双百"培训基地，徐州市农村党员干部实用技术培训基地。成立以校长林凯军为组长的培训工作领导小组，实训处主任具体抓培训，抽调优秀教师兼职授课，做到"培训有计划、平时有考评、结业有证书、学员有档案"，严把培训质量关。根据市场需要，农民需求，完善"订单培训，企业参与"的培训机制，走"先培训后转移，以培训促转移、定向培训定向转移"的路子，做到培训与市场需求相结合。着重做好机械制造、电子技术、服装工艺等专业的培训。把学习和培训地点放在生产现场和实习基地，有针对性地开展实用技术培训，加大实践教学力度，突出职业技能训练。投资 40 万元充实服装制作实习室，新建实验室、电子电工拖动实验室、家电七合一实验室；投资 100 万元新建车工、钳工、焊工 3 大实验室。扩大学生就业实习机会，做到学校与工厂对接，使毕（结）业生进厂就是熟练工。分别与苏州、无锡、常州、上海等经济发达地区的企业签订用人合同，承办 15 期服装、电子、机电技能培训班，培训学员 1064 人，全部被三轴电子（苏州）有限公司、昆山好孩子儿童用品有限公司、无锡盛源祥制衣有限公司、上海富琳服饰有限公司、江苏天山水泥集团有限公司等录用。

（撰稿：袁成峰　审稿：林凯军）

**【睢宁县职教中心加强专业建设】** 睢宁县职教中心从当地经济和社会发展的需求出发，及时对专业结构进行调整。着力抓好骨干专业建设，投入近百万元添置计算机和机电等专业设备，制定专业建设规划；注重加强专业教师队伍建设和教育信息化建设，调整专业培养计划和目标，有效地进行课程改革，试行模块教学；加强对学生的技能训练和创新思维训练，培养"适销对路"的高素质人才；扎实做好示范专业建设工作，大力推进"教、学、产、研"结合，促进专业教学质量的提高。计

算机应用与技术、机电技术与应用和电气技术应用与维修3个专业被评为市级示范专业。 (撰稿:彭德龙 审稿:夏理然)

**【睢宁县职教中心做好农村劳动力转移培训】** 睢宁职教中心被县政府确定为扶贫培训基地和“两后双百”培训中心。坚持以就业为导向和立足为“三农”服务的办学宗旨,围绕“富民强县”工程,抓好校际、校企联合,开展“订单培训”;抓好劳动力输出对口培训;抓好“能工巧匠”培训;抓好农业技术培训;抓好“两后”培训。年内,开展“两后”培训650人次,与有关部门联合开办建筑装潢、计算机、服装工艺、财会、电气焊、作物栽培、果树栽培、畜禽饲养、食用菌等各类培训24期,为农村剩余劳动力转移培训2500人次。其中80%由有关部门组织输出到经济发达地区务工,年收入人均近万元。 (撰稿:彭德龙 审稿:夏理然)

**【新沂市职教中心培训初高中毕业生1600人】** 5月,新沂市政府实施“两前分流,两后双百”工程,新沂市职教中心完成对全市初、高中毕业生1600人培训及就业安置任务。

(撰稿:朱慕勇 审稿:吴维国)

**【徐州市第九职业中学毕业生供不应求】** 徐州市第九职业中学,校内强化“素质”,夯实学生文化及专业基础,使之成为文化过关、技术过硬的专业技术人员。校外拓展“岗位”,成立就业指导小组,与苏南相关部门和单位进行广泛接触洽谈,“推销”毕业生。昆山、吴江等地用人单位纷纷到校招聘,出现毕业生供不应求的可喜景象。昆山等几家用人单位预订2005年的毕业生。

(撰稿:刘德英 审稿:孟宪泉)

**【贾汪区拓展职中办学途径】** 贾汪区文教体局与无锡锡山区教育局联系,青山泉镇综合高级中学与无锡立信职业学校、无锡电子中等职业学校签订联合办学协议书。上海太平洋机电公司与青山泉镇综合高中达成合作意向,投资200万元用于改善实验实习条件。江苏汇友人力资源服务有限公司与区文教体局就业培训服务中心签订合作协议,第一期投资30万元已经到位。

(撰稿:赵震威 审稿:贾传喜)

**【贾汪镇职业中学实施“两后双百”工程】** 贾汪镇职业中学是贾汪区惟一一所职成合一的学校,被区劳动保障局认定为“两后双百”工程培训基地,被区农业局定为技能培训基地。该校充分发挥职教专业技能培训的优势和成教继续教育的功能作用,大力实施“两后双百”工程。2004年组织培训近900人,就业率达100%,其中转移输出率80%,当地就业率20%。 (撰稿:朱德宏 审稿:贾传喜)

**【九里职中对口单招彰显亮点】** 九里职中十分重视对口单招工作,分工明确,突出早、细、实,帮助学生确立学习目标,落实阶段目标,完成学期目标;抓课堂教学,课课清、章章清,组织月考、模拟考、质检分析,及时调整教学节奏,改进教学方法;以班主任为核心,发挥团队作用,知识传授相互渗透,教学方法相互借鉴,掌握教学的深度、广度、难度;把握复习的要点、重点、难点。2004年该校参加对口单招考生全部被录取。

(撰稿:拾 颖 审稿:孙从旭)

**【徐州市高级技工学校喜迁新址】** 徐州市高级技工学校建立于1956年,几代技校人艰苦创业、开拓进取,由最初的几间小屋发展成为国家级重点技校、高级技工学校。2000年增挂“徐州技师学院”校牌,先后为徐州市及淮海经济区培养2万多名技术人才。2004年11月10日,在西郊丁楼(原彭大九里校区)举行新校址启用揭牌仪式。副市长晁家宽、省劳动和社会保障厅处长徐尊杰及市人大、市政协的领导同志参加。国家劳动和社会保障部职业技能培训司和常州技师学院、盐城技师学院等省内10所技师学院发来贺电。晁家宽、徐尊杰为学校揭牌。学校迁入新址后,将进一步拓宽发展空间,满足徐州市经济发展和实现两个率先对高级技术人才的需要,为徐州市地方经济作出更大的贡献。

(吴　建)

**【江苏省徐州机电工程高职学校通过国家重点中等职业学校评估】** 徐州机电工程高职学校经过近4个月的准备,全校教职工讲大局,讲奉献,几十名教师准备资料,6月17日通过国家级重点中等职业学校评估检查组的评估验收。评估组肯定该校办学方向明确,特色鲜明,质量效益良好;基本办学条件良好;管理规范,注重改革创新。

(撰稿:胡之华　审稿:屈新安)

**【江苏省徐州机电工程高职学校通过ISO 9001国际质量体系认证】** 6月16～18日,上海质量认证中心对徐州机电工程高职学校ISO 9001国际管理体系进行论证评审,对校领导、中层干部及教职工的岗位,从教学到后勤等13个部门进行检查和评审,对该校ISO 9001质量管理体系试运行一年来的情况进行检查,给予高度评价,经国家认证认可委员会批准,7月28日颁发认证证书。

(撰稿:胡之华　审稿:屈新安)

**【江苏省徐州机电工程高职学校加强专业建设】** 徐州机电工程高职学校将数控等5个专业作为重点学科和品牌专业加以建设,制定专业建设规划。2004年数控专业投入400余万元,购买20台普通车床、8台数控车床、6台数控铣床、2台切割机、1台注塑机等实习设备。投入60多万元,建设3000多平方米的数控培训中心,投入使用。5月28日,焊接技术、电子技术应用、机电技术应用3个示范专业通过徐州市教育局的评估验收。计算机专业被省教育厅批准为省级示范专业。该校被教育部等六部委授予"国家数控技术应用专业技能型人才培养培训基地"。

(撰稿:胡之华　审稿:屈新安)

**【徐工技校承办省"徐工集团杯"车工、钳工技能大赛】** 10月22～24日,江苏省总工会、劳动和社会保障厅、人事厅、机械工业联合会在徐工技校共同主办江苏省"徐工集团杯"车工、钳工技能大赛。副省长吴瑞林,徐州市委副书记、市长李福全、省总工会副主席李晓布,省劳动和社会保障厅副厅长吴可立,省机械工业联合会副会长苏泽民,徐州市副市长李文顺,徐工集团董事长、党委书记王民,总经理付健等出席开幕式。徐工技校认真筹备组织,大赛圆满成功。全省共有42名车工、48名钳工参加比赛,徐工技校2003届毕业生郭冬获钳工第三名、教师王军宁获车工第六名。

(蒋少刚)

**【徐工技校推广"行为导向教学法"】** 徐工技校在举办"论文写作"、"课件制作"、"液压基础实验"、"数控操作"等培训的基础上,开展"行为导向教学法"的培训。这是一种以学生为中心,以实践导向、行为导向、行为引导为主要方法的教学法。聘请全国职业培训教学工作指导委员会教学法专业委员会秘书长张治忠授课。学校将在教学中逐步推广此种教学法。

(蒋少刚)

**【徐州市建筑技工学校与企业联合办学】** 徐州市建筑技工学校抓住当前生源充足的有利时机,开拓办学思路,走校企联合共同发展的新路子。和江苏长安集团钢结构公司签订联合办学协议,共同筹建徐州市建筑技工学校铜山校区。由企业提供厂房、教室、宿舍等教学设施,双方共同投资增加设备,企业生产、学生实习资源共享。学校选派优秀师资,全面负责教育教学管理,学生边学习边实习,实现学生和企业零距离接触。9月3日铆焊接技术、机电一体化等5个专业班的同学在铜山新校区学习。和中天仕名(徐州)重型机械有限公司、苏州市新城花园酒店(集团)等企业建成伙伴关系,双方共同确定培养目标,商讨教学计划和教学大纲。学校与企业分工承担教学任务。文化课、专业理论课、基本操作技能由学校负责,企业负责安排学生顶岗实训,学生毕业后由企业优先录用。(滕　跃)

**【徐州市商业技工学校跨入省级重点技校行列】** 2004年,徐州市商业技工学校招收新生340人,毕业生人数306人,为社会培训专业技术人员1330人。有烹饪、面点、宾馆服务与管理、商品经营、商务与计算机应用、美容美发、电子技术应用等7个专业,教学班24个,在校生总数1075人。教职工66人,其中教师36人。近几年,该校把创建省级重点技校作为学校发展的奋斗目标,根据《江苏省技工学校评估标准细则》要求,规范管理,加大教学投入,优化育人环境,全面提高学校的办学水平,全校上下形成团结一致搞创建、群策群力谋发展的生动局面。2003年12月,经专家评估组评估验收,被江苏省劳动和社会保障厅确认为省级重点技校。2004年5月,该校举行揭牌仪式。

(撰稿:梁苏豫　审稿:黄卫民)

**【江苏煤电高级技工学校举行技师学院挂牌暨建校二十周年庆祝大会】** 江苏煤电高级技工学校1984年正式招生。20年来,学校实现技工教育以中级工教育为主向中、高级工教育并举的转变;成人学历教育以中专教育为主向大专、专升本教育的转变;在职职工培训以中级工为主向高级工为主的转变;培训功能由单一的职业技能培训向安全教育培训、管理人员培训、专业技术人员培训等多功能培训的转变。1992年建成省(部)级重点技校,1996年建成国家级重点技校,1999年建成高级技工学校,2002年率先建立并实施ISO 9001:2000质量管理体系,2003年通过质量认证。2004年11月16日,该校举行技师学院挂牌暨建校二十周年庆祝大会,全国煤炭教育协会副会长邱江、江苏省劳动和社会保障厅处长黄建荣、徐州市劳动和社会保障局副局长马德全以及大屯煤电集团公司党政领导等出席并讲话,希望学校发扬成绩,与时俱进,不断提高办学质量,为煤炭企业培养更多的合格技术工人。(邓　磊)

**【徐州市纺织技校教师练内功】** 徐州市纺织技校坚持创建一流的教师队伍、培养合格而优秀的毕业生的目标。近两年,引进青年教师7名,教师一专多能,既能教基础理论课,同时苦练操作技能,操作技能教学水平不断提高。服装教师6人中,有:4人获得高级技工的职业资格、1人成为高级工指导教师;4位计算机教师,3人达到本科学历。在2004年徐州市计算机应用技术和图象处理操作技能大赛中,2位老师获奖,学生有4人获得电工与计算机应用技术高级技工的资格证书。暑期安排专业教师去徐州钢铁厂实习,使专业教师不仅具备理论教学的能力,而且熟悉企业对学生操作技能的要求。

(撰稿:刘美芳　审稿:张光华)

**【徐州市纺织技校改善实习条件】** 徐州市纺织技校为电工、钳工、焊工等专业教学提供必要的实习条件,先后建起钳工实习工场、焊工实习工场、电子实习实验室、电工实习室及服装实习工厂,满足各专业的工艺教学的需要。

(撰稿:刘美芳　审稿:张光华)

**【徐州煤机技校在校生人数创历史新高】** 徐州煤机技工学校制定"稳定和发展长线专业,适时调整专业结构,面向社会办学,开拓办学新路,尽快达到办学规模"的方针,大力改善办学条件，不断充实校舍和实习工厂设备，向外开辟中日合资特许机器有限公司和徐州煤机厂等实习基地，合理安排学生实习，学生未毕业就熟悉适应工厂的环境和要求，为以后就业打下良好的基础。毕业生受到用人单位的欢迎。在校生已达 500 多人，创历史最高纪录。（陈桂元）

**【徐州机电技工学校暨徐州机电工程学校把 2004 年定为管理发展年】** 新年伊始，徐州机电技工学校暨徐州机电工程学校围绕“夯基础，抓规范，练内功，强素质”的目标，把全面提升学校的整体管理水平作为工作重点。在强化原有的各项管理制度的基础上，进一步落实科学管理措施，在师资队伍建设、重点学科建设、规范教研活动、强化实习教学、改进后勤服务诸方面进行一些尝试，在目标管理、模式管理、制度管理上大胆实践。全面实施江苏省中等专业学校教学管理、学生管理、后勤管理规范，全面提高学校的管理水平，为职业教育由生源竞争为主，逐步转为管理水平的竞争作好准备。2004 年，学校被评为全国煤炭教育先进学校。

（撰稿：单世东　审稿：王永新）

**【徐州机电技工学校暨徐州机电工程学校加强重点学科建设】** 徐州机电技工学校暨徐州机电工程学校打破传统的教学模式，专业与社会产业结构相结合，与社会人才需求相结合，与周边地区经济发展相结合。不失时机地开办市场需求量大的计算机应用、电子电气、机电一体化、数控技术、机电工程等专业。选择社会用工需求量大、科技含量高，有一定发展前景并受学生普遍欢迎的数控技术、机电一体化、电钳与电修、电子电器、计算机应用等 5 个专业作为学校的支柱专业，进行重点投资建设，新建、扩建数控车间、电子实验室和计算机中心，PLC 实验室和机加工实习车间正在筹建之中。学校形成以机电专业为骨干，以高新技术专业为主导，以就业前景看好的复合专业为必要补充的办学格局。

（撰稿：单世东　审稿：王永新）

**【徐州电力职工中等专业学校更名为徐州电力工业学校】** 徐州电力职工中等专业学校创办 30 年，培养 5700 多名技校毕业生、840 多名中专毕业生，为各级各类岗位培训 12000 余人，鉴定中级工、高级工、技师、高级技师 3800 多人，为江苏电力的发展培养出一大批优秀技能人才。7 月，经徐州市人民政府批准，更名为“徐州电力工业学校”。学校将坚持“从严治校，培训精品，诚信服务，追求卓越”，在实现毕业生较高就业率的基础上，注重就业质量和层次，力争成为国内一流的电力职业中等学校。

（撰稿：许美勤　审稿：杨正保）

**【徐州电力工业学校创建两个示范专业】** 徐州电力工业学校把电厂热力设备运行、电厂及变电站电气运行 2 个专业办成重点专业和名牌专业。上半年，经徐州市教育局验收批准为市级示范专业。其中“电厂及变电站电气运行”为省级示范专业。

（撰稿：许美勤　审稿：杨正保）

**【徐州电力工业学校与华北电力大学联合办学】** 徐州电力工业学校 2003 年依托华北电力大学的教学、科研优势，提高生产一线职工的学历水平和技能水平，为江苏电力公司构筑人才高地服务，申办华北电力大学徐州电校函授站。2004 年 3 月获江苏省教育厅批准，承办“电力系统及其自动化”、“热能动力工程”大专班和本科班。

（撰稿：许美勤　审稿：杨正保）

**【徐州电力工业学校贯彻质量标准】** 徐州电力工业学校全面贯彻《国家重点技工学校质量管理标准》和 ISO 9001 质量管理体系，结合实际建立质量手册、程序文件、作业指导书和质量记录，经过半年多的试运行，11月3日通过国家重点技工学校复评验收。

（撰稿：许美勤　审稿：杨正保）

## ○ 教师教育和培训

**【师范教育概况】** 2004年，4所师范学校以邓小平理论、“三个代表”重要思想为指导，全面贯彻党的教育方针，紧紧围绕提高教育教学质量的主题，不断强化教学管理，努力提高办学水平。

凝心聚力抓教学，全面提高教育教学质量。根据市教育局干部研修班精神，4所师范学校开展“教学质量年”活动，努力提高教学质量。徐州师范学校严格教学常规管理，进一步完善教务工作运行系统、教学秩序监控系统、教学质量考核系统，坚持实行教学日反馈、学生座谈、质量测评、学风评议、教考分离等制度，面向不同年级、不同专业分别召开教学情况分析会，会诊学生在学习中遇到的问题，实行目标管理与过程管理相结合，调动师生的积极性。毕业生参加“5+2”高等教育招生考试，成绩高于全省平均分数。97人参加，94人上线，被录取93人。运河师范学校坚持推门听课，对教师教学情况进行评定和指导。改革考试办法，加大辅导力度，优化学风。加强晚自习辅导。实行“毕业生实习包挂制”，加强教育实习指导力度。试行毕业生毕业设计（论文）答辩，提高毕业生规格要求。徐州教育学院沛县分院严格教学管理，根据学生考试成绩和综合表现，评选学习标兵及评定奖学金等次。严格执行教学“五认真”，采取集体备课、抽查教案、随堂听课、学生评教等加强教学管理。多次组织教师到兄弟学校听课和参与教学研讨活动，开阔教师视野。徐州幼儿师范学校抓好幼教龙头专业，彰显艺术特色专业，打造幼儿园品牌项目。以“全面提高教学质量”为中心，加大教学改革力度，完善教学工作管理制度，采取教考分离，加强教学各个环节的检查管理。以学生为本，以教学为本，进一步盘活教学资源，加速学科专业化建设进程。

积极适应课改需求，加强教科研工作。认真贯彻《基础教育课程改革纲要》，引导全体教师和教育管理者转变教育理念。运河师范学校通过多种形式探讨教学模式。开展“学科教学展示周”活动，要求集体备课，跨学科展示，本组反思，外组借鉴，提升教研组整体实力。强化“问题即课题，工作即教研”意识，编印《教科研信息》。开展“教育经典阅读”活动，指定阅读书目，举行读书汇报。徐州师范学校开展以“自主、探究、合作”为主题的教学研究活动，举办“教学开放日”活动，面向徐州县（市）、区及周边地区，展示教学研究成果。出台《教学骨干评选条例》、《教科研骨干评选条例》，一批青年教师成为教科研骨干，14位青年教师分别获得徐州市名教师、学科带头人等荣誉称号。徐州教育学院沛县分院引导教师围绕新课程改革开展教科研活动，要求每位教师每学期研读一本教育专著，写多篇读书笔记。学校承担省市级科研课题13项，教师课题研究参与率达85%，多项课题有了阶段性成果，3项省级课题正待结题。全年在省级以上刊物发表论文42篇。徐州幼儿师范学校鼓励教师发表论文，参加课题研究。承办由中央教科所主办的“全国幼儿骨干教师高级研修班”。

突出文明诚信教育，强化师德建设。把德育放在首位，开展丰富多彩的教育活动。徐州师范学校请老同志作校史报告，组织十月“红色之旅”革命传统教育活动，对新时期徐师精神展开大讨论。运河师范学校培养学生良好的行为习惯，打造“文明校园”、“诚信校园”。建立和完善班主任工作制度、校级优秀班主任评选、金点子奖等，调动班主任工作积极性。实行“首遇负责制”，营造全员育人的工作机制。徐州教育学院沛县分院开展

“铸造师魂、强化师德、拓宽师学、规范师表、提高师能”的活动，加强“爱心”教育。徐州幼儿师范学校重视党建工作，校党总支被评为市教育系统先进党组织，省第六次基础教育党建工作现场会在该校召开，校党总支介绍经验。建立青年教师成长档案，组织师徒结对，发挥老教师的传帮带作用。

坚持育人为本，全面提高学生素质。拓展“第二课堂”，培养学生的创新精神、实践能力和自主学习能力。徐州师范学校举办校园之星评比与演讲、聚焦论坛和学生宿舍综艺大赛等活动；组织参加徐州市读书活动，获得优异成绩；对新生抓好行为习惯养成教育，开展“争做文明学生”活动。组织“关爱学生百户行”活动，全体教职员工分成50多个小组奔赴六县五区对150余名学生家庭进行走访。徐州幼儿师范学校举办以“文明礼貌、行为规范、人际交往”为主题的班会观摩活动，举行全校师生“诚实做人，诚信做事”千人签名仪式，举办“文明行为与不文明行为”漫画、摄影作品展，组织学生开展走进社区学雷锋志愿者活动。开展艺术节系列活动，举办独舞、独唱、讲故事、朗诵、群舞、大合唱等比赛，培养合格+特长的学生。毕业生在学校举办的第一届全国用人供需见面会上获得好评。徐州教育学院沛县分院开展“绿色上网”主题活动，采取综艺比赛、相声、小品、话剧等形式对学生进行网络道德教育。运河师范学校实施“强基工程”，狠抓基本功训练，除“三字一话”外，要求学生每天写一篇日记；每天到英语角练习英语会话；每天背诵一首古诗；每学期做一个课件。成立22个兴趣小组，举办写作、书法、音乐、舞蹈、美术、播音与主持等26项竞赛活动。在全国师范生“师苑杯”书法大赛中有50多名学生获奖，学校被评为全国师范院校书法教育先进集体。　（蔡陵军　张亚新）

**徐州市2004年师范学校情况表**

表5－5　　　　　单位：个、人

| 学校 | 班级数 | 在校生数 | 毕业生数 | 招生数 | 教职工数 | | 学校领导 | | | | 专业设置 |
|---|---|---|---|---|---|---|---|---|---|---|---|
| | | | | | 计 | 其中：专任教师 | 校长 | 副校长 | 书记 | 副书记 | |
| 徐州师范学校 | 50 | 2364 | 364 | 693 | 164 | 119 | 张兴朝 | 倪正华<br>张蓬成<br>张茂杰 | 周道亚 | 张兴朝<br>倪正华 | 英师、小教文理、信息技术、音乐、美术、体育、计算机网络技术、电脑美术 |
| 运河师范学校 | 42 | 1940 | 358 | 533 | 172 | 110 | 户振江 | 吕立言<br>毛国良 | | 户振江<br>王保珍（女） | 师范类：小学教育、英语、信息技术、音乐<br>非师范类：现代文秘与办公自动化、计算机技术与应用、商务英语 |
| 徐州教育学院沛县分院 | 24 | 1132 | 231 | 250 | 117 | 84 | 王晋明 | 王华民<br>郑　华<br>赵裕东<br>李尚亚 | 王晋明 | | 小学教育、英语教育、信息技术教育 |
| 徐州幼儿师范学校 | 32 | 1481 | 233 | 703 | 122 | 80 | 张祥华（女） | 马　玲（女）<br>滕建志<br>李克军<br>助理<br>邓宪亮 | 杜耀东 | | 学前教育、小学音乐教育、小学美术教育、小学英语教育、播音与主持艺术 |

**【全国高等师范院校数学教育研究会年会在徐州师范学校召开】** 4月26～28日,全国高等师范院校数学教育研究会小教培养工作委员会第三届年会在徐州师范学校召开。来自北京、上海等二十几个省市的专家学者200余人参加。与会代表围绕“师范教育改革与小学教师培养”的主题,就“高学历小学教师培养规格”、“小学教育专业的课程建设”、“信息技术专业教育、课程与信息技术整合”、“小学教师职后培养”等专题进行探讨,教育部师范司的同志作当前师范教育改革的报告,北京大学、北京师范大学的教授作讲座。年会进行换届选举和小学数学新课程教学观摩及第一届全国小学教师培养师范院校学科与信息技术整合网页大赛颁奖,徐州师范学校数学组及王建老师分别获一等奖。

(张建良)

**【徐州师范学校举行“教学开放日”活动】** 11月26日,徐州师范学校举行“教学开放日”活动。徐州市六县五区及安徽蚌埠师范近50所学校600余名领导和教师参加。该校的市劳动模范、拔尖人才、名教师、学科带头人等20多人展示特长,部分中学校长、徐州市名教师应邀上示范课,市教研室的负责同志作点评。 (张建良)

**【徐州师范学校创建学习型校园见成效】** 徐州师范学校坚持进行教师群体学习型组织的建设,鼓励教师多读书,引导教师把教学中的问题转化为课题进行研究。有10名教师走出国门,23人获得或在读硕士学位。2004年全市教师系列评比,该校入选3名名教师、3名青年名教师、2名青年学科带头人、6名青年骨干教师。 (张建良)

**【徐州师范学校举办德育大会】** 徐州师范学校3月19～20日,举办第三届德育大会及“与新课程同行”德育报告会。国家督学、教育部课改委成员成尚荣作《与新课程同行》的报告;来自徐州六县五区及苏鲁豫皖周边地区400多名教育界同仁参加。 (张建良)

**【运河师范学校开展“教育教学质量年”活动】** 运河师范提出文明、书香、双语、数码、平安、园林校园6项创建目标,全面开展“教育教学质量年”活动。实行“教学督导制”,组成教学督导评估组,不打招呼,推门听课,优化教风。改革考试办法,加大辅导力度,实行“课课练,月月测”和晚自习辅导“责任到人、时间到人、地点到人,跟踪检查”,优化学风。举行新课改展示课、汇报课、示范课、研究课、评优课和“学科教学展示周”,推进课堂教学改革,加强学科建设。实行“首遇负责制”和“导师制”,将全员育人落到实处。开展“一月一主题”系列教育活动,使德育内容、形式系列化。学校被评为徐州市学校党建先进集体和徐州市文明单位。

(撰稿:张继忠　审稿:户振江)

**【运河师范学校9项课题结题】** 运河师范强化“问题即课题,工作即教研”意识,立足校本开展课题研究,9项课题结题。教育部“十五”规划课题子课题《以陶为师,铸造师魂》和省级课题《小学数学活动课程研究》、《师范理科教学中实施“STS”教育的调查与研究》,成果丰硕,受到专家组的高度评价。

(撰稿:张继忠　审稿:户振江)

**【徐州教育学院沛县分院以教科研促发展】** 徐州教育学院沛县分院以教研活动为载体,以课题研究为突破口,以个人研究为主要形式,以评优、奖励为激励手段,引导教师开展教科研活动。组织全体教师学习新课程理论,要求每位教师每学期读1本教育专著,写多篇读书笔记。倡导教师参与课题研究,参与率达85%。学校承担省市级科研课题13项,多项课题获得阶段性成果,3项省级课题

正待结题。全年在省级以上刊物上发表论文 42 篇。（撰稿：刘祥海　审稿：赵裕东）

**【徐州教育学院沛县分院提高教学质量】**　徐州教育学院沛县分院认真落实宋农村局长在干部研修班上的讲话精神，抓紧教育教学工作，提高教学质量。在学生中查出勤、查纪律、查学习、查活动，根据学生考试成绩和综合表现，评选学习标兵及评定奖学金等次。在教师中严格执行教学“五认真”，重点加强语、数、外学科的集体备课，采取抽查教案、随堂听课、学生评教等加强教学管理。一学期近百人次组织教师到兄弟学校听课、学习，开阔教师的视野。

（撰稿：刘祥海　审稿：王晋明）

**【徐州教育学院沛县分院重视师德建设】**　徐州教育学院沛县分院开展“铸造师魂、强化师德、拓宽师学、规范师表、提高师能”的活动，组织教师学习《公民道德实施纲要》及教师职业道德规范，重点加强教师的“爱心”教育。请全国表彰的校友和市师德师风报告团 2 次到校作报告，全体师生共受教育。2004 年，魏峰老师被评为江苏省优秀教育工作者，2 位教师被评为徐州市名教师，3 位教师被评为徐州市学科带头人。

（撰稿：刘祥海　审稿：王晋明）

**【徐州幼师创建股份制幼儿园】**　1 月，徐州幼师创办股份制幼儿园——大学城双语实验幼儿园，7 月，接管徐州市煤炭建筑职业技术学院幼儿园，全校教职工投资入股。凭借学校良好的办学声誉和丰富的办学经验，幼儿园规模逐渐扩大，将朝生活产业化方面发展。

（王　静）

**【徐州幼师举办毕业生与全国用人单位供需见面会】**　4 月 17 日，徐州幼师举办第一届毕业生与全国用人单位供需见面会，全国各地 140 多家用人单位提供 400 多个岗位，供 180 多名毕业生选择。毕业生的高素质受到用人单位的赞誉。（王　静）

**【徐州幼师百人笔会庆书法特色学校挂牌】**
徐州幼儿师范学校是江苏省教育系统书法专业委员会团体会员、全国中师书法教育教学先进单位、全国书法考级先进单位，2004 年被评为“徐州市书法特色学校”。学校举行“书法特色学校”揭牌仪式百人笔会，在悠扬的古筝曲中，100 多名学生和徐州部分书法艺术家挥毫泼墨，共同探讨书法艺术的精髓。

（王　静）

**【师资培训概况】**　积极推进新课程师资培训工作。进一步深化课改培训，选送 600 多名教师参加省级新课程骨干教师培训。组织完成市级 100 名中小学起始年级骨干教师新课程培训任务。布置并指导各县（市）区开展起始年级教师全员培训。对其他年级骨干教师加强学科教学研讨培训，聘请专家并依靠各中小学学科基地，开展教学案例研讨活动。

进一步加大骨干教师（校长）培养力度。上半年根据省教育厅部署，选送 396 名教师参加省级骨干教师培训。精选培训基地，组织安排 100 名市级骨干教师参加培训。推选全市 150 名近年来被评为学科带头人的青年教师，举办青年优秀教师高级研修班，采取专家教学、网络课程教学、自学及分学科研讨等方式进行，采取“导师制”，每位学员通过双选的形式确定一位指导教师进行重点辅导和培养。委托教育部教育行政干部培训中心举办省重点中学及完中校长高级研修班。举办省级实验小学校长高级研修班。

开展国际交流及海外培训。拓展国际合作与交流渠道，积极组团赴国外学校进行考察和交流，就基础教育课程改革问题与发达国家的有关学校开展研讨活动。联系海外培训基地，有计划地选派在教学一线工作、业务水平较高或具有发展潜力且外语水平较好的中青年骨干教师出国(境)进修。全年选派近120名英语及其他学科教师、校长赴境外学习培训。

重视加强新教师培训及学历提高培训。认真实施新任教师岗初培训和新任校长任职资格培训,组织2000余名中小学新教师参加由徐州教育学院、徐州师范学校、各县(市)、区教师进修学校实施的岗初培训。下发《关于组织报考在职攻读教育硕士专业学位的通知》,积极鼓励在职教师报名参加教育硕士学位考试,要求各单位执行《徐州市中小学教师继续教育办法》的相关规定,从时间、工作安排等方面为教师报考及学习创造条件。

大力推进校本培训工作。进一步建立健全校本培训组织管理机构,各县(市)、区加大对校本培训工作的研究和指导力度。泉山区区域性推进校本培训取得明显的成效;鼓楼区开展观摩听课,有效地促进教师教学能力提高;云龙区教师进修学校分层次开展加强未成年人思想道德建设师资培训。

继续实施"名师名校长"和"青蓝工程"建设。开展第三批徐州市名师名校长评选工作及第五批"青蓝工程"评选工作,评出:徐州市名校长6人、徐州市名教师37人;徐州市青年名教师33人、青年学科带头人和青年优秀骨干教师108人。制定《关于实行名特优教师专项津贴制度的意见》及《徐州市名特优教师(校长)考核办法》,激励教师发挥骨干示范作用。

抓紧现代教师教育体系建设。配合省教育厅和市委市政府做好关于加快师范学校发展的调研工作,根据省"中师学校改革发展座谈会"精神,积极稳妥地推进中等师范学校调整工作。加强师范学校教育教学质量的监控评价,市教育局2次组织视导组,对4所师范学校学科教学及教学计划、课程设置等进行视导,对师范学校教育教学培养目标定位问题进行调研。

以现代远程教育为突破口,整合优质教师教育资源,筹建徐州教师培训网。组织1000余名教师参加"英特尔未来教育"信息技术与课程整合培训,取得较好成绩。组织开展全市及市区第三届青年教师现代教学技能大赛。

不断深化教师职称评审改革。坚持优化教师岗位设置和教师职务结构,继续深化教师职务聘任改革。对高校、中专学校以及中小学系列中级评委库、中小学系列高级评委库进行调整。对全市1300余篇中学申报高级职务任职资格教师的教学论文进行鉴定与答辩,对630多名申报中学高级职务任职资格的人员进行教学能力测试。有32名市属高校教师、74名中专学校教师获得副高以上任职资格;有33名高校教师、60名中专学校教师、162名中学教师获得中级任职资格;有422名中学教师获得高级职务任职资格。

(蔡陵军　张亚新)

**【苏教版小学语文教学研讨会在徐州市举办】**

2月28～29日,江苏省教研室、徐州市教育局师资处、徐州市教育局教研室、徐州市小学教师培训中心、徐州师范学校在市第三中学联合举办苏教版小学语文教学观摩研讨会。以苏教版小学语文第二册、第四册为载体,由来自鼓楼区、泉山区、云龙区、贾汪区、铜山县、睢宁县、沛县、邳州市的优秀教师就阅读、识字、学用字词句、口语交际4种课型分别进行教学展示,苏教版小学语文培训部主任高林生和苏教版小学语文常务编委吴亮进行现场讲评和专题报告。全市1600多位小学教师参加。　(许　艳)

**【徐州市小教培训中心举办各科新课程培训】**

市小教培训中心暑期举办小学美术省级新课程培训,小学语文、数学、英语、科学、社会、综合实践、美术市级新课程培训。学员学习《基础教育课程改革纲要(试行)》、小学各学

科课程标准和新编教材，进行各科教学观摩和实地考察。（许　艳）

**【徐州市举办省实验小学校长高级研修班】** 徐州市小教培训中心举办省实验小学校长高级研修班。全市60多名省实验小学校长参加，从2004年10月开始，为期一年。采取集中辅导、专题讲座、自学读书、案例分析、调研考察、课题研讨、论文答辩、经验交流等方式，使校长进一步开阔视野，增强学习意识和创新精神，提高综合素养和施政能力；掌握基础教育课程改革的内涵，掌握现代教育理论和学校管理理论，研究新形势下的学校管理规律，结合本地、本校的实际情况，设计符合时代要求、具有地方特色的学校管理方案；掌握现代教育技术，进一步提高学校管理的水平。（许　艳）

**【运河师范学校获得省新课程培训承办权】** 运河师范通过竞标获得江苏省小学语文、数学骨干教师新课程培训承办权。暑假期间，学校精心制订培训计划，邀请省内专家、学者授课，高质量完成对省内180位小学语文、数学教师的培训任务。完成徐州市120位中小学体育骨干教师和60位小学英语骨干教师新课程和引智培训。

（撰稿：张继忠　审稿：户振江）

**【徐州幼儿师范学校举办全国幼儿骨干教师高级研修班】** 中央教育科学研究所教育理论研究部和徐州幼儿教师培训中心4月10～12日在徐州幼儿师范学校举办“新纲要，新理念——全国幼儿骨干教师高级研修班”。来自全国20多个城市的600多位幼儿教育工作者，听取华东师范大学学前教育系副教授张明红等专家的学术报告，观摩幼师附属幼儿园、幼师幼教集团大学城双语幼儿园等幼儿园教学活动。（赵　丽）

**【徐州市幼儿教师培训中心举办多种培训】** 徐州市幼儿教师培训中心7月14～24日举办《学前双语教学培训班》，帮助幼儿教师掌握幼儿英语教学的知识和技巧，50多名幼儿教师参加。7月15～24日举办《幼儿园保育员培训班》，参加培训的保育员70多人。12月12日，徐州幼儿教师培训中心和徐州幼教集团“婴乐坊”亲子园联合举办《婴幼儿发展》专题研讨会，幼儿园教师和幼儿家长250多人参加。（赵　丽）

**【鼓楼区教师进修学校积极推进校本培训】** 鼓楼区教师进修学校在调研基础上，制定《鼓楼区关于加强校本培训工作的指导意见》，从校本培训的管理、机制、内容、方法等方面提出要求。举办全区负责校本培训的领导“新课程下的校本培训”讲座，观看关于“校本培训研究和国外校本培训模式介绍”、“校本培训的实践与思考”录像。在民主路小学举办校本培训现场会，探索新课程下的校本培训模式，即“怎么干”的问题。从“学习—实践—反思”三个层面，向大家提供可操作方法：学习层面抓读书，可通过读书卡片摘录、交流会、沙龙活动等形式进行；实践层面抓课堂，通过课堂，进行技能训练；反思层面利用省、市骨干教师对教师进行培训，通过传递培训中信息、工作中的小故事、小事件等互动交流、提高。组织以省实小为“领头羊”的“片级校本培训活动”，大马路小学的“新课程下教师专业化发展”的主题读书沙龙，中山外语实验校的“我所了解的加拿大教育”专题讲座，鼓楼小学的“关注孩子的成长”班主任工作研讨活动，八里小学的“让人文精神培养教师的人格”主题讲座与对话等，带动其他学校校本培训工作的提高。（王　静）

**【云龙区教师进修学校开展“加强未成年人思想道德建设”培训】** 云龙区教师进修学校利用暑假举行“加强未成年人思想道德建设”校

干培训班,聘请徐师大伦理学与德育研究中心主任陈延斌教授、教科院心理系主任李梅教授等作讲座,引导校干开拓思路,创新学校德育工作;举办班主任培训班,围绕民族精神教育、诚信教育、基础文明养成教育、心理健康教育等内容,开展系列培训活动,提高班主任德育工作水平。 (赵 瑄)

**【泉山区教师进修学校多种形式推进课改培训】** 泉山区教师进修学校投入培训经费202600元,与相关科室举办各种培训36期,参培人数4662人次。要求参加实验的教师“先培训、后上岗,不培训、不上岗”。8月21日至8月30日,通过讲座报告、课例观摩、交流研讨、课例分析等形式,对全区教师进行通识培训及分年级分学科培训,参培教师1500人次。邀请市参与新课程改革的专家、实施者作报告,让教师与教师、教师与专家进行面对面交流。调查问卷反馈显示,教师的满意率为83.5%,比较满意率为16.5%。对管理者的培训实行长期培训与专题研讨相结合。2003年3月~2004年3月,84人参加300学时校长任职资格培训班,在理论学习的基础上,2004年3月5~7日到国家课改实验区无锡进行考察,听取无锡市教育专家的报告。培训的满意率达95%。11月6~7日举办176人参加的新班主任培训,邀请市德育研究室主任王兰、《施爱与管教》一书的作者李乐开讲座,观看北京22中孙维刚的事迹录像,学员小组交流,大组发言,畅谈体会。活动满意率达90.04%。9月份举办80人参加的新教师岗位培训班。 (张立东)

**【泉山区教师进修学校为边远学校送课】** 泉山区教师进修学校4月和12月把培训伸展到边远学校,邀请在全国、省获奖的教师到边远学校送课,请专家、名教师开讲座,受到欢迎。 (张立东)

**【丰县教师进修学校加强基础教育课程改革实验工作】** 丰县教师进修学校在课改方面坚持“抓住重点、突破难点、彰显亮点”12字方针。师资培训做到通识培训与学科培训、岗前培训与过程培训、专门培训与校本培训、理论学习与课例分析、走出去与请进来五个结合。按照“先培训、后上岗、不培训、不上岗、边实验、边教研”的原则,抓“龙头”——校长培训,抓“重头”——骨干教师培训,抓“源头”——全员教师培训。先后有4000多名中小学教干、教师参加不同形式的新课程培训。组织课改联络员深入中小学,听课、评课,与实验教师交流。组织县骨干教师到村小送课,将优秀课例录制成光盘发放到各定点小学,2000多名村小教师受到教育。组织有关人员利用双休日到各镇、校举办专题讲座,帮助他们解决课程开发中遇到的实际问题。启动“课改校校行”活动,通过听课、查阅资料、座谈、问卷调查、走访等形式对各镇、校的课改工作进行了解,对照《丰县基础教育课程改革工作评估考核细则(试行)进行量化评估。 (张 铎 刘敬院)

**【铜山县教师进修学校教师开展读书活动】** 铜山县教师进修学校组织教师开展读书活动,积极营造浓厚的读书、科研氛围。开学初制订读书计划,要求教师每月做2篇读书笔记(不少于2000字),每周二组织一次读书论坛会,大家畅谈读书心得;推荐自己认为较好的书籍;讨论一个读书话题或者根据当前中小学及幼儿园教育教学改革的实际状况展开讨论,进行理论探究。修订完善《教育科研成果奖励办法》,鼓励教师撰写教育教学论文。年内,在县、市、省级报刊上发表论文20余篇。 (撰稿:单万云 审稿:李 健)

**【邳州市教师进修学校做好暑期教师培训】** 暑假期间,邳州市教师进修学校根据教育局的要求,举办3期中小学骨干教师培训班,培训学员 1259 人。7 月 18 日，中小学教师专业合格培训开班，时间半年，培训 445 人。8 月底，28 名新教师通过岗前培训走上教师岗位。（沈爱和）

**【邳州市教师进修学校与省教育学院联合办学】** 邳州市教师进修学校继续与省教育学院联合办学，8 月，省教院本、专科函授招生，报考教师 386 人，通过考试录取 200 人，现有在校学员 380 人。（沈爱和）

**【邳州市教师进修学校开展社会办学】** 邳州市教师进修学校想方设法寻求社会力量到校办学。9 月，承办市供销社专业技能培训和劳动局保育员技能培训班，培训学员 500 余人。11 月 9～13 日，市人事局在该校举办农村“七站八所”人员上岗培训班，500 多人参加为期 1 周的业务知识培训。11 月 8 日，该校承办药监局药品麻醉师培训班，培训 140 多名医务人员。年底，该校同南京艺术培训中心联合办学，由南艺的名师到校举办小学至高中阶段的音乐、美术、舞蹈专业辅导班。（沈爱和）

**【睢宁县教师进修学校转变办学思路】** 睢宁县教师进修学校在充分调研的基础上，本着“诚信、双赢、优质”的合作原则，与无锡江南中等专业学校、南京农垦技工学校、常州旅游学校等学校联合办学，面向初中应届毕业生，招收“电子技术应用”、“数控技术”、“机电技术应用”、“电子商务”、“宾馆管理”等中等专业技术班。几年来，招生近千人。学制三年，第一年在睢宁县教师进修学校学习文化基础课，第二年在联办学校本部学习专业课，在苏州、南京、常州等江南大中城市就业，月收入千元以上。（潘曙光）

**【新沂市教师进修学校开展联合办学】** 新沂市教师进修学校和江苏教育学院、连云港师专、徐州教育学院、华东师范大学网络教育学院开展联合办学。江苏教育学院在该校开设本科班 8 个，488 名学员，专科班 3 个，136 名学员，与其他院校共同招收专、本科学员 644 人。2004 年参加联合办学院校成人高考，录取 400 人，其中江苏教育学院 275 人，学员毕业后，将使新沂市的教师学历水平提高 20 个百分点。（撰稿：吴玉和　审稿：宋启良）

## ○ 高等教育

**【概况】** 2004 年是徐州高等教育发展史上极其重要的一年。在教育部、省委教育工委、省教育厅和市委、市政府的正确领导和大力支持下，在驻徐州各高校的努力下，徐州高等教育事业出现持续、健康、加快发展的新局面。

徐州高教战线大事、新事、喜事接连不断。市委、市政府出台《关于加快徐州高等教育事业发展的意见》，分析徐州高等教育事业发展的现状和面临的新形势，提出促进徐州高等教育事业发展的指导思想、原则、目标任务和措施。对于推动徐州高等教育事业的快速发展具有十分重要的意义。《人民日报》等中央和省市新闻媒体分别予以报道。

中国矿业大学南湖校区一期工程竣工并投入使用。徐州师范大学接受教育部本科教学评估专家组的评估。徐州医学院东校区建成并投入使用。徐州建筑职业技术学院西校区建设开工，徐州工业职业技术学院九里校区一期工程竣工并投入使用，二期工程即将开工。九州职业技术学院新征土地 16.6 公顷，基建工作正在进行。徐州工程学院接受教育部专家组去“筹”评估。徐州教育学院积极筹建新校区，合理整合市属高校资源，申报徐州高职校工作正式启动。

驻徐州高校办学规模进一步扩大。年底，高校占地总面积达 819.5 公顷、建筑面积达 281.276 万平方米，固定资产达 247597.

04万元,博士研究生专业33个、硕士研究生专业122个、本科专业136个、专科专业240个,共有教职工8402人,其中专业教师4628人、正副高级职称1676人,在校生总数为109520人,其中,研究生4296人,全日制本专科在校生76498人,成人在校生26696人。自学考试参考人数约14万人次。

函授教育和现代远程教育管理规模进一步扩大,管理进一步加强。新增函授站、远程教育校外学习中心点8个。截至年底,全市共有远程教育校外学习中心点28个,高等学校函授站68个,远程教育和函授站注册在籍生近2万人。市教育局发出《关于开展高校在徐函授站星级评估活动的通知》,星级评估正式启动。

驻徐州高校部门之间的联系和交流进一步得到加强。在建立驻徐州高校教务处处长联谊会、宣传部长联谊会、党办主任联谊会、校办主任联谊会、招办主任联谊会、成教院长联谊会、学工处长联谊会的基础上,又先后成立科研处长联谊会、保卫处长联谊会。在全省高教处长座谈会上,徐州市教育局高等教育与宣传教育处作建立高校部门联谊会经验介绍。

高校招生市场进一步规范。市委宣传部、市教育局、公安局、工商局、城市管理行政执法局和市消协6部门根据教育部《关于加强对民办高等教育机构招生管理的通知》精神,从徐州实际出发,联合制发《关于加强对民办高教机构招生管理的意见》,"有理、有力、有节"地开展大规模的整治高校招生秩序的行动,共取缔非法招生机构80余个,维护高校招生秩序和广大人民群众的利益,得到省教育厅领导的好评和人民群众的称赞。人民日报、新华日报、文汇报、扬子晚报、现代快报、徐州日报、彭城晚报、都市晨报、江苏电视台和徐州广播电视台多次进行报道。

做好高校英语考试督查工作。市教育局高等教育与宣传教育处认真贯彻省教育厅有关文件精神,按照授权承担徐州地区高校的外语考试巡视工作,制定实施《在徐高校大学英语考试巡视方案》,保证全年2次考试顺利进行。

做好高校国家助学贷款工作。市教育、财政、金融部门和驻徐各高校认真贯彻省有关部门《关于进一步加强普通高等学校国家助学贷款工作的意见》精神,按照新机制,积极实施国家助学贷款业务,共向大学生发放国家助学贷款近1000万元。市教育局高宣处积极协助各高校,采取"贷、减、免、补、奖"等各种有效措施,认真做好大学生的扶贫助学工作。

开展"绿色大学(学院)"创建活动。市委宣传部、共青团徐州市委、市环保局和市教育局联合下发了《关于开展创建"绿色大学(学院)"活动的通知》,在全国率先开展"绿色大学(学院)"创建活动。经过认真审核和严格考核,中国矿业大学环境与测绘学院、徐州建筑职业技术学院被命名为首批"绿色大学(学院)"。

高校党建、思想政治工作和精神文明建设得到加强。市委教育工委及时制发《关于认真学习贯彻中共中央、国务院〈关于进一步加强大学生思想政治教育的意见〉的通知》,对这方面工作作出部署。市委教育工委先后召开弘扬新时期徐州精神座谈会和加强大学生思想政治教育座谈会。中国矿业大学等高校被评为2002～2003年度徐州市文明单位,受到表彰。完成市人大、政协有关高等教育提案的办理工作。共办理提案6件。人大代表、政协委员对提案的答复都表示满意。

(张广银　姚新文)

## 中国矿业大学

**【概况】** 中国矿业大学是直属教育部管理的全国重点大学,是国家"211工程"重点建设的高校之一。学校设有研究生院。现有5个具有博士、硕士学位整体授予权的一级学科，33个博士点，72个硕士点，2个专业学位授权点；有7个国家级重点学科、5个省部级重点学科、7个“长江学者奖励计划特聘教授”岗位设置学科、9个博士后科研流动站。徐州校本部设有19个学院，56个本科专业；有教职工2797人，其中专任教师1322人，有教授196人、副教授361人。学校有中国工程院院士5人，博士生导师137人。教师中有1人获首届“中国青年科学家奖”、1人获“中国青年科学家奖”提名奖、2人获全国首届高等学校“教学名师奖”、1人获“全国模范教师奖”、1人获第3届全国优秀科技工作者称号、6人获“中国青年科技奖”、10名国家有突出贡献的中青年专家、5人列入国家“百千万人才工程”第一、二层次培养对象、9人列入教育部“新世纪优秀人才培养计划”、9人获国家杰出青年科学基金，3人入围第八届中国青年科技奖、200多人次先后获国家、省部级各类学术荣誉称号。2004年，全校广大师生员工在学校党委、行政的领导下，顺利完成学校全年度各项工作任务。

**【学科建设成绩显著】**　学校开展第十次学位点授权审核预申报工作，自主设置2个博士学位授权学科、专业，对5个博士学位授权点、25个硕士学位授权点进行基本条件内部评估。“矿山开采与安全”教育部重点实验室建设计划顺利通过教育部组织的专家论证。申办MPA（公共管理硕士点）获得批准。“十五”“211工程”建设项目可行性研究报告得到国家发展和改革委员会的批复，年内，已有6个重点学科建设项目、2个公共服务体系建设项目，共19个子项目签订任务书并进入建设实施阶段。

**【研究生教育快速发展】**　2004年5月，学校试办研究生院工作顺利通过教育部评估。学校在部分学院进行副教授招收博士生试点；在部分博士生导师中试行自主招收博士研究生。年内，学校共招收各类研究生1356人，首次面向煤矿企业在职人员单独招收研究生；学校在学研究生总数达到3263人，比2003年增长33.6%。学校立项资助11本研究生教材，资助出版6篇优秀博士学位论文。1篇论文获得全国优秀博士论文，使学校全国优秀博士论文达到8篇，名列全国高校第13位。

**【南湖校区建设顺利推进】**　学校领导班子高度重视新校区建设。2004年，建筑面积18万平方米的一期工程已经完工，9项房建主体工程全部通过徐州市土木工程质量监督站的优质结构验收，7000多名学生入住新校园，初步形成两校园办学的管理体制与运行机制。建筑面积48万平方米的二期工程建设全面展开。学校在文昌校区建设400多套120平方米～180平方米的小高层住宅楼，一期建设的搬迁和拆迁工作即将完成。

**【师资队伍建设得到加强】**　学校出台《中国矿业大学引进优秀人才暂行规定》和优秀创新团队建设实施办法，12个团队获得首批优秀创新团队建设资助。2004年度教师进修81人次，50人次出国培训。通过在职培养提高教师学历层次，其中20人获得博士学位、40人获得硕士学位、69人新入学在职攻读博士学位、107人新入学在职攻读硕士学位、2名教师留学回国、5名博士后出站。年内，共接收或调入：专任教师127人，其中教授4人、副高职称8人；博士15人、硕士102人，占97%。从14个学院选派30名教师前往英国伯明翰大学进行英语培训，选派16名英语专业教师赴伯明翰大学进行语言培训。聘请长期语言专家和教师6名，接待短期到访、顺访专家70余名。年内，2人获得第七批省“333人才工程”资助，1人被评为江苏省首届十大杰出专利发明人，1人荣获孙越崎青年科技奖,1人荣获煤炭青年科技奖,6人被推荐为中国煤炭青年科技奖候选人,1人为孙越崎能源大奖候选人,2人为孙越崎青年科技奖候选人。

**【教育教学质量得到提高】** 2004年学校启动本科教学迎评促建工作,对各学院2003～2004学年度本科教学工作进行评估。面向26个省、市、自治区录取5102名普通本科生和600名对口单招的本科生。2门课程被评为国家级精品课程,13项成果获得省级教学成果奖,7门课程和2个课程群分别被评为江苏省优秀课程和优秀课程群,14个课件在江苏省第二届"方正奥思杯"多媒体教学课件竞赛中获奖,109项成果被评为校级优秀教学成果奖,3人被评为学校首届教学名师,50人获得校级优秀教学质量奖。学校出资65万余元立项资助2004年课程改革与建设项目83项,出资16万余元资助双语教学课程建设项目48项。2004年,公有民办徐海学院招生900人。成人教育招生规模进一步扩大,教育质量不断提高。2004届毕业生就业率达到99.11%,其中研究生就业率为100%,本科生就业率为99.51%,专科生就业率为90.98%。

**【科研工作再结硕果】** 2004年,学校实到科研经费1.43亿元,比2003年增加4500多万元;新签订科研项目经费总额1.85亿元;新上纵向项目169项,横向项目778项,比2003年增加349项。41项科研课题获得省部级以上奖励,其中2项获得国家科技进步二等奖;4项成果入选2003年度煤炭工业十大科技成果;1项成果入选国家科技成果重点推广计划;5项成果被推选为国家安全生产重点科技成果推广项目。公开发表论文1700篇,出版专著67部,获得授权的专利38项。专项资助"工业安全工程技术研究中心"等省部级科研基地的建设启动工作。承办中国煤炭教育协会高教分会2004年年会暨第六次校长论坛。举办混凝土与混凝土结构新进展国际会议和第五届国际采矿科学技术讨论会等学术会议,先后有134人次利用国家经费、社会基金、学校科研经费等短期出访、参加培训、考察访问、参加国际会议或开展科研合作;学校被列入江苏省知识产权局"省知识产权推进计划"。

**【国内外交流与合作得到加强】** 2004年共选派93名学生出国深造;接收留学生45名,使在校留学生数达到160人(其中4人为硕士研究生)。校领导率团先后访问越南地矿大学、澳大利亚斯运伯恩科技大学、美国肯塔基大学等多所高校,与江苏省外办、美国教育交流协会(CIEE)等政府部门及中介机构建立国际化教育合作关系。上半年共派出63名学生出国学习。5月学校正式成立中国矿业大学校友总会,11月成立第四届董事会。年内获得企业、校友与社会各界捐赠资金达2800多万元。

**【管理体制改革继续深化】** 年内学校处级干部、科级干部及工作人员全部重新竞聘上岗;新设立2个学院、1个职能部门。制定《中国矿业大学2004～2005学年度各类人员定编方案》,出台《中国矿业大学流动编制管理试行办法》。加大学校对学科建设和教学科研工作等方面经费投入的调控力度。对岗位津贴制度进行调整,新的岗位津贴方案进一步向教学科研一线倾斜,突出对业绩点的考核与激励。加强校园数字化管理,启动并积极推进校园一卡通工程。积极引进外来资金1.5亿元推进学校办学和促进各项事业发展,实现经营性资产增值和引进企业改制资金共计1446万元;在南湖校区实施物业管理的社会化运作。

**【党建、思想政治工作不断改进】** 学校重点抓好党的基层组织建设、干部队伍建设、领导班子作风建设以及党员的发展、教育和管理等工作,召开全校纪检监察工作会议,举办处级干部经济工作纪律学习班,健全和完善学校反腐倡廉"大宣教"的工作格局,修订《中国矿业大学处级领导干部选拔任用管理工作条例》,进一步规范学校处级干部的选拔任用和管理工作。认真贯彻落实第十二次全国高校、全省高校党建工作会议精神,加强青年知识分子特别是大学生党员发展工作,全面开展迎接江苏省党建目标考核的准备工作。

(撰稿:秦 峰 审稿:王治东)

## 徐州师范大学

**【概况】** 徐州师范大学现有泉山、云龙、奎园、贾汪4个校区。校园占地163公顷,校舍面积82.67万平方米,图书馆藏书188.6万册,固定资产总额9.6亿元。设有文学院、社会发展学院、法律政治学院、外国语学院、数学系、物理系、化学系、生命科学学院、城市与环境学院、体育学院、音乐系、美术系、信息传播学院、商学院、计算机科学与技术学院、教育科学学院、工学院、国土信息与测绘工程系等18个院系,另有"两课"教研中心、现代教育技术中心等直属教学单位以及成人教育学院、社区学院。2004年有26个硕士点、54个本科专业,涉及经济学、法学、教育学、文学、历史学、理学、工学、农学、管理学等九大学科门类。学校还是教育硕士培养单位。有研究生600人,普通全日制本专科生20288人(含科文学院),成人教育在籍学生7372人。学校坚持以改革促发展,积极推行内部管理体制、人事分配制度和后勤社会化改革,注重加强党建和思想政治工作,加强校风、教风、学风建设,确保各项事业协调共进、健康发展。自1988年以来,学校已连续8次被省委、省政府表彰为"江苏省文明单位";3次表彰为"江苏省文明学校"。

**【学校拥有一支高水平的教师队伍】** 学校1237名专任教师中,有中国科学院院士1人(双聘),校特聘教授6人;教授128人、副教授301人;具有博士学位者127人,具有硕士学位者440人。2名教师被授予"全国五一劳动奖章",28名教师享受国务院颁发的政府特殊津贴,8名教师获得江苏省有突出贡献的中青年专家称号,1名教师获得江苏省高校首批教学名师称号;41人次为省政府"333新世纪科学技术带头人培养工程"培养对象,12人为省跨世纪学术带头人,21人为省优秀青年骨干教师。

**【注重学科建设和科学研究】** 学校有校级重点学科26个,省级重点学科1个,省级优秀学科梯队3个,省级重点实验室1个。科学研究成果丰硕。2001年以来,教师共主持国家级课题31项、省部级课题45项、省厅(地市)级课题173项,重大横向科研课题40项,共获科研经费1777万元;出版专著(编著)174部;发表论文3092篇,其中被SCI、EI、SCIE收录103篇;获得国家级、省部级科研成果奖33项。2003年SCIE论文检索63篇,在全国高校中排名82,在全国师范类高校中排在第14名,EI论文排在第24名。

**【坚持以人才培养为中心】** 学校以就业市场为导向,不断更新教育思想观念,积极推进教育教学改革,人才培养质量不断提高。2004年有省级品牌专业、特色专业10个,省级优秀课程34门(次),省级教学实验中心1个。学校被省教育厅确定为江苏省大学生文化素质教育基地、师范生素质教育基地、中小学骨干教师省级培训基地、中等职业教育师资省级培养基地和基础教育新课程师资省级培训基地。

**【重视对外交流与合作】** 与澳大利亚、俄罗斯、英国、美国、日本、白俄罗斯、乌兹别克斯坦等国高校建立校际友好合作关系。是全国首批200所"有资格接收外国留学生的高校"之一,先后接收来自法国、加拿大、日本、韩国、俄罗斯、以色列等国的留学生。

**【教育部本科教学工作水平评估专家组对学校进行考察评估】** 12月11～17日,教育部本科教学工作水平评估专家组一行13人对学校进行为期一周的考察评估。12月12日,学校迎接教育部本科教学工作水平评估开幕式在敬文报告厅举行,副省长王湛、省政府副秘书长朱步楼、省教育厅厅长王斌泰、省教育厅副厅长丁晓昌、徐州市政府副市长段雄等领导出席会议。会议由王斌泰厅长主持。王湛副省长向专家组介绍江苏经济、社会发展特别是高等教育发展的情况,并充分肯定徐州师范大学建设成就。专家组组长马敏教授充分肯定学校迎评工作取得的显著成效,对学校提出的"实事求是地迎评、艰苦朴素地迎评、扎扎实实地迎评"迎评方针给予高度评价。校党委书记朱淮沂代表校党委、校行政致欢迎辞,校长徐放鸣作自评报告。专家组还观看了介绍学校办学精神和发展情况的专题片《使命》。专家组在学校期间,审阅学校的自评报告,查阅教学工作的有关材料,考察泉山、云龙和贾汪三个校区的教学基础设施和生活设施,测试7个专业21名学生的教学技能,随堂听课43节,对274名学生分别就英语、计算机应用、体育、化学、机械基础等基本技能进行抽查测试,分别召开座谈会,走访有关单位,调阅部分毕业论文、试卷、作业和实习报告,观看师生的文艺演出和升旗仪式,12月17日,举行本科教学工作水平评估意见反馈会,专家组组长、华中师范大学校长马敏教授反馈专家组评估意见,充分肯定学校在办学指导思想、迎评促建、课程改革、教学基本建设、教学管理与质量监控、教风学风建设等方面所取得的主要成绩,一致肯定学校"立足苏北,'姓师向农',积极发展地方新型师范教育"的鲜明办学特色,并就学校的本科教学工作提出中肯的意见和建设性的建议。

**【王湛副省长一行到校视察】** 2004年6月23日,王湛副省长一行到校视察。校党委书记朱淮沂、校长徐放鸣陪同视察并作工作汇报。王湛副省长一行重点考察文科楼群、科文学院、艺术楼群和药用植物生物技术重点实验室。王湛副省长强调,徐州师范大学要在巩固规模建设成果的基础上,加强内涵建设,达到省定要求,提高苏北人民的受教育程度,加快苏北发展;要把人才培养质量放在重要位置,在教师教育方面打出自己的品牌;要有为地方经济建设服务的热情和能力,注重发挥多学科的优势,为地方经济建设培养各类人才;在注重学校整体发展的同时,要注重重点学科、重点实验室建设,不断提高学位教育的培养水平,更好地形成自己的优势。他表示,区域共同发展离不开苏北的发展,要通过教育,通过加强人才培养促进苏北的发展,省委省政府一定会大力支持徐州师范大学的建设和发展。

**【学校举办一系列高水平学术会议】** 2004年,学校举办一系列高水平的学术会议,成功举办全国经济地理研究会2004年学术研讨会、第二届海外中国语言学者论坛、中国地理学会人文地理专业委员会暨全国高校人文地理教学研究会2004年学术年会、中国现代文学研究会第九届理事会、全国马列文论研究会第21届年会暨"马克思主义文论与文学的当代性"学术研讨会、第十一届全国近代汉语学术年会暨国际学术研讨会、第九届中国澳大利亚研究国际学术讨论会以及廖序东先生九十华诞学术交流会。

**【《画法几何与机械制图》荣获国家级精品课程】** 教育部发文公布,工学院邢邦圣老师主持建设的《画法几何与机械制图》获教育部高职高专类精品课程,实现学校国家级精品课程的“零”突破。

【学校获得多项集体和个人高级别奖项】 校女子足球队2004年蝉联飞利浦中国大学生足球联赛冠军。体育学院郃普庆同学继2003年11月于澳门举行的第七届世界武术锦标赛获得70公斤级散打冠军后，又于2004年11月于广州举行的第二届世界杯武术散打比赛中荣获男子70公斤级散打冠军。工学院朱春妹等3位同学设计发明的“灭火机器人”在第五届“广茂达杯”中国智能机器人大赛中荣获一等奖。在“鸿国文化杯”第三届江苏省大学生创业计划竞赛中，学校进入决赛的2件参赛作品分别获得金奖和铜奖，学校还获得大赛“优秀组织奖”。在江苏省首届理工科大学生人文社会科学知识竞赛中，学校荣获“优秀学校奖”。大学生社会实践活动继续保持良好势头，学校被中宣部、中央文明办、教育部、团中央、全国学联联合授予2004年大学生暑期“三下乡”社会实践活动先进单位。在全国普通话水平测试管理工作会议上，校普通话培训测试站荣获国家语委颁发的“普通话培训测试优秀测试站”称号，也是江苏省高校中惟一获此殊荣的测试站。由师生自编、自导、自演的电视剧《无雨的日子》获第五届全国大学生电视作品大赛最高奖——理想杯。2004年，学校被评为江苏省毕业生就业工作先进集体，江苏省普通高校心理健康教育工作先进集体，江苏省落实《学校体育工作条例》先进集体。

（撰稿：赵玉苏　审稿：刘礼明）

## 徐州医学院

【概况】 2004年徐州医学院东校区建成并投入使用。学院占地面积51.17公顷，建筑面积22.8万平方米，有教职工908人，其中专任教师384人。共录取本、专科生1538人，有12个硕士点。年内，获得江苏省政府科技进步三等奖4项，获徐州市政府科技进步一等奖1项、二等奖5项、三等奖6项、四等奖2项，通过江苏省科技厅成果鉴定3项。全院认真贯彻党的十六届三中、四中全会、全省高校党建工作会议和全省教育工作会议精神，切实落实徐州医学院第八次党代会、教学工作会议和全院科技大会精神，求真务实，深化改革，加快发展，扩大开放，不断提高学院办学水平和办学效益，促进各项事业持续、健康、协调、快速发展。

【用科学的发展观统领学校发展全局】 2004年，徐州医学院在全院范围内广泛开展树立和落实科学发展观的大讨论，进一步统一全院干部、职工的思想认识，找出影响学校事业发展的主要矛盾，明确提高办学效益是加快发展的关键环节，从而对推动学院事业全面、协调、可持续发展起到关键的作用。在此基础上，分别召开中共徐州医学院八届五次全会和以迎接教育部本科教学水平评估为主题的院八届六次全委（扩大）会议，进一步对迎评工作提高认识，统一思想，找出差距，理清思路，明确“全力争优”的迎评工作目标，以及为实现这一目标所必须完成的各项任务和必须采取的具体措施。

【加快基本建设步伐，改善办学条件】 2004年是徐州医学院新校区建设的关键一年，学院党委加强对新校区建设的领导，明确责任，认真落实年度新校区工程建设目标。新校区教学主楼、生命科学馆、图书馆、体育场、培训中心、食堂、学生宿舍、行政办公楼等主体设施已如期完工，并已投入使用。主校区的东迁，拓展了新的发展空间。

【扩大招生规模，提高办学效益】 学院在2003年的基础上，进一步调整专业结构和各层次招生计划，制定学院年度招生计划，顺利完成招生工作。2004年录取硕士研究生突破200人,比2003年增加41%;本、专科共录取1538人,较上年增加16.1%。民办二级学院——华方学院录取人数增加87%。成人教育学院招生继续保持良好势头。

**【专业建设不断加强,专业结构不断优化】** 努力建设"品牌专业"和"特色专业"。2004年,新增体外循环灌注、医学法学与伦理学、放射治疗、微创医学、麻醉护理、助产护理、医药保险、医院药学等8个本科专业方向,并于7月开始招生;下半年,组织申报2个新的本科专业门类:预防医学和医学检验学。预防医学专业已得到批准,将于2005年列入招生计划。

**【课程建设取得显著成果】** 继续以加强省级优秀课程和院级优秀课程建设为重点,以迎接教育部本科教学水平评估为动力,以提高人才培养质量为目标,全面推动课程建设,对省级和院级优秀课程进行全面的检查、指导评价,促使其上台阶、上水平;学校在评选院级优秀课程的基础上,组织申报新一轮省级优秀课程。年内,上报的《生物化学》、《生理学》、《病理学》获得省二类优秀课程,《医学影像学》获得省优秀课程群,其中《麻醉解剖学》被推荐申报国家精品课程。

**【不断加强教育信息化建设】** 积极推进教育信息化进程,不断开发和应用多媒体教学课件和网上教育资源,充分利用现代信息技术,改进教学手段和方法,改进教育管理模式,提高教育教学及管理水平。年内,新建2个多媒体大教室和3个多媒体小教室,并更新2个多媒体大教室,从而加强校园网络建设与管理,在校园营造出一个快捷、安全、文明的网络环境。

**【加强师资队伍和人才队伍建设】** 学院不断加强人才队伍特别是师资队伍建设。全面提高师资素质,加强师资队伍的梯次结构建设,加大培养和引进的力度,加速学科带头人和学术骨干队伍建设。2004年在学院人事部门的组织下,完成享受国务院特殊津贴选拔人选、"青蓝工程"培养人选、省优秀教育工作者、六大人才高峰选拔人选的推荐、上报工作,共计24人次。本年度徐州医学院教师考取博士8人、硕士22人、在职攻读学位7人,共计37人。

**【加强学科建设,做好科技工作】** 继续加强麻醉学、生物化学与分子生物学2个省级重点学科建设。进一步明确任务和奋斗目标,努力把这2个省级重点学科建成省内一流、国内有较大影响的样板学科,使重点学科成为人才培养和科技创新的基地,从而进一步带动院级重点学科建设和科研工作的开展。同时,进一步加强对科研课题和科研成果的申报工作,争取多方面、多层次获取科研经费。年内,共有69项课题中标,获科研经费180余万元,包括国家级课题2项、省部级课题3项,市厅级课题26项,横向课题5项,其中哲学课题实现重点课题"零"的突破;发表科研论文240篇,其中核心期刊35篇,SCI收录20篇;出版著作10部。2004年度,共获得江苏省政府科技进步三等奖4项,获徐州市政府科技进步一等奖1项、二等奖5项、三等奖6项、四等奖2项;通过江苏省科技厅成果鉴定3项。

**【成功召开全院科技大会】** 上半年,召开院科技工作大会。大会全面回顾和总结过去5年的科技工作,分析目前存在的问题以及所面临的挑战,明确今后几年学院科技工作的指导思想、总体目标和主要任务,表彰一批在科技工作战线上取得突出成绩的先进群体和先进个人,并制订2004~2008年院学科建设、科技创新与发展行动计划,为提高徐州医学院办学层次、冲刺博士学位授予权单位、促进科技发展指明方向。

**【开展教育教学改革】** 通过开展教育教学改革,激励高职称教师上讲台,有效提高师资队伍的整体素质,调动教师从事教学工作的积极性、主动性和创造性。同时,学院以本科教学为基础,进一步加大教学经费投入力度,加强基础课教学,加大教学方法和教学手段的改革力度,注重学生创新精神和实践能力的培养,全面提高教学质量。

**【深化内部管理体制和分配制度改革】** 在全院科级干部竞聘上岗的基础上,在全院范围内实行全员聘任。同时,继续深化干部管理,对全院中层干部进行年度工作考核测评。通过深化干部人事制度改革,进一步增强全院干部职工的岗位意识、忧患意识和竞争意识。在定编、定岗、定员聘任的基础上,进行第二轮校内分配制度改革方案的制订工作。新一轮改革方案总结保留上一轮校内分配方案的优点,汲取、借鉴兄弟院校的成功经验,紧密结合自身建设发展的实际,并在广泛听取、征求各方面的意见和建议的基础上形成。

**【继续深化后勤改革】** 年内,学院对后勤服务收费办法和运作模式做适度调整,坚持把保障教学、科研和为师生的学习生活服务放在第一位。进一步健全后勤服务检查、监督、考核制度。出台《徐州医学院办公类固定资产管理办法》、《徐州医学院办公类固定资产报废管理细则》、《徐州医学院办公类固定资产编号说明》等一系列文件;后勤服务总公司在 2003 年改革取得阶段性成果的基础上,进一步巩固、扩大、提高改革成果,结合校情,改革管理体制,理顺管理关系,完善后勤人事制度,加快人事制度改革步伐,建立完善的用工制度、人事制度和培训考核制度。

**【做好研究生教育工作】** 研究生教育进一步发展,培养质量不断提高。2004 年,共毕业研究生 111 人,学位论文质量有所提高,均以全票通过论文答辩。省学位办随机抽检的 2004 届毕业研究生 6 篇学位论文,经同行专家评议,以“一优、三良,二合格”的成绩顺利通过抽检评估。学院还进一步加强研究生导师队伍建设。在上半年硕士点建设检查评估中把导师队伍建设作为重点,由学院研究生部提出导师队伍建设的意见和建议,并与人才办、师资办等部门密切配合,采取招聘、引进、培养等多种措施,力争把导师队伍建设好。

**【加强德育和学生管理工作】** 学院在大学生中开展以“三个代表”重要思想为主要内容的学习教育活动,继续推动邓小平理论和“三个代表”重要思想进课堂、进教材、进学生头脑工作。以“三个代表”重要思想为指导,进一步加强学院的“两课”建设,加大对“两课”的教学投入,改善“两课”教学条件。针对当前学校管理体制改革以及办学规模不断扩大的实际情况,积极探索学生教育和管理的新思路、新方法、新举措。改革管理体制,加强学工队伍建设,实行学生管理体制改革,全面实行校系结合、以系为主的二级管理。积极拓展大学生素质教育的途径,认真做好贫困学生的救助工作和广大学生的心理健康教育工作。牢固树立起为学生成长、成才服务的意识,加强对学生的多层次、全方位管理、服务和指导,努力营造有利于学生全面提高综合素质、发展个性特长、增强创新精神和实践能力的成长环境。完善并落实奖、贷、勤、助、补、减等多项政策措施,切实为家庭贫困学生解决困难。学院在规模扩大的同时,积极拓宽就业渠道,不断探索大学生就业指导工作的新途径、新方法,充分认识就业压力,努力为学生就业做好服务工作,就业工作取得新成果。截至 12 月 31 日,2004 届硕士研究生就业率达 99.09%,本科生为 94.31%,专科生为 75.36%。就业率超过全国应届毕业生就业平均水平。

【进一步加强国际交流与合作】 学校领导多次组织、带领中青年骨干教师出国出境,考察学习国外先进的办学思想、办学理念和科学的管理模式。先后出访美国、奥地利、欧洲和南非等有关国家,与所在国家的部分高校进行办学方面的交流。同时,积极邀请境内外专家、学者和海外校友来院开展学术交流和访问。5月,奥地利维也纳大学医学院及其附属医院代表团来访,双方在医疗技术方面和人才培养方面进行深入交流,并签订友好合作协议。10月份,学校选派5名博士组成的中青年专业技术骨干赴奥地利维也纳大学医学院进修深造;10月份,美国哈佛大学医学院副院长 Halamka 博士和哈佛大学医学院教授、校友滕仰东博士应邀来院开办学术讲座,并作为嘉宾出席徐州医学院秋季运动会;台湾省著名血液病专家李政道博士再次到访,开办学术讲座,并与附院在骨髓移植方面达成长期合作的意向。境内外的互访、交流与合作,进一步扩大学校的对外影响,促进办学水平的不断提升。

(撰稿:孙　钰　审稿:刘慎军)

## 工程兵指挥学院

【概况】 2004年,工程兵指挥学院坚持以邓小平理论和“三个代表”重要思想为指导,按照“举旗帜、抓调整、保稳定、谋发展”的总体工作思路,通过全院人员的共同努力,圆满完成以人才培养为中心的各项工作任务,学院的全面建设在调整改革中继续保持稳步发展的良好势头。

【坚持抓好理论武装】 采取区分层次、集中办班、专题辅导、参观见学、组织考核等办法,先后举办2期理论学习班,集中安排6个学习日,狠抓江泽民国防和军队建设思想及党的十六届四中全会精神的学习教育。中心组全年安排50多个学习日,共发表学习体会文章26篇。充分发挥政治理论课教学主阵地、主渠道作用,促进“三个代表”重要思想的“三进入”(进课堂、进教材、进学员思想),政治理论课教学在全军“三个代表”重要思想教学观摩活动中,荣获三等奖。

【不断深化“四个教育”】 以“学习实践‘三个代表’重要思想,积极投身中国特色军事变革”为主题,组织开展“讲政治、顾大局、守纪律”,正确对待体制编制调整改革教育;坚持领导干部时事政策报告制度;大力宣扬李兆平、仲锡夫妇爱岗敬业和周宝林同志舍己救人先进事迹,充分利用先进典型开展激励教育和以反面典型为教材的警示专题教育,引导官兵树立正确的世界观、人生观、价值观。

【大力加强基层建设】 统筹机关抓基层建设的整体合力,研究解决基层面临的困难和问题,全年拿出50万元为教授更换办公器具,为教研室安装空调,为学员队、分队配发微机和打印机。加大对基层建设的指导力度,举办基层主官和思想工作骨干培训班,制定学员队、教研室《贯彻落实〈纲要〉实施细则》,修订《基层建设“双争”检查评比实施办法》,积极引导基层按纲自建,基层建设呈现出先进有活力、中间有动力、后进有压力的良好局面,基层整体建设水平有新的提高。

【全面谋划教育改革】 以各级领导干部和教学骨干为重点,组织开展“岗位任职教育理论与实践”大讨论,全年派出4个调研组,到18支工程兵部队和16所军队院校进行调研,了解部队对新型工程兵指挥人才的培养需求,学习借鉴兄弟院校开展岗位任职教育的经验,研究制定学院《2010年前教育改革与发展规划》,并经学院第五次党代会审议通过,为学院教育改革与发展明确目标任务和主要措施。

【科学制定人才培养方案】　按照总部的统一要求，依据新的《全军军官院校训练任务规划》，制（修）订各种专业和培训对象的人才培养目标模型，修订各种培养对象的专业目录规范。充分发挥基础部、各系的作用，认真研究相关专业人才对知识、能力、素质的要求，科学分析业务培养和主干课程设置，认真制定新的人才培养方案。

【不断推进教学内容更新】　在中级队中增加《信息化战争与工程兵信息化建设》等科技含量高、前瞻性强的课程，新增《心理教育训练和作战》课，进一步加强学科课程建设。6月11日至12日，在该院召开总参院校心理教育训练和作战教学观摩集训活动，展示学院教学改革成果，推广教学经验，在军内外产生广泛的影响。《作战工程保障》、《工程装备作战运用》，被列入军队院校百门优质课程建设计划，有4项教学成果分别获国家、军队级教学成果奖。

【大力加强实践性教学环节】　在三界、蚌埠等地区成功组织初级指挥专业学员毕业综合演练；安排数百名毕业学员到工程兵部队代职实习，邀请10余名总部机关领导、院校专家教授和部队优秀干部来院讲学，进一步拓展开放办学途径；搭建学员实践锻炼平台，积极组织学员参加各类学习竞赛活动，有近百人次在国际大学生数学建模竞赛、江苏省第七届高等数学竞赛、全国大学生英语竞赛、“CCTV杯”全国英语大赛等竞赛中获奖，2004年是获奖层次最高、获奖人数最多的一年。

【进一步完善教学场所功能】　以迎接军队“2110工程”重点学科建设中期检查为契机，狠抓“作战指挥学”、“兵种战术学”2个重点学科的实验室建设，建成工程兵作战指挥实验室等6个专业教室，改扩建作战指挥实验楼等16个多媒体教室，新建渡海登岛400米障碍场、体育运动场、图书信息阅览中心、抗眩晕训练场和心理行为训练场。

【广泛开展学术科研】　积极开展工程装备需求论证和运用研究，12项科技成果通过部级鉴定。狠抓“作战工程保障”、“心理教育训练与作战”两个特色学科军事理论与技术创新成果转化，筹建“总参军训和兵种部作战工程保障与心理战研究创新工作站”。与10多个科研院所积极开展科研协作，争取技术和经费支持。举办专题讲座、研讨交流等群众性学术科研活动，学术科研氛围更加浓厚。全年完成各级各类科研课题20余项，有3项课题获军队科技进步二等奖、7项成果获军队科技进步三等奖，出版专著14部，发表学术文章460余篇，其中国际检索和在中文核心期刊、军队重点期刊上发表文章40余篇。

【不断强化官兵法规意识】　认真贯彻从严治军电视电话会议精神，深入开展“条令学习月”活动，适时进行作风纪律整顿，增强官兵遵章守纪的自觉性；依据《军队院校教育条例》，研究制定各级各类人员的岗位职责和工作制度，及时规范管理工作；以总参军训和兵种部正规化管理集训在学院举办为契机，严格落实依法治军、从严治校要求，坚持靠条令条例抓养成、靠规章制度抓规范、靠检查监督抓经常，形成学法规、用法规的良好氛围。

【进一步改善生活条件】　筹集经费近千万元，新建1号大门、桥渡连宿舍、南营区和工程二系食堂，扩建餐厅、学员食堂，改造部分学员队、连队宿舍，改善老干部的居住和就医环境，整修院内部分主干道，营院环境更加优美。完成经济适用房配套设施建设，所有住户按时间节点全部搬迁完毕。

（撰稿：张景玉　审稿：张生余）

## 徐州空军学院

**【概况】** 2004年,学院教学工作坚持以“三个代表”重要思想为指导,以军事斗争准备和空军信息化建设为牵引,深入贯彻全军、空军院校会议精神,坚持一手抓调整改革,一手抓教育训练,积极推进现代化教学进程,大力加强高素质新型人才培养,圆满完成各项教育训练任务,各项工作取得显著成效。

**【进一步明确办学指导思想】** 针对学院培训任务呈现出的新特点(多层次、多类型、多专业,重军事、重应用以及学历教育与任职培训并重),结合教学工作实际,在充分研讨论证的基础上,明确“紧贴实战,强化特色,以人为本,确保打赢”的办学指导思想,并确立“面向作战保障,学历教育与任职培训并重,教学、科研、服务部队一体,特色鲜明、军内知名的学历教育院校”的学院发展定位。

**【切实强化教学工作中心地位】** 在全院范围内深入开展《中国人民解放军院校教学工作条例》学习宣传月活动,召开学习贯彻条例动员大会,部署学习宣传活动安排。通过校园广播、板报展评、论文征集、知识竞赛、座谈讨论、总结讲评等形式,营造浓厚的学习氛围,确保活动的效果。学习教育活动以领会《条例》和军队院校教学工作评价会议精神为主线,始终把着眼点和落脚点放在提高人才培养质量上,深刻分析教学形势,逐条进行对照检查,积极查找薄弱环节,认真制定整改措施,教学工作中心地位进一步牢固,质量意识进一步增强。

**【构建人才培养目标模型】** 根据学院任务部署,着眼空军信息化建设需要和人才培养要求,认真抓好人才培养顶层设计,完成各类人才培养目标模型的构建工作,重新定位人才培养目标,创新人才培养模式。着眼打赢信息化战争对军事人才素质提出的特殊要求,遵循军事人才成长的客观规律,适应军队人才培训体制与培养方式的发展变化,重新审视学院专业建设和发展方向,圆满完成专业规范的修订工作。

**【积极深化教学改革】** 依据新的训练任务规划,全面启动人才培养方案的制定工作。年内,已初步完成各级各类人才的课程设置和专项教育训练计划的制定工作。进一步加大课程建设力度,确定一批院级首批优质课程建设计划项目和总部批准的军队院校优质课程建设立项项目。强化新学员入学(伍)教育,组织徒步行军训练,加强军事基础和文化基础课程教学,学员军事、身体和心理素质明显提高。组织2004年学院级教学成果奖评审,26项教学成果分获一、二、三等奖。体现教学改革成果的《军队院校教务管理系统研究与实践》、《空军油料专业任职教育理论与实践》、《紧贴航空兵作战保障需要,构建一体化教学训练模式》和《深化人文社会科学系列课程建设,促进军队院校学员素质全面发展》等项目分获军队级教学成果一、二、三等奖,其中,《军队院校教务管理系统研究与实践》被推荐参加国家级教学成果二等奖评审。

**【大力推进教法和学法创新】** 11～12月,学院组织开展第三届现代教法演练竞赛活动。此次竞赛活动紧密结合现代化教学和信息技术的发展趋势,注重突出教学观念的时代性、教学内容的先进性、教学手段的互补性和教学设计的艺术性。决赛中,教员现场抽取讲课课题,并充分运用网络化教学方式和多媒体教学手段,取得良好的教学效果,进一步推进教法创新。积极拓展第二课堂育人功能,组织部分学员参观徐州博物馆、楚王陵等文化馆址、旁听徐州市中级人民法院刑事案件的审判过程,既丰富学员的知识,又开阔学员视野。举办士官司务长学员“爱岗·敬业·奉献”演讲比赛和油机专业知识竞赛，充分调动学员的学习积极性。组织学员参加全国大学生英语竞赛，获一等奖8项。参加全国大学生数学建模竞赛等，获二等奖2项。2名教员被评为全军优秀教师，20名教员被评为学院优秀教员。

**【开展“0406”综合演练】**　按照“紧贴实战深化教学改革，科技兴训攀升训练效益”的思路，采取综合演练和毕业考核相结合、实兵演练和网上演练相结合、理论考试和实际操作相结合的形式，组织开展“0406”综合演练。这次综合演练，参演人员多，参演科目全，动用大型装备、各类器材复杂，内容更加贴近实战，科目设置更为齐全新颖。同时，适应信息化战争对人才培养的需求，积极尝试网上推演，实现“练组织指挥、学实战保障、精专业技能、强综合素质”的总体目标，为组织实战演练和促进人才培养开拓新的思路。

**【深化在职干部培训改革】**　组织召开首届任职教育研讨会，总结交流近2年来干部培训教学工作的经验和做法，认真分析面临的新形势、新任务，深入探索任职培训的特点和规律，并积极研究制定教学改革措施。赴国防大学、后勤指挥学院和空军指挥学院调研学习，进一步理清任职教育工作思路。完善在职干部培训教学计划，进一步优化教学内容，突出新理论、新装备知识和新保障法教学，加强教学的针对性。组织部分新装备教学骨干赴部队进行讲学和调研，提高新装备教学水平。

**【进一步加强教学质量监控】**　学院加大监控力度，制定、修订《课堂教学质量评价实施办法》、《教学事故处理规定》、《教学值班制度》等10余种教学规章制度。坚持依法施教，严格执行条令、条例、教学计划和教学大纲，认真落实《党委议教制度》和《教学检查制度》，对2起教员误课事件进行严肃处理，维护正常的教学秩序，确保教学活动的有序开展。12月，完成学院督导委员会换届，完善教学督导制度，加强教学过程的质量监控。试题(卷)库建设取得初步成效，《邓小平理论概论》等11门课程试题(卷)库在学院组织的评比中获优秀奖。

**【进一步改善信息化教学条件】**　加快“2110工程”重点实验室建设步伐，建设完成新型航空弹药武器系统仿真实验室、化学实验中心、空军新武器专用保障装备实验室。积极改善基础实验条件，新建数学建模专修室、计算机网络实验室和计算机原理实验室。筹资90余万元建设35个多媒体教室，现代教育技术手段普遍应用到课堂。数字化图书馆一期工程和首批立项的41门网络课程研制任务已经基本建设完成，《500公斤激光制导炸弹》获全军电教教材二等奖，《“三个代表”重要思想》等3部电教教材获空军电教教材三等奖。圆满完成8辆通用装备的接装任务，研制开发装备管理系统软件，提高教学装备保障能力。

（王　哲　朱　江）

## 徐州教育学院

**【概况】**　2004年，徐州教育学院认真学习党的十六大、十六届三中、四中全会精神，深入实践“三个代表”重要思想和科学发展观，锐意改革，加快发展，紧紧围绕“办大、办高、办强”的发展目标，严格按照“说实话、想实招、办实事，求真务实谋发展；为学生、为教工、为群众，以人为本办大学”的要求，积极拓宽办学门径，扩大办学规模，提高办学层次，圆满完成各项任务，促进学校各项事业健康、稳定和持续发展。2004年学校普高计划招生1500人，成人计划招生600人，招生人数再攀历史新高。为实现国际教育交流与合作，学校与澳大利亚昆士兰州南岸学院商谈合作办学，计划开设音乐学、美术学专业的国际学士文凭培养项目；与韩国朝鲜理工大学就合作办学和新校区建设投资进一步交换意见，并签署合作意向书；与德国柏林音乐大学尤尔根·施罗德导师和比尔吉特·施罗德教授进行学术交流，促进学校音乐教育国际化发展。

**【继续推进干部人事和分配制度改革】** 学校为适应高校干部人事制度改革的需要，进一步贯彻落实《党政领导干部选拔任用工作条例》精神，采用公开聘用和公推公选相结合的办法，把优秀的、群众信得过的同志选到工作岗位上来，真正实施能上能下的干部使用制度，共选拔任用科级干部 11 人，其中副科级提正科级 7 人，提任副科级 4 人。为进一步推动学校事业发展，在全校范围内实行全员竞聘上岗，截止到 3 月 22 日共有 234 位教职工重新找到工作岗位。4 月出台《徐州教育学院院内岗位津贴实施方案》(另有 5 个配套文件)，并于 1 月起实施。实行岗位津贴后，教职工收入水平有大幅度提高。干部人事和分配制度改革，优化结构，提高效率，实现人才合理流动，调动全校职工积极性和主动性，强化岗位管理和竞争意识，形成激励机制，为富师强校、留住人才、引进人才、实现学校跨越式发展，打下良好基础。

**【努力提升办学层次】** 11 月 8 日学校向省教育厅申请举办汉语言文学教育、英语教育、数学教育、物理学教育、化学教育、思想政治教育、地理教育、小学教育、音乐教育、电子商务等 10 个本科专业，为提高学校办学层次、扩大办学规模，积极努力和探索。

**【进一步加强党的建设】** 学校把党的建设尤其是党的思想建设作为一项重点来抓。学校党委制定并下发《关于在全院开展“服务‘双超’目标、打造‘诚信教院’”主题教育活动的意见》、《关于在全院党员领导干部中开展“增强纪律观念，自觉接受监督”主题教育活动的实施意见》、《中共徐州教育学院委员会关于学习贯彻党的十六届四中全会精神的意见》等文件。学校党委高度重视大学生的思想政治教育工作，9 月份成立徐州教育学院党校、“两课”教育指导委员会和“两课”指导中心，协调有关部门，结合“两课”教育，积极开展对大学生的思想政治教育工作。学校党校被评为“江苏省先进基层党校”。党的组织队伍得到进一步加强，学校共发展党员 89 名，预备党员转正 45 名，培训入党积极分子 765 名；调整充实 10 个党支部。7 月 1 日，学校表彰 4 个院级先进党支部、16 名院级优秀共产党员、4 名院级优秀党务工作者，其中中文系党支部被评选为市先进党支部、邵卫旭被评为市优秀共产党员、钦建华被评为市优秀党务工作者。按照市委、市纪委的部署，学校党委继续在党员干部中开展“三三三”反腐倡廉系列教育活动和“增强纪律观念，自觉接受监督”主题教育活动，全面完成 2004 年党风廉政建设责任制的检查，切实加强领导干部廉洁自律工作。

**【积极推进新校区建设】** 6 月 22 日，市委书记徐鸣，市委常委、秘书长肖俊，副市长段雄，市教育局局长、市教育工委书记宋农村等到该校调研。院党委书记、院长朱其训就学校今后发展的几点设想向市领导作汇报，市领导表示将积极支持学校的建设与发展。经市长办公会批准，学校新校区落户于徐州市新城区，占地 5.69 公顷，一期工程建筑面积 20 万平方米，计划投资 5 亿元，与徐州市新城区建设同步进行。为缓解校舍紧张局面，学校经过多方考察论证，租赁原矿务局疗养院设立南湖校区，成立南湖校区管委会，并于暑期全面完成南湖校区改造工作，9 月 1 日，中文系、教育系、美术系、政史系已入住南湖校区。

**【召开第一次教学工作会议和第二次科技工**

作会议】　2月28日，学校召开第一次教学工作会议，成立徐州教育学院教学工作委员会，修订《教学工作规范》，启动"规范课程"建设和青年教师优秀教学奖的评选工作。4月24日，召开院第二次科技工作会议，会议修订《徐州教育学院科研管理工作暂行规定》，制定《徐州教育学院科研奖励办法》、《徐州教育学院科研专项金管理办法》，对2000～2002年度院级科研工作中取得优秀成果的专业技术人员进行表彰，同时确认2004年院级科研重点课题。

**【不断深化教育教学改革】**　年内，学校通过对社会人才需求变化和兄弟高校人才培养模式的调研，就学科专业结构布局调整进行研讨，对各专业的培养目标、培养方案、教学计划进行多次论证和调整，深化了教学内容和课程体系改革，逐步形成适应市场需求变化的模块课程体系。继续落实教学督导、挂牌选课、专家听课和教学评奖等一系列制度，加强教学管理。为调动青年教师钻研教学的积极性，提升青年教师的整体素质，12月6日至12月24日学校开展青年教师优秀教学奖评选工作，对获奖教师进行了表彰和奖励。继续做好普通话和语言文字建设工作，9月份学校顺利通过省语委语言文字抽查工作。

**【加大科研开发和人才培养力度】**　年内，学校先后制定《徐州教育学院科研专项基金管理办法实施细则》和《徐州教育学院拔尖人才选拔办法》等文件，为遴选首批院级拔尖人才做了充分准备。重点加强院学报科研主阵地建设，在第五届江苏省期刊质量评估分级和第二届江苏期刊方阵活动中，院学报被评为社会科学类一级期刊，这是学校多年来学报建设所获得的最高成就。2004年学校科研工作也取得丰硕成果，上半年，共取得科研成果45项，其中独立或第一完成人完成成果36项。全年共有各级各类课题28项，其中2项江苏省教育厅课题、6项江苏省成教协会课题和2项徐州市科技局科技课题，其中院党委书记、院长朱其训研究员申报的《高校实施股份制研究》和教育系苏虹副教授申报的《转型期学生德育与心育的整合研究》2项课题获江苏省教育厅高校哲学社会科学基金指导项目立项，这是学校科研课题首次获江苏省教育厅社科题目立项。学校参加徐州市自然科学优秀论文评奖和徐州市第二届科技论坛和首届科技成果展活动，该校一项成果获得银奖，学院被评为2004年中国徐州首届科技成果展优秀参展单位。为加快现有教师的培养，2004年共派出13位教师攻读硕士和博士学位，有3人评为高级职称，15人评为中级职称。

**【成人教育工作成果显著】**　7月5日学校召开第二届成人教育工作会议，对成人招生、联合办学等工作进行总体部署。本年度，除了组织正常的成人学历教育以外，还举办"农村初级中学校长新课程培训班"、"徐州市中学校长高级研修班"、"进修学校校长新课程培训高级研讨会"、"省示范初中校长专题研讨会(新沂组、丰县组)"，密切学校与中学、进修学校的关系，加深与教育主管机关的沟通和了解，为提升办学层次、拓展办学空间打下良好基础。暑假期间，圆满完成省级小学语文、初中思想政治2个专业170人的新课程培训，市级8个专业400多人的新课程培训。

**【进一步优化学生管理工作】**　学院坚持以学生为本的办学方针，认真做好学生教育管理工作。在不断加强学生日常管理的同时，重点做好学生思想政治工作，切实加强学生心理咨询和就业指导工作，积极推行新生报到"首问负责制"、班主任岗前培训制度，切实做好学生评优评先、公益课指导和公寓管理工作。为切实解决特困生生活困难，学校设立特困生助学岗16个，建立特困生救助基金，全校共产党员自愿为基金捐款,共筹集资金22.3万元,救助学生210人。全面做好永安校区、湖滨校区和南湖校区的协调工作,实现学校协调发展。

【切实加强内部管理】 进一步加强工会建设,今年4月,学校成功召开院三届二次教代会,审议并通过《徐州教育学院院内岗位津贴实施方案》,听取朱其训院长所作的《关于徐州教育学院新校区建设的规划意见》,讨论并通过《教师工作量计算办法》等有关文件。5月1日在《市政府关于表彰2001～2003年度先进集体和劳动模范的决定》中,学校被评为徐州市先进集体,房建州被评为徐州市劳动模范。发挥共青团联系党和青年的桥梁和纽带作用,团委、学生会积极组织开展一系列活动,增强师生文明意识,提升校园文明水准。在团市委的年度评优评先中,学校团委被评为“徐州市十佳五四红旗团委”。财务部门以抓工作作风建设为核心,通过规范制度建设,提高服务质量,制订较全面的《徐州教育学院会计人员服务规范》,进一步完善财务管理体制。后勤、保卫、医务等部门紧紧围绕学校行政工作重点,在抓好部门改革的同时,齐心协力搞好服务工作。5月份,学校被徐州市人民政府授予“安全生产先进单位”称号。 (撰稿:李全庆 审稿:朱其训)

## 徐州工程学院(筹)

【概况】 2004年,徐州工程学院以邓小平理论、“三个代表”重要思想为指导,深入学习科学发展观,全面落实市委“争做江北‘两个率先’领头羊”的发展战略,紧紧抓住筹建本科院校这一有利契机,打基础、抓内涵、谋发展,办学规模进一步扩大、教学质量明显提升,学院各项事业都得到长足发展。学院现分城南、西苑和飞虹3个校区,校园占地67.7公顷,建筑面积27.9万平方米,固定资产3.25亿元,教学仪器设备总值4387万元。学院共设14个系部、47个本专科专业,面向江苏、山东、安徽、河南、江西、青海、新疆和黑龙江等省份招生;有计算机科学与技术、机械设计制造及其自动化、食品科学与工程、财务管理和艺术设计5个本科专业;有本科在校生2012人、专科在校生7722人;教职工744人,其中专任教师525人,有教授11人、副高级职称教师163人;已毕业及在读博士、硕士研究生216人;聘请名誉院士3人(含1名外籍院士),外聘正、副高级职称教师73人。有5名专家享受国务院特殊津贴,7人分别为省“333工程”培养对象、省“青蓝工程”培养对象、省优秀青年骨干教师、市优秀专家和拔尖人才。教师承担科研课题国家及省部级8项、市厅级45项。学院共建有32个实验室、实训基地、5个研究所和88个校外实习基地,图书馆印刷型图书藏量53.15万册,电子图书16.88万册,期刊杂志2000余种。

【加强党建工作】 学院党委始终紧抓政治思想建设这一关键,组织开展学习邓小平理论、“三个代表”重要思想活动,并把学习科学发展观、贯彻“两个率先”战略和学院的发展有机结合,通过学习,进一步提高广大党员、干部的政治思想觉悟,增强党组织的凝聚力和战斗力。通过观看电教片、参观警示教育基地、举办专题讲座和党内法规测试等形式,组织全院党员、干部深入学习两个条例,有力地推动全院党风建设和反腐倡廉工作的健康开展。与此同时,院党委还加强党的基层组织建设,年内,吸收12名教工加入党组织,在教工和学生中吸收175名入党积极分子,并对1350名申请入党积极分子进行培训。12月,学院党校被评为江苏省先进党校。院党委制定《徐州工程学院党总支(支部)工作细则(暂行)》,进一步规范基层党组织的工作职责和党政共同负责的工作运行机制。

【筹建本科院校】 2004年是学院筹建工作的关键一年。学院按照本科院校的设置要求,认真落实教育部专家组的指导意见,进一步明确学院的发展定位:服务于徐州及淮海经济区的社会和经济发展,主要为地方各类企业、机关和事业单位,特别是中小型企业、乡镇企业、民营企业和农村,培养生产、管理和服务第一线需要的,能适应社会主义市场经济规律要求的,具有较高素质和较强创新能力的应用型本科人才。学院以筹建本科院校为契机,以评促建、以评促管、以评促改、评建结合,进一步加大基建和设备投入,狠抓教学和管理等工作,全院逐步形成注重教学、效率优先、人员精干、管理规范的工作运行机制,学院各项事业得到快速发展,整体办学水平跃上一个新的台阶。12月,教育部专家组到学院检查评估时对学院的发展给予充分肯定。

【探索教学模式】 根据教育部颁发的《普通高等学校本科教学工作水平评估方案(试行)》的标准和要求,学院组织"如何办好应用型本科院校"专题研讨活动,进一步明确学院的办学指导思想;积极借鉴兄弟院校成功的办学经验,努力探索和完善应用型本科教学规律和教学特点,深入开展应用型本科教学体系和教学模式的研究。逐步完善学院的发展规划,如学科专业发展规划、实验室建设规划、科研建设规划和师资队伍建设规划等;进一步健全教学管理、实验室管理、科研管理和行政管理等规章制度。重点做好本科班的教学管理工作,从教师配备、设备投入,到教材选定、教学大纲的制定、教学实习的安排,从教务处、教学督导组、教研室对教学过程的指导,到对每位教师教学计划、教案的检查、教学水平的评价等,建立严格的教学质量监控体系,全院形成狠抓教学质量的良好氛围。在2004年国际大学生数学建模竞赛中,学院参赛两队分获国际二等奖和三等奖;在江苏省第七届非理科专业高等数学竞赛中,100人参赛89人获奖,尤为突出的是首次参加本科组比赛,创造40人参赛34人获奖的好成绩,其中一等奖3个、二等奖14个、三等奖17个,在全省参加同组比赛的学校中名列前茅。

【加快师资建设】 2004年,学院加大人才引进和培养力度,师资队伍结构得到明显改善。学院根据教学需要,优先引进工程类专业的高级人才和"双师型"教师,注重引进应用型专业的特殊人才,切实执行划拨科研启动经费、岗位津贴和安家费等人才引进优惠政策。共引进教授1名,副教授3名,博士生1名,优秀硕士生14名。为教授建立专门工作室,配备工作助手,博士和硕士分别享受副教授和讲师待遇,为引进的人才提供较为优越的工作和生活条件,充分调动他们的工作积极性;学院积极鼓励、支持青年教师在职攻读硕士、博士学位,共有30多人参加在职学习。全体教师的教学和科研水平得到提高,年内有17人晋升高级职称,20人晋升、转评为中级职称。

【教科研结硕果】 学院相继成立院科协和院大学生科协,举办学术周、科普专题报告会、科普巡回展等活动,邀请张东柯、闵惠芬、沈组和等专家、学者到学院讲学,激发师生对科研、科普工作的兴趣,在全院营造浓厚的科研氛围。科研工作也取得丰硕成果:李国富教授、黄传辉博士等主持的7项课题被列为省教育厅自然科学指导计划项目;陈宏伟教授、杨根喜老师等主持的5项课题被列为市科技计划课题;吕兆启教授主持的市科技计划项目"复合L-氨基酸钙制备方法"研究成果被列为江苏省高校高新技术产业发展项目。学院积极组织教师参加省教育厅哲学科学基金项目的申报工作,提交申请2项,获省哲学社会科学优秀成果三等奖1项、获市哲学社会科学优秀成果二等奖1项、三等奖4项,4项课题分别获市优秀科技情报研究成果二等奖

1项、三等奖1项。全院教职工共发表论文247篇、专著11部。

【稳定招生规模】 学院通过电视、网络、报纸等媒体,加大招生宣传力度,并派人到相关省市招办、职教处介绍学院发展情况,提高知名度,开拓新的生源基地。2004年再次扩大招生范围,实现对河南、江西、青海等8个省份的招生;与此同时,学院十分注重生源质量,新生录取分数线较往年有较大幅度提高,共招收新生4300人,其中本科1300人、专科3000人。

【拓宽就业渠道】 学院毕业生就业指导领导小组组织编写《毕业生就业指导手册》,自主开发毕业生就业信息网,为2500余名毕业生开设就业专场讲座9场,举办用人单位与毕业生洽谈会20余场,组织毕业生外出参加如淮海食品城上海人才市场举办的大型人才招聘会等活动,为毕业生就业创造积极条件,2004年毕业生就业率接近90%。

【改善实验条件】 学院投资进一步完善和扩建32个实验室和实训基地,其中"电工电子"等3个实验室顺利通过省教育厅基础课教学实验室评估。加强实验室内涵建设,编辑《徐州工程学院实验室与设备管理规章制度汇编》,改革教学内容,完善实验教材,规范实验过程,实验教学喜结硕果,食品系参加全国烹饪大赛获金奖;在江苏省第二届大学生物理及物理实验科技作品创新竞赛中,学院获优胜奖3项。

【扩大成教规模】 随着校区功能的调整,西苑校区成为学院成人教育基地,首次实现学院成人教育集中办学。校区针对成人教育的特点,加强教学管理,规范教学秩序,教育、教学质量得到明显提升。2004年招生又有新的突破:共录取2922人,其中专科1839人、中专1083人。成教院继续与清华大学、东南大学、中国人民大学等联合举办远程教育,现有在校生1133人。

【完善基础设施】 4月,市委、市政府决定学院九里校区与徐州市高级技工学校(现为学院飞虹校区)进行校区置换。为此,学院及时调整工作思路,加大基建工作力度,较短时间,完成飞虹校区的改造工程;年内还完成2幢学生宿舍楼、教工餐厅、学生餐厅大排档的建设和校园的亮化工程。学院教学区、活动区和生活区设施齐全、功能完备,为师生提供优越的工作、学习和生活环境。

【发展对外交流】 2004年,韩国全北科学大学董事长对学院进行访问,其间,双方就教学、科研和互派留学生等事宜达成协议;5月,韩国忠州大学校长到学院考察,双方决定互派留学生,首批10余名同学正在进行韩语培训,2005年3月赴韩留学;学院还赴澳大利亚科廷理工大学访问并进行交流;与美国卡特比勒公司联合成立的英语培训中心,办学规模不断扩大,办学质量不断提升,产生良好的社会效应,为学院赢得声誉。

(撰稿:孙 进 刘宏军 审稿:沈 超)

## 徐州市广播电视大学

【概况】 2004年,徐州市广播电视大学校园总面积6.2公顷,校舍面积近4万多平方米。有教职工184人,其中高级职称34人,并拥有一支教学水平过硬的兼职师资队伍。徐州电大是一所面向全省辖市招收全日制普通专科和成人开放本、专科教育的高等学校。是中央广播电视大学设在淮海经济区的教学实验基地;是中央广播电视大学"人才培养模式改革和开放教育试点"项目研究单位;是淮海经济区电大系统理事长学校;是全国保险代理人考试点;是国家级远程教育公共服务体系首批学习中心之一；是北京师范大学江苏省函授站；是国家劳动保障部徐州现代化制造技术应用软件培训中心；是北京师范大学、北京语言大学、华东师范大学、东北财经大学、山东大学、东南大学等10所高校的远程教育中心；并与新西兰安讯商学院建立良好的合作关系。学校教学设施先进，图书馆藏图书15万余册，各种期刊400余种，各类实验室28个，校外实习实训基地22个，语音室3个，计算机房和多媒体教室30个，电化教室12个，微机824台，双向视频演播室1个，视听阅览室1个。校园网已与教育科研网、internet连接，可随时查阅资料，共享教学资源。2004年有全日制普通专科、五年制高职在校生3100人，成人本科、专科学历教育在校生5050人。

**【加强党建和思想政治工作】** 广播电视大学党委以进一步学习贯彻“三个代表”重要思想为主线，认真组织安排全校的理论学习和教育活动。年内组织“深刻领会党的最大政治优势是密切联系群众”，“怎样保持共产党员先进性”；“基层党组织如何提高独立自主开展工作的能力和解决自身问题及矛盾的能力”、“加强纪律教育，自觉接受监督”等专题教育和主题活动，通过学习，进一步加强学校组织建设和思想建设，提高党委对党的方针政策的理解能力和驾驭教育教学改革的能力，提高党总支、党支部的凝聚力和战斗力；规范党员发展程序，提高新党员质量。并积极组织教职工撰写理论文章，在省电大思想政治工作交流会上共推荐优秀论文5篇。学校坚持开展文明习惯养成性教育，狠抓《大学生守则》和学校各种管理规定的落实，校团委、学工处结合中共中央国务院《关于进一步加强和改进大学生思想政治教育的意见》，有的放矢地开展一些教育活动。

**【积极推进招生就业工作】** 2004年面对招生工作的困难与挑战，学校积极探索招生工作的创新，全年完成各类招生计划5979人，其中市校1855人、县级分校4124人。比学校年初下达的招生工作计划5400人净增579人，增长10.7%；比2003年实际完成招生人数5144人净增835人，增长16.2%，是近3年来招生实效最好的一年。学校领导高度重视毕业生就业工作，统一就业思想认识，加强就业基地建设，重新调整就业思路，不断拓宽就业渠道。年内，该校共举办中国银行徐州分行、联通公司徐州分公司、扬子江药业集团等现场招聘会10余场，参加应聘的应往届毕业生达到750余人次，截至9月26日，2004年应届毕业生就业总数925人，比2003年净增608人，增长幅度为192%；毕业生一次就业率达到86.45%，比2003年55.3%的就业率提高31个百分点，比省校下达的70%的就业率指标提高16个百分点，在全省电大系统名列前茅。

**【深化教育教学改革】** 2004年初，电大党委围绕迎接教育部省、教育厅将对学校进行人才培养模式改革及开放教育试点项目的总结性评估，进行认真的研究和充分的准备，多次召开全系统大会，培训所有的在职教师，使全体教师都能够在基于现代教育技术及网络环境下组织有效的教育活动。年内，该校在前期500万元的投资基础上，继续加大硬件设备的投入近200万元。8月底，该校专门成立网络教师及网络化管理攻关小组，大大改善学校网络技术的水平，使该校的现代远程开放教育设备水平有很大的提升。进一步加大和北师大、东南大学、华东师范大学等高校联合举办的现代远程高等教育的力度，涵盖师范、非师范7大类60余个专业的专、本科及硕士等不同层次的高等学历教育，取得良好的规模效益和质量效益，得到各级教育行政部门领导的称赞和认可。人才培养模式改革、教学内容、教学方法和手段的改革逐步到位,教学督导和评估等管理工作得到加强,以信息化为重点的教学资源建设取得实质性的进展。2004年,全校共发表论文90余篇。

**【稳步推进内部管理体制改革】** 2004年徐州电大在全国市级电大率先开展ISO 9000认证工作,领导带头全员参与。根据市政府2004年事业单位人事制度改革的工作意见,建立并实施全员岗位聘任制,把人事管理由身份管理过渡到岗位管理,建立起人员能进能出、干部能上下的用人机制;实现岗位目标责任制,量化、细化考核办法,严格考核制度;在分配政策上,进一步打破大锅饭,建立以绩效为中心的考核分配制度。

**【后勤、财务、保卫工作】** 树立后勤工作服务第一、以师生满意为宗旨的指导思想,完成南校2230平方米大学生活动中心的建设,积极筹划实训大楼的建设,认真做好校园绿化、管理工作,使校内秩序井然、清洁宜人,为教育教学提供良好的环境。保卫工作紧张有序,全年没有发生一起恶性事件,对学校的发展建设起到了护航作用。财务工作加大管理力度,开源节流,除争取上级拨款外,清缴欠款工作成绩突出。

(撰稿:彭　琰　审稿:马德良)

## 徐州建筑职业技术学院

**【概况】** 徐州建筑职业技术学院坐落于徐州市泉山自然风景区,现占地63.33公顷,建筑面积21万平方米。投资2.3亿元的新校区与老校区连成一片,校内现代化的建筑、园林景观与深厚的大学底蕴有机相融,为来自全国30多个省(市、区)大学生的成才提供优越的人文地理环境。学院现有全日制在校生7400多人,成教学员2100多人。教职工593人,其中专兼职教师345人。具有高级职称107人,有2名教师为江苏省"333"人才工程培养对象,教师中具有硕士学位(含在读)157人,攻读博士学位的有7人。现有7名教授,另聘有中国科学院、清华大学、东南大学等科研院所的知名教授20余人为客座教授。2004年,有1名教师获得全国优秀教师称号;1名教师获得首届江苏省"建筑业十大科技之星"称号;1名教师获得"江苏省师德教育先进个人"称号。学院设有8系2部1院(土木工程系、建筑与艺术系、热能与环境工程系、机电工程系、经济管理系、计算机技术工程系、人文与社会科学系、外语系,基础部、两课教学研究部和成教学院)。开设7大类45个高职专业。其中,建筑工程专业为教育部教育教学改革试点专业,建筑环境设备与控制专业为江苏省特色专业建设点。学院教学设施先进齐全,建有48个专业实验室,16个实训场所、36个国家应用技能鉴定站(点)和省内外35个稳定的校外实习基地。2004年底,江苏建筑技术实训基地"落户"徐州建筑技术学院。首批400万元启动资金到位。图书馆藏书33万余册,是中国学术期刊咨询检索二级站。学院设有建筑节能技术研究所、中国思想文化研究所、高等教育研究所。拥有建筑设计研究院(国家乙级资质)、监理公司、科技开发公司等5个集产学研为一体的校办产业。2004年,以迎接教育部人才培养工作水平评估为契机,学院专业建设和课程建设有新的突破,产学研合作日臻加强,教学人员的教研、科研能力显著增强,获得省科技进步三等奖一项。2004年,选派大学生参加全国英语口语竞赛、大学生全国数学建模竞赛、江苏省力学竞赛等,均取得了优异的成绩。2004届毕业生就业率达98.52%。超过全国高职毕业生平均就业率30多个百分点,位居省内同类院校前列。学院先后荣获全国"能源系统职业技术教育先进学校"、"文明校园"、"绿色大学"等50多项荣誉称号。

**【召开组建江苏省建筑职教集团研讨会】**

2004年11月20～21日,由江苏省教育厅主持,徐州建筑职业技术学院牵头,省建设厅、劳动厅、省建筑工程管理局、江苏部分市建设局、建筑类院校和建筑企业20余家,在徐州建筑职业技术学院召开组建江苏建筑职教集团研讨会。省教育厅副厅长丁晓昌出席大会并作重要讲话。徐州市副市长段雄、徐州建院党委书记王旭善分别致欢迎词。徐州建院院长肖仁政作"关于组建江苏建筑职教集团的思考与构想"的主题发言。

**【学院通过徐州市首批"绿色大学"验收】** 徐州建院依托优越的地理自然环境,始终坚持"环境育人"的办学理念,在校园文化建设、环保教育、大学生环保宣传、绿色科研攻关等方面走出一条新路。2004年,徐州建院在徐州8所申报"绿色大学"的高校中脱颖而出,获得徐州市首批"绿色大学"称号,成为徐州首批2所绿色大学之一。为申报省级、国家级"绿色大学"打下良好的基础。

**【《徐州建筑职业技术学院学报》荣获全国一、二等奖和省级一等奖】** 《徐州建筑职业技术学院学报》在2004年全国高校科技期刊优秀期刊评比中荣获二等奖和省级一等奖。全国共有10家学报在高职高专类评比中获奖,徐州建筑职业技术学院学报是办刊时间最短,省内同类院校惟一获此殊荣的刊物。年内,学院学报又获得2004年全国高职高专优秀学报一等奖。被江苏省新闻出版局评为江苏省一级期刊。

**【认真做好迎接人才培养工作水平评估和江苏省高校党建工作考核的各项准备工作】** 2004年初,学院决定接受江苏省第一批高职高专人才培养工作水平评估。建立以院党委书记、院长为组长的评估工作领导小组,成立评估办公室。制定总体工作计划,下达134项具体评估任务。召开副科级以上干部、副高以上职称及教研室主任参加的迎评工作动员大会。评估工作认真贯彻"以评促建、以评促改、以评促管,评建结合,重在建设"的20字方针,认真细致地完成第一阶段的发动、第二阶段的摸底分析和第三阶段的自评整改工作。编发9期《迎评工作简报》,印发《人才培养工作水平评估必读材料》。成立迎接高校党建考核工作领导小组;下发"党建工作考核任务分解表";组织全院各党总支(直属党支部)书记和党务部门负责人赴扬州大学考察学习。检查全院16个党总支、支部的党建考核材料的初步准备情况。

**【基层党建工作成绩斐然】** 徐州建院2004年新建成教和教务2个直属党支部,完成人文与社会科学系党支部和外语系党支部更名为党总支的工作,全院8个有学生党员的系都建立党总支。院党委下属的总支和直属支部增加到16个。年内发展教职工党员24人,使在职教职工党员增加到288人,占在职教职工总数的49%;发展学生党员206人,使学生党员增加到534人。加强党的组织建设的同时,切实有效地加强党的思想建设,认真抓好党委中心组学习以及各党总支、支部的中心组学习。加强党校工作,利用党校阵地,举办中层干部、党务工作干部、民主党派人士等培训班,取得良好的效果。统战工作及民主党派工作又有大的进展,2004年成立统战部,九三学社分社和民建进行独立支部的筹建工作。印发试行《徐州建筑职业技术学院党风廉政建设量化考核办法》,认真落实党风廉政建设责任制。2004年,徐州建院有1人获得徐州市劳动模范称号;1人获得徐州市优秀党务工作者称号;1人被省委教育工委评为党校优秀教员;1人获得市优秀党员称号。院机关党总支荣获市先进基层党组织称号。由于党建工作成绩斐然,在全省高职教育人才培养工作会议上作经验介绍。6月,徐州建院党委被省委教育工委授予"江苏省高校先进基层党组织”称号。

【教学、科研工作成绩突出】 学院调整成立教学督导室,并提升为学院的直属机构。调整原听课组,成立由59名专家组成的常设听课组。召开23个专业顾问委员会成立(换届)年会。为了加强专业建设,学院首次配套专项建设经费。有3件多媒体CAI课件获得江苏省第二届“方正奥思杯”多媒体课件大赛多媒体教学好课件奖。在2004年江苏省优秀课程群的评选中,1个课程获得江苏省精品课程一等奖,1个课程获得江苏省精品课程二等奖。在向省教育厅推荐申报的3个教学成果奖中,1个获得省级教学成果奖一等奖,2个获得二等奖。并有1项教学成果被推荐到教育部参评全国教学成果二等奖。截至2004年,徐州建院立项实施的教科研项目共75项,其中国家级6项、省部级30项、市级6项、横向项目6项。有6项教研课题通过结题鉴定。年内,1名老师撰写的论文被SCI《科学》杂志全文刊登。教育部重点课题《高职高专土建类人才培养规格和课程体系的研究与实践》已经通过部级鉴定,江苏省立项研究课题《高职高专双师型教师队伍建设的研究与实践》已经通过省级鉴定并正式出版。建筑节能技术研究所主持的又一省科研基金项目《苏北地区既有采暖建筑节能改造成套技术研究》获江苏省科技进步三等奖。

【《徐州建筑职业技术学院院内津贴实施方案》正式试行】 以绩效为中心的新的分配方案,总结了过去实施岗位津贴的情况,并广泛征求教职工意见。该《方案》坚持效率优先、兼顾公平的原则,进一步健全和完善学院分配制度改革。有利于充分调动全体教职员工的积极性,有利于全面提高教育教学质量和办学效益。 (撰稿:孙 伟 审稿:任留钦)

## 徐州工业职业技术学院

【制定出台人才培养方案】 制定出台2004级以能力为主线、以职业素养为重点、以实践技能训练为核心、以市场需求为标准的31个大专人才培养方案,体现出素质教育与职业能力有机结合。根据培养方案,各系部制定相应的教学大纲、考核大纲等一系列教学文件,重点建设相关实验实训室,确保新一轮人才培养方案得到有效实施。

【建立教学质量监控评价整改网络】 建立由教务处牵头,到各系各班级信息的收集反馈网络;形成教务处、督导室、系主任联合的考核机制;组建了各系主任和教研室、实训主任组成的部门督察评价系统;明确教务和招办组织企业用人单位进行评价的责任;公开院领导牵头的行政值班反馈整改渠道,落实以班干为主体参加的班级学生信息反馈系统等全方位的监控评价整改网络。通过测评、检查、评比、抽考、教学情况分析会,层级讨论等控制教学过程和教学质量,及时整改教学中存在的问题,健全监控体系、不断完善教学评价体系。制定50个专业类、300门课程的考核大纲,有2000多名学生参加学生评教活动,促进教育教学质量的不断提高。

【抓好技能考核和推行双证制度】 全年有1530人考工,通过率100%。有746名学生通过大学生英语B级考试,198名学生通过省英语中级考试,302名学生通过省英语初级考试,通过率61%;近600名学生通过省计算机中级或国家计算机二级考试;普通话测试80人达到二级乙等以上水平。

【校外实验实训基地建设工作有新进展】 分管院领导深入企业,系主任积极公关,专业教师技术联盟,在全省范围内新增校外固定实验实训基地30多个,其中与南通爱德士鞋业有限公司签订的定向委培协议在"定单式"培养模式上取得新的突破。各系部充分挖掘校外实验实训基地的潜力,共安排工学交替、顶岗实习学生1200多人。通过顶岗实习,密切校企合作,检验和校正学院的培养方案,使学生提前进入企业人的角色,缩短课堂与生产之间的距离。

**【学管工作卓有成效】** 结合学院实际情况,在新老校区有针对性地采取适合大专和高职不同层次学生特点的管理模式,并通过严格的教学秩序和宿舍管理,有力地促进校风和学风建设。建立系部专职学生工作辅导员制度,使辅导员和班主任工作做到职责明确,关系协调,加强系部学管工作力量,取得较好的工作效果。本年度有3名学生获得国家一等奖学金,9名学生获得国家二等奖学金,90多位学生获得江苏省政府奖学金,奖金额度分别为6000元、4000元和2000元,在学生中产生极大的反响,有力地促进全院的校风学风建设。全年获省级先进集体1个、省级先进个人3名、市级先进集体2个、市级先进个人6名,有41名学生被评为"院三好学生",240多名学生被评为"优秀学生干部",1400多名学生获得学院奖学金,获奖学生人数占全院学生总数的20%以上。

**【奖、勤、补、减、免等助学工作齐头并进】** 继续做好对品学兼优学生和家庭困难学生的奖励和补助工作,完善多项资助贫困生的措施。本年度发放奖学金、勤工助学金、补助金及减免学费共计124.9万元,共资助1172名同学;设立60个勤工助学岗位,满足部分家庭困难学生的求学需求,为这些学生顺利完成学业提供保障,对促进校风和学风建设起到积极的推动作用。

**【加大引进人才力度】** 学院在职能部门和专业系部共同研究分析论证的基础上,制定3年引进人才规划;制定完善引进高层次人才的岗位津贴、购房津贴等激励措施和考核试用等规定。为了引进优秀人才,做到公开公平公正,制定《录用毕业生和人员调入工作的暂行规定》,规范人才引进的程序。引进人才严格按照"制订引进人才计划—党委讨论决定、行政严格执行—职能部门发布信息、收集材料—由分管院领导和部门负责人及教研室主任组织的面试试讲—专业委员会考核决定—试用期一年"的程序,层层把关,严格考核,集体决定。2004年共引进各层次教师60人,主要补充到专业教学岗位上。

**【加强对中青年教师的培养】** 建立"试用期"制度和"导师"制,举办"做一个合格教师"的系列讲座,班主任培训班,高校教师资格考核培训,组织青年教师汇报课38次,举办信息系计算机维护技能比赛、机电系新教师车钳工技能培训等,培养青年教师的师德、教育教学方法、实践技能、班主任工作等业务能力。有计划有针对性地选拔工作表现好、有培养前途的中青年教师参加脱产或半脱产带薪、带岗位津贴,费用全额报销的进修或读研,与湖南大学、武汉大学联合举办不离岗在读工程硕士班。2004年后勤共有7名职工参加大专以上进修,7位教师在读硕士研究生,1位教师在读博士研究生,10位教师参加2004年度在职研究生考试。

**【科研工作取得优异成绩】** 学院多次到省、市争取科研课题,并从经费上对等扶持各项课题,出台课题负责人制度,给予一定的工作量和经费,制定《创收激励政策》和《科研奖励政策》等激励措施,调动广大教职工产学研工作的积极性。职能部门组织15次关于科研课题申请、立项、结题等培训。全年共有190人参加科研工作,占全校教师的70%。共申报各级课题60项,有13项省级课题,2项市级课题,15项院级课题获得立项;主编教育部统一规划教材15部,比2003年提高75%,参编教育部统一规划教材23部;在各级刊物上发表论文126篇,比2003年提高31%;学院在中国职教协会举办的第六届职教优秀论文评选中获得优秀组织奖,有4位老师获奖,有5位老师在华东地区教研论文中获奖。学院研制成功的"彩色抗静电阻燃塑胶地砖"获得徐州市2004年度科技进步奖三等奖。

**【产学研工作开始起步】** 学院纯净水厂成功投入生产,标志着该院第一个教学工厂的建立,以学生模拟经营的体制,让学生得到全面的教育和锻炼。年内,为连云港锻压机床厂试生产高精度刹车器零件,并开发多个计算机应用软件。

**【主办、承办各级各类比赛和会议】** 承办徐州市数控机床操作、计算机应用技术操作、计算机图形图像操作技能大赛、与中国矿大联办五省区"提高力学质量研讨会"。

**【科技进社区,服务社会】** 和徐州市《都市晨报》联合举办"给徐州市50个家庭免费监测室内空气质量"活动,近200人次参加100多户家庭室内居住环境污染监测活动。"绿色环保行动"、到橡胶企业进行产品检测、科技服务三下乡等活动,均取得相当好的社会效益。参加市政府举办的科技成果展,被评为中国徐州首届科技成果展优秀参展单位。

**【实验实训设施建设成为高职教育的新亮点】** 学院投资近1000万元一期的5大实训中心建成,已取得良好的社会效益与经济效益。中国职教协会刘来泉副会长、省教育厅周稽裘副厅长等到院专题调研,山东、广西、新疆、连云港以及苏南等地区的高校以及外企纷纷到该院参观学习实验实训中心建设。承接市级多项考工、竞赛。机电专业招生志愿率、报到率明显攀升,深受家长和企业用人单位的赞誉。

**【后勤高标准规范管理成效显著】** 该院在同类高校中首先实现资产管理网络化,制定执行规范的资产管理员制度,严格执行物资采购的论证招标制。服务总公司节减人员,在资源有限的情况下,保证食品的卫生质量,提高效率,获得师生的认可。两校区餐饮在徐州市卫生局举办有多家星级饭店参加的2004年度"食品卫生量化分级达标"评比中分获A、B级,位列徐州高校之首。

**【进一步完善各项管理制度】** 学院实施二级管理,基本形成较合理的教学、学管、后勤、行政管理机制,制定"教学质量考核方案"、"资产管理责任制"、"行政人员考核制度"、"大学生行为规范"等近百个相关规定,编制《党风廉政建设制度汇编》、《后勤服务公司制度汇编》等,对消耗和成本较大的事务实行记实管理,对招待费、差旅费、车辆消耗、大型设备的采购使用等进行严格控制,节约开支,提高效能。全年两校区耗水40万立方米,人均每月耗水4.3立方米;耗电180万千瓦小时,人均每月耗电20.4千瓦小时,比2003年下降6%。

**【党风廉政工作取得优异成绩】** 全年对标的在20万以上的30多项重大采购、新校区建设招投标过程进行监察审计,增强各项工作的透明度,组织新老校区基建维修项目审计工作,送审金额748.21万元,审减率19.13%;全年共节约资金193.13万元。实行校务公开、依法治校,接受省委教工委组织的"党风廉政建设责任制巡视"、"党建工作巡视"检查,均受到较高评价。

**【营造健康文明的校园文化氛围】** 投资80多万元,完善九里校区篮球场、排球场、足球场建设,添置报廊等设施;投资120余万元完成九里校区一期绿化景点建设，美化校园环境。学院组织20多项教职工文体活动，260余项学生文体活动，丰富全校师生的业余文化生活，增进师生之间的了解，营造健康向上的校园文化氛围。学工处会同各部门进行宿舍评比，共评出56个“院文明宿舍”，指导成立学生社团进行自我管理，开展有益活动，成立大学生艺术团、大学生科协等各级学生社团26个，举行“向陋习告别千人签字仪式”等活动，推动全院学生的文明自律工作。

**【学院体艺工作硕果累累】** 成功举办第二届师生田径运动会，“学工杯”系部班主任篮球、乒乓球团体对抗赛，拔河比赛等活动。参加省内多项体育竞赛，获得省高校健美操女子双人二等奖、团体6人优胜奖，徐州市第十八届高校运动会田径第五名、篮球第四名、足球第三名、省高校篮球赛苏北片团体二等奖。学院女子舞蹈队参加市高校巡回演出，获得好评。院合唱队参加市“五一”歌咏比赛，获得优胜奖。

**【高效利用办学资源】** 全体教师响应学院号召，积极承担教学工作量，平均达到原额定工作量的1.5倍，节省50%的师资。班主任牵头动员学生2天内突击完成宿舍调整任务，后勤部门加班加点准备新生用品，九里校区采用每周6天，每天12节课工作制，用有限资源解决全院近8000名师生的教学、住宿、办公。

**【二期建设工程设计科学合理】** 学院认真论证设计方案、审核图纸，仅桩形的研究论证就节约资金200多万元。年内已完成九里校区二期建设报建、报批任务，总报建16万平方米，完成二期建设中13、14、15、17号楼的桩基任务。土地已进入最终审批阶段。

**【学院确保教职工收入提高】** 2004年全年财政拨款2213万元，比2003年增加679万元，增幅为44.26%，在原有贷款9800万元的基础上，新增贷款3000万元。学院建设需要3亿元资金。在学院建设资金缺口大的前提下，节约各项开支，通过多种形式融资，确保学院建设的顺利开展和全体教职工的收入不降低，全年共发放教师工资与岗位津贴956万元，教师超课时津贴90余万元，基本实现年初制定的增收20%的目标。

**【招生就业成绩显着】** 学院按地区将招生计划分解到各系部，明确招生任务，制定相应的奖惩措施，各县市均建立3个以上的稳定的生源基地；各系部就业工作有专人负责，利用学院的良好办学声誉和专业教师与企业的技术服务合作，在省内外建立200多个就业基地，形成学院广泛稳定的招生就业网络。拓展招生宣传的形式，在报刊、互连网、电台、电视台等媒体宣传学院的招生就业政策，制作各种宣传品，均为学院的招生就业工作顺利完成发挥重要作用。2004年共报到新生2644人，其中大专1434人，大专新生的生源得到较好改善。其中招生上志愿率85%，一志愿报到率90%。通过社会调研、反复的专业论证，新增电气自动化技术、通讯技术与设备、过程装备及自动化、安全生产防护技术、印刷工程(图文信息处理)、高级家政管理等10多个专业，顺应市场需求。2004年，729名中专毕业生、144名高专毕业生就业工作已经全部完成，一次就业率达到98%，专业对口就业率85%，学生对一次就业岗位满意率80%。 （蒋兆峰）

## 九州职业技术学院

**【概况】** 九州职业技术学院，占地15.8公顷，建筑面积10万平方米，体育运动场地2万平方米，固定资产近亿元。适应社会和市场需求，2004年学院设置6个系，24个专业，在校学生3500人。随着教育教学质量的逐步提高,学生就业形势较好,学院在社会享有良好声誉。

【全面提高学生综合素质】 学院注重以德立校,依法治校,坚持以教学为中心,以学生为根本,培养高素质人才。建有教学督导和监控体系,从教师的“教”与学生的“学”两个方面进行全面系统的监督与管理,确保教学质量。既注重培养学生的基础理论和专业知识,又注重培养学生的实践和创新能力。学院实行学分制和弹性学制,根据所修学分情况,学生可选修第二专业以获得双专业学历文凭。该校学生在江苏省连续3年“专转本”考试中取得突出成绩,报考录取率达35%以上。2003～2004学年度,共有121名学生转入苏州大学、南京理工大学、中国矿业大学、徐州师范大学等本科院校深造;在2003年11月“江苏省职业学校计算机技能竞赛”中,陈浩、郭斌获“计算机安装维护”项目高职组二等奖和三等奖;2004年俞昕伟和宗雷获“图形图像处理”项目高职组优秀奖;韩俊玲、郭宁通过日语一级测试;12位同学参加全国TOEIC考试,分别通过四级和五级,其中郭宁超全省平均分数80分。张磊获2004届优秀毕业设计(论文)二等奖。

【学院师资力量雄厚】 九州学院实行董事会领导下的院长负责制,聘请中国矿业大学原校长郭育光教授担任院长,全院有专任教师108人,外聘教师190人,副高以上职称170人左右,其中,有博士生导师,硕士生导师,原国家教委课程指导委员会委员,省、部教学优秀奖获得者,曾宪梓教学优秀奖获得者,江苏省红杉树优秀教师奖获得者,全国优秀教师,政府特殊津贴获得者等。

【加强实践教学环节,着手实训基地建设】 学院现装备9个计算机室、6个多媒体教室、4个语音室,并建有省级标准的电工电路室、数字电子室、模拟电子室、电子工艺实验室、计算机硬件实验室等。为加强对实践教学的管理,提高实践教学的实效,制定《九州学院关于加强实践教学管理的若干规定》。根据教育部、省教育厅关于加强实训基地建设通知的精神,积极着手实训基地建设,并已与4家单位签订协议,建立校外实习、实训基地。

【不断开设新专业】 2004年该院设有文学与法政系、外语系、信息工程系和工程与管理系。并先后开设汉语、新闻采编与制作、文秘、法律事务、英语教育、商务英语、旅游英语、商务日语、计算机应用技术、计算机网络技术、应用电子技术、电厂热能动力装置、汽车检测与维修、机电一体化技术、市场营销、会计电算化、金融管理与实务、电子商务、工程监理、工程造价、建筑工程技术、社会体育、电脑美术设计、环境艺术设计等24个专业。

【毕业生供不应求】 该院重视适应社会需要和市场需求,培养德智体全面发展、职业能力突出、发展潜力大、创新能力强、综合素质高的高级应用型、复合型“银领”。推行“五证”制度,即要求每位学生在毕业前能够获得普通话等级证书、计算机等级证书、职业资格证书、英语等级证书、教师资格证书等5个证书。毕业生就业主要在南京、徐州、苏州、无锡、常州、张家港、昆山、上海、广州等地区从事于生产、技术、管理、服务等行业的技术应用型和管理型岗位。该院毕业生已成为苏南等地抢手人才,2004届毕业生就业率达94%以上。

【队伍建设与人事改革】 学院以《中华人民共和国民办教育促进法》和《民办教育实施条例》为依据,依按需设岗、公开招聘、平等竞争、择优聘任、严格考核、合同管理的原则和人员能进能出,职务、职称按需设定和聘任,依能力和水平定待遇,奖优汰后的机制,制定《九州职业技术学院人事管理暂行办法》、《九州学院酬金发放细则》、《九州学院班主任工作条例》、《九州学院专任教职员养老、医疗保险和住房公积金制度》等 10 个文件，使学院人事管理工作更加科学规范。

【加强与境内外高校的合作】 重视加强与境内外高校的合作，积极开拓国际合作办学新渠道，2004 年与俄罗斯圣彼得堡工业大学、加拿大世纪学院签订联合办学协议。与国内著名高校的合作事宜也在积极运作之中。

（钟德富）

徐州高等院校 2004 年领导干部表

表 5－6

| 单位名称 | 党委书记 | 院(校)长 | 党委副书记 | 副院(校)长 | 纪委书记 |
|---|---|---|---|---|---|
| 中国矿业大学 | 罗承选 | 王悦汉 | 邹放鸣　张爱淑(女) | 葛世荣　赵跃民　宋学峰　王建平　缪协兴 | 曹德欣 |
| 徐州师范大学 | 朱淮沂 | 徐放鸣 | 徐放鸣　胡相峰 | 杨亦鸣　王　超　何保全　刘祖汉 | 邵爱玲(女) |
| 徐州医学院 | 陈贵州 | 吴永平 | 吴永平　高嘉玺　时继尧 | 郑世德　赵世鸿　郑葵阳 | 高嘉玺 |
| 工程兵指挥学院 | 蔡冬梅(政治委员) | 厉新光 | 厉新光 | 益延滨 | 刘华苏(副政委) |
| 徐州空军学院 | 于庆志(政治委员) | 吴成林 | 吴成林 | 司树杰　朱志芬　于贤福 | 殷东风 |
| 徐州建筑职业技术学院 | 王旭善 | 肖仁政 | 马长世 | 马长世　吴光林　季　翔 | 马长世 |
| 徐州教育学院 | 朱其训 | 朱其训 | 洪　韩 | 洪　韩　孙洪安　唐自强　孙淑君(女)　邵卫旭 | 马　玮(女) |
| 徐州工程学院(筹) |  | 沈　超 | 沈　超　郝朝军 | 郝朝军　殷惠光　周维武　杜吉林　王　文　唐　翔 | 吴长春(纪委副书记) |
| 徐州广播电视大学 | 李卫江 | 李卫江 | 陈　佘　韩超英(女) | 沈　钻　晁念胜　黄学勇 | 陈　佘 |
| 徐州工业职业技术学院 | 朱士中 | 周立雪 | 周立雪　王健强 | 金万祥 | 王健强 |
| 九州职业技术学院 |  | 郭育光 |  | 朱浩熙 |  |

徐州高等院校 2004 年基本情况统计表

表 5－7

| 单位名称 | 占地面积(公顷) | 建筑面积(万平方米) | 教职工数(人) | 专任教师数(人) | 招生数(人) |  | 在校生数(人) |  | 博士点(个) | 硕士点(个) | 备注 |
|---|---|---|---|---|---|---|---|---|---|---|---|
|  |  |  |  |  | 普高 | 成人 | 普高 | 成人 |  |  |  |
| 中国矿业大学 | 296 | 85 | 2797 | 1322 | 5901 | 3484 | 21130 | 4938 | 33 | 72(另有 2 个专业学位授权点) |  |

续表 5－7－1

| 单位名称 | 占地面积(公顷) | 建筑面积(万平方米) | 教职工数(人) | 专任教师数(人) | 招生数(人) | | 在校生数(人) | | 博士点(个) | 硕士点(个) | 备注 |
|---|---|---|---|---|---|---|---|---|---|---|---|
| | | | | | 普高 | 成人 | 普高 | 成人 | | | |
| 徐州师范大学 | 162.53 | 82.67 | 2255 | 1237 | 5080 | 3858 | 21805(含挂靠生1517人) | 7372 | | 26 | |
| 徐州医学院 | 51.17 | 210991.8 | 908 | 384 | 1538 | 1267 | 5714 | 3042 | | 12 | |
| 徐州建筑职业技术学院 | 63.33 | 21 | 593 | 345 | 3172 | 696 | 7400 | 2119 | | | |
| 徐州教育学院 | 8.57 | 6.02 | 426 | 257 | 1138 | 427 | 2878 | 1325 | | | |
| 徐州工程学院(筹) | 67.7 | 27.9 | 744 | 525 | 4300 | 2922 | 9734 | 6298 | | | |
| 徐州广播电视大学 | 6.9 | 5.4 | 196 | 116 | 615 | 1566 | 1976 | 5203 | | | |
| 徐州工业职业技术学院 | 70 | 16 | 387 | 252 | 1650 | | 4291 | | | | |
| 徐州九州职业技术学院 | 15.8 | 7 | 185 | 108 | 1670 | | 3500 | | | | |
| 合　计 | 742 | 272.79 | 8491 | 4546 | 24064 | 14220 | 78428 | 30297 | 33 | 110 | |

注:不含两所军事院校

## ○ 成人教育

**【概况】** 2004 年,全市认真贯彻落实市委、市政府《关于进一步加强农村劳务输出工作的实施意见》和全市劳务输出工作会议精神,积极开展成人教育与培训,突出抓好“两后双百”(初中毕业后和高中毕业后百分之百培训,适龄青年百分之百劳务输出)工程。成立市、县教育系统“两后双百”工程领导小组及办公室,召开实施“两后双百”工程工作会议,下发《关于教育系统大力实施“两后双百”工程的意见》。进行农村新增劳动力基本情况调研,建立农村两后毕业生培训与转移情况台账,层层签订实施“两后双百”工程工作目标任务责任状。组建 81 个“两后双百”工程培训基地,开展“两后双百”工作督查,多次召开“两后双百”工作进展情况调度会,编印徐州市实施“两后双百”工程工作简报。全市完成两后毕业生培训 5.1 万人,输出 4.7 万人,超额完成市委、市政府年初下达 4.5 万人的“两后双百”工程任务。全年通过职业学校、乡镇成人教育中心校、省市农科教结合示范基地、村文化技术学校和民办教育机构等,开展农村各级各类成人教育和技术培训 49.6 万人次。全市“5112”教育富民工程的各项目标任务提前一年基本完成。努力推进社区教育。加强对社区教育工作的领导,建立各县(市)、区教育系统社区教育领导小组和社区教育试验区工作机构。印发《徐州市市区社区教育实验工作规划》,在云龙区天桥办事处召开全市城区社区教育工作现场会,研究部署今后五年全市社区教育工作。加强社区教育实体机构建设,全市组建社区教育培训中心 10 个。举办社区教育工作专题讲座 3 次,培训社区教育工作者 100 多人。　(李保军)

### 农村成人教育

**【概况】** 农村成人教育工作以“三个代表”重要思想为指导,全面贯彻党的十六大精神,贯彻落实市委、市政府《关于进一步加强农村劳务输出工作的实施意见》(徐委发〔2004〕3号)和全市劳务输出工作会议精神,紧紧围绕“两后双百”工程这个中心,解放思想,与时俱进,奋发有为,开拓进取,扎实工作。

**【超额完成4.5万人“两后双百”工程工作任务】** 年初,市教育局召开实施“两后双百”工程动员大会,建立“两后双百”工作机构,出台《关于教育系统大力实施“两后双百”工程的意见》和《关于“两后双百”工程培训基地认定的原则意见》,与县(市)、区教育局签订实施“两后双百”工程工作目标任务责任状;拨款28万元用于“两后双百”工程,免费发放1.2万册《农村青年城市就业指南》,组织编写《酒店宾馆服务》、《服装工艺》、《电子电器装配》和《焊工工艺》等培训教材。下半年,编印8期《徐州市实施“两后双百”工程简报》,进行2次工作督查和大检查,5次召开县区教育局调度会,及时了解和掌握培训基地建设、培训项目、培训人数、培训时间、培训后组织输出等情况,有针对性地指导和开展工作。各县(市)、区成立领导机构,加强对培训、转移、输出工作的领导,认真落实“一把手”负责制,层层签订责任状;制定实施方案,根据培训要求认定基地;组织“两后”毕业生参加培训,协调劳务输出等。各县把建立有关台账作为“两后双百”工作的基础性工作,抓得细,做得实。初、高中毕业生数、未升上高一级学校的学生数、已培训输出数、正在培训数、尚未培训数、下一步的计划数,台账清楚明白,通过看台账,能够知道工作做到哪一步,效果怎么样。各单位思路清晰,措施落实。丰县坚持“创新管理体制,强化统筹力量;创新办学体制,促进教育和市场对接;创新投资机制,整合民办职业教育;合理开发新增劳动力信息资源;构建就业指导网络;全力打造就业新途径”。沛县坚持“确定目标,分解任务;广泛宣传,营造氛围;确立基地,联合办学;稳定生源,强化培训;建立制度,加强督查”。铜山“在‘培’字上做文章,在‘联’字上想办法,在‘转’字上下力气,在‘富’字上作贡献”,工作措施采取“三会”、“两查”、“一输送”;“六落实、五步走、六保证、一跟踪”等。邳州的思路是“明确责任,强化考核;整合资源,构建培训网络;广泛宣传,多形式培训输出”。睢宁“以职教为核心,构建培训网络;注重培训的实用性、针对性和多样性”。新沂“以两前分流促两后双百”。贾汪以扎实的工作稳步推进“两后双百”进程。各县注意整合民办职业教育资源,有选择地确定一批民办职业技术学校,挂牌作为“两后双百”培训基地。各县努力创出自己的特色,丰县教育局成立“两后双百”就业指导中心,通过中心输送学生3000多人。沛县向“两后双百”毕业生发放入学通知书,减免20%的培训费用。铜山县印发《实施“两后双百”工程转移培训指南》,发放到各培训学校、初高中学校。邳州统一印制“职业技术培训结业证”,发给经过培训的学生。睢宁县制定《2004年“两后双百”工程工作奖惩办法》,激励这项工程的实施。新沂提出“两前分流”,提前进行摸底、培训。贾汪、邳州的部分乡镇利用学校布局调整闲置的校舍,建立成教中心校,开展职业技能培训。年底,六县一区已认定挂牌81个“两后双百”培训基地,培训5.1万人,输出4.7万人,超额完成市委、市政府年初下达的4.5万人的“两后双百”工程任务。输出人员最低工资700元,最高者1300元以上。

**【基本完成“5112”教育富民工程的目标任务】**

2001年,根据苏教职〔2001〕8号文件精神,教育、农业、科技、劳动等部门制定“十五”期间全市实施“5112”教育培训富民工程的目标任务,即通过职业技术教育和成人文化技术培训,转移50万名农村劳动力,培养10万名农村致富骨干,重点推广100个农村科技致富示范项目,培训20万名下岗(失业)转岗工人。2004年全市转移8万多名农村剩余劳动力;培养2.2万名农村致富骨干;重点推广18个省级农村科技致富示范项目;培训5万多名城镇下岗(失业)转岗工人。从2001年开始,四年来,全市转移46万多农村剩余劳动力;培养9.8万名农村致富骨干;重点推广110多个省级农村科技致富示范项目;培训21万多名城镇下岗(失业)转岗工人,培训合格率92%,培训后就业率63%,提前一年基本完成“5112”教育富民工程的目标任务。

**【农村成人教育阵地得到加强】** 全市现有111所乡镇成教中心校,其中省重点22所、市示范43所、普通46所。具体分布为:丰县14所,其中省重点2所、市示范3所;沛县16所,其中省重点2所、市示范2所;铜山县22所,其中省重点12所、市示范18所;睢宁县16所,其中省重点1所、市示范7所;邳州市22所,其中省重点2所、市示范6所;新沂市7所,其中市示范2所;贾汪区10所,其中省重点3所、市示范3所。建立农业信息服务网站或网吧177个。乡镇成人教育中心校逐步成为实施“两后双百”和“5112”教育富民工程的主阵地。

**【各级各类成人教育培训成绩显著】** 通过职业学校(职教中心)、乡镇成人教育中心校、省市农科教结合示范基地、村文化技术学校和民办教育机构等,开展农村各级各类成人教育和技术培训49.6万人次。其中,完成“两后双百”培训5.1万人,转移输出4.7万人;组织编印《畜禽养殖》、《水产养殖》、《食用菌栽培》、《花卉栽培》等农村实用技术培训新教材4万多册,完成农民生产技术培训30多万人次,全市近3万人参加“绿色证书”培训,完成农村致富骨干科技带头人培训2.2万人次;完成农村乡镇企业职工培训5万多人次;开展农村乡镇基层干部政策法规、专业技术、经营管理等业务培训2.5万人次;开展农村经纪人、信息员、营销员技能培训1.8万人次。

(以上撰稿:刘念波)

**【丰县梁寨镇中心校“两后双百”工作扎实有效】** 梁寨镇中心校贯彻省、市“两后双百”工作会议精神,围绕目标任务,狠抓落实。5月份以来,发放宣传材料12000余份,召开各级各类动员会、调度会、家长会、学生会40余次,书写墙字标语和过街横幅23条,培训回乡初高中毕业生458人,转移(全镇剩余劳动力)就业939人。7月8日召开培训、就业、招生交流大会。初中应届毕业生1000余人,学生家长200余人参加。13家办学单位、徐州5家招生单位、苏南11家联合办学单位到会设点,发放培训就业资料,300多名学生报名登记,500余名学生及家长现场咨询。

(刘金凤　谢学军)

**【邳州市官湖镇成人教育中心校做好“两后双百”培训工作】** 邳州市官湖镇是全国4大板材基地之一,共有板材企业5000多家,其中超亿元企业8家,工人6万多人。官湖镇成人教育中心校依据地方优势,本着“就地取材,发展地方”的原则,对企业用人实行“先培训后上岗,不培训不上岗”的办法。2004年,对应届初高中毕业生回乡青年统计建档。根据企业用工需求,从大专院校聘请教师上理论课,从企业聘请技术骨干上专业课,开设拼板、刮腻、压合、压刨、锅炉、补皮、晾晒等10多个专业课,连续组织3期培训,每期培训1个月,培训学员1100人。学员结业后,及时发证,指导学员与企业签订用工合同。1100名学员全被地方企业录用,且成为工厂的主力军或技术骨干。

(冯仰群)

**【睢宁县官山镇“两后双百”见成效】** 官山镇中心校与当地的琨鹏技校、曙光裁剪学校、精新裁剪技校联合开办电气焊、氩弧焊、气保焊、车床、电动缝纫、服装裁剪、电脑等培训班,12月,累计培训应届初高中毕业生365人,培训往届初、高中毕业生125人,已输出302人,多数输往苏南及浙江、广州等地,月薪都达千元以上。

(撰稿:窦恒亮　审稿:周本思)

## 扫盲工作

**【概况】** 2004年是全市完成“十五”期间扫盲目标任务的关键一年。紧紧依靠各级政府,发挥教育部门的积极主动性,采取各种措施,促进扫盲工作健康发展,保持全市扫盲工作的良好势头。全年举办扫盲班1091个,教学组535个,包教点1006个,安排扫盲教师2111人,助学学生6635人,组织学习并完成脱盲30113人,完成扫盲30000人的预期目标,保持扫盲工作在全省的领先地位,省教育厅编发简报,介绍徐州市的扫盲工作。

**【把扫除文盲工作纳入各级政府的工作目标】** 年初,沛县、铜山、云龙区、鼓楼区、泉山区有关领导听取扫盲工作情况汇报。邳州市政府召开各镇分管镇长、教育办主任、成教校长会议,云龙区、鼓楼区、泉山区召开各街道办事处书记、主任、施教区学校校长会议,进行部署。铜山县把扫盲工作作为政府为民办的“十大实事”之一。邳州市提出争当“无文盲市”,泉山区提出争当“首善之区”的口号。沛县、铜山县、睢宁县、泉山区、九里区等政府下发扫盲文件;丰县、邳州市、新沂市、贾汪区、云龙区、鼓楼区等教育局下发扫盲工作文件。各镇(街道办事处)政府下发扫盲工作意见。把扫盲工作和义务教育“控流止辍”纳入到当地政府和教育部门的工作目标,进行严格考核。各县(市)、区进一步充实有政府分管领导任组长,教育、农业、林牧渔业、文化、卫生、劳动、统计、公安、妇联、共青团等有关部门负责人参加的扫盲工作领导小组;各镇(街道办事处)也建立相应的领导机构,以协调解决扫盲工作中存在的困难和问题。各县(市)、区建立扫盲工作责任制,县(市)、区与镇(街道办事处),镇(街道办事处)与村(居委会)、学校,学校与校长、教师,层层签订扫盲工作责任状。各级政府制订扫盲工作评比和奖惩措施,形成一级抓一级、一级对一级负责的工作机制。

**【教育部门充分发挥职能作用】** 2月,市教育局发出《徐州市2004年扫盲工作意见》,下达各县(市)、区扫盲任务。各地教育部门根据文盲统计资料,层层下达扫盲工作任务,做到定扫盲对象,定学习地点,定扫盲教师。铜山县、睢宁县、邳州市、九里区等,层层召开扫盲工作动员大会,出动宣传车,印发宣传资料,张贴标语,悬挂横幅,在媒体开设专栏等进行宣传,报道扫盲工作进展情况。

**【抓好扫盲教学工作】** 各镇(街道办事处)向文盲人员下达“文化学习通知书”,明确学习要求和奖惩办法。组织扫盲教师针对文盲年龄特点进行教学;村组干部、妇联等有关方面上门动员。统一制订教学计划、统一扫盲教材、统一检查考核标准、统一安排高年级学生助学。做到阵地落实、教师落实、奖惩落实。各扫盲教学班点,实行点名考勤,确保教师到位、学员到位,对缺席学员进行补课,或委派高年级学生上门助学。扫盲教学按照“以文化学习为基础,科技教育为重点,提高学员的生活质量为目的”的指导思想,采取识字、阅读和计算相结合,学文化和学科技、卫生、法律相结合,把扫盲学习和观看录像、社会主义文明教育、文化娱乐相结合。

**【加强对扫盲工作的督促检查】** 市教育局每个季度召开一次调度会,交流经验,部署工作。沛县、铜山县、睢宁县、邳州市、新沂市、贾汪区等实行月调度制度。5月中旬,市教育局抽调人员,检查12个县(市)、区,26个镇(街道办事处),42个扫盲教学点。对工作较好的云龙区、泉山区、邳州市等进行表扬,印发云龙区、邳州市的经验材料。对差的单位进行批评,发现的问题要求整改。暑假前,发出“放假前做好扫盲工作安排的通知”,要求各县(市)、区总结上半年工作,安排好下半年扫盲任务。9月18日,市教育局在邳州市召开全市扫盲工作经验交流会。参观邳州市官湖镇、铁富镇等扫盲教学的现场;交流材料33份,泉山、云龙、睢宁、邳州等单位大会发言;播放云龙区、邳州市扫盲工作专题录像。下发《关于评选2004年徐州市扫盲工作先进单位和先进个人的通知》,激励基层做好工作。年底,市政府办公室发出《关于组织全市扫盲工作检查的通知》。12月9日至11日,组织教育、农业、林牧渔业、文化、卫生、劳动、统计、公安、妇联、共青团等部门人员,对全市扫盲工作进行检查。市政府办公室发出扫盲工作检查通报。

**【做好脱盲考核】** 各单位在脱盲考核中,做到统一考核要求、统一考核内容、统一考核时间、统一脱盲发证。考核内容既有文化的,又有科技的;既有书面的,又有口试的。考核时,由村组干部带队,县(市)、区、镇(街道办事处)扫盲工作领导机构有关方面人员进行巡视。对考核合格者,颁发“脱盲证书”,为其办理户籍文化变更注册登记。

(以上撰稿:陈兴山)

**【鼓楼区完成扫盲任务】** 鼓楼区政府对扫盲工作极为重视,实行地方人民政府、教育行政部门“双线承包责任制”,把扫盲任务落实到人。3月,区政府召开扫盲工作会议,同各办事处签订扫盲工作责任状,把扫盲任务完成情况列入各办事处精神文明建设考核的重要指标。4月,各办事处以全国第五次人口普查资料为依据,组织人员核清文盲人员底数,登记造册,建立文盲人员档案,有的输入计算机,实行动态管理。经过深入宣传,广泛发动,全区文盲学员参加为期6个月的脱盲学习。对56名扫盲教师,50名助学学生进行系统培训。全区14个教学班统一制定学习制度、教学计划,各扫盲班制定作息时间表、考勤表,将各项规章制度上墙。坚持集体备课制度,教学中贴近文盲人员的生活实际,教学方法注意加大认读次数,使教学和生活实际挂钩,不断巩固学习成果,增强文盲学员学习的信心和兴趣。区文教体局建立满足扫盲对象基本学习需求的教学机制,减轻学员的学习负担。通过学习,学员不但能看懂化肥说明书、药品说明等,还了解一些基本科学常识,增强抵制各种歪风邪气的能力。7月初,区扫盲办对各办事处的学习时间、学习地点、学习内容、学习人员及教学人员“五落实”情况进行检查。10月28日,在铜沛办事处召开扫盲工作现场会,各办事处交流经验,分管领导对下一步的工作作部署。11月,区扫盲办拟定“鼓楼区2004年扫盲试卷”,12月初,进行统一脱盲考试。12月底,对全区591名文盲人员发放脱盲证书,到派出所进行文化程度的变更。

(耿玉琪　岳邦忠)

**【邳州市铁富镇政府抓扫盲成效大】** 邳州市铁富镇青壮年文盲198人,失能56人,剩余文盲142人,文盲率为0.26%。2003年扫盲77人,剩余65人。镇党委、镇政府对扫盲工作十分重视,成立由政府一把手任组长的扫盲工作领导小组,制定全镇《“十五”期间扫盲工作意见》、《扫盲工作计划》,多次召开扫盲工作专题会议,颁发《扫盲工作奖惩办法》、《工作职责》等。镇政府、教办分别和有关的村、校签订扫盲“双线”承包责任书,由镇政府下达文盲人员学习通知书。从小学教师中挑选责任心强、业务水平高、乐于扫盲工作的29人担任扫盲教师,全镇统一教材,统一学习时间,要求教师认真备课,认真上课,认真辅导学员作业,对学习确有困难的实行学生助学。教学中,做到文化知识学习与法制、卫生教育相结合,与科技知识、实用技术培训相结合。2003年、2004年该镇连续两年被徐州市教育局表彰为扫盲工作先进单位。

（吕天庆）

## 社区教育

**【完善社区教育工作机构】** 成立各县(市)、区教育局社区教育领导小组,公布各小组成员名单。督促、指导部分实验点成立工作小组。

**【抓好典型】** 制定、印发《徐州市市区社区教育实验工作规划》(徐教职〔2004〕17号),各县(市)、区教育局选定实验点,筹建1～2所社区教育培训中心。指导云龙区天桥办事处结合实际情况,制定社区教育工作计划。帮助其筹建社区教育培训中心。天桥办事处认真配备社区教育培训中心的有关设施设备。8月26日以天桥办事处社区教育实验点为示范,召开城区社区教育工作现场会,推动全市社区教育工作。

**【注意学习和总结经验】** 4月8～13日参加省职社处组织的常州社区教育科研培训会。10月26～29日参加第二届长三角社区教育发展论坛,工作总结《学习型社区创建中社区教育的发展探索》被收入第二届长三角社区教育发展论坛文集。　（以上撰稿:徐新颖）

## 徐州矿务集团职工教育

**【概况】** 2004年,徐州矿务集团职工教育培训工作,围绕企业中心目标,在转变职工思想观念,强化职工安全技术培训,加大人才培养力度,不断提高职工综合素质等方面开展工作。各单位职教工作者在精兵简政的条件下,无私奉献、超负荷工作,全面超额完成各类培训计划,大力开展自主培训、特色培训,为企业创业发展提供强有力的人才支持。职工培训人数再创历史新高,全年培训6.2万人次,较2003年增加17%。其中干部培训、党员教育、专业技术人员继续教育2.1万人次,工人培训4.1万人次,干部、职工受教育面达80%以上。

**【学习型企业创建工作取得丰硕成果】** 集团公司党政加大对"创建"工作的推进力度。编写《徐矿之道》、《徐矿集团创建学习型企业实务》和《徐矿集团创建学习型企业评估标准(试行)》等100多万字的学习宣传资料,建立职工品行习练基地,全面开展干部职工执行力培训。旗山、夹河、庞庄、权台等矿,建立以技术工人命名的"实用技术创新室"、"团队学习室"、"工作室、实验室、成果室",营造"知识改变命运,学习创造未来"的浓厚氛围,培养广大职工"爱岗敬业,无私奉献;刻苦学习,善于钻研;系统思考,不断创新;追求卓越,勇于超越;团队学习,知识共享"的五种精神。一年来,全国总工会、教育部、省经贸委、中国煤炭工业协会、中国煤炭教育协会、北京大学及沈阳飞机制造集团、南京港务局等,先后前去调研、考察;全国煤炭职工教育科研工作现场会首次在徐矿召开。集团公司荣获"全国创建学习型企业示范单位"和"全国煤炭行业学习型企业"称号。

**【重视高层次和急需人才培养】** 进一步贯彻落实《关于加强人才工作的意见》,集团公司出台《关于加强职工学历(学位)教育及培训管理的若干规定》,加大职工学历教育管理和奖励力度,全公司有2573名职工在职接受博士、硕士研究生和本、专科学历教育。庞庄、旗山、夹河、义安、垞城、张双楼矿和机械厂等单位出台加强人才工作、提高工程技术人员待遇的规定,实行首席工程师、首席职工、首席技术工人及专业技术工种带头人等激励政策。旗山矿建立青年技术能手培养和选拔机制,启动职工职业生涯设计工程。不断加大创业发展急需的人才培训力度。年内,集团公司教委主办各类专业技术人员培训班 8821 人次,其中包括选派 60 多名高层次管理人才到北京大学、清华大学、人民大学、南京大学等名校进修和培训;举办影响深远的企业改制和董事、监事知识培训班;与中国矿业大学联办"采矿、机电和地测"3 个企业急需专业人才大专班;委托省高级职业技术学院培养 150 名矿山机电专业人才;大力提升信息化培训进程,近千名专业人员受到系统培训。

**【强化安全技术和岗位技能培训】** 广泛开展本职安全理念、方法的宣传教育,进一步提高职工安全意识和自我保安能力。年内,全集团公司有 19680 名煤矿从业人员经培训、复训,取得上岗安全资格证或换发 IC 卡;举办采掘电钳工、瓦斯检查员、放炮员和电气焊工等特种作业人员培训班 106 期计 8675 人;加强技师评聘和管理工作,年度考评在岗技师 287 人,高级技师 14 人;加大技术等级工培养力度,举办 192 人高级工培训班。

**【加强外出创业人员培训工作】** 人才培训中心、救护大队、卫生处及基层矿、厂、工程公司,组织培训教师到新疆、山西、山东、安徽等地,为外出创业人员现场提供安全和救护培训服务。

**【开展职工技能大赛】** 集团公司 24 个代表队 605 人参加 15 个工种的技能比赛,91 名选手受到表彰;在徐州市煤矿行业工种技能大赛嘉奖 40 人中,徐矿集团占 19 人,获得优秀组织单位奖。年内,有:1 名职工获得"国家技术能手"称号;3 名职工分别获得省、市"优秀技师"称号,享受省、市政府津贴。

**【职工教育培训基地建设实现新跨越】** 进一步加大对职工教育的投入,其中 14 个四级安培中心的办学条件和现代化教学手段明显提高,全部通过省局资格复审,有 5 家被评为省煤矿安全培训先进单位;集团公司三级安培中心以全省验收最高分通过验收。徐矿大学筹建工作正紧张进行,旗山矿成立管理学院、品行习练基地,各级党政努力将企业办成一所职工全面发展的大学校。 (沈 茉)

## 徐州铁路分局职工教育

**【全员培训】** 2004 年是铁路行车主要工种每两年不少于 10 天集中脱产培训第二轮的第一年,2004 年至 2005 年应培训 10055 人,其中 2004 年计划培训 5028 人,实际举办脱产培训班 534 期,培训 5787 人,完成年度应培训的 118.4%,为两年应培的 57.6%。分局继续把全员培训作为考核年度培训工作的"龙头"指标,实行"一票否决"。教卫分处下发《关于开展第二轮全员培训的通知》,以行车主要工种为对象,以站段集中脱产为主要形式,每年不少于 10 天培训。把提速调图知识、新站细、段细、电气化知识、安全知识、非正常情况下的应急处理等作为培训重点。教卫分处实行"专人分管,专业负责";基层单位实行"站段长负总责,分管领导抓协调,专职干部分期包",确保全员培训的镜头不换,力度不减,责任不变。分局年初提出全员培训必须与提速调图培训相结合,必须与电气化铁路知识培训相结合,必须与新技术应急能力演练相结合,保证培训内容的完整,减少重复性培训。分局检查各单位计划、人员、师资、教学内容等落实情况。分局举办车站值班员脱产培训,教卫分处组织人员,编写有分局特色的培训教材,实行案例教学和实作教学,师生共同点评,受到一线职工的欢迎。各单位采取改班制、班组逐次抽人等形式开展培训工作。教卫分处下发《分局上半年全员培训情况通报》,对完成任务较好的连云港西站、徐州客运段、徐州车辆段、徐州北电务段等单位进行表扬,对培训进度缓慢的站段进行批评,对下一步的工作提出要求。把电气化知识纳入全员培训的范围，组织送培和自培，为普及电气化基本知识，积累了经验。

【提速调图培训】　2004年4月18日，铁路进行第五次大面积提速，列车运行图作相应调整。分局要求提速调图培训，2月至3月25日为第一阶段，机、辆、工、电系统，针对本单位设备等变化进行培训。第二阶段从3月26日起至4月10日前，针对新图进行作业程序、作业标准、应急处理、人身安全和行车安全等方面的全员培训和考试。于4月10日前结束，补考、发证等工作于4月14日前全部结束。教卫分处把提速调图培训作为培训工作的重要内容，2月5日以2004年1号文件进行部署。2月9日召集分局车、机、工、电、辆各业务分处分管教育的人员进行专题研究，确定培训工作"先急后缓，先重点后一般，先骨干后全员"的原则，督促各业务部门制定培训计划。3月18日，在分局职教会议上，组织17个行车主要单位的职教科长（培训中心主任），对提速调图培训进行专题研讨。3月24日，下发教卫教函〔2004〕06号《关于进一步切实做好提速调图培训工作的通知》，对培训的要求、时间、方式、方法、考试、填写上岗证书、做好工作总结及抓好培训质量等进行重申和重点要求。3月26日新图及有关资料下到各单位后，教卫分处督促站段制定培训计划、大纲和教案，编写培训资料，下发到职工手中。教卫分处4月8日下发《关于做好下一步提速调图培训工作的紧急通知》，对下一步的培训工作、工作重点及建立培训和日报告制度作具体规定。3月31日至4月7日、4月5日至4月8日，教卫分处两次分两个组，对17个行车主要单位培训活动进行自查自验，检查25个中间段（车间、领工区），41个工区（班组），抽考140名工人，平均成绩89.6分；发现问题25个，现场整改17个，站段整改7个，需路局协助解决1个。各单位开展多形式的培训工作。培训内容，机、辆、工、电系统主要根据设备、工艺、材料等的变化情况，通过培训做到熟练用，会保障，能维修，掌握新环境下的技术标准、作业标准、程序、预案和相关的安全知识，保证作业安全和人身安全。车务系统主要是掌握新的行车、作业组织办法、程序、标准，掌握非正常情况下的应急处理办法，掌握相应的安全知识和技能，保证行车人身安全。在培训方式上，对安全员、班组长和行车关键岗位人员集中进行脱产培训，或派出到外地学习，或请人培训，或下现场进行理论和实作培训，或分层次办学，充分发挥三级教育网的作用，车间、领工区组织职工学习。至4月14日，全分局17个行车主要单位，应培训的工种为37个，135个岗位，17031人，实际培训457期，17031人。其中：送外培训7期77人；站段脱产培训90期，3559人；其他形式培训360期，13395人。对17031人进行考试，16851人合格，180人不及格。下发各类学习资料37种和VCD学习资料5种，数量为23358册（本）。填写并下发职工上岗证书17031个。

【百日攻坚活动】　4月18日提速调图实现后，经过"追踪检查、巩固提高"阶段，5月18日转入为期一百天的百日攻坚阶段，教卫系统为分局17个专业督导组之一。教卫分处分别召开运输、机辆、电务三大系统季度例会和工务系统年会，重点查找前一阶段培训工作存在的问题。要求各单位制定计划，对薄弱环节进行整改，加强培训工作。教卫分处组织人员下站段、车间、工区检查17个行车主要站段。检查重点是单位培训工作的薄弱环节、站段跟踪培训制度和措施的落实、提速调图重点工种人员培训、必知必会培训情况和第二轮全员培训、职工大练基本功等情况。

【全员练功】　分局把全员练功活动作为重要内容，要求各站段围绕安全和生产的关键开展演练活动。练功机制坚持班组“一月一练”,车间“一季一赛”,站段“一年一比”的演练制度。演练方式推行“互练互评、取长补短,交流切磋、共同提高”的群众性参与、群众性点评活动。各单位认真执行实作考核表制度,从实作项目、实作标准、安全事项、扣分标准进一步规范,做到监考人与演练人双向签认,实作成绩纳入经济考核。各单位开展大练基本功活动,把提速调图知识、安全知识、应急预案和处理等作为练功的重要内容。徐州站对所有行车人员进行非正常情况接发列车的全员随机模拟演练后,又对全站3大主要车间进行职工岗位技能竞赛,提高职工防错和应急处理能力。徐州北机务段在暑运中强化“三基”建设,强化职工培训,举办司机长培训班和第2次跨段写卡软件使用培训班,加强暑期和汛期安全生产业务培训,提高乘务员对当前路况和行车规章的掌握程度;开展乘务员“机故十八招”对抗赛,提高乘务员特殊情况下的应急能力。新浦工务段举办3期无缝线路维修养护知识培训班,对工班长进行全面培训,经考试合格后,持证上岗。连云港西站组织职工深入学习提速调图后新规章、新制度、新标准,对168名班组劳动安全监督员进行强化培训,做到持证戴牌上岗。徐州北车辆段参加全路货车技术大比武,获得站修和探伤两个第二名;徐州机务段机车操纵获全局第一名。

**【日常业务学习】** 各单位按月(季)下达指导性业务学习计划,车间下达月度指令性学习计划,各班组按计划组织学习演练。分局要求每个班组每月业务学习不少于6小时,岗位练功不少于一次,每个职工必须建立业务学习记录本。各单位把职工日常业务技术学习纳入月(季)综合考核内容,考核结果同班组整体效益和职工个人收入挂钩。各单位根据生产实际,明确各自不同的学习重点。加强工人岗位必知必会的培训,以新设备及作业、作业条件、环境等发生变化的部分为重点,加强作业标准、程序、非正常情况下的应急处理、安全等方面的培训和学习。

**【教育人员自身建设】** 组织职教干部开展理论研究,撰写职工教育论文,进行评选,7月19日至23日,分局在职工教育培训中心举办站段职教干部课件制作专题培训班。抽调3名课件制作教师,采取边讲边练、边学边做的学习方法,通过上机实作、互相讨论、现场答疑等形式,对多媒体课件制作及技巧进行深入的探讨,40余名来自各站段的职教干部和分局机关有关人员较熟练地掌握 authorware 等课件制作软件的基本操作方法。分局12月27日,组织人员对12个站段组织报送的多媒体教学课件进行评选。 (周 坤)

## 徐州铁路分局职工培训中心

**【概况】** 2004年徐州铁路分局职工培训中心(以下简称职培中心),分为南、北校区。校园占地5.58万平方米,校舍面积2.5万平方米。南校区计算机室是铁道部(国家级)考核点和江苏省计算机初、中级培训考核点。培训教育有岗位培训(干部、工人)、技工、中专、大专、专升本、本科等类。年内,分局投资227万元用于职培中心建设。年末,职培中心拥有计算机358台,投影仪4台,6502教学控制系统和微机连锁电气集中实验室2套,TYJL—Ⅱ计算机连锁系统(目前济南铁路局信号教学设备最全、功能最完备的教学基地),信号专业实习演练场,模拟变电所(电气化牵引供电室内设备)1套,实习车间(汽车维修、焊工、钳工3个工种)618平方米,25HZ相敏轨道电路3个区段,接触网设备,网络服务器1个,数码摄录像机1部,图书资料室10间530平方米,图书藏量4.7万余册。

职培中心设主任1人、副主任4人;科室按定编设劳人科、财务科、办公室、教务科、总务科、学生科，培训科；另外，内设招生安置科、函授站、电大辅导站、理论培训科、技术教育科、多元教育科。党群部门设党委、纪委、工会、团委。职工184人，其中：男职工131人，女职工53人；干部142人，工人42人；党员102人，团员10人；具有大专及以上文化程度的119人，中专36人，高中16人，初中及以下12人；具有教师系列职称92人，其中高级职称14人、中级职称46人、初级职称32人。

2004年，职培中心以教学为中心，以服务为保障，内强管理，外寻市场，全面完成各项计划指标。毕业生1184人，其中，技工296人，成人中专441人，电大260人，中央党校函授学历教育117人，自学考试全部通过毕业70人。举办各种干部、工人岗位培训班80期，4559人受培。招收新生1347人，其中，技工731人(7个专业16个班)，成人中专196人(3个专业4个班)，中央党校144人(2个专业3个班)，合工大成人教育218人(3个专业5个班)，齐齐哈尔铁路运输职大教育58人。组织18场740人参加国家人事部技术职称计算机考试，总模块数740模块，平均通过率为88.5%。5月份，2002级复退军人中专2个专业(接触网、企业供电)210人，参加济南铁路局职业技能鉴定，一次通过率为98%和100%。2002级技工生2个专业(计算机调试与维修、计算机应用与电子技术)160名，参加徐州市职业技能鉴定，一次通过率为96%和97%。11月份，2001级复退军人中专1个专业(接触网)70人，参加济南铁路局职业技能鉴定，一次通过率88%。2001级(高升班)计算机专业72人参加江苏省对口单招升学考试，专、本科上线率均达100%，考试成绩在徐州市(含六县)名列前茅。年内，有78名技工毕业生，被苏州勤美达、长宏、富士广、得意、京陇等有限公司聘用。

2004年，徐州铁路分局职工培训中心第三年被评为分局级“五好领导班子”，企业档案工作目标管理升为局一级单位，技工学校教育行政管理(含后勤服务)被徐州市劳动社会保障局评为优秀单位。

**【职培中心建设】** 职培中心在分局支持下，多方争取资金227万元。改善办学条件，投资30.5万元装修南校区学员招待所楼840平方米25个房间76个床位；投资55.9万元新建北校区实习厂房618平方米；投资20万元新建北校区TYJ—Ⅱ计算机连锁系统设备；投资18万元新建南校区语音室1间48座；投资11.6万元装修南北校微机房2间，投资16.1万元于铁路分局体育场14000平方米(北校区内)配套工程；投资6.3万元购置电焊机14套、汽车模型3辆(北校区学员实习用)；投资2.5万元购置图书资料柜4组；投资5040元购置36台电风扇安装在学员宿舍。改善办公条件，投资5.5万元购置计算机10台、空调3台安装教职工办公室。投资13万元新建北校区道路、花坛2400平方米；投资3.2万元新建北校区雕塑一座。基础建设，投资11.7万元新建北校区水冲厕所120平方米；投资5.6万元改造北校区浴室；投资3万元更新改造北校区锅炉及管路(含不锈钢开水器)；投资1.5万元更换北校区食堂塑钢窗；投资7.9万元新建北校区自行车棚200平方米；投资5万元购置50平方米太阳能淋浴器(安装南校区)；投资5万元南校区电路改造；投资0.6万元南校区采暖锅炉整修；投资4.5万元新建南校区汽车库房78平方米。

**【举办青年艺术节】** 3～5月间，开展首届青年艺术节系列活动。文艺演出，自编自演20个节目；作品展，美术、摄影、书法、征文共106件；篮球、足球比赛有1000多名青年参加。书法绘画展精品迭出，文艺汇演精彩纷呈，受到分局领导和广大师生的好评。

**【开展"祖国明天更美好"读书活动】** 职培中心制定读书活动实施意见,3月4日召开动员大会和赠书仪式。采取多种形式宣传读书的重要意义。每天下午第三节课定为读书活动课,利用校广播站开设"祖国明天更美好"学习专栏,善始善终,保质保量,深入实际,学有所得。

**【创设情境、培养情感】** 职培中心将传统的活动赋予新的内涵,在活动中创设动人的情境,努力培养学生爱国、爱校的情感。在教室内张贴名言警句,利用壁报、黑板报发动学生思考讨论,用生动形象的人和事感染教育学生。年内,组织技工生参加"抵制诱惑,远离网吧"誓师活动、淮海战役纪念塔前祭奠宣誓活动、学校与家长互动交流活动、新生《技工学生日常行为规范》教育活动、迎中秋、颂国庆联欢活动、广播体操比赛。通过这些活动,使学生思想境界得到升华,好人好事在班级、学校层出不穷。

**【召开第一届职工代表大会】** 4月9日,召开职培中心第一届职工代表大会。正式代表46名,列席代表2名。议程有:通过校长沈永选的工作报告、领导班子成员述职、评议领导干部、审议签订共保合同、福利费使用方案、劳动保护措施、确立提案、立案和大会决议、党委书记魏新建讲话。

**【对口单招成绩显著】** 职培中心重视抓好"对口单招"工作,坚持从基础抓起,做好培优、补差工作,对教学质量坚持全程监、管、督、导,扎扎实实地抓好备、教、改、辅、考五大教学环节,全面提高教学质量。5月,2001级高升班计算机专业72人,参加江苏省对口单招升学考试,专、本科上线率、录取率均达100%。

**【定向培养人才】** 根据铁道部和路局的要求,为陇海、胶济铁路线电气化改造,定向培养人才。来自山东、江苏两省的济南、青岛、淄博、泰安、枣庄、徐州等市县70名技工生(接触网工专业),经过3年半的学习(包括现场实习)培训,11月参加路局组织的技能鉴定合格后,12月30日全部走向工作岗位。

**【重视师资培训】** 3月,职培中心派陆广华、杨中兵、张元君3位教师前往绵阳供电段,脱产15天学习供电段车间和工区的日常管理、接触网的实际操作技能。8月,派袁成华、田爱军2位教师前往兰州铁路运校学习济南铁路局即将投入使用的,卡斯克信号有限公司研制的FZK－CTC型分散自律调度集中系统。10月,派袁成华前往西安电务段,学习25HZ相敏轨道电路以及电气化铁路的相关知识。11月,派王德明、王黎明、袁成华3位教师参加徐州市劳动局主办的行为导向教学法培训,为铁路职工培训打下良好的基础。

(钱秀兰)

## 中煤五公司职工培训

**【概况】** 2004年公司把职工培训工作当作一件大事来抓,尤其把安全培训提到前所未有的高度,要求各级领导干部重视培训工作,正确处理"管理、装备与培训"的关系,把加强职工教育、提高职工素质作为一项战略任务列入工作日程。按照党委《"十五"干部、职工教育培训规划》和2004年公司"管理年"的要求,制定"2004年公司干部、职工教育培训计划",多次召开会议,落实培训任务。有关单位在施工任务紧张、流动资金严重不足的情况下,在人、财、物上予以大力支持,确保培训工作的完成。在安全培训战线的教师,将人力资源管理的观念与技术,应用于安全培训工作,认真贯彻国家、企业相关法律、法规和文件精神,坚持安全生产以"安全培训先行"的方针,本着"以人为本"的思想理念,紧紧围绕"抓管理、促效益、创水平"这条主线,以服务生产、服务企业发展为宗旨，以强化师资力量为后盾，为公司的工程质量、安全生产、经济发展做了大量的工作。全年计划培训3360人次，实际培训6209人次，完成率达132%。其中：安全资格培训1390人次，完成率达101%；特种作业人员培训2399人次，完成率达128%；技能培训120人次，完成率达103%；适应性培训1650人次，完成率达133%；岗前培训650人次，完成率达619%。12月底，公司的瓦斯检查工、信号把钩工、井下电钳工、井下爆破工、主提升司机等5大工种的持证率达到100%。多次分批抽调处级干部参加省煤矿安监局在二级培训中心举办的矿(处)长安全资格培训班，年内，送外培训22人次(年计划10人次)。抽派21人参加全省安全监察员培训班。公司在三级培训中心举办1期区队长、班组长安全资格培训班，参培201人次(年计划125人)，开展入井安全资格培训，年计划培训1090人次，实际培训1026人次。特种作业人员培训，采取集中和分散的办班形式，年计划培训1847人次，实际完成2399人次。公司在岗位工资政策上向"苦、脏、累"倾斜的同时，强调向高技能人才倾斜，拉开技术工人岗位与一般岗位之间的差距，调动广大职工学习技术、钻研业务的积极性。计划职业技能培训116人，实际完成120人，其中技师47人、高级工73人。

**【切合实际突出重点】**　在培训工作中紧密联系施工生产实际，做到重点突出，有的放矢。本着"干什么、学什么，缺什么，补什么"的原则，坚持"重点工程重点培训，急用工种优先培训"的方法，为施工一线排忧解难。针对施工现场的分布特点和所在地区对持证率的不同要求，制定培训方案。对急需工种，如信号把钩工、井下电钳工、主提升司机等，深入现场办班培训，教师克服夏天天气炎热、冬天大雪封山、办学条件艰苦、时间长等困难，满足生产施工所急，受到公司领导、基层单位和甲方的一致好评。

**【加强教师队伍建设】**　根据省煤矿安全监察局文件要求，为了解决公司三级安培中心的专职、兼职教师做到持证上岗和集中与分散办学师资力量不足的困难，公司从一处、二处、三处、四处、五处选送符合条件的工程技术人员参加培训取证工作，送外培训22人，取得安培教师资格证书。

**【严格教考分离】**　推广"教考分离"，将培训教学人员和考试考核人员严格分离。严格培训和考试纪律，对试卷内容严格保密。本着年轻化、专业化、知识化的目标，抽调具有丰富理论知识和实践经验的业务骨干，担任教学工作。在教学计划的编排上，严格遵守报批制度，所有教学计划在经过有关部门研究后，再上报安全培训中心审批。积极准备引进和使用计算机试卷自动生成系统，对考试考核档案进行微机管理。

**【参加行业技术比武】**　10月，徐州市劳动和社会保障局等6家单位举办徐州煤炭行业职工技能大赛。公司2名职工夺得巷道掘砌项目的金牌及铜牌，被授予"徐州市技术能手"称号。公司劳动人事部获优秀组织奖。

**【做好安培评估和年度总结工作】**　按照一体化认证管理体系的要求和程序，给每位学员发放培训效果调查表，了解学员和受训单位对培训效果的评价和建议。收集反馈回来的信息，及时整理、汇总，并组织研讨。安培教师和培训管理人员开展讨论，进行自我评价，不断自我完善，促进自身建设，确保培训质量和效果更上一层楼。公司12月份下发有关文件，成立以公司主要分管领导牵头的职工培训工作评比领导小组，对在2003～2004年度干部、职工培训工作中涌现的先进单位和个人进行评比表彰。从公司机关、三级安培

中心、6个工程处、机厂、钢结构厂、友谊宾馆、友谊商场等单位中评比出5个先进单位、8名先进个人。 (张 徐)

## ○ 企业办学

### 徐州矿务集团教育中心

**【概况】** 2004年,徐州矿务集团有中小学17所,其中完全中学1所、完小2所。有1876名教职工,其中专任教师1571名,学生17158名,其中小学生9089名。普教工作在公司党政领导下,积极实施改革,狠抓教育教学质量,取得丰硕成果。

**【狠抓目标管理】** 实行管理改革,由重结果转变为重过程;由面面俱到转变到侧重质量;将目标检查与开展调查研究结合起来。继续推进学校领导任用制度和机构改革,矿二中、旗山矿校等单位公开招聘校长、副校长。上半年,公司党委副书记、教委主任李正军到学校视察工作,了解到新河矿校在办学条件非常困难的情况下,自强不息、顽强拼搏,办学成绩显著,提出在公司中小学开展向新河矿校学习的活动。公司教委发出《关于开展学习新河矿校艰苦创业精神,努力办好职工群众满意的教育活动的通知》;4月,教育中心在新河矿校召开普教工作现场会。上半年,对公司所属中小学的教师队伍、硬件设备、办学环境、收入待遇、办学经费等进行调查,为公司普教合理配置教育资源,提供基础资料。

**【开展行风评议活动】** 通过开展评议、自查自纠、听取意见、作出承诺、落实整改,多数学校在规范办学行为,遏制乱办班、乱收费、有偿家教等不正之风上,取得明显效果,社会投诉处于全市较低水平。10月,集团公司召开普教工作会议,在公司中小学开展新一轮师德教育活动。

**【做好安全与综合治理工作】** 公司教委年初下发《关于加强集团公司中小学安全与综合治理工作的若干规定》,就安全问题多次召开会议,开展实地检查,及时排除不安全因素。在学生中进行安全教育,开展创建"最安全学校"活动;教育中心会同公司保卫处2次对学校周边环境进行调研,向上级领导提交调查报告。11月中旬,集团公司党委会同安监局、保卫处、各办学单位联合召开安全工作座谈会,与市公安局及各校所在地公安分局的领导召开协调会,进一步明确责任范围。各学校进一步完善管理制度,添置或更新防火、防盗、防洪等设施。矿一中被评为西关地区综合治理优秀单位,旗山矿校被定为矿"文明示范点"。

**【加强和改进未成年人思想道德建设】** 集团公司党委重视中小学生思想道德建设,制定徐矿集团《关于加强和改进未成年人思想道德建设的实施意见》,提出要认真落实"学校育人"、"团队育人"等6大工程和30件实事,多次召开机关部室负责人座谈会,落实措施和分工;3月份,召开集团公司中小学德育工作会议。教育中心制定《关于进一步加强和改进学校德育工作的意见》,拟定27条贯彻意见,6月,下发教育部新颁布的中小学生《日常行为规范》和《学生守则》,在学生中开展以诚实诚信为主题的教育活动。各校制定计划,开展阅读、征文、演讲、朗诵等比赛,利用板报、校会、主题班会等进行读书交流。组织中小学生参加校内外社会综合实践活动,开展慰问外出创业人员、清明祭扫、参观博物馆、展览馆等活动。科普教育继续坚持以活动促发展,搞好普及。在"国际科学与和平周"全国中小学生(江苏地区)"金钥匙"科技竞赛中,教育中心及12所学校获省科普教育先进单位称号,22名教师被评为省"优秀科技辅导员”。修订班主任工作职责，择优选拔素质高、工作责任心强的教师担任班主任。教育中心举办2期班主任培训班，320余名中小学教师参加。注重德育科学研究，有多项德育科研课题。矿一中有4项德育课题在省、市获奖，全公司有100余篇德育论文获奖或发表。重视心理健康教育，组织部分人员参加徐州市举办的学习班；各校面向学生开展心理咨询活动，三河尖矿校组建75个“心灵互助手拉手”对子，庞庄小学被评为全国“红领巾手拉手助残先进单位”；张双楼矿校作为“国家心理健康教育实验基地”荣获省级先进单位称号。各学校通过发倡议书、写祝福信、文艺演出，建立专门档案，结成互帮对子，定期召开座谈会，到学生家中走访，辅导功课，解决生活困难等，关心外出创业人员子女。教育中心小记者团奔赴新疆慰问创业人员。各学校教学秩序稳定，形成良好校风。夹河矿校在全市经验交流会上发言。夹河、三河尖等学校创建德育工作先进学校，矿一中开展“十八岁成人教育活动”，被评为“省优秀项目”，旗山矿校实施“三三一”系列主题教育活动，被《中国煤炭报》报道。

**【狠抓教学质量】** 进一步完善教学管理制度，严格执行“教学五认真”。召开中小学教学工作会议，教育中心和校长签定责任书；矿一中、张双楼等校实行年级主任负责制，矿二中召开学生座谈会，对教师的教学实行跟踪管理；在抓好初中和高中毕业班3次质量检测的基础上，进一步完善《小学教学质量评估方案》和抽测制度，强化对小学毕业班和其他非毕业年级的质量检测，采用统一命题、交换监考、流水阅卷等办法，提高检测质量；学校组织评优课、教学研讨、论文交流，教育中心组织“送课”、教研员上示范课，促进课堂教学质量不断提高。中考成绩继续保持徐州市的领先水平。全局总平均538.2分，比市区的511分高出27.2分，全公司有12所中学毕业率为100%，13所中学的3年巩固率为100%，优分率达29.3%，超出市区4.3个百分点，受到市教育局领导的赞扬。

**【推进课程改革】** 先后组织400余人次参加新课改培训。从各校聘请29名骨干教师为兼职教研员，成立各学科中心教研组，与各校教研组共同构建公司中小学教研网络，使教研活动上下沟通。有省级立项课题6项、市级33项，其中新立项课题12项，研究工作有序开展；3项省、市级课题结题，获得课题评审组专家的好评。教师撰写教育教学论文600余篇，其中有160余篇在公司级以上获奖或发表。

**【在教师队伍建设上出实招】** 制定《关于加强中小学教师队伍建设意见》，确定教师队伍建设目标和措施，各学校制定具体的实施办法。对45岁以下的中小学所有学科教师进行课堂教学能力检测，1138人参加。9月，组织教师系统学习《基础教育课程改革纲要》、《走进新课堂》并进行测试，1200余位教师参加。认真开展“青蓝工程”、“名师名校长”评选活动。集团公司1人被评为市青年名教师，2人为市青年骨干教师；同时开展公司级评选活动。公司修订教育经费管理办法，提高教职工收入待遇，人均增资150元，其中校长、书记的工资为教师人均工资的1.6倍。多数单位加大对成绩优秀教师的奖励力度，新河等学校对骨干教师实行津贴制。

**【艺术、体育、健康教育等全面发展】** 各学校组建兴趣组、队，开展校园美术、书法、工艺、演出等活动；“六一”期间，教育中心与集团公司团委举办幼儿舞蹈大赛、中小学文艺汇演受到好评；庞庄矿小学被评为全国“艺术教育特色单位”，三河尖矿校少儿拉丁舞在全国获奖，矿一中美术教育成为办学特色，吸引大批学生慕名求学。体育健康教育以课堂为基础,以普及为重点,以提高学生健康水平为核心,在提高体育达标率、优秀率上花力气。公司小学、初中体育达标率,分别为98%、97%,中考体育成绩35.2分(满分36分),超市平均分。矿一中在江苏省第十五届运动会上被评为先进集体,在徐州市射击比赛中获中学男子组气步枪团体第1名,中心小学获徐州市十八届运动会乒乓球乙组、丙组团体冠军,权台矿校获小学女子足球比赛第2名。雅典奥运会男子双向飞碟铜牌获得者、原矿一中学生王正回母校访问,激发了广大学生学科学、学文化、强身健体的热情。(周少华)

**【徐州矿务集团一中美术教学凸现特色】** 徐州矿务集团一中凸现美术办学特色,有美术特长班8个。美术办学条件优越,校园内开辟美术专业教学区,有多媒体教室2间,美术天光教室3间,学生画室5间,教师美术创作室1间,美术器材、资料齐全,师资优良。聘请徐州市和省外知名美术教师为特长班授课,受到学生、家长欢迎。学校是省教育厅重新审核、批准的江苏省8个美术专业高考加试点之一。2月4日~3月8日,天津美术学校等近40所高等院校在该校设立美术专业加试考点,在省市招办的领导下,成立美术专业加试工作协调小组,认真组织报名,准确采集信息,严格监考,严肃考风考纪,受到学生、家长和设点高校的好评,赢得良好的社会声誉。 (徐锦泉)

**【徐州矿务集团中心小学开展环境教育】** 徐州矿务集团中心小学多方位、多层面开展环境教育活动,让环境教育走进学生生活。同学们坚持多年如一日,在校园内外拾废纸、杂物,回收废旧电池,进行垃圾分类,保持环境卫生。多次举办以“保护环境”为主题的手抄报比赛、演讲比赛、知识竞赛、征文活动、主题中队会等。环保小分队同学到滨湖公园、薇园、稼悦园等地认养绿地,争做“护绿小卫士”、“环保小天使”;环保小记者们到古彭广场、段庄广场进行宣传,向行人散发传单,宣传环保知识,倡导绿色消费。小记者们自编自演文艺节目,向市民演出。 (张甫军)

**【旗山矿校开展行为规范教育】** 旗山矿校积极创建“徐州市行为规范示范学校”,要求学生做到:不买、不带、不吃零食,建立升旗、做操、集会的优美阵容;强化课堂、课间、活动的优良秩序;培养讲文明、懂礼貌、敬父母的美德;养成讲卫生、爱劳动、勤学习的习惯;树立爱集体、守纪律、讲奉献的观念;具备悦己、合作、向上的品质。教育学生做一个文明高雅、诚实守信、遵纪守法、富有爱心、爱国、爱矿、爱校的了不起的中国人。学校荣获“全国煤炭教育先进学校”、“集团公司优秀学校”称号。 (赵 华)

**【新河矿校被评为集团公司“标兵学校”】** 新河矿校坚持“让学生成才、让家长放心、让社会满意”的办学标准,面临矿井关破、办学条件落后,全校师生自强不息、团结拼搏、艰苦奋斗、求实求严,取得学校管理和教育教学工作的优异成绩,2004年中考,人均总分582.2分,超市平均71.2分,有5名同学考入徐州一中,最高800分,最低777分。学校被评为集团公司“标兵学校”。集团公司教委下发《关于开展学习新河矿校艰苦创业精神、努力办好职工群众满意的教育活动的通知》,6月3日在该校召开集团公司普教工作现场会。 (李仁兴)

### 徐州矿务集团教育中心2004年中小学校概况表

表5－8　　　　　　　　　　　　　　　　　　　　　　单位：个、人

| 学校 | 小学 | | | | 初中 | | | | 高中 | | | | 教职工 | | 校长 | 书记 | 副校长 | 副书记 |
|---|---|---|---|---|---|---|---|---|---|---|---|---|---|---|---|---|---|---|
| | 班级 | 学生 | 毕业生 | 招生数 | 班级 | 学生 | 毕业生 | 招生数 | 班级 | 学生 | 毕业生 | 招生数 | 专任教师 | 职工 | | | | |
| 矿一中 | | | | | 21 | 1117 | 483 | 284 | 37 | 1742 | 649 | 540 | 194 | 70 | 张志清 | 程友平 | 梁恒元 | |
| 矿二中 | | | | | 17 | 697 | 278 | 180 | 5 | 226 | 53 | 108 | 94 | 40 | 周计文 | | 胡光琴<br>黄　俊 | |
| 权台矿校 | 17 | 606 | 130 | 79 | 6 | 356 | 113 | 47 | | | | | 90 | 21 | 陈公京 | 吴保华 | 徐建忠 | |
| 旗山矿校 | 17 | 590 | 89 | 54 | 8 | 274 | 140 | 51 | | | | | 102 | 11 | 赵　华 | 邱祖琪 | 蒋国栋<br>魏德民<br>尹荣猛 | |
| 夹河矿校 | 16 | 523 | 73 | 63 | 8 | 285 | 114 | 82 | | | | | 94 | 17 | 韩彦西 | 杨裕山 | 李伦勇 | |
| 卧牛矿校 | 8 | 252 | 57 | 44 | 4 | 111 | 37 | 31 | | | | | 62 | 7 | 李迪群 | 李迪群 | 孙德新<br>刘银松 | 王秀敏<br>（女） |
| 张集矿校 | 15 | 475 | 94 | 62 | 9 | 280 | 94 | 94 | | | | | 66 | 14 | 张敬平 | 史为余 | 费书国 | |
| 义安矿校 | 11 | 336 | 92 | 46 | 6 | 223 | 79 | 71 | | | | | 66 | 9 | 陈昌龙 | 蔡宝训 | 田文斌 | |
| 新河矿校 | 11 | 360 | 61 | 35 | 6 | 218 | 78 | 88 | | | | | 77 | 11 | 李仁兴 | 钱吉林 | | |
| 垞城矿校 | 14 | 509 | 119 | 65 | 8 | 363 | 125 | 103 | | | | | 77 | 7 | 张茂永 | 宋庆敏 | 赵本勇 | |
| 青山泉矿校 | 6 | 134 | 30 | 21 | 3 | 66 | 17 | 4 | | | | | 37 | 8 | 张芝祥 | 丁德美 | | |
| 九里山学校 | 6 | 274 | 52 | 43 | 9 | 393 | 87 | 66 | | | | | 50 | 9 | 冯现奇 | | 蒋庆云 | 钟盛祥 |
| 三河尖矿校 | 19 | 794 | 145 | 109 | 9 | 360 | 130 | 113 | | | | | 96 | 8 | 吕敬军 | 徐运夫 | 董明月 | |
| 张双楼矿校 | 20 | 815 | 183 | 91 | 14 | 662 | 283 | 225 | | | | | 117 | 17 | 曹君沛 | 周素萍<br>（女） | 袁　品<br>周脉栋 | |
| 马坡井学校 | 6 | 47 | 13 | 11 | 3 | 23 | 9 | 10 | | | | | 28 | 2 | 周继新 | | | |
| 中心小学 | 42 | 1994 | 395 | 304 | | | | | | | | | 117 | 38 | 张振玲<br>（女） | 张振玲<br>（女） | 朱　霄<br>刘洪珍<br>（女）<br>马金恒 | 马金恒 |
| 庞庄矿小 | 42 | 1380 | 270 | 173 | | | | | | | | | 148 | 23 | 王大明 | 王大明 | 岳崇泉<br>刘　冰<br>（女） | |
| 合　计 | 250 | 9089 | 1803 | 1200 | 131 | 5428 | 2067 | 1449 | 42 | 1968 | 702 | 648 | 1515 | 312 | | | | |

（周少华）

## 徐州铁路教育区

【概况】　2004年，徐州铁路教育区行政机构设办公室、教务科、劳人科、计财科、勤工俭学管理科。党群机构设党委、纪委、工会、团委。全区现有教职工623人，其中区级领导6人、中层干部39人、一般干部58人、专任教师417人、工勤人员103人。教职工中具有本科学历37人、大专225人、中专254人、高中及以下107人。具有教师专业技术职称503人，其中高级职称3人、中级职称261人、初

级职称239人、其他专业职称15人。教职工中,35岁以下316人,36～45岁103人,46～55岁192人,56岁以上12人。男职工119人,女职工504人。中共党员189人,共青团员78人。年内,185个教学班,学生7555人,招生1493人,其中初中98人。毕业1476人,其中初中220人。

**【安全稳定工作】** 全力推进铁路中小学移交地方政府管理工作。把安全稳定提到各级领导的重要议事日程。区、校及时调整综治领导小组和安委会,充分发挥党团组织的骨干带头作用,建立健全安全稳定工作机制,层层签订责任状,定期进行分析,发现问题及时整改。各校、园运用各种载体对师生进行安全教育。根据市教育局的部署,6月25日下午对6所小学的四、五年级1755名学生进行安全知识考试。制定安全工作目标管理及考核办法,把综治和内保工作作为机关人员下基层的必检工作,组织人员进行重点内容重点抽查,对存在的问题,分清责任进行整改。在分局领导的支持下,退还职工个人缴纳的建房集资款。投资17万元,解决部分学校、幼儿园的电线路老化、地面整修、围墙整修增高、水池清洗功能分类和食品架问题。投资7万余元更换4个单位的报警器,为幼儿园新增灭火器36个,更换灭火器干粉117个,更换灭火水枪带150米。

**【移交工作全面完成】** 依据国家经贸委等6部委《关于进一步推进国有企业分离社会职能工作的意见》以及国务院办公厅国办发〔2004〕9号文件、江苏省人民政府苏政发〔2000〕4号文件精神,按照铁道部党组的部署和路局、路局党委的要求,继连云港铁小、新浦铁小、新浦铁中、砀山铁小移交地方政府管理之后,2004年11月,虞城铁小移交给虞城县人民政府管理。徐州市区铁路中小学的移交工作,得到市委、市人民政府大力支持,12月底,徐州市区的3所中学、7所小学顺利移交徐州市人民政府管理。

**【教学质量稳步提高】** 面对移交,教育区抓管理力度不减,创名校目标不变,抓质量力度不减。下发《关于进一步强化教学常规管理的意见》,重新强调校长抓教学"五认真"的要求及具体考核办法,对制度建设、教学检测、招生工作提出具体要求。认真抓好等级评估和督导检查。4月份,组织人员对各幼儿园进行等级评估,9月份、12月份2次对各小学、幼儿园进行督导和综合检查。12月份,组织人员深入各幼儿园进行工作调研。召开座谈会15个,收回调查问卷80余张,为幼儿园今后的发展提供决策依据。开展上一堂好课的研究,经过各科选拔,在铁二小、铁四小举行校际公开课交流活动。经过省、市评估,徐铁三小被江苏省命名为三星级实验小学;徐铁地区幼儿园被命名为江苏省二星级示范幼儿园;徐铁四小9月份被命名为江苏省实验小学。徐铁一小4月份被命名为徐州市实验小学。徐铁一幼创建江苏省示范幼儿园,二幼、三幼、四幼创建徐州市示范幼儿园,通过验收。下半年,江苏省、徐州市分别予以命名。4月份,对地区五年级、三年级数学进行抽测,教育区自己出题、自己监考、自己批改。五年级平均92.52分,三年级平均94.89分。对745名小学毕业生,统一组织毕业考试,对质量进行认真的分析。

**【认真抓好师资队伍建设】** 上半年,开展读《教育新视野——与新课程同行》、《新课程理念下教师课堂教学中的怎么办》两本书活动。铁四小承担的区级课题《情趣与激趣》和铁一幼、二幼、三幼、四幼承担的区级课题分别结题。有4个单位新立项4个市级课题。在市教科所组织的"科研杯"论文评选中有5人获二等奖、14人获三等奖;在市课改优秀论文评选中,有7人获二等奖、6人获三等奖;参加市优秀教案评选,3人获一等奖、5人获二等奖、6人获三等奖;选派14名教师参加市教研室组织的市级评优课评选,6人获一等奖、8人获二等奖。组织60名教师参加市、路局、区级培训,选拔部分青年教师参加路局英语教师培训。

**【存在的问题】** 面临移交,教育区深入校、园督导检查少,有些工作落实不到位。

(马庆东)

**徐州教育区2004年学校、幼儿园概况表**

表5-9　　单位:个、人

| 学校 | 班级数 | 学生数 | 毕业生数 | 招生数 | 教职工数 | | 校长 | 副校长 | 书记 |
|---|---|---|---|---|---|---|---|---|---|
| | | | | | 计 | 专任教师 | | | |
| 铁一小 | 18 | 812 | 110 | 116 | 46 | 39 | 陈园园(女) | 杨利梅(女)　林文随 | 张衍亭 |
| 铁二小 | 19 | 823 | 93 | 142 | 44 | 37 | 季秀荣(女) | 苏志勤　郭思良 | 葛孝成 |
| 铁三小 | 30 | 1190 | 173 | 211 | 75 | 64 | 钱　薇(女) | 刘　婷(女)　马庆东 吴　敏(女) | 王凤琴(女) |
| 铁四小 | 33 | 1530 | 182 | 244 | 77 | 67 | 马继巧(女) | 彭德正　杨增顺 周传山 | 宗秀霞(女) |
| 铁五小 | 19 | 830 | 81 | 169 | 51 | 39 | 韩秀君(女) | 王　锦　孔婉丽(女) 田金秋(女) | 田秋兰(女) |
| 铁六小 | 18 | 836 | 103 | 134 | 51 | 43 | 李家泽 | 袁国丽(女) | 杜克君 |
| 新沂铁校 | 7 | 278 | 220 | 98 | 23 | 19 | 张格仁 | 卢承桥 | |
| 地区幼儿园 | 6 | 170 | 49 | 55 | 27 | 21 | 罗忠坤(女) | | |
| 一幼 | 13 | 392 | 162 | 107 | 62 | 30 | 成素华(女) | 李海棠(女) | |
| 二幼 | 8 | 249 | 113 | 79 | 41 | 20 | 韩兰萍(女) | | |
| 三幼 | 9 | 320 | 127 | 96 | 43 | 19 | 王耀美(女) | | |
| 四幼 | 5 | 125 | 63 | 42 | 24 | 13 | 解　敏(女) | | |

(马庆东)

## 中煤五公司

**【概况】** 2004年,中煤五公司下设中煤五公司职工子弟学校、中煤五公司联合中学、中煤五公司一处学校(正在办理向地方移交的过程中)及中煤五公司机关幼儿园。在校生760名,有97名初中毕业生,19人被重点高中录取,初中毕业生升学率100%。招收新生122名。

**【加大教育投入】** 公司党政领导关心、支持学校教育工作,投入8万元,进一步改善办学条件。添置12台电脑,对联合中学的局域网进行完善,更新自动化广播播放系统。铺设道板路,修建大理石升旗台、主席台、花坛。对职工子弟学校部分建筑物进行翻修。进行工资改革,大幅度提高教师收入,在职职工平均年收入达到15000元。

**【一处学校移交】** 一处学校根据公司与沛县

人民政府达成的移交协议,233名学生,其中初中生87人、小学生146人,2004年4月全部分流到沛县各学校;教师,沛县人民政府同意接收,在协商办理中。 (刘振芳)

【职工子弟学校招收进城务工子女】 职工子弟学校本系统职工子弟逐年减少,招生时,把招生简章贴到进城人员较多的地方,欢迎务工子女到该校入学。全校小学一年级至初中三年级学生从200多人提高到380名,其中徐州市户口68人,本省异地124人,外省188人。学生家长大多来自福建、浙江、河南、安徽、山东的贫困地区,在徐州做些小生意,经济较困难。学校严格按照国家规定的标准分学期收费,经济上暂有困难的可以缓交,有特殊困难的(如多子女、残疾等)经研究后给予减免。学生来自各个地区,大多数汉语拼音、信息技术、英语没有学过,有的甚至只学过语文、数学,教师给没有学过的学生"开小灶",耐心辅导。教师,特别是班主任从生活上入手,关心、爱护每一个学生,督促他们理发、洗澡、换衣,为他们补衣买饭。经过努力,该校小学、初中毕业班连续几年都能达到100%毕业、升学。 (黄建新)

【联合中学让规则看守学校】 联合中学采取学习和活动相结合、落实和管理相结合、强化教育和自主教育相结合等方法,组织学生学习《中小学生守则》和《中小学生日常行为规范》,教育学生在学校做一个好学生,在家庭做一个好孩子,在社会做一个好市民。通过国旗下讲话、校会、班会等形式,对学生进行责任教育,把"天下兴亡,我有责任"作为教育的重点,学校、班级的每件事都有人负责,每项工作都有人做。认真做好两操,要求学生放学排队回家,设立校内执勤护导队,对各班进行检查评比,坚持每周评选一次优秀班级。

(李庆国 完永湘)

【联合中学加强教师队伍建设】 联合中学组织教师员工学习《中小学教师职业道德规范》,举办"好教师的标准"、"学会惩罚、学会忘记、学会倾听"、"如何实施课堂教学管理"等讲座。给35岁以下教师发一本教育论著《赏识你的孩子》,倡导蹲下来与学生对话的教育方式,使教师体会以人为本的教育理念。举办"如何备好一堂课"、"上课的艺术"、"如何写好教后记"、"如何捕捉教育契机"等讲座,提高教师的业务知识。学校教育教学水平不断提高。2004年中考,11名同学总分690分以上,占考生17%,3名同学被徐州一中录取,其中最高分795分,在一中考生中排列123名。其中五处学校(教育局按五处、二处学校分别统计)的中考成绩,比2003年上升26位,受到市教育局的表扬。

(李庆国 完永湘)

【联合中学加大学校建设的投入】 联合中学通过不同渠道筹集资金,加大学校建设的投入。建成学校程控电话网,室室通电话,建立学校局域网,与因特网相连,建立多媒体教室,配备数码投影仪、视频展示台、电脑,新课桌凳。教师学电脑的热情高,学校的示范课、公开课都在多媒体教室上。更新自动化广播播放系统,铃声音乐化。铺设操场边的道板路,围绕跑道修建道板砖路。修建大理石升旗台、主席台、花坛,铺一条100多米的大理石路,美化了校园。家长和教师从中看到公司各级领导对学校的支持,对学校的发展充满信心。 (李庆国 完永湘)

**中煤五公司2004年中小学概况表**

表5-10 单位:个、人

| 学校 | 班级 | 学生数 | 教职工数 | 专任教师 | 校长 | 副校长 | 书记 |
|---|---|---|---|---|---|---|---|
| 中煤五公司职工子弟学校 | 9 | 380 | 33 | 33 | 黄建新 | 李华(女) | |
| 中煤五公司联合中学 | 16 | 380 | 54 | 47 | 李庆国 | 张成振 朱菊兰(女) 李惠侠(女) | 完永湘 |

(刘振芳)

## ○ 社会力量办学

【概况】 2004年全市认真贯彻落实《中华人民共和国民办教育促进法》和实施条例,坚持"积极鼓励、大力支持、正确引导、依法管理"的方针,着力规范发展民办教育。在制定招生计划、评优评先等方面向办学条件好、教学质量高、社会声誉佳的学校明显倾斜,引导民办教育增加投入,改善条件,扩大规模,提高水平。进一步修订完善各类民办教育机构设置标准和审批程序,提高准入条件,完善审批制度,坚持从严审批。认真开展2003年度民办学校年检工作,36所中学、91个教育培训机构为年检合格单位。举办《中华人民共和国民办教育促进法实施条例》培训班,提高依法治教、依法行政的能力。依法加大查处力度,维护正常的办学秩序,保护合法办学机构和广大学生的合法权益。下发《关于规范暑假各类办班行为的通知》,查处违规办学案件数十件次,开展大规模集中治理检查3次。基本完成市区民办中学"四独立"(《中华人民共和国民办教育促进法实施条例》规定:公办学校参与举办民办学校,应当具有独立的法人资格,具有与公办学校相分离的校园和基本的教育教学设施,实行独立的财务会计制度,独立招生,独立颁发学业证书)任务。

进行2003年度民办学校年检。为贯彻《民办教育促进法》,规范民办学校的办学行为,促进其健康发展,依据《关于开展2003年度民办学校年检工作的通知》(徐教职〔2004〕1号)要求,按照属地管理的原则,各县(市)及贾汪区教育(文教体)局负责本地区的年检工作,市教育局负责市区民办中学的年检工作。经检查评议,市区有13所中学为年检合格单位,六县(市)及贾汪区共有23所中学为年检合格单位。依据《关于开展2003年度民办非学历教育机构学校年检工作的通知》(徐教职〔2004〕2号)要求,市教育局对市属非学历教育机构自查自检工作进行审查,经检查评议,共有91个教育机构为年检合格单位。

举办《中华人民共和国民办教育促进法实施条例》培训班。5月14～15日,在铜山宾馆举办培训班,学习《中华人民共和国民办教育促进法实施条例》。全市民办中、小学的法定代表人和校长,市区非学历教育机构的主要负责人,各县(市)区教育行政部门分管领导、教育法制和社会力量办学科室负责人参加培训。

学习、宣传《中华人民共和国行政许可法》。根据市政府办公室的要求,和法规处、人事处制作行政许可法宣传展板,7月1日,在古彭广场进行现场宣传,受到社会好评。

规范办学行为。市教育局下发《关于规范暑假各类办班行为的通知》,组织有关人员对违规办学重点区域进行查处并给予曝光,一年来查处违规办学案件数十件次,其中有规模的集中治理检查3次。主动与外地民办学校招生较集中的饭店联系,登记造册,宣传相关规定,帮助办理备案手续。

完成民办学校"四独立"工作。依据《中华人民共和国民办教育促进法》、《中华人民共和国民办教育促进法实施条例》的规定,依法完成依托市直管学校举办的6所民办中学的"四独立"工作。

受理、审批民办学校。依据《中华人民共和国民办教育促进法》、《中华人民共和国民办教育促进法实施条例》规定,对市区17所非学历教育机构、全市4所民办中学的申请进行受理、审核、审批。春节前夕分别召开学历教育机构与非学历教育机构负责人座谈会,倾听他们对机关工作的意见与建议,收到良好的效果。

完善制度建设。根据《中华人民共和国民办教育促进法》、《中华人民共和国民办教育促进法实施条例》和《中华人民共和国行政许可法》,修订民办学校设置标准和办事程序,公布上墙,增强审批工作的透明度。遵循便民原则,制作申办民办学校的文本材料,提高优质服务水平。

积极受理来信来访,本年度接待、处理群众来信、来访100余次,有效地维护受教育者的合法权益。通过机关评议显示,社会对工作的认可度得到明显提高。

(李保军　葛友杰)

**【市教育局公布2003年市区民办中学年检合格单位】** 为贯彻落实《中华人民共和国民办教育促进法》,规范教育机构的办学行为,促进全市民办教育健康发展,依据《关于开展2003年度民办学校年检工作的通知》(徐教职〔2004〕1号)要求,徐州市教育局对民办学校自检自查工作进行审查,经检查评议,认定13所民办学校为年检合格单位。2004年5月24日,发出通知,予以公布:撷秀中学、大成中学、树人中学、昕昕中学、新世纪中学、西城中学、育秀高级中学、求实高级中学、务本高级中学、金山桥寄宿学校、凌云中学、彭城中学、淮海中学。 (李保军　葛友杰)

**【市教育局公布2003年市属民办非学历教育机构年检合格单位】** 为贯彻落实《中华人民共和国民办教育促进法》,规范教育机构的办学行为,促进全市民办教育健康发展,依据《关于开展2003年度民办非学历教育机构年检工作的通知》(徐教职〔2004〕2号)要求,市教育局对教育机构自检自查工作进行审查,经检查评议,认定91个教育机构为年检合格单位。2004年5月24日,发出通知,予以公布:(1)徐州市云龙区少儿艺术中心校,(2)徐州市泉山区少儿艺术中心校,(3)徐州市鼓楼区少儿艺术中心校,(4)徐州市九里区少儿艺术中心校,(5)徐州铁路少儿艺术学校,(6)徐州市晨曦少儿艺术培训中心,(7)徐州市明星少儿培训中心,(8)徐州市三原色专业艺术培训中心,(9)徐州市职工文化艺术学校,(10)徐州市育英业余学校,(11)徐州市徐师少儿业余艺术学校,(12)徐州市关心下一代学苑,(13)徐州市红杉树艺校,(14)徐州市慧智教育培训中心,(15)徐州市思衡艺术培训学校,(16)徐州市晓晓二胡培训中心,(17)徐州市星辉艺术培训学校,(18)徐州市南艺业校徐州培训中心,(19)徐州市启聪聋儿语言康复中心,(20)徐州市云龙游泳馆培训中心,(21)徐州市大蒋少儿篮球培训中心,(22)徐州市新世纪儿童培训中心,(23)徐州市爱乐钢琴培训中心,(24)徐州市行知业余艺术学校,(25)徐州市天一少儿艺术培训中心,(26)徐州市天马少儿艺术培训中心,(27)徐州市玉义艺术培训中心,(28)徐州市古筝艺术培训中心,(29)徐州市东方文学艺术培训部,(30)徐州市星光舞蹈培训中心,(31)徐州市琴海艺术培训中心,(32)徐州市幼儿早期教育培训中心,(33)徐州市中山进修学院,(34)徐州市务本进修学院,(35)徐州市护理专业自考辅导部,(36)徐州市彭城商务进修学院,(37)徐州市文理专修学院,(38)徐州市现代管理专修学院,(39)徐州市科苑专修学院,(40)徐州市导航科技文化培训中心,(41)徐州市立本进修学院,(42)徐州市书画艺术函授学院,

(43)徐州市金山桥艺术学校,(44)徐州市九三进修学院,(45)徐州市务实高等教育培训中心,(46)徐州市民进业余学校,(47)徐州国画院书画培训班,(48)徐州市淮海专修学院,(49)徐州市现代教育培训中心,(50)徐州市世纪电脑培训中心,(51)徐州市同步电脑培训中心,(52)徐州市百信教育培训中心,(53)徐州市英才教育培训中心,(54)徐州市博通计算机培训中心,(55)徐州市星亚教育中心,(56)徐州市未来教育培训中心,(57)徐州市江淮培训中心,(58)徐州市中能新科技开发培训部,(59)徐州市诚健培训中心,(60)徐州市蓝海计算机培训中心,(61)徐州市树人电脑培训班,(62)徐州市凤龙英语专业培训部,(63)徐州市朱庄文化站社会教育培训中心,(64)徐州中锐国际语言交流中心,(65)徐州市东方专修学院,(66)徐州市新丝路外语培训中心,(67)徐州市清源计算机培训中心,(68)徐州市迪升英文培训中心,(69) 徐州市新英美培训中心,(70)徐州市彭城专修学院,(71)徐州市新天地语言培训中心,(72)徐州市科技培训中心,(73)中国矿业大学外语培训中心,(74)徐州市新起点教育培训中心,(75)徐州市金山桥外语培训学院,(76)复旦大学淮海函授站,(77)徐州市总工会培训中心,(78)徐州市中大专修学院,(79)徐州市科技进修学院,(80)徐州市鹏程培训学校,(81)徐州市经济人才培训中心,(82)徐州市成才教育培训中心,(83)徐州市云龙区社区教育中心,(84)徐州市生产力科技培训中心,(85)徐州市海联培训中心,(86)徐州市苏源电力培训中心,(87)徐州市委党校社会教育中心,(88)徐州市彭城业余学校,(89)徐州市新宇经贸研修学院,(90)徐州市求知专修学院,(91)徐州市远大教育培训中心。

(李保军　葛友杰)

**【撷秀中学教师队伍建设见成效】**　撷秀中学是一所新创办的民办学校,办学规模发展很快,1997 年初创时 2 个班,2002 年在校生有 3000 多名,53 个班,专职教师由几位扩大到 150 多位。有退休的老教师(约占 10%),有离职的中青年教师,有应届的高师毕业生,也有非师范类的高校毕业生。因为实行聘用制,“来去自由”,所以人员构成比较复杂,而且不甚稳定。为了尽快建成一支能满足教育教学需要的教师队伍,学校慎选教师,在应聘时,经过认真考核,选聘比较满意的,经过 1～2 年的试用考察,再作筛选。从更新教育教学理念、提高教育教学能力、发扬团队协作精神三个方面着手进行培训。根据学校的情况,在工资福利、社会保险、子女上学、精神生活等方面安排好,教师比较满意。现在一支相对稳定、素质良好的专职教师队伍基本形成。2004 年有 16 位教师被评为首批“学校名师”;参加市优秀课评选的 10 位教师,都获得奖项,其中 7 位教师荣获一等奖;3 位教师被安排在“大市”上展示课,物理教师王纯被市推荐到省上展示课。

(撰稿:张广勤　审稿:王金兰)

**【撷秀中学学生获奖多】**　2003～2004 学年,撷秀中学学生参加全国、省、市的数学、物理、化学、英语和信息技术知识能力竞赛,有 403 人次获奖,其中省级以上的 161 人次,占 40%;2004 年 1057 名学生参加中考(该校参考毕业生最多),人均总分在市区 73 所中学中比较突出,张弛、薛米江 2 位同学,分别是个人总分第一名、第二名。

(撰稿:张广勤　审稿:王金兰)

**【徐州市树人中学教学研究聚焦于课堂】**　徐州市树人中学把老师的注意力凝聚在课堂教学上,开展教学研究。备课组人人上公开课,全校平均每周开课 21.7 节,最多时 25 节;各学科教研组都安排校级公开课。校领导每天上午不处理政务,坚持进教室听课,每学期每人听 200 节以上;教师一学期听课人均 50 节左右。听课后座谈,交流,探讨改进教学的措

施。（徐德顺）

【徐州市树人中学实施“两减一增”工程】 徐州市树人中学实施减时增效、减负增效。先后印发《关于减轻学生过重学业负担的意见》《关于做好复习、作业、预习工作的要求》,规定主要学科每科每日布置的作业,学生一般能在20分钟左右完成,最多不超过半小时;自习课放手让学生自由复习、做作业,老师不得安排统一考试或练习;指导学生自习课先用20分钟复习当日所学内容,然后再做作业或预习,逐步养成“复习—作业—预习”的良好习惯。（徐德顺）

【徐州市树人中学开展第二课堂活动】 徐州市树人中学,开展丰富多彩的第二课堂活动,如“每周新闻聚焦”,“每周一歌”,拔河、跳绳、篮球比赛,“心语室”咨询,校园歌曲大家唱,各种学科竞赛及校园文化艺术节等。一学期安排活动27项,333节,参加人数约97464人次。（徐德顺）

【徐州市务本高级中学提高学生文明素养】 务本高级中学开展基础文明养成教育活动。升旗仪式全校师生整队入场,衣着整齐,庄严肃穆。当五星红旗在旗杆上升起的时候,也在每个学生的心中升起。根据教育部重新修订的《中学生守则》和《中学生日常行为规范》,结合学校实际,制定10项规章制度,对学生的学习、生活、纪律、课间休息、课外活动等各个方面提出具体的可操作可检查的行为规范。各班制定《班级公约》。德育处对出勤、卫生、眼保健操、课间操、集会、自习、自行车摆放等7项常规每天督查打分,每周公布评比结果。全校窗明几净,秩序井然,师生言行文明礼貌,精神面貌奋发向上,文明素养显著提高。市教育局确认该校为2004年度徐州市日常行为规范示范学校。6月,徐州市文明委确认该校为市文明单位。（周士魁）

【彭城中学举行新校址竣工典礼】 彭城中学是一所全日制民办完全中学,始创于1999年9月,招收初一新生21名,借风化街小学上课。以后办学规模逐步扩大,又分别租赁坝子街小学、铁路第三中学教室上课。2002年12月在市教育局资助下,自筹资金在东苑居住区民怡园德政路1号建设新校。新校占地2.2万平方米,建筑面积2.1万平方米,现有高、初中教学班29个,学生1434名,教职工124名。学校设施按江苏省教育现代化标准进行配备。图书室、阅览室、电子阅览室、资料室、实验室、仪器室、电脑室、语音室、书法室、美术室、音乐室、报告厅一应俱全。学生宿舍、食堂宽敞明亮,塑胶跑道美观大方。4月27日上午,彭城中学举行新校址竣工典礼,市人大副主任刘相、市人民政府副市长段雄出席,市教育局长宋农村致词,市教育局机关各处室,直属学校及有关单位负责人300余人参加。（撰稿:沈庆光　审稿:刘尊武）

【彭城中学为教职工办理养老保险】 彭城中学坚持在省内外招聘优秀教师。为稳定教师队伍,解除教师后顾之忧,根据民办教育促进法规定,学校从9月份开始为符合条件的76位教职工办养老保险、工伤保险、生育保险,深受教职工的欢迎。

（撰稿:沈庆光　审稿:刘尊武）

【凌云中学迁至九里区】 为满足九里区群众对优质基础教育的渴求,凌云中学初中部2003年移师九里,得到市教育局和九里区区委、区政府、区教育局的支持。移师九里后,首先抓校长和教师队伍的配备和建设,选聘矿务局九里山矿校前校长龚建新同志为分管教学的副校长;选聘的教师大多具有10年以上教龄,以中青年教师为主,大部分都是市、区青年教学骨干、学科带头人和青年名教师。第一年招生,虽然生源质量不好,经过努力,2004年初的期末考试和2004年夏的学年末

全市统考,在全市名列前茅。凌云中学已经得到九里区群众的认可,初中部由第一年3个班,扩大为第二年9个班。（姜临潼）

【益中高补班工作落在实处】 益中高补班做到计划落在细处,行动落在实处。针对学生的基础、兴趣、爱好、原有的学习方法和习惯等千差万别,坚持因材施教。有的学生成绩上不去,心理压力很大,几乎失去信心。领导及时找其谈心,指出闪光点,增强其自信。安排专业教师,当面批改作业,指出问题,导以方法,加强个别辅导。根据艺术考生的特点,调整学习时间,按三段安排。9～12月,狠抓文化学习。在时间上,保证90%用于文化,10%用于专业,保持专业水平的稳定。1～3月份,以专业为主,但注意调节,在专业课后或间隙,仍要抓文化课,特别是遗忘率比较大的外语、语文。3～5月,专业考试后,全力以赴投入文化学习,做到文化、专业兼顾,全面提高。2004年毕业2个班,高考达到本科线以上的54人,加上三本(民办)近90人。18名艺术考生,总分普遍提高,除2人外,分别被东南大学、江苏大学、中央音乐学院、南京艺术学院等大学录取。王明川同学,文化课高达536分,专业课350分,以总分886分被东南大学录取。（陈学诚）

【金山桥教育集团成为连锁学校教育集团】 金山桥教育集团继山东东营、菏泽、蓬莱、安徽阜阳,江苏连云港、淮安分校之后,又相继成立河南郑州金山桥学校、山东潍坊金山桥学校、新疆乌鲁木齐金山桥学校、山东济宁金山桥学校等12所分校。2004年被国务院发展研究中心举办的《中国经济时报》评为中国第一家连锁教育集团。

（撰稿:张　平　审稿:苏　敏）

【金山桥教育集团被评为“中国十佳民办学校”】 由人民日报市场信息中心主办、《人民网》、《搜狐网》、《阳光315网》等媒体、网站支持的“首届中国市场产品质量用户满意度调查”,金山桥教育集团被评为“中国教学质量过硬、信誉良好、管理规范的十佳民办学校”。

（撰稿:张　平　审稿:苏　敏）

【金山桥教育集团接受外国中小学留学生】 9月,金山桥教育集团寄宿学校接受第一批来自俄罗斯和蒙古国的中小学留学生。

（撰稿:张　平　审稿:苏　敏）

【徐鸣书记勉励彭城老年大学建成全国一流老年大学】 6月18日下午,彭城老年大学第四届董事会第一次会议召开。市委副书记、组织部长陆正方宣读市委关于同意调整彭城老年大学董事会成员的批复,校董事会组成人员扩大到51人,既有市委、市人大、市政府、市政协四套班子现任领导同志,又有一部分已退休的地市级干部;既有党政机关有关部门的负责同志,又有高校、医院和企事业单位的负责同志,还有一些民营企业家代表。中共徐州市委书记徐鸣任名誉董事长,市人大常委会主任王希龙任董事长兼校长,市政府副市长段雄任董事长。会议由段雄主持,王希龙作工作报告,徐鸣作重要讲话。他对彭城老年大学取得的成绩给予充分肯定。希望彭城老年大学认真总结办学经验,继续发扬学校的优良传统,努力办成全国一流老年大学。（侯彩荣）

【李福全市长在彭城老年大学现场办公】 徐州市人民政府市长李福全,12月24日带领市政府秘书长和财政局、教育局、规划局、园林局、建设局、国土资源局等部门负责人到彭城老年大学现场办公。李福全市长与国画、摄影、电子琴、舞蹈等班的师生亲切交谈。在听取常务副校长杨裕华关于学校发展情况汇报后指出,希望老年大学要办成全省乃至全国的名校,逐步办成万人老年大学。市政府和有关部门要舍得为老同志和老年事业花钱,要解决彭城老年大学发展中存在的问题。办公会议对学校扩容、增加财政拨款、新建教学综合楼资金缺口和增加教学设备等问题进行研究。学校聘请李福全市长为彭城老年大学名誉校长,李市长欣然接受。(侯彩荣)

**【彭城老年大学1000多人次参加演出活动】** 彭城老年大学文艺演出团从6月下旬至年底,参加市政府和有关部门、社区组织的徐州市动感古彭广场文艺演出、马可艺术节文艺演出、马可歌曲大家唱、庆祝国际老人节·建国55周年银龄美文艺演出、徐州电台建国55周年专场文艺演出、泉山区艺术节等活动,受到好评。参加演出的学员1000多人次,观众1.3万多人。演员中多是60~70岁的,也有91岁高龄的老学员。(侯彩荣)

**【彭城老年大学在文体比赛中多次获奖】** 徐州市文联、徐州市舞协,6月6~12日举办"《苏源杯》徐州市第二届广场舞蹈大赛",彭城老年大学民族舞、健身舞队获金奖,时装表演队获银奖,腰鼓队获铜奖,友谊舞、拉丁舞提高班分别获国标舞二等奖。9月24日,在徐州市老年人乒乓球比赛中,该校乒乓球代表队荣获男子团体、女子团体双冠军,女子单打冠军,女子65岁以上年龄段亚军。11月11日,参加国家体育总局社会体育指导中心2004中国吉安生态文化节组委会组织2004"相约竹乡"全国健身秧歌大赛,该校健身舞队获A组自选套路一等奖,A组规定套路二等奖。12月10~12日,在山东临沂举行第四届中、日、韩妈妈队乒乓球比赛,该校获团体第5名。(侯彩荣)

**【徐州市宣武老年大学举行5周年校庆】** 11月26日,宣武老年大学召开建校5周年庆祝大会,市委副书记陈美行、市人大副主任刘 相、副市长朱勤虎、政协副主席高之均,原地(厅)级老干部、学校顾问廖文才、张众华、苏士语、庄敏虔、朱从义、汪为群、钱维云等出席。中共江苏省委老干部局发来贺信。校长李鸿民作工作总结。陈美行副书记在讲话中指出,宣武老年大学有比较好的发展基础。今后要把学校建成传播知识、培养老年人才的基地,加强老同志、老干部思想政治工作的重要阵地,各级党组织动员老同志、老干部发挥政治优势的载体,为加快徐州市"两个率先"的进程继续作贡献。校庆期间,举办大型展览,展出学员5年来的书法、国画、集邮、剪纸、摄影、电脑制作等作品455件,受到校内外好评。(撰稿:杨　毅　审稿:王玉楼)

**【徐州市宣武老年大学建校5年硕果累累】** 宣武老年大学1999年建校,有8个专业、8个班级、330多名学员,现在27个专业、45个班级、师生1800多人。5年入学10940人次,毕业2420人,评出优秀学员281人。是省老年大学协会理事单位,是徐州市集学习、娱乐、健身于一体的又一个老年教育基地,在全市乃至全省都有较大的影响。音乐、舞蹈、戏曲、服饰、剪纸等专业学员,曾先后获得全国金奖2个、省二等奖2个、市一等奖11个、市二等奖2个,学校6次获得组织奖。诗词班精选学员作品出版《西窗集》一、二集,在全国各级报刊上发表作品2100多首,5位学员出版个人诗集;90多人的书画作品入选全国大赛,其中59人获奖、33人获一等奖;集邮班学员多次参加省、市邮展,多人多次获奖,其中2人在全国获奖;各个表演专业,经常为广大市民义务演出,5年来共演出80余场次,参演学员1000多人次,观众10多万人次。(撰稿:杨　毅　审稿:王玉楼)

**【星光双语实验小学向四十分钟要质量】** 星光双语实验小学以课堂为突破口,向四十分钟要质量,开展"新教材 新观念 新教法"教学系列活动。全员参与课堂教学,展示教学新理念；评课、推荐、研究教学方案，明确新理念如何与教学行为相结合；骨干示范，形成教学共识；推广实施，形成教学特色。（常玉萍）

【邳州市明德实验学校建立党组织】　邳州市明德实验学校重视新时期学校党建工作。下半年，经报上级批准，建立党总支，下辖小学、初中、高中三个党支部。（撰稿：马守民）

【邳州市明德实验学校有较大发展】　邳州市明德实验学校坚持走质量提升和内涵发展之路，抓优化环境建设，抓科学管理，抓教师队伍建设，抓教学质量，抓招生工作，成为较大规模学校。2001 年该校借教室上课，2004 年，教学班增至 136 个，在读学生 6600 多名，专任教师 420 余位，提前实现 5 年规划的办学目标。（韩洪江）

【邳州市新世纪学校开展职业技术教育】　邳州市新世纪学校抓好职业技术教育，开设电子技术应用、机电技术应用、计算机技术应用等专业班，连续 3 届培养、输送学生 500 余人到青岛、无锡、苏州、上海等地。达到人人有工作、个个待遇不菲，深受社会欢迎。（顾志溥）

【邳州市希望之家艺术教育特色鲜明】　邳州市希望之家对学生进行书法、绘画、剪纸、盆艺、电脑及民族器乐的培训。2000～2004 年，在《世纪之星》全国少儿美术、书法、摄影教育成果展中，获金奖 51 枚、银奖 68 枚、铜奖 37 枚。民乐队多次在省内外演出并获奖，2004 年，与苏州大学、徐州师范大学、徐州教育学院、运河师范、邳州市人民医院、市区各中小学举行联谊活动及慰问演出累计 100 场。5 月 16 日全国助残日，赴省电视台参加文艺晚会演出。

（撰稿：杨安民　张俯世　审稿：张俯世）

【邳州市希望之家学生顾改荣获残奥会轮椅乒乓球冠军】　邳州市希望之家 2000 年组建轮椅乒乓球队，有队员 18 人，分为国家一队和二队。7 人先后在全国残疾人第六届运动会、上海“远南运动会”、新西兰“世界轮椅乒乓球锦标赛”和第十二届残奥会的比赛中，获得金牌 13 枚、银牌 5 枚、铜牌 4 枚。顾改荣同学参加上海“远南运动会”获冠军，2004 年在雅典残奥会上，参加轮椅乒乓球团体比赛，和队友一起以 3∶0 获团体冠军。归国后，获得“中国青年五四杰出贡献奖章”、“全国三八红旗手”、“全国五一劳动奖章”、“全国优秀运动员”、“江苏省劳动模范”、“江苏省新长征突击手标兵”荣誉称号。

（撰稿：陆从逊　张俯世　审稿：张俯世）

【睢宁县菁华学校抓好学生思想品德评定】　睢宁县菁华学校德育工作从基础抓起，抓住学生思想品德考核，实行班级值日，学干天天考核记录，周周自评和小组评议，月月班级进行总评。评定结果登入学生素质发展报告册，建立档案。不合格者不予毕业。学生素质和道德水准普遍提高，中考、高考成绩进入全县前列。年内，全校出现好人好事 3000 多人次，高中部为高二(1)班李双双同学治病捐款 12000 多元。（魏礼斌）

## ○　校外教育

### 徐州市关心下一代工作委员会

【概况】　市委、市政府召开关心下一代工作第三次总结表彰大会，全市关心下一代工作进入新的发展阶段。面对关心下一代工作新形势、新任务，市关工委在市委的正确领导下，坚持以邓小平理论和“三个代表”重要思想为指导，认真学习和领会中发〔2004〕8 号文件和省、市工作会议精神。2004 年以培养

“新一代徐州人”为目标,广泛开展教育活动,把对青少年道德教育落到实处。增强服务概念,办实事、做好事,为青少年提供健康的精神食粮,帮助青少年解决实际困难。突出工作重点,把推动社区关心下一代工作作为突破口,狠抓关工委工作在基层的落实。情系未成年人,动员老同志积极参加网吧义务监督工作,为未成年人健康成长营造良好的社会环境。加强自身建设,更好地发挥关工委作用,全市各级关工委积极开展关心下一代工作,取得新的进展,涌现一批先进典型。

**【市委、市政府召开关心下一代工作第三次总结表彰大会】** 5月14日市委、市政府召开全市关心下一代工作第三次总结表彰大会。省关工委、市委、市人大、市政府、市政协领导,原市关工委领导、离退休老干部,市关工委领导和全体成员,各县(市)、区委分管副书记,市委各部委办、局、直属单位分管负责同志,各单位关工委主任和关工委办公室主任及受到表彰的先进集体和先进个人代表等共200多人参加。省关工委主任曹鸿鸣、市委书记徐鸣、市关工委名誉主任何赋硕等讲话,市关工委主任李为健作《求实创新结硕果、与时俱进创未来》的工作报告,回顾10余年来全市各级关工委所做的主要工作,总结所取得的宝贵经验和体会,部署今后工作任务。市委常委、秘书长肖俊宣读表彰决定,对103个关心下一代工作先进集体和105名关心下一代工作先进个人进行表彰。市委副书记、组织部长陆正方主持会议,对传达贯彻落实会议精神作出具体部署。

**【市关工委开展网吧义务监督工作】** 市关工委领导高度重视网吧义务监督工作。7月2日召开专题主任办公会,研究具体贯彻落实方案;7月6日,会同市文化局联合下发《关于在全市建立网吧义务协管员队伍的实施意见》;7月7日会同市文化局联合印发《致全市中小学生家长的公开信》;7月8日召开会议,传达贯彻全省关工委网吧义务监督工作交流会和省关工委、省文化厅《关于组织老同志参加网吧义务监督工作的通知》精神,进行全面动员部署。全市聘请1500名老同志为网吧协管员,经过培训持证上岗,开展监督工作。7月底,对全市开展网吧义务监督工作情况进行检查,研究探索开展网吧义务监督工作的有效途径和方法。

**【市关工委举办纪念邓小平诞辰100周年报告会】** 8月10日上午,市关工委在市老干部活动中心举行纪念邓小平诞辰100周年报告会,深切缅怀世纪伟人邓小平的丰功伟绩。市关工委主任李为健主持报告会,副主任司云胜作《承前启后的历史巨人,继往开来的时代伟业》的报告,从4个方面介绍邓小平的不朽功勋和生平历程。市、县(市)、区、教育局、徐州矿务集团、徐州铁路分局关工委主任、报告员代表和从事关心下一代工作的200多名老同志参加报告会。全市关工委系统开展多种活动缅怀邓小平丰功伟绩。司云胜在泉山区、九里区、铜山县、邳州市、沛县等县(市)、区进行20余场的专题报告,机关干部、教育界、医务界、工会系统、宗教界人士、学生代表和关工委系统的老同志、各级关工委的宣讲员4000多人听取报告,受到深刻教育。

**【全市举行《诚信故事会》赠书仪式暨大型宣传咨询活动】** 徐州市文明委、市关工委、市委宣传部在“全国第二个公民道德宣传日”的前一天,9月19日,在市展览馆广场,举行“徐州市《诚信故事会》赠书仪式暨大型宣传咨询活动”,向全市中小学生赠送《诚信故事会》图书2000套,计6000册,同时开展公民道德宣传咨询活动。

**【市关工委开展“争做新一代徐州人”主题教育系列活动】** 市关工委从2004年11月起

在全市青少年中开展"争做新一代徐州人"主题教育系列活动。以"争做新一代徐州人"为主题，通过多种形式，对广大未成年人进行中华民族优良传统教育和中国革命传统教育、中国历史特别是近代史教育，引导未成年人从小树立民族自尊心、自信心和自豪感，培养爱国情感。11月3日，举行"争做新一代徐州人"主题教育启动仪式，市关工委主任李为健进行动员。特邀徐州师范大学陈延斌教授作"培育和弘扬徐州人文精神"的报告，市关工委、市文明办、各县(市)区、市有关单位关工委的领导和部分关工委老同志300余人参加。整个主题教育活动包括以爱国主义为核心的民族精神教育、艰苦奋斗教育、法制教育、诚信教育、徐州精神教育五个方面的内容。制订详尽的计划，聘请有威望能胜任的教授学者，在较大范围对青少年进行宣讲。11月15日，中国关心下一代工作委员会网站介绍徐州市的做法。

**【市关工委开展赠书、读书活动】** 市关工委筹措近15万元购买《科学人生——50位中国科学家的风采》400套、《未成年人思想道德手册》2000套、《诚信故事会》2500套、《民族精神代代传》2200套及《中共徐州地方党史》等图书共计24000余册。9月19日，向市教育局赠送《诚信故事会》2000套，共6000册，通过他们分赠到有关中小学的学生手里。11月3日，市关工委再次举行赠书仪式，向各县(市)区、市教育局、徐州矿务集团、徐州铁路分局关工委、部分社区和市关工委基层工作联系点赠送各类图书18000册。市关工委要求各级关工委贯彻落实中央8号文件和省委11号文件，通过举行读书报告会、演讲比赛、作文比赛、故事会等形式，在各村镇、社区、中小学校开展形式多样、内容活泼的读书育人活动，使青少年在读书活动中受到革命传统、优秀思想品德教育，学到先进的科学知识。

**【徐州市召开关心下一代工作经验交流会】** 12月30日，全市关心下一代工作经验交流会召开。市委副书记、组织部长陆正方到会讲话，高度赞扬关工委的工作。会议传达全省关工委加强未成年人思想道德建设经验交流会主要精神。市关工委李为健主任作工作报告，从五个方面总结2004年全市关心下一代主要工作：以培养"新一代徐州人"为目标，广泛开展教育活动；增强服务观念，为青少年办实事、做好事；突出工作重点，把关心下一代工作落实到基层；情系未成年人，动员老同志积极参加网吧义务监督工作，为未成年人健康成长营造良好的社会环境；加强关工委自身建设，更好地发挥关工委的作用。李为健主任对2005年主要工作进行安排：深入学习和贯彻全市加强和改进未成年人思想道德建设工作会议精神，努力把关心下一代工作落到实处；深入开展以理想信念为核心的教育活动，努力培育新一代徐州人；面向基层，把工作重点放到基层；加强"五老"队伍建设，努力把他们的优势发挥好、保护好；加强自身建设，着力提高工作能力，更好地发挥关工委的作用。邳州市关工委、云龙区彭城街道办事处关工委、沛县关工委、市教育局关工委、泉山区文教体局关工委等5个单位进行大会发言。10个单位进行书面交流。

（以上由市关工委办公室供稿）

## 徐州市少年先锋队工作委员会

**【开展爱国主义教育基地志愿者活动】** 徐州市少年先锋队工作委员会将全市11家爱国主义教育基地与附近的学校牵手结对，开展志愿者活动。少先队员作为"红领巾志愿者"走进爱国主义教育基地，当小讲解员、小保洁员、小保安员、小记者、小宣传员，少先队员在志愿者服务活动中进一步感受到民族精神，锻炼自身素质。

**【举办“我与创业”青少年征文比赛】** 团市委、市少工委,3月份联合举办“我与创业”青少年征文大赛。比赛得到各级团组织和青少年学生的大力支持,学生参与面广,收到选送上来的征文300多篇。

**【“创业徐州我也行”红领巾创业活动拉开序幕】** 5月20日,团市委、市少工委举行“创业徐州我也行”红领巾创业活动,教育和引导全市广大少先队员树立创业意识、学习创业本领、投身创业实践。会上,少先队员代表向全市少先队员发出“创业徐州我也行”倡议,成立徐州市“红领巾创业模拟招商团”、“红领巾创业寻访团”、“红领巾创业宣讲团”,3个团的团长现场发布下一步活动方案,市少工委聘请创业成功人士为市少先队志愿辅导员,拉开红领巾创业的序幕。

**【雏鹰争章活动扎实推进】** 按照市委市政府为未成年人办好48件实事的计划中提出“继续推进雏鹰争章活动”的要求,市少工委本着简单化、可操作性的原则,结合新课改推进“争章”工作。年底,以大屯煤电集团公司少工委为现场,组织各单位少先队负责人召开“雏鹰争章”现场推进工作会,要求各少工委要结合本地实际,处理好雏鹰争章与新课程改革的关系;处理好雏鹰争章过程中少先队员与辅导员的主客体的关系;处理好雏鹰争章与家庭教育和社会教育的关系。

**【开展多种赛事】** 市少工委联合市教育局共同举办中小学生英语风采大赛,400多名选手参加初赛。31名选手榜上有名,其中6名同学代表徐州市在江苏省中学生英语风采大赛中取得好成绩。为纪念少先队建队55周年,10月13日由团市委、市教育局、市少工委主办,云龙区文教体局承办徐州市少儿集体舞大赛,在户部山商贸城举行。各县(市)区及有关单位先行开展预赛,选拔10支代表队,近1000名少先队员参加市级比赛。参赛队的表演主题健康向上,动作编排有创意,参赛队员精神饱满,富有自信,反映出广大少先队员优良的精神面貌。5月27日团市委、市教育局、市少工委联合举办“星火相传”徐州市少先队鼓乐大赛。来自各县(市)区、大屯煤电集团和金山桥教育集团等单位11支队伍参加比赛,参赛的队伍以高超的技术、整齐的阵容、精彩的队形变化,展示了全市少先队朝气蓬勃、健康向上的精神风貌。

**【加强对少先队干部的培养】** 市少工委3月12~14日在农行二干校举办少先队干部培训班,来自市区的近70名少先队干部参加培训。培训班采取全封闭的形式进行,老师们向小干部讲授“光荣的少先队”、“少先队基础知识”、“队干部工作技巧”、“队干部的人格魅力”等知识,进行队干部才艺展示,组织小干部到新沂参观马陵山和宿北大战纪念地。

(以上撰稿:唐玉梅　于桂芬)

## 徐州市青少年宫

**【进行环境整治】** 按照上级部署,2004年徐州市青少年宫开始实施新的建设规划,以彻底改变破旧、简陋、消防安全不合格等缺陷,为全市青少年未来的课余时间提供环境优美、设施先进的学习、活动、娱乐场所。全体教职工协助有关部门搞好青少年活动大楼的维修改造,多次大搞环境卫生,把可利用的空间尽量美化、清理,排除安全事故隐患,全宫面貌焕然一新。

**【教职工小品获文艺汇演一等奖】** “三八”妇女节前夕,市级机关工委举办庆“三八”文艺汇演,青少年宫女教师仇倩、周亚、宗巍演出小品《明黄色的裙子》,获得一等奖。

**【举办小蜜蜂记者团“梦想北京行”夏令营】**

暑假期间，青少年宫"小蜜蜂"记者团举办为期1周的"梦想北京行"夏令营，在徐州烟厂的支持下，小记者们奔赴北京采访全国知名科学家、艺术家、央视主持人等，观访中央电视台和一些著名的文艺团体，参观采访清华大学，游览故宫长城、颐和园等著名景点，在游历中获得大量的知识。

**【六龄小棋手夺得全国围棋冠军】**　由著名围棋教练孔繁威率领徐州市青少年宫代表队参加8月份在无锡举办的全国第七届"育苗杯"围棋大赛，6岁的4段小棋手王希如以11连胜的佳绩取得幼儿组冠军。代表队获幼儿组团体冠军及精神文明队的荣誉。

**【市青少年宫教师在省论文比赛中获奖】**　市青少年宫实行教研奖励机制，鼓励教师积极参与教研活动。年内，有11位教师14篇论文参加省教育学会论文评比，其中田梓的论文《少年读经热引发的再思考》获得一等奖，王明云的《浅谈青少年美术教学的整体性》获二等奖，7篇获三等奖，论文获奖数在全省同行中名列前茅。

**【举办全国"华罗庚金杯"少年数学邀请赛】**　市青少年宫获得全国九届"华罗庚金杯"少年数学邀请赛华东地区在徐州赛区的承办权。4月10日来自全市中小学的2000多名学生参加数学邀请赛，筹备人员克服困难，协调有序，大赛办得非常圆满，在全国88个参赛城市中，市青少年宫获得优秀组织奖。

**【"走进校园"大型文艺演出深受大学师生欢迎】**　经过精心排练，严格筛选，市青少年宫筹划一场展示青少年宫师生高水准的文艺演出，把节目送到校园。先在小范围举办2场文艺汇演，把各专业班排练的近30个文艺节目展示给宫内其他专业的学生观看，选出最受欢迎的节目，组成1台文艺演出。5月9日"母亲节"与金地商都合作公演，5月14日，艺术团走进建筑技术学院，为师生们奉献一台精彩的节目，获得经久不息的掌声。

**【举办第四届"故事大王"比赛】**　青少年宫在连续举办4年徐州市"故事大王"比赛基础上，与《彭城晚报》联办，加强宣传力度，将徐州市的"故事大王"推向省里及全国，强化"故事大王"在徐州的品牌知名度；内容上从讲故事扩大到诗歌、散文、寓言的朗诵，吸引更多的中小学生参加。从4月起，参赛人员报名持续到初赛前还应接不暇，比2003年翻两番，有近700人，初赛安排10场。

（以上撰稿：马　蓉　审稿：钟　玲）

〔本编编辑杨学全（小学教育、特殊教育、职业教育、教师教育和培训、成人教育、企业办学、社会力量办学、校外教育）；江啸霞（普通中学教育、高等教育）；魏义贞（幼儿教育）〕

# 第六编 先进介绍

## ○ 先进集体

### 徐州市先进集体

**第二批徐州市文明单位标兵**

2004年12月市委、市政府表彰——江苏省丰县中学 江苏省睢宁高级中学 新沂市第一中学 徐州市鼓楼小学 徐州市青年路小学 徐州师范大学 江苏省徐州幼儿师范学校

**徐州市2001～2003年度先进集体**

2004年4月市人民政府表彰——徐州工程机械技工学校 徐州市粮食职工中等专业学校 中国石化集团管道储运公司中学 徐州市教育局 徐州市第十八中学 徐州市第三十一中学 江苏省徐州幼儿师范学校 徐州市职业教育中心 徐州文化艺术学校 中国矿业大学建筑工程学院岩土工程研究所 徐州师范大学 徐州医学院附属医院 徐州教育学院 徐州工程学院 徐州建筑职业技术学院热能与环境工程系 徐州生物工程高等职业学校 江苏省徐州财经学校 徐州工业职业技术学院材料工程系 徐州市工会干部学校 贾汪区紫庄镇教育中心校 贾汪区文化教育体育局 鼓楼区文化教育体育局 云龙区文化教育体育局 徐州市拾屯中心小学 江苏省沛县中学 江苏省沛县第二中学 铜山张集职业高级中学 江苏省睢宁县高级中学高二年级部 睢宁县职业教育中心 睢宁县科海电脑技术学校 邳州市教育局 邳州市赵墩中学 新沂市机关幼儿园

**2002～2003年度徐州市文明单位**

市精神文明建设指导委员会表彰——丰县教育局 江苏省丰县民族中学 江苏省丰县实验小学 丰县人民路小学 丰县范楼镇范楼初级中学 沛县教育局 江苏省沛县实验小学 铜山县张集职业高级中学 铜山县茅村中学 铜山县棠张中学 邳州市实验小学 邳州市红旗中学 明德实验学校 邳州市宿羊山高级中学 江苏省运河师范学校 睢宁县凌城镇中心小学 睢宁县实验小学 睢宁县城西小学 睢宁县教育局 新沂市机关幼儿园 新沂市第二中学 新沂市教育局 新沂市第三中学 新沂市新安镇中心小学 徐州市民主路小学 徐州市大马路小学 徐州市祥和小学 徐州市第二十六中学 徐州市八里中心小学 徐州市中山外语实验学校 徐州市朱庄中心幼儿园 徐州市公园巷小学 江苏省徐州师范学校第一附属小学 徐州市解放路中心小学 徐州市骆驼山小学 徐州市和平桥中心小学 徐州市黄山中心小学 徐州市复兴南路小学 徐州市云龙区文化教育体育局 徐州市巴山小学 徐州市风化街中心小学 徐州市少华街小学 徐州市西苑小学 徐州市奎园小学 徐州市九里中学

徐州市卧牛小学 徐州市拾屯中心小学 徐州市新陈庄小学 徐州市苏山小学 徐州市第七中学 徐州市贾汪区文化教育体育局 徐州市贾汪中学 徐州市贾汪区英才中学 徐州市贾汪区实验小学 徐州市贾汪区青山泉镇中心小学 贾汪区老矿街道办事处泉旺头小学 徐州市金山桥开发区中学 徐州市妇女儿童活动中心 徐州市机关第一幼儿园 徐州市教育局 徐州市第一中学 徐州市第三中学 徐州高级中学 徐州市第二中学 江苏省徐州师范学校 徐州市第十三中学 徐州市第三十一中学 徐州市公园巷幼儿园 徐州市西苑中学 徐州市第五中学 徐州市职业教育中心 徐州市第二职业中学 徐州市务本高级中学 徐州市第八中学 徐州市王杰中学 中国矿业大学 徐州工程学院 徐州建筑职业技术学院 徐州工业职业技术学院 徐州市广播电视大学 徐州教育学院 徐州市农业干部中等专业学校 徐州机械制造职工中等专业学校 江苏省徐州财经学校 徐州市商业技工学校 徐州经贸高等职业学校 徐州市粮食职工中等专业学校 徐州市房产管理局幼儿园 徐州市建筑技工学校 徐州机电技工学校 江苏煤电高级技工学校

# ○ 先进个人

## 全国先进个人

**2004 年全国模范教师**

中华人民共和国人事部、教育部表彰——李苏北(徐州工程学院(筹)) 时效锋(江苏省郑集高级中学) 夏武训(江苏省新沂市第三中学)

**2004 年全国优秀教育工作者**

中华人民共和国教育部表彰——曹孟军(江苏省徐州市教育局) 孙铁林(中国石化集团管道储运公司中学)

**2004 年全国优秀教师**

中华人民共和国教育部表彰——李志坚(江苏省徐州市第一中学) 王纯旭(江苏省丰县中学) 房岭刚(江苏省沛县实验小学) 张东亚(江苏省睢宁高级中学) 张宏大(江苏省邳州市红旗中学) 段超建(江苏省徐州市贾汪区耿集中学) 关 群(江苏省徐州市公园巷小学) 葛崇信(江苏省睢宁县李集中学) 吴晓珊(江苏省徐州市贾汪区实验小学) 张 魁(徐州建筑职业技术学院) 黄培玲(徐州财经高等职业技术学校)

## 江苏省先进个人

**江苏省优秀教育工作者**

2004 年 8 月省教育厅表彰——屠树江(徐州师范大学) 徐 凯(徐州医学院) 韩英灵(沛县初级中学) 胡世超(丰县大沙河镇大沙河初级中学) 张爱英(丰县欢口镇中心学校) 王美侠(丰县赵庄镇赵庄初级中学) 张基辉(江苏省沛县郝寨中学) 刘向东(江苏省沛县第二中学) 白路阳(江苏省沛县中学) 洪 杰 (铜山县大黄山镇中心中学) 葛兆丰(铜山新

区实验小学) 李翠平(铜山县尹庄镇吕梁学校) 李晓霞(铜山县张集镇魏集小学) 王淑梅(睢宁县官山镇中心小学) 吴允芝(睢宁县南门中学) 黄 琛(邳州市邢楼镇耿庄小学) 黄 静(邳州市宿羊山高级中学) 王 红(邳州市车辐山镇中心初级中学) 王会久(邳州市燕子埠镇中心小学) 高行令(新沂市教育局) 徐照姝(新沂市新店镇小湖中心小学) 孙光席(新沂市瓦窑中学) 史先进(徐州市第三中学) 鹿晓波(徐州高级中学) 严作永(徐州市第五中学) 梁雅文(徐州市第九中学) 刘巨达(徐州市西苑中学) 魏 峰(江苏省沛县师范学校) 陈春秋(徐州生物工程高等职业学校) 武立杰(徐州铁路职工子弟第一中学) 王济红(徐州市青年路小学) 高祥薇(徐州市民主路小学) 邹 凯(徐州市大马路小学) 张丽芬(徐州市淮海西路中心小学) 徐 真(徐州市杨西小学) 张士文(徐州市贾汪区建平中学) 王家民(徐州市九里中学)

## 徐州市先进个人

**徐州市 2001～2003 年度劳动模范**

2004 年 4 月市人民政府表彰——

市教育局:刘巨达 高 青 李志坚 吕锡扬 中国矿业大学:陈 昊 刘炯天 杨 舒 徐州师范大学:赵兴勤 张顺溥 屠树红 徐州医学院:高 灿 张励才 广播电视大学:王琳芳 徐州教育学院:房建州 徐州工程学院:李苏北 市委党校:张 凯 徐州建筑职业技术学院:韩成标 丰县:江远忠 孙光华 沛县:张洪标 沈 凌 孙 敏 铜山:卢 平 洪 杰 李翠萍 睢宁:卓培芳 沈 敏 邳州:沙正礼 薛海荣 张元鹏 新沂:祁庆梅 贾汪区:吕春侠 吕同凯 鼓楼区:李 东 云龙区:关 群 泉山区:王丽华 九里区:马建民

**徐州市优秀教育工作者**

2004 年 9 月徐州市教育局、徐州市人事局表彰——

丰县(共 38 名):刘向奎(丰县中学) 赵怀鹏(教师进修学校) 李昌令(第二中学) 蒋晓丹(女)(人民路小学) 司元山(宋楼中学) 石淑萍(女)(机关幼儿园) 徐思华(华山中学) 史月兰(女)(聋哑学校) 李进强(欢口中学) 张云飞(顺河中学) 李永勤(宋楼镇宋楼初级中学) 丁运超(王沟中学) 邓 凯(范楼镇范楼初级中学) 魏金山(师寨镇师寨初级中学) 尹建林(华山镇华山初级中学) 刘永玲(欢口镇沙庄初级中学) 张世杰(孙楼镇沙元小学) 李若强(常店镇常店初级中学) 屈凡云(宋楼镇魏庄小学) 王居春(马楼镇马楼初级中学) 孔庆彬(梁寨镇赵楼小学) 陈光远(首羡镇初级中学) 李广敏(女)(凤城镇中心小学) 刘永君(华山中心学校) 刘玉侠(女)(顺河镇中心学校) 宋在杰(师寨镇中心学校) 李树安(大沙河镇中心学校) 石炳师(王沟镇中心学校) 刘庆端(范楼镇中心学校) 谢心鹏(职业技术教育中心) 渠胜利(首羡镇中心学校) 李 光(实验小学) 张 兴(华山镇史店初级中学) 高卫东(教育局机关) 刘婉丽(女)(师寨镇东渡希望初级中学) 蒋松勤(教育局机关) 常依民(赵庄镇第二初级中学) 渠东剑(教育局教研室)

沛县(共 39 名):韩 晶(女)(龙固中心小学) 朱正明(张寨中学) 董继荣(女)(杨屯镇甘庄小学) 董恒哲(张寨中学) 石玉存(大屯镇小屯小学) 张德平(湖西中学) 王书勤(第

三中学）　孙亚琳（女）（湖西中学）　李爱梅（女）（沛城镇邓园小学）　苗永新（教师进修学校）　童兆升（胡寨中学）　周　剑（第五中学）　孙　彪（魏庙镇佟场小学）　郝敬军（第五中学）　王开英（女）（五段中学）　孙昭峰（湖西初级中学）　高永健（张庄镇成人教育中心校）　王德永（体育中学）　孙守亚（张寨镇中心小学）　张振华（实验小学）　张洪志（敬安镇成人教育中心校）　贾理平（正阳小学）　杨增贤（河口镇教育管理委员会）　吕美荣（女）（正阳小学）　陈绳伟（栖山中学）　赵　敏（女）（歌风小学）　刘庆林（鹿楼镇蔡集小学）　朱　静（女）（树人小学）　燕宪昌（朱寨中学）　张承福（特殊教育中心）　燕　翔（安国镇独庄小学）　丁晓晴（女）（省能源开发区张庄小学）　张元健（沛县中学）　赵后海（职业教育中心）　何　义（沛县中学）　高绪东（职业教育中心）　耿　峰（第二中学）　赵后乐（教育局教研室）　樊令君（歌风小学）

铜山县（共41名）：张　锋（刘集镇小学中心校）　李洪瑞（侯集高级中学）　张光海（柳泉镇中心中学）　姚君英（女）（大庙镇小学中心校）　孟庆国（张集职业高级中学）　张成品（郑集镇中心中学）　夏桂田（侯集实验小学）　平昌盛（聋哑学校）　李晓光（棠张镇小学中心校）　何　勇（茅村中学）　贺恒记（柳泉镇小学中心校）　周广密（棠张中学）　李振华（何桥镇中心中学）　张振宇（马坡镇中心中学）　裴士明（三堡镇中心中学）　李金红（女）（大许镇太山中学）　张冠民（利国镇小学中心校）　杜　萍（女）（沿湖学校）　叶祥富（职业教育中心）　张彩梅（女）（郭集中学）　蒋成权（伊庄镇中心中学）　张和柱（铜山中学）　王兴林（大彭镇小学中心校）　薛　艳（女）（棠张镇中心中学）　张　芳（女）（徐庄镇小学中心校）　王　梅（女）（茅村镇小学中心校）　吴德林（柳新中学）　秦吉栋（三堡镇小学中心校）　阙兴可（茅村镇中心中学）　窦万灵（大许中学）　汪明玉（郑集实验小学）　杨元杰（柳新镇小学中心校）　王效松（何桥镇小学中心校）　孙万峰（铜山镇中心中学）　杜红新（女）（大黄山镇中心中学）　单侠飞（女）（单集镇中心小学）　付化冰（夹河中学）　张　超（黄集镇中心中学）　张家斌（汉王镇小学中心校）　李文增（工业职业高级中学）　周　伟（柳新镇中心中学）

睢宁县（共41名）：唐　杰（城北中学）　吴成刚（古邳镇古邳中心小学）　薛金明（王林中学）　周　平（女）（岚山镇中心小学）　陈　旭（王集中学）　朱　波（女）（睢城镇中心小学）　黄振球（黄圩中学）　魏本峰（睢城镇中心小学）　王万青（姚集中学）　钟德胜（王集镇苏果中心小学）　房海洋（双沟中学）　蒋彦玲（女）（机关幼儿园）　余朝玲（女）（魏集中学）　尹传永（姚集镇刘果中心小学）　杨步玲（女）（沙集中学）　朱维玲（女）（邱集镇邱集中心小学）　沙兴武（高作初级中学）　王金花（女）（凌城镇凌城中心小学）　赵荣清（岚山第二中学）　晏祥海（职工子弟小学）　王　侠（女）（职业教育中心）　吴春玲（女）（特殊教育中心）　余　莉（女）（第二中学）　张珠飞（实验小学）　闫　刚（梁集中学）　陈新景（魏集镇中心小学）　刘汝中（凌城中学）　刘　涛（教育局教研室）　李　杰（新世纪中学）　李　磊（古邳中学）　庄善友（朱集中学）　薛成昌（邱集镇中心小学）　郭同芳（高级中学）　张绍宇（第二中学）　李慈瑞（高级中学）　刘兴国（梁集中学）　王丙林（庆安镇中心小学）　宋友安（实验小学）　李本成（桃元镇桃元中心小学）　朱韶伟（教育局机关）　刘小奇（梁集镇中心小学）

邳州市（共50名）：汤　振（官湖中学）　刘效威（宿羊山镇黄墩小学）　王继磊（铁富高级中学）　李玉梅（女）（铁富镇宋庄小学）　耿德席（八义集中学）　朱　旭（土山镇中心小学）

毛广华(第四中学) 林化圣(邢楼镇刘屯小学) 石启民(邳城中学)黄卫东(燕子埠镇郭庄小学) 娄培权(岔河高级中学) 张 良(女)(运河小学) 袁大鹏(新河中心初级中学) 王建杰(议堂镇议堂小学) 刘 丽(女)(土山镇第一初级中学) 陈 莉(女)(邹庄镇刘沟小学) 汤先锋(迦口中学) 陈少华(职业教育中心) 袁宗振(红旗中学) 张美兰(女)(聋哑学校) 尹振华(陈楼镇中心初级中学) 庄 静(女)(机关幼儿园) 王 建(八义集中心初级中学) 冯仰群(官湖镇中心小学) 吕玉代(土山镇薛集中学) 崔传松(港上镇中心小学) 王绍飞(陆井中学) 宋宜民(新河镇中心小学) 张玉芳(女)(邹庄镇中心初级中学) 冯昭军(碾庄镇中心小学) 张瑞琴(女)(八义集镇克永小学) 徐 峰(明德实验学校) 吴荣刚(八路镇中心小学) 魏 健(炮车中学) 王 琳(女)(实验小学) 朱俊海(官湖镇初级中学) 刘广忠(岔河镇林子小学) 王计然(车辐山镇中心初级中学) 黄静静(女)(车辐山镇中心小学) 曹照玺(碾庄中学) 王远华(戴圩镇中心小学) 韩洪福(八路中学) 何若静(戴庄镇李圩小学) 吴德亚(赵墩镇中心小学) 谭运明(教育局机关) 李 讯(炮车镇中心小学) 龚培伦(女)(邳城镇中心小学) 魏 星(教育局教研室) 李 颖(四户镇中心小学) 周迎生(燕子埠中学)

新沂市(共32名):王 昂(新安镇中心小学) 卢培武(第二中学) 陆 晔(芦墩中学) 臧玉信(启明中学) 张伯祥(第一中学) 苗 翠(女)(窑湾镇中心小学) 苗红梅(女)(阿湖镇黑埠中心小学) 张以玲(女)(第四中学) 张志红(女)(新安镇中心小学) 王超旭(王楼中学) 冯丙玲(女)(王庄镇中心小学) 王海梅(女)(钟吾中学) 姚如才(高流初级中学) 孙继军(合沟中学) 袁 婷(女)(港头镇中心小学) 叶 浩(时集镇中心小学) 李荣娥(女)(北沟镇中心小学) 岳喜军(草桥镇周嘴中心小学) 郁松梅(女)(阿湖中学) 孙守江(邵店中学) 高维太(第五中学) 朱慕勇(职业教育中心) 胡新安(第八中学) 陈晓柱(马陵山中学) 宋德芹(女)(第六中学) 朱作华(女)(春华小学) 钱宗彦(高塘中学) 张以米(新安小学) 徐连舫(女)(新华小学) 宋淑叶(女)(机关幼儿园) 高 岭(唐店中学) 李先俊(草桥中学)

贾汪区(共17名):王会义(江庄镇教育中心校) 郭庆侠(大泉中学) 王玉彬(英才中学) 邵 红(女)(团结小学) 李庆军(塔山镇王集小学) 苏明忠(紫庄镇教育中心校) 黄秀梅(女)(塔山镇大李庄小学) 汤 洋(董庄煤矿职工子弟学校) 平昌喜(文教局教研室) 韩圣芳(青山泉镇教育中心校) 彭秀玲(女)(工业园区教育中心校) 丁 涛(大吴镇瓦店小学) 杜富民(汴塘镇新集初级中学) 丁广东(建平实验学校) 张爱林(汴塘镇教育中心校) 吴 萍(女)(大吴镇中心幼儿园) 王 兰(女)(贾汪中学)

鼓楼区(共8名):孙晋忠(第二十四中学) 程兴翠(女)(王场新村小学) 张亚松(女)(鼓楼小学) 李洪波(李沃小学) 郭 婷(女)(实验幼儿园) 张延珍(女)(牌楼培智学校) 曹颐平(女)(第二十六中学) 周振玲(第二十七中学)

泉山区(共10名):满瑞敏(女)(太山小学) 张启云(女)(风化街中心小学) 张文菊(女)(湖滨新村第二小学) 张 莉(女)(教工幼儿园) 程建飞(夹河街小学) 李翼晖(女)(少华街小学) 吴敬圣(段庄第一小学校) 张 晴(女)(教工幼儿园) 李 昕(女)(星光双语实验小学) 陈 慧(女)(淮海西路中心小学)

云龙区(共9名)　:王　敏(女)(解放路中心小学)　张保勇(民富园小学)　叶　斌(女)(徐师第一附属小学)　卓　宁(女)(公园巷小学)　程　莉(女)(青年路小学)　杨利敏(第三十中学)　魏天磊(潘塘中心小学)　刘劲水(黄山中心小学)　张毅峰(女)(和平桥中心小学)

九里区(共7名):王世金(九里中学)　苗　枫(女)(拾屯中心小学)　李　强(杨屯初级中学)　刘　刚(王新庄小学)　卢忠伟(苏山初级中学)　杨爱萍(女)(谷山小学)　靳兆伟(徐州矿务集团第三中学)

徐州经济开发区(共3名):孙景环(女)(第二十五中学)　王洪敏(女)(金山桥小学)　王兆丰(金山桥中学 )

市属高校(共2名):吴长春(徐州工程学院(筹))　左　彭(徐州教育学院)

中专(含成人中专共11名):王　刚(工会职工中等专业学校)　于凌云(女)(经贸高等职业学校)　王建飞(农业干部中等专业学校)　袁　龙(医药高等职业学校)　钟凯怡(机械制造职工中专校)　徐光森(徐州能源工业学校)　屈新安(机电工程高等职业技校)　李诗训(体育运动学校)　洪　杰(高级技工学校)　石爱萍(女)(文化艺术学校)　樊国华(机电技工学校)

企业办学单位(共14名):冯现奇(三河尖煤矿子弟学校)　韩　露(女)(中国石化管道中学)　黄　俊(矿务集团中心小学)　薛淑萍(女)(中国矿业大学附属中学)　孙海鹰(矿务集团中心小学)　黄　洁(女)(徐铁职工子弟第三小学)　徐　倩(女)(权台煤矿职工子弟学校)　刘　琳(女)(徐铁职工子弟第五小学)　钟盛祥(三河尖煤矿九里山职校)　吴　杨(徐铁职工子弟第一中学)　张敬平(张集煤矿职工子弟学校)　宋继清(徐铁职工子弟第二中学)　于兴生(管道二公司学校)　徐宜昌(徐铁职工子弟第三中学)

民办学校(共2名):周顺玉(女)(金山桥寄宿学校)　万永刚(务本高级中学)

市教育局直属单位(共22名):侯士美(女)(第二中学)　徐　明(第十九中学)　周　兴(第三中学)　殷昭鹏(第四职业中学)　王仁秀(女)(高级中学)　王福玲(女)(第二十二中学)　卞东华(第五中学)　李香芹(女)(科技中学)　张成敏(女)(第八中学)　蒋志莲(女)(第三十一中学)　姚斌(第十中学)　吴景祥(徐州师范学校)　金建明(第十二中学)　王鹤义(徐州幼儿师范学校)　舒　慧(女)(第十三中学)　李艺然(女)(公园巷幼儿园)　郑友君(王杰中学)　靳　军(特殊教育中心)　黄玉英(女)(职业教育中心)　吕立言(运河师范学校)　王　琰(第十八中学)　朱立泉(教育技术装备站)

## ○ 部分优秀教育工作者简介

**时效锋**,1968年1月生,中学高级教师。1991年徐州师范大学中文系毕业,分配到江苏省郑集高级中学工作至今。自参加工作以来,一直在一线从事教育教学工作,长期担任班主任工作,多年担任备课组长、年级组长、教研组长。他是铜山县青年优秀骨干教师、铜山县优秀班主任、市青年优秀骨干教师、市优秀辅导员、徐州市农村优秀园丁、全国中小学优秀班主任、全国模范教师。

时效锋在平时的教学中积极探索,以兴趣引导学生,以灵活带动学生,以情感打动学生,以多样的知识来教育、熏陶学生。他采用"发散兴趣"式教学模式,提高学生学习兴趣和教学质量;他的教法灵活新颖,独辟蹊径,大胆运用现代化教学手段,将一些新型的教育教学理论与实践相结合,教学成绩斐然。曾获县优质课一等奖,多次成功地在校内、县内开设公开课、示范课,获得好评。在作文教学上,大胆创新尝试"选贴法"、"读评法"、"断章法"、"演讲法"等方法。在他辅导下,先后有20多位学生在国家、省、市、县征文中获奖或发表文章。他在认真教学的同时,注重教学理论学习和总结,先后有20多篇论文发表、获奖,主编、参编教辅材料6部;主持或参与一项国家级、二项省级、一项市级课题研究。

他与同志和睦相处,共同探索实践,在全县统考中,所带年级和学科成绩多次位居首位。作为班主任,他始终以班级为家,心中时刻装着每一个学生。在1999~2002年连续4年的高三教学中,他以勤恳、踏实的态度换得高考丰硕的成果。所带的班级4次被评为县优秀班集体、2次评为市优秀班集体。9月10日教师节,时效锋被人事部、教育部授予"全国模范教师"称号,作为全省惟一的教师代表在南京五台山体育馆代表全省教师讲话。11月14日——12月1日,时效锋作为全国100名教育工作者之一应邀到日本进行教育考察。 (撰稿:程广海 审稿:陈玉金)

**夏武训**,1965年12月出生,中学一级教师。1984年7月毕业于徐州师范学院生物系。中共党员。1998年12月在南京师范大学研究生课程班结业。历任新沂市第三中学生物教研组组长、团委副书记、书记、校长助理。1997年9月被评为新沂市优秀教育工作者,1998年11月被江苏省教委、中共江苏省委教育工作委员会评为江苏省中学德育先进工作者,2002年8月被徐州市教育局评为徐州市青年优秀骨干教师,2003年12月被江苏省教育厅评为优秀科技辅导员。2004年被国家人事部、教育部联合授予"全国模范教师"荣誉称号。

20年来,他默默耕耘在高三教学第一线,把宝贵的青春和年华都献给人民的教育事业。1986~1993年所教班级的生物学科成绩在市排名前列,他辅导的学生参加全国奥林匹克生物知识竞赛有30人次获省一、二等奖,因此他被评为省优秀辅导教师。曾获市优秀课评选一等奖、教师基本功大赛一等奖。被评为优秀生物教研组长。

他进行过《程序教学法》的课改实验,2003年8月完成南京师范大学生命科学学院《中学生物教学学生观察能力培养的实验与研究》课题的研究。撰写《生物课堂提问设计的初探》等多篇教育教学论文,发表于省、市级刊物上，有10多篇获一、二等奖。他所带的班级，有4次被评为“徐州市文明班级”、5次被评为“新沂市文明班集体”。（蔡之莲）

**王纯旭，**1968年6月出生，1989年7月毕业于徐州师范大学数学系，2000年10月徐师大“基础数学研究生班”结业。中学高级教师。现任丰县中学高一数学教师，教务处副主任，高一年级组长。

他长期担任班主任工作，形成对学生“思想上帮助，生活上关心，学习上严格要求”的管理特色。他带的班级多次被评为校“优秀班级”。2001年被评为市“优秀班级”，所带班级高考成绩均在年级前列。他在教学上刻苦钻研，开拓创新。自1993年以来，年年在全县开设公开课，1997年为“市数学研究会”开设公开课，2000年为苏鲁豫皖接壤地区的中学开设示范课。被县教育局授予“青年教学能手”、“青年优秀骨干教师”、“青年名教师”称号。1999年参加省数学竞赛教练员培训，获得“国家二级教练员”证书。

他重视教科研工作。为国家“九五”重点科研课题“学习方法指导”协作组成员，他的《优化考试技巧，提高学习成绩》论文被中科院心理研究所评为优秀论文一等奖；他是市“练—悟—练—结”双步教学法课题组成员，论文《“练—悟—练—结”双步教学法思想指导下的高三数学教改探索》在《徐州教育科研》发表。在兰州师大《中学教学研究》等杂志上发表省级论文5篇，有2篇论文获市一等奖。2001年起担任年级组长，和老师们共同努力，2004年高考取得优异成绩，本科上线913人，他任教班内刘辉辉同学以707分的成绩名列徐州第一，江苏省第9名。他先后获得徐州市“学科带头人”、“优秀教育工作者”、“丰县先进工作者”、“丰县十佳青年教学能手”、“丰县十大行业标兵”称号，2004年被评为“全国优秀教师”。（谢学军）

**房岭刚，**1971年出生，中共党员，小学高级教师，1992年至今在沛县实验小学工作，现任副校长，负责学校教学管理和教育科研工作。

他是教师职业道德的模范实践者。1997年被评为江苏省优秀班主任，1998年被评为徐州市学陶师陶先进工作者，2000年被评为县优秀教育工作者，2001年、2002年、2003年三次被评为江苏省青少年科技教育先进个人，2002年被评为徐州市青年名教师，2004年被评为全国优秀教师、全国优秀德育教师、徐州市名教师。他尊重学生人格，尊重学生的差异，尊重学生的独特感受和见解。所教班级的成绩年年在县、校教学评比中名列前茅，所教学生有120多人在国家、省、市级写作、书法等比赛中获奖。2003年被评为沛县“十佳”园丁。他重视自我反省，学会倾听意见；他不断锤炼，教学水平快速提高。1998年获徐州市语文优质课一等奖，2001年参加国家级语文骨干教师培训，2002年获徐州市思品优质课一等奖，2003年获江苏省语文优质课一等奖、获徐州市自然优质课一等奖，2004年获徐州市数学优质课一等奖。

房岭刚教育科研硕果累累。2001年，参与设计的省“九五”期间立项科研课题《小学生日常行为习惯培养模式的研究》获市科研成果二等奖；2001年，主持设计江苏省教育学会“十五”期间立项课题《小学生在学习过程中的情感参与研究》，已取得阶段性成果；2002年，主持设计中国陶行知研究会“十五”

期间立项课题(国家级)《陶行知生活教育思想在语文课程改革中的实践研究》,正在研究之中。2002年,他撰写的第三期中小学骨干教师国家级培训科研课题《小学语文老师对学生作文创新的态度的调查研究报告》通过结题答辩,获较高评价。撰写的《综合训练与教学效率》、《课堂教学创造思维举例》、《谈学生创新能力培训》等20多篇论文发表于省级以上刊物,近20篇论文在省、市级评比中获奖。

(沛县实小)

**张东亚,**1965年1月生,中学高级教师,徐州师范大学毕业,1984年任睢宁高级中学教师,执教20年来,始终奋斗在教学第一线。他担任16年班主任,9年高三毕业班教学工作。先后被表彰为徐州市优秀青年教师,徐州市优秀共产党员、徐州市农村优秀园丁、徐州市青年骨干教师等,2004年被评为"全国优秀教师"。

他有高尚的职业道德。1986年他每周要上24节地理课,要编刻复习资料,还要担任一个质量较差毕业班的班主任,他不计时间全身心投入。学生们被他的精神所感动,班风好转。成绩进步很快,当年高考,这个班取得优异的成绩,本科上线居于年级第二名。

他创造睢宁中学班级管理的科学模式。1984年他率先在班级实行量化管理,将《中学生日常行为规范》和《中学生守则》细化为学生一日生活、学习常规,并成立班级护导组进行检查量化积分,每周一评。他对班级实行自主管理,从班干部的民主竞选到"三好学生"、"优秀团干部"的推荐,从主题班会的组织到班级的日常管理,学生人际关系的协调等都交给学生,达到学生"自我管理、自我约束、自我发展、自我完善"的培养目标。

他形成用优美语言激活学生主体的个性化教学模式。在课程改革上,他强调研究性学习,培养学生发现问题、分析问题、解决问题的能力。在课堂教学改革中,他做到"六个带进":即把尊重带进课堂,让学生成为学习的主人;把激励带进课堂,让学生都有成功的体验;把方法带进课堂,让学生学会自主合作学习;把创新带进课堂,让学生学会创造;把新课程理念带进课堂,让学生学会多向交流;把高考意识带进课堂,让学生树立明确的学习目标。他的教学技艺高超,先后获得徐州市评优课一等奖、睢宁县评优课一等奖,睢宁县"十佳教师"等,多次获得市、县高考学科优秀奖。他撰写的论文有10多篇在省、市级以上刊物上发表,是一位科研型、学者型、复合型的优秀青年教师。

(谢万里)

**张宏大,**1973年1月出生,中共党员,本科学历,中学一级教师。1990年于运河师范学校毕业,任邳州市红旗中学教师,工作后多次被评为邳州市优秀园丁,并在徐州市第19个教师节表彰大会上作先进事迹报告,2004年被评为全国优秀教师。

他勤奋好学,善于钻研。充分利用课余时间,在7年内通过专科与本科考试。他努力进行教育创新,在物理教学方面形成自己特色的教学风格。1998年获邳州市电教优质课一等奖,2001年获邳州市优质课物理学科第一名,2002年获徐州市初中物理优质课一等奖。辅导的学生21人次在全国应用物理知识竞赛中获省级以上奖励。在教育教学研究方面有创造性成果,10余篇论文在省、市级以上刊物发表。

他自1995年以来连续10年担任班主任

工作，他能抓住每一个教育契机，在“师爱”中巧妙施教，对症下药，用科学的爱、艺术的爱去尊重学生，宽容学生。在转化差生、后进生及培养优生方面成效显著。

他开拓进取，敢于改革。在负责初三教学工作期间，改进集体备课制度，采用分课时讨论的形式，使集体备课扎实有效，可操作性强。改进原有备课制度，采用以学案为主的形式，使学案成为师生上课的主要辅助工具，克服备课与上课的脱离。取消作业本，改用作业纸的形式，有效地降低学生作业负担，提高作业效率。调整辅导形式，采用各科均衡，突出主要学科的形式，使辅导更加合理有效。改变公开课形式，提出“让公开课走进每一个课堂”的口号，并得到很好的落实，使每一个初三教师的课堂教学水平都得到很大提高。采取班主任督查、训练与科任老师学法指导相结合的方式，有效地培养学生良好的学习习惯。由于他和同事们共同努力，连续多年红旗中学各项升学指标均居邳州市前列。

（周广际）

**关　群**，女，1971年8月出生，1989年8月从事教育工作，中共党员，小学高级教师，大专学历，徐州公园巷小学教师。

她创新意识强，积极投身于课改实验，先后参加市、区大型综合实践活动研讨，曾获徐州市综合实践活动展示课一等奖，活动案例获省级二等奖、市级一等奖，多篇论文获市、区一等奖。参加“江苏省小学综合实践活动”课题组，作为执行主编参与省教研室和江苏教育出版社联合出版的《小学综合实践活动》一书和教师指导手册的编写，还参与了市乡土教材《探索与实践》的编写。她有着较高的科研素养，多年来致力于教育科学研究，主持“九五”市级课题研究，7篇论文发表在省市级教育教学刊物上。

她多次辅导学生发表文章，荣获国家少工委颁发的辅导教师奖、徐州市读书活动辅导教师及云龙区优秀辅导教师等称号。

她积极参加省、市、区各级骨干教师培训及北师大的本科学习，成为课改“领头羊”。在班主任工作中，她以高尚的人格魅力感染每一个学生，高尚的师德倍受领导、家长、学生赞誉。由于工作成绩突出，三次年度考核优秀，先后被评为云龙区教育科研先进个人、云龙区优秀青年教师、徐州市优秀青年骨干教师、徐州市劳动模范、全国优秀教师。

（胡　钢）

**吴晓珊**，女，1976年出生，1995年9月参加教育工作，贾汪区实验小学教师。她工作踏实，爱岗敬业，无私奉献。“让课堂成为孩子快乐成长的沃土，让孩子心灵充满阳光”是她多年来孜孜以求的教育境界。

在班主任工作中，她耐心细致，特别善于启迪学生的心灵。在一次次活动中，一次次家访中与孩子心心交融，让孩子从心灵深处感知真、善、美。对待学生，追求“有教无类”，爱生如一，从不歧视后进生，总在孩子最需要的时候给予真诚的呵护与关怀。她为人师表，要求学生做到的，她总是首先做到。所带班级班风纯正，成绩优秀，受到社会、家长、学生的好评。

在教学工作中，她善于思考。积极参加课题研究，多篇论文在省、市教育刊物上发表。她酷爱语文课堂教学，形成“扎实、灵活、求新”的教学风格。她的参赛课在市、区获一等奖,在全国语文教学中起示范、带头作用。她所辅导的学生作文屡屡在国家级、省级作文竞赛中获奖。

到教导处工作以后,她能够以身作则带动老师立足实际,大胆改革。她在“集体备课”、“作文人文寄语”、“教师研讨课”、“语文课外阅读”等几个方面进行改革、探索,形成浓郁的语文教学研讨氛围。2003 年学校被评为徐州市“小语教材实验先进单位”。

她先后获得“省小语教材实验先进个人”、“市优秀教育工作者”、“区首届名教师”,“区十佳德育工作者”等荣誉称号。2004 年教师节被评为“全国优秀教师”。(贾汪实小)

和《变配电》、《机械制图》等全国煤炭系统技校通用教材的主编、主审工作,并被评为“全国煤炭职业教育教材工作先进个人”。

在校办产业上,他组织开发 QCZ83—80 型矿井安全防爆开关等 10 余种矿井用产品,提高市场占有率,校办产业实现年产值千万元,利润 300 万元,并积极参与国家技术创新项目——矿井高效防灭火新材料的筹建工作,2004 年产品试生产已经成功,积极筹备正式生产。

曾宪周团结教职工共同努力使学校形成集职业需求与预测、职业技术培训、职业技能鉴定于一体的多功能、全方位的职业技能开发基地。

(王忠萍)

**曾宪周**,1960 年 3 月生,中共党员,高级讲师。1982 年毕业于淮北煤师院数学系(本科),2001 年毕业于上海财经大学经济管理专业(研究生学历),现任江苏煤电高级技工学校校长,2004 年被评为江苏省优秀教育工作者。

作为一校之长,他始终把学校的改革与发展放在首位,开拓创新、不断进取。在办学上,他带领教职员工建立学校质量体系并通过中质协 ISO 9001:2000 质量认证,增挂“江苏煤电技师学院”牌子,恢复电大设站,扩大办学规模(已达到设计规模的 3.5 倍),提高教学质量,毕业生合格率平均达到 96%,学生操行合格率达 98%,学生升学就业率平均达到 97%。

在教研上,他认真组织有丰富教学经验的教师参与教材编写工作,圆满地完成《采煤机》、《矿井供电》、《综采机械司机实习》、《综采电器设备检修工艺》、《采掘机械液压转动》

**魏　峰**,1972 年 11 月出生,中共党员,本科学历,讲师,江苏省沛县师范学校美术教师。

他对工作认真负责。1998 年 9 月被徐州市人事局、市教育局评为“徐州市优秀教育工作者”,2001 年被共青团沛县委员会评为“新长征突击手”,2002 年被中共沛县县委评为“优秀共产党员”,2004 年 9 月被省教育厅、省人事厅授予“江苏省优秀教育工作者”称号,被市教育局评为“徐州市优秀班主任”。

他以诚实守信的良好品德,乐观无畏的进取精神,好学多思、任劳任怨的工作作风,谦虚、正直、公正的高贵品质,热诚的人格魅力影响着学生,教育学生。他所带的班级多次获得“徐州市文明班集体”、“江苏省文明班级”等荣誉称号。

他刻苦钻研业务。以创新精神和实践能力的培养为重点,建立新的教学方式,突出学生的发展,重视每一个学生的道德生活和人格的养成,关心爱护每一个学生。所任教的班级先后20余次在学校举办班级作业展。其中翟志刚、孟海燕、骆红等同学分别成功举办个人毕业画展。在1997年徐州市举办的“中师美术、书法、摄影作品比赛”中，他辅导的学生魏荣华、高云倩的作品《希望》、《新春乐》分获一等奖；魏垂桥同学在2002年江苏省中等师范学校学生“三字”现场书写比赛中获两个一等奖。

魏峰在徐州市优质课比赛中连续两次荣获一等奖。从1996年7月在国家级刊物《美术报》上发表剪纸作品《大风歌》以来，他已经有30余篇文章在各级比赛中获奖，有10余篇文章或作品在各级刊物上发表。（沛　师）

**戴　颖**，1962年出生，中共党员，大学本科学历，经济学学士，高级教师职称。2004年任徐州经贸高等职业学校商贸系主任、党支部书记，徐州市财政会计学会理事，徐州市税务学会理事。

戴颖积极投身于教育教学改革，不断探索教育教学改革的新路子，在遵循教育教学规律的基础上，针对课程开发与设置、专业现代化建设、教学内容、教学方法、教学评价、学分制和弹性学制等方面进行一系列改革，并取得良好的成效。多次被评为学校优秀教师、优秀共产党员、优秀党务工作者、优秀教育工作者和市供销社系统优秀共产党员；1997年被徐州市委、市人民政府授予先进工作者；2000年被全国供销合作总社授予“优秀教师”；2003年被评为徐州市“专业技术拔尖人才”；连续5年年度考核优秀。

戴颖在认真完成各项教学和管理任务的前提下，注重教学和科研的创新，取得一定的教科研成果。主持省教育厅《中等职业教育考试考核制度与方法的研究》课题，并获得通过，参与编写教材4本，在公开刊物发表论文近20篇。

（吴建新）

**李艺然**，女，1965年出生，中共党员，中学高级教师，研究生学历。现任徐州市公园巷幼儿园园长。她用“爱心无限”作为自己工作的主题，使幼儿园成为孩子、家长、职工最温暖的家。她先后获得省幼儿教育先进个人、省教育科研先进个人，市青年教学能手、市优秀教育工作者、市青年名教师、市专业技术拔尖人才、市青年优秀校长、市幼儿教育先进个人、市名校长等称号，并出席徐州市第九次党代会。

李艺然对管理有自己独到的理念，将幼儿园的园风、信念、发展目标、管理理念、教职工形象等用1～9条简练、上口的条目归纳出来。在人员使用上她大胆尝试竞聘上岗，以学习培训树立幼儿园文化，以《月工作简报》、园刊《琢磨》等形式张扬幼儿园精神。

李艺然注重人才培养，鼓励良性竞争。她帮助教师制定个人发展计划，通过设立排行榜、创建舞台、提供机会等途径鼓励教师由新教师—基石教师—骨干教师—首席教师—特级教师的方向发展。经她辅导，有2位教师分别获省教学活动比赛一等奖、三等奖，有10几位教师获市级教学竞赛活动一等奖，或市级以上公开教学活动获得好评，有近200篇论文在国家、省、市获奖。为外树形象，幼儿园设计形象识别系统V1手册，确立园歌、园旗、园徽、园服、园各项规章制度等，设计出独具特色的《公幼文化手册》，逐步形成幼儿园的品牌形象。

李艺然特别注重教育科研。2003年，幼儿园确立具有自己特色的园本课程——《立体整合课程》,并被确立为省“十五”规划重点立项课题。在进行常规教学的同时,她边尝试边确立幼儿园的九大特色教学:拍球、跳绳、骑车、溜冰、英语、阅读、电脑、摄影、合宿,幼儿园被省教科院定为在徐的惟一幼儿园教育研究基地。其成果多次获得省、市教育论文一、二、三等奖。2004年她主编出版《幼儿生活指导》等3本教学及管理成果集,得到家长和社会的赞誉。李艺然作为徐州师范大学学前教育专业的客座教授,深受师大学生的欢迎。

“遇事就要琢磨,要做就做最好”是李艺然最爱说的一句话。也正是这精益求精追求卓越工作精神,才使公园巷幼儿园取得一系列的成就:顺利通过省教委视导;省电教示范学校验收;顺利通过省示范性实验幼儿园验收,先后获省三八红旗集团、省优秀家长学校、江苏省文明单位、省现代教育技术示范学校、市幼儿园教育先进集体、三星级甲等省示范性实验幼儿园等称号。幼儿园飞速发展已成为3个园址、33个班级、1000多名幼儿的大型幼儿教育中心。（李红蕾）

**张 晴**,女,1964年10月出生,本科毕业(研究生在读),中共党员,小教高级教师,徐州市泉山区教工幼儿园党支部书记兼园长。先后被评为“徐州市劳动模范”、“江苏省幼教先进个人”、“徐州市名校长”、“徐州市先进教育工作者”。50多篇论文和活动设计在国家、省、市获奖和发表,连年年终考核被评为优秀等级,2003年被区政府记“三等功”1次。

她有强烈的事业心、责任感和开拓奉献精神,热爱幼儿教育事业。工作中既满腔热忱又严格要求,实现了幼儿园管理的高起点、高标准、高绩效。在教育教学改革中,身先士卒,坚持创新,努力拓宽教育教学领域,引领团队走质量绩效型的自我内涵发展之路。开发和形成自己独特的“探索——体验——自主构建”的教学模式,构成以“培养现代人”为核心,“探究体验”课程为中心,双语教学、游戏、艺术特长(古筝、围棋、绘画、主持人)培养为主要途径,以自主构建知识为重点,以品德教育和体能训练为护翼的教育体系,逐步形成办园特色。幼儿园先后被评为省、市“精神文明单位”,省、市、区级“青年文明号”,“江苏省绿色幼儿园”、“三星级江苏省示范性实验幼儿园”。（张广建）

**权运太**,1963年出生,大学学历,中共党员,曾任市二十四中校长,现任市二十六中校长、党支部副书记。

权运太处处从严要求自己,教学成绩十分突出。他当班主任,所带过的班级,被评为校、区、市级先进集体或文明班级。他心中想着的只有学校;他念念不忘的是党和人民的教育事业;他曾多次从有限的工资中挤出一部分来帮助生活有困难的学生,使他们能顺利完成学业。他常说:“只有做好人,才能教好书,才能干好一番事业。”

权运太勤于学习,敢于探索,勇于创新。他在二十四中当教师和校长期间,取得公认的佳绩。任二十六中校长以来,结合实际制定10年之内把学校办成大(规模大)、名(有名气)、特(有特色)的现代化示范中学的奋斗目标。提出:“向改革要特色,向管理要质量,向质量要效益,向科研要水平”的办学理念。他以校为家,带领大家进行教研教改。他主持“妨碍作文教学高效的问题研究”这一省级教科研课题的实施。学校教科研风气日趋浓厚,已立项实施省级教科研课题 2 个,市级教科研课题 3 个,区级、校级教科研课题 10 余个。为了凸现学校的艺体特色,他接受组建校棒、垒球队的任务。他说:“既然选择了教师职业,就要自讨苦吃,改革进取,才能无愧于教书育人的光荣使命。”

权运太先后被评为徐州市新长征突击手、徐州市优秀青年教师、徐州市先进工作者、鼓楼区“十佳青年”、鼓楼区先进个人、省实施素质教育先进个人、徐州市优秀德育工作者等。 (撰稿:李少东 审稿:相裕周)

〔本编编辑 魏义贞〕

附件：

# 《徐州市教育年鉴》编辑出版发行方案

一、总的要求：以党的“十六大”精神为指针，树立科学发展观，加强责任意识，弘扬创新精神，进一步提高教育年鉴整体质量。努力做到内容题材精选，条目结构精巧，文字表达精炼，资料数据精确，照片安排精当，图表设计精致。在编辑、出版、发行、使用各个环节都做出新成绩。

二、各级教育行政部门与学校领导要高度重视年鉴的撰稿工作。要体现与时俱进、开拓创新精神。要认真研究撰稿内容，确定责任心强、熟悉情况、文字功底强的干部撰稿。领导要把好质量关。

三、贯彻中央地方志指导小组办公室、江苏省教育厅、省地方志办公室、市政府有关部门指示精神，加快教育年鉴的编辑、出版进程，提高信息的时效性与使用价值。各单位必须在当年年底完成撰稿任务，经领导审核后于次年1月15日前报送市教育志办公室。《徐州市教育年鉴》于6月份出版发行。

四、年鉴资料要突出信息与本地区、本单位特色。条目是年鉴的主体部分，是年鉴的细胞。条目要具备6个要素：①时间；②地点；③事情；④人物或单位；⑤原因；⑥结果。条目文体为记叙文为主兼说明文，条目写法按时间先后，不用倒叙。条目（专题）信息要一目一事，开门见山、言之有物，短的条目几十字，长的条目二三百字。标题要鲜明简短，概况（综合条目）不要面面俱到，不能写成工作总结。不用第一人称，不宜评论与描述，记述时间要写明年、月、日，语言文字、标点符号均要规范。

五、切实控制年鉴文字总量。县（市）教育局4000字以内，高等院校3000字以内，区文教体局2500字以内，企业局与市教育局处室1500字以内。其余各级各类学校的专题在500字以内。三星级及以上学校不超过800字。按惯例当年年鉴记述上一年教育信息，不要追述往事与反映计划设想。

六、为保证资料的准确及明确责任，必须报打印稿及软盘（统一使用Word中文编辑软件，软盘要完好无损）。资料要写明撰稿人、审稿人姓名(不用笔名)、职务、电话号码,以便联系。

七、教育年鉴彩色照片专页反映教育改革成绩形象直观,深受读者欢迎。为保证照片质量,要做到先进性与艺术性相统一,照片要清晰,形象要端庄。上彩页单位需有简介(50字左右,内容为创建年月,获得主要荣誉称号),选择有代表性彩照5—6张。每张照片附一行文字说明(均要打印稿,有些照片需写清有关人员的姓名、职务及排列位置)。交制版费1500元(封面照片2000元,封底照片1800元),出版后赠书5本。县(市)区教育局企业局统一收交,市区各级学校及市局处室直接送教志办。上报彩照专页照片可延长到2月底。照片用完归还原单位。

八、先进名单由市教志办根据文件收录全国、省、市教育系统劳动模范、优秀教育工作者、省特级教师及全国、省、市教育先进集体名单,其余先进称号名单不再刊登。先进个人简介:符合上述条件的先进个人由单位推荐、市教育局确定,简介字数500字以内。内容为主要简历和优秀事迹、先进称号。记述要真实客观(不要写成通讯),并报先进个人二寸近照。大事记指在全市、全省、全国有影响的教育大事。文字要精炼。

九、各县(市)区教育(文教体)局与企业局主管教育部门负责本地区、本系统所有学校的组稿、审稿、制录软盘、打印稿等工作,均于1月15日前统一上报。

十、教育年鉴出版后,各有关单位必须按征订要求派员及时到教育志办公室购买,确保各级领导和学校教师都能及时阅读到年鉴,档案室与阅览室应置放年鉴备查。高校、中专、重点学校每校5本,中学、职中、中技每校3本,小学每校2本,民办学校2至3本,幼儿园、特殊学校等1至2本,县(市)区教育行政部门领导与主要科室各1本。各县(市)区教育(文教体)局和企业局主管教育部门统一办理本地区、本部门的年鉴发行事项。

十一、《徐州市教育年鉴》经编辑多次修改、领导审稿、方志出版社定稿出版,可供各单位撰稿时参照。编辑与发行等具体工作请与市教育志办公室联系:徐州市王陵路57号电教馆一楼;邮编:221002,电话:(0516)5691822;传真:(0516)5691822。